Thomas Mann
Über mich selbst
Autobiographische Schriften

Fischer
Taschenbuch
Verlag

Limitierte Sonderausgabe
Veröffentlicht im Fischer Taschenbuch Verlag GmbH,
Frankfurt am Main, Januar 1994

Lizenzausgabe mit freundlicher Genehmigung
des S. Fischer Verlags GmbH, Frankfurt am Main

Umschlaggestaltung: Balk / Gelberg / Heinichen
Druck und Bindung: Clausen & Bosse, Leck
Printed in Germany
ISBN 3-596-12123-X

Gedruckt auf chlor- und säurefreiem Papier

Meine Zeit

Von meiner Zeit will ich zu Ihnen sprechen, nicht von meinem Leben. Ich habe geringe Neigung oder gar keine, Ihnen einen autobiographischen Vortrag zu halten. Der Wunsch, ich möchte einmal, nach so vielen Büchern, die ich aus meinem Leben gemacht, *ein* Buch daraus machen und meine Lebensgeschichte erzählen, ist wohl zuweilen an mich herangetreten, aber nur sehr gelegentlich und fragmentarisch, nur in sehr beschränktem Rahmen bin ich der Anregung nachgekommen, nur indem ich den Freunden und mir selbst wohl einmal die Entstehungsgeschichte eines oder des anderen Werkes erzählte. Vielleicht liebe ich mein Leben nicht genug, um zum Autobiographen zu taugen. Ich las neulich, daß in Deutschland, wo es viel ›name calling‹ gibt, ein geistliches Gremium meinem Lebenswerk jede Christlichkeit abgesprochen habe. Das ist schon Größeren geschehen, es weckt allerlei Erinnerungen. Aber für den eigenen Fall habe ich besondere Zweifel, – die sich weniger auf den Inhalt meiner Schriften als auf den Impuls beziehen, dem sie ihr Dasein verdanken. Wenn es christlich ist, das Leben, sein eigenes Leben, als eine Schuld, Verschuldung, Schuldigkeit zu empfinden, als den Gegenstand religiösen Unbehagens, als etwas, das dringend der Gutmachung, Rettung und Rechtfertigung bedarf, – dann haben jene Theologen mit ihrer Aufstellung, ich sei der Typus des a-christlichen Schriftstellers, nicht so ganz recht. Denn selten wohl ist die Hervorbringung eines Lebens – auch wenn sie spielerisch, skeptisch, artistisch und humoristisch schien – so ganz und gar, vom Anfang bis zum sich nähernden Ende, eben diesem bangen Bedürfnis nach Gutmachung, Reinigung und Rechtfertigung entsprungen, wie mein persönlicher und so wenig vorbildlicher Versuch, die Kunst zu üben.

Vermutlich erachtet die Theologie die künstlerische Bemühung gar nicht als ein Rechtfertigungs- oder Erlösungsmittel, und vermutlich hat sie sogar recht damit. Man würde sonst wohl mit mehr Genugtuung, mehr Beruhigung und Wohlgefallen auf das getane Werk zurückblicken. In Wirklichkeit aber setzt der Prozeß der Schuldbegleichung, der – wie mir scheinen will, religiöse – Drang nach Gutmachung des Lebens durch das Werk sich im Werke selbst fort, denn es gibt da kein Rasten und kein Genüge, sondern jedes neue Unternehmen ist der Versuch, für das vorige und alle vorigen aufzukommen, sie herauszuhauen und ihre Unzulänglichkeit gutzumachen. Und so wird es gehen bis zuletzt, wo es mit Prospero's Worten heißen wird: »And my ending is despair«, »Verzweiflung ist mein Lebensend'«. Da wird, wie für Shakespeare's Magier, nur ein Trostgedanke bleiben: der an die Gnade, diese souveränste Macht, deren Nähe man im Leben schon manchmal staunend empfand und bei der allein es steht, das Schuldiggebliebene als beglichen anzurechnen. –

Ich bitte Sie, nicht zu vergessen, daß ich das alles nur sage, um meine Abneigung gegen die Autobiographie zu erklären, das heißt dagegen, mein Leben direkt zum Gegenstand meines Schreibens und Redens zu machen. Wenn ich nun aber von »meiner Zeit« spreche, so habe ich notwendig doch etwas Doppeltes dabei im Sinn: Die Zeit und Geschichtsepoche, die den Rahmen meines individuellen Lebens bildete und deren Zeuge ich war, sie ist ja eben die Zeit, die mir gegeben, das Stundenglas, das mir gestellt war und von dessen in feinem Strom durch die Enge rinnendem Sand so wenig noch oben übrig ist, daß es zum Erschrecken wäre, wenn es sich nicht bei der Zeit um etwas so eigentümlich Kostbares und Erfüllbares handelte, daß wenig davon immer noch sehr viel ist. Von der Betrachtung meiner Zeit ist das autobiographische ›Ich‹ nicht ganz fernzuhalten, der Überblick über sie wird, ob ich will oder nicht, zum Überblick über mein Leben.

Mit fünfundsiebzig Jahren sagte Goethe zu Eckermann: »Ich habe den großen Vorteil, daß ich zu einer Zeit geboren wurde, wo die größten Weltbegebenheiten an die Tagesordnung kamen und sich durch mein langes Leben fortsetzten, so daß ich vom Siebenjährigen Krieg, sodann von der Trennung Amerikas von

England, ferner von der Französischen Revolution und endlich von der ganzen Napoleonischen Zeit bis zum Untergange des Helden und den folgenden Ereignissen lebendiger Zeuge war.« – Da rühmt sich ein alter Mann der historischen Erfahrung, die ihm beschieden gewesen sei und ihm zu »ganz anderen Resultaten und Einsichten« verholfen habe, als denen zu gewinnen möglich sein werde, die »jetzt« – also 1824 – geboren werden. Nun, an dem Miterleben markanter Weltbegebenheiten und Weltveränderungen hat es auch diesem Geschlechte nicht, noch jedem folgenden, gefehlt, und erst um 1830 begann ja eigentlich das neue Zeitalter, das Goethe mit tiefem Mißtrauen heraufkommen sah und das er mit einem sehr besorgten, sehr zweifelnden Wort das Zeitalter der »Fazilitäten« nannte: die Epoche der Technik, des Fortschritts und der Massen, diese Epoche, die in unseren geängstigten Tagen, im Laufe von hundertzwanzig Jahren, auf ihren schwindelnden und absolut abenteuerlichen Gipfel gelangt ist. Immer bleibt es gewagt, auf die besondere historische Ergiebigkeit der eigenen Lebensspanne sich etwas zugute zu tun, denn immer kann es noch bunter kommen, immer kommt es noch bunter. Wenn es allerhand ist, gleich nach dem Deutsch-Französischen Kriege und dem Ende des zweiten französischen Kaiserreichs zur Welt gekommen zu sein, die kontinentale Hegemonie Deutschlands unter Bismarck und die Hochblüte des britischen Imperiums unter Viktoria noch miterlebt zu haben, fast in einem damit, schon mit persönlichem Bewußtsein, die intellektuelle Unterminierung der bürgerlichen Lebensnormen überall in Europa; die Katastrophe von 1914 mit dem Eintritt Amerikas in die Weltpolitik und dem Fall des deutschen Kaiserreichs; die vollständige Veränderung der moralischen Atmosphäre durch die vier Blutjahre des Ersten Weltkrieges; die Russische Revolution; das Heraufkommen des Faschismus in Italien und des Nationalsozialismus in Deutschland, den Hitlerschrecken, das Bündnis von Ost und West gegen ihn, den gewonnenen Krieg und den abermals verlorenen Frieden; – wenn, sage ich, dies an äußerer Dramatik recht reichlich ist für ein Menschenleben und quantitativ den Erfahrungen Goethe's wohl gleichkommt, so stehe ich doch nicht dafür, daß nicht die Wiegenkinder von heute, wenn eine amoklaufende Technik sie überhaupt noch zum Zuge kommen läßt, im Alter mit dem Erlebnis noch ganz anderer Umwälzungen und spektakulöser Weltveränderungen werden renommieren können als einer, der jetzt fünfundsiebzig wird.

Ich gönne es ihnen. Wir wollen, wie es in dem alten deutschen Weihnachtsliede heißt, »bei den Geschenken nicht neidisch auf einander sehen« und uns ihrer Schönheit wegen nicht überheben. Es kommt kein Jahrgang zu kurz. Und doch möchte ich einen Vorteil wahrhaben, den der von 1875 geltend machen kann gegen den 1914er oder noch spätere: Es ist kein kleines, dem letzten Viertel des neunzehnten Jahrhunderts – eines großen Jahrhunderts –, der Spätzeit des bürgerlichen, des liberalen Zeitalters noch angehört, in dieser Welt noch gelebt, diese Luft noch geatmet zu haben; es ist, so möchte man in Altershochmut sagen, ein Bildungsvorzug vor denen, die gleich in die gegenwärtige Auflösung hineingeboren sind, – ein Fond und eine Mitgift von Bildung, deren die später Angekommenen entbehren, ohne sie natürlich zu vermissen. Es mag etwa das Verhältnis sein eines Mannes, der das Ancien Régime noch erlebt hatte und einige Jahrzehnte in die nachrevolutionäre Zeit hineinlebte, – zu denen, die nach 1789 angetreten waren. Der Vorteil mag hauptsächlich darin bestehen, daß einer, dessen Lebensspanne in zwei Epochen liegt, die Kontinuität, das Übergängliche der Geschichte erfährt. Denn in Übergängen, nicht sprungweise vollzieht die Geschichte sich, und in jedem Ancien Régime sind die Keime des Neuen schon lebendig und geistig am Werk.

Sie waren es kaum schon in meiner Kindheit, die in die erste Glorie des neugegründeten Deutschen Reiches fiel, – eine Glorie, höchstens etwas angedunkelt durch verunzierende Einwirkungen des Mammon, des französischen Goldtributs, durch die Skandale der Gründerzeit. Wer ahnte etwas von dem Wurm, tief im Innern der prangenden Frucht? Wer bei uns hätte Worte verstanden, wie George Sand sie 1876 an Flaubert geschrieben hatte: Die Siege Deutschlands seien der Anfang seiner moralischen Entwertung und alle solche dem Materiellen zugewandten, die Ehrfurcht vor der Menschheit verleugnenden Machtkreationen, wie Bismarcks schlaugewaltsames Werk, seien Kolosse auf tönernen Füßen? Der Brief ging weiter, entsetzlich prophetisch, bis zu dem Bilde von der befleckten Fahne, in die das idealverlassen-triumphierende Deutschland sich hülle und die ihm zum Leichentuch werden werde. Das wäre nichts als die Stimme der Niederlage gewesen in unseren Ohren, wenn sie zu uns gedrungen wäre. Wir dachten, soweit die öffentlichen Dinge uns überhaupt berührten, der Herr habe Großes an uns getan durch den gewaltigen Mann, der, für Europa eine bestürzende Mischung aus Brutalität und Raffinement, unter dem Namen eines »treuen deutschen Dieners seines Herrn« als Selbstherrscher Deutschland regierte.

Wie vielerfahren kommt man sich vor, wenn man bedenkt, daß man als Kind noch den alten Kaiser, Wilhelm den Ersten, oder den ›Großen‹, wie er unter seinem Enkel hieß, mit Augen gesehen hat. In seiner Jugend hatte er ›der Kartätschenprinz‹ geheißen, weil er 1848 das Volk mit dieser Art von Munition hatte beschießen lassen. Jetzt war er ein schon halb mythisch gewordener Heldengreis »im Siegerkranz« und ein nationales Idol majestätisch-milderen Charakters als sein eiserner Kanzler. Ich sah ihn, als sein Extrazug einmal Lübeck passierte und für einige Minuten in der verräucherten Bahnhofshalle anhielt. Die zugelassene Menge schrie Hurra. Honoratioren begrüßten das Haupt des Reiches, und wir Kinder durften mit unserem ›Fräulein‹ andächtig nahebei stehen. Er war schon furchtbar alt, wie er da im Rahmen der Waggontür erschien, die Militärmütze sank ihm über den Kopf, sein Backenbart war eisgrau, die Fingerenden seiner Handschuhe hingen lose über seine Finger hinaus, wenn er die Hand zitternd zum Mützenschirm erhob, und dicht hinter ihm stand wachsam und wie zum Auffangen bereit sein Leibarzt. Auf dem Bratenrock eines der Herren von der Empfangsdeputation sah er das Eiserne Kreuz und erkundigte sich, in welcher Schlacht er es sich verdient habe. Ich glaube, darin bestand das formelle Gespräch, jedenfalls war es sein Kernpunkt. Unter neuen Hurras entführte der Zug den hohen Durchreisenden, und wir hatten Geschichte gesehen.

Auch des alten Feldmarschalls von Moltke, des ›Schlachtendenkers‹, wie er genannt wurde, bin ich noch ansichtig geworden. Er befand sich im Gefolge des jungen Wilhelm des Zweiten bei einem Staatsbesuch, den dieser zu Anfang seiner Regierung meiner Vaterstadt abstattete, und als der von Orden in Brillanten funkelnde Erbe des Kaiserthrons nach dem Galadiner an einem offenen Fenster des Rathauses von der auf dem Marktplatz sich drängenden Menge genugsam bejubelt war, erschien auch Moltke dort und erzeugte, gern oder ungern, einen noch brausenderen Ausbruch von Begeisterung. Ein in all seinen Runzeln feingeschnittener Kopf, unmilitärisch eigentlich, wirklich mehr der eines gelehrten Denkers als eines Soldaten und Haudegens. Dieser Typ des den Sieg konstruierenden Generalstab-Mathematikers war seit 1870 der Schrecken des eher galanten französischen Soldatismus. Ein Bürger im Festkleid schwenkte zur Anfachung des Jubels seinen Chapeau claque über des alten Strategen Haupt und bekam den Roten Adlerorden vierter Klasse dafür.

Es war die Zeit der alljährlichen Sedan-Feier am 2. September, des bismarcktreuen National-Liberalismus, der schon oppositionelleren Freisinnspartei unter Eugen Richter, zu der merkwürdigerweise auch ein oder der andere klassisch gerichtete und an Schiller orientierte Oberlehrer unseres Gymnasiums sich bekannte, und der bedrohlich heranwachsenden Sozialdemokratie August Bebels, die damals – ich muß es aus lebendiger Erinnerung feststellen – in der Phantasie des Bürgers genau die Rolle spielte, die heute dem Bolschewismus zugefallen ist: Sozialdemokratie, das war der Umsturz, das äußerste Sansculottentum, die Enteignung der Besitzenden, die Kulturzerstörung, Zerstörung überhaupt, und ich weiß noch, wie unser Schuldirektor einige böse Buben, die Tisch und Bänke mit ihren Taschenmessern zerschnitten hatten, in einer Strafpredigt anherrschte: »Ihr habt euch benommen wie die Sozialdemokraten!« Alles lachte in der Aula, auch die Lehrer, aber er donnerte: »Da ist nichts zu lachen!«

Trotzdem, die bürgerliche Kultur mochte noch lachen damals; sie schien aere perennius, und die Sozialdemokraten waren die letzten, sie ernstlich zu bedrohen. Bismarck verabscheute ihren theoretischen Internationalismus, wie er den der Partei-Katholiken, der ›Ultramontanen‹ verabscheute und als reichsfeindlich brandmarkte. Im Grunde aber erkannte und anerkannte er in der Sozialdemokratie eine Partei des Etatismus und der Staatsdisziplin, und was er wirklich haßte, war der Liberalismus, der Freisinn, von dem er sagte, daß er dem Anarchismus viel näher stehe als die Sozialdemokratie. Ein geistreiches Wort und ein Paradoxon dem Bürger, denn der Freisinn schien eine Ordnungspartei und trug bürgerliches Gewand, nicht proletarisches, weshalb das loyale Bürgertum ihn in seinen Reihen duldete. Regiert aber wurde es von einem dämonischen Konservativen, der, obgleich er anstandshalber genötigt vom Geist der Epoche, seinem Reich eine pseudodemokratische Verfassung gegeben hatte, ein Erzfeind der europäischen Demokratie war, revolutionär als solcher, revolutionär in einem unheimlich modernen und rückschlägigen Sinn, der Typ des großen Apostaten der zweiten Hälfte des neunzehnten Jahrhunderts gegen den europäischen Liberalismus, so gut wie Dostojewski oder Nietzsche, – von denen er natürlich keine Ahnung hatte.

Merkwürdig zu denken, daß dieser geistige Typ, in der Erscheinung des Staatsmanns, über das von kaiserlich-romantischen Lichtern umspielte, florierende Geschäftsunternehmen herrschte, das sich ›Deutsches Reich‹ nannte und dem Nietzsche tiefe Verachtung bezeigte, eben weil es ein national-demokratisches Gebilde wie ein anderes schien, weil die Politik darin den Gedanken verdrängte und weil seine Gründung ihm das Ende der deutschen Philosophie bedeutete. Immerhin ruhte es auf ›Bildung und Besitz‹, diesen Pfeilern der Bürgerlichkeit; es ruhte, bei größter Betriebsamkeit, in bürgerlicher Sicherheit, wie die Epoche selbst, die heute so vollkommen den Aspekt einer ›guten, alten Zeit‹ gewonnen hat. Daß ein englisches Pfund

20 Mark galt, ein Dollar 4 davon, daß auf eine Reichsmark 120 italienische, französische oder Schweizer centimes kamen, das schien gottgewollt und nie zu erschüttern. Auch kursierte das Gold. Wer kein Goldgeld in Händen gehabt hat, der hat die aurea aetas der Bürgerlichkeit nicht gekannt, und ich bin angeschauert von der Tiefe meines Alters, wenn ich gedenke, daß ich mein erstes Autorenhonorar noch in Form von drei goldenen Zehnmarkstücken empfangen habe. Solidität und Dezenz bildeten das Gepräge der Epoche. Noch war man fern von der Freigabe des Körpers, die der Sport mit sich gebracht hat. Verhüllung herrschte – ausgenommen das Dekolleté des Frauen-Ballkleides, das höfisch war und also auch bürgerlich.

Diese festliche Entblößung von Schultern und Busen, die Tolstoi als Moralist so heftig mißbilligte und die er als Künstler in ›Anna Karenina‹ mit so tiefer erotischer Begierde beschrieben hat, stand in erstaunlichem Gegensatz zu der alles versagenden Keuschheit des weibliches Badekostüms, einer Art von volantreicher Spezialtoilette, in der das schöne Geschlecht von 1880 ins Wasser stieg und die selbst in nassem Zustande äußerste Diskretion bewahrte.

Mit Schleier und spitzenbehangenem Sonnenschirm, zum Schutze des Teints, lehnte die reiche Bürgerdame in ihrer Equipage, denn die Mode der sportbraunen Haut war noch fern, noch unbekannt die Wintersaison im Gebirge, fast unbekannt noch, wenn ich etwa vom sittsamen Krocket im Garten absehe, das Freiluftspiel. Wir Jungen hatten in unerfreulichen Turnhallen das Geräteturnen zu üben, das aus der Zeit des Vaters Jahn und der Jugendertüchtigung zum Kriege gegen Napoleon übergekommen war. Wir taten es allenfalls in Hemdsärmeln, aber, unglaublicherweise, mit steifem Kragen und womöglich mit gestärkter Hemdbrust unter der Aufsicht eines Turnlehrers mit rotem Bart, einem Zwicker und versoffener Kommandostimme. Der Sport ist dem Alkohol abhold; die vaterländische Turnerei war dem germanischen Biertrunk, wie das Korpsstudententum, weltanschaulich verbunden.

Meine Zeit – was zeitigte sie nicht alles! Die Bügelfalte der

Herrenhose zum Beispiel – in meiner Kindheit gab es sie noch nicht, dann aber bald, und ich kann ihre erste literarische Dokumentierung nachweisen. In Tolstois Spät-Roman, ›Auferstehung‹, als Nechludow, der den Transport seiner ehemaligen Geliebten nach Sibirien begleitet hat, sich im Gasthof der Gouvernementsstadt wieder in zivilisierten Zustand bringt, da legt er ein gestärktes Hemd an und »Hosen mit Falten vom Liegen«. Vom Glattliegen der Hosen auf dem Stuhl also kamen ursprünglich die Falten, das Bügeleisen zog sie dann nach.

Die Pferdetrambahn trottete klingelnd durch die Straßen, und ich weiß noch, wie in München die letzte, mit Fähnchen geschmückt, in ihr Mausoleum gezogen wurde, da nun alle Linien elektrifiziert waren. Dem Übergang von der Petroleumlampe, der Gasflamme, die das Rampenlicht der Theater abgab, dem weiß leuchtenden Gas-Glühlichtstrumpf zum elektrischen Licht, – ich war davon Zeuge. Der erste Telephonkasten erschien in den Kontoren der Großkaufleute, wenn auch so bald noch nicht in den Wohnungen. Das Bicycle trat auf, in Europa Velociped genannt: als groteskes Hochrad zuerst, auf dem der Fahrer saß wie das Äffchen auf hohem Kamel und dessen winziges Hinterrad so leicht vornüberschlug; als englisches Niederrad dann, das bei uns den Namen ›Safety‹ führte. Safety! Es war das englische Kennwort der Zeit. Die bürgerliche Sicherheit und ihr Liberalismus waren englisch. Im Schatten und Schutz des Britischen Empire ruhte der Kontinent.

Safety und ›mündelsichere Anlagen‹ waren das Signum noch, die scheinbar unerschütterliche Lebensgrundlage meiner Jugend. Und doch war, dem Durchschnittsbürger unbewußt, dieser Grund angenagt, attackiert und tief in Zweifel gezogen – nicht sowohl politisch von der einst so schrecklichen Sozialdemokratie, die mehr und mehr verbürgerlichte, wie vom Geiste her und von der Kunst, von der Moralkritik, vom Ästhetizismus, von einem Anti-Liberalismus revolutionärer oder neokonservativer Haltung, von einer in neuem Kostüm herumziehenden Jugend, deren Lebensgefühl sich von dem der Väter radikal löste. Es war die Auflehnung gegen die ›gute Stube‹, den bürgerlichen Salon, eine Art von zigeunerisch-kampierender Freiluft-Gesundheit, die sich da manifestierte. Aber es gab ein anderes Zigeunertum, ein künstlerisches, literarisches, das mehr mit Haschisch und parfümierten Zigaretten als mit Gesundheit zu tun hatte: Das Wort ›décadence‹, von Nietzsche mit so viel psychologischer Virtuosität gehandhabt, drang ein in den intellektuellen Jargon der Zeit; ein deutsches novellistisches Sittenbild von damals, heute vergessen, hieß geradezu ›Roman aus der Décadence‹; müd' ästhetisierende Überreife, Verfall bildeten Thema und Tonfall der Lyrik von Hofmannsthal bis Trakl; und was das über Europa hingehende Schlagwort ›Fin de siècle‹ nun immer meinen mochte, Neu-Katholizismus, Satanismus, das geistige Verbrechen, die mürbe Überlieferung des Nervenrausches, – auf jeden Fall war es eine Formel des Ausklangs, die allzu modische und etwas geckenhafte Formel für das Gefühl des Endes, des Endes eines Zeitalters, des bürgerlichen.

Wenn ich zurückdenke – ich war nie modisch, habe nie das makabre Narrenkleid des Fin de siècle getragen, nie den Ehrgeiz gekannt, literarisch à la tête und auf der Höhe des Tages zu sein, nie einer Schule und Koterie angehört, die gerade obenauf war, weder der naturalistischen, noch der neu-romantischen, neuklassischen, symbolistischen, expressionistischen, oder wie sie nun hießen. Ich bin darum auch nie von einer Schule getragen, von Literaten selten gelobt worden. Sie sahen einen ›Bürger‹ in mir - nicht zu Unrecht, denn aus einem Instinkt, der bis ins Bewußtsein reichte, hielt ich fest an der mir eingeborenen bürgerlichen Überlieferung, dem Bildungsgut des neunzehnten Jahrhunderts, mit dem sich in mir ein ausgesprochener Sinn für Größe verband.

Tolstoi mochte ein Naturalist sein, – vor allem war er groß, riesengroß, vom Format des neunzehnten Jahrhunderts, diesem Format, das ich bewunderte und als Ideal, als eine Art von Bindung und Verpflichtung, als einen Anspruch, schwanker Jugend das Leben nicht gerade erleichternd, in mir trug. Auch Wagner war Naturalist, außerdem Symbolist und, Nietzsche zufolge, ein Décadent, nur, hauptsächlich, in Riesenformat. Zu der Zeit, als ich sein Werk liebend durchdrang, als meine jugendliche Begeisterung für ihn auf ihre Höhe kam und ›Der Ring des Nibelungen‹ mir als *das* Werk par excellence erschien – was es zuweilen noch tut –, da füllte dieses Werk zwar, wie noch heute, die Opernhäuser der Welt, aber intellektuelle Mode, dernier cri, der Gegenstand aktueller Diskussion war Wagner schon nicht mehr, ich war mit meinem brennenden, von Nietzsche's Kritik nur angestachelten Interesse für ihn eigentlich rückständig, ein Nachzügler, – so gut wie ich es war als Leser und hingerissener Bewunderer Schopenhauers. Denn als ich, anfangs meiner zwanziger Jahre, diese atheistische Metaphysik, diesen so musisch getönten Pessimismus in Geist und Seele aufnahm, mich bis zur Berauschung darein vertiefte, war Schopenhauer keineswegs mehr der Philosoph des Tages, er war von gestern oder vorgestern, war bürgerliches Zeitalter, Museum, *Bildung*, – die in mir noch einmal aus dem schon Historischen sich löste und leidenschaftliches Erleben wurde.

Diese rückwärtigen Bindungen waren eine persönliche Bedingung und Notwendigkeit. Der englische, russische, skandinavische Roman von 1850 und 60, Wagners episches Theater, Schopenhauers pessimistische Moral, Nietzsche's Décadence-Psychologie, die Artistik Flauberts und der Goncourts, dazu ein gut Teil niederdeutscher Humoristik, sie waren die Bildungselemente, die dem Erzählwerk des Dreiundzwanzig- bis Fünfundzwanzigjährigen, ›Buddenbrooks‹, erschienen genau um die Jahrhundertwende, zur Gestalt verhalfen, – einem Buch, das, altmodisch seinem Tempo und seinen Dimensionen nach, die Literaten ›nichts anging‹, aber vom gebildeten Bürgertum Deutschlands nach kurzem Zögern ergriffen und erhoben und sehr bald in alle europäischen Sprachen übersetzt wurde, weil das allgemeine Situationsgefühl an das seine anklang. Ich weiß noch, daß ich, während ich daran schrieb, die Frage eines Münchner Künstlers nach meinem Tun mit den eher verdrießlichen als hochgemuten Worten beantwortete: »Ach, es ist langweiliges, bürgerliches Zeug, aber es handelt vom Verfall, – das ist das Literarische daran.« Ich hatte persönlich-familiäre Erfahrungen zum Roman stilisiert, mit der Empfindung zwar, daß etwas ›Literarisches‹, das heißt Geistiges, das heißt Allgemeingültiges daran sei, aber doch ohne eigentliches Bewußtsein davon, daß ich, indem ich die Auflösung eines Bürgerhauses erzählte, von mehr Auflösung und Endzeit, einer weit größeren kulturell-sozialgeschichtlichen Zäsur gekündet hatte. Wie hätte ich sonst vierzehn Jahre später, als die Weltgeschichte selbst mit ihrer groben, blutigen Hand das Ende, die Wende, die große Zäsur markierte, mich zu der donquijotesken und weitläufigen, als Arbeit Jahre verschlingenden Verteidigung romantischer Bürgerlichkeit, des Nationalismus, des deutschen Krieges angehalten fühlen können, die unter dem Namen ›Betrachtungen eines Unpolitischen‹ unliebsam bekannt geworden ist? Die »rückwärtigen Bindungen«, von denen ich sprach und die mir zum Werke notwendig gewesen waren, machten sich nun mit negativem Effekte geltend: sie machten mich zum Reaktionär oder ließen mich doch einen Augenblick so erscheinen. Denn das Buch war im Innersten weit mehr Experimental- und Bildungsroman als politisches Manifest; es war, psychologisch genommen, eine lange *Erkundung* der konservativ-nationalen Sphäre in polemischer Form, ohne den Gedanken an endgültige Festlegung. Kaum war es fertig, 1918, so löste ich mich von ihm, – eine Lösung, die mir auf alle Weise erleichtert wurde: durch die stumpfe Ablehnung des Buches von seiten der Deutsch-Konservativen, denen es viel zu europäisch und zu liberal war; durch gewisse persönliche Berührungen mit diesen Kreisen in ihrer politischen und geistigen Realität, die mir den Schrecken ins Gebein jagten; und durch das Heraufkommen jener Welle von revolutionärem Obskurantismus im Geistigen und Wissenschaftlichen, einer mir grundunheimlichen Bewegung, welche Nationalität gegen Humanität stellte und diese als das Absinkende, Zurückbleibende traktierte, – kurz, durch das Heraufkommen des Faschismus.

Meine Zeit – ich habe, das darf ich sagen, nie ihren Liebediener und Schmeichler gemacht, weder im Künstlerischen noch im Politisch-Moralischen; indem ich sie ausdrückte, war ich ihr meistens entgegen, und wenn ich Stellungen bezog, geschah es regelmäßig im unvorteilhaftesten Augenblick. Ich war national, als der explosive Pazifismus der Expressionisten an der Tagesordnung war, und ich wehrte mich mit Grauen gegen den Anti-Humanismus und Irrationalismus der Intellektuellen von 1920 oder 25, dessen politische Konsequenzen damals den wenigsten sichtbar waren. Bloße vier Jahre nach dem Erscheinen der ›Betrachtungen‹ fand ich mich als Verteidiger der demokratischen Republik, dieses schwachen Geschöpfes der Niederlage, und als Anti-Nationalist, ohne daß ich irgendeines Bruches in meiner Existenz gewahr geworden wäre, ohne das leiseste Gefühl, daß ich irgend etwas abzuschwören gehabt hätte. Gerade der Antihumanismus der Zeit machte mir klar, daß ich nie etwas getan hatte – oder doch hatte tun wollen –, als die Humanität zu verteidigen. Ich werde nie etwas anderes tun.

Meine Zeit – sie war wechselvoll, aber mein Leben in ihr ist eine Einheit. Die Ordnung, in der es zahlenmäßig zu ihr steht, erregt mir das Wohlgefallen, das ich an aller Ordnung und Stimmigkeit finde. Als man 1900 schrieb, war ich fünfundzwanzig Jahre alt und mit ›Buddenbrooks‹ fertig. Als das Jahrhundert so alt war, wie ich damals, und ich so alt, wie das Jahrhundert nun ist, nämlich fünfzig, – im Jahre 1925 also, erschien der ›Zauberberg‹.

Ein Buch, geschrieben unter wie anderen Umständen als das Werk meiner Jugend! Der Erste Weltkrieg lag zurück, der Roman war durch ihn hindurchgegangen, wie das junge Geschlecht, das sinn- und zwecklos in ihm gekämpft und gelitten hatte, – ein Geschlecht, gründlich verschieden nach seiner seelischen Verfassung von den zeitlichen Geschwistern Hanno Buddenbrooks und Tonio Krögers, entbürgerlicht völlig und enthumanisiert, gestählt und zerrüttet zugleich, athletisch und verzweifelt. Der Nihilismus, den Nietzsche als unabwendbar angekündigt und der sich als geistige Lebensform durch den Zweiten Weltkrieg vollenden sollte, war in den Spitzen der Intelligenz, in den Schriften eines Ernst Jünger etwa, schon fix und fertig. Den Nationalsozialismus hat ein in ihm Erfahrener

»die Revolution des Nihilismus« genannt, – er war es, im Gemisch mit sinistren Gläubigkeiten an das Inhumane, das Vorvernünftige und Chthonische, an Erde, Volk, Blut, Vergangenheit und Tod. Nicht als ob diese Ingredienzien der Zeit meinem höheren Mannesalter so ganz neu gewesen wären. Wenn ich aber von einem Vorteil sprach, den der 1875 Geborene vor denen besitze, die gleich in die nachbürgerliche Welt eintraten, und zwar von einem Bildungsvorteil, so meinte ich dies: daß wir Alten die Reaktion auf Liberalismus und Rationalismus noch in der Form höchster Bildung, als dunkle Spielart des Humanismus gekannt haben; als einen Pessimismus, der die Prosa unserer großen humanen Bildungsepoche schrieb und dessen stolze Misanthropie nie die Ehrfurcht vor der Idee, der höheren Berufung, der Würde des Menschen verleugnete. Ich spreche von Schopenhauer, aber ich spreche selbst von Nietzsche noch, der von ihm herkam, der seinen Pessimismus ins Dionysische umdichtete, aber auch im Abfall sein Schüler blieb und, ein Humanist noch in seinen schrillsten und leidendsten Exzentrizitäten, die Erhöhung des Menschen, seine von moralischen Demütigungen befreite Zukunft in den Mittelpunkt seiner Philosophie stellte.

Das Erzählwerk meines Mannesalters, ›Der Zauberberg‹, war ein humanistisches Denkwerk auch; seine humoristische Symbolik drehte sich um das »Sorgenkind des Lebens«, den Menschen, und die Frage nach seinem Stand und Staat; ein Menschheitsbuch wollte es sein, so gut wie danach die den dreißiger Jahren angehörigen Josephsgeschichten, die zum großen Teil schon ein Geschenk Amerikas waren. Sein äußerer Schauplatz war der engste – ein international besuchtes Schweizer Gebirgstal –, sein innerer weit: er umfaßt, vierzehn Jahre vor dem Zweiten Weltkrieg, die ganze abendländische politisch-moralische Dialektik, die noch heute, ihrer menschlichen Synthese harrend, kämpferisch fortwährt, wodurch ihm durch fünfundzwanzig Jahre eine gewisse Gegenwärtigkeit seiner Thematik gewahrt blieb. Nicht mehr, wie in den ›Betrachtungen‹, die dem Roman Vorarbeit geleistet hatten, ging es darin um die Verteidigung von Geist und Kunst gegen die Politik, diese war beherrschend geworden, obgleich die Kunst mit ihr zu spielen schien, und gegeneinander standen, in pädagogischem Disput um eine Seele, die Seele des Abendlandes, ringend, ihre noch bürgerliche Moral und die nicht mehr bürgerliche, die Politik als Humanität und als asketische Inhumanität, die Demokratie, in freundschaftlicher Ironisierung bereits, und, verkörpert durch einen jesuitisch erzogenen Kommunisten, die Grausamkeit der dogmatischen Diktatur, die eiserne Bindung durch den totalen Staat.

Wenn sich der Roman von der demokratischen Rhetorik, dem politischen bel canto des Mazzini-Schülers humoristisch distanziert, – die Ideen des Terrors und der Menschenknechtung zeigt er doch in weit unheimlicherem Licht, und ich will bekennen – es scheint mir nach vielen Mißverständnissen der rechte Augenblick dafür –, daß diese Scheu vor dem totalitären Dogmatismus, dieser Schrecken vor dem Schrecken, mir in fünfundzwanzig Jahren geblieben ist und daß ich nie sein Parteigänger werden kann. Nicht aus altmodischem Liberalismus und weil ich das Langen und Bangen der Menschheit nach neuen absoluten Bindungen, wie einst die Religion sie bot, nicht verstände. Sondern von wegen des prinzipiellen Unverhältnisses des Totalitarismus zur Wahrheit, das mir gegen die tiefsten Instinkte geht. Als Schriftsteller, als Psycholog, als Darsteller des Menschlichen bin ich der Wahrheit verschworen und auf sie angewiesen. Ich liebe ihren Reiz, wie ich durchdrungen bin von ihrer Würde und von der Verächtlichkeit des Unwahren. Die Illusion ist künstlerisch; die Lüge ist unerträglich, ästhetisch wie moralisch, und es zeigt sich da, daß diese beiden Bereiche näher verwandt sind, zu größerem Teile sich decken, als ihre einander oft befehdenden Protagonisten wohl meinen. Nun aber verlangt der totale Staat, daß man an Lügen glaube. Nicht nur er, das weiß ich. Gelogen wird überall, auch in der liberalen Welt. Das Interesse braucht ideologischen Schmuck, die Machtpolitik kleidet sich in Messianismus, und was man Propaganda nennt, hat nirgends viel mit Wahrheit zu tun. Aber nicht das ist es, was ich meine. Ein bißchen Schwindel, selbst viel davon, ist noch nicht Glaube an die Lüge – und zwar an die Lüge als geschichtsbildende Macht. Man darf ja zweifeln, ob die Geschichte die Verwirklicherin der Wahrheit ist, – und dieser Zweifel ist es, der sie mir weitgehend entfremdet. Den geborenen Historiker läßt er geruhig. Gregorovius, in seiner ›Geschichte der Stadt Rom im Mittelalter‹, dort, wo er von der Entstehung der christlichen Kirche und ihrer Glaubenssätze, zum Beispiel dem Primat des römischen Bischofs, also von der Durchsetzung der Papstherrschaft handelt, schreibt in voller Gelassenheit den Satz: »Wenn nun die Macht einer übrigens ehrwürdigen, auf dem Glauben von Jahrhunderten ruhenden Überlieferung *wunderbar* erscheint, so erwäge man, daß in jeder Gestalt gewinnenden Religion *Traditionen und Legenden den Grund für praktische Wirkung bilden.* Sobald sie die Welt anerkannt hat, werden sie in ihr zu Tatsachen.« –

Ein eigentümliches Grauen geht für mich von dem phlegmatischen Satze aus. Wie ist das? Legenden können, »wenn die Welt sie anerkennt«, zur Wahrheit – Mythen, Märchen, Fälschungen, Lügen zur Grundlage der geschichtlichen Wirklichkeit werden? Ja, es wäre dies das eigentliche und wesentliche Werk der Geschichte? Dann ist sie eine widerwärtige Art von Poesie, die Poesie der Gewalt, denn alles Wahrwerden des Unwahren ist letzten Endes Gewalt, wie noch die mildeste Ausnutzung des menschlichen Glaubensbedürfnisses Gewalt ist. Genau dies aber, daß die Lüge durch Gewalt zur Wahrheit und zum Fundament des Lebens werden kann, ist es, was der Totalitarismus der Geschichte abgelernt hat, was er an ihren Kreationen bewundert und womit er seinerseits Geschichte zu machen entschlossen ist. Für ihn ist es nicht die Wahrheit, die selig macht (was auch keineswegs in ihrer Natur liegt), sondern »der Glaube macht selig«, der befohlene und erzwungene Glaube an einen allein seligmachenden Mythus. Mit einem Wort, der totalitäre Staatsmann ist ein Religionsstifter, – richtiger gesagt: der Stifter eines unfehlbaren, inquisitiven, jede Häresie gewalttätig unterdrükkenden und dabei auf Legenden ruhenden Dogmensystems, dem sich die Wahrheit in strenger Askese unterzuordnen hat.

Es ist kein Wunder, daß in unserer Welt eines an sich verzweifelnden oder doch an sich zweifelnden Liberalismus eine solche Gründung Erfolg hatte, soviel Schauriges davon ausgeht für den durch die Kunst an Freiheit Gewöhnten, – durch sie, in welcher Freiheit vielleicht allein möglich und natürlich ist. Beinahe vom Augenblick ihrer Geburt an war die Freiheit ihrer selbst müde und spähte aus nach neuer Bindung, neuer Einschränkung, nach etwas absolut Ehrfurcht Gebietendem, einem zentripetalen Ideen- und Moralsystem. Es stellte sich heraus, daß in der individualistischen Diaspora der Mensch nicht zu leben vermag, daß es in ihr wohl gar keine Menschheit geben kann. Nichts ist naiver, als die Freiheit fröhlich moralisierend gegen den Despotismus auszuspielen, denn sie ist ein beängstigendes Problem, beängstigend in dem Maße, daß es sich fragt, ob der Mensch um seiner seelischen und metaphysischen Geborgenheit willen nicht lieber den Schrecken will als die Freiheit. Davon ist im ›Zauberberg‹ und auch in dem Roman meines Alters, dem ›Doktor Faustus‹, viel die Rede.

Der heilige Schrecken, die neue Kirche, der neue universelle Bindung bietende Glaube, welcher zu all seinen anderen Verheißungen Befreiung von der Freiheit verheißt, ist gefunden: Das byzantinische Rußland, wo es bürgerliche Demokratie nie gegeben hat und Despotie gewohnte Lebensluft ist, schuf ihn; auf dem Grunde einer durchaus nicht östlichen, sondern der Entwicklung des westlichen Industrialismus entstammenden panökonomischen Welterklärung und Heilslehre von bedingtem Wahrheitsgehalt errichtete es seine rechtgläubige, angeblich allein seligmachende Kirche mit heiligen Büchern, einem sakrosankten Dogmengebäude und allem Zubehör. Da sie zugleich Staat ist, diese Kirche, so treibt sie Machtpolitik – wen wundert es? Welteroberung ist ein uralter Traum, und jeder Glaube will die Welt erobern – auf die Gefahr hin, daß er dabei zum bloßen Mittel der Welteroberung wird.

Ich möchte keinen Zweifel lassen an meiner Ehrerbietung vor dem meiner Zeit angehörigen historischen Ereignis der Russischen Revolution. Sie hat in ihrem Lande längst unmöglich gewordene, anachronistische Zustände beendet, ein zu neunzig Prozent analphabetisches Volk intellektuell gehoben, das Lebensniveau seiner Massen unendlich menschlicher gestaltet. Sie ist die große soziale Revolution nach der politischen von 1789 und wird wie diese ihre Spuren zurücklassen in allem menschlichen Zusammenleben. Wenn nichts anderes mir Achtung für sie geböte, so wäre es ihre unveränderliche Gegenstellung zum Faschismus italienischer oder deutscher Färbung, – dieser rein reaktiven und läppischen Nachäffung des Bolschewismus, einer Afterrevolution ohne jede Beziehung zur Idee der Menschheit und ihrer Zukunft. Eine solche Beziehung wird niemand der großen Russischen Revolution abstreiten. Was ihr das tragische Gepräge verleiht, ist, daß sie sich eben in Rußland vollzog und das spezifische Signum russischen Schicksals und Charakters trägt. Durch lange Jahrzehnte haben in dem ungeheuren Lande Autokratie und Revolution einen erbarmungslosen Kampf gegeneinander geführt, einen Kampf mit allen Mitteln – es gab keinen Terror, den sie verschmähten. In diesem Kampf waren die Sympathien der Demokratie, auch der amerikanischen, stets auf seiten der Revolution; denn von ihrem Siege erwartete man ein freies Rußland, frei im Sinne der Demokratie. Das Resultat war anders, es war russisch. Autokratie und Revolution haben, im Ergebnis, einander gefunden, und was uns vor Augen steht, ist die autokratische Revolution, die Revolution im byzantinischen Kleide und als Welterlösungsanspruch, welcher dem westlichen Anspruch auf Weltgewinnung und geistiger wie materieller Weltherrschaft in einem historischen Wettstreit größten Stils gegenübersteht.

Daß der Kampf der beiden Imperialismen in dem Augenblick entbrennt oder zu entbrennen droht, wo die Entwicklung der Technik, wie ich sagte, auf einen schwindelnden Gipfel gelangt ist und die Wissenschaft Zerstörungsmittel bereit hält, welche die Existenz der Menschheit selbst bedrohen, ist eine finstere Fügung der Geschichte. Denn um die Menschheit und ihr Heil, nicht um ihren Untergang, ist es ja beiden Teilen zu tun. Wer wollte Rußland, dem ewigen Rußland, die Menschlichkeit absprechen? Eine tiefere gab es nie und nirgends als in der russischen Literatur, – der *heiligen* russischen Literatur, wie ich sie in einer Jugendnovelle genannt habe. Goethe, auf die deutschen Freiheitskriege zurückblickend, zu denen er sich kalt verhalten hatte, sagte: »Wie hätte ich die Franzosen hassen sollen? Zu viel verdanke ich ihnen von meiner Bildung.« Von meiner Bildung zu viel verdanke ich dem russischen Gedanken, der russischen Seele, als daß die Machtpolitik es fertigbrächte, mich zum Haß auf Rußland zu bewegen, und was den Kommunismus betrifft, der mir fremd ist, der aber tiefe Wurzeln hat im russischen Menschentum, so war es erst gestern, daß die westliche Demokratie, um ihr Leben zu wahren, mit dem russischen Kommunismus zusammenstand im Kriege gegen den Nazi-Faschismus. Heute glaubt man an die Notwendigkeit, die letzten Erinnerungen an dieses Gestern als hochverräterisch auszutreten; und doch meine ich, daß aus dem Fortbestehen dieser Kampfgemeinschaft, zu dem freilich auf beiden Seiten mehr Weisheit gehört hätte, für die Menschheit Großes und Gutes hätte erwachsen können, während doch keinem sehenden Auge entgeht, daß der gegenwärtige chronische Konfliktzustand auf keinen Fall zu irgend etwas Gutem führen kann.

Führt er nicht unversehens zum wirklichen Kriege, dem aussichtslosesten und verzweifeltsten Abenteuer, in das die Menschheit sich je gestürzt hat, einem Abenteuer, zu dem niemand das Zeichen gäbe, ohne moralisch des Todes zu sein, so hält dieser chronische Konflikt doch auf jeden Fall die Völker nieder, hält sie gebunden in Haß und Furcht, zwingt sie, ihre besten Kräfte im Dienst von Haß und Furcht zu vergeuden, hält alles auf, alles zurück, hindert jeden Fortschritt, bringt die Menschen intellektuell herunter, lähmt in großen Nationen das Rechtsgefühl, beraubt sie des Verstandes und macht sie durch Narreteien, zu denen Verfolgungswahn und Verfolgungssucht sie verleiten, voreinander lächerlich. Das Bild des heißen Krieges malt niemand sich aus. Dasjenige des chronischen kalten haben wir vor Augen und sehen, daß er zerstört, was er bewahren will: die Demokratie. Denn sie unterliegt der Versuchung, den Teufel mit Beelzebub auszutreiben und den Faschismus zum Waffengefährten zu nehmen, ihn zu stützen und wieder großzuziehen, – was man nicht anderwärts in der Welt tun kann, ohne auch bei sich zu Haus seinem Ungeist zu verfallen. Der bürgerlichen Demokratie sollte das Wort im Ohr klingen: »Was nützte es dem Menschen, wenn er die ganze Welt gewönne und nähme doch Schaden an seiner Seele?«

Aus der Tiefe der Menschenbrust löst sich heute der Schrei: »Friede, um Gottes willen Friede!« Amerika und Rußland, diese beiden gutmütigen Riesen, – anfällig beide, das ist wahr, der eine für kopflose Hysterie, der andere für Ausbrüche sarmatischer Wildheit, – muß notwendig einer den anderen erschlagen, wie Fafner den Fasolt, damit der eine allein auf dem Hort der Welt liege und schlafe? Es wird nichts da sein, worauf er seinen Drachenbauch legen kann; die Hydrogenbombe, statt der Keule verwendet, läßt nichts übrig, keinen hütenswerten Schatz, auch nicht die Demokratie. Die Kolosse des Ostens und Westens, der eine mit seiner alten, melancholischen Geschichte, der andere mit seiner jungen und freudigen, – wieviel haben sie doch miteinander gemein, was Haß und Furcht heute gänzlich aus dem Bewußtsein verdrängen wollen! Schon ihre Größe selbst schafft eine Verwandtschaft zwischen ihnen, die Großräumigkeit ihres Daseins, die auch ein besonderes Verhältnis zur Zeit mit sich bringt, eine gewisse unbekümmerte Großzügigkeit der Zeitbewirtschaftung: sie haben Zeit, sie nehmen sich Zeit, sie kennen keine Ungeduld, – ich habe noch nie einen ungeduldigen Amerikaner, noch einen Russen gesehen, der die Geduld verlor. Vor kurzem war bei uns eine Ausstellung von Bildern eines sehr kunstfertigen Photographen zu sehen, die allerlei gut gewählte Motive aus dem breiten amerikanischen Leben, Farmszenen, amerikanische Menschen bei der Landbestellung und bei industrieller Arbeit zeigten. Erstaunlich fiel es auf, wie russisch bis ins Physiognomische hinein vieles davon anmutete. Zwischen russischer und amerikanischer Menschlichkeit gibt es viel merkwürdig Verwandtes: das angeboren Demokratische vor allem, eine Zutraulichkeit, Offenheit, Unreserviertheit des menschlichen Zusammenlebens, die sich so fühlbar von dem absperrenden Individualismus des französischen oder englischen Charakters unterscheidet. Es ist bekannt, daß unsere Soldaten sich bei einigen Gelegenheiten, die der Krieg zu Begegnungen mit russischen Kameraden bot, in Iran etwa und in Deutschland, ausgezeichnet mit ihnen verstanden und vertragen haben, – tatsächlich besser, als mit französischen und englischen. Eine gewisse fröhliche Primitivität auf beiden Seiten, im Trinken, im Lieben, in der gesamten Lebenslaune, machte gute Freunde aus ihnen, ohne daß der eine mehr als zwei oder drei Worte von des anderen Sprache verstand.

Wanja und Sam oder Jim wollen einander nicht an die Kehle, weil ihre Landesverfassungen divergieren. Die Grundprinzipien der Demokratie divergieren: Freiheit und Gleichheit. Sie widersprechen einander und können nie zu idealer Vereinigung gelangen, denn Gleichheit trägt in sich die Tyrannei und Freiheit die anarchische Auflösung. Die Aufgabe der Menschheit ist heute, ein neues Gleichgewicht zwischen ihnen zu finden, sie eine neue Verbindung eingehen zu lassen, in der sich freilich nicht die Tatsache wird verleugnen können, daß Gerechtigkeit die herrschende Idee der Epoche, ihre Verwirklichung, soweit sie in Menschenkräften steht, eine Angelegenheit des Weltgewissens geworden ist. Die bürgerliche Revolution muß sich ins Ökonomische fortentwickeln, die liberale Demokratie zur sozialen werden. Jeder weiß das im Grunde, und wenn Goethe gegen das Ende seines Lebens erklärte, jeder vernünftige Mensch sei doch ein gemäßigter Liberaler, so heißt das Wort heute: Jeder vernünftige Mensch ist ein gemäßigter Sozialist. Nun weiß ich wohl, daß gerade der »gemäßigte«, der humanistisch gezügelte, der liberale Sozialismus, also die Sozialdemokratie, den totalitären Kommunismus am allerbittersten haßt. Das ist in Amerika nicht anders, als es in Deutschland war. Und doch glaube ich, daß schon die Bereitwilligkeit in unserem Lager, einzuräumen, daß eine soziale Reform der Freiheit fällig und geboten ist, schon die Abkehr von dem Aberglauben, man müsse überall in der Welt den Sozialismus niederhalten und lieber sich mit dem Faschismus verbünden, als zuzulassen, daß irgendwo free enterprise Schaden nehme, – ich glaube, daß schon dies eine solche Veränderung der Atmosphäre mit sich bringen würde, daß dem russisch-amerikanischen Gegensatz viel, ja Entscheidendes von seiner Schärfe genommen wäre.

Man hat mir gelegentlich nachgesagt, ich müsse immer patriotisch sein, wenn nicht mehr als Deutscher, so nun als Amerikaner. Daran mag etwas Wahres sein. Und der patriotische Traum meines Alters ist denn also, Amerika möchte sich zu der moralischen Kühnheit erheben, die seiner Stärke entspricht, und die Initiative ergreifen zu einer universellen Friedenskonferenz, auf der nicht nur dem verderblichen Wettrüsten ein Ende gemacht, sondern, im wohlverstandenen nationalen Interesse aller, auch Amerikas, der Plan entworfen werden sollte zu einer *umfassenden Finanzierung des Friedens*, zu einer Konsolidierung aller ökonomischen Kräfte der Völker im Dienst gemeinsamer Verwaltung der Erde und einer Verteilung ihrer Güter, welche schmähliche Armut und Hungersnot von ihrem Angesicht tilgte und unnotwendiges, von Gott nicht gewolltes, sondern nur vom Menschen verschuldetes Leiden aus der Welt schaffte. Es wäre der humanistische Kommunismus, der dem inhumanen den Rang abliefe; und erst, wenn Rußland eine solche Weltplanung, die Vorbereitung zu einer Gesetz und Frieden schützenden Weltregierung verschmähte und sich in nationalem Eigensinn davon ausschlösse, erst dann und nur dann wäre bewiesen, was man sehr voreilig als bewiesen ausgibt, daß Rußland den Frieden nicht will.

Man sagt, es wolle ihn nur aus der Überzeugung, daß für seine Sache die Zeit arbeite. Es mag sein, daß sie das tut, aber sie tut es auch für uns, und Amerika wird im Vertrauen auf die Zeit Rußland nichts nachgeben. Sie sind beide groß und geduldig. Die Zeit arbeitet für uns alle, wenn wir sie gewähren lassen bei ihrem Werk des Ausgleichs und der Aufhebung von Gegensätzen zu höherer Einheit und wenn wir sie, der einzelne und die Völker, erfüllen mit der Arbeit an uns selbst. Die Zeit ist ein kostbares Geschenk, uns gegeben, damit wir in ihr klüger, besser, reifer, vollkommener werden. Sie ist der Friede selbst, und Krieg ist nichts als das wilde Verschmähen der Zeit, der Ausbruch aus ihr in sinnlose Ungeduld.

Wer fünfundsiebzig Jahre dahier verbracht hat, der weiß etwas von der Gnade der Zeit und ihrer geduldigen Erfüllung. Er hat auch eine gewisse Anhänglichkeit gefaßt an diese grüne Erde, und wenn er, wie bald! hinabsinkt in ihren Schoß, so gönnt er den Menschengeschlechtern, die droben durchs Licht ziehen, daß ihr Los nicht Elend sei und die Schmach der Vertierung, sondern Friede und Freude.

Lübeck als geistige Lebensform

Wie alles war in der Welt entzweit,
Fand jeder in Mauern gute Zeit:
Der Ritter duckte sich hinein,
Bauer in Not fand's auch gar fein.
Wo kam die schönste Bildung her,
Und wenn sie nicht vom Bürger wär'?
Goethe

Meine lieben Mitbürger! Wollen Sie mir erlauben, daß ich mich heute dieser Anrede bediene, dieser und keiner anderen? Wenn ich sonst vor Ihnen stand – es geschah ja schon das eine und andere Mal in den letzten Jahren –, so benutzte ich die übliche, sagte »Meine Damen und Herren«. Aber als die ehrenvolle Einladung an mich erging, zu diesem Feste zu Ihnen zu kommen, und ich zu überlegen begann – droben in Arosa, in Decken auf meinem Zauberberg-Balkon, hinter dessen Gitter Berge und Fichtenwald in wenig mailichem Schneegedünste lagen – wie und was ich bei dieser Gelegenheit zu Ihnen reden sollte, da stand mir das eine zuerst und vor allem fest, daß ich unter so landsmännisch-heimatlich-festlichen Umständen noch niemals vor Ihnen gestanden sei und daß ich nicht wie sonst überall beginnen, sondern Sie als meine Mitbürger anreden wollte.

Ich gestehe, mehr wußte ich lange nicht, und – Sie werden lächeln – viel mehr weiß ich auch heute und jetzt nicht, da ich vor Ihnen stehe und sprechen soll. Mein sogenannter Vortrag, für den einen Titel zu finden schwer war, ist schon enthalten in dieser intimen und herzlichen Anrede; er ist eigentlich nur daraus zu entwickeln; und wenn ich ihm endlich die Überschrift gegeben habe: ›Lübeck als geistige Lebensform‹, so ist das ein Nottitel, der im voraus keine Vorstellung gibt von der Vertraulichkeit der Unterhaltung, die ich in dieser Nachmittagsstunde mit Ihnen, meinen Landsleuten, zu pflegen im Begriffe bin. Von Lübeck sollte natürlich die Rede sein, aber Sie haben von mir gewiß keine gelehrte Auseinandersetzung historischer Art erwartet, wie Ihnen dergleichen in diesen Jubiläumstagen wahrscheinlich gedruckt und mündlich vielfach geboten wurde. Persönlicherer Äußerungen haben Sie sich von mir versehen, besonders, da man Ihnen, glaube ich, angekündigt hat, ich würde ›Jugenderinnerungen‹ an Lübeck zum besten geben. Aber das ist nicht das richtige Wort. Ich habe mit Jugenderinnerungen in meiner Produktion ja nie gespart und könnte mich hier nur wiederholen. Von Jugenderinnerungen lebt der ganze Roman, der unter meinen Büchern zu Lübeck die unmittelbarsten stofflichen Beziehungen besitzt: ›Buddenbrooks‹; und Jugenderinnerungen spielen stark in die Künstlernovelle hinein, die, ihm atmosphärisch nächstverwandt, auf ihn folgte, den ›Tonio Kröger‹. Nicht um direkte und anekdotische Kindheits- und Ursprungsreminiszenzen ist es mir hier und heute zu tun, sondern um Geistigeres und Wesentlicheres, um ein Bekenntnis, abzulegen vor Ihnen, meinen Mitbürgern, ein Bekenntnis zu Lübeck ›als Lebensform‹. Denn offen gestanden, wenn ich für meinen Vortrag eben diesen Titel wählte: ›Lübeck als geistige Lebensform‹, so ist die Lebensform und Lebensauswirkung *eines Lübekkers* gemeint, des Lübeckers, der vor Ihnen spricht, der ein Künstler, ein Schriftsteller, ein Dichter, wenn Sie wollen, geworden, und als Künstler, als Schriftsteller ein Lübecker geblieben ist. Insofern allerdings ist das, was ich heute zu geben habe, Autobiographie, Erinnerung: Selbsterinnerung und Selbsterkenntnis, die Sie mir, bitte, nicht als Selbstgefälligkeit auslegen wollen. Vielmehr muß ich hoffen, daß Sie sie mit mir in ihrer Vertraulichkeit als gerechtfertigt empfinden werden durch den Stolz und die Festlichkeit unseres gemeinsamen historischen Gedenkens.

Vielleicht haben manche von Ihnen schon von einem Gelehrten, einem Literaturforscher gehört, der den neuen, merkwürdigen und übrigens sehr deutschen Versuch unternommen hat, eine kritische Ordnung unseres Schrifttums nicht nach Schulen und Richtungen, sondern nach Stämmen, eine landschaftliche Literaturgeschichte also, aufzustellen. Nun denn, wenn ich sagte, daß ich als Künstler Lübecker geblieben sei, so meine ich damit und bin mir dessen bewußt, daß ich im Nadler'schen Sinn das Patrizisch-Städtische, das stammesmäßig Lübeckische oder das allgemein Hanseatische heute, und zwar nicht nur durch den Lübecker Roman ›Buddenbrooks‹, literarisch-dichterisch darstelle und vertrete, wobei nur zu begreiflich ist, daß meine Landsleute eine solche Repräsentation lange Zeit durchaus nicht anerkennen wollten und viel eher den Eindruck der Mißratenheit und des Verrats als den der Echtheit und Treue hatten. Sie waren an anderes gewöhnt. Sie hatten ihr Repräsentanten-Denkmal auf dem Platze hier in der Nähe (in Lübeck ist ja alles ›in der Nähe‹): den thronenden Poeten, zu dessen Füßen der klassizistische Genius mit der gebrochenen Schwinge lehnt, das Standbild dessen, der gesungen hatte:

> Wie steigst, o Lübeck, du herauf
> In alter Pracht vor meinen Sinnen
> An des beflaggten Stromes Lauf –

gesungen, sage ich, in dem pompösen Sinn, in dem heute niemand mehr singt. Ich habe Emanuel von Geibel als Kind noch gesehen, in Travemünde, mit seinem weißen Knebelbart und seinem Plaid über der Schulter, und bin von ihm um meiner Eltern willen sogar freundlich angeredet worden. Als er gestorben war, erzählte man sich, eine alte Frau auf der Straße habe gefragt: »Wer kriegt nu de Stell? Wer ward nu Dichter?« – Nun, meine geehrten Zuhörer, niemand hat »de Stell« bekommen, »de Stell« war mit ihrem Inhaber und seiner alabasternen Form dahingegangen, der Laureatus mit dem klassisch-romantischen ›Saitenspiel‹ konnte keinen Nachfolger haben, das erlaubte die Zeit, die fortschreitende, sich wandelnde Zeit nicht, und was sich nunmehr als literarischer Ausdruck lübeckischen Wesens auszugeben wagte, das war als solcher zunächst wahrhaftig nicht wiederzuerkennen.

Vor allem war es nicht Lyrik mehr und klingendes Hochgefühl, es war psychologische Prosa, es war ein naturalistischer Roman, in seinem literarischen Habitus stark international bestimmt, und statt jenes priesterlichen Schönheitsidealismus, der der guten alten Trave so kleidsam zustatten gekommen war, erzählte er auf teils düstere, teils komische Art von Lebensdingen, von Geburten, Taufen, Hochzeiten und bitteren Sterbefällen, vermischte er pessimistische Metaphysik mit einer satirischen Charakteristik, die im ersten Augenblick, und nicht nur im ersten, als das Gegenteil von Liebe, Sympathie, Verbundenheit wirken mußte, so sehr als das Gegenteil, daß hier zu Hause dem viel angeführten Wort von dem Vogel, der sein eigenes Nest beschmutzt, nur wenige zu widersprechen wagten.

Vielleicht wagte nicht einmal der junge Autor und Übeltäter selbst, ihm zu widersprechen. Ihm war es ja, offen gestanden, wirklich nicht um eine Glorifikation Lübecks zu tun gewesen, sondern um den aus allen literarischen Zonen und außerdem von Wagner her beeinflußten Versuch eines Prosa-Epos, in das er die recht unlübeckischen geistigen Erlebnisse einströmen ließ, die seine zwanzig Jahre erschüttert hatten: den musikalischen Pessimismus Schopenhauers, die Verfallspsychologie Nietzsche's, und dessen örtlich-stoffliches Teil ihn im Grunde wenig begeisterte. Dieses hatte sich ihm angeboten als das, was er beherrschte, womit er sein ernstes Spiel treiben mochte; es war, wie es in ›Dichtung und Wahrheit‹ heißt, »das Nächstvergangene, das in vermögender Jugendzeit der Genius ihn antrieb festzuhalten, zu schildern und kühn genug zur günstigen Stunde öffentlich aufzustellen«.

Werde ich Sie langweilen, wenn ich Ihnen ein wenig von der Entstehungsgeschichte des Buches erzähle? Ein paar novellistisch präludierende Versuche waren schon vorangegangen, und die psychologische short story war es, die ich endgültig für mein Genre hielt: ich glaubte nicht, daß ich es je mit einer großen Komposition würde aufnehmen können und wollen. Da geschah es, daß ich in Rom, wo ich damals mit meinem Bruder vorläufig lebte, einen französischen Roman, die ›Renée Mauperin‹ der Brüder Goncourt, las und wiederlas, mit einem Entzükken über die Leichtigkeit, Geglücktheit und Präzision dieses in ganz kurzen Kapiteln komponierten Werkes, einer Bewunderung, die produktiv wurde und mich denken ließ, dergleichen müsse doch schließlich auch wohl zu machen sein. Nicht Zola also, wie man vielfach angenommen hat – ich kannte ihn damals gar nicht –, sondern die sehr viel artistischeren Goncourts waren es, die mich in Bewegung setzten, und als weitere Vorbilder boten skandinavische Familienromane sich an, legten sich als Vorbilder darum nahe, weil es ja eine Familiengeschichte, und zwar eine handelsstädtische, der skandinavischen Sphäre schon nahe, war, die mir vorschwebte. Auch dem Umfang nach wurde dann etwas den Büchern Kiellands und Jonas Lie's Entsprechendes konzipiert: zweihundertfünfzig Seiten, nicht mehr, in fünfzehn Kapiteln – ich weiß es noch, wie ich sie aufstellte. Und so ging es denn an ein Notizenmachen, ein Entwerfen chronologischer Schemata und genauer Stammbäume, ein Sammeln psychologischer Pointen und gegenständlichen Materials – ich wußte nicht genug, ich wandte mich mit allerlei geschäftlichen, städtischen, wirtschaftsgeschichtlichen, politischen Fragen nach Lübeck, an einen nun längst verstorbenen Verwandten, einen Vetter meines Vaters, den soldatisch liebenswürdigen Konsul Wilhelm Marty, an den vielleicht einige unter Ihnen sich noch erinnern, und ich vergesse nie, mit welcher Gefälligkeit er, der Lübecker Kaufmann, von dem doch viel Verständnis für meine offenbar brotlosen Pläne wirklich nicht zu verlangen war, in langen Schreibmaschinen-Ausführungen meiner Ignoranz abzuhelfen suchte.

In Rom also schichtete ich langsam Blatt für Blatt die ersten Teile auf, und ein schon auffallend stattliches Manuskript begleitete mich nach München, wo ich zu schreiben fortfuhr. Ja, was war im Begriffe, aus den zweihundertfünfzig Seiten zu werden! Die Arbeit schwoll mir unter den Händen auf; alles nahm ungeheuer viel mehr Raum (und Zeit) in Anspruch, als ich mir hatte träumen lassen; während ich mich eigentlich nur für die Geschichte des sensitiven Spätlings Hanno und allenfalls für die des Thomas Buddenbrook interessiert hatte, nahm all das, was ich nur als Vorgeschichte behandeln zu können geglaubt hatte, sehr selbständige, sehr eigenberechtigte Gestalt an, und ein wenig fühlte sich meine Sorge über dies Wachstum erinnert an das ›Ring‹-Erlebnis Wagners, dem aus der Konzeption von ›Siegfrieds Tod‹ die leitmotiv-durchwobene Tetralogie geworden war.

Es ist etwas höchst Merkwürdiges um diesen Eigenwillen eines Werkes, das werden soll, das ideell eigentlich schon da ist und bei dessen Verwirklichung den Autor selbst die größten Überraschungen treffen. Ein erstes Werk, welche Schule der Erfahrung für den jungen Künstler – der objektiven und subjektiven Erfahrung! Was das eigentlich sei, das Element des Epischen, ich erfuhr es erst, indem es mich auf seinen Wellen dahintrug. Was ich selber sei, was ich wolle und nicht wolle, nämlich nicht südliche Schönheitsruhmredigkeit, sondern den Norden, Ethik, Musik, Humor; wie ich mich zum Leben verhielte und zum Tode: ich erfuhr das alles, indem ich *schrieb* – und erfuhr zugleich, daß der Mensch auf keine andere Weise sich kennenlernt, als indem er handelt. So wuchs die Achtung vor dem Unternehmen, das so, wie es sich da machte, von mir gar nicht unternommen worden war, eine Achtung freilich mit Einschaltungen tiefer Gleichgültigkeit, gelangweilten Unglaubens. Lektüre mußte die schwankende Kraft stützen: russische namentlich, die geliebte, westöstliche Turgenjews immer wieder, Tolstois moralistisches Gigantenwerk und Gontscharow, den ich in Aalsgaard am Sunde las, wo ich einen Urlaub verbrachte, den ich als Lektor des Verlages Albert Langen in München genommen, und wo der ›Tonio Kröger‹ unbewußt entworfen wurde. Endlich denn, nach einer Arbeitszeit von drei Jahren, längere Unterbrechungen eingerechnet, war der Roman geschlossen: die erste und einzig vorhandene Niederschrift, das ungeschickteste Manuskript, auf liniiertem Geschäftspapier doppelseitig geschrieben, und so schickte ich es an Fischer, ohne viel Hoffnung, ohne viel Verzweiflung: hier denn, ich hatte getan, was ich konnte.

Ich hatte lange zu warten. Dann – ich lag eben als Einjähriger im Münchener Garnisonslazarett, mit Sehnenscheidenentzündung, die ich mir beim Parademarsch zugezogen – kam ein

Schreiben des Verlages des Inhalts, er glaube nicht an die Aufnahmebereitschaft der Öffentlichkeit für ein so umfängliches Werk. Er erkläre sich aber erbötig, das Buch zu übernehmen, wenn ich bereit sei, es um die Hälfte zu kürzen. – Nun, der melancholische Soldat, der da auf dem Rücken lag, hatte weder ein äußeres noch ein inneres Recht, beleidigt zu sein; er war wenig geneigt, viel Wesens von seinem Werk zu machen. Aber seine sachliche Überzeugung verbot ihm, auf diesen Vorschlag einzugehen, und hätte es ihm verboten, auch wenn er nicht sein bescheidenes Auskommen gehabt und auf den Absatz des unpraktischen Manuskripts wirtschaftlich hätte brennen müssen. Er schrieb dem Verlage mit Bleistift einen langen Brief, worin er ihm auseinandersetzte, daß der große Umfang eine wesentliche Eigenschaft des Buches sei und daß man es verpfusche, wenn man damit nach seinem Willen umgehe. Es gäbe Bücher, die nichts seien, wenn sie nicht ausgiebig seien, Kurzweiligkeit habe nichts mit der Länge zu tun und so weiter. Ich glaube, der Brief war gut. Die sachliche Not machte mich beredt; und jedenfalls hatte er zur Folge, daß Fischer, der jetzt vielleicht erst persönlich in Aktion trat, beschloß, den Roman, wie er war, zu drucken.

Die beiden Bände erschienen, und es sah recht sehr danach aus, als sollte des Verlages und meine eigene geheime Skepsis recht behalten. Wie? hieß es, sollen die dicken Wälzer wieder Mode werden? Ist es nicht die Zeit der Nervosität, der Ungeduld, die Zeit des Kurzen, der keck-künstlerischen Skizze? Vier Generationen Bürgertum, zum Auswachsen. Die Kritik verglich den Roman mit einem im Sande mahlenden Lastwagen. – Freilich, es gab sogleich auch andere Stimmen. Da war ein armer jüdischer Kritiker und Theoretiker, Samuel Lublinski mit Namen – er war krank und ist nun schon lange tot. Der schrieb im ›Berliner Tageblatt‹ mit sonderbarer Bestimmtheit: »Dieses Buch wird wachsen mit der Zeit und noch von Generationen gelesen werden.« Wenn es Leute gab, die ihm glaubten – der Autor von ›Buddenbrooks‹ gehörte kaum zu ihnen. Es dauerte ein Jahr, bis die ersten tausend Exemplare verkauft waren. Dann beschloß Fischer die wohlfeile einbändige Ausgabe auf Dünndruckpapier, und sie schlug durch. Das Buch wurde vom Erfolg ergriffen; Auflage folgte auf Auflage, und heute ist es wahrhaftig die zweite Generation, die sich mit ihm beschäftigt: sonderbar zu denken, daß junge Leute den Roman in Händen halten, die in der Wiege lagen, noch jüngere Seminaraufsätze darüber schreiben, die nicht auf der Welt waren, als ich ihn zu Papier brachte.

Eine Dame, Münchener Künstlerin, sagte damals zu mir: »Ich habe mich *nicht* gelangweilt beim Lesen Ihres Buches und habe mich auf jeder Seite gewundert, daß ich mich nicht langweilte.« Ich antwortete ihr: »Wissen Sie, daß Sie mir da ein großes Kompliment gemacht haben?« Wirklich deuteten ihre Worte auf einen Triumph über den Stoff, mit dem sich der junge Autor nicht wenig wußte. Oft genug hatte ich mich selber gelangweilt, und die Virtuosengenugtuung, es dennoch möglich gemacht zu haben, bestimmte im höchsten Grade mein Verhältnis zu dem Werk und seiner Wirkung. Kein Gedanke daran, daß etwas überartistisch und mehr als autobiographisch Verdienstliches darin liegen könnte, ein Bild hanseatischen Lebens aus dem neunzehnten Jahrhundert, Kulturgeschichtliches also, gegeben zu haben. Kein Gedanke, dies Verdienstliche könne etwa darin liegen, daß damit zugleich ein Stück der Seelengeschichte des deutschen Bürgertums überhaupt gegeben war. Und am allerwenigsten ließ ich mir ein Drittes träumen: daß das Interesse an diesem Buch, sachlich, seelisch, über Deutschland hinausreichen, daß von dieser Geschichte des ›Verfalls einer Familie‹ ausländisches Bürgertum sich berührt, getroffen fühlen, daß es sich darin wiedererkennen könnte; kurz, daß ich, indem ich ein nach Form und Inhalt sehr deutsches Buch gab, zugleich ein überdeutsch-europäisches Buch, ein Stück Seelengeschichte des europäischen Bürgertums überhaupt gegeben haben könnte.

Dies alles erfuhr ich erst viel später, zu einer Zeit, als der Roman als persönliche Leistung mir schon so fernstand, mir so sehr zum Objekt geworden und von meinem Subjekt getrennt war, daß sich dieses mein Ich kaum noch in einer Beziehung des Verdienstes dazu fühlte: namentlich die letzte Erfahrung, die von der hochgradigen Gültigkeit einer scheinbar spezifisch deutschen Gestaltung für internationale Verhältnisse, machte tiefen Eindruck auf mich. Diese Gültigkeit wurde mir weniger durch die Tatsache demonstriert, daß der Roman nach und nach in die meisten europäischen Sprachen übersetzt wurde (auch die französische Ausgabe ist jetzt beschlossen), nein, sondern ich bekam es mit eigenen Ohren zu hören, auf Reisen, im Gespräch mit Menschen verschiedener Länder. Wie oft, etwa in der Schweiz, in Holland, in Dänemark, habe ich junge Leute ausrufen hören: »Dieser Prozeß der Entbürgerlichung, der biologischen Enttüchtigung durch Differenzierung, durch das Überhandnehmen der Sensibilität – genau wie bei uns!« Als ich jetzt in Paris war, hatte ich bei einem Abendessen einen bekannten französischen Kritiker und Essayisten zum Nachbarn: Edmond Jaloux. Er erzählte mir, daß er aus Marseille stamme, dieser südfranzösischen Hafen- und Handelsstadt, deren Leben und materielle Kultur er mir als lübeckisch schilderte, mit dem Hinzufügen, er sei erstaunt gewesen, wie sehr meine Erzählung ihn, den Künstler, Schriftsteller gewordenen, den ›entarteten‹ Marseiller, an heimische Verhältnisse und an seine Emanzipation davon gemahnt habe.

Meine geehrten Zuhörer, wenn ich mich zu denen stelle, denen der Gedanke ›Europa‹ am Herzen liegt, wenn ich einem internationalen Nationalismus widerstrebe, der eine Weltlage zu begreifen sich weigert, welche eine neue Solidarität der Völker Europas gebieterisch und jedem verständigen Sinn erkennbar fordert – so mögen wohl solche persönlich verbindenden Erfahrungen dabei im Spiele sein: das Erlebnis europäischer Solidarität, das Erlebnis, daß die Völker Europas nur Abwandlungen und Spielarten einer höheren seelischen Einheit darstellen. Eine solche Einsicht, meine Damen und Herren, ist weit genug entfernt von kulturwidrigem Demokratismus. Man gibt das Persönlichste und ist überrascht, das Nationale getroffen zu haben. Man gibt das Nationalste – und siehe, man hat das Allgemeine und Menschliche getroffen – mit viel mehr Sicherheit getroffen, als wenn man sich den Internationalismus programmatisch vorgesetzt hätte.

Was ich also mit den ›Buddenbrooks‹ in jungen Jahren gegeben hatte, das hatte ich wie von ungefähr, unbewußt gegeben. Aber ich irrte mich sehr, wenn ich etwa glaubte, ich hätte es zufällig gegeben. Wir wissen heute, was es mit den Kräften des Unbewußten, des Unterbewußten auf sich hat und wie sehr alles Entscheidende aus dieser wesentlichen Sphäre stammt, die die Philosophie »den Willen« nannte und die vom Intellekt nur notdürftig und nachträglich kontrolliert und erörtert wird. Es kam der Tag und die Stunde, wo mir klar wurde, daß niemals der Apfel weit vom Stamme fällt; daß ich als Künstler viel ›echter‹, viel mehr ein Apfel vom Baume Lübecks war, als ich geahnt hatte; daß diejenigen, die, beleidigt durch gewisse kritische Schärfen des Buches, einen Abtrünnigen und Verräter, einen Entfremdeten hatten in mir sehen wollen, tatsächlich im Unrecht gewesen waren und daß es sich nicht nur bei diesem Buch, sondern auch bei allen anderen, bei meinem ganzen Künstlertum, meiner ganzen Produktivität, so bedeutend oder unbedeutend sie nun sein mochte, nicht um irgendwelches bohemisierte und entwurzelte Virtuosentum, sondern um eine Lebensform, um *Lübeck als geistige Lebensform* handelte.

Künstlertum, meine Damen und Herren, ist etwas Symbolisches. Es ist die Wiederverwirklichung einer ererbten und blutsüberlieferten Existenzform auf anderer Ebene. So schrieb Schopenhauer an Goethe, daß »Treue und Redlichkeit«, das Erbteil seiner kaufmännisch hanseatischen Vorfahren im alten Danzig, die von ihm aus dem Praktischen ins Theoretische und Intellektuelle übertragenen Eigenschaften seien, die das Wesen seiner Leistungen und Erfolge ausmachten. Indem man ein Denker oder Künstler wird, ›entartet‹ man weniger, als die Umwelt, von der man sich emanzipiert, und als man selber glaubt; man hört nicht auf, zu sein, was die Väter waren, sondern ist ebendieses in anderer, freierer, vergeistigter, symbolisch darstellender Form nur noch einmal. Dies, wie gesagt, wurde mir klar in schwerer, strenger, bedeutender Zeit, die jeden seine Wurzeln spüren ließ, jeden anhielt, seinen Platz einzunehmen und sich zu bekennen: in der Zeit des Krieges. »Man forscht in den Büchern«, schrieb ich damals, »man forscht in der Not der Zeit nach den fernsten Ursprüngen, den legitimen Grundlagen, den ältesten seelischen Überlieferungen des bedrängten Ich, man forscht nach Rechtfertigung ... Wer bin ich, woher komme ich, daß ich bin, wie ich bin, und mich anders nicht machen noch wünschen kann? ... Ich bin Städter, Bürger, ein Kind und Urenkelkind deutsch-bürgerlicher Kultur ... Waren meine Ahnen nicht Nürnberger Handwerker von jenem Schlage, den Deutschland in alle Welt und bis in den Fernen Osten entsandte, zum Zeichen, es sei das Land der Städte? Sie saßen als Ratsherren im Mecklenburgischen, sie kamen nach Lübeck, sie waren ›Kaufleute des römischen Reiches‹, – und indem ich die Geschichte ihres Hauses, eine zum naturalistischen Roman entwikkelte städtische Chronik schrieb, ein deutsches Buch, das man wohl auf ein Bord mit den Schriftwerken der bürgerlichen Vorzeit stellen mag, erwies ich mich als viel weniger aus der Art geschlagen, als ich selber mir träumen ließ.«

Das sind Worte aus den ›Betrachtungen eines Unpolitischen‹, und sie würden in Dingen geistiger Ausprägung nicht gelten, wenn sie nicht vor allem im Persönlich-Menschlichen ihre Geltung hätten. Wie oft im Leben habe ich mit Lächeln festgestellt, mich geradezu dabei *ertappt*, daß doch eigentlich die Persönlichkeit meines verstorbenen Vaters es sei, die als geheimes Vorbild mein Tun und Lassen bestimme. Vielleicht hört heute der eine oder andere mir zu, der ihn noch gekannt, ihn noch hat leben und wirken sehen, hier in der Stadt, in seinen vielen Ämtern, der sich erinnert an seine Würde und Gescheitheit, seinen Ehrgeiz und Fleiß, seine persönliche und geistige Eleganz, an die Bonhomie, mit der er das platte Volk zu nehmen wußte, das ihm in noch ganz echt patriarchalischer Weise anhing, an seine gesellschaftlichen Gaben und seinen Humor. Er war kein einfacher Mann mehr, nicht robust, sondern nervös und leidensfähig, aber ein Mann der Selbstbeherrschung und des Erfolges, der es früh zu Ansehen und Ehren brachte in der Welt – dieser seiner Welt, in der er sein schönes Haus errichtete. Wir Brüder, der ältere und ich, wissen wohl, was unser Wesen der Mutter und ihrer südlichen »Frohnatur« zu danken hat; aber vom Vater haben auch wir »des Lebens ernstes Führen«, das Ethische, das mit dem Bürgerlichen in so hohem Grade zusammenfällt. Denn das Ethische, im Gegensatz zum bloß Ästhetischen, zur Schönheits- und Genußseligkeit, auch zum Nihilismus und zur Todesvagabondage – das Ethische ist recht eigentlich *Lebensbürgerlichkeit*, der Sinn für Lebenspflichten, ohne den überhaupt der Trieb zur Leistung, zum produktiven Beitrag an das Leben und an die Entwicklung fehlt; das, was einen Künstler anhält, die Kunst nicht als einen absoluten Dispens vom Menschlichen aufzufassen, ein Haus, eine Familie zu gründen, seinem geistigen Leben, das oft abenteuerlich genug sein mag, eine feste, würdige, ich finde wieder nur das Wort: bürgerliche Grundlage zu geben. Wenn ich in diesem Stile handelte und lebte, so ist gar kein Zweifel, daß das Beispiel meines Vaters bestimmend mitwirkte, und wenn auch äußere Auszeichnungen und Titel für das Schicksal eines Künstlertums wenig bedeuten, so entbehrte meine Amüsiertheit doch nicht der Zustimmung, als man auch mich, jetzt kürzlich, wer hätte es gedacht, zum ›Senator‹ machte nämlich der Deutschen Akademie in München.

Ich sprach da von menschlich-privaten Dingen, von Lübeck als persönlicher Lebensform und -stimmung und -haltung. Ich möchte hinzufügen, es ist mein Ehrgeiz, nachzuweisen, daß Lübeck als Stadt, als Stadtbild und Stadtcharakter, als Landschaft, Sprache, Architektur durchaus nicht nur in ›Buddenbrooks‹, deren unverleugneten Hintergrund es bildet, seine Rolle spielt, sondern daß es von Anfang bis zu Ende in meiner ganzen Schriftstellerei zu finden ist, sie entscheidend bestimmt und beherrscht.

Als Landschaft? – Es ist oft kritisch bemerkt und mir angekreidet worden, daß die Landschaftsschilderung nicht meine starke Seite ist, daß sie zu kurz kommt in meiner Produktion, und ich werde noch allgemeiner zu sagen haben, welche Bewandtnis es damit hat. Es ist eine urbane, eine städtische Bewandtnis, um es mit einem Worte vorwegzunehmen, und man könnte erklären, die Landschaft einer Stadt, das sei ihre Architektur, die Lübecker Gotik also in unserem Fall, von deren Einwirkung auf meine Schreiberei, von deren Spiegelung darin zu sprechen ich denn auch vorhabe. Aber nicht so möchte ich hinweggehen über das lübeckisch Landschaftliche, möchte nicht resignieren und wahrhaben, daß es nicht anders vorkomme, mitspreche und fühlbar werde in dem, was ich zu gestalten versuchte. Da ist das *Meer*, die Ostsee, deren der Knabe zuerst in Travemünde ansichtig wurde, dem Travemünde von vor vierzig Jahren mit dem biedermeierlichen alten Kurhaus, den Schweizerhäusern und dem Musiktempel, in dem der langhaarig-zigeunerhafte kleine Kapellmeister Heß mit seiner Mannschaft konzertierte und auf dessen Stufen, im sommerlichen Duft des Buchsbaumes, ich kauerte – Musik, die erste Orchestermusik, wie immer sie nun beschaffen sein mochte, unersättlich in meine Seele ziehend. An diesem Ort, in Travemünde, dem Ferienparadies, wo ich die unzweifelhaft glücklichsten Tage meines Lebens verbracht habe, Tage und Wochen, deren tiefe Befriedung und Wunschlosigkeit durch nichts Späteres in meinem Leben, das ich doch heute nicht mehr arm nennen kann, zu übertreffen und in Vergessenheit zu bringen war, – an diesem Ort gingen das Meer und die Musik in meinem Herzen eine ideelle, eine Gefühlsverbindung für immer ein, und es ist etwas geworden aus dieser Gefühls- und Ideenverbindung – nämlich Erzählung, epische Prosa: – Epik, das war mir immer ein Begriff, der eng verbunden war mit dem des Meeres und der Musik, sich gewissermaßen aus ihnen zusammensetzte, und wie C. F. Meyer von seiner Dichtung sagen konnte, allüberall darin sei Firnelicht, das große, stille Leuchten, so möchte ich meinen, daß das Meer, sein Rhythmus, seine musikalische Transzendenz auf irgendeine Weise überall in meinen Büchern gegenwärtig ist, auch dann, wenn nicht, was oft genug der Fall, ausdrücklich davon die Rede ist. Ja, ich will hoffen, daß ich ihm einigen Dank abgestattet habe, dem Meer meiner Kindheit, der Lübecker Bucht. Seine Palette war es am Ende, derer ich mich bediente, und wenn man meine Farben matt fand, glutlos, enthaltsam, nun, so mögen gewisse Durchblicke zwischen silbrigen Buchenstämmen in eine Pastellblässe von Meer und Himmel daran schuld sein, auf denen mein Auge ruhte, als ich ein Kind und glücklich war.

Aber das städtische Lübeck hat ja noch einen anderen Naturrahmen als den der Ostsee, eine Landschaft im eigentlicheren Sinne des Wortes, und zwar eine, die sich an Schönheit mit dem allermeisten, wenn es nach mir geht, mit all und jedem messen kann, was Deutschland und nicht nur dieses zu bieten hat. Da ist die Holsteinische Schweiz, die Gegend von Eutin, von Mölln, der Ukleisee – es wäre unnatürlich, wenn Bilder wie diese spurlos an dem Gemüt des Lübecker Kindes sollten vorübergegangen sein, – und so wenig ist dies wirklich der Fall, daß kein späterer Eindruck, kein überblauer Wonnesüden etwa, der frischen und reinen Idyllik dieser Szenerien in meiner Seele hat Abbruch tun können. – Aber wo sind sie in meinen Büchern? Ich habe sie nicht beschrieben, sie sind nicht da!

Doch, meine geehrten Zuhörer. Sie müssen da sein, und sie sind da, irgendwie da, wenn auch nicht direkt, als Schilderung und Beschreibung. Es gibt verschiedene Arten des Daseins: die atmosphärische zum Beispiel, statt der körperlichen, die akustische, statt der visuellen. Man hat die Menschen und besonders die Künstler eingeteilt in Augenmenschen und in Ohrenmenschen, in solche, deren Welterlebnis vorzugsweise durch das Auge geht, und solche, die wesentlich mit dem Ohr erleben. Ich möchte das erstere die Empfänglichkeit des *Südens*, das zweite die Sensibilität des *Nordens* nennen. Gibt es denn nun ein Empfangen der Landschaft durch das Ohr, musikalisch rezipierte Landschaft, gehörte und wieder hörbar gemachte Landschaft sozusagen? Doch, es gibt dergleichen, und woran ich nun denke und schon dachte – ich nannte es gleich mit Architektur und Landschaft zusammen, wie es immer mit ihnen zusammen genannt werden muß –, das ist die *Sprache*. Ja, wenn ich meinte, die Landschaft einer Stadt, das sei ihre Architektur, so scheint mir nun fast, die Sprache sei es, die sie spricht, ihre Sprache als Stimmung, Stimmklang, Tonfall, *Dialekt*, als Heimatlaut, Musik der Heimat, und wer sie hörbar mache, der beschwöre auch den Geist der Landschaft, mit der sie so innig verbunden, deren akustische Erscheinungsform sie ist. Wir stellten früher fest, daß Künstlertum die Wiederverwirklichung einer ererbten und blutüberlieferten Existenzform auf anderer Ebene sei. Das, scheint mir, trifft ganz besonders und vor allem für die Sprache zu. Der Stil eines Schriftstellers ist letzten Endes und bei genauem Hinhorchen die Sublimierung des Dialektes seiner Väter. Wenn man den meinen als kühl, unpathetisch, verhalten charakterisiert hat, wenn man lobend oder tadelnd geurteilt hat, ihm fehle die große Geste, die Leidenschaft, und er sei, im Großen, Ganzen wie in der Einzelheit, das Instrument eines eher langsamen, spöttischen und gewissenhaften als genialisch stürmenden Geistes – nun, so mache ich mir kein Hehl daraus, daß es niederdeutsch-hanseatische, daß es lübeckische Sprachlandschaft ist, die man so kennzeichnet, und ich gestehe, daß ich mich literarisch immer am wohlsten gefühlt habe, wenn ich einen Dialog führen konnte, dessen heimlichster Silbenfall durch einen Unterton von humoristischem *Platt* bestimmt war.

Lübeck als Stadtbild – wir sprachen im engeren, architektonischen Sinne noch nicht davon. Damit ich aber in der besonderen und fast mysteriösen Beziehung davon sprechen kann, die ich im Sinne habe, müssen Sie mir erlauben, ein wenig auszuholen.

Wenn man von Schicksals wegen ein Dichter, ein Schriftsteller ist, meine Damen und Herren, so hält man das anfangs – namentlich falls man in Lübeck aufwächst – für etwas ganz Eigentümliches und Unverbundenes; man ist weit entfernt, zu denken, daß man sich damit einer Gesellschafts- und Berufsklasse einfügt, in der es also auch die Erscheinungen des Berufslebens, Konkurrenz, Wettstreit, Eifersucht, Medisance und Bosheit gibt. Davon gibt es nun im literarischen Berufsleben, in das einen der produktive Trieb überraschenderweise stellt, vielleicht noch mehr als in anderen Berufen, und wenn einer in dem ungesuchten Wettstreit unwillkürlich und in seiner Einsamkeit gut abschneidet, so braucht er für den Haß und den Spott nicht zu sorgen. Will nun einer an mir sein Mütchen kühlen und mir eins auswischen, so kann ich mit Sicherheit darauf rechnen, daß meine Lübecker Herkunft und der Lübecker *Marzipan* aufs Tapet kommt: fällt einem gar nichts ein, so fällt ihm doch im Zusammenhang mit mir der komische Marzipan ein, und ich werde als Lübecker Marzipanbäcker hingestellt, was man dann literarische Satire nennt. Sie tut mir aber gar nicht weh; denn was Lübeck betrifft, so muß man irgendwoher ja sein, und ich sehe nicht ein, weshalb Lübeck eine lächerlichere Herkunft sein sollte als eine andere – ich rechne es sogar zu den besseren Herkünften. Durch den Marzipan aber kann ich mich nun schon gar nicht gekränkt fühlen, denn erstens ist er eine sehr wohlschmeckende Substanz und zweitens eine nichts weniger als triviale, sondern geradezu merkwürdige und, wie ich sagte, geheimnisvolle. Marci-pan, das heißt offenbar, oder wenigstens nach meiner Theorie, panis Marci, Brot des Marcus, des heiligen Marcus, der der Schutzheilige von Venedig ist. Und sieht man sich diese Süßigkeit genauer an, diese Mischung aus Mandeln und Rosenwasser und Zucker, so drängt sich die Vermutung auf, daß da der Orient im Spiele ist, daß man ein Haremskonfekt vor sich hat und daß wahrscheinlich das Rezept zu dieser üppigen Magenbelastung aus dem Morgenlande über Venedig nach Lübeck an irgendeinen alten Herrn Niederegger gekommen ist. Venedig und Lübeck: einige von Ihnen entsinnen sich, daß ich eine Novelle geschrieben habe: ›Der Tod in Venedig‹, worin ich mich in der verführerisch todverbundenen Stadt, der romantischen Stadt par excellence, einigermaßen zu Hause zeige – und ich gebrauche das Wort ›zu Hause‹ in seinem ganz vollen, eigentlichen Sinn: im Sinn nämlich eines anderen Gedichtes, eines idyllischen, das Hexameter halb scherzhaft andeutet und das davon spricht, wie die Vaterstadt mir zwiefach stehe: einmal am Ostsee-Hafen, gotisch und grau, doch als Wunder des Aufgangs noch einmal, entrückt, die Spitzbögen maurisch verzaubert, in der Lagune – vertrautestes Kindheitserbe und dennoch

Fabelfremd, ein ausschweifender Traum. – O Erschrecken des Jünglings,
Als ihn die ernste Gondel zuerst, die ruhend hinschwebte,

Trug den Großen Kanal entlang, vorbei der Paläste
Unvergleichlicher Flucht, als zum ersten Male sein scheuer
Fuß betrat jenes Prachthofs Fliesen, welchen der Traumbau
Abschließt, golden-bunt, der byzantinische Tempel,
Reich an sich spitzenden Bögen und Pfeilern und Türmchen und Kuppeln,
Unter dem seidenen Gezelt von meerwinddurchatmeter Bläue!
Fand er nicht, heimischen Wasserruch witternd, die Rathaus-Arkaden,
Wo sie Börse hielten, die wichtigen Bürger der Freistadt,
Wieder am Dogenpalast, mit seiner gedrungenen Bogen-Halle,
worüber die leichtere schwebet in zierlichen Lauben?
Nein, nicht leugne man mir geheimnisvolle Beziehung
Zwischen den Handelshäfen, den adligen Stadtrepubliken,
Zwischen der Heimat nicht und dem Märchen, dem östlichen Traume!

– Sie sehen, meine Herrschaften, hier tritt einmal das Bild Lübecks, zusammenfließend mit dem der südlichen Schwester, unverhüllt aus dem Unbewußten hervor, und es zeigt sich, daß jene Witzbolde nicht so unrecht haben, wie sie selber glauben, daß der ›Tod in Venedig‹ wirklich ›Marzipan‹ ist, wenn auch auf eine tiefere Weise als sie meinten, und daß eine gewisse Lebensform nicht nur die in Lübeck lokalisierten ›Buddenbrooks‹ gezeitigt hat. Ich will nicht vom ›Tonio Kröger‹ sprechen, der gleichfalls zum Teile Lübeck direkt zum Hintergrunde hat und dessen ganze Thematik sich aus dem Gegensatze von nordischer Gefühlsheimat und südlicher Kunstsphäre heraus entwickelt. Aber ich frage mich, ob ein Schriftsteller, der so sehr das Willkürliche und innerlich Unzugehörige zu meiden gewohnt, so sehr an das – im weiteren und übertragenen Sinne – Autobiographische gebunden ist wie der, der vor Ihnen spricht, sich ohne persönlichen Fug an die patrizisch-stadtherrschaftliche Existenzform des Lorenzo Magnifico herangetraut hätte: in den ›Fiorenza‹-Dialogen, die uns an dieser Stelle kürzlich in einer so liebevollen Aufführung vor Augen gestellt wurden, einer Aufführung, für die man bei aller Notwendigkeit zu kürzen zu meiner heiteren Genugtuung *ein* unnötiges Detail hatte stehenlassen: das Kloster zu Lübeck, aus dem der Florentiner Mäzen und Tyrann eine kostbare Pliniusausgabe käuflich bezogen hat. –

Wenn Sie mir erlauben, meine Damen und Herren, noch zwei Worte an ein weiteres Buch von mir in diesem Zusammenhang zu wenden, an das letzte, den ›Zauberberg‹, so werden Sie es mir erleichtern, ein paar Gedanken zu entwickeln, die den Schluß meines kleinen Gesprächs bilden sollen. Der Held, wenn man so sagen kann, dieser aus der Enge heraus furchtbar weitläufigen Geschichte eines Bergverzauberten, Hans Castorp also, ist ein simpler junger Mann und ausdrücklich ein übers andere Mal als solcher gekennzeichnet. Aber bei aller Simplizität hat er es hinter den Ohren, und ich möchte sagen: das, *was* er hinter den Ohren hat, ist sein Hanseatentum – denn zur Abwechselung und ausredeweise ist er aus Hamburg –, sein Hanseatentum, sage ich, das sich nur nicht mehr nach Art seiner Urväter im höheren Seeräubertum, sondern anders, stiller und geistiger bewährt: in einer Lust am Abenteuer im Seelischen und Gedanklichen, die den schlichten Jungen ins Kosmische und Metaphysische trägt und ihn wahrhaftig zum Helden einer Geschichte macht, welche auf wunderliche, ironische und fast parodistische Weise den alten deutschen Wilhelm Meisterlichen Bildungsroman, dieses Produkt unserer großen bürgerlichen Epoche, zu erneuern unternimmt. Einmal, in einem gefährlichen Kapitel, nimmt der naive junge Abenteurer es sogar mit den Elementen, mit der *Natur* auf; und ich komme darauf, weil sich gerade hier so recht deutlich zeigt, wes Geistes er ist – er und der Verfasser. Nichts ist für unsere Lebensform charakteristischer als unser Verhältnis zur Natur, genauer, da ja auch der Mensch Natur ist, zur außermenschlichen Natur. Es wurde schon eingeräumt, daß diese, als Landschaftsschilderung, Erdgeruch, als Feld und Flur und Wald nicht gar reichlich vorkommt in den Büchern Ihres Landsmannes: sie spielen unter Menschen und handeln vom Menschlichen, auf dieses ist fast alles Interesse gesammelt, alle Blickschärfe gerichtet, das Landschaftliche tritt zurück, und wo es einmal hervortritt, da erscheint es in seinen überwältigendsten und elementarsten Formen, als unendliche Meeresweite und als die Ungeheuerlichkeit des verschneiten Hochgebirges – wie denn Hans Castorp vom Meere stammt und seinen Roman im Hochgebirge erlebt –, in Formen also, zu denen bei aller Erschütterung und Ehrfurcht, die sie hervorrufen, eine gewisse Verhältnislosigkeit des staunenden Menschenkindes von vornherein gegeben ist, welche wohl zur *Tiefe* des Erlebnisses, aber nicht zur *Intimität*, zur Vertraulichkeit verpflichtet, denn diese ist fürchterlich ausgeschlossen. Das Meer ist keine Landschaft, es ist das Erlebnis der Ewigkeit, des Nichts und des Todes, ein metaphysischer Traum; und mit den luftverdünnten Regionen des ewigen Schnees steht es sehr ähnlich. Meer und Hochgebirge sind nicht ländlich, sie sind elementar im Sinne letzter und wüster, außermenschlicher Großartigkeit, und es sieht fast aus, als ob der zivile, der städtische, der urbane, der bürgerliche Künstler, wenn es Natur gilt, geneigt wäre, das Ländlich-Landschaftliche zu überspringen und direkt das Elementare zu suchen, weil diesem gegenüber sein Verhältnis zur Natur sich mit vollem menschlichen Recht als das bekennen und offenbaren kann, was es ist: als Furcht, als Fremdheit, als unzukömmliches und wildes Abenteuer. Sehen Sie den kleinen Hans Castorp an, wie er in seinen zivilen Breeches und auf seinen Luxus-Ski hineinschlittert in die Urstille, das Hochbedrohliche und Nichtgeheuere, das nicht einmal Feindselige, sondern erhaben und verhältnislos Gleichgültige! Er nimmt es auf damit, wie er es mit den Geistesproblemen naiv aufnimmt, zu denen sein Schicksal ihn emportreibt, aber was ist in seinem Herzen? Nicht ›Natursinn‹, der irgendwie Zugehörigkeit bedeutete. Nein, Furcht, Ehrfurcht meinetwegen, religiöse Scheu, physisch-metaphysisches Grauen – und noch etwas mehr: *Spott*, wirkliche Ironie gegenüber dem übergewaltig Dummen, ein mokantes Achselzucken angesichts gigantischer Mächte, die ihn in ihrer Blindheit zwar physisch vernichten können, denen er aber noch im Tode menschlichen Trotz bieten würde. Wer davon erzählt, in diesem Geiste erzählt, meine Damen und Herren, ist ein Erzähler von städtischer, von bürgerlicher, von – im allgemeinsten Sinn – lübeckischer Lebensform.

Es ist mir mit dem ›Zauberberg‹ nicht anders ergangen als mit dem ersten Roman, mit ›Buddenbrooks‹. Wie damals war die Konzeption bescheiden. Was ich plante, war eine groteske Geschichte, worin die Faszination durch den Tod, die das Motiv der venezianischen Novelle gewesen war, ins Komische gezogen werden sollte: etwas wie ein Satyrspiel also zum ›Tod in Venedig‹. Dann ging es wie schon einmal: das Buch schwoll mir unter den Händen, wurde zweibändig, wie jenes; es hielt Winterschlaf gleichsam im Kriege, kam wieder in Fluß, zeigte sich aufnahmefähig wie ein Schwamm, schoß zusammen wie ein Kristall aus allen Erlebnissen der Zeit und ist tatsächlich zu dem literarischen Gegenstück von ›Buddenbrooks‹ geworden, zu einer Wiederholung dieses Buches auf anderer Lebensstufe, die der Verfasser mit seiner Nation gemeinsam hat. Inwiefern aber Gegenstück und Wiederholung? Insofern als auch dieses Buch, diese groteske und zum Teil recht schlimme, recht bedenkliche Geschichte, in der eine junge Seele sich gefährlich tief über geistige und sittliche Abgründe neigt, ein *bürgerliches* Buch ist, ein Ausdruck bürgerlicher, symbolisch gesprochen: lübeckischer Lebensform. Nicht, weil es einen jungen Hanseaten zum Helden hat – das liegt außen und obenauf, und ich erwähnte es nur im Vorübergehen. Nein, aber welche Idee ist es, die dem »Sorgenkind des Lebens«, dem zwischen die pädagogischen Extreme gestellten und ins tödlich Extreme hinauf verschlagenen jungen Abenteurer in seinem Frosttraume aufgeht und die er so glücklich mit der Seele ergreift, weil sie ihm als die Idee des Lebens selbst und der Menschlichkeit erscheint? Es ist die Idee der *Mitte.* Das ist aber eine deutsche Idee. Das ist *die* deutsche Idee, denn ist nicht deutsches Wesen die Mitte, das Mittlere und Vermittelnde und der Deutsche der mittlere Mensch im großen Stile? Ja, wer Deutschtum sagt, der sagt Mitte; wer aber Mitte sagt, der sagt Bürgerlichkeit, und er sagt damit, wir wollen das aufstellen und behaupten, etwas genau so Unsterbliches, wie wenn er Deutschtum sagte.

Diejenigen, die das Ohr am Herzen der Zeit haben, wissen heute Epochales zu melden. Mit der bürgerlichen Lebensform, melden sie, sei es am Ende. Sie sei ausgeleert, ausgelebt, todgeweiht, verurteilt und bestimmt, von einer neuen, im Osten heraufgestiegenen Welt mit Stumpf und Stiel verschlungen zu werden. Ist etwas Wahres daran? Oh, manches! Über Europa geht heute, wir fühlen und erfahren es alle, eine gewaltige Welle der Veränderung hin, eben das, was man die ›Weltrevolution‹ nennt, eine grundstürzende, mit allen Mitteln, moralischen, wissenschaftlichen, wirtschaftlichen, politischen, technischen, künstlerischen Mitteln betriebene Umwälzung unseres gesamten Lebensbildes, fortschreitend mit solcher Geschwindigkeit, daß unsere Kinder, vor dem Kriege oder nach ihm geboren, tatsächlich schon in einer neuen Welt leben, die von unserer ursprünglichen wenig mehr weiß. Die Weltrevolution ist eine Tatsache. Sie leugnen, hieße das Leben und die Entwicklung leugnen; sich konservativ gegen sie zu verstecken, hieße sich selber ausschließen vom Leben und der Entwicklung. Aber ein anderes ist es, die Weltrevolution anerkennen, und ein anderes, zu meinen, die Lebensform deutscher Bürgerlichkeit sei durch sie im Ernste gerichtet und vernichtet. Viel zu eng ist diese Lebensform verbunden mit der Idee der Menschlichkeit, der Humanität und aller menschlichen Bildung selbst, um in irgendeiner Menschenwelt je fremd und entbehrlich sein zu können, und eine irreführende Überbetonung von Wirtschaftlich-Klassenmäßigem ist hier im Spiel, eine Verwechselung bourgeoiser Klassenmitte mit deutsch-bürgerlicher Geistes- und Weltmitte liegt dem Irrtum zugrunde.

Wir reden von einer geistigen Lebensform, meine geehrten Zuhörer, und das bedeutet, daß wir, indem wir ›Bürgerlichkeit‹ sagen, nichts Klasseninteressenmäßiges, nichts Antisozialistisches etwa im Sinne haben. Der Geist ist etwas sehr Reines, und wer eine Lebensform im Geistigen hält, der hält sie rein, der schützt sie vor jeder Entartung und Verhärtung, die sie in der Wirklichkeit erleiden mag. Wenn wir ›deutsch‹ sagen und ›bürgerlich‹, so üben wir uns nicht im Parteijargon und reden nicht dem internationalen kapitalistischen Bourgeois zum Munde. Hier werden die Deutschen nicht eingeteilt in Bürger und Sozialisten. Hier heißt Deutschtum selbst Bürgerlichkeit, Bürgerlichkeit größten Stils, Weltbürgerlichkeit, Weltmitte, Weltgewissen, Weltbesonnenheit, welche sich nicht hinreißen läßt und die Idee der Humanität, der Menschlichkeit, des Menschen und seiner Bildung nach rechts und links gegen alle Extremismen kritisch behauptet. Der Deutsche, zwischen die Extreme der Welt gestellt, kann selber kein Extremist sein; das ist eine seelische Gegebenheit, an der kein Radikalismus etwas ändert. »Nicht dem Deutschen«, heißt es in Goethe's Lied, »nicht dem Deutschen ziemt es, die wilde Bewegung fortzuleiten und auch zu schwanken hierhin und dorthin.« Das ist weltbürgerlich und weltgewissenhaft gesprochen, ein Wort standhafter Humanität. Aber wie töricht wäre es, eine solche Standhaftigkeit, die die Freiheit selber ist, zu verwechseln mit Mangel an Freiheit, mit kümmerlicher Gebundenheit, mit der Unfähigkeit zur Kühnheit, zum Wagemut, zur sprengenden Tat! Wo sind die großen Befreiungstaten des umwälzenden Geistes denn hergekommen, »und wenn sie nicht vom Bürger gewesen wären«? Der Wille und die Berufung zur höchsten Entbürgerlichung, zum höchstgefährlichen, ja vernichtenden Abenteuer des versuchenden Gedankens: das ist der *Freibrief*, den kein Kaiser dem bürgerlichen Menschen, den der Geist selber ihm ausgestellt hat. Noch jener Sohn und Enkel protestantischer Pfarrhäuser, in dem die Romantik des neunzehnten Jahrhunderts sich selber überwand und mit dessen Opfertode am Kreuz des Gedankens unsäglich Neues sich anbahnte, noch dieser Friedrich Nietzsche – wo lagen denn seine Wurzeln als im Erdreich bürgerlicher Humanität? Und um in bescheidenere Sphäre zurückzukehren, zu Lübeck als Lebensform – nun, so sprach ja heute vor Ihnen ein bürgerlicher Erzähler, der eigentlich sein Leben lang nur *eine* Geschichte erzählt: die Geschichte der Entbürgerlichung – aber nicht zum Bourgeois oder zum Marxisten, sondern zum Künstler, zur Ironie und Freiheit ausflug- und aufflugbereiter Kunst.

Ein bürgerliches Menschentum, das sich im Oberklassenmäßig-Künstlerischen ironisch bewährt, ist unfähig der Renitenz gegen das sich verjüngende Leben. Aber ebensowenig ist es fähig, aus Feigheit und Anschlußangst an das Neue seine Wurzeln und Herkunft, seine tausendjährige Überlieferung, die bürgerliche Heimat zu verleugnen. Pietas gravissimum et sanctissimum nomen. Wir feiern ein Heimatfest, ein Fest städtisch-bürgerlichen Gedenkens. Da sind auch die weitgewanderten Künstler zur Stelle. Wie alles ist in der Welt entzweit, bergen sie sich in den Mauern der siebengetürmten Väterstadt, um unter ihren Mitbürgern gute Zeit zu finden.

[On myself]

Von meiner eigenen Arbeit, von meinem Leben als Schriftsteller, soll ich Ihnen heute etwas erzählen. Da dürfen Sie sich nicht wundern, wenn ich die Aufgabe als Erzähler oder, mit einem feierlicheren Wort, als Epiker angreife: das heißt als ein Jünger der Muse, die die Gründlichkeit, das Weitausholen und Weitzurückgreifen, das »ab ovo« liebt und darauf dringt, mit dem Anfang aller Dinge anzufangen. Nach meinem Werden als Künstler, der Geschichte meines Künstlertums gefragt, frage ich mich nach seiner Wurzel, seinen frühesten Keimen und Regungen, und ich finde sie in meinen *Kindheitsspielen*.

Das mag Sie wundern und Ihnen zweifelhaft scheinen. Das Spiel des Kindes, werden Sie sagen, ist etwas Allgemeines; jedes Kind spielt, und das braucht kein Vorspiel des Künstlertums und keine Vorbereitung darauf zu bedeuten. Natürlich nicht. In den meisten Fällen wird das Infantil-Spielerische durch den organischen Reifungsprozeß überwunden. Ein gewisser lichtloser Ernst gewinnt die Oberhand, und der Mensch wird dann zum ausgewachsenen Philister. In anderen einzelnen Fällen aber bewahrt das reifende Leben das Infantile – nicht in der pathologischen Form, die eigentlicher Infantilismus wäre, als geistiges und moralisches Zurückbleiben auf einer primitiven Stufe – sondern das bewahrte Kindliche, der Spieltrieb verbindet sich mit geistiger Reife, ja mit den höchsten Antrieben des Menschen, dem Streben zum Wahren und Guten, dem Drang nach Vollkommenheit, und wird zu dem, was man mit dem Namen der Kunst und des Künstlertums ehrt. Kurz, das Infantile, das Spiel kommt zu *Würden*, – und doch steht es dem Künstler nicht sonderlich an, sich allzu bürgerlich-würdevoll oder hieratisch-feierlich zu verhalten, denn auf dem Grunde seines Wesens liegt das Kindische, Primitive und Spielerische, das, was man eigentlich »Talent« nennt, und ohne das er mit noch so viel Geist und Moral kein Künstler wäre.

Nehmen Sie den Fall des großen Schauspielers. An dem ist die primitive Wurzel der Kunst vielleicht am besten gewahr zu werden. Sie ist hier das Komödiantische, ein *äffischer* Grundinstinkt des Kopierens und Nachahmens, ein die eigenen körperlichen Eigenschaften exhibitionistisch ausbeutendes Gauklertum. Ich sage: die Wurzel, denn in höheren und glücklicheren Fällen zieht dies Urgauklertum voll Geistigem, menschlich Bedeutendem viel an sich, wächst in die Sphäre künstlerischer Schöpfung, wird zum Phänomen der Persönlichkeit, zu einem künstlerischen Erlebnis ersten Ranges. Dieser Sublimierungsprozeß aber wäre nicht möglich ohne den primitiven Kern des komödiantischen Instinktes, den man Talent, Theaterblut nennt, und der auf der Bühne durch keine Bildung, keine Intelligenz, keine Liebe zur Dichtung und keinen geistigen Ehrgeiz zu ersetzen ist.

Und da wir beim Theater sind – erinnern Sie sich der Entstehung des Dramas aus dem religiösen Mysterienspiel und dem mittelalterlichen Roman. Das Drama, von Shakespeare auf seine Höhe geführt, entstand, indem man den handlungsreichen Abenteurer-Roman in die leibliche Darstellung auf der Schaubühne übersetzte. Man ließ die vordem erzählte Handlung von wirklichen, redenden Menschen, welche die Maske der Personen des Romanes annahmen und sich mit ihnen identifizierten, dem Auge und Ohr zugleich vorführen. Das bedeutete die Verweltlichung der alten Mysterien-Spiele, eine *Stoffzufuhr* für sie aus profanem Bereich. Wenn man sich aber in die Kindlichkeit des Wunsches und Dranges zurückdenkt, der die erste Volks- und Mysterienbühne ins Leben rief, so gewinnt man, wie mir scheint, den richtigen Gesichtspunkt für die Entstehung des Dramas. Der kleine Junge, welcher, von Indianer-Geschichten voll, sich selbst den Kopf mit Federn schmückt, sich selbst das Gesicht bemalt, selber den Speer ergreift, »Maske macht«, wie die Schauspieler sagen, und, indem er sich mit den Figuren seiner Lieblingslektüre identifiziert, die Abenteuer, von denen seine Einbildung sich lange genährt hat, schließlich persönlich nachspielt, – dieser kleine Junge handelt nicht anders als das Volk, das die Gestalten seiner mythischen, religiösen, belletristischen Welt sich endlich im Mummenschanz auf der Schaubühne vor Augen führt.

Um auf meine eigenen Kinderspiele zurückzukommen, so hatten Indianergeschichten keinen Anteil an ihnen. Ich habe mich nie für sie erwärmt, und nicht von ihnen waren meine Maskenspiele inspiriert, sondern von griechischer Mythologie. Mein Schaukelpferd hieß »Achill«, ich selbst taufte es, und Sie ersehen daraus meine frühe Beschäftigung mit der ›Ilias‹. Wirklich nahmen Homer und Vergil in meiner Knabenzeit den Platz ein, den bei anderen ›Der letzte Mohikaner‹ behauptet. In einem Buch, das schon meiner Mutter beim mythologischen Unterricht gedient hatte (es trug eine Pallas Athene auf dem Umschlag und gehörte zu denen, die wir Kinder dem Bücherschrank entlehnen durften), waren aus den Werken der beiden antiken Dichter in deutscher Sprache packende Auszüge enthalten, die ich seitenweise auswendig wußte; besonderen Eindruck machte mir die »diamantscharf schneidende Sichel«, die Zeus im Kampf gegen Typhon erhob (ich wiederholte mir diese Stelle immer wieder), und früh war ich vor Troja, auf Ithaka und dem Olympos so wohl zu Hause, wie meine Altersgenossen im Lande des Lederstrumpfes. Und was ich so begierig in mich aufgenommen, das stellte ich spielend vor. Ich hüpfte als Hermes mit papiernen Flügelschuhen durch die Zimmer, ich balancierte als Helios eine glanzgoldne Strahlenkrone auf dem ambrosischen Haupt, ich schleifte als Achilleus meine Schwester, die wohl oder übel den Hektor darstellte, unerbittlich dreimal um die Mauern von Ilion. Aber als Zeus stand ich auf einem kleinen rotlackierten Tisch, der mir als Götterburg diente, und vergebens türmten die Titanen den Pelion auf den Ossa, so gräßlich blitzte ich mit einer roten Pferdeleine, die obendrein mit Glöckchen benäht war.

Das war ein *sichtbares* Spiel, dessen andere gewahr wurden. Aber es gab unsichtbare, zu denen man des Apparates überhaupt nicht bedurfte, sondern bei denen ich mir mit stiller Genugtuung der unabhängigen Kraft meiner Phantasie bewußt sein mochte, die nichts mir rauben konnte. (Charakteristischerweise habe ich dieser Phantasie-Spiele in dem Roman-Fragment ›Bekenntnisse des Hochstaplers Felix Krull‹ gedacht.) Ich erwachte zum Beispiel eines Morgens mit dem Entschluß, heute ein achtzehnjähriger Prinz namens Karl zu sein. Ich kleidete mich [in] eine gewisse liebenswürdige Hoheit, hielt angeregte Zwiesprache mit einem Gouverneur oder Adjutanten, den ich mir einbildungsweise beigab, und ging umher, stolz und glücklich in dem Geheimnis meiner Würde. Man konnte Unterricht haben, spazieren geführt werden oder sich Märchen vorlesen lassen, ohne daß dieses Spiel einen Augenblick unterbrochen zu werden brauchte, und das war das Praktische daran.

Bei all dem ist wohl kein Zweifel, daß ich meine schönsten Spielfreuden dem *Puppentheater* verdankte. Eine Art, wie ich dieses Kunstinstitut leitete, habe ich ausführlich in einer meiner frühesten Novellen, dem ›Bajazzo‹, beschrieben, und auch in Hanno Buddenbrooks Lebensgeschichte tritt diese Beschäftigung hervor. Es ist merkwürdig, welche Rolle das Puppentheater im Leben angehender Dichter, und zwar durchaus nicht gerade dramatischer Dichter, spielt: man denke an die Bekenntnisse und Erinnerungen Goethe's im ›Wilhelm Meister‹ und Gottfried Kellers im ›Grünen Heinrich‹. Ich liebte dieses Spiel so sehr, daß mir der Gedanke, ihm jemals entwachsen zu können, unmöglich schien. Ich freute mich darauf, wenn ich die Stimme gewechselt haben würde, meinen Baß in den Dienst der sonderbaren Musikdramen zu stellen, die ich bei verschlossenen Türen zur Aufführung brachte, und ich war empört, wenn mein Bruder mir vorhielt, wie lächerlich es sein würde, wenn ich als Baß singender Mann noch vor dem Puppentheater sitzen wollte.

Und doch, sitze ich in einem gewissen Sinn nicht noch heute davor? Zwischen Kinderspiel und Kunstübung ist in meiner Erinnerung kein Bruch, keine scharfe Grenze. Denn die ersten literarischen Fixierungen, zu denen ich mich bemüßigt sah, waren so gut das Eine noch wie schon ein Ansatz zum Anderen: Es handelte sich um dramatische Texte, Spielpläne, die als Grundlage zu Theateraufführungen dienten, die ich mit jüngeren Geschwistern vor Eltern und Tanten veranstaltete. Da stellte ich etwa einen tückischen Herbergswirt vor, der den bei ihm einkehrenden jungen Ritter zu vergiften und zu berauben gedenkt, aber von seiner schönen, ihm sonst willfährigen Tochter daran gehindert wird, welche den Ritter liebt etc. – kindischer, abenteuerlicher Unsinn, dessen Erfindung mit Erlebnis, mit Gefühl nicht das Geringste zu tun hatte. Der reine formale Spieltrieb ist früher da als Erlebnis und Gefühl, zunächst ganz inhaltlos, greift er nach irgendwo entlehnten Scheingehalten, bevor ein wirklicher Lebens- und Erfahrungsgehalt ihm zur Verfügung steht. Diese ersten Schreibereien hatten nur den praktischen Zweck, dem Familien-Theater eine textliche Grundlage zu geben. Eigentlichen literarischen Absichten näher standen Dramen, die ich etwas später unter dem Einfluß Schillers und namentlich seines ›Don Carlos‹ in fünffüßigen Jamben verfaßte, und die nicht mehr zu Kinder-Aufführungen bestimmt waren, sondern um ihrer selbst willen hergestellt wurden und Dichtungen sein wollten. Ich erinnere mich an eines, das ›Die Priester‹ hieß, im Mittelalter spielte und sich, Gott weiß warum, in einer extrem antiklerikalen Tendenz gefiel. Am Schluß eines intrigenreichen Aktes standen die Verse:

»Wenn das nicht der Leibhaftige selbst getan,
So tat's zum Mindesten die Geistlichkeit.«

Meine Großmutter, die eine sehr fromme Frau war und viel mit Geistlichen und Missionaren verkehrte, zeigte sich tief bekümmert über meinen liberalen Fanatismus, der doch nicht mehr als eine leere und angenommene Attitüde war.

Persönliche Gehalte, Erfahrungen von Liebe und Freundschaft, wie das Gemeinschaftsleben der Schule und erste Tanzstunden-Erotik sie mit sich bringen, waren erst einschlägig in den lyrischen Produktionen des Vierzehn-, Fünfzehnjährigen, den Heine und Storm begeisterten, und der sie nachzuahmen suchte.

Hier möchte ich ein Wort zum Lob der *Nachahmung* einschalten, die meiner Erfahrung und Überzeugung nach in einem gewissen Alter durchaus kein Zeichen literarischer Schwäche und Unbegabtheit, sondern im Gegenteil ein Symptom für literarische Lebendigkeit und Fähigkeit zum Stil ist. Mir persönlich sagt man heute und schon lange Zeit einen persönlichen Stil nach, an dem man mich erkennt; aber es gab Zeiten, wo das schöpferische Bedürfnis sich ausschließlich als Nachahmung ausprägte, und ich weiß noch, wie ich auf der Schule den wunderlichen Prosastil der von Hermann Bahr geführten Wiener Symbolistenschule, mit der ich damals zuerst in Berührung kam, in meinen Tagebüchern und erzählerischen Versuchen sklavisch-freudig genau kopierte und *eben darin* eine künstlerische Genugtuung fand. Später war es Knut Hamsun, für den ich mich in dieser halbproduktiv-imitierenden Weise begeisterte, so daß ich keine Zeile schrieb, die nicht den Tonfall seiner frühen Meisterwerke, des ›Hunger‹, der ›Mysterien‹ und des ›Pan‹ gehabt hätte. Noch einmal: Nachahmung ist in gewissen Grenzen eher ein Zeichen von Talent als von hoffnungslosem Persönlichkeitsmangel.

Um die Zeit meiner Schwärmerei für jene Wiener Kunstprosa mag es gewesen sein, daß ich eines meiner Schülerprodukte, ein Stück übertrieben-sensitiver und koloristischer Prosa unter dem Titel ›Farbenskizze‹, unter einem angenommenen Namen an die Feuilleton-Redaktion einer Zeitung meiner Vaterstadt Lübeck zu senden wagte. Es war ein Abenteuer mit demütigendem Ausgang, denn das Produkt war für die Zeitung zu schlecht und zu gut, es ging auf eine stümperhafte Weise über ihren Horizont hinaus. In der Redaktion aber saß ein schnoddriger Redakteur aus Berlin, der unter den höflichen gedruckten Ablehnungszettel die Worte schrieb: »Wenn Sie öfters solche Einfälle haben, sollten Sie wirklich etwas dagegen tun.« Ich war davon nicht so niedergeschlagen, wie man denken sollte, denn einen richtigen Redaktionsbrief in Händen zu haben, war immerhin ein Ergebnis. Ich erzähle Ihnen die kleine Erfahrung aber um ihres tröstlichen Gehaltes willen: dergleichen Anfänger-Erlebnisse gehören nun einmal zum Schriftsteller-Leben und besagen gegen zukünftige bessere Erfolge gar nichts.

Die lyrische Sphäre sollte mir so wenig zur künstlerischen Heimat werden wie die dramatische. Aber es dauerte ziemlich lange, bis gegen mein zwanzigstes Jahr, daß die Vermutung, zum Erzähler bestimmt zu sein, sich in meinem Bewußtsein zu befestigen begann. Der Genius der Erzählung war mir, wie jedem europäischen Kinde, früh begegnet in Gestalt von Grimms und Andersens Märchen. Später trat Fritz Reuters ›Stromtid‹ hinzu, die unsere Mutter uns vorlas, so daß ich also der Form des Romans zuerst auf Plattdeutsch gewahr wurde; ein Eindruck, der später bei der Ausarbeitung meines eigenen ersten Romans, der ›Buddenbrooks‹, mit seinem niederdeutschen Milieu, nicht ohne fruchtbare Folgen geblieben ist. Meine Konzentrierung auf die Prosa begann bei der Berührung mit europäischer Erzählungskunst, mit den großen Werken der Franzosen, Russen und Skandinavier, die zur Zeit der naturalistischen Bewegung und Lufterneuerung, also in den neunziger Jahren des vorigen Jahrhunderts, in Deutschland ihren Einzug hielten. Zola, Tolstoi, Turgenjew waren meine Götter; vor allem Turgenjew habe ich immer wieder gelesen, ›Frühlingswogen‹, ›Erste Liebe‹, ›Ein König Lear der Steppe‹, vor allem aber seine ›Väter und Söhne‹, die ich noch heute zu den geglücktesten Meisterwerken des europäischen Romans rechne. Ferner war es die skandinavische Romankunst eines Kielland und Lie, die mir bei der literarischen Vorbereitung auf die ›Buddenbrooks‹ außerordentlich gedient hat, ja, die ich damit nachzuahmen geradezu beabsichtigte, indem mir etwas wie ein Kiellandscher Kaufmannsroman bei diesem Unternehmen vorschwebte, aus dem dann doch etwas so anderes werden sollte.

Mein erster literarischer Erfolg, das heißt: die erste Geschichte, die von einer Redaktion mit Beifall aufgenommen und gedruckt wurde, fiel in die Zeit, da ich, nach Verlassen des Gymnasiums, in München als eine Art Student lebte. Es war eine pessimistische Liebesgeschichte: ›Gefallen‹. Nicht nur daß sie von dem Leiter einer damals erscheinenden radikalen naturalistischen Kampfschrift, der von Michael Georg Conrad gegründeten ›Gesellschaft‹ veröffentlicht wurde, sondern sie trug mir auch einen warmherzigen und ermutigenden Brief des berühmten Lyrikers Richard Dehmel ein, und später sogar auch noch den persönlichen Besuch des bewunderten Dichters, dessen enthusiastisches Menschentum in meinem schreiend unreifen, aber vielleicht nicht unmelodiösen Produkt Spuren von Begabung entdeckt hatte, und der meinen Weg bis zu seinem Tod mit Sympathie und ehrenvollen Prophezeiungen begleitet hat.

Das war der Anfang meiner öffentlichen Wirksamkeit, – ein Anfang, vor dem viele öffentlich untaugliche Vorübungen lagen, und dem viele ebenso untaugliche rückschlägige Versuche folgten. Ich muß wohl sagen, daß mein eigentlicher Durchbruch in die Literatur mit der Erzählung ›Der kleine Herr Friedemann‹ geschah, die ich von Rom aus, wo ich ein Jahr meines damals ganz provisorischen und experimentellen Daseins verbrachte, an die Redaktion der ›Neuen Deutschen Rundschau‹, das Organ des S. Fischer Verlages, sandte, wo sie denn auch zu meinem freudigen Stolze erschien. Der Anklang, den diese Geschichte, die auch meinem ersten Erzählungsband den Namen gegeben hat, bei dem großen Verlagshause fand, war derart, daß ich die Aufforderung erhielt, sogleich alles, was ich geschrieben, dort einzureichen. Sie können sich denken, welche Epoche dieser Berliner Brief des führenden Verlegers der literarischen Moderne, der zu seinen Autoren Ibsen, Gerhart Hauptmann, Björnson, Herman Bang und Richard Dehmel zählte, bei dem obskuren Jungen machte, der in Rom seinen versuchenden Schreibereien oblag.

Diese melancholische Geschichte des kleinen Buckligen stellt auch insofern einen Markstein in meiner persönlichen Geschichte dar, als sie zum erstenmal ein Grundmotiv anschlägt, das im Gesamtwerk die gleiche Rolle spielt wie die Leitmotive im Einzelwerk. Die Hauptgestalt ist ein von der Natur stiefmütterlich behandelter Mensch, der sich auf eine klug-sanfte, friedlich-philosophische Art mit seinem Schicksal abzufinden weiß und sein Leben ganz auf Ruhe, Kontemplation und Frieden abgestimmt hat. Die Erscheinung einer merkwürdig schönen und dabei kalten und grausamen Frau bedeutet den Einbruch der Leidenschaft in dieses behütete Leben, die den ganzen Bau umstürzt und den stillen Helden selbst vernichtet.

Auf das durchgehende, mein Gesamtwerk gewissermaßen zusammenhaltende Grund-Motiv aber, das die Geschichte vom kleinen Herrn Friedemann zuerst anschlägt, habe ich viele Jahrzehnte später, in dem ägyptischen Buche meiner Josephsgeschichte einmal hingewiesen: »Wie geringfügig ist, verglichen mit der Zeitentiefe der Welt, der Vergangenheitsdurchblick unseres eigenen Lebens! Und doch verliert sich unser auf das Einzelpersönliche und Intime eingestellte Auge ebenso träumerisch-schwimmend in seinen Frühen und Fernen wie das großartiger gerichtete in denen des Menschheitslebens – gerührt von der Wahrnehmung einer *Einheit*, die sich in diesem wiederholt. So wenig wie der Mensch selbst vermögen wir bis zum Beginn unserer Tage, zu unserer Geburt, oder gar noch weiter zurückzudringen: sie liegt im Dunkel vorm ersten Morgengrauen des Bewußtseins und der Erinnerung – im *kleinen* Durchblick sowie im *großen*. Aber beim Beginn unseres geistigen Handelns gleich, da wir in das Kulturleben eintraten, wie einst die Menschheit es tat, unseren ersten zarten Beitrag dazu formend und spendend, stoßen wir auf eine Anteilnahme und Vorliebe, die uns jene Einheit – und daß es *immer dasselbe* ist – zu heiterem Staunen empfinden und erkennen läßt: es ist die Idee der *Heimsuchung*, des Einbruchs trunken zerstörender und vernichtender Mächte in ein gefaßtes und mit allen seinen Hoffnungen auf Würde und ein bedingtes Glück des Fassung verschworenes Leben. Das Lied vom errungenen, scheinbar gesicherten Frieden und des den treuen Kunstbau lachend hinfegenden Lebens; von Meisterschaft und Überwältigung, vom Kommen des fremden Gottes war im Anfang, wie es in der Mitte war. Und in einer Lebensspäte, die sich im menschheitlich Frühen sympathisch ergeht, finden wir uns zum Zeichen der Einheit abermals zu jener alten Teilnahme angehalten.«

Im Anfang, wie in der Mitte: Vom ›Kleinen Herrn Friedemann‹ zum ›Tod in Venedig‹, der viel späteren Erzählung vom Kommen des »fremden Gottes«, spannt sich der Bogen; und was ist die Leidenschaft von Potiphars Frau für den jungen Fremdling anderes als abermals der Einsturz, der Zusammenbruch einer mühsam, aus Einsicht und Verzicht gewonnenen hochkultivierten Haltung: die Niederlage der Zivilisation, der heulende Triumph der unterdrückten Triebwelt. –

Dem italienischen Aufenthalt, einem einjährigen Zusammenleben mit meinem Bruder Heinrich in Rom und seiner ländlichen Umgebung, gehört auch der erste Roman zu, zu dem ich mich entschloß, oder wenigstens seine Anfänge. Ich meine den hanseatisch-patrizischen Roman ›Buddenbrooks‹, dem ich den Untertitel »Verfall einer Familie« gab. Ich hatte vorher eine kleine Reihe skizzenartiger Erzählungen geschrieben, von der Art von ›Luischen‹ etwa, ›Enttäuschung‹, ›Der Bajazzo‹, und ich war im Grunde überzeugt, daß die Kurzgeschichte, wie ich sie in der Schule Maupassants, Tschechows und Turgenjews erlernt hatte, mein Genre sei; nie, so glaubte ich, würde ich es mit der großen Form des Romans aufnehmen können. In Rom nun las ich damals den kleinen Roman der Brüder Goncourt ›Renée Mauperin‹ und war, wie sich zeigen sollte, auf eine produktive Art entzückt von der Anmut und Klarheit der Komposition dieses in kurzen Kapiteln angeordneten Buchs; so sehr entzückt, daß ich Mut faßte und mir sagte: das kannst du am Ende auch. Bei der Umschau nach einem Stoff, der mir taugen könnte, lag naturgemäß am nächsten meine individuelle Kindheitserfahrung, die Geschichte meiner eigenen Familie; als Milieu: meine Heimatstadt. Ich hielt mich daran und suchte mir in der literarischen Erinnerung an verwandte Vorbilder aus Norwegen und Dänemark diesen Stoff für meine Fähigkeiten und Absichten zurechtzulegen. Ich sammelte Material und begann in Palestrina in den Sabinerbergen, dem Geburtsort des großen Kirchenkomponisten, die ersten Kapitel zu schreiben. Geplant war ein Roman von zweihundert bis zweihundertfünfzig Seiten nach dem Muster nordischer Familienromane. Aber dann erwies sich, daß das Buch seinen eigenen Willen hatte, der über meine Absichten weit hinausging und sich zu einem zweibändigen Roman deutscher Bürgerlichkeit entwickeln sollte, der als Aufgabe eigentlich über meine schwanke Kraft und künstlerische Unerfahrenheit damals weit hinausging und somit eine Belastung darstellte, die ich nur mit zusammengebissenen Zähnen und höchster Anspannung bewältigen konnte – indem ich nach Stütze und Hilfe bei den Riesen des zu Ende gehenden Jahrhunderts suchte; wie ich mich denn erinnere, damals besonders Tolstois ›Anna Karenina‹ und ›Krieg und Frieden‹ gelesen zu haben, um Kräfte zu schöpfen für eine Aufgabe, der ich mich nur in beständiger Anlehnung an die Größten gewachsen zeigen konnte. Ich nahm das schon über alles Erwarten angeschwollene Manuskript nach München zurück, wo es nach zweieinhalbjähriger, oft unterbrochener Arbeit um die Jahrhundertwende beendet wurde. Das Manuskript ging an Fischer, dem ich mich seit dem ›Kleinen Herrn Friedemann‹ verbunden fühlte. Ich weiß noch, wie ich es verpackte: so ungeschickt, daß ich mir heißen Siegellack auf die Hand tropfen ließ und eine fürchterliche Brandblase davontrug, die mich lange quälte. Das Manuskript war unmöglich. Die Schreibmaschine gehörte damals noch nicht zum selbstverständlichen Handwerkszeug jeden Schriftstellers – was ich da am Postschalter ablieferte, war ein handschriftliches Konvolut, ja, schlimmste aller Zumutungen an Lektor und Setzer: es war doppelseitig beschrieben! Doch nicht daran dachte der junge Autor, sondern ihn erfüllte nur die eine Angst, daß er der Post das einzige Exemplar seiner Arbeit anvertrauen sollte. Ich hatte das Manuskript ursprünglich abschreiben wollen – mit der Hand, wohlgemerkt! – aber später, da der Umfang überhandgenommen hatte, darauf verzichtet. Eben weil es nur einmal vorhanden war, entschloß ich mich zu einer Postversicherung und setzte neben die Inhaltsangabe »Manuskript« eine Wertsumme auf das Paket: ich glaube gar 400 Dollar. Der Schalterbeamte lächelte . . .

So trat denn dieses Buch, mein Erstling, wenn man von dem vorangegangenen Erzählungsbändchen absieht, seine Reise in die Welt an, vorerst ins Ungewisse, in ein Verlagshaus, wo gänzlich fremde Menschen über Wert oder Unwert meiner jahrelangen Mühen, über Sein oder Nichtsein des namenlosen Anfängers entscheiden sollten. Noch heute, wenn ich zurückdenke, überkommt mich ein Kopfschütteln der Verwunderung, ja, fast so etwas wie Erschrecken über den Mut, oder soll man gar sagen, den Leichtsinn des jugendlichen Dichterlehrlings, der da in einem rätselhaften Gottvertrauen seine Zukunft auf eine ins Blaue geschriebene Sache stellte. Niemand wußte damals von seinem Buch, kein Fachmann riet ihm zu oder ab, sein Publikum bestand aus den Mitgliedern seiner Familie und guten Freunden, denen er die einzelnen Kapitel vortrug; mit Beifall, ja, man amüsierte sich, aber doch nur so wie über eine ganz private Angelegenheit, einen Familienspaß ohne öffentliche Bedeutung. Daran mußte ich denken, als ich 1929 beim Empfang des Nobelpreises in Stockholm während des Banketts von der in diesen Tagen gestorbenen Selma Lagerlöf erfuhr, ihr sei es mit ihrem berühmtesten Werke, dem ›Gösta Berling‹, nicht anders gegangen: »Ich habe mir nichts dabei gedacht«, erzählte sie mir, »ich habe das Buch für meine kleinen Nichten und Neffen geschrieben. Ich dachte, es sei etwas zum Lachen.« Nicht immer sind es die größten Werke, die mit den größten Absichten geschrieben werden. Im Gegenteil halte ich es für die Regel, daß die großen Werke das Ergebnis bescheidener Absichten waren. Der Ehrgeiz darf nicht am Anfang stehen, nicht *vor* dem Werk. Er muß mit dem Werk heranwachsen und diesem mehr angehören als dem Ich des Künstlers. Es ist nichts falscher als der abstrakte und vorsachliche Ehrgeiz, der Ehrgeiz an sich und unabhängig vom Werke, der bleiche Ehrgeiz des Ich.

Die sorgenvollen Beratungen im Hause Fischer über mein unförmiges Angebot fielen in meine Militärzeit. Im Garnisonslazarett, wo ich mit einer beim Parademarsch zugezogenen Sehnenscheidenentzündung lag, erhielt ich einen Brief des Verlegers, worin er mir seinen starken Zweifel ausdrückte, daß ein Buch dieses Umfangs und Charakters von der modernen Leserschaft akzeptiert und rezipiert werden könne, und mir erklärte, wenn ich bereit wäre, das Buch um die Hälfte zu kürzen, so würde es allenfalls für ihn in Betracht kommen. Da schrieb ich ihm denn im Liegen, mit Bleistift, in fliegenden Zügen, einen bewegten und notgedrungen geschickten Brief, in dem ich sein Verlangen einer Kürzung des Buches rundweg ablehnte und seine Längen, mit seinen motivischen Rückbeziehungen über weite Strecken hinweg für eine wesentliche und nicht anzutastende Eigenschaft des Werkes erklärte. Und, welch Wunder, die Beschwörung, es intakt zu lassen, hatte Erfolg: Fischer entschloß sich zum Druck, und Ende 1900 erschienen ›Buddenbrooks‹ in einer zweibändigen Ausgabe.

Man darf nicht glauben, daß das Buch sogleich leichtes Spiel hatte. Die Befürchtungen des Verlegers schienen sich zu erfüllen. Niemand hatte Lust, für das ungefüge Produkt eines obskuren jungen Verfassers so viel Geld anzulegen. Die Kritik fragte mißgelaunt, ob etwa die mehrbändigen Wälzer wieder Mode werden sollten. Sie verglich den Roman mit einem im Sande mahlenden Lastwagen. Freilich wurden bald aus dem Publikum und in der Presse auch andere Stimmen laut. So erklärte vor allem ein kranker und inzwischen lang verstorbener jüdischer Kritiker namens Samuel Lublinski: dies Buch werde wachsen mit der Zeit und noch von Generationen gelesen werden. Wie wirkte solch ein Urteil auf den Autor? Es erfüllte ihn mit Stolz und Freude, ganz gewiß. Aber war er überrascht? Bestürzte ihn diese Einschätzung und Einreihung unter die von ihm bewunderten Größen? Ich kann das nicht sagen. Es lag eigentlich nicht in meiner Art. Ich denke an einen Brief, den mir schon früher einmal ein Redakteur über eine eingesandte Kurzgeschichte geschrieben hatte, und der mit dem Ausruf begann: »Was sind Sie für ein begabter Mensch!« Sonderbarerweise empfand ich das als naiv, und eben dieser Sonderbarkeit wegen erzähle ich es. Mein damaliges Achselzucken scheint mir kennzeichnend für die eigentümlich ahnende Seelenverfassung des werdenden Autors, aller werdenden Autoren: dieses geheime Wissen um das Vorhandensein von Kräften, die wohl ihre Zeit brauchen mögen, aber unerschütterlich vorhanden sind. Sie verlangen wohl nach der Bestätigung, doch nehmen sie zugleich vorweg, mit jenem Mut, der beim Dichter so eng mit der Weltangst einhergeht.

Trotz aller Widerstände wurde im Laufe eines Jahres die erste Auflage von tausend Exemplaren verkauft, und jetzt erhielt der Roman die – einbändige – Gestalt, in der er seine erstaunliche, am wenigsten von seinem Autor vorausgesehene Laufbahn beginnen sollte. Alsbald, während die preisenden Pressestimmen, jetzt selbst in ausländischen Blättern, sich mehrten, begannen die Auflagen einander zu jagen. Es war der Ruhm...

Man muß nicht so weit gehen zu sagen: Erfolg ist Mißverständnis, aber ohne Zweifel wohnt der Wirkung in die Weite und Breite das Element des Mißverständnisses inne. Der Erfolg der ›Buddenbrooks‹ ist dafür ein recht anschauliches Beispiel. Sie wurden als Produkt der sogenannten »Heimatskunst« verstanden, als ein norddeutsch-bürgerliches Erzählwerk auf der Linie der von Reuters plattdeutschem Humor geprägten Tradition. Diese – unstreitig vorhandenen – Züge haben meinem Buch trotz seiner Düsterkeit zum Durchbruch beim deutschen Lesepublikum verholfen, das dabei, zunächst wenigstens, alles übersah, was an übernationalen, europäischen Einflüssen darein eingeströmt war, und, mehr noch: was ins Europäische hinauswies; läßt sich doch heute wohl mit Fug sagen, daß in diesem Buch der deutsche Roman seine Ansprüche auf Weltfähigkeit anmeldete. Es war der Durchbruch in die Weltliteratur, zu der die maßgebenden epischen Beiträge des vorangegangenen Jahrhunderts nicht gerade von deutscher Seite, sondern in erster Linie von den Franzosen und Engländern, später von den Skandinaviern und Russen gekommen waren. Andrerseits blieb doch in meinem Roman, so sehr er sich an ausländischen Vorbildern gebildet hatte, das Nationale, ja Regionale (seinerseits wieder aus so unterschiedlichen Quellen gespeist wie Reuter und Richard Wagners Motivtechnik und symphonischer Dialektik) ein deutlich wieder erkennbares, sehr deutsches Element. Und entscheidend für die Wirkung war doch wiederum ein internationaler oder sagen wir getrost, allgemein menschlicher Zug: es spiegelte sich ja in dieser Chronik eines Bürgertums, das aus dem Naiv-Praktischen ins Geistige wächst, vom Kaufmännischen zur Kunst kommt – wobei gezeigt wird, daß Verfall zugleich Verfeinerung und Steigerung bedeuten kann – ein allgemeiner Weltprozeß dar, der damals überall empfunden wurde. Man hielt gerade auf halbem Wege zwischen der unbändigen

Expansion der industriellen »Gründerjahre« und dem Weltkrieg, der das Ende der bürgerlichen Ära verkünden sollte, die Väter hatten es geschafft, man selbst war Erbe, man verspürte schon die große Müdigkeit des Endes ... Dieses Zeitmotiv in meinem Buch wurde überall zugleich empfunden, Menschen, die nichts voneinander wußten, in Marseille, Kopenhagen, Madrid, bestätigten mir später: das ist ja genau wie bei uns. Die Sublimierung ins Spirituelle im Ablauf der Generationen war ein zivilisatorisches Gesetz, und daß der Autor Geist und Biologie in einen gewissen Gegensatz gestellt, Geist als Produkt eines biologischen Verfallsprozesses angesehen hatte, kam dem herrschenden Zeitgeist entgegen, ohne sich ihm, der damals starr auf den *sozialen* Determinismus festgelegt war, sklavisch zu verschreiben. –

Ich kann von dem Roman ›Buddenbrooks‹ nicht sprechen, ohne des ungeheuren seelischen Erlebnisses zu gedenken, das im letzten Teil eine so große Rolle spielt, ich meine das Erlebnis Schopenhauer, dessen Werk Thomas Buddenbrook gegen Ende seines Lebens liest, und durch das er sozusagen zum Tode reif gemacht wird. Ich rede hier von Bildungserlebnissen, zu denen auch die erste Begegnung mit der Kulturkritik Nietzsche's gehörte, und Nietzsche's Ideen sind es ja, die sich in den von Schopenhauer inspirierten Kapiteln mit dessen Philosophie so eigentümlich vermischen.

Zweifellos ist der geistige und stilistische Einfluß Nietzsche's schon in meinen ersten Prosaversuchen kenntlich. Wenn ich von meinen Beziehungen zu diesem zaubervollen Komplex hier reden soll, so muß ich sie sogleich auf ihre persönlichen Bedingungen und Grenzen zurückführen. Die Berührung mit Nietzsche war in hohem Grade bestimmend für mich; aber unsere Substanz zu verändern, etwas anderes aus uns zu machen, als wir sind, ist keine Bildungsmacht imstande. Goethe hat gesagt, daß man etwas *sein* müsse, um etwas zu *machen*. Aber schon um in irgendeinem höheren Sinn etwas *lernen* zu können, muß man etwas *sein*. Die organische Einbeziehung und Umwandlung, die Nietzsche's Ethos und Künstlertum bei mir gefunden hat, ist mit Widerspruch und Distanz von allem Anbeginn an begleitet gewesen. Schon der Zwanzigjährige verhielt sich zur Mode- und Gassenwirkung des Philosophen, zu allem simplen »Renaissancismus«, Übermenschenkult, Cesare-Borgia-Ästhetizismus, aller Blut- und Schönheits-Großmäuligkeit, wie sie damals bei groß und klein im Schwange war, durchaus verachtungsvoll. Er verstand sich auf die Relativität des »Immoralismus« dieses großen Moralisten; wenn ich dem Schauspiel seines Hasses auf das Christentum zusah, so sah ich seine brüderliche Liebe zu Pascal mit und verstand jenen Haß durchaus moralisch, nicht aber psychologisch, – ein Unterschied, der sich mir auch in seinem kulturkritisch-epochalen Kampf gegen das bis in den Tod Geliebteste, gegen Richard Wagner zu bewähren schien. Mit einem Worte: ich sah in Nietzsche vor allem den *Selbstüberwinder*; ich nahm nichts wörtlich bei ihm, ich *glaubte* ihm fast nichts, und gerade das gab meiner Liebe zu ihm das Doppelschichtig-Passionierte, gab ihm die Tiefe. Sollte ich es etwa ernst nehmen, wenn er den Hedonismus in der Kunst predigte? Wenn er Bizet gegen Wagner ausspielte? Was war mir sein Machtphilosophem und die »blonde Bestie«? Beinahe eine Verlegenheit. Seine Verherrlichung des »Lebens« auf Kosten des Geistes, die im deutschen Denken so mißliche Folgen gehabt hat – es gab nur eine Möglichkeit, sie mir zu assimilieren: *als Ironie.* Es ist wahr, die »blonde Bestie« spukt auch in meiner Jugenddichtung, aber sie ist bestialischen Charakters so ziemlich entkleidet, und übriggeblieben ist nichts als die Blondheit zusammen mit der Geistlosigkeit, – Gegenstand jener erotischen Ironie und konservativen Bejahung, durch die der Geist, wie er genau wußte, sich im Grunde so wenig vergab. Mochte doch die persönliche Verwandlung, die Nietzsche in mir erfuhr, Verbürgerlichung bedeuten. Diese Verbürgerlichung schien mir und scheint mir noch heute tiefer und verschlagener als aller heroisch-ästhetische Rausch, den Nietzsche sonst wohl entfachte. Mein Nietzsche-Erlebnis bildete die Voraussetzung einer Periode konservativen Denkens, die ich während des Weltkriegs absolvierte; zugleich aber hat es mich widerstandsfähig gemacht gegen alle übelromantischen Reize, die von einer *inhumanen* Wertung des Verhältnisses von Leben und Geist ausgehen können und heute so vielfach ausgehen . . .

›Buddenbrooks‹ trägt den Untertitel »Verfall einer Familie«. Es ist die naturalistisch-fatalistisch empfundene, mit schopenhauerischem Pessimismus, niederdeutschem Humor und untergründiger Wagnerscher Musik dargestellte Geschichte eines Verfalls und zugleich einer Verfeinerung, Entbürgerlichung, Vergeistigung. Der Gegensatz von Geist und Leben war in dem Bürger-Roman schon latent. Er wurde zu dem mit liebevoller Ironie umspielten Hauptmotiv der Geschichte, die noch heute vielleicht meinem Herzen am nächsten steht und noch immer von jungen Leuten geliebt wird, des ›Tonio Kröger‹.

Ihre Konzeption ging in die Zeit der Arbeit an den ›Buddenbrooks‹ zurück und hing mit einer Reise nach Dänemark, in einen Badeort am Sund zusammen, die ja auch in der Erzählung selbst eine Rolle spielt. Sie ist der Erlebniskern, um den nun die beziehungsreiche kleine Dichtung zusammenschoß. Ich schrieb sie sehr langsam, und besonders das lyrisch-essayistische Mittelstück, das Gespräch mit der durchaus erfundenen – russischen Freundin Lisaweta, kostete mich Monate . . . ›Tonio Kröger‹ erschien 1903 in der gleichen Zeitschrift wie ›Der kleine Herr Friedemann‹ und fand eine sehr warme Aufnahme. Die Erzählung hat vor dem ihr nächstverwandten ›Tod in Venedig‹ den Schmelz jugendlicher Lyrik voraus, und rein künstlerisch genommen, mögen es ihre *musikalischen* Eigenschaften sein, die ihr Sympathien gewannen. Zum ersten Mal war die epische Komposition hier als geistiges Themengewebe, als symphonischer Beziehungskomplex verstanden, wie es später, in größerem Maßstabe, beim ›Zauberberg‹ geschah. Vor allem war im ›Tonio‹ das sprachliche »Leitmotiv« nicht mehr, wie noch in ›Buddenbrooks‹, bloß naturalistisch, rein äußerlich deskriptiv gehandhabt, sondern hatte eine ideelle Gefühlstransparenz gewonnen, die es entmechanisierte und ins Musikalische hob.

Es ist eine rein literarische Feststellung, wenn ich hinzufüge, daß diese Art, die Erzählung zu vergeistigen, mich in eine gewisse Distanz zu dem herrschenden, geistig untransparenten, massiven Naturalismus jener Zeit brachte. Selbstverständlich hat er auch mich beeinflußt, aber ›Tonio Kröger‹ zeigt an, daß ich, mit einigen anderen Weggenossen, ihn schon überwunden hatte, als er sich noch auf seinem Höhepunkt befand. Zu meiner Freude habe ich die Erfahrung gemacht, daß dieses mein literarisches Lieblingskind, soviele Generationen inzwischen herangewachsen sind und sosehr der Jugendtypus sich geändert haben mag, doch immer wieder junge Menschen angesprochen hat – weil sie sich darin wiederfanden. Das ist kein Wunder, denn es ist ein typisches Jugendwerk, mit seiner Hamlet-Melancholie, seinem »Erkenntnisekel«: erfüllt von der gleichen geistigen und moralischen Empfindlichkeit gegen die gemeine Realität der Welt, mit der auch in der gleichzeitig entstandenen, weniger persönlich gefärbten Erzählung ›Tristan‹ das gleiche Thema variiert ist: die verschämte Liebe des Geistigen zum platten, gesunden Leben; eine Liebe, gemischt aus »Sehnsucht, schwermütigem Neid und ein klein wenig Verachtung . . .«

Das Künstler-Problem, der dialektische Gegensatz von Geist und Kunst auf der einen und »Leben« auf der anderen Seite, fährt fort, in diesem Produktionskreis, der bis zum ›Tod in Venedig‹ reicht, eine beherrschende Rolle zu spielen und ist auch in meinem einzigen dramatischen Versuch, ›Fiorenza‹, abgewandelt. Die Szene ist das Renaissance-Florenz von 1492, Lorenzo Medici, der große Schönheitsfreund, und Savonarola, der asketische Mönch, ringen um die Macht, der aufgeklärte, skeptische Diesseitsgeist des Humanismus gegen den totalen Gottesstaat, der Künstler mit dem Moralisten, der sich selbst als einen Künstler definiert, der zugleich ein Heiliger ist und es nicht wahrhaben will, als ihn der sterbende Lorenzo Bruder nennt, den feindlichen Bruder im Geiste . . .

Dieses Produkt war insofern mein Schmerzenskind, als es ein wenig zwischen die Gattungen geraten ist, nicht mehr, wie sonst, Erzählung und doch auch nicht wirkliches Theater, obwohl das deutsche Theater sich mehrfach davon angezogen gefühlt und eine ganze Reihe von nicht ganz mißlungenen Versuchen damit angestellt hat. Vor allem erinnere ich mich einer Wiener Aufführung, die mit auserlesenen Kräften bald nach dem Weltkrieg veranstaltet wurde. War es die Revolutionsatmosphäre oder was sonst – sehr stark vermittelte die Vorstellung mir das Gefühl, daß dieses Stück allerhand vorweggenommen hat, was dann später in der Realität hervortreten sollte: den Untergang einer rein ästhetisch orientierten Bildungswelt unter dem Ansturm eines Fanatismus, der sich seiner Primitivität bewußt ist und aus der neugierigen Schwäche des Ästhetizismus bewußt Vorteile zieht. Es waren diese Andeutungen und Vorahnungen von europäisch kommenden Dingen, die ich jenes eine Mal so stark empfand.

Man sieht: dieser Dialektik ließ sich mehr als eine Seite abgewinnen, das Problem bricht sich in mehreren Facetten. Standen im ›Tonio Kröger‹ Geist und Kunst auf einer Seite gegen das Leben, so wendet sich in ›Fiorenza‹ der asketisch gewordene, ins Nichts verabsolutierte Geist gegen die als sublimierten Lebensgenuß verstandene Kunst. Im nächsten Roman nun, in ›Königliche Hoheit‹, steht wiederum die Existenz des Künstlers zur Diskussion, stofflich als Hofgeschichte eingekleidet und diesmal, unter dem Einfluß privater Umstände – ich war ein junger Ehemann, als ich dies Buch schrieb – ins Optimistische gewendet.

Es ist eine Erlösungsgeschichte: der junge Prinz, in seiner melancholisch-repräsentativen und rein formalen Existenz eine Allegorie des Künstlers, wird durch die Liebe und durch eine Heirat, die sein Land rettet, aus der Unwirklichkeit zur Wirklichkeit und zum Leben erlöst. Die Möglichkeit einer Vereinigung von Hoheit und Lebensglück wird optimistisch statuiert: – für den Augenblick hatte sie ihre Gefühlswahrheit.

Übrigens ist das Buch als Versuch eines *Lustspiels in Romanform* ein Geschwisterstück zu meinem jüngsten Roman, ›Lotte in Weimar‹. Geistig stellt es eine vielleicht nicht uninteressante Wendung zum *Demokratischen* dar, indem zwar der »Hoheit«, dem »Sonderfall«, den Erscheinungen aristokratischer Absurdität noch immer die ironisch getönte Liebe des Autors gehört, mit den Mitteln *derselben* Ironie aber die hochindividualistischen Typen bis hinab zum wahnsinnigen Hunde Percival als Anachronismen gekennzeichnet werden und der liebenswürdigste von ihnen den Weg aus der Einsamkeit zur Gemeinschaft und sozialen Sympathie geführt wird, – eine Fabel, die damals, auf der Sonnenhöhe des Wilhelminischen Kaisertums, mehr vorwegnahm, als die Leser von 1905 herauslasen.

Es folgen die ›Bekenntnisse des Hochstaplers Felix Krull‹, die nichts weiter waren als eine neue Abwandlung des künstlerischen Einsamkeits- und Scheinbarkeitsproblems ins *Kriminelle.* Was mich aber stilistisch reizte, war die noch nicht geübte autobiographische Direktheit der Form, und ein phantastischer geistiger Reiz ging aus von der Gelegenheit, die großen Autobiographien des achtzehnten Jahrhunderts einschließlich Goethes's ›Dichtung und Wahrheit‹ zu *parodieren.* Ich schrieb das heute vorliegende Fragment mit großer Lust, und es wundert mich nicht, daß Kenner es für das bis dahin Glücklichste und Beste erklären, was ich gemacht hätte. Auf jeden Fall mag es das Persönlichste gewesen sein, denn es gestaltet mein Verhältnis zur *Tradition,* das zugleich liebevoll und auflösend ist; wie das sich später beim ›Zauberberg‹ noch deutlicher zeigen sollte, mit dem, wie ich glaube, die Geschichte des deutschen Bildungsromans parodierend abschließt.

Der Krullsche Memoirenton, ein heikelstes [politisches] Balance-Kunststück, war ohne Ermüdung nicht Jahr und Tag durchzuhalten, und ich war wohl heimlich auf der Suche nach neuen Dingen, als ich Sommer 1912 den Lido von Venedig besuchte. Dort kam eine Reihe kurioser Umstände und Eindrücke zusammen, um in mir den Gedanken zu jener Erzählung keimen zu lassen, deren Titel mit dem Namen der Lagunenstadt verbunden ist. ›Der Tod in Venedig‹ war als rasch zu erledigende Improvisation und Einschaltung in die Arbeit am Betrügerroman gedacht; aber die Dinge haben ihren eigensinnigen Willen, und es widerfuhr mir dasselbe wie schon vorher bei ›Buddenbrooks‹ und später beim ›Zauberberg‹: die Geschichte des würdig gewordenen Künstlers von Aschenbach wuchs sich aus . . .

In Wahrheit ist jede Arbeit eine zwar fragmentarische, aber in sich geschlossene Verwirklichung unseres Wesens, und hier schoß, im eigentlich kristallinischen Sinn des Wortes, vieles zusammen, ein Gebilde zu zeitigen, das, in vielfachen Beziehungen schwebend, den Autor wohl zum Träumen bringen konnte. Beziehung: ich liebe dieses Wort; wenn ich es denke, fällt es mir mit dem Begriff des Bedeutenden zusammen – ja, ich möchte meinen, das Bedeutende sei nichts weiter als das Beziehungsreiche. Alles stimmte auf eine besondere Weise, und wie im jugendlichen ›Tonio Kröger‹ ist auch im ›Tod in Venedig‹ kein Zug erfunden: der verdächtige Gondolier, der Knabe Tadzio und die Seinen, die durch Gepäckverwechslung mißglückte Abreise, die Cholera, der ehrliche Clerk im Reisebüro, der bösartige Bänkelsänger – alles war durch die Wirklichkeit gegeben, war nur einzusetzen. Streckenweise hatte ich während dieser Arbeit das Gefühl einer souveränen Getragenheit, wie ich sie sonst nicht gekannt.

Ursprünglich hatte ich ganz etwas anderes machen wollen. Ich war von dem Wunsche ausgegangen, Goethe's Spätliebe zu Ulrike von Levetzow zum Gegenstand meiner Erzählung zu machen, die Entwürdigung eines hochgestiegenen Geistes durch die Leidenschaft für ein reizendes, unschuldiges Stück Leben darzustellen – jene schwere Krise Goethe's, der wir seine herrliche Karlsbader Elegie verdanken, diesen Aufschrei aus tiefstem Verstört- und Hingerissensein, das für ihn fast zum Untergang geworden wäre und jedenfalls ein Tod vor dem Tode gewesen ist. – Damals hatte ich es nicht gewagt, die Gestalt Goethe's zu beschwören, ich traute mir die Kräfte nicht zu und kam davon ab. Ich schuf mir einen modernen Helden, einen Helden des zarten Typs, den ich in früheren Werken schon sympathievoll gestaltet hatte, einen Bruder Thomas Buddenbrooks und Girolamo Savonarolas, einen *Helden der Schwäche* also, der am Rande der Erschöpfung arbeitet und sich das Äußerste abgewinnt, kurz: einen Helden vom Schlage des von mir selbst so getauften »Leistungsethikers«. Äußerlich trägt dieser Gustav von Aschenbach die Züge Gustav Mahlers, des großen österreichischen Musikers, der damals gerade als schwerkranker Mann von einer amerikanischen Konzerttournee zurückgekehrt war; und sein fürstliches Sterben in Paris und Wien, das man in den täglichen Bulletins der Zeitungen schrittweise miterlebte, bestimmte mich, dem Helden meiner Erzählung die leidenschaftlich strengen Züge der mir vertrauten Künstlerfigur zu geben. Wieder war mein Thema der verwüstende Einbruch der Leidenschaft, die Zerstörung eines geformten, scheinbar endgültig gemeisterten Lebens, das durch den »fremden Gott«, durch Eros-Dionysos entwürdigt und ins Absurde gestoßen wird. Der Künstler, dem Sinnlichen verhaftet, kann nicht wirklich würdig werden: diese Grundtendenz bitter melancholischer Skepsis gegen alles Künstlertum kommt in dem (Platons Dialogen nachgeformten) Bekenntnis zum Ausdruck, das ich dem schon vom Tode gezeichneten Helden in den Mund legte.

Dies ist eine sonderbare moralische Selbstzüchtigung, durch ein Buch, das selbst, mit absichtlicher Ironie, in seinem Vortrag, seiner Prosa jene Würden- und Meisterhaltung zur Schau trägt, die darin als Lüge und Narrentum gebrandmarkt wird. Die melancholisch-skeptische Kritik am Künstlertum überhaupt, unter dem moralischen und menschlichen Gesichtspunkt, wie sie sich schon im ›Tonio Kröger‹, im ›Tristan‹, in ›Fiorenza‹ manifestiert hatte, wird im ›Tod in Venedig‹ auf einen Höhepunkt getrieben; und zugleich werden die pädagogischen Ansprüche gegeißelt, die sich etwa ins Künstler-Selbstgefühl einschleichen sollten: Ansprüche, Neigungen, Ideen, die doch in meinem eigenen Leben, seitdem es aus seiner jugendlichen Einsamkeits- und Boheme-Epoche herausgetreten war, eine Rolle zu spielen begonnen hatten. Ich hatte diese Ideen und Ansprüche in dem Essay ›Goethe und Tolstoi‹ entwickelt, der die Welt der *Autobiographie*, des Bekenntnisses, in unmittelbare Beziehung zu der der *Pädagogik*, des Menschenbildens, der Erziehung brachte. Ich hatte gezeigt, wie das erzieherische Element, bewußt oder unbewußt, bereits in dem autobiographisch-bekennerischen lebt und daraus hervorwächst. »Niemand«, behauptete ich, »hat je sein Ich als kulturelle Aufgabe verstanden und es sich in der Betreuung dieser Aufgabe sauer werden lassen, ohne auch zur erzieherischen Wirkung in der äußeren Menschenwelt, zum Glück und der Würde eines Jugendführers und Menschenbildners wie von ungefähr zu gelangen; und der Augenblick dieser Einsicht ist, wie er erst auf der Höhe des Lebens sich einstellt, der höchste im Leben des produktiven Menschen.«

Nehmen Sie es als Beispiel einer seltsamen *Doppelgleisigkeit* dichterischen Denkens, wenn derselbe Autor, der sich im Essay solcherart vernehmen ließ, in der Erzählung allem Künstler- und Dichtertum die Berufung zu irgendwelcher pädagogischer Wirkung mit fast flagellantischem Pessimismus abspricht. Wie tief aber trotzdem die Idee der Erziehung in meinem Geiste Wurzel gefaßt hatte, zeigt die Tatsache, daß der nächste Stoff, den ich angriff, mir unter den Händen, gegen alle Voraussicht und Absicht, zu einer Spätform des deutschen Bildungs- und Erziehungsromans wurde. Ich meine den ›Zauberberg‹, von dem ich bei der nächsten Zusammenkunft sprechen will.

Die Geschichte, oder Prosa-Dichtung, von der wir zuletzt sprachen, und die übrigens die erste unter all meinen Arbeiten war, welche auf englisch, in Amerika, in der leider verschwundenen Zeitschrift ›The Dial‹ erschien: ›Der Tod in Venedig‹ also nimmt eine eigentümlich markante Doppelstellung ein in meinem persönlichen Leben als Schriftsteller und zugleich in der Epoche, der dieses Leben angehört. Die Erzählung erschien 1913, knapp vor Ausbruch des Ersten Weltkrieges also, mit dem ein Abschnitt des europäischen Lebens sich endigte und neue Schicksalswelten sich für den Fortlebenden auftaten; und diesem für mein Gefühl nicht zufälligen Standort an einer Zeitenwende entspricht genau die Rolle, die sie in meinem internen Leben spielt, insofern als sie darin ein Letztes und Äußerstes, einen Abschluß bedeutet: sie war die moralisch und formal zugespitzteste und gesammeltste Gestaltung des Décadence- und Künstlerproblems, in dessen Zeichen seit ›Buddenbrooks‹ meine Produktion gestanden hatte, und das mit dem ›Tod in Venedig‹

tatsächlich ausgeformt war, – in voller Entsprechung zu der Ausgeformtheit und Abgeschlossenheit der individualistischen Gesamt-Problematik des in die Katastrophe mündenden bürgerlichen Zeitalters. Auf dem persönlichen Wege, der zum ›Tod in Venedig‹ geführt hatte, gab es kein Weiter, kein Darüber-Hinaus, und ich verstand es vollkommen, wenn Freunde meiner Arbeit damals ihre Sorge zu erkennen gaben darüber, wie ich es nun überhaupt noch weiter treiben wollte - nur daß ich dieser Sorge dasselbe Phlegma, dieselbe Mischung aus Fatalismus und vitalem Vertrauen entgegenbrachte, die meiner unbewiesenen Jugend eigen gewesen war. Wirklich ist es eine Frage der Vitalität, ob man einen kritischen Punkt, einen Punkt relativer und bedingter Vollendung, wie ich sie erreicht hatte, überwindet oder nicht; ob man imstande ist, das *fest* Gewordene, ganz schon Form Gewordene wieder aufzulockern, seine Produktivität in Fluß zu halten, neue Gehalte einströmen zu lassen, die geistigen Grundlagen seines Lebens zu verbreitern und weiter und höher zu bauen – oder ob in neuer Zeit-Umgebung nichts als Wiederholung oder Verstummen unser Teil ist. Die Entscheidung hierüber wird nicht aus dem Willen getroffen; sie ist ein Geschehen; und wenn wir uns ihrer zunächst gar nicht bewußt werden, so liegt das daran, daß Wachstum niemals ein entschiedenes Verlassen des Alten und Abgelebten ist, welches vom Neuen und Weiteren noch gar nichts gewußt hätte, sondern daß das Alte zuletzt schon Elemente des Neuen enthielt, das Neue aber Elemente des Alten wieder aufnimmt und fortführt. Dies ist das Verhältnis des ›Tod in Venedig‹ zum ›Zauberberg‹. In Aschenbachs Geschichte klingt manches an, was nicht mehr zur alten bürgerlichen Welt gehört, sondern schon mit neuer nachbürgerlicher Lebenshaltung zu tun hat, obgleich es ironisch-pessimistisch ad absurdum geführt wird. Der ›Zauberberg‹ ist weitgehend noch ein romantisches Buch, ein Buch der Sympathie mit dem Tode. Und doch ist er der Weg hinaus zu einer individuellen Schmerzenswelt in eine Welt neuer sozialer und menschlicher Moralität, und in keinem meiner früheren Bücher hätte der Satz stehen können, den Hans Castorp sich im Schnee erträumt:

»Der Mensch soll um der Liebe und Güte willen dem Tode keine Herrschaft einräumen über seine Gedanken.«

Das Leben, auch das Künstler- und Schriftstellerleben, ist kein Plan, der *ausgeführt* wird, es ist die Entwicklung eines Vorgegebenen, die sich *vollzieht*, und wie es mit einem gehen wird, darauf kann man in der Jugend nur ein dunkles Vertrauen haben; wie es mit einem gegangen *ist*, das kann man im Alter nur nachdenklich überschauen. Bei mir steht am Anfang der Roman deutschen Bürgertums, in der Mitte 76 der Roman europäischer Problematik und Dialektik und am Ende – soweit ich sehen kann – der Menschheitsmythos von Joseph und seinen Brüdern. Das ist ein Lebensweg, schlecht und recht. Ehrgeiz war es nicht, der ihn mich geführt hat; ich bin ihn gegangen, weil es sich eben so machte.

Im Jahre 1912 – es ist schon nahezu ein Menschenalter her, und wenn man heute Student ist, so war man damals noch gar nicht geboren – war meine Frau an einer – übrigens nicht schweren – Lungenaffektion erkrankt, die sie immerhin nötigte, ein halbes Jahr im Hochgebirge, in einem Sanatorium des Schweizer Kurortes Davos, zu verbringen. Ich besuchte die Patientin dort oben für einige Wochen, und wenn Sie das Kapitel am Anfang des ›Zauberberges‹ lesen, das ›Ankunft‹ überschrieben ist, wo der Gast Hans Castorp mit seinem kranken Vetter Ziemssen im Restaurant des Sanatoriums zu Abend speist und die ersten Kostproben von der Atmosphäre des Ortes und dem Leben »bei uns hier oben« empfängt – wenn Sie dieses Kapitel lesen, so haben Sie eine ziemlich genaue Beschreibung meiner eigenen wunderlichen Eindrücke von damals.

Diese so sehr besonderen Eindrücke verstärkten und vertieften sich während der drei Wochen, die ich in dem Davoser Krankenmilieu als Gesellschafter meiner Frau verbrachte. Es sind die drei Wochen, die Hans Castorp ursprünglich dort zu verbringen gedenkt, und aus denen für ihn die sieben Märchenjahre seiner Verzauberung werden. Ich konnte davon wohl erzählen, denn es fehlte nicht viel, so wäre es mir selbst so ergangen. *Eines* seiner Erlebnisse wenigstens – und eigentlich das grundlegende – ist eine genaue Übertragung einer eigenen Erfahrung des Autors auf seinen Helden: nämlich die Untersuchung des unbeteiligten Gastes aus dem Flachland, bei der sich ergibt, daß er selber ein Kranker ist...

Ich befand mich etwa zehn Tage dort oben, als ich mir bei feuchtem und kaltem Wetter auf dem Balkon einen lästigen Katarrh der oberen Luftwege zuzog. Da zwei Spezialisten im Hause waren, lag nichts näher, als der Ordnung und Sicherheit halber meine Bronchien untersuchen zu lassen, und so schloß ich mich denn meiner Frau an, die gerade zur Untersuchung befohlen worden war. Der Chef, der, wie Sie sich denken können, meinem Hofrat Behrens in Äußerlichkeiten ein wenig ähnlich sah, beklopfte mich und stellte mit größter Schnelligkeit eine sogenannte Dämpfung, einen kranken Punkt an meiner Lunge fest, die, wenn ich Hans Castorp gewesen wäre, vielleicht meinem ganzen Leben eine andere Wendung gegeben hätte. Der Arzt versicherte mir, ich würde sehr klug handeln, mich für ein halbes Jahr hier oben in die Kur zu begeben, und wenn ich seinem Rat gefolgt wäre, wer weiß, vielleicht läge ich noch immer dort oben. Ich habe es vorgezogen, den ›Zauberberg‹ zu schreiben, worin ich die Eindrücke verwertete, die ich in kurzen drei Wochen dort oben empfing. Mein Buch ist zum Schwanengesang dieser Existenzform geworden, denn heute ist es mit jenen Sanatorien, die nur bei einer noch intakten kapitalistischen Wirtschaftsform denkbar sind, zu Ende oder so gut wie zu Ende. Vielleicht ist es etwas wie ein Gesetz, daß epische Schilderungen eine Lebensform abschließen, und daß sie nach ihnen verschwindet. Heute geht die Lungentherapie vorwiegend andere Wege, und die Mehrzahl der schweizerischen Hochgebirgssanatorien ist zu Sporthotels geworden.

Wenn ich im ›Zauberberg‹ gewisse ärztliche Praktiken – grob gesagt: die Ausbeutung des wohlhabenden Patienten – dargestellt habe, so lag mir doch das, was Sie hierzulande mit einem plastischen Ausdruck als »muck-raking« bezeichnen, ebenso fern wie bei der Benutzung gewisser Porträtähnlichkeiten der Gedanke an die Wirkungen des »Schlüsselromans«.

Hier darf ich vielleicht ein Wort zur Technik der schriftstellerischen Beobachtung überhaupt sagen. Wenn es Autoren gibt, die ihre Mitmenschen sozusagen mit gespitztem Bleistift belauern und sich über deren Aussehen, ihre Eigentümlichkeiten innerlich Notizen machen, so gehöre jedenfalls ich nicht dazu. Das Gebärdenspähen liegt mir gar nicht. So wenig, wie ich nach Stoffen suche, jage ich auch nicht nach Eindrücken. Ich »erlebe« keine Sensationen; im Gegenteil möchte ich sagen: mein Verhältnis zu den Eindrücken des Lebens ist wesentlich passiv, ein unbewußtes Aufnehmen, irgendwie sickern die optischen und akustischen Wahrnehmungen in mich ein, bildet sich in mir ein Fundus menschlicher Züge und Besonderheiten, aus dem ich, wenn die produktive Gelegenheit kommt, schöpfen kann. In meiner späteren Produktion, in der Josephs-Folge und in meinem jüngsten Werk, dem Goethe-Roman, wo es vorwiegend nur noch um die großen menschlichen Grundformen geht, tritt das naturalistische Porträt immer mehr in den Hintergrund; aber auch in den früheren Werken ist es mir durchweg doch wohl um Stilisierung und geistige Steigerung des naturalistisch beobachteten Materials zu tun, und wenn es für Figuren meiner Arbeiten Modelle aus dem Leben gibt, dann mischen sich doch, wie im Falle Aschenbach des ›Tod in Venedig‹, die Züge eines Vorbildes mit Anregungen aus ganz andren Quellen, kreuzen sich vielfältig, um im Endergebnis zu der künstlerischen Einheit zu verschmelzen, in der sich der »Porträtierte« mit Verwirrung wiedererkennt und doch zugleich wieder nicht erkennt. –

Der Gedanke, aus meinen Davoser Eindrücken und Erfahrungen eine Erzählung zu machen, setzte sich sehr bald bei mir fest. Sie erhielt sofort den Titel ›Der Zauberberg‹ und sollte nichts weiter sein als ein humoristisches Gegenstück zum ›Tod in Venedig‹, ein Gegenstück auch dem Umfang nach, also eine nur etwas ausgedehnte short story. Ihre Atmosphäre sollte die Mischung aus Tod und Amüsement sein, die ich an dem sonderbaren Ort hier oben erprobt hatte. Die Faszination des Todes, der Triumph rauschhafter Unordnung über ein der höchsten Ordnung geweihtes Leben, die im ›Tod in Venedig‹ geschildert ist, sollte auf eine humoristische Ebene übertragen werden. Ein simpler Held, der komische Konflikt zwischen makabrem Abenteuer und bürgerlicher Ehrbarkeit, soweit ging mein Vorsatz. Aber eine heimliche Ahnung von den Gefahren der Ausdehnung dieser Erzählung beschlich mich bald. Der »produktive Selbstbetrug«, von dem ich das vorige Mal gesprochen habe, die immer wiederkehrende Unterschätzung eines Unternehmens, wich diesmal früh der Ahnung, daß die Davoser Geschichte, es »in sich hatte« und über sich ganz anders dachte als ich. Schon äußerlich traf das zu, denn der, ich möchte sagen: englisch-humorische, ausladende Stil, in dem ich mich dabei von der Strenge des ›Tod in Venedig‹ erholte, verlangte Raum und die dazugehörige Zeit. Dann kam der Krieg, dessen Ausbruch mir zwar sofort den Schluß des Romans in die Hand gab und dessen innere Erfahrungen das Buch unberechenbar bereicherten, der mich aber in seiner Ausführung auf Jahre unterbrach.

Lange nach dem Friedensschluß erst, 1924, erschienen die beiden Bände, die aus der Konzeption der short story entstanden waren, und die mich alles in allem nicht sieben, sondern zwölf Jahre in ihrem Bann gehalten hatten. Ich bin gewohnt, eine vollendete Arbeit in achselzuckender Resignation, ohne die geringste Zuversicht in ihre Weltmöglichkeit aus der Hand zu geben. Die Reize, die einst von ihr auf mich, ihren Betreuer, ausgegangen, haben sich längst schon abgenutzt, das Fertigmachen war eine Sache produktionsethischer Bravheit, des Eigensinns im Grunde, und ich »falle aus den Wolken«, wenn die Teilnahme des Publikums an meinem problematischen Privatvergnügen sich, wie mehrmals in meinem Leben, dennoch in fast turbulentem Maße einstellt. Im Falle des ›Zauberberg‹ war dieser freundliche Wolkensturz besonders tief und überraschend. Würden unter den schwierigen Umständen der Nachkriegszeit mehr als ein paar tausend Leute sich bereit finden, für eine so wunderliche Unterhaltung, die mit gewohnter Romanlektüre fast nichts mehr zu tun hatte, Zeit und Geld anzulegen? Sicher war, daß die beiden Bände auch nur zehn Jahre früher weder hätten geschrieben werden noch Leser finden können.

1924 aber waren die Probleme des ›Zauberberg‹ zwar immer noch nicht massengerecht, aber sie brannten der gebildeten Masse auf den Nägeln, und die allgemeine Not hatte die Rezeptivität des breiten Publikums genau jene alchimistische »Steigerung« erfahren lassen, die das eigentliche Abenteuer des kleinen Hans Castorp ausgemacht hatte.

Man hat den ›Zauberberg‹, so wie die ›Buddenbrooks‹, ein deutsches, allzu deutsches Buch genannt trotz seiner europäischen Problemhaltigkeit, und ein hervorragender schwedischer Kritiker erklärte mit aller Entschiedenheit, eine Übertragung dieses Buches in eine fremde Sprache sei ganz unmöglich. Nun, das war eine falsche Prophezeiung, und ich glaube, daß keines meiner Bücher in der weiteren Welt so vielem Interesse begegnet ist wie gerade dieses, – mit besonderem Vergnügen füge ich hinzu: gerade auch in Amerika.

Was soll ich Ihnen nun über das Buch und die Art, wie es etwa zu lesen sei, sagen? Ich glaube, die besondere Machart des Buches, seine Komposition, bringt es mit sich, daß das Vergnügen des Lesers sich beim zweiten Mal erhöhen und vertiefen wird, – wie man ja auch Musik schon kennen muß, um sie richtig zu genießen. Musik, Komposition – ich habe schon anläßlich meiner früheren Arbeiten davon gesprochen, daß der Roman, die Erzählung, mir immer eine Symphonie, ein Werk der Kontrapunktik, ein Themengewebe gewesen war, worin die Ideen die Rolle musikalischer Motive spielen. Diese Technik ist im ›Zauberberg‹ auf die komplizierteste und alles durchdringende Art angewandt, und damit hängt meine anmaßende Forderung zusammen, ihn zweimal zu lesen: man kann den musikalisch-ideellen Beziehungskomplex, den er bildet, erst richtig durchschauen, wenn man seine Thematik schon kennt und imstande ist, das symbolisch spielende Formelwort nicht nur rückwärts, sondern auch vorwärts zu deuten.

Damit komme ich auf das Mysterium der Zeit, mit dem der Roman auf mehrfache Weise sich abgibt. Er ist ein Zeitroman in doppeltem Sinn: historisch, indem er das innere Bild einer Epoche, der europäischen Vorkriegszeit, zu entwerfen sucht, dann aber, weil die reine Zeit selbst sein Gegenstand ist. Das Buch ist selbst das, wovon es erzählt; denn indem es die hermetische Verzauberung seines jungen Helden ins Zeitlose schildert, strebt es selbst durch seine künstlerischen Mittel die Aufhebung der Zeit an durch den Versuch, der musikalisch-ideellen Gesamtwelt, die es umfaßt, in jedem Augenblick volle Präsenz zu verleihen und ein magisches »nunc stans» herzustellen.

Sein Ehrgeiz aber, Inhalt und Form, Wesen und Erscheinung zu voller Kongruenz zu bringen und immer zugleich das zu *sein*, wovon es *handelt* und *spricht*, dieser Ehrgeiz geht weiter: Hans Castorps Geschichte ist die Geschichte einer *Steigerung*; ein simpler Held wird in der fieberhaften Hermetik des Zauberberges zu moralischen, geistigen und sinnlichen Abenteuern fähig gemacht, von denen er sich früher nie hätte träumen lassen. Die Geschichte seiner Steigerung ist aber zugleich Steigerung auch in sich selbst, als Erzählung. Sie arbeitet wohl mit den Mitteln des realistischen Romanes, aber sie ist kein solcher, sie geht beständig über das Realistische hinaus, indem sie es symbolisch steigert und transparent macht. Die Figuren sind für das Gefühl des Lesers alle mehr, als sie scheinen: lauter Exponenten, Repräsentanten und Sendboten geistiger Bezirke, Prinzipien und Welten. Ich hoffe, sie sind deswegen keine Schatten und wandelnde Allegorien. Im Gegenteil bin ich durch die Erfahrung beruhigt, daß der Leser diese Personen, Joachim, Clawdia Chauchat, Peeperkorn, Settembrini und wie sie heißen, als wirkliche Menschen erlebt, deren er sich wie wirklich gemachter Bekanntschaften erinnert.

Was mein schlichter Held, der zwischen diesen allen seinen Weg zu gehen hat, begreifen lernt, ist, daß alle höhere Gesundheit durch die tiefen Erfahrungen von Krankheit und Tod hindurchgegangen sein muß; so wie die Kenntnis der Sünde eine Vorbedingung der Erlösung ist. »Zum Leben«, sagt einmal Hans Castorp zu Madame Chauchat, »zum Leben gibt es zwei Wege: der eine ist der gewöhnliche, direkte und brave. Der andere ist schlimm, er führt über den Tod, und das ist der geniale Weg.«

Diese Auffassung von Krankheit und Tod als eines notwendigen Durchganges zum Wissen, zur Gesundheit und zum Leben, macht den ›Zauberberg‹ zu einem Initiations-Roman. Ich habe diese Bezeichnung initiation story nicht aus mir selbst; ich verdanke sie einem jungen Gelehrten der Harvard University, Howard Nemerow, der mir vor kurzem ein Manuskript geschickt hat, betitelt: ›The Quester Hero. Myth as Universal Symbol in the Works of Thomas Mann‹. Der Verfasser stellt den ›Magic Mountain‹ und seinen Helden in eine große Tradition hinein, – nicht nur eine deutsche, sondern in eine Welttradition. Er nennt diesen Typus von Dichtung »The Quester Legend«. Ihre berühmteste deutsche Erscheinungsform ist Goethe's ›Faust,‹ aber hinter Faust, dem ewigen Sucher, steht die Gruppe der Grals-Dichtungen, und ihr Held, ob er nun Gawain, Galahad oder Perceval heißt, ist eben der Quester, der Suchende und Fragende, der Himmel und Hölle durchstreift, es mit Himmel und Hölle aufnimmt und einen Pakt macht mit dem Geheimnis, mit der Krankheit, dem Bösen, dem Tode, mit der anderen Welt, dem Okkulten – der Welt, die im ›Zauberberg‹ als »fragwürdig« gekennzeichnet ist. Und der jüngste in dieser Reihe der Quester-Helden sei, erklärt der Verfasser, mein Hans Castorp, ein »guileless fool« wie Perceval, wie Goethe's ›Wilhelm Meister‹. Was ist denn wirklich der deutsche Bildungsroman, den, wie ich schon sagte, der ›Zauberberg‹ auf parodische Art abzuschließen scheint, anderes als die Sublimierung und Vergeistigung des Abenteurer-Romans? Und was anderes sind die pädagogischen Prüfungen meines »Bildungsreisenden« als die Initiationsriten, denen sich der Gral-Quester in einer Kapelle am Wege unterziehen mußte, schrecklichen und geheimnisvollen Prüfungen, Bedingungen der Annäherung an das esoterische Geheimnis ... Hans Castorp, wie man sieht, hat eine gar vornehme, mystisch-ritterliche Ahnenschaft: er ist der typische, im höchsten Sinne neugierige *Neophyt*, der freiwillig, nur zu freiwillig, Krankheit und Tod umarmt, weil gleich seine erste Berührung mit ihnen ihm das Versprechen außerordentlichen Verstehens, abenteuerlicher Förderung gibt. Hans Castorp als Gralssucher – ich hab' es nicht geahnt, als ich ihn schrieb; ich selber war ein »guileless fool«. Der Gral aber, den Hans Castorp, wenn nicht findet, so doch im todesnahen Traum erahnt, ist die Idee des Menschen, die Konzeption einer zukünftigen, durch tiefstes Wissen um Krankheit und Tod hindurchgegangenen *Humanität*.

Von seiner Höhe herab wird Hans Castorp in die europäische Katastrophe gerissen, die, ich sagte es schon, meine Arbeit am ›Zauberberg‹ auf Jahre unterbrach. Ich schrieb während des Krieges die ›Betrachtungen eines Unpolitischen‹, ein mühseliges Werk der Selbsterforschung, ein Buch, das mit dem Krieg und seinen Problemen »fertig werden« wollte, aber doch auch für meine künstlerische Arbeit, eben den zurückgestellten ›Zauberberg‹, wie sich später zeigen sollte, eine unentbehrliche Vorbereitung und Entlastung wurde. Dieser Neigung, dichterische Unternehmungen durch essayistische »Parallelaktionen« gedanklich zu entlasten, bin ich treu geblieben, ja, ich stehe nicht an, diese kritisch-polemische Seite als ein unveräußerliches und wesentliches Ingrediens meines Wesens zu empfinden, und keineswegs nur als eine Sache des Pflichtgefühls. ›Buddenbrooks‹ waren die einzige größere Erzählung, die nicht durch Aufsätze unterbrochen wurde, und drei Bände enthalten die längeren und kürzeren Abhandlungen, die, aus einer Begegnung innerer Nötigung mit den »Forderungen des Tages« und der Zeit allmählich entstanden. In den zwölf Jahren der Arbeit am ›Zauberberg‹ waren es vor allem die drei Betrachtungen über ›Goethe und Tolstoi‹, ›Okkulte Erlebnisse‹ und ›Von deutscher Republik‹ – vorher aber die ›Betrachtungen eines Unpolitischen‹, in denen die Duelle der Naphta und Settembrini schon mit aller Leidenschaft ausgefochten werden.

In diesem Werke, das nun schon ein Vierteljahrhundert zurückliegt, habe ich mich dem, was ich »Demokratie« nannte, nämlich der Politisierung des Geistes, im Namen der Kultur und sogar der Freiheit aus allen Kräften widersetzt. Ich sage: sogar im Namen der Freiheit; denn darunter verstand ich dem deutschbürgerlichen Gepräge meines Denkens gemäß *sittliche* Freiheit – von deren Beziehungen zur bürgerlichen, zu den civil liberties ich wenig wußte und wenig wissen wollte. Das Buch war ein Protest gegen die Nivellierungstendenzen der heraufkommenden mechanisierten Zivilisation mit ihrem »Aufstand der Massen«, ein Protest gegen seelische Verödung, Geldherrschaft und Korruption der »politicians«, ich kämpfte für das Deutschland, das ich kannte und liebte, für das Deutschland, das selbst in der Parvenu-Atmosphäre des Wilhelminischen Kaisertums noch gedeihen konnte: eine geistige Haltung, die sich zur Musik, Metaphysik, Psychologie, einer pessimistischen Ethik und einem individualistischen und humanistischen Idealismus bekannte, das politische Element aber geringschätzig ausschied.

Die ›Betrachtungen‹ waren also eine Kampfschrift, aber doch zugleich schon ein leidenschaftliches Stück Arbeit der Selbsterforschung und der Revision meiner Grundlagen. Konnte meine Welt konservativ-skeptischer Geistigkeit, deren Grundlagen ich, eben als skeptischer, zweifelnder Intellektueller durch alles, was ich schrieb, mit untergrub – konnte diese Welt die Katastrophe jenes Krieges überdauern? Meine Einsicht sagte mir: nein. Aber ich gehöre ganz gewiß zu denen nicht, die sagen: »Was fällt, das soll man noch stoßen!« Nein, ich gestehe, ich hielt es für nobler, meiner cause die Treue zu halten, auch wenn es eine lost cause sein sollte... Wohlgemerkt, für Goethe's Deutschland kämpfte ich, nicht für den Kaiser, nicht für Ludendorff in jenem Werk der Selbsterforschung.

Aber Selbsterforschung ist meist schon der erste Schritt zur Wandlung, und ich erfuhr, daß niemand ganz der bleibt, der er war, indem er sich erkennt. Die ›Betrachtungen‹ selbst schon waren der Ausdruck einer Krisis, das Produkt einer neuen, von tiefaufwühlenden geschichtlichen Ereignissen hervorgerufenen Situation: die Frage des Menschen, das Problem der Humanität stand in seiner Ganzheit und fordernd wie nie vor dem geistigen Gewissen, und das Bekenntnis, daß Geist und Politik nicht reinlich zu trennen sind; daß es ein Irrtum deutscher Bürgerlichkeit gewesen war, zu glauben, man könne ein unpolitischer Kulturmensch sein; daß die Kultur in schwerste Gefahr gerät, wenn es ihr am politischen Instinkt und Willen mangelt –

kurzum, das *demokratische* Bekenntnis drängte sich auf die Lippen und wollte abgelegt sein. Ich danke es meinem guten Genius, daß ich es nicht zurückhielt. Denn wo wäre ich heute, auf welcher Seite fände ich mich, wenn mein Konservativismus bei einem Deutschtum verharrt wäre, das all sein Geist und all seine Musik nicht davor bewahren konnten, in die niedrigste Gewaltanbetung und in eine die Grundlagen der abendländischen Gesittung bedrohende Barbarei einzumünden!
Nach Abschluß dieses mühseligen Gedankenwerkes war es nötig, für neue dichterische Aufgaben erst einmal wieder das Handgelenk zu üben, und so entstanden ein kleineres Verswerk und die Geschichte von ›Herr und Hund‹, deren Thema das idyllische Zusammenleben mit der Kreatur ist. Diese dog story hat besonders in England viele Freunde gefunden, und später gestand mir, gelegentlich einer Londoner Tagung des PEN-Clubs, John Galsworthy seine besondere Vorliebe gerade für dieses Produkt.

Die nächste dichterische Arbeit nahm ich erst nach Beendigung des ›Zauberbergs‹ in Angriff, gewissermaßen zur Feier seiner Beendigung. Eine äußere Nötigung kam hinzu. Zum erstenmal in meinem Leben schrieb ich etwas Dichterisches sozusagen auf Bestellung: die Redaktion der Fischerschen ›Neuen Rundschau‹ brachte zu meinem fünfzigsten Geburtstag eine Festnummer heraus und wollte darin auch einen erzählerischen Beitrag des Geburtstagskindes haben. So entstand ›Unordnung und frühes Leid‹, eine Geschichte, die ich so gern habe, daß ich geneigt bin, sie zu meinen besten zu rechnen. Wenn sie in Deutschland freundlich aufgenommen wurde, so lag das zum Teil daran, daß man in ihr die oft grotesken Nöte der deutschen Nachkriegs- und Inflationsperiode melancholisch-humorvoll widergespiegelt fand, aber ein Zeitbild war sie auch darin, daß das Generationsproblem, welches der Krieg mit besonderer Schärfe aufgeworfen hatte, auf eine leichte Art antönte, die doch von den schweren Stimmungen der ›Betrachtungen‹ mit ihrer Liebe zum Gestern ihren autobiographischen Akzent bekam. Autobiographisch war auch die Gestaltung der Vaterliebe, die der Improvisation die menschliche Wärme verlieh, und der sie wohl in erster Linie ihre herzliche Wirkung verdankte.

Dieses Intermezzo gehört schon in die Zeit, die ich meinem nächsten »Hauptgeschäft« – um mit Goethe zu reden – zurechnen möchte: der Arbeit an den *Josephsgeschichten* – auch wenn ich noch nicht eigentlich an ihnen zu schreiben begann. Aber die Beschäftigung mit diesem biblisch-mythischen Stoff geht schon in diese Zeit zurück. Neigungen und Möglichkeiten der Gestaltung, die mir in meiner ganz ans Bürgerlich-Realistische gebundenen Jugend verschlossen gewesen waren, wandten sich nun in den Jahren, da der Mensch sich vom Besonderen dem Allgemeinen zuneigt, einem solchen Stoff schon zu, noch ehe der Entschluß, ihn anzupacken, reif war: dem Problem des Menschen schlechthin. Meine ersten Kenntnisse des biblischen Stoffes habe ich natürlich, wie Sie alle, aus jener Lektüre geschöpft, die neben den Märchen zu den ersten Eindrücken der Kinderzeit gehört. Meine wissenschaftlichen Vorstudien, – wenn ich so sagen darf, – für den ägyptischen Band des ›Joseph‹ gehen bis in meine Schulzeit zurück. Sie brachten mir sogar ein peinliches Erlebnis mit dem zuständigen Lehrer ein, ein doppeltes insofern, als es sein Prestige bei mir zerstörte und zugleich ein vielleicht eben aus Respekt und Enttäuschung gemischtes Versagen meinerseits zeitigte, um dessentwillen ich den Vorgang heute noch genau erinnere. Der Lehrer hatte nach dem Namen des ägyptischen Stiergottes gefragt, und ich war äußerst stolz darauf, daß ich die »korrekte« ägyptische Version »Hapi« wußte. Aber der Lehrer verbesserte mich unwirsch, »Unsinn! Apis«; das war die spätere, gräzisierte Form des Namens, wie ich den Unwissenden triumphierend hätte belehren können, wenn ich den Mut dazu aufgebracht hätte. Sie, ich bin davon überzeugt, Sie hätten es getan; jedoch in meiner Jugend blickte man zum Lehrer noch auf wie zu einem Gott. –

Der unmittelbare Anstoß zum ›Joseph‹ kam mir von einem Münchner Maler und Bekannten, der von mir eine Bildermappe eingeleitet haben wollte, eine hübsche graphische Darstellung der Schicksale des Joseph, des Sohnes Jaakobs. Ich las sie in meiner alten Familienbibel nach und »fand« bestätigt, was Goethe in ›Dichtung und Wahrheit‹ schreibt: »Höchst anmutig ist diese natürliche Erzählung, nur erscheint sie zu kurz, und man fühlt sich berufen, sie ins einzelne auszumalen.« Noch ahnte ich nicht, wie sehr mir dieses Wort zum Motto vieler Arbeitsjahre werden sollte.

Ich sprach vorhin von meinem »wissenschaftlichen« Vorarbeiten zum ›Joseph‹. Nun, es wäre unsinnig zu leugnen, daß viel Studium, viel Bemühung um die »Quellen« dem Schreiben voran- und parallel lief; aber nicht in diesem Sinne, als »historisch fundierter« Roman und kulturgeschichtliches Panorama, will meine Josephsgeschichte verstanden sein. Es ist und bleibt in erster Linie ein Erzählwerk, das genossen und nicht studiert werden möchte, und ich erzähle denen, die sich über meine Gelahrtheit wundern, gern, daß gerade Einzelheiten, die man für studiert halten sollte, in Wahrheit frei erfunden sind. Sie sind Produkte dessen, was ich »Kontaktnahme« nenne: der eindringlichen Vertrautheit mit einer Sphäre, die einen in ihrer Sprache zu sprechen und in ihrem Geist zu erfinden lehrt.

Kein wissenschaftliches Werk also, sondern »fiction« in der eigentlichsten Bedeutung, ein Werk der Phantasie. Aber wissenschaftlich immerhin in dem Sinn, daß es auf seine fabulierende Art Vorstöße der Erkenntnis wagt, sei es ins Dunkel der Vorzeit oder in die Nacht des Unbewußten, Erkundungen in die Tiefen der Zeit zurück, oder, was eigentlich dasselbe ist, in die Tiefen der Seele hinab. Die Neugier nach dem menschlich Frühesten und Ältesten, dem Vorvernünftigen – diese anthropologische Neugier nach dem Ursprung und Ziel des Menschen ist rege in uns allen, und das Interesse für den Mythos ist im hohen Maß eine Passion unserer Zeit. Freilich: die ultraromantische Verleugnung der Großhirn-Entwicklung, der Stufe, die wir im Prozeß der geistigen Bewußtseins-Aufhellung erreicht haben, die Verfluchung des Geistes, die wir an der philosophischen und politischen Tagesordnung sehen – in gewissen Ländern wenigstens –, dieses Opfer des Intellekts war nicht meine Sache. Mir schwebte vielmehr die Vereinigung von Sympathie und Vernunft zu einer Ironie vor, die nicht unheilig zu sein brauchte. Mythos und Psychologie – konnte das zusammengehen? Ich dachte: ja. Es konnte, schien mir, lustig sein, vermittelst einer mythischen Psychologie eine Psychologie des Mythos zu versuchen.

Was es damit auf sich hatte, das habe ich einmal gelegentlich einer Sympathie-Erklärung an einen Mann und Forscher zum Ausdruck gebracht, der für mich zu den großen Entdeckern der Geistesgeschichte gehört. Ich meine Sigmund Freud. Seine Seelendeutung berührte sich vielfältig mit meiner Auffassung vom Sinn des Mythischen und von der Rolle, die es im Leben der Titelgestalt einnimmt. Was ist mein Joseph anderes als wiederum eine Abwandlung des *Künstlers* mit seiner Problematik: Künstler, insofern er mit seiner imitatio Gottes auf dem Unbewußten *spielt.* Ich sprach vor acht Tagen einleitend von dem »Infantilismus« des Künstlers. – Infantilismus – welch eine Rolle spielt dies echt psychoanalytische Element im Leben von uns allen, einen wie starken Anteil hat er an der Lebensgestaltung des Menschen! Leben heißt: in Spuren gehen, Nachleben, Identifikation mit einem sichtbarlichen oder überlieferten, mythischen Vorbild! Die Vaterbindung, Vaternachahmung, das Vaterspiel und seine Übertragungen auf Vaterersatzbilder höherer, göttlicher Art – wie bestimmend wirken diese »Infantilismen« auf das individuelle Leben ein! Alles Leben ist Wiederkehr und Wiederholung, und der sogenannte »Charakter« des Individuums eine mythische Rolle, die in der Illusion origineller Einmaligkeit gespielt wird, gleichsam nach eigenster Erfindung und auf eigene Hand, mit einer Sicherheit, die der Spieler aber nicht aus seiner vermeintlichen Erst- und Einmaligkeit schöpft, sondern im Gegenteil aus dem tieferen Bewußtsein, daß etwas schon Gewesenes, Erwiesenes und Gültiges mit ihm wieder am Lichte ist und Gegenwart wird. Wie wir uns bei bestimmten Anlässen bewegen und benehmen, in welche Formen wir unsere Gefühle und Gedanken kleiden – das ist nicht erstmalige Improvisation, sondern – mehr oder weniger dunkle – Erinnerung, Rückbeugung in die unendlichen Abfolgen von Vergangenheiten, in die

Zeitkulissen, die dem grübelnden Blick immer weiter zurückweichen, ohne daß er ihnen jemals »auf den Grund zu kommen« vermöchte. Diese »mythische Identifikation« ist keineswegs nur für den antiken Menschen kennzeichnend gewesen. Noch Napoleon ist »in Spuren gewandelt« und hat sich nicht nur mit Alexander dem Großen und Karl dem Großen verglichen, sondern dafür gehalten. »Ich bin Karl der Große«, sagte er. Nicht: »Ich erinnere an ihn« oder »Ich bin wie er« – sondern: »Ich bin's«. Das ist die Formel des Mythos. Und meines Joseph »zweiter Vater«, Abrahams uralter Knecht, weiß selber nicht mehr, ob er nicht gar mit dem mythischen Knecht Eliezer des Ur-Abraham, von dem die Sage singt, identisch ist... Er behauptet es nicht geradezu, doch leugnet es auch nicht. Er läßt die Frage offen, so wie der antike Mensch gleichsam nach der Vergangenheit zu »offen« war und ihm die Gegenwart, so wie auch uns so oft, als »déjà vu« vorkam. Das Leben als Zitat: die Passion Christi ist ein anderes und höchstes Beispiel dafür; ein Leben der »Erfüllung« vorgesagter Prophetien noch bis in den letzten Todesschrei am Kreuz. Das »Eli, Eli, lama asabthani« ist Zitat; es ist der Anfang des 22. Psalms, der eine einzige Verkündung des Messias ist. Es will sagen: »Ja, ich bin's!«

Was ich plante, war eine einbändige Erzählung als Flügelstück eines historischen Triptychons, dessen beide andre Bilder spanische und deutsche Gegenstücke behandeln sollten. Was daraus wurde, wissen Sie. Das alte Lied! Meine epische Pedanterie, der Fanatismus des »ab ovo« zwang mich, die Vor- und Vätergeschichte meines jungen Helden miteinzubeziehen, und so kommt es, daß Joseph heute in dem Gefängnis, in das sein ägyptischer Herr, Peteprê, ihn werfen läßt, noch immer der Befreiung durch den Autor harrt, anstatt längst mit Vater und Brüdern schmerzlich-frohes Wiedersehen gefeiert zu haben. Doch daran ist diesmal nicht der Autor allein schuld. Die Zeit spielt dieses Mal hinein, gewisse Zeitereignisse, die stärker waren als alle Entwürfe und Vorsätze des Schriftstellers.

Zunächst waren es die üblichen Einlagen und »Nebenbeschäftigungen«, die sich in die Arbeit an dem Bibelstoff mischten, darunter ein Essay über Heinrich von Kleists ›Amphitryon‹-Komödie, das in direktem Zusammenhang mit dem Mythos-Problem des ›Joseph‹ steht. Aber glücklicherweise gab es diesmal auch eine dichterische Unterbrechung – mochte das Produkt auch einem scheinbar recht äußeren Anstoß seine Entstehung verdanken. Ich verbrachte damals den Sommer in einem kleinen Seebad am Baltischen Meer und hatte die Absicht, am ›Joseph‹ weiterzuschreiben, denn aufs Nichtstun verstehe ich mich leider nicht einmal in den Ferien. Das hätte aber Entbehrung des Meeres bedeutet, denn zum ›Joseph‹ brauchte ich viele Bücher und Zettel, die mir im Seewind davongeflogen wären. Da ich mich aber nicht einsperren lassen wollte, beschloß ich, den ›Joseph‹ für die Feriendauer ad acta zu legen und eine kleine Arbeit zu beginnen, die sich im Strandkorb schreiben, sozusagen aus der Luft greifen ließe. Und so entstand die Erzählung ›Mario und der Zauberer‹, die den Untertitel »Ein tragisches Reiseerlebnis« trägt; die Geschichte von dem Hypnotiseur, den sein Opfer zuletzt erschießt. Die politisch-moralistische Anspielung, in Worten nirgends ausgesprochen, wurde damals in Deutschland, lange vor 1933, recht wohl verstanden: mit Sympathie oder Ärger verstanden, die Warnung vor der Vergewaltigung durch das diktatorische Wesen, die in der menschlichen Befreiungskatastrophe des Schlusses überwunden und zunichte wird.

Nach dem Abschluß des ersten ›Joseph‹-Bandes beschloß ich, die Stätten, die ich in der Vorstellung so gut zu kennen glaubte, endlich zu besuchen, nicht um Studien zu betreiben, sondern lediglich, um mich zu kontrollieren; und diese Palästinareise bestätigte mir denn auch, was ich schon wußte: Dichten heißt: die Wirklichkeit »erfinden«.

Nach Abschluß des zweiten Bandes geschah die deutsche Katastrophe, die mich veranlaßte, mein Land zu verlassen oder richtiger: draußen zu bleiben, denn ich befand mich damals gerade auf einer Vortragsreise im Ausland. Fünf Jahre in der Schweiz folgten, in denen ›Joseph in Ägypten‹ entstand, die aber auch die Anfänge meines bis jetzt letzten Romans sahen: ›Lotte in Weimar‹, gedacht als kurze Erholung wie ›Unordnung und frühes Leid‹ nach dem ›Zauberberg‹; aber nun ist doch wieder ein umfangreiches Buch daraus geworden. Sie erinnern sich, daß ich schon fünfundzwanzig Jahre früher, als der ›Tod in Venedig‹ in mir umging, daran gedacht hatte, Deutschlands größten Dichter, Goethe, zum Gegenstand einer Erzählung zu machen, und wie es mir damals an dem nötigen Mut zu solch einem anspruchsvollen Unternehmen gebrach. Als Sechziger habe ich's gewagt, den großen Alten auf die Bühne zu stellen – auf die Bühne sage ich nicht ohne Absicht, denn ich habe lange geschwankt, ob dieser Stoff nicht besser fürs Theater tauge mit seinen Lustspielelementen, die es, wie ich schon sagte, zum höheren Geschwisterstück des Jugendwerkes ›Königliche Hoheit‹ macht. Lustspielhaft setzt ›Lotte in Weimar‹ ein: mit der Ankunft einer distinguierten alten Dame, die den Gasthof der kleinen Residenzstadt, in dem sie absteigt, in begreiflichen Aufruhr versetzt – sie ist keine Geringere als Madame Charlotte Kestner, geborene Buff, dieselbe Lotte Buff, der Goethe in ›Werthers Leiden‹ ein Denkmal gesetzt hat. Das Modell ist nach so vielen Jahren immer noch nicht ganz mit dem Erlebnis fertig, und es erhofft sich aus einem Wiedersehen mit dem würdig und berühmt gewordenen Jugendfreund sozusagen ein happy end, eine Aussprache, die den befreienden Schlußpunkt unter die alte quälende Frage setzt: warum jene »Liebe zu einer Braut« – denn Lotte war ja damals schon verlobt mit dem Mann, dessen Namen sie jetzt trägt, als Witwe und Mutter vieler Kinder – und was war es eigentlich, das den jungen Stürmer und Dränger zu ihr und dann jäh in die Flucht trieb; wie er ja immer vor den Frauen, die er liebte, auf der Flucht war bis ins hohe Alter?

Ob Lotte auf ihre Fragen befriedigende Antwort erhält, mag der Leser entscheiden. Lustspielhaft beginnt es, der würdig gewordene Künstler – Sie sehen: wieder geht es mir um dieses Thema – der würdig gewordene Geist, der sich, sein Eigenstes unter steif-listigen Masken vor der neugierigen Welt versteckt. Er ist der Genius, dem man dient, und der nicht dankt, nur schenkt, dadurch eben, daß er vorhanden ist, ein großer Mensch und zugleich doch kein Mensch mehr; darum die Menschen ihn denn oft auch kalt und herzlos, ja gerade mephistophelisch-nihilistisch finden. Ihre Liebe zu ihm ist von Haß nicht frei, sie fühlen sich durch ihn so sehr beglückt wie bedrückt. Er ist der Vater, gegen den man sich verehrungsvoll empört. Doch Opfer ist auch er, der Genius, und der, der es bringt. Er ist die Flamme, aber die brennende Kerze doch auch, die ihren Leib opfert, damit das Licht leuchte...

Wenn es mir gelungen ist, die Naturphänomene eines großen Mannes und großer Menschlichkeit überhaupt dem Leser näherzubringen, so war mir das nur nach der im ›Joseph‹ geleisteten Vorarbeit, durch die jahrelange Bemühung um das Mythische möglich. Denn auch der jüngste Roman handelt ja von einem Mythos, von dem Mythos Goethe. Das Buch macht Voraussetzungen – und das ist vielleicht nicht künstlerisch. Das Abenteuerliche, das in der Verwirklichung eines Mythos liegt, wird wohl nur wirksam, wenn man mit diesem Mythos vertraut ist – in unserem Fall also mit dem Mythos der deutschen Kultur-Tradition. Das Aufregende, das dies Buch überhaupt erst zum Roman macht, fällt weg, wenn es an dieser Vertrautheit fehlt. Zur Entschuldigung mag mir dienen, daß der Goethe-Mythos denn doch, erstens, über die deutsche Bildungssphäre weit hinausgewachsen und Welt-Erlebnis geworden ist; und daß zweitens im Grunde das Buch nicht nur von ihm persönlich, sondern vom Genius an sich, dem Problem des Großen Mannes selbst handelt.

Es ist ein Joseph-Spiel, dieser Roman. Der imitatio Gottes, in der Rahels Sohn sich gefällt, entspricht meine imitatio Goethes's: eine Identifizierung und unio mystica mit dem *Vater*. – Nun soll Joseph aus seinem zweiten Grabe erstehen: Auf dem Umweg über eine indische Novelle, die mich gerade beschäftigt, suche ich aus der Weimarer deutsch-humanistischen Welt in seine Sphäre zurückzufinden. Lassen Sie mich denn meine produktiven Hoffnungen in die Goethe-Verse zusammenfassen:

> »Schaff; das Tagwerk meiner Hände,
> Großer Geist, daß ich's vollende!«

[Selbstbiographie]

Geboren im Jahre 1875 zu Lübeck als zweiter Sohn des Senators und Kaufmanns Johann Heinrich Mann und seiner Frau Julia, geb. da Silva-Bruhns (aus Rio de Janeiro gebürtig, halb deutscher, halb kreolischer Abstammung) verlebte ich mit meinen vier Geschwistern, trotz regelmäßig wiederkehrender Ärgernisse, die durch meine träumerische Renitenz als Schüler hervorgerufen wurden, in unserem schönen Elternhause eine glückliche Jugend. Ursprünglich zum Erben der hundert Jahre alten Firma bestimmt, besuchte ich die Realklassen des Lübecker Katharineums; allein, als nach dem Tode meines Vaters die Firma aufgelöst worden und meine Mutter mit den jüngeren Geschwistern nach München übergesiedelt war, folgte ich ihr, ausgerüstet einzig mit der Berechtigung zum einjährigen Militärdienst, bald dorthin nach und trat, der Unterkunft wegen, als Volontär in das Bureau einer Feuerversicherungsgesellschaft ein.

Hier war es, wo ich verstohlenerweise meine erste Novelle schrieb, eine etwas zynische und etwas sentimentale Liebesgeschichte, die zu meiner großen Genugtuung in Conrads revolutionärer ›Gesellschaft‹ veröffentlicht wurde und den Beifall des jüngsten literarischen München fand. Auch führte meine Beamtenlaufbahn nicht weit. Nach ca. drei Vierteljahren verließ ich sie, und unter der Vorgabe, Journalist werden zu wollen, begann ich zu »studieren«, d. h. an der Technischen Hochschule immatrikuliert, hörte ich allerlei Kollegien: Geschichte bei Stieve, Ästhetik und Kunstgeschichte bei Reber, Literaturgeschichte bei Wilhelm Hertz. Am meisten Nutzen und Freude gewährten mir des letzteren schöne Vorlesungen über höfische Epik. Ich war damals Mitglied des Akademisch-Dramatischen Vereins, und bei der ersten von ihm veranstalteten und von E. von Wolzogen inszenierten Münchner Aufführung der ›Wildente‹ spielte ich, mit Wolzogens Pelz und Brille angetan, den alten Werle. Auch kam ich in Berührung mit den Vertretern der jungen Münchner Literatur, Scharf, Ruederer, Schaumberger, Morgenstern usw., gelegentlich auch mit Hartleben. Richard Dehmel hatte sich meiner seit meiner ersten Veröffentlichung aufs gütigste angenommen und mich brieflich und mündlich bestärkt und ermuntert. Noch nach der Lektüre von ›Königliche Hoheit‹ erinnerte er mich daran, daß er mir damals gesagt habe, ich könne der Nachfolger Fontane's werden.

Mein eigentlicher Eintritt in die Literatur erfolgte mit der Novelle ›Der kleine Herr Friedemann‹, die von Oscar Bie für die ›Neue Deutsche Rundschau‹ erworben wurde und später das Titelstück für mein erstes Büchlein abgab. Der Band erschien im Jahr 1897, das ich mit meinem Bruder Heinrich in Italien, in Rom und den Sabiner Bergen verbrachte. Mein Zustand war recht problematisch und unregelmäßig, und wenn ich dennoch, in der Fremde und Stille meine Anlagen ausbildend, um meine Zukunft nicht weiter Sorge trug, so war das nicht sowohl jugendlicher Leichtsinn, als vielmehr dem sicheren Gefühl zuzuschreiben, daß ich keineswegs Gefahr lief zu verkommen. Belehrt und angeregt, damals namentlich von skandinavischen und russischen Meistern, warf ich mich in das große künstlerische Unternehmen, das meinen Namen bekannt machen sollte: Es war der Roman ›Buddenbrooks‹, und ich beendigte ihn nach fast dreijähriger Arbeit in München, wo ich eine Zeitlang auch als Lektor im Verlagshaus Albert Langen und als Mitredakteur des ›Simplicissimus‹ tätig war. Das Buch erschien im Jahr 1901. Zwei Jahre später folgten sechs unter dem Titel ›Tristan‹ vereinigte Novellen; 1905 die Renaissance-Dialoge ›Fiorenza‹, welche, nicht fürs Theater geschrieben, doch in Frankfurt, München und Berlin auch auf der Bühne eine leidliche Haltung bewahrten; 1910 der Roman ›Königliche Hoheit‹; 1913 die Novelle ›Der Tod in Venedig‹.

Seit 1905 bin ich verheiratet mit Katja, geb. Pringsheim, Tochter des ordentlichen Professors für Mathematik an der Universität München, Geheimrats Pringsheim. Meine Frau ist mütterlicherseits Enkelin der bekannten Schriftstellerin Hedwig Dohm. Ich bin Vater von vier Kindern. Mit den Meinen verlebe ich den Sommer auf meiner kleinen Besitzung in Tölz, den Winter in München. Soweit diese große und liebenswürdige Stadt dem Hanseaten zur Heimat werden konnte, ist sie mir lieb geworden. Und so hoffe ich, daß mir in ihrer harten und starken Luft noch ein und das andere Werk erwachsen möge, dessen solides Gefüge einige Dauer verbürgt.

[Lebenslauf 1930]

Ich bin geboren am 6. Juni 1875 zu Lübeck als zweiter Sohn des Kaufmannes und Senators der Freien Stadt Johann Heinrich Mann und seiner Frau Julia da Silva-Bruhns. Während mein Vater Enkel und Urenkel Lübecker Bürger war, hatte meine Mutter in Rio de Janeiro als Tochter eines deutschen Plantagenbesitzers und einer portugiesisch-kreolischen Brasilianerin das Licht der Welt erblickt und war mit sieben Jahren nach Deutschland verpflanzt worden.

Ursprünglich zum Erben der väterlichen Getreidefirma bestimmt, die während meiner Knabenzeit ihr hundertjähriges Jubiläum beging, besuchte ich die Real-Gymnasialklassen des Lübecker ›Katharineums‹. Ich verabscheute die Schule und tat ihren Anforderungen bis ans Ende nicht Genüge – aus einem eingeborenen lähmenden Widerstand gegen von außen kommende Anforderungen, den ich später nur mühsam zu korrigieren gelernt habe. Was ich an Bildung besitze, vermochte ich mir nur auf freiem und autodidaktischem Wege zu erwerben und nahm vom amtlichen Unterricht fast nichts an als das Elementarste.

Mein Vater starb in verhältnismäßig jungen Jahren, als ich fünfzehn zählte, und die Firma liquidierte. Wenig später verließ meine Mutter mit den jüngeren Geschwistern die Stadt, um sich im Süden Deutschlands, in München, niederzulassen. Nach notdürftigem Abschluß meiner Schulstudien folgte ich ihr nach und trat zunächst als Volontär in das Bureau einer Münchener Versicherungsgesellschaft ein, deren Direktor mit meinem Vater befreundet gewesen war.

Später besuchte ich, zur Vorbereitung auf einen publizistischen Beruf, an den Münchener Hochschulen, der Universität und dem Polytechnikum, historische, national-ökonomische, kunst- und literaturgeschichtliche Vorlesungen und lebte zwischendurch, zusammen mit meinem vier Jahre älteren Bruder

Heinrich, ein Jahr lang in Italien, in welche Zeit die Veröffentlichung meines ersten Novellenbandes ›Der kleine Herr Friedemann‹ fiel. In Rom war es auch, wo ich den Roman ›Buddenbrooks‹ zu schreiben begann, der im Jahre 1901 erschien und dem das deutsche Publikum bis heute seine Zuneigung bewahrt hat, so daß er in mehr als einer Million Exemplaren verbreitet ist.

Ihm folgten kürzere Erzählungen, die in dem Bande ›Tristan‹ zusammengefaßt wurden und als deren charakteristischste die nord-südliche Künstlernovelle ›Tonio Kröger‹ gilt. Ferner die Renaissance-Dialoge ›Fiorenza‹, ein Lese-Drama, dessen doch auch zuweilen das Theater sich angenommen hat.

Im Jahre 1905 heiratete ich die Tochter des Ordinarius für Mathematik an der Universität München, Alfred Pringsheim. Mütterlicherseits ist meine Frau die Enkelin Ernst und Hedwig Dohms, des bekannten Berliner Publizisten und seiner Gattin, die in der deutschen Frauen-Emanzipationsbewegung eine führende Rolle gespielt hat. Aus unserer Ehe gingen sechs Kinder hervor, drei Mädchen, von denen die älteste sich der Bühne, und drei Knaben, deren erster sich ebenfalls der Literatur gewidmet hat.

Die erste literarische Frucht meines neuen Lebensstandes war der Roman ›Königliche Hoheit‹, eine Hofgeschichte, die das Kleid bildet für eine Psychologie der formal-repräsentativen Lebensform und für ethische Probleme wie die Vereinigung des aristokratisch-melancholischen Bewußtseins mit den Forderungen der Gemeinsamkeit. Ein weiteres Roman-Unternehmen, die ›Bekenntnisse des Hochstaplers Felix Krull‹, schloß sich an, beruhend auf der parodischen Idee, ein Element geliebter Überlieferung, das Goethisch-Selbstbildnerisch-Autobiographische, Aristokratisch-Bekennerische ins Humoristisch-Kriminelle zu übertragen. Der Roman ist Fragment geblieben, doch gibt es Kenner, die das daraus Veröffentlichte für das Glücklichste und Beste halten, was ich geschrieben. Es ist möglicherweise das Persönlichste, denn es gestaltet mein Verhältnis zur Tradition, welches zugleich liebevoll und auflösend ist und mein Schriftstellertum bestimmt.

Im Jahre 1912 erschien die Erzählung ›Der Tod in Venedig‹, die neben dem ›Tonio Kröger‹ als meine gültigste Darbietung auf dem Gebiet der Novelle gilt. In die Zeit des Abschlusses ihrer Niederschrift fällt die Konzeption des Erziehungsromanes ›Der Zauberberg‹, dessen Ausführung in ihren Anfängen durch den Krieg unterbrochen wurde.

Obgleich dieser meine physische Person nicht unmittelbar in Anspruch nahm, hob er meine künstlerische Tätigkeit doch bis zu seinem Ende vollkommen auf, und zwar, indem er mich zu einer konfliktvollen Revision meiner Grundlagen, einer menschlich-geistigen Selbsterforschung und Konfession anhielt, deren Niederschlag das 1918 erschienene Buch ›Betrachtungen eines Unpolitischen‹ bildet. Sein Thema ist das persönlich-akzentuierte Problem des Deutschtums, das politische Problem, behandelt im Geist eines polemischen Konservativismus, dem das fortschreitende Leben manche Korrektur zuteil werden ließ. Über die Entwicklung meiner sozial-moralischen Ideen legen die Essay-Bände ›Rede und Antwort‹, ›Bemühungen‹ und ›Die Forderung des Tages‹ Rechenschaft ab.

Ausländische Vortragsreisen setzten in dem Augenblick ein, als die Grenzen nach den neutralen und kriegsfeindlichen Ländern sich wieder öffneten. Sie führten mich zuerst nach Holland, in die Schweiz und nach Dänemark. Eine spanische Reise fiel in das Frühjahr 23. Im folgenden Jahre war ich Ehrengast des kürzlich gegründeten PEN-Clubs in London, zwei Jahre später folgte ich einer Einladung der französischen Niederlassung der Carnegie-Stiftung nach Paris und besuchte im Jahre 27 Warschau.

Unterdessen, im Herbst 24, war, nach ausgedehntesten Verzögerungen, der zweibändige Roman ›Der Zauberberg‹ erschienen, und die Anteilnahme des Publikums, die dem Buch binnen weniger Jahre hundert Auflagen bereitete, bewies, daß ich im günstigen Augenblick mit dieser episch gebundenen Ideenkomposition hervorgetreten war. Die Probleme des Romans waren nicht massengerecht nach ihrer Natur, aber sie brannten der gebildeten Masse auf den Nägeln, und die allgemeine Not hatte die Rezeptivität des breiten Publikums eine Steigerung erfahren lassen, die meinem gewagten und mit der Kunstform recht willkürlich schaltenden Produkt zugute kam.

Schon bald nach Abschluß der ›Betrachtungen‹ hatte ich die Reihe meiner größeren Erzählungen um eine Prosa-Idylle, die Tiergeschichte ›Herr und Hund‹, vermehrt. Dem ›Zauberberg‹ nun folgte eine bürgerliche Novelle aus der Revolutions- und Inflationszeit, ›Unordnung und frühes Leid‹, und das vorderhand letzte Beispiel von Arbeiten dieses Umfanges stellt die 1929 geschriebene Erzählung ›Mario und der Zauberer‹ dar. Diese bildete schon eine Einschaltung in die Arbeit an einem neuen Roman, der nach seinem Stoff und seinen Absichten weit von allem Vorangegangenen abweicht, indem er die bürgerlich-individuelle Sphäre verläßt, um in diejenige der Vergangenheit und des Mythos einzutreten. Die biblische Erzählung, für die der Titel ›Joseph und seine Brüder‹ vorgesehen ist und aus der durch Vorabdrucke in Zeitschriften und in öffentlichen Vorlesungen schon einzelne Proben bekannt geworden sind, scheint etwa bis zur Mitte vorgeschritten. Im Zusammenhang mit der Arbeit daran stand eine Studienreise, die mich im Februar-März-April 1930 nach Ägypten und Palästina führte.

Es hat dem Verfasser dieser knappen Lebens- und Arbeitsübersicht von jung auf nicht an freundlicher Anteilnahme der Mitwelt an seinen Bestrebungen und auch nicht an äußeren offiziellen Ehrungen gefehlt. Die Promotion durch die philosophische Fakultät der Universität Bonn zum Doktor h. c. im Jahre 1919 ist ein Beispiel dafür; und um das deutsche Vergnügen an Titeln noch weiter zu befriedigen, fügte der Senat meiner Vaterstadt Lübeck einige Jahre später, gelegentlich eines städtischen Jubiläums, die Professor-Würde hinzu. Ich gehörte zu den ersten, vom Staate selbst ernannten Mitgliedern der neuen literarischen Sektion der Preußischen Akademie der Künste; mein fünfzigster Geburtstag führte Kundgebungen öffentlichen Wohlwollens mit sich, deren ich nur mit Rührung gedenken kann, und die Krönung all dieser Auszeichnungen bildete im letztvergangenen Jahre die Zuerkennung des Nobel-Preises durch die Schwedische Akademie. Doch darf ich sagen, daß kein Erfolgstrubel mir je den klaren Sinn für die Relativität meiner Verdienste zu trüben und meine Selbstkritik auch nur augenblicksweise einzuschläfern vermochte. Wert und Bedeutung meines Werkes für die Nachwelt seien gelassen dahingestellt. Ich sehe nichts darin, als die persönliche Spur eines bewußt und das heißt: gewissenhaft geführten Lebenskampfes.

Lebensabriß

Ich wurde geboren im Jahre 1875 in Lübeck als zweiter Sohn des Kaufmanns und Senators der Freien Stadt Johann Heinrich Mann und seiner Frau Julia da Silva-Bruhns. Während mein Vater Enkel und Urenkel Lübecker Bürger war, hatte meine Mutter in Rio de Janeiro als Tochter eines deutschen Plantagenbesitzers und einer portugiesisch-kreolischen Brasilianerin das Licht der Welt erblickt und war mit sieben Jahren nach Deutschland verpflanzt worden. Sie war von ausgesprochen romanischem Typus, in ihrer Jugend eine vielbewunderte Schönheit und außerordentlich musikalisch. Frage ich mich nach der erblichen Herkunft meiner Anlagen, so muß ich an Goethe's berühmtes Verschen denken und feststellen, daß auch ich »des Lebens ernstes Führen« vom Vater, die »Frohnatur« aber, das ist die künstlerisch-sinnliche Richtung und – im weitesten Sinne des Wortes – die »Lust zu fabulieren«, von der Mutter habe.

Meine Kindheit war gehegt und glücklich. Wir fünf Geschwister, drei Knaben und zwei Schwestern, wuchsen auf in einem eleganten Stadthause, das mein Vater sich und den Seinen erbaut hatte, und erfreuten uns eines zweiten Heims in dem alten Familienhause bei der Marienkirche, das meine Großmutter väterlicherseits allein bewohnte und das heute als ›Buddenbrook-Haus‹ einen Gegenstand der Fremdenneugier bildet. Die lichtesten Zeiten meiner Jugend aber waren die alljährlichen Sommerferienwochen in Travemünde mit ihren Badevormittagen am Strande der Ostseebucht und ihren Nachmittagen zu Füßen des fast ebenso leidenschaftlich geliebten Kurmusiktempels gegenüber der Hotelanlage. Die gepflegte, geschützte und unbildenlose Idyllik dieses Aufenthalts mit vielgängigen Table-d'hôte-Mahlzeiten sagte mir unbeschreiblich zu; sie leistete meiner natürlichen, viel später erst leidlich korrigierten Neigung zu träumerischer Trägheit Vorschub, und wenn die anfangs unabsehbaren vier Wochen zu Ende waren und es nach Haus in den

Alltag ging, so war meine Brust von dem weichlichen Schmerz der Selbstbemitleidung zerrissen.

Ich verabscheute die Schule und tat ihren Anforderungen bis ans Ende nicht Genüge. Ich verachtete sie als Milieu, kritisierte die Manieren ihrer Machthaber und befand mich früh in einer Art literarischer Opposition gegen ihren Geist, ihre Disziplin, ihre Abrichtungsmethoden. Meine Indolenz, notwendig vielleicht für mein besonderes Wachstum; mein Bedürfnis nach viel freier Zeit für Müßiggang und stille Lektüre; eine wirkliche Trägheit meines Geistes, unter der ich noch heute zu leiden habe, machten mir den Lernzwang verhaßt und bewirkten, daß ich mich trotzig über ihn hinwegsetzte. Es mag sein, daß der humanistische Lehrgang meinen geistigen Bedürfnissen angemessener gewesen wäre. Zum Kaufmann bestimmt – ursprünglich wohl zum Erben der Firma –, besuchte ich die Realgymnasialklassen des ›Katharineums‹, brachte es aber nur bis zur Erlangung des Berechtigungsscheines zum einjährig-freiwilligen Militärdienst, das heißt bis zur Versetzung nach Obersekunda. Fast während der ganzen Dauer dieser stockenden und unerfreulichen Laufbahn verband mich mit dem Sohn eines fallierten und verstorbenen Buchhändlers eine Freundschaft, die sich in phantastischem und galgenhumoristischem Spott und Hohn über ›das Ganze‹, namentlich aber über ›die Anstalt‹ und ihre Beamten bewährte.

Bei diesen schadete mir sehr, daß ich ›dichtete‹. Ich war in dieser Hinsicht nicht diskret genug gewesen, wahrscheinlich aus Eitelkeit. Eine Romanze auf den heroischen Tod der Arria, ›Paete, non dolet‹, mit der ich mich vor einem Mitschüler gebrüstet und die dieser, halb aus Bewunderung, halb aus Bosheit, dem Ordinarius eingehändigt hatte, machte schon in Untertertia den Vorgesetzten meine dienstwidrige Absonderlichkeit klar. Begonnen hatte ich mit kindischen Dramen, die ich mit meinen jüngeren Geschwistern vor Eltern und Tanten zur Aufführung brachte. Es folgten Gedichte an einen geliebten Freund, der unter dem Namen des Hans Hansen im ›Tonio Kröger‹ ein gewisses symbolisches Leben gewonnen hat, persönlich aber sich später dem Trunke ergab und in Afrika ein trauriges Ende nahm. Was aus der braunbezopften Tanzstundenpartnerin geworden ist, der weitere Liebeslyrik galt, kann ich nicht sagen. Viel später erst gelangte ich zu erzählerischen Versuchen, sogar erst nach Zurücklegung einer kritisch-essayistischen Phase. Denn in einer wenig schulgemäßen Schülerzeitschrift, betitelt ›Der Frühlingssturm‹, die ich in Sekunda zusammen mit einigen revolutionären Primanern herausgab, glänzte ich hauptsächlich als philosophisch-wühlerischer Leitartikler.

Es sind fünf Jahre, daß ich (anläßlich des 700jährigen Jubiläums der Freien Stadt) meinem Deutsch-, Latein- und Klassenlehrer von Untersekunda in Lübeck wieder begegnete. Dem schlohweißen Emeritus sagte ich, natürlich hätte ich immer den Eindruck eines vollendeten Tunichtgutes gemacht, hätte aber im stillen von seinen Stunden sehr viel gehabt. Zum Beweise wiederholte ich ihm die stehende Redensart, mit der er uns Schillers Balladen als unvergleichliche Lektüre anzupreisen pflegte: »Das ist nicht das erstebeste, was Sie lesen, es ist das Beste, was Sie lesen können!« »Habe ich das gesagt?« rief er und freute sich sehr. –

Mein Vater starb an einer Blutvergiftung in verhältnismäßig jungen Jahren, als ich fünfzehn zählte. Er war dank seiner Intelligenz und seiner formalen Überlegenheit in der Stadt ein höchst angesehener, populärer und einflußreicher Mann gewesen, hatte aber an dem Gang seiner Privatgeschäfte seit Jahren schon nicht mehr viel Freude gehabt, und nach einer Beerdigung, die an Ehrenpomp und Teilnahme alles überbot, was seit langem in dieser Art gesehen worden war, liquidierte die mehr als hundertjährige Getreidefirma. Auch das Stadthaus wurde verkauft, wie es mit dem großmütterlichen schon früher geschehen war, und wir vertauschten das weitläufige Heim, in dessen parkettiertem Ballsaal die Offiziere der Garnison den Töchtern des Patriziats den Hof gemacht hatten, mit einem bescheideneren, einer Gartenvilla vor dem Tore. Bald aber verließ meine Mutter überhaupt die Stadt. Sie liebte den Süden, die Berge, München, das sie auf Reisen mit meinem Vater kennengelernt hatte, und siedelte mit den jüngeren Geschwistern dorthin über, indem sie mich zum notdürftigen Abschluß meiner Schulstudien bei einem Gymnasialprofessor in Pension zurückließ, zusammen mit mecklenburgischen und holsteinischen jungen Adligen und Gutsbesitzerssöhnen, die in Lübeck die Schule besuchten.

Ich habe diese Zeit in heiterer Erinnerung. Die ›Anstalt‹ erwartete nichts mehr von mir, sie überließ mich meinem Schicksal, das mir selbst durchaus dunkel war, dessen Unsicherheit mich aber, da ich mich trotz alledem gescheit und gesund fühlte, nicht zu bedrücken vermochte. Ich saß die Stunden ab, lebte aber im übrigen sozusagen auf freiem Fuß und stand mich gut mit den Pensionskameraden, an deren verfrühten Studentenkommersen ich zeitweise mit leutseligem Übermut teilnahm. Dann, nach Erreichung des Schulbildungszieles, mit dem ich mich beschied, folgte ich den Meinen in die bayrische Hauptstadt und trat dort, das Wort ›vorläufig‹ im Herzen, als Volontär in das Bureau einer Feuerversicherungsgesellschaft ein, deren Direktor früher ein derartiges Geschäft in Lübeck geleitet hatte und mit meinem Vater befreundet gewesen war.

Eine sonderbare Episode. Unter schnupfenden Beamten kopierte ich Bordereaus und schrieb zugleich heimlich an meinem Schrägpult meine erste Erzählung, eine Liebesnovelle mit dem Titel ›Gefallen‹, die mir den ersten literarischen Erfolg brachte. Nicht nur daß sie in derselben sozialistisch-naturalistischen Kampfzeitschrift, M. G. Conrads ›Gesellschaft‹, die schon während meiner Schülerzeit ein Gedicht von mir gedruckt hatte, veröffentlicht wurde und jungen Leuten gefiel; sie trug mir auch einen warmherzigen und ermutigenden Brief Richard Dehmels ein, ja wenig später sogar den Besuch des bewunderten Dichters, dessen enthusiastische Menschlichkeit in meinem schreiend unreifen, aber vielleicht nicht unmelodiösen Produkt Spuren von Begabung erfühlt hatte und seitdem meinen Weg bis zu seinem Tode mit Sympathie, Freundschaft und ehrenvollen Prophezeiungen begleitet hat.

Meine Bureautätigkeit, in der ich von Anfang an ein reines Verlegenheitsprovisorium erblickt hatte, endete schon nach Jahresfrist. Mit Hilfe eines Rechtsanwalts, der meine Mutter beriet und Vertrauen zu mir gefaßt hatte, gewann ich die Freiheit. Unter seiner Zustimmung erklärte ich, ›Journalist‹ werden zu wollen, ließ mich an den Münchener Hochschulen, der Universität und dem Polytechnikum, als Hörer eintragen und belegte Vorlesungen, die geeignet schienen, mich auf jenen etwas unbestimmten Beruf allgemein vorzubereiten: historische, nationalökonomische, kunst- und literargeschichtliche Unterweisungen, die ich zeitweise regelmäßig und nicht ganz ohne Nutzen besuchte. Besonders fesselte mich ein Kolleg über ›Höfische Epik‹, das der Dichter und Übersetzer aus dem Mittelhochdeutschen Wilhelm Hertz damals am Polytechnikum las.

Als Student lebend, ohne es rite zu sein, machte ich in der akademischen Lesehalle die Bekanntschaft von Angehörigen des ›Akademisch-dramatischen Vereins‹ und wurde Mitglied einer theatralisch und dichterisch bestrebten Kaffeehauskumpanei, in der ich als Verfasser von ›Gefallen‹ ein gewisses Ansehen genoß. Mein Hauptgesprächspartner unter den Kommilitonen war ein junger Jurist aus Norddeutschland, Koch mit Namen, ein kluger Junge, der später die Verwaltungskarriere einschlug, Oberbürgermeister von Kassel wurde und unter dem Namen Koch-Weser in der Politik eine bedeutende Rolle spielte. Nach der Revolution war er Reichsinnenminister und ist noch heute der Führer der Demokratischen Partei Deutschlands. Auch etablierte Schriftsteller und Dichter, wie O. E. Hartleben, Panizza, J. Schaumberger, L. Scharf, der alte Heinrich von Reder verkehrten gelegentlich in diesem jugendlichen Kreise. Das Hauptereignis meiner Zugehörigkeit bildete die deutsche Uraufführung von Ibsens ›Wildente‹, die der Verein unter der Leitung Ernst von Wolzogens herausbrachte und unter dem Protest eines konservativen Publikums zu literarischem Erfolge führte. Wolzogen selbst spielte die Rolle des alten Ekdal, der Schriftsteller Hans Olden den Hjalmar und ich, in Wolzogens Pelz und Brille, den Großhändler Werle. Bei späteren Begegnungen erklärte der Autor des ›Lumpengesindels‹ wohl scherzend, er habe mich ›entdeckt‹.

Mein vier Jahre älterer Bruder Heinrich, der spätere Verfasser bedeutendster und einflußreichster Romandichtungen, lebte damals, abwartend wie ich, in Rom und schlug mir vor, zu ihm zu stoßen. Ich reiste, und wir verlebten, was wenige Deutsche tun, einen langen, glutheißen italienischen Sommer zusammen in einem Landstädtchen der Sabiner Berge, Palestrina, dem Geburtsorte des großen Musikers. Den Winter, mit seinem Wechsel von schneidenden Tramontana- und schwülen Sciroccotagen, verbrachten wir in der ›ewigen‹ Stadt als Untermieter einer guten Frau, die in der Via Torre Argentina eine Wohnung mit steinernen Fußböden und Strohstühlen innehatte. Wir waren Abonnenten eines kleinen Restaurants namens ›Genzano‹, das ich später nicht wiederfand und wo es guten Wein und vorzügliche ›Croquette di Pollo‹ gab. Abends spielten wir Domino in einem Café und tranken Punsch dazu. Wir verkehrten mit keinem Menschen. Hörten wir Deutsch sprechen, so flohen wir. Wir betrachteten Rom als Berge unserer Unregelmäßigkeit, und wenigstens ich lebte dort nicht um des Südens willen, den ich im Grunde nicht liebte, sondern einfach, weil zu Hause noch kein Platz für mich war. Die historisch-ästhetischen Eindrücke, welche die Stadt zu bieten hat, nahm ich ehrerbietig auf, nicht eben mit dem Gefühl, daß sie meine Sache seien und mich unmittelbar zu fördern vermöchten. Die antike Plastik des Vatikans hatte mir mehr zu sagen als die Malerei der Renaissance. Das ›Jüngste Gericht‹ erschütterte mich als Apotheose meiner durchaus pessimistisch-moralistischen und antihedonistischen Stimmung. Mit Vorliebe besuchte ich San Pietro, wenn der Kardinal-Staatssekretär Rampolla in pompöser Demut die Messe las. Er war eine außerordentlich dekorative Persönlichkeit, und aus Schönheitsgründen bedauerte ich es, daß seine Erhebung zum Papst diplomatisch verhindert wurde. –

Unsere Mutter, als Nutznießerin eines mittleren bürgerlichen Vermögens, dessen Erben nach dem Testament wir Kinder waren, gab uns Brüdern monatlich je hundertsechzig oder hundertachtzig Mark, und dieser Wechsel, der sich in italienischer Währung besser ausnahm, bedeutete uns viel: die soziale Freiheit, die Möglichkeit, ›abzuwarten‹. Bei bescheidenen Ansprüchen konnten wir tun, was wir wollten, und das taten wir. Mein Bruder, der ursprünglich gern Maler hätte werden wollen, zeichnete damals viel. Ich verschlang, im Qualm unzähliger 3-Centesimi-Zigaretten, skandinavische und russische Literatur und schrieb. Erfolge, die sich allmählich einstellten, freuten mich, ohne mich zu überraschen. Meine Lebensstimmung setzte sich aus Indolenz, schlechtem bürgerlichen Gewissen und dem sicheren Gefühl latenter Fähigkeiten zusammen. Ein Brief Ludwig Jakobowski's, der damals in Leipzig die ›Gesellschaft‹ redigierte und dem ich eine Novelle geschickt hatte, begann mit dem Ausruf: »Was sind Sie für ein begabter Mensch!« Ich lachte über sein Erstaunen, das ich sonderbarerweise als naiv empfand.

Wichtiger war, daß eine schon in München beendete Erzählung, ›Der kleine Herr Friedemann‹, im Hause Fischer in Berlin eingeschlagen hatte. Oskar Bie, Leiter der ›Neuen Deutschen Rundschau‹, schrieb mir interessiert darüber und forderte mich auf, dem Verlage alles zu schicken, was ich hätte. Noch während des römischen Aufenthalts erschien mein erstes kleines Buch, ein Novellenband, der den Titel jener Erzählung trug. Ich durfte ›mich‹ in den Auslagen römischer Librerien liegen sehen.

Schon in Palestrina hatte ich, nach eifrigen Vorarbeiten ›Buddenbrooks‹ zu schreiben begonnen. Ohne viel Glauben an die praktischen Aussichten des Unternehmens, mit jener Geduld, die meine natürliche Langsamkeit mir auferlegte, einem Phlegma, das vielleicht richtiger bezähmte Nervosität zu nennen wäre, führte ich die Erzählung in der Via Torre Argentina fort und nahm ein schon bedenklich angeschwollenes Manuskript mit nach München, wohin ich nach ungefähr einjähriger Abwesenheit denn doch zurückkehrte. Ich wohnte anfangs bei meiner Mutter, später in kleinen Junggesellenwohnungen, die ich teils aus Familienbeständen, teils auch auf eigne Hand möblierte. Das Manuskript von ›Buddenbrooks‹ aufgeschlagen auf meinem feierlich mit grünem Stoff behangenen Ausziehtisch, verbrachte ich ganze Tage, indem ich Korbfauteuils, die ich in rohem Zustande eingekauft, auf den Knien liegend mit rotem

Lack bestrich. Eine solche Bohemewohnung ist in der Novelle ›Der Kleiderschrank‹ geschildert, die ich in der Schwabinger Marktstraße schrieb und die ebenfalls zuerst in der ›Neuen Deutschen Rundschau‹ das Licht erblickte. –

Korfiz Holm, mir von Lübeck her bekannt und befreundet, wo er, der gebürtige Balte, die Prima absolviert hatte, gehörte zu jener Zeit dem Verlagshause Langen an, dessen Chef, wegen Majestätsbeleidigung verfolgt, im Auslande lebte, wie Wedekind. Von der Straße weg, bei einer Begegnung, engagierte Holm mich mit einem Monatsgehalt von hundert Mark für die Redaktion des ›Simplicissimus‹, und etwa ein Jahr lang, bis Langen von Paris aus den Posten kassierte, arbeitete ich in den eleganten Bureauräumen der Schackstraße als Lektor und Korrektor, hatte namentlich die erste Auswahl unter dem Novellenmanuskript-Einlauf für den ›Simplicissimus‹ zu treffen und von der übergeordneten Instanz, Dr. Geheeb, dem Bruder des Landschulpädagogen, die endgültige Entscheidung über meine Vorschläge einzuholen. Diese Tätigkeit hatte guten Sinn. Ich liebte das Blatt, hatte es von Anfang an weit über Georg Hirths ›Jugend‹ gestellt, deren Lebfrischheit mir philiströs erschien, und war sehr glücklich gewesen, als schon in zwei seiner ersten Nummern eine frühe Erzählung von mir, ›Der Wille zum Glück‹, gedruckt worden war, für die der junge Jakob Wassermann mir das Honorar in Gold eingehändigt hatte. Mein Bruder und ich hatten den Geist der Langen'schen Gründung, ihre literarische Karikaturistik, ihren pessimistisch-phantastischen Humor gewissermaßen antizipiert in einem Bilderbuch, das wir mit sonderbarem Fleiß in Palestrina hergestellt und höchst unpassenderweise unserer zweiten Schwester zur Konfirmation verehrt hatten. Ein paar stümperhaft-komische Zeichnungen daraus, die von mir stammten, sind bei Gelegenheit meines fünfzigsten Geburstages öffentlich bekanntgemacht geworden.

Meine Beziehungen zu dem außerordentlichen Witzblatt entbehrten also nicht der inneren Legitimität. Während ich bei seiner Redaktion behilflich war, blieb ich direkter Mitarbeiter. Mehrere meiner kurzen Novellen, ›Der Weg zum Friedhof‹

etwa, auch solche, die ich nicht in meine Gesammelten Schriften aufgenommen habe, erschienen dort zuerst, sogar ein Weihnachtsgedicht. ›Der Weg zum Friedhof‹ fand den besonderen Beifall Ludwig Thoma's, der damals dem ›Simplicissimus‹ und seinem Verlage schon nahestand. Noch größeren Anklang fand bei Langen und den Seinen die sehr subjektive Schillerstudie ›Schwere Stunde‹, die ich zum hundertsten Todestag des Dichters für den ›Simplicissimus‹ schrieb. Es war mir erstaunlich und rührte mich, mit welcher warmen und ernsten Anerkennung der oberbayerische Volksdichter diese kleine Arbeit des Jüngeren und so anders Gearteten begrüßte. Von meiner Seite habe ich seine ›Lausbubengeschichten‹ und Filser-Briefe herzlich bewundert und geliebt. Ich verbrachte einen und den andern Abend mit ihm und weiteren ›Simplicissimus‹-Leuten, Geheeb, Th. Th. Heine, Thöny, Reznicek und anderen in der Odeonbar. Meistens schlief Thoma, die erkaltete Pfeife im Munde. –

Ich sagte, meine Beziehungen zu dieser kecken und in Wahrheit künstlerischen Sphäre, dem besten ›München‹, das es je gegeben hat, seien legitim gewesen. Dennoch war nur ein Teil meiner Natur daran beteiligt, und neben meiner redaktionellen Tätigkeit, für die man mir luxuriöserweise ein eigenes Zimmer mit prächtigem Schreibtisch eingeräumt hatte, lief die Förderung des persönlichen Hauptgeschäftes, die Arbeit an ›Buddenbrooks‹ her, der nach meinem Ausscheiden aus dem Langen'schen Verbande mein Tätigkeitstrieb wieder allein zustatten kam. Bei meiner Mutter, vor Geschwistern und Hausfreunden, las ich zuweilen aus der Handschrift vor. Das war eine Familienunterhaltung wie eine andere, man lachte, und wenn mir recht ist, war die allgemeine Auffassung die, es handle sich bei meinem weitläufig-eigensinnigen Unternehmen um ein Privatvergnügen von geringen Weltaussichten und bestenfalls um eine ausgedehnte künstlerische Fingerübung. Ich wüßte kaum zu sagen, ob ich anderer Meinung war.

Herzlich befreundet war ich zu jener Zeit mit zwei jungen Leuten aus dem Jugendkreise meiner Schwestern, Söhnen eines Dresdener Malers und Akademieprofessors E[hrenberg]. Meine

Neigung für den Jüngeren, Paul, der ebenfalls Maler war, Akademiker damals und Schüler des berühmten Tiermalers Zügel, außerdem vorzüglich Violine spielte, war etwas wie die Auferstehung meiner Empfindung für jenen zugrunde gegangenen blonden Schulkameraden, aber dank größerer geistiger Nähe sehr viel glücklicher. Karl, der Ältere, Musiker von Beruf und Komponist, ist heute Akademieprofessor in Köln. Während sein Bruder mein Porträt malte, spielte er uns in seiner bewundernswert gebundenen und wohllautenden Art ›Tristan‹ vor. Wir führten, da auch ich etwas geigte, zusammen seine Trios auf, fuhren Rad, besuchten im Karneval miteinander die Schwabinger ›Bauernbälle‹ und hatten oft, bei mir oder den Brüdern, die gemütlichsten Abendmahlzeiten zu dritt. Ich hatte ihnen das Erlebnis der Freundschaft zu danken, das mir sonst kaum zuteil geworden wäre. Mit gebildeter Harmlosigkeit überwanden sie meine Melancholie, Scheu und Reizbarkeit, einfach indem sie sie als positive Eigenschaften und Begleiterscheinungen von Gaben nahmen, die sie achteten. Es war eine gute Zeit.

Ich war in jenen Jahren ein so leidenschaftlicher Radfahrer, daß ich fast keinen Schritt zu Fuße ging und selbst bei strömendem Regen, in Gummischuhen und Lodenpelerine, alle meine Wege auf dem Vehikel zurücklegte. Auf der Schulter trug ich es die drei Treppen hinauf in meine Wohnung, wo es in der Küche seinen Platz hatte. Vormittags, nach der Arbeit, pflegte ich es zu putzen, indem ich es auf den Sattel stellte. Ein zweites Geschäft, bevor ich mich rasierte und zum Essen in die Stadt fuhr, bestand in der Reinigung meines Petroleumofens. Eine Bedienerin räumte die Wohnung auf, während ich meine 1-Mark-20-Mahlzeit nahm. An Sommernachmittagen fuhr ich, ein Buch an der Lenkstange, in den Schleißheimer Wald. Mein Abendbrot besorgte ich mir in einer Schwabinger Lebensmittelhandlung und trank Tee oder gelösten Liebigextrakt dazu.

Sympathische Beziehungen verbanden mich mit Kurt Martens, dem Romancier und Novellisten, der dieser Freundschaft, zu der er die Initiative ergriffen hatte, in seinen Lebenserinnerungen lebhaft gedenkt. Er gehört zu den wenigen, an den

Fingern einer Hand herzuzählenden Menschen, mit denen ich im Lauf meines Lebens auf den Duzfuß kam. – Auch der Zeichner Markus Behmer, der für eine meiner kurzen Novellen, ›Der Kleiderschrank‹, schwärmte, besuchte mich. Ferner sprach Arthur Holitscher vor, für dessen Roman ›Der vergiftete Brunnen‹ ich als Lektor bei Langen eingetreten war, und wir musizierten zusammen. Er und Martens bekamen aus ›Buddenbrooks‹ zu hören, und während dem Ästheten und späteren Kommunisten Holitscher der bürgerliche Geist meiner Schreiberei schwerlich etwas zu sagen hatte, legte Martens eine staunende Zustimmung an den Tag, für die ich ihm immer dankbar geblieben bin. Er war es auch, durch den ich Hans von Weber, seinen Vetter, den Verleger und Herausgeber des ›Zwiebelfisch‹, sowie Alfred Kubin kennenlernte, dessen unheimliche und laszive Graphik mich stark erschütterte und der später die melancholisch-groteske Umschlagzeichnung zur ersten Ausgabe der ›Tristan‹-Novellen lieferte. –

Ich habe der Bildungserlebnisse meiner Kindheit und ersten Jugend nicht gedacht, nicht des unauslöschlichen Eindrucks, den Andersens Märchen mir machten, noch jener Abende, an denen wir dem Vorlesen unserer Mutter aus Reuters ›Stromtid‹ (oder ihrem Liedergesange am Flügel) lauschten, noch auch der Vergötterung Heine's um die Zeit, da ich meine ersten Gedichte schrieb, oder der behaglich-begeisterten Stunden, die ich nach der Schule bei einem Teller voll belegter Butterbrote mit der Lektüre Schillers verbrachte. Hier will ich große und entscheidende Lese-Eindrücke nicht ganz übergehen, die in die Jahre fielen, bis zu denen ich vorgeschritten bin – ich meine das Erlebnis Nietzsche's und Schopenhauers. Zweifellos ist der geistige und stilistische Einfluß Nietzsche's schon in meinen ersten an die Öffentlichkeit gelangten Prosaversuchen kenntlich. Ich habe in den ›Betrachtungen eines Unpolitischen‹ von meinen Beziehungen zu diesem zaubervollen Komplex gesprochen und sie auf ihre persönlichen Bedingungen und Grenzen zurückgeführt. Die Berührung mit ihm war in hohem Grade bestimmend für meine sich bildende Geistesform; aber unsere Substanz zu verändern, etwas anderes aus uns zu machen, als wir sind, ist keine Bildungsmacht imstande; alle Bildungsmöglichkeit überhaupt hat ein Sein zur Voraussetzung, das den Instinktwillen und die Fähigkeit zur persönlichen Auswahl, Assimilierung, Verarbeitung ins Besondere besitzt. Goethe hat gesagt, daß man etwas sein müsse, um etwas zu machen. Aber schon, um in irgendeinem höheren Sinn etwas *lernen* zu können, muß man etwas sein. Zu untersuchen, welche Art von organischer Einbeziehung und Umwandlung Nietzsche's Ethos und Künstlertum in meinem Falle gefunden hat, bleibt einer Kritik überlassen, die sich dazu bemüßigt findet. Auf jeden Fall war es eine komplizierte Art, die sich zur Mode- und Gassenwirkung des Philosophen, allem simplen ›Renaissancismus‹, Übermenschenkult, Cesare Borgia-Ästhetizismus, aller Blut- und Schönheitsgroßmäuligkeit, wie sie damals bei groß und klein im Schwange war, durchaus verachtungsvoll verhielt. Der Zwanzigjährige verstand sich auf die Relativität des ›Immoralismus‹ dieses großen Moralisten; wenn ich dem Schauspiel seines Hasses auf das Christentum zusah, so sah ich seine brüderliche Liebe zu Pascal mit und verstand jenen Haß durchaus moralisch, nicht aber psychologisch, – ein Unterschied, der sich mir auch in seinem – kulturkritisch epochalen – Kampf gegen das bis in den Tod Geliebteste, gegen Wagner zu bewähren schien. Mit einem Worte: ich sah in Nietzsche vor allem den Selbstüberwinder, ich nahm nichts wörtlich bei ihm, ich *glaubte* ihm fast nichts, und gerade dies gab meiner Liebe zu ihm das Doppelschichtig-Passionierte, gab ihr die Tiefe. Sollte ich es etwa ›ernst‹ nehmen, wenn er den Hedonismus in der Kunst predigte? Wenn er Bizet gegen Wagner ausspielte? Was war mir sein Machtphilosophem und die ›Blonde Bestie‹? Beinahe eine Verlegenheit. Seine Verherrlichung des ›Lebens‹ auf Kosten des Geistes, diese Lyrik, die im deutschen Denken so mißliche Folgen gehabt hat, – es gab nur eine Möglichkeit, sie mir zu assimilieren: als Ironie. Es ist wahr, die ›Blonde Bestie‹ spukt auch in meiner Jugenddichtung, aber sie ist ihres bestialischen Charakters so ziemlich entkleidet, und übriggeblieben ist nichts als die Blondheit zusammen mit der Geistlosigkeit, – Gegenstand jener erotischen Ironie und konservativen Bejahung, durch die der Geist, wie er genau wußte, sich im Grunde so wenig vergab. Mochte doch die persönliche Verwandlung, die Nietzsche in mir erfuhr, Verbürgerlichung bedeuten. Diese Verbürgerlichung schien mir und scheint mir noch heute tiefer und verschlagener als aller heroisch-ästhetische Rausch, den Nietzsche sonst wohl literarisch entfachte. Mein Nietzsche-Erlebnis bildete die Voraussetzung einer Periode konservativen Denkens, die ich zur Kriegszeit absolvierte; zuletzt aber hat es mich widerstandsfähig gemacht gegen alle übelromantischen Reize, die von einer *inhumanen* Wertung des Verhältnisses von Leben und Geist ausgehen können und heute so vielfach ausgehen.

Übrigens war dies Erlebnis nicht Sache einer einmalig raschen Entdeckung und Rezeption, sondern es vollzog sich gleichsam in mehreren Schüben und verteilte sich auf Jahre. Seine früheste Wirkung betraf eine psychologische Reizbarkeit, Hellsichtigkeit und Melancholie, deren Wesen ich mir heute kaum noch recht klarzumachen weiß, unter der ich aber damals unbeschreiblich zu leiden hatte. Das Wort »Erkenntnisekel« steht im ›Tonio Kröger‹. Es bezeichnet recht eigentlich die Krankheit meiner Jugend, die, so glaube ich mich zu erinnern, meiner Empfänglichkeit für die Philosophie Schopenhauers, die mir erst nach einiger Bekanntschaft mit Nietzsche entgegentrat, nicht wenig Vorschub leistete. Ein *seelisches* Erlebnis ersten Ranges und unvergeßlicher Art, – während dasjenige Nietzsche's eher ein geistig-künstlerisches zu nennen wäre. Es ging mir mit diesen Büchern ein wenig so, wie ich es meinem Thomas Buddenbrook dann mit dem Bande Schopenhauer ergehen ließ, den er in der Schublade des Gartentisches findet: die Brockhausausgabe war ein Okkasionskauf beim Buchhändler gewesen, geschehen mehr um des Besitzes als um des Studiums willen, und Jahr und Tag hatten die Bände unaufgeschnitten das Bort gehütet. Aber die Stunde kam, die mich lesen hieß, und so las ich denn, Tage und Nächte lang, wie man wohl nur einmal liest. An meiner

Erfülltheit, meiner Hingerissenheit hatte die Genugtuung über die machtvolle sittlich-geistige Verneinung und Verurteilung der Welt und des Lebens in einem Gedankensystem, dessen symphonische Musikalität mich im tiefsten ansprach, einen bezeichnenden Anteil. Ihr Wesentliches aber war ein metaphysischer Rausch, der mit spät und heftig durchbrechender Sexualität (ich spreche von der Zeit um mein zwanzigstes Jahr) viel zu tun hatte und der eher leidenschaftlich-mystischer als eigentlich philosophischer Art war. Nicht um ›Weisheit‹, um die Heilslehre der Willensumkehr, dies buddhistisch-asketische Anhängsel, das ich rein lebenskritisch-polemisch wertete, war es mir zu tun: was es mir antat auf eine sinnlich-übersinnliche Weise, war das erotisch-einheitsmystische Element dieser Philosophie, das ja auch die nicht im geringsten asketische Tristanmusik bestimmt hatte, und wenn mir damals der Selbstmord gefühlsmäßig sehr nahe stand, so eben darum, weil ich begriffen hatte, daß es keineswegs eine Tat der ›Weisheit‹ sein würde. Heilig leidvolle Wirren drängender Jugendzeit! Es war eine glückliche Fügung, daß sich mir sogleich die Möglichkeit bot, mein überbürgerliches Erlebnis in das zu Ende gehende Bürgerbuch einzuflechten, wo es dienen mochte, Thomas Buddenbrook zum Tode zu bereiten.

Der Roman wurde um die Jahrhundertwende, nach etwa zweieinhalbjähriger, oft unterbrochener Arbeit daran, beendet. Das Manuskript ging an Fischer, dem ich mich seit dem ›Kleinen Herrn Friedemann‹ verbunden fühlte. Ich weiß noch, wie ich es verpackte: so ungeschickt, daß ich mir heißen Siegellack auf die Hand fallen ließ und eine fürchterliche Brandblase davontrug, die mich lange quälte. Das Manuskript war unmöglich. Doppelseitig geschrieben – ich hatte es ursprünglich abschreiben wollen, aber später, da der Umfang überhand genommen hatte, darauf verzichtet –, täuschte es über seinen Umfang, stellte aber für Lektoren und Setzer eine starke Zumutung dar. Eben weil es nur einmal vorhanden war, erste und einzige Niederschrift, entschloß ich mich zu einer Postversicherung und setzte neben die Inhaltsangabe ›Manuskript‹ eine Wertsumme auf das

Paket: ich glaube gar eintausend Mark. Der Schalterbeamte lächelte.

Die sorgenvollen Beratungen im Hause Fischer über mein unförmiges Angebot fielen in meine Militärzeit. Ich hatte ›mein Jahr zu dienen‹, das sich jedoch, da meine Tauglichkeitserklärung ein psychologischer Irrtum gewesen war, auf drei Monate reduzierte. Ein- oder zweimal war ich wegen Brustschmalheit und Herznervosität zurückgestellt worden, hatte aber offenbar jetzt eine Jugendblüte erreicht, die den diensttuenden Stabsarzt über meine Qualifikation zum Soldaten irreführen konnte. Ich wurde angenommen, meldete mich beim Infanterie-Leibregiment und ließ mir bunte Kleider anmessen. Erst einige Wochen lebte ich im Dunstkreis der Kaserne, als meine Entschlossenheit, mich zu befreien, bereits einen tödlichen und, wie sich erwies, unwiderstehlichen Charakter angenommen hatte. Geschrei, Zeitvergeudung und eiserne Schmuckheit quälten mich über die Maßen. Körperlich zog ich mir beim Parademarsch eine schwere, äußerst schmerzhafte Sehnenscheidenentzündung im Fußgelenk zu. Ich kam ins Revier, dann ins Lazarett, und als ich dort vierzehn Tage lang mit einem Wasserglasverband gelegen hatte, war der Ausbildungsanschluß verlorengegangen – genau wie einst in der Schule. Übrigens kehrte das Fußübel nach wiederaufgenommenem Dienst, wenn auch in leichterem und überwindbarem Maße, sofort zurück. Ich hielt mich daran. Der Hausarzt meiner Mutter war mit dem zuständigen Oberstabsarzt bekannt. Ich wurde vorläufig beurlaubt und zu Neujahr entlassen. Ich unterschrieb einen Verzicht auf geldliche Vergütung erworbenen Leibesschadens – wie gern! Die Oberersatzkommission, der ich überwiesen worden, teilte mich bei erneuter Untersuchung dem ›Landsturm mit der Waffe‹ zu, was praktische Lossprechung bedeutete. Ich habe in keinem militärischen Verhältnis mehr gestanden. Auch der Krieg ließ von meiner physischen Person die Hand, einfach weil der erste Stabsarzt, dem ich vorgeführt wurde, ein Leser war, mir die Hand auf die bloße Schulter legte und erklärte: »Sie sollen Ihre Ruhe haben.« Die folgenden unterwarfen sich seinem Befunde. –

Die scheinbar nur zu berechtigten Skrupel und Zweifel, die unterdessen das Verlagshaus in Berlin meines Romans wegen geplagt hatten, waren überwunden worden – zum Teil wohl durch einen Brief, den ich aus dem Garnisonslazarett mit Bleistift an Fischer geschrieben und worin ich, in Abwehr des Verlangens nach eingreifenden Kürzungen, den Umfang des Buches für eine wesentliche und nicht anzutastende Eigenschaft desselben erklärte. Der Brief, mit fliegendem Stift in großer Sorge geschrieben, war bewegt und notgedrungen geschickt; er verfehlte nicht seine Wirkung. Fischer entschloß sich zum Druck, und Ende 1900 (mit der Jahreszahl 1901) kamen ›Buddenbrooks‹ heraus, in zwei gelbbroschierten Bänden zum Preise von zusammen zwölf Mark.

Man darf nicht glauben, daß das Buch sogleich leichtes Spiel hatte. Die Befürchtungen des Verlegers schienen sich zu erfüllen. Niemand hatte Lust, für das ungefüge Produkt eines obskuren jungen Verfassers soviel Geld anzulegen. Die Kritik fragte mißgelaunt, ob etwa die mehrbändigen Wälzer wieder Mode werden sollten. Sie verglich den Roman mit einem im Sande mahlenden Lastwagen. Freilich wurden bald aus dem Publikum und in der Presse auch andere Stimmen laut. Ich horchte auf, als der Inhaber der Buchhandlung Ackermanns Nachf. in der Maximilianstraße, Carl Schüler, ein guter Bekannter aus der Zeit des Akademisch-dramatischen Vereins, mir gratulierte: Er habe gehört, sagte er, ich hätte einen großen Treffer gemacht. Dieser Meinung war namentlich ein kranker und längst verstorbener jüdischer Kritiker namens Samuel Lublinski, der im ›Berliner Tageblatt‹ mit sonderbarer Bestimmtheit erklärte, dies Buch werde wachsen mit der Zeit und noch von Generationen gelesen werden. So weit ging außer ihm niemand. Immerhin wurde im Lauf eines Jahres die erste Auflage von eintausend Exemplaren verkauft, und jetzt erhielt der Roman die Gestalt, in der er seine erstaunliche, am wenigsten von seinem Autor vorausgesehene Laufbahn beginnen sollte. Dringlichen Ratschlägen zugänglich, deren Spender sich auf den voraufgegangenen Bucherfolg von Frenssens ›Jörn Uhl‹ beriefen, veranstaltete der Verlag die einbändige 5-Mark-Ausgabe mit Wilhelm Schulzens biedermeierlicher Umschlagzeichnung, und alsbald, während die preisenden Pressestimmen, selbst in ausländischen Blättern, sich mehrten, begannen die Auflagen einander zu jagen. Es war der Ruhm. Ich wurde in einen Erfolgstrubel gerissen, wie ich ihn später noch zweimal, binnen weniger Jahre, an meinem fünfzigsten Geburtstag und jetzt bei Verleihung des Nobelpreises, jedesmal mit gemischten Gefühlen, voller Skepsis und Dankbarkeit, erlebt habe. Meine Post schwoll an, Geld strömte herzu, mein Bild lief durch die illustrierten Blätter, hundert Federn versuchten sich an dem Erzeugnis meiner scheuen Einsamkeit, die Welt umarmte mich unter Lobeserhebungen und Glückwünschen...

Manches von den Stimmungen und Empfindungen dieser Zeit ist dichterisch eingegangen in jene dramatisch-undramatischen ›Fiorenza‹-Dialoge, die, nicht ohne Kühnheit in der Absicht, aber als Werk verfehlt, in fünfundzwanzig Jahren nicht aufgehört haben, das Theater leise zu beunruhigen und es gelegentlich zu verlocken. Es bildet ihren persönlichsten und ursprünglichsten Bestandteil: Jugendliche Ruhmeslyrik schwingt da, Ruhmeslust, Ruhmesangst eines in zartem Alter vom Erfolg Umstrickten. »O Welt! O tiefste Lust! O Liebestraum der Macht, süßer, verzehrender!... Man sollte nicht besitzen. Sehnsucht ist Riesenkraft; doch der Besitz entmannt!« – ›Fiorenza‹ erschien 1906. Vorangegangen war der Novellenband, der die Geschichte enthielt, die noch heute vielleicht von allem, was ich schrieb, meinem Herzen am nächsten steht und noch immer von jungen Leuten geliebt wird, den ›Tonio Kröger‹.

Die Konzeption ging zurück in die Zeit der Arbeit an ›Buddenbrooks‹, das Jahr meiner Tätigkeit bei Langen. Ich benutzte damals einen vierzehntägigen Sommerurlaub zu jener Reise über Lübeck nach Dänemark, von der in der Novelle die Rede ist, und meine Eindrücke in dem kleinen Badeort Aalsgaard am Sund, nahe Helsingör, bildeten den Erlebniskern, um den nun die beziehungsreiche kleine Dichtung zusammenschoß. Ich schrieb sie sehr langsam. Namentlich das lyrisch-essayistische

Mittelstück, das Gespräch mit der (durchaus fingierten) russischen Freundin, kostete mich Monate, und ich erinnere mich, daß ich das Manuskript während eines meiner wiederholten Aufenthalte in Riva am Gardasee, in R. von Hartungens ›Haus zur Sonne‹, bei mir hatte, ohne um eine Zeile vorwärtszukommen. Ich habe die Urschrift lange nicht in der Hand gehabt, sehe sie aber deutlich vor mir. Ich hatte damals eine sonderbar geduldige Technik, nach Fertigstellung einer Arbeit sämtliche Korrekturen mit dichter Tintenschraffierung zu bedecken, das Getilgte also zu schwärzen, damit es in keiner Weise mitspräche, und so eine Art von Reinschrift herzustellen. Die Schraffierungen durften nicht gelöscht werden, sondern mußten an der Luft trocknen, und so war bei dieser Schlußarbeit das ganze Manuskript, in seine Einzelblätter aufgelöst, auf allen Möbeln und dem Fußboden ausgebreitet. Auch das von ›Tristan‹, das faksimiliert worden ist, zeigt diese Manier. – ›Tonio Kröger‹ erschien 1903 in der ›Neuen Deutschen Rundschau‹ und fand in Berliner literarischen Kreisen sehr warme Aufnahme. Die Erzählung hat vor dem ihr nächstverwandten ›Tod in Venedig‹ den Schmelz jugendlicher Lyrik voraus, und rein künstlerisch genommen mögen es ihre musikalischen Eigenschaften sein, die ihr Sympathien gewannen. Hier wohl zum erstenmal wußte ich die Musik stil- und formbildend in meine Produktion hineinwirken zu lassen. Die epische Prosakomposition war hier zum erstenmal als ein geistiges Themengewebe, als musikalischer Beziehungskomplex verstanden, wie es später, in größerem Maßstabe, beim ›Zauberberg‹ geschah. Auch wenn man diesen dahin bestimmt hat, er gebe ein Beispiel ab für den »Roman als Ideenarchitektur«, so geht die Neigung zu solcher Kunstauffassung bis zum ›Tonio Kröger‹ zurück. Vor allem war darin das sprachliche ›Leitmotiv‹ nicht mehr, wie noch in ›Buddenbrooks‹, bloß physiognomisch-naturalistisch gehandhabt, sondern hatte eine ideelle Gefühlstransparenz gewonnen, die es entmechanisierte und ins Musikalische hob. –

Der erstaunliche Siegeszug des Familienromans konnte nicht verfehlen, ändernd auf meine Lebensumstände einzuwirken. Ich war nicht mehr der völlig im Dunkel lebende junge Mensch von einst. Das, was ich in meinen italienischen und Schwabinger Verstecken ›abzuwarten‹ gehabt hatte, war nun – ich will nicht sagen: erreicht, aber eingetreten. Es bedeutete nicht länger Verlegenheit, über meine Existenz Auskunft geben zu müssen, es erübrigte sich, eine zu geben, sie stand im Buch: Ein Münchener Fremdenführer und Nachschlagewerk vom Typus ›Who is who?‹ verzeichnete meine Adresse als diejenige des Verfassers von ›Buddenbrooks‹. Ich war bewiesen, meine dumpfe Widersetzlichkeit gegen alle regulären Ansprüche der Welt war gerechtfertigt, die Gesellschaft nahm mich auf – soweit ich mich aufnehmen ließ; die Gesellschaft ist in diesen Bestrebungen nie sehr erfolgreich gewesen. Immerhin begann ich in ein paar Münchener Salons von literarisch-künstlerischer Atmosphäre zu verkehren, vor allem in dem der Dichterin Ernst Rosmer, der Gattin des berühmten Verteidigers Max Bernstein. Von hier ging der Weg in das Pringsheim'sche Haus in der Arcisstraße, ein Zentrum des Münchener gesellschaftlich-künstlerischen Lebens zur Zeit Ludwigs II. und der Regentschaft der Epoche Lenbachs, dessen pompöser Bestattungsfeier ich beigewohnt hatte. Die Atmosphäre des großen Familienhauses, die mir die Umstände meiner Kindheit vergegenwärtigte, bezauberte mich. Das im Geiste kaufmännischer Kultureleganz Vertraute fand ich hier ins Prunkhaft-Künstlerische und Literarische mondänisiert und vergeistigt. Jedes der fünf erwachsenen Kinder (es waren fünf wie bei uns, die Jüngsten ein Zwillingspaar) besaß eine eigene schöngebundene Bibliothek, zu schweigen von der reichen Kunst- und Musikbücherei des Hausherrn, eines der frühesten Wagnerianer, der den Meister gekannt hatte und nur aus einer Art von intelligenter Selbstbezwingung sich nicht ganz der Musik, sondern der Mathematik, die er dozierte, gewidmet hatte. Die Hausfrau, aus Berliner literarischem Hause stammend, Ernst und Hedwig Dohms Tochter, voller Sinn für meine Existenz und meine jugendliche Leistung, war der leidenschaftlichen Neigung nicht entgegen, die für die einzige Tochter des Hauses in mir keimte und die vor irgend jemandem zu verbergen meine Einsamkeit nicht gelehrt hatte. Ein großes Ballfest in den goldenen Hochrenaissance-Gesellschaftsräumen des Pringsheim'schen Hauses, eine glänzende und menschenreiche Veranstaltung, bei der ich vielleicht zum erstenmal die Sonne der öffentlichen Gunst und Achtung voll auf mir ruhen fühlte, brachte Gefühle zur Reife, auf die mein Leben zu gründen ich hoffen durfte.

Schon einmal, mehrere Jahre zurück, hatte ich dicht vor der Heirat gestanden. In einer Florentiner Pension hatte näherer Umgang mit zwei Tischgenossinnen, Schwestern aus England, sich ergeben, von denen ich die Ältere, Dunkle sympathisch, die Jüngere, Blonde reizend fand. Mary, oder Molly, erwiderte meine Zuneigung, und ein zärtliches Verhältnis entwickelte sich, von dessen ehelicher Befestigung zwischen uns die Rede war. Was mich schließlich zurückhielt, war das Gefühl, es möchte zu früh sein, es waren auch Bedenken, die die fremde Nationalität des Mädchens betrafen. Ich glaube, die kleine Britin empfand ähnlich, und jedenfalls löste die Beziehung sich in nichts auf. – Diesmal lag alles anders. Es mag sein, daß ich innerlich ›auf Freiersfüßen gegangen‹ war, ich strebte wohl zur Ehe. Die Umstände lagen günstig, und im Februar 1905 wechselte der Dreißigjährige mit der Märchenbraut die Ringe.

Sechs Kinder gingen aus diesem Bunde hervor, von denen das älteste, Erika, heute Mitglied des Münchener Staatstheaters, im Jahre 1906, das jüngste, Michael, unter gefährlichen Umständen, im Kanonendonner, an dem Tage das Licht der Welt erblickte, an dem nach dem Sturz der Räterepublik die ›weißen‹ Truppen in München einzogen. Das vorjüngste, nach der Mutter meines Vaters Elisabeth geheißen und heute elfjährig, steht meinem Herzen am nächsten. Sie ist die kindliche Heldin der Revolutions- und Inflationsnovelle ›Unordnung und frühes Leid‹, welche, Produkt eines sich selbst ironisierenden Kulturkonservativismus und der Vaterliebe zur neuen Welt, in Deutschland und außerhalb freundlich begrüßt worden ist.

Die Erzählung ist von 1925; ich schrieb sie, unmittelbar nach Beendigung des ›Zauberbergs‹, für das Heft der ›Neuen Rundschau‹, das meinem fünfzigsten Geburtstag gewidmet war. Die erste künstlerische Frucht meines jungen Ehestandes aber war der Roman ›Königliche Hoheit‹, und er trägt die Merkmale seiner Entstehungszeit. Dieser Versuch eines Lustspiels in Romanform, der zugleich den Versuch eines Paktes mit dem ›Glücke‹ bedeutete, wurde nach den ›Buddenbrooks‹ von der Kritik allgemein zu leicht befunden. Gewiß mit Recht. Nur daß die ideellen Absichten und Gesinnungen dieses vernünftigen Märchens doch tiefer reichten, als meistens bemerkt wurde, und nicht ohne instinktive und vortastende Fühlung mit Heraufkommendem waren. Ich rede nicht von der Analyse der dynastischen Lebensform, die auf so mitleidig-sympathische Art vielleicht nur an einer zum Untergang reifen Institution geübt werden konnte. Aber das ›Glück‹, von dem ›Königliche Hoheit‹ handelte, war nicht ganz platt und eudämonistisch gemeint. Ein Problem wurde lustspielhaft gelöst, aber es war ein Problem immerhin, ein empfundenes dazu und kein müßiges: Ein junger Ehemann fabulierte hier über die Möglichkeit der Synthese von Einsamkeit und Gemeinschaft, Form und Leben, über die Aussöhnung des aristokratisch-melancholischen Bewußtseins mit *neuen* Forderungen, die man schon damals auf die Formel der ›Demokratie‹ hätte bringen können. Seine humoristischen Phantasien trugen autobiographisch-stimmungsmäßiges Gepräge und ließen jede direkte und tendenziöse Verkündigung aus dem Spiel; daß aber das Spiel seinen Ernst hatte und gewisse, fast schon politische Suggestionen davon in die deutsche Welt von 1905 ausgingen, möchte ich wahrhaben.

Wir lebten sommers viel auf dem Lande, in Oberammergau, wo ich große Teile von ›Königliche Hoheit‹ schrieb, dann eine Reihe von Jahren auf unserer 1908 erworbenen Besitzung in Tölz an der Isar, und hier war es, wo zum erstenmal wieder, seit dem Abscheiden meines Vaters, der Tod eines Nächsten mich betraf und mich, begreiflicherweise, tiefer – bis in den Grund – erschütterte, als jener frühe Fall es vermocht hatte. Meine zweite Schwester, Carla, nahm sich das Leben. Sie hatte die Bühnenlaufbahn eingeschlagen, wohl dazu ausgestattet durch ihre

Schönheit, aber kaum nach der Seite ursprünglich-wurzelhaften Talentes. Als kleines Kind schon war sie dem Tode nah gewesen: eine furchtbare Komplikation von Zahnkrämpfen, Keuchhusten und Lungenentzündung hatte die Ärzte an ihrem Aufkommen verzweifeln lassen. Ihr Wesen blieb zart, gefährdet, heikel. Ein stolzer und spöttischer Charakter, entbürgerlicht, aber vornehm, liebte sie die Literatur, den Geist, die Kunst und wurde durch eine unentwickelte, ihrer Stufe ungünstige Zeit ins unselig Bohemehafte gedrängt. Ein makabrer Ästhetizismus, der sich sehr wohl mit der kindlichsten, uns allen eigenen Lachlust vertrug, hatte sie schon ihr Mädchenzimmer mit einem Totenkopf schmücken lassen, dem sie einen skurrilen Namen gab. Später besaß sie Gift – es ist nur zu vermuten, durch wen –: eine phantastisch-spielerische Akquisition wohl auch dies, doch glaube ich, daß der zeitige stolze Entschluß daran beteiligt war, sich keine Erniedrigung gefallen zu lassen, die das Leben ihr etwa zugedacht hatte. Ohne handgreifliche Talente literarischer oder kunstfertiger Art, umfaßte sie das Theater leidenschaftlich als Sphäre möglicher Betätigung und Selbstverwirklichung; den gefühlten Mangel jedoch an vital-komödiantischer Gabe, dem, was man Theaterblut nennt, suchte sie durch eine außerkünstlerische Überbetonung ihrer Person und Weiblichkeit zu kompensieren, so daß man früh das ängstigende Gefühl hatte, hier werde eine Aufgabe schief, unglücklich und mit gefährlichem Mißverstand angegriffen. Ihre Laufbahn stockte in der Provinz. Von der Bühne enttäuscht, begehrt von den Männern, aber ohne höheren Erfolg, mochte sie sich nach einem Rückweg ins Bürgerliche umsehen, und ihre Lebenshoffnungen klammerten sich an die Heirat mit einem jungen elsässischen Industriellensohn, der sie liebte. Sie hatte jedoch vorher einem anderen Manne gehört, der, Arzt von Beruf, seine Macht über sie zu erotischen Erpressungen ausnutzte. Der Bräutigam fand sich betrogen und stellte sie zur Rede. Da nahm sie ihr Zyankali, eine Menge, mit der man wohl eine Kompanie Soldaten hätte töten können.

Die Tat geschah fast unter den Augen unserer armen Mutter, auf dem Lande, in Polling bei Weilheim in Oberbayern, wohin die einst gefeierte Gesellschaftsdame bei wachsendem Ruhe- und Einsamkeitsbedürfnis mit einigen Möbeln, Büchern und Andenken sich zurückgezogen hatte. Meine Schwester war bei ihr zu Besuch, der Bräutigam hatte sich eingefunden, von einer Unterredung mit ihm kommend, eilt die Unglückliche lächelnd an ihr vorbei in ihr Zimmer, schließt sich ein, und das letzte, was von ihr laut wird, ist das Wassergurgeln, womit sie die Verätzungen in ihrem Schlunde zu kühlen sucht. Sie hatte danach noch Zeit gehabt, sich auf die Chaiselongue zu betten. Dunkle Flecken an den Händen und im Gesicht zeugten von dem Erstikkungstode, der, nach einem kurzen Zögern der Wirkung, jäh gewesen sein mochte. Ein Zettel in französischer Sprache fand sich: »Je t'aime. *Une fois* je t'ai trompé, mais je t'aime.« Ein Telephonanruf, dessen Umschreibungen nicht viel zu bezweifeln übrigließen, störte uns abendlich auf, und in nächster Frühe fuhr ich nach Polling, in die Arme unserer Mutter, um ihren wimmernden Schmerz an meiner Brust zu bergen.

Ihr ohnedies mit dem Alter schwach und ängstlich gewordenes Herz hat den Stoß niemals verwunden. In dem meinen mischte sich der Jammer um die Verlorene, das Erbarmen mit dem, was sie durchlitten haben mußte, mit dem Protest dagegen, daß sie ihre Schreckenstat in unmittelbarer Nähe dieses schwachen Herzens hatte begehen müssen und mit der Auflehnung gegen die Tat selbst, die mir in ihrer Selbständigkeit, ihrer lebensstrengen und fürchterlich endgültigen Wirklichkeit auf irgendeine Weise wie ein Verrat an unserer geschwisterlichen Gemeinschaft erschien, einer Schicksalsgemeinschaft, die ich – es ist schwer zu sagen – den Wirklichkeiten des Lebens im letzten als ironisch übergeordnet empfand und deren die Schwester für mein Gefühl bei ihrer Tat vergessen hatte. In Wahrheit durfte ich mich nicht beklagen. Denn auch ich war ja schon weitgehend ›wirklich‹ geworden, durch Werk und Würde, Haus, Ehe und Kind, oder wie die Dinge des Lebens, die strengen und menschlich gemütlichen, nun hießen, und wenn die Verwirklichung in meinem Falle nach Segen und Heiterkeit aussah, so bestand sie doch aus demselben Stoff wie die Tat meiner Schwester und schloß dieselbe Untreue ein. Alle Wirklichkeit hat *tod*ernsten Charakter, und es ist das Sittliche selbst, das, eines mit dem Leben, es uns verwehrt, unserer wirklichkeitsreinen Jugend die Treue zu halten. –

Das war 1910. Meine Mutter überlebte, in zunehmender seelischer Gebrechlichkeit, ihre jüngste Tochter um zwölf Jahre. Ihre letzte Lebenszeit, die Zeit des Umsturzes, der Inflation, des Hungers, verbrachte sie, in ihren eigenen Ansprüchen immer bescheidener, ja unter ihrem Stande schüchtern und genügsam geworden, damit, von ihren Landaufenthalten aus ihre Kinder mit Lebensmitteln zu versorgen. Die Ehre, die ihre Söhne mit ihrer Arbeit einlegten, erfüllte sie mit kindlichem Stolz, und jedes böse Wort, das diese Söhne öffentlich hinzunehmen hatten, mußte man sorgfältig vor ihr verbergen. Sie starb, siebzigjährig, nach kurzer Erkältungskrankheit einen sanften Tod, und so hat das Schicksal sie wenigstens damit verschont, auch das kummervolle Verderben eines zweiten Kindes noch, ihrer ersten Tochter, nach der Mutter Julia genannt, mit Augen zu sehen. Das Leben zu bestehen, scheint die tragende und nährende Liebe uns Söhne besser ausgestattet zu haben als die Mädchen. Unsere beiden Schwestern sind von eigener Hand gestorben. Vom Schicksal der älteren, das sich siebzehn Jahre nach der Pollinger Katastrophe vollendete, schon hier zu berichten, widerstrebt mir. Ihr Grab ist zu frisch, und ich will diese Erzählung einer späteren Lebensbeschreibung in größerem Rahmen vorbehalten. –

Nach der Zurücklegung von ›Königliche Hoheit‹ hatte ich die ›Bekenntnisse des Hochstaplers Felix Krull‹ zu schreiben begonnen – ein sonderbarer Entwurf, auf den, wie viele erraten haben, die Lektüre der Memoiren Manolescu's mich gebracht hatte. Es handelte sich natürlich um eine neue Wendung des Kunst- und Künstlermotivs, um die Psychologie der unwirklich-illusionären Existenzform. Was mich aber stilistisch bezauberte, war die noch nie geübte autobiographische Direktheit, die mein grobes Muster mir nahelegte, und ein phantastischer geistiger Reiz ging aus von der parodistischen Idee, ein Element geliebter Überlieferung, das Goethisch-Selbstbildnerisch-Autobiographische, Aristokratisch-Bekennerische, ins Kriminelle zu übertragen. Wirklich ist diese Idee die Quelle großer Komik, und ich schrieb das ›Buch der Kindheit‹, wie es als Torso des geplanten Ganzen in einer Ausgabe der ›Deutschen Verlagsanstalt‹ vorliegt, mit soviel Lust, daß es mich nicht wunderte, als Kenner das Fragment für das Glücklichste und Beste erklärten, was ich gemacht hätte. Es mag in gewissem Sinn das Persönlichste sein, denn es gestaltet mein Verhältnis zur Tradition, das zugleich liebevoll und auflösend ist und meine schriftstellerische ›Sendung‹ bestimmt. Die inneren Gesetze, nach denen später der ›Bildungsroman‹ des ›Zauberbergs‹ sich herstellte, waren ja verwandter Natur.

Den Krull'schen Memoirenton, ein heikelstes Balancekunststück, lange festzuhalten, war freilich schwer, und der Wunsch, davon auszuruhen, leistete wohl der Konzeption Vorschub, durch die im Frühjahr 1911 die Fortsetzung unterbrochen wurde. Nicht zum erstenmal verbrachten wir, meine Frau und ich, einen Teil des Mai auf dem Lido. Eine Reihe kurioser Umstände und Eindrücke mußte mit einem heimlichen Ausschauen nach neuen Dingen zusammenwirken, damit eine produktive Idee sich ergäbe, die dann unter dem Namen des ›Tod in Venedig‹ ihre Verwirklichung gefunden hat. Die Novelle war so anspruchslos beabsichtigt wie nur irgendeine meiner Unternehmungen; sie war als rasch zu erledigende Improvisation und Einschaltung in die Arbeit an dem Betrügerroman gedacht, als eine Geschichte, die sich nach Stoff und Umfang ungefähr für den ›Simplicissimus‹ eignen würde. Aber die Dinge – oder welches dem Begriff des Organischen nähere Wort hier sonst einzusetzen wäre – haben ihren eigenen Willen, nach dem sie sich ausbilden: ›Buddenbrooks‹, geplant nach Kielland'schem Muster als Kaufmannsroman von allenfalls zweihundertfünfzig Seiten, hatten den ihren gehabt, der ›Zauberberg‹ würde den seinen durchsetzen, und auch Aschenbachs Geschichte erwies sich als ›eigensinnig‹, ein gutes Stück über den Sinn hinaus, den ich ihr hatte beilegen wollen. In Wahrheit ist jede Arbeit eine zwar fragmentarische, aber in sich geschlossene Verwirklichung unseres Wesens, über das Erfahrungen zu machen solche Verwirklichung der einzige, mühsame Weg ist, und es ist kein Wunder, daß es dabei nicht ohne Überraschungen abgeht. Hier schoß, im eigentlich kristallinischen Sinn des Wortes, vieles zusammen, ein Gebilde zu zeitigen, das, im Licht mancher Facette spielend, in vielfachen Beziehungen schwebend, den Blick dessen, der sein Werden tätig überwachte, wohl zum Träumen bringen konnte. Ich liebe dies Wort: Beziehung. Mit seinem Begriff fällt mir der des Bedeutenden, so relativ er immer auch zu verstehen sei, durchaus zusammen. Das Bedeutende, das ist nichts weiter als das Beziehungsreiche, und ich erinnere mich wohl des dankbaren Einverständnisses, mit dem ich, als Ernst Bertram uns das tiefe Venedig-Kapitel seiner Nietzsche-Mythologie aus dem Manuskript vorlas, den Namen meiner Geschichte fallen hörte.

Es ging an der Peripherie ihrer Fabel nicht anders zu als weiter innen. Alles stimmte auf eine besondere Weise, und was mich dabei an Erfahrungen mit dem ›Tonio Kröger‹ erinnerte, war die eingeborene Symbolik und Kompositionsgerechtheit auch unscheinbarer, durch die Wirklichkeit gegebener Einzelheiten. Man sollte denken, daß in jener Jugendnovelle Szenen wie die in der Volksbibliothek oder die mit dem Polizisten zweckhaft, um der Idee, des Witzes willen erdacht seien. Sie sind es nicht, sind einfach der Wirklichkeit abgenommen. Ganz ebenso ist im ›Tod in Venedig‹ nichts erfunden: Der Wanderer am Münchener Nordfriedhof, das düstere Polesaner Schiff, der greise Geck, der verdächtige Gondolier, Tadzio und die Seinen, die durch Gepäckverwechslung mißglückte Abreise, die Cholera, der ehrliche Clerc im Reisebureau, der bösartige Bänkelsänger oder was sonst anzuführen wäre – alles war gegeben, war eigentlich nur einzustellen und erwies dabei aufs verwunderlichste seine kompositionelle Deutungsfähigkeit. Auch damit mochte es zusammenhängen, daß ich bei der – wie immer langwierigen – Arbeit an der Novelle momentweise das Gefühl eines gewissen absoluten Wandels, einer gewissen souveränen Getragenheit erprobte, wie ich es sonst nicht gekannt hatte. Ich lebte, als ich die Geschichte zu Ende schrieb, aus gleich anzugebenden Gründen allein mit den Kindern in Tölz, und der bewegte Anteil, den zu Besuch kommende Freunde bei abendlichen Vorlesungen in meinem kleinen Arbeitszimmer daran nahmen, mochte mich auf das fast stürmische Aufsehen vorbereiten, das sie bei ihrem Erscheinen in der Öffentlichkeit erregen sollte. Beim deutschen Publikum, das im Grunde nur das Seriös-Gewichtige, nicht das Leichte achtet, bewirkte sie trotz ihrer stofflichen Bedenklichkeit eine gewisse moralische Rehabilitierung des Autors von ›Königliche Hoheit‹. In Frankreich wurde der ›petit roman‹ sehr wohlwollend aufgenommen. Edmond Jaloux schrieb der Übersetzung ein geistvolles Vorwort. –

Im Jahre 1912 war meine Frau an einem Lungenspitzenkatarrh erkrankt und mußte zweimal, in diesem Jahre und aufs neue im übernächsten, eine Reihe von Monaten im Schweizer Hochgebirge verbringen. Im Mai und Juni 1912 verbrachte ich drei Wochen als Hospitant bei ihr in Davos und sammelte – aber das Wort entspricht sehr schlecht der Passivität meiner Erlebnisart – jene wunderlichen Milieueindrücke, aus denen die Hörselbergidee zu der knappen Novelle sich bildete, gedacht wiederum als rasche Einlage in die Schwindlerbekenntnisse, die durchaus zur Fortsetzung lockten, und als Satyrspiel zu einer novellistischen Tragödie der Entwürdigung, von der ich kam. Die Faszination durch den Tod, der Sieg höchster Unordnung über ein auf Ordnung gegründetes und der Ordnung geweihtes Leben sollte hier verkleinert und ins Komische herabgesetzt werden. Ein schlichter Held, ein kurioser Konflikt von bürgerlicher Pflicht und makabrem Abenteuer – der Ausgang war vorderhand ungewiß, würde sich aber finden, und unbedingt würde, was ich da vorhatte, bequem, lustig und auf mäßigem Raume zu machen sein. Nach Tölz und München zurückgekehrt, begann ich die ersten Kapitel des ›Zauberbergs‹ zu schreiben und las sogar gelegentlich, in der ›Galerie Caspari‹, in Gegenwart Wedekinds, wie ich mich erinnere, öffentlich daraus vor.

Ganz im Grunde verhehlte ich mir die expansiven Möglichkeiten und Neigungen des Stoffes kaum und fühlte früh, daß er in einem gefährlichen ›Beziehungs‹zentrum stand. Ich werde nie ergründen – und tue besser, nicht daran zu rühren –, wieweit es ein unbewußt-geflissentlicher und produktiv notwendiger Selbstbetrug ist, der mir jede Arbeitsidee in dem harmlosen Licht einer ziemlich bescheidenen, mit wenig Zeit und Mühe verbundenen Ausführbarkeit zeigt. Sich die Schwierigkeiten einer Aufgabe, die Ansprüche an Lebenskraft und -zeit, die sie stellt, im voraus einzugestehen und klarzumachen, würde gewiß einen Schauder erregen, der alles verhinderte. Dies eben verhindert ein Apparat der Selbstvexierung, der wahrscheinlich nicht ohne die Einwilligung geheimer Bewußtseinsinstanzen am Werke ist. Daß die Davoser Geschichte ›es in sich hatte‹, daß sie über sich selber anders dachte, als ich es tun mußte, um mich auf sie einzulassen, fühlte ich früh – ganz äußerlich schon gab sie es mir zu verstehen: gerade die englische Bequemlichkeit des Tons, den ich – zur Erholung gleichsam von der Severität des ›Tod in Venedig‹ – hier angeschlagen, das ausladend Humoristische forderte einfach Raum. Es war für die Form des ›Zauberbergs‹ noch ein Glück, daß der Krieg mich zu jener Generalrevision meiner Grundlagen, dem mühsamen Gewissenswerk der ›Betrachtungen eines Unpolitischen‹ zwang, durch welches dem Roman das Schlimmste an grüblerischer Beschwerung abgenommen oder doch zu seinen Gunsten spiel- und kompositionsreif gemacht wurde. Die Probleme aber der Erzählung wie des Bekenntnis- und Kampfbuches waren vor dem Kriege da und in mir lebendig – alles war da vor dem Kriege und wurde durch ihn nur aktualisiert und in die grelle und wüste Beleuchtung der Feuersbrunst getaucht.

Die nervenzerreißenden Tage vor der Mobilmachung, dem Ausbruch der Völkerkatastrophe verbrachten wir in unserer Tölzer Zurückgezogenheit. Wie es im Lande, in der Welt aussah, davon bekamen wir einen Begriff, als wir, um uns von meinem jüngeren Bruder zu verabschieden, der sogleich als Artillerist an die Front gehen mußte, zur Stadt fuhren und der sommerheiße

Wirrwarr der verstopften Bahnhöfe, das Gebrodel einer aufgewühlten, in Angst und Begeisterung gerissenen Menschheit uns umgab. Das Verhängnis nahm seinen Lauf. Ich teilte die Schicksalsergriffenheit eines geistigen Deutschtums, dessen Glaube soviel Wahrheit und Irrtum, Recht und Unrecht umfaßte und so furchtbaren, ins Große gerechnet aber heilsamen, Reife und Wachstum fördernden Belehrungen entgegenging. Ich habe diesen schweren Weg zusammen mit meinem Volke zurückgelegt, die Stufen meines Erlebens waren die des seinen, und so will ich's gutheißen. Sowenig denn aber meine Anlagen und Bildungsüberlieferungen, die moralisch-metaphysischer, nicht politisch-gesellschaftlicher Art waren, mich in den Stand setzten, von jener Ergriffenheit, jenem Glauben einen Abstand zu nehmen, der anderen vielleicht zu natürlich war, sowenig wußte ich mich meiner körperlichen Natur nach zum Kriegsmann und Soldaten geschaffen, und nur augenblicksweise, im Anfang, war ich versucht, dies Wissen zu verleugnen. »Mit euch zu leiden«, gab es in den folgenden Jahren auch zu Hause in physischer und geistiger Beziehung hinlängliche Gelegenheit, und die ›Betrachtungen eines Unpolitischen‹ waren ein Gedankendienst mit der Waffe, zu welchem, wie ich im Vorwort sagte, nicht Staat und Wehrmacht, sondern die Zeit selbst mich ›eingezogen‹ hatte. Mit eigentlich soldatischer Sphäre kam ich während des Krieges nur einmal in Berührung: es war im okkupierten Brüssel, wohin man mich eingeladen und wo ich, nach abenteuerlicher Fahrt, einer Aufführung von ›Fiorenza‹ durch die deutsche dramatische Truppe im Théâtre Royal du Parc beiwohnte. Ich frühstückte beim Gouverneur der Stadt, dem bayerischen General Hurt, im Kreise seiner Offiziere, schmucker und liebenswürdiger Leute, die alle, Gott wußte um welcher Verdienste willen, das Eiserne Kreuz erster Klasse auf der Brust trugen. Einer von ihnen – er war an einem thüringischen Hofe Kammerherr gewesen – redete mich später brieflich »Herr Kriegskamerad« an; und wirklich, so hart wie diese Herren habe auch ich den Krieg mich ankommen lassen. –

Januar 1914 hatte ich, während meine Frau noch in Arosa

festgehalten war, mit den Kindern das Familienhaus bezogen, das wir uns im Bogenhausener Viertel, am Ufer der Isar, erbaut hatten, und hier haben wir die Jahre des Grauens und wüsten Elends, den Verfall einer unzweifelhaft echten, wenn auch politisch unberatenen und historisch irrigen Erhebung, die Verderbnis, den Zusammenbruch durchlebt, das widerwärtig-entnervende Gefühl des Ausgeliefertseins an die Fremden erprobt und die Wirren der inneren Auflösung über uns ergehen lassen. Das Gefühl epochaler und zeitalterscheidender Wende, die auch in mein persönliches Leben unweigerlich tief eingreifen mußte, war von Anfang an sehr stark in mir gewesen – es war der Grund des Schicksalsrausches, der meinem Verhältnis zum Kriege den deutsch-positiven Charakter verlieh. An eine Fortsetzung der begonnenen Kunstarbeiten war nicht zu denken, oder sie erwies sich, in wiederholten Ansätzen versucht, als seelisch unmöglich. Was zunächst in raschem Schöpfen aus einem Vorrat längst gesammelter Studien improvisiert wurde, war der Aufsatz ›Friedrich und die große Koalition‹, dessen recht naturalistische Zeichnung des Königs in aller Hingenommenheit das Wachgebliebensein meines kritischen Prosaistentums bekundete. Und dann begann, in mehreren Anläufen, die Arbeit an den ›Betrachtungen‹, – ein wegloses Sich-durchs-Gestrüpp-Schlagen, das zwei Jahre dauern sollte. Ich habe nie eine Arbeit betrieben, die in meinen eigenen Augen so sehr das Gepräge des Privatwerkes und der öffentlichen Aussichtslosigkeit getragen hätte. Ich war allein mit meiner Plage. Keinem Fragenden war auch nur klarzumachen, was ich da eigentlich täte. Ernst Bertram war der Vertraute meiner uferlosen politisch-antipolitischen Grübeleien; ich las ihm vor daraus, wenn er in München war, er ehrte sie als zwanghaft-leidenschaftliche Gewissenserforschung und verstand sich auf ihren Protestantismus und Konservatismus. Was diesen betrifft, so weiß ich genau, daß ich selbst ihn mehr als eine künstlerische Eroberung und Erkundung der melancholisch-reaktionären Sphäre denn als Ausdruck meines letzten Wesens empfand. Es war ein psychologisches oder, wenn man will, ein im Wortsinne pathologisches Phänomen: Was ich dachte, stand im Zeichen und unter dem Druck des Krieges und sagte mehr über diesen aus als über mich. Dennoch herrschte die schmerzlichste Solidarität und Einheit des Schreibenden mit seinem schwer präzisierbaren Gegenstande. Das Problem des Deutschtums, um das es ging, war zweifellos mein eigenes – das war der Nationalismus des Buches, das in aller Qual, allem polemischen Trotz zuletzt seinen erzieherischen Lebenssinn erwies. »Que diable allait-il faire dans cette galère?« Das Motto kam ihm wohl zu, und auch der ›Tasso‹-Vers »Vergleiche dich! Erkenne, was du bist!« stand an seiner Spitze zu Recht. Ich hätte ein drittes Wort hinzufügen sollen, wenn ich es nicht erst später hätte finden können: »Niemand bleibt ganz, der er ist, indem er sich erkennt.«

Die ›Betrachtungen‹ erschienen 1918, im – äußerlich gesehen – ungünstigsten, ja unmöglichsten Augenblick, dem des Zusammenbruchs und der Revolution. In Wahrheit war es der richtige: Was über das deutsche Bürgertum an geistiger Not und Aufgabe jetzt hereinbrach, hatte ich anticipando durchgemacht und ausgesprochen, und es ist manchem behilflich gewesen – nicht ganz allein im Beharren, so will ich meinen, möge auch das Buch seinen geistesgeschichtlichen Sinn und Wert vor allem als letztes, großes und nicht ohne Bravour geführtes Rückzugsgefecht romantischer Bürgerlichkeit vor dem ›Neuen‹ behalten.

Die Tierstudie ›Herr und Hund‹, die namentlich in England, dank einer vorzüglichen Übersetzung, Sympathien gewann, ein etwas exzentrischer Versuch, mit der Hexameter-Idylle: ›Gesang vom Kindchen‹, der später, in günstigerer Verfassung, durch ›Unordnung und frühes Leid‹ überboten und richtiggestellt wurde, bildeten den Übergang zu neuer künstlerischer Beschäftigung. Der ›Zauberberg‹ kam wieder in Fluß, aber kritische Aufsätze, von denen die drei umfangreichsten: ›Goethe und Tolstoi‹, ›Von deutscher Republik‹ und ›Okkulte Erlebnisse‹ unmittelbare prosaistische Ableger des Romans waren, begleiteten die Arbeit daran und zogen sie in die Länge. Ich werde meine dichterische Arbeit, soviel ›dankbarer‹ sie sei, wohl niemals vor argen Unterbrechungen und Verzögerungen durch eine essayistische, ja polemische Neigung schützen können, die weit zurückreicht, die offenbar ein unveräußerliches Ingrediens meines Wesens bildet und bei deren Erfüllung ich des Goethe'schen Selbstgefühls, »recht zum Schriftsteller geboren zu sein«, vielleicht erregender teilhaft werde als beim Fabulieren. Ich liebe die unter uns Deutschen so gern gehandhabte Unterscheidung zwischen Dichter- und Schriftstellertum aus dem Grunde nicht, weil ja die Grenze zwischen beidem nicht außen und zwischen den Erscheinungen, sondern innerhalb der Persönlichkeit verläuft und hier durchaus fließend ist. »Eine Kunst«, habe ich in meiner Lessingrede von 1929 gesagt, »deren Mittel die Sprache ist, wird immer ein in hohem Grade kritisches Schöpfertum zeitigen, denn Sprache selbst ist Kritik des Lebens: sie nennt, sie trifft, sie bezeichnet und richtet, indem sie lebendig macht.« Soll ich trotzdem eingestehen, daß ich das ›Schreiben‹ – zum Unterschiede vom freien Musizieren des Epikers – regelmäßig als eine Art leidenschaftlichen Müßigganges und als einen selbstquälerischen Raub an glücklicheren Aufgaben empfinde? Es ist hier viel naives Pflichtgefühl und ›kategorischer Imperativ‹ einschlägig, und man könnte von dem Paradoxon einer Askese mit schlechtem Gewissen sprechen, wenn nicht ein gut Teil Lust und Genugtuung damit verbunden wäre, – wie übrigens bei aller Askese. Auf jeden Fall scheint der Essay als kritische Überwachung meines Lebens ein Zubehör meiner Produktivität bleiben zu sollen. ›Buddenbrooks‹ waren die einzige größere Erzählung, die nicht durch Aufsätze unterbrochen wurde, aber bald schon folgte ihnen einer nach: ›Bilse und ich‹, die polemische Untersuchung über das Verhältnis des Dichters zur Wirklichkeit, ist von 1906, und die Jahre 1908 und 1910 brachten zwei umfangreiche Abhandlungen, den ›Versuch über das Theater‹, dessen Gegenstand ich 1928 bei der Eröffnung der Heidelberger Festspiele wieder aufnahm, und den ›Alten Fontane‹, der zuerst in Hardens ›Zukunft‹ erschien und mir unter allen Exkursen dieser Art wohl die liebste geblieben ist. Nach dem Kriege nun gar, in einer problemgequälten und hart zum Gedanken angehaltenen Zeit, konnte es nicht fehlen, daß Anforderungen in dieser Richtung von seiten der Außenwelt sich häuften, und der Verfasser der ›Betrachtungen eines Unpolitischen‹ hatte unter seinesgleichen am wenigsten Recht mehr, sich ihrer zu entschlagen. So, aus einer Begegnung innerer Nötigung mit den Wünschen der Zeit, entstanden die Ansprachen, Erörterungen, Einleitungen, Repliken, die die drei Essaybände ›Rede und Antwort‹, ›Bemühungen‹ und ›Die Forderung des Tages‹ füllen, von denen besonders die Reden, angefangen mit der ›Von deutscher Republik‹, die ich im Winter 1922/23 im Berliner Beethovensaale hielt, über das Literarische hinaus, gehobene Augenblicke meines persönlichen Lebens bezeichnen.

Ich will hier einer glücklichen theatralischen Erfahrung gedenken, die mir kurze Zeit nach Kriegsende in Wien zuteil wurde: einer ›Fiorenza‹-Darstellung, mir unvergeßlich, weil sie von allen Umständen so begünstigt war, daß zum erstenmal die theatralischen Gewissensbisse ausblieben, die sonst den Autor bei solchen Versuchen plagen. Dr. Friedrich Rosenthal, damals Oberregisseur des Volkstheaters, ein Liebhaber des spröden Produkts, hatte im Auftrage einer dramatischen Gesellschaft die Aufführung ins Werk gesetzt, und zwar mit einem erlesen kombinierten Ensemble von Schauspielern des Burg- und Volkstheaters, in einer Rollenbesetzung also, die noch an die bescheidenste Stelle einen kunstreichen Sprecher, eine fesselnde Persönlichkeit stellte. Schauplatz war das Akademietheater mit seiner geräumigen Bühne und seinem intimen Zuschauerraum, gefüllt von einem geistig bereitwilligen, international durchsetzten Publikum. Ich wohnte dem Spiel in einer Loge bei, und meine eigene Anteilnahme erstaunte mich. Die historische Situation kam der frühen Dichtung, deren Fehler und Zwienatur mir allezeit nur zu bewußt waren, aufs merkwürdigste zustatten und verhalf ihr zu einer Wirkung, die sich wahrhaftig auch auf den Verfasser erstreckte. Der Untergang einer ästhetischen Epoche und das Heraufkommen einer sozialen Leidenswelt, der Sieg des Religiösen über das Kulturelle – die allgemeine Empfänglichkeit war geöffnet für solchen Vorgang, und der Abend hat etwas Denkwürdiges für mich behalten, weil er mir Gedanken eingab über das Wesen einer freilich unagitatorischen und nur seismographisch-anzeigenden Empfindlichkeit, die mir als eine andere, stillere und indirektere Form politischen Wissens erscheinen wollte. –

Unterdessen hatten die Grenzen nach dem neutralen und kriegsfeindlichen Auslande sich geöffnet; das Bild eines durch den Krieg gleichsam verkleinerten, zusammengedrängten und intim gewordenen Europa begann in den Rauchschwaden des Brandes sichtbar zu werden. Ausländische Vortragsreisen begannen; sie führten mich vorerst nach Holland, in die Schweiz und nach Dänemark, in dessen Hauptstadt ich Gast des deutschen Gesandten, des philosophischen Schriftstellers Gerhart von Mutius war. Eine spanische Reise fiel in das Frühjahr 1923. Sie ging zu Schiff, unter noch gebotener Vermeidung Frankreichs, von Genua nach Barcelona, Madrid, Sevilla und Granada, dann, durch die Halbinsel zurück, zum nördlichen Santander, durch den Golf von Biscaya über Plymouth nach Hamburg. Das Gedächtnis des Himmelfahrtstages in Sevilla wird mir bleiben, mit der Messe im Dom, dem herrlichen Orgelspiel und der Fest-Corrida am Nachmittag. Im ganzen aber hatte der andalusische Süden mir weniger zu sagen als das klassisch-hispanische Gebiet, Kastilien, Toledo, Aranjuez, Philipps granitne Klosterfestung und jene Fahrt, dem Escorial vorüber, nach Segovia, jenseits des schneehohen Guadarrama. – Wir hatten damals die englische Küste, heimkehrend, nur berührt. Im folgenden Jahre war ich Ehrengast des kürzlich gegründeten PEN-Clubs in London, von Galsworthy in herzlicher Tischrede begrüßt und Gegenstand nachdrücklichster Kundgebungen kulturellen Versöhnungswillens. Erst zwei Jahre später war die Zeit erfüllt für jenen Besuch in Paris, dessen Urheber die französische Niederlassung der Carnegiestiftung war und über den ich in dem Büchlein ›Pariser Rechenschaft‹ Journal geführt. Das Jahr 1927 sodann brachte eine Reise nach Warschau, dessen Gesellschaft den deutschen Schriftsteller mit einer unvergeßlichen Gebärde hochherzig-freundschaftswilliger Gastlichkeit empfing. Ich spreche von der

Warschauer Gesellschaft im ganzen, denn nicht nur die im PEN-Club zusammengeschlossenen Schriftsteller konnten sich, wohl eine Woche lang, in herzlicher Aufmerksamkeit nicht genugtun, sondern der Adel, die amtlichen Stellen schlossen sich an, und ich gewann den Eindruck eines durchgehend herrschenden Verhältnisses aufrichtiger Ehrerbietung und Dankbarkeit zur deutschen Kultur, das mit Eifer die menschliche Gelegenheit ergriff, sich gegen politische Schwierigkeiten und Antinomien zu behaupten. –

Im Herbst 1924 war, nach unendlichen Zwischenfällen und Hemmnissen, denn also der Roman erschienen, der mich nicht sieben, sondern alles in allem zwölf Jahre in seinem Bann gehalten hatte, und seine Aufnahme hätte viel ungünstiger sein dürfen, um meine Erwartungen bis zur Verblüffung zu übertreffen. Ich bin gewohnt, eine vollendete Arbeit in achselzuckender Resignation, ohne die geringste Zuversicht in ihre Weltmöglichkeit aus der Hand zu geben. Die Reize, die einst von ihr auf mich, ihren Betreuer, ausgingen, haben sich längst schon abgenutzt, das Fertigmachen war eine Sache produktionsethischer Bravheit, des Eigensinns im Grunde, und vom Eigensinn überhaupt scheint mir die jahrelange Verbissenheit darin viel zu sehr bestimmt, sie erscheint mir in viel zu hohem Grade als problematisches Privatvergnügen, als daß ich mit der Teilnahme vieler an der Spur meiner sonderbaren Vormittage im geringsten zu rechnen mich getraute. Ich ›falle aus den Wolken‹, wenn, wie mehrmals im Lauf meines Lebens, diese Teilnahme sich dennoch in fast turbulentem Maße einstellt, und dieser freundliche Sturz war im Falle des ›Zauberbergs‹ besonders tief und überraschend. War zu glauben gewesen, daß ein wirtschaftlich bedrängtes und gehetztes Publikum aufgelegt sein werde, den träumerischen Verknüpfungen dieser in zwölfhundert Seiten ausgebreiteten Gedankenkomposition zu folgen? (»Seines Liedes Riesenteppich – zweimalhunderttausend Verse«: diese Wendung aus Heine's ›Firdusi‹ war mein Lieblingszitat während der Arbeit gewesen, und dann jenes Goethe'sche »Daß du nicht enden kannst, das macht dich groß«.) Würden unter den heutigen Umständen mehr als ein paar tausend Leute sich bereit finden, für eine so wunderliche Unterhaltung, die mit Romanlektüre in irgendeinem gewohnten Sinn fast nichts zu tun hatte, den Preis von sechzehn oder zwanzig Mark zu erlegen? Sicher war, daß die beiden Bände auch nur zehn Jahre früher weder hätten geschrieben werden noch Leser finden können. Es waren dazu Erlebnisse nötig gewesen, die der Autor mit seiner Nation gemeinsam hatte, und die er beizeiten in sich hatte kunstreif machen müssen, um mit seinem gewagten Produkt, wie einmal schon, im günstigen Augenblick hervorzutreten. Die Probleme des ›Zauberbergs‹ waren von Natur nicht massengerecht, aber sie brannten der gebildeten Masse auf den Nägeln, und die allgemeine Not hatte die Rezeptivität des breiten Publikums genau jene alchimistische »Steigerung« erfahren lassen, die das eigentliche Abenteuer des kleinen Hans Castorp ausgemacht hatte. Ja, gewiß, der deutsche Leser erkannte sich wieder in dem schlichten, aber »verschmitzten« Helden des Romans; er konnte und mochte ihm folgen.

Ich täusche mich nicht über den Charakter dieses seltsamen Erfolges. Er war weniger epischer Natur als der meines Jugendromans, war zeitlicher bestimmt, aber darum nicht seichter und flüchtiger, denn er beruhte auf Schmerzenssympathie. Er ging hurtiger vonstatten als jener erste: Schon die ersten Zeitungsberichte lauteten alarmierend, das Hindernis des hohen Preises wurde im Sturm überrannt, und nur vier Jahre waren nötig, das Buch die hundertste Auflage erreichen zu lassen. Eine ungarische Übersetzung erschien fast gleichzeitig mit der Originalausgabe, die holländische, englische und schwedische folgte, und, allen Gesetzen und Gewohnheiten des Pariser Marktes entgegen, ist nun auch die französische, ungekürzt, in zwei Bänden, beschlossen, für deren Aufnahme ein bewegter und bewegender Brief André Gide's über seine wochenlange Beschäftigung mit dem Buch mir die glücklichste Gewähr bietet. Ich glaube an die Wahrheit des schönen Wortes von Émile Faguet: »L'etranger, cette postérité contemporaine.« –

In der mehrfach erwähnten heiteren Novelle, die ich im Jahre

1925 dem Roman folgen ließ, habe ich der ›Unordnung‹ eine Art von nachsichtiger Huldigung dargebracht; aber ich liebe die Ordnung als Natur und tief gesetzliche Unwillkürlichkeit, als stille Fügung und entsprechungsvolle Klarheit eines produktiven Lebensplanes. So finde ich Vergnügen daran, wie in dem meinen die beiden Haupterzählungen zu den großen Romanen und diese zueinander stehen, ›Tonio Kröger‹ mit ›Buddenbrooks‹, ›Der Tod in Venedig‹ mit dem ›Zauberberg‹ korrespondiert und wiederum dieser genau so das dichterische Gegenstück zu dem Roman des Fünfundzwanzigjährigen bildet wie die venezianische Untergangsgeschichte dasjenige der nordischen Jünglingsnovelle. Nicht ehe ich fünfzig war, hatte der ›Zauberberg‹ fertig sein wollen, aber er versäumte nicht, zur vollen Lebensstunde fertig zu sein, mit deren Gedächtnis soviel dankbare Lebensnachdenklichkeit über eine ergreifende Teilnahme der deutschen Öffentlichkeit verbunden bleiben wird.

Im folgenden Jahre begründete der preußische Kultusminister Dr. Becker die literarische Sektion der Berliner Akademie der Künste. Die Behörde hatte mich in das kleine Gremium der Urwähler berufen, und bei jener Festsitzung der Gesamtakademie unter dem Vorsitz Liebermanns, die dank Arno Holzens im Augenblick wenig sinnvoller Streitbarkeit soviel von sich reden machte, hatte ich dem Minister im Namen der Sektion für seine Begrüßungs- und Einführungsrede zu danken. Ich unterließ nicht, die Widerstände zu kennzeichnen, die in deutsch-geistiger Sphäre dem akademischen Gedanken entgegenstehen, und die Möglichkeit ihrer inneren Überwindung anzudeuten. Das soziale »Trotzdem«, das ich aussprach, kam aus der aufrichtigen Billigung eines Entschlusses, für den auch nach meiner Einsicht die historische Stunde richtig gewählt war. Die amtliche Anerkennung des literarischen Geistes als Organ des nationalen Lebens, seine Einordnung, um nicht zu sagen ›Erhebung‹, ins Offizielle war eine logische Folge der staatlich-gesellschaftlichen Entwicklung Deutschlands und nichts weiter als die Bestätigung schon bestehender Tatsachen. Es war kein Zufall, daß man mich reden hieß: Wie vielleicht kein zweiter hatte ich den zeitlichen Zwang zum Übergange aus dem Metaphysisch-Individuellen ins Soziale unter heftigen Kämpfen am eigenen Leibe erfahren; die geistigen Argumente, mit denen mancher deutsche Dichter seine Ablehnung stützte, waren auch mir geläufig, aber meine Überzeugung, der Schriftsteller müsse über die Einwände der eigenen Ironie sowohl wie über volkstümlichen Spott von außen – einen im Grunde billigen und reaktionären Spott – mit dem Mute der Gutwilligkeit hinweggehen: diese Überzeugung hatte ihre Geschichte. Mag doch der Dichter schließlich sogar die dekorative Vereinigung des Unvereinbaren, die Verbindung des Dämonischen mit dem Offiziellen, der Einsamkeit und Abenteuerlichkeit mit gesellschaftlicher Repräsentativität als einen starken und heimlichen Lebensreiz empfinden. –

Um diese Zeit, oder etwas früher, zeigte ein Münchener Maler, Jugendfreund meiner Frau, mir eine Bildermappe, die er gefertigt und die die Geschichte Josephs, des Sohnes Jaakobs, in hübscher graphischer Darstellung bot. Der Künstler wünschte sich einen einleitenden Schriftsatz von mir zu seinem Werk, und halb gewillt, ihm den Freundschaftsdienst zu leisten, las ich in meiner alten Familienbibel, in der manche ins Graue verblichene Federunterstreichung von dem frommen Studium längst vermoderter Vorfahren zeugt, die reizende Mythe nach, von der Goethe gesagt hat: »Höchst anmutig ist diese natürliche Erzählung, nur erscheint sie zu kurz, und man fühlt sich berufen, sie ins einzelne auszumalen.« Noch wußte ich nicht, wie sehr mir dies Wort aus ›Dichtung und Wahrheit‹ zum Motto kommender Arbeitsjahre werden sollte. Aber die Abendstunde war einer tastenden, versuchenden und wagenden Nachdenklichkeit voll, und die Vorstellung von etwas durchaus Neuem: aus aller gewohnten Modernität und Bürgerlichkeit nämlich so tief ins Menschliche erzählerisch zurückzudringen, übte einen unbeschreiblichen sinnlich-geistigen Reiz auf mich aus. Neigungen der Zeit trafen mit solchen meiner eigenen Jahre zusammen, mir einen solchen Stoff verlockend zu machen. Das Problem des Menschen hat vermöge extremer Erfahrungen, die er mit sich selbst gemacht, eine eigenartige Aktualität gewonnen; die Frage nach seinem Wesen, seiner Herkunft und seinem Ziel erweckt überall eine neue humane Anteilnahme – das Wort ›human‹ in seinem wissenschaftlich-sachlichsten, von optimistischen Tendenzen befreiten Sinn genommen –; Vorstöße der Erkenntnis, sei es im Dunkel der Vorzeit oder in die Nacht des Unbewußten, Erkundungen, die sich an einem gewissen Punkte berühren und zusammenfallen, haben das anthropologische Wissen in die Tiefen der Zeit zurück, oder, was eigentlich dasselbe ist, in die Tiefen der Seele hinab, mächtig erweitert, und die Neugier nach dem menschlich Frühesten und Ältesten, dem Vorvernünftigen, Mythischen, Glaubensgeschichtlichen ist rege in uns allen. Solche ernsten Liebhabereien der Zeit stimmen nicht schlecht überein mit dem Geschmack eines persönlichen Reifestandes, der anfangen mag, sich vom Individuell-Besonderen zu desinteressieren und sich dem Typischen, das heißt aber dem Mythischen zuzuwenden. Freilich kann die Eroberung des Mythus von der Stufe aus, die wir einnehmen, nie ohne Selbstbetörung die seelische Rück- und Heimkehr in ihn bedeuten wollen, und die ultraromantische Verleugnung der Großhirnentwicklung, die Verfluchung des Geistes, die wir an der philosophischen Tagesordnung sehen, ist nicht jedermanns Sache. Die Vereinigung von Sympathie und Vernunft zu einer Ironie, die nicht unheilig zu sein brauchte: ein Kunstgriff, eine innere Haltung dieser Art würde wohl bei Betreuung der mir vorschwebenden Aufgabe das natürlich Gegebene sein. Mythus und Psychologie, – die antiintellektualistischen Frömmler wollten das weit geschieden wissen. Und doch konnte es, so schien mir, lustig sein, vermittelst einer mythischen Psychologie eine Psychologie des Mythus zu versuchen.

Die Bezauberung wuchs. Viel trug zu ihrer Stärke die Idee der Einordnung, Fortsetzung, Kontinuität, der Mitarbeit an etwas überliefert Menschlichem bei, eine Idee, die ebenfalls auf meiner Altersstufe an Kraft der Anziehung gewinnt. Der Stoff war uraltes Kultur- und Phantasiegut, ein Lieblingsgegenstand aller Kunst, hundertmal bearbeitet in Ost und West als Bild und

Dichtung. Mein Werk, gut oder schlecht, würde seinen historischen Platz in dieser Reihe und Überlieferung einnehmen, geprägt von seiner Stunde und Zone. Das Wichtigste, das Entscheidende ist Legitimität. Diese Träume hatten ihre Wurzeln in meiner Kindheit. Wenn ich begann, sie durch archäologisch-orientalische Erkundungen und Studien zu fundieren, so knüpfte ich nur an eine geliebte Knabenlektüre wieder an, eine frühe Passion fürs ›Land der Pyramiden‹, kindliche Errungenschaften, die mich in Quinta einen Lehrer hatten in Verwirrung setzen lassen, indem ich seine Frage, wie der heilige Stier der Ägypter geheißen habe, nicht mit der gräzisierten, sondern mit der Originalform des Namens beantwortete.

Was ich plante, versteht sich, war eine Novelle als Flügelstück eines historischen Triptychons, dessen beide andre Bilder spanische und deutsche Gegenstände behandeln sollten, wobei das religionsgeschichtliche Motiv als durchgehend gedacht war. Das alte Lied! Ich hatte kaum, nach langem Zögern, langem Herumgehen um den außergewöhnlich heißen Brei, zu schreiben begonnen, als auch schon die räumlichen Selbständigkeitsansprüche der Erzählung nicht länger zu verbergen waren. Denn meine epische Pedanterie, der Fanatismus des ab ovo hatte mich genötigt, die Vor- und Vätergeschichte mit einzubeziehen, und namentlich die Figur Jaakobs, des Vaters, gewann eine so vorherrschende Stellung, daß der Titel ›Joseph und seine Brüder‹, an dem ich der Überlieferung wegen hänge, am Ende sich als unzutreffend erweisen und dem anderen ›Jaakob und seine Söhne‹ wird weichen müssen.

Eine unvordringliche Sorge. Daß der Roman, dessen Ausführung mir etwa bis zur Mitte vorgerückt scheint (aber vielleicht ist das, mit Hegel zu reden, eine »List der Vernunft«) und aus dem ein paar Stilproben vorläufig in der ›Neuen Rundschau‹ und der ›Literarischen Welt‹ veröffentlicht worden sind, nicht ohne die üblichen Aufenthalte und Ruhezeiten zugunsten improvisatorischer Einlagen würde fortschreiten dürfen, darein hatte ich wohl im voraus willigen müssen. Wirklich besteht schon ein guter Teil des Bandes ›Die Forderung des Tages‹ aus solchen Zwischenfällen, namentlich die genaue Studie über Kleists geliebte Amphitryon-Dichtung, eine analytische Huldigung, wie sie in Deutschland, das keinen Sainte-Beuve besessen hat, so ziemlich ohne Muster war. So sehr ich mich in jungen Jahren auf Muster angewiesen fühlte und ohne steten Kontakt mit bewunderten Beispielen keinen Schritt zu tun wagte, so ganz ist mir mit der Zeit das eigensinnige Vorbildlose und durchaus Gewagte, die persönliche Ermöglichung von etwas *Neuem* zum Inbegriff der Kunst geworden, und keine Art von Lobspruch weiß ich höher zu werten als die bestätigende Äußerung André Gide's über den ›Zauberberg‹: »Cette œuvre considérable n'est vraiment *comparable à rien.*« –

Ich will die wochenlange Liebesvertiefung in Kleists Lustspiel und die Wunder seines metaphysischen Witzes nicht müßig nennen, da allerlei unterirdische Beziehungen diese kritische Arbeit mit dem ›Hauptgeschäft‹ verbanden und Liebe niemals unökonomisch ist. Aber zufrieden bin ich es doch, daß zu den Stegreifleistungen, vor denen bisher der Roman zurücktreten mußte, auch eine selbständige Erzählung gehört. Ich meine das »tragische Reiseerlebnis« ›Mario und der Zauberer‹, – und mechanischeren Ursachen hat wohl selten etwas – ich will es hoffen – Lebendiges seine Entstehung zu danken gehabt. Einmütig gewöhnt, keinen Sommer ohne einen Aufenthalt am Meere vorübergehen zu lassen, verbrachten wir, meine Frau und ich, mit den jüngsten Kindern im Jahre 1929 den August in dem samländischen Ostseebad Rauschen, eine Wahl, die durch ostpreußische Wünsche, besonders eine oft erneuerte Einladung des Königsberger Goethebundes, bestimmt gewesen war. Auf dieser bequemen, aber weitläufigen Reise das angeschwollene Material, das unabgeschriebene Manuskript des ›Joseph‹ mitzuschleppen, empfahl sich nicht sehr. Da ich mich aber auf beschäftigungslose ›Erholung‹ durchaus nicht verstehe und eher Nachteil als Nutzen davon erfahre, beschloß ich, meine Vormittage mit der leichten Ausführung einer Anekdote zu füllen, deren Idee auf eine frühere Ferienreise, einen Aufenthalt in Forte dei Marmi bei Viareggio und dort empfangene Eindrücke zurückging: mit einer Arbeit also, zu der es keines Apparates bedurfte und die im bequemsten Sinne des Wortes ›aus der Luft gegriffen‹ werden konnte. Ich begann, die gewohnten Frühstunden hindurch auf meinem Zimmer zu schreiben, aber die Beunruhigung, die das Versäumnis des Meeres mir erregte, schien meiner Tätigkeit wenig zuträglich. Ich glaubte nicht, daß ich im Freien arbeiten könnte. Ich muß ein Dach dabei über dem Kopf haben, damit der Gedanke nicht träumerisch evaporiert. Das Dilemma war schwer. Nur das Meer hatte es zeitigen können, und glücklicherweise erwies sich, daß seine besondere Natur auch vermögend war, es aufzuheben. Ich ließ mich bereden, meine Schreiberei an den Strand zu verlegen. Ich rückte den Sitzkorb nah an den Saum des Wassers, das voll von Badenden war, und so, auf den Knien kritzelnd, den offenen Horizont vor Augen, der immerfort von Wandelnden überschnitten wurde, mitten unter genießenden Menschen, besucht von nackten Kindern, die nach meinen Bleistiften griffen, ließ ich es geschehen, daß mir aus der Anekdote die Fabel, aus lockerer Mitteilsamkeit die geistige Erzählung, aus dem Privaten das Ethnisch-Symbolische unversehens erwuchs, – während immerfort ein glückliches Staunen darüber mich erfüllte, wie doch das Meer jede menschliche Störung zu absorbieren und in seine geliebte Ungeheuerlichkeit aufzulösen vermag.

Übrigens hatte der Aufenthalt außer der literarischen eine Lebensfolge. Wir besuchten von dort aus die Kurische Nehrung, deren Landschaft uns vielfach anempfohlen worden war und wirklich sich so gewichtiger Fürsprecher wie W. von Humboldt rühmen kann, verbrachten einige Tage in dem zum litauisch verwalteten Memelgebiet gehörigen Fischerdorfe Nidden und waren von der unbeschreiblichen Eigenart und Schönheit dieser Natur, der phantastischen Welt der Wanderdünen, den von Elchen bewohnten Kiefern- und Birkenwäldern zwischen Haff und Ostsee, der wilden Großartigkeit des Strandes so ergriffen, daß wir beschlossen, uns an so entlegener Stelle, als Gegengewicht gleichsam zu unserer süddeutschen Ansässigkeit, einen festen Wohnsitz zu schaffen. Wir nahmen die Verhandlungen auf, pachteten von der litauischen Forstverwaltung ein Dünengrundstück mit großidyllischer Umschau und beauftragten eine Memeler Architektenfirma mit der Errichtung des Häuschens, das schon unter Schilfdach ist und in dem wir fortan die Sommerferien unserer Schulpflichtigen verbringen wollen. –

Das Jahr sollte nicht ohne stürmische Erlebnisse und verwirrenden Weltdrang zu Ende gehen. Die sensationelle Auszeichnung, welche die Schwedische Akademie zu vergeben hat und die nach siebzehn Jahren zum erstenmal wieder nach Deutschland fiel, hatte, soviel ich wußte, schon mehr als einmal dicht über mir geschwebt und traf mich nicht unvorbereitet. Sie lag wohl auf meinem Wege – ich sage es ohne Überheblichkeit, aus gelassener, wenn auch nicht uninteressierter Einsicht in den Charakter meines Schicksals, meiner ›Rolle‹ auf Erden, zu der nun einmal der zweideutige Glanz des Erfolges gehört und die ich durchaus menschlich betrachte, ohne viel geistiges Aufheben davon zu machen. Im Sinne einer solchen nachdenklich hinnehmenden Gelassenheit habe ich den geräuschvollen Zwischenfall, bei dem mir soviel Festlich-Freundliches geschah, als lebenszugehörig anerkannt und ihn in möglichst guter Haltung bestanden – auch innerlich, was das Schwierigere ist. Mit einiger Einbildungskraft und einiger Nachgiebigkeit gegen sie könnte man wohl süße Erschütterungen aus dem Abenteuer ziehen, sich feierlich und vor aller Welt in den Kreis der Unsterblichen aufgenommen zu sehen und Mommsen, France, Hamsun, Hauptmann seine Peers nennen zu dürfen; aber die träumerische Exaltation zu dämpfen, ist der Gedanke an diejenigen recht sehr geeignet, welche den Preis *nicht* bekommen haben. Übrigens ist klar und geht auch aus der schön gefertigten Urkunde hervor, die König Gustav mir übergab, daß ich die Ehrungen in erster Linie nordischer Sympathie für den Lübecker Familienroman meiner Jugend verdanke, und ich muß lächeln, wenn ich mich erinnere, wie ich bei der Arbeit daran die atmosphärische Verwandtschaft der Heimatwelt mit der skandinavischen bewußt herausarbeitete, um, was ich schrieb, meinen literarischen Idealen von damals anzunähern. Und doch hätte das Nobelcomité sich kaum in der Lage gesehen, mir den Preis zuzuerkennen, ohne einiges Weitere, das ich nachher getan. Wenn er mir nur für ›Buddenbrooks‹ und bereits für diese gebührte, warum habe ich ihn dann nicht fünfundzwanzig Jahre früher erhalten? Die ersten Anzeichen, daß man im Norden anfing, meinen Namen mit dieser Institution in Zusammenhang zu bringen, kamen zu mir im Jahre 1913, nach dem Erscheinen des ›Tod in Venedig‹. Ohne Zweifel trifft das Comité seine Entscheidungen frei und dennoch nicht ganz nach eigenem Kopf. Es fühlt sich auf die Zustimmung der Welt angewiesen, und ich glaube, es mußte nach ›Buddenbrooks‹ noch einiges aus mir werden, ehe es sich dieser Zustimmung auch nur in dem Grade versehen konnte, wie es sie gefunden hat.

Das Stockholmer Vorkommnis verlieh einer von längerer Hand her verabredeten Vortragsreise ins Rheinland einen besonderen, festlichen Akzent. Die Feier in der Aula der Universität Bonn, deren philosophische Fakultät mich kurz nach dem Kriege zum Doktor h. c. promoviert hatte, bleibt mir unvergeßlich durch einen jugendlichen Zudrang, der nach Aussage besorgter Professoren den Fußboden des alten Saales auf eine bedenkliche Belastungsprobe stellte. Aber die besagte Reise fiel ungünstig insofern, als fast unmittelbar die an meine Aktivität so große Anforderungen stellende Fahrt gen Norden sich anschloß, – freilich eine Fahrt, die ich dankbar die freundlichste und gehobenste Reiseerfahrung meines Lebens nennen will. Ich rede nicht von dem würdigen Glanz der eigentlichen Preisverteilungsfeier, bei welcher – eine außerordentliche Geste – König und Hof sich zusammen mit dem Publikum zu Ehren der zuletzt eintretenden Preisträger von den Sitzen erhoben. Wer aber in irgendeinem Sinn als Vertreter Deutschlands nach Schweden kommt, der hat es gut dort oben: Er findet sich im deutschfreundlichsten Auslande, wie meine Tischrede beim großen Bankett nach dem Festakt mich recht gewahr werden ließ. Der bewegten Sympathie, mit der jedes Wort aufgenommen wurde, das ich darin meinem schicksalreichen Lande und Volke widmete, kann ich mich nur mit Rührung erinnern. Im Individuellen aber bereicherten jene festlichen Tage mein Leben um eine Reihe menschlich gewichtiger Bekanntschaften, wie die mit dem klugen und gütigen Erzbischof Nathan Söderblom von Uppsala, dem liebenswürdigen Prinzen Eugen, der die schönen Fresken im neuen Stadthause gemalt hat, mit Selma Lagerlöf, dem Verleger Bonnier, dem Nobelpreisträger für Chemie Hans von Euler-Chelpin und dem Literarhistoriker und Akademiker Frederik Böök. –

Nur langsam hat nach der Heimkehr der Wogenhochgang, in den durch den Zwischenfall mein Leben versetzt worden, sich zu legen begonnen. Das Entnervende ist, daß man, höchst öffentlich in den Besitz einer Geldsumme geraten, wie mancher Industrielle sie ohne Aufsehen alljährlich beiseite bringt, sich plötzlich dem ganzen Elend der Welt Aug in Auge gegenübergestellt findet, welches, von der Ziffer aufgestachelt, in unzähligen Formen und Abwandlungen das Gewissen des glücklichen Gewinners bestürmt. Der Akzent der Forderung, der Ausdruck, mit dem eine tausendköpfige Notdurft die Hände nach dem beschrienen Gelde reckt, hat etwas Bedrohliches und Gehässig-Dämonisches, das nicht zu beschreiben ist, und man sieht sich vor die Wahl gestellt, entweder den ›vom Mammon Verhärteten‹ oder den Schwachkopf zu spielen, der eine zu anderen Zwecken bestimmte Summe ins Hoffnungslose verzettelt. Ich kann nicht sagen, daß meine organisatorischen Fähigkeiten den Anforderungen gewachsen waren, die das äußere Leben in langsam und stetig zunehmendem Grade daran stellte. Ihnen Genüge zu tun, wäre zeitweise ein wohlbesetztes Bureau mit Abteilungen für Übersetzungswesen, Bücher- und Manuskriptbegutachtung, Wohltätigkeit, menschliche Beratung und so weiter erforderlich, kurz, eine Organisation der Pflichten, durch die die Pein der Unübersichtlichkeit und verdrießliche Insuffizienzgefühle hintangehalten würden. Nicht genug Dank zollen aber kann ich auch in dieser Beziehung der Frau, die seit nun bald auf den Tag fünfundzwanzig Jahren mein Leben teilt, – dies schwierige, Geduld vor allem erfordernde, aber leicht ermüd- und verstörbare Leben, von dem ich nicht weiß, wie es sich ohne den klugen, tapferen und zart-energischen Beistand der außerordentlichen Gefährtin auch nur, wie geschehen, hätte behaupten sollen.

Der Tag des Ehegedenkfestes steht unmittelbar bevor, herbeigeführt von einem Jahr, dessen Zahl rund ist wie alle, die mein Leben beherrschen. Es war Mittag, als ich zur Welt kam; zwischen den Mitten der Jahrzehnte lagen meine fünfzig Jahre, und inmitten eines Jahrzehnts, ein halbes nach seiner Mitte, heiratete ich. Mein Sinn für mathematische Klarheit stimmt dem zu, wie er der Anordnung zustimmt, daß meine Kinder als drei reim- und reigenartig gestellte Paare – Mädchen, Knabe – Knabe, Mädchen – Mädchen, Knabe – erschienen und wandeln. Ich vermute, daß ich im Jahre 1945, so alt wie meine Mutter, sterben werde.*

Unterdessen treffen wir die Vorbereitungen zu einer Reise, die mich an die Stätten meines Romans, nach Ägypten und Palästina, führen soll. Den Himmel und viel Menschliches meine ich nach dreitausendfünfhundert Jahren dort unverändert zu finden. –

* Mit dankbarer Genugtuung stellt der Leser fest, daß sich des Dichters düstere Vermutung als eine sublime Methode herausgestellt hat, das Schicksal zu bestechen.

[Zusatz zum Abdruck 1954]

[Lebenslauf 1936]

Ich bin geboren am Sonntag den 6. Juni 1875 mittags zwölf Uhr. Der Planetenstand war günstig, wie Adepten der Astrologie mir später oft versicherten, indem sie mir auf Grund meines Horoskops ein langes und glückliches Leben sowie einen sanften Tod verhießen. Was das Leben betrifft, so konnten sie ihre Prophezeiung zum guten Teil schon von seinen Tatsachen ableiten; denn viel Glück und Gunst kommt darin vor, ja, seine Gesamttendenz ist glücklich zu nennen, mögen sich auch ernste Hemmungen und Erschwierigungen unter seinen Voraussetzungen befinden. In einem meiner Bücher, den ›Geschichten Jaakobs‹, habe ich gesagt: »Denn das ist dünner Aberglaube, zu meinen, das Leben von Segensleuten sei eitel Glück und schale Wohlfahrt. Bildet der Segen doch eigentlich nur den Grund ihres Wesens, welcher durch reichliche Qual und Heimsuchung zwischenein gleichsam golden hindurchschimmert.« – Dieses Aperçu ist durchaus von meinem eigenen Leben abgezogen.

Meine Geburtsstadt war Lübeck, eine schöne alte Stadt, nahe der Ostsee, von mittelalterlichem Gepräge, welche ehemals, wie Hamburg, Bremen und Danzig, dem Hansa-Bunde angehört hatte (über welchen meine amerikanischen Leser sich aus Geschichtsbüchern belehren mögen) und Freie Reichsstadt geblieben war, republikanisch wie einst Venedig, regiert von einem Bürgermeister (Dogen), der offiziell den Titel Magnifizenz führte, einem Senat, dessen Mitgliedern noch aus früherer Zeit der allmählich humoristisch gewordene Titel ›Euer Wohlweisheit‹ anhing (mein Vater gehörte dieser Körperschaft an), und einem Parlament, das aus der Bürgerschaft gewählt und darum auch einfach ›die Bürgerschaft‹ genannt wurde.

Meine Kindheit war gehegt und glücklich. Mit vier Geschwistern wuchs ich auf in einem eleganten Stadthause, das mein Vater sich und den Seinen erbaut hatte, und erfreute mich eines zweiten Heimes in dem alten Familienhaus aus dem achtzehnten

Jahrhundert, mit dem Spruche ›Dominus providebit‹ am Rokoko-Giebel, welches meine Großmutter väterlicherseits allein bewohnte und das heute als ›Buddenbrook-Haus‹ einen Gegenstand der Fremdenneugier bildet. – Während mein Vater, Inhaber einer Getreidehandlung, die während meiner Kindheit ihr hundertjähriges Jubiläum beging, Enkel und Urenkel Lübecker Bürger war, hatte meine Mutter in Rio de Janeiro als Tochter eines deutschen Plantagenbesitzers und einer portugiesisch-kreolischen Brasilianerin das Licht der Welt erblickt und war mit sieben Jahren nach Deutschland verpflanzt worden. Sie war von ausgesprochen romanischem Typus, in ihrer Jugend eine vielbewunderte Schönheit und außerordentlich musikalisch. Frage ich mich nach der erblichen Herkunft meiner Anlagen, so muß ich an Goethe's berühmtes Verschen denken und feststellen, daß auch ich »des Lebens ernstes Führen« vom Vater, die »Frohnatur« aber, das ist die künstlerisch-sinnliche Richtung und – im weitesten Sinne des Wortes – die »Lust zu fabulieren«, von der Mutter habe.

Die glücklichsten Zeiten meiner Jugend, ja wohl meines Lebens überhaupt, waren die vierwöchigen Sommerferien, die ich mit den Meinen fast jedes Jahr in dem benachbarten Seebadeort Travemünde verbrachte. Ich liebte die gepflegte und unbildenlose Idyllik dieses Aufenthaltes um so inniger, als ich die Schule verabscheute und ihren Anforderungen bis ans Ende nicht Genüge tat. Was mich daran hinderte und mir die Lernfron nebst allem Zubehör verhaßt machte, war Widersetzlichkeit gegen ihre Disziplin, ihre Abrichtungsmethoden, es war träumerische Trägheit, Indolenz, Bedürfnis nach freier Zeit für Müßiggang und stille Lektüre, Abneigung gegen Kameradschaft mit dem Durchschnitt und ähnliche Charaktereigenschaften. Trotzdem war ich geachtet und sogar beliebt bei meinen Genossen, nicht nur meiner patrizischen Herkunft wegen, sondern eigentlich und besonders auf Grund einer formalen und allgemein geistigen Überlegenheit, die schwer zu definieren war und von den Kameraden als vage anziehend, von den Lehrern vorwiegend als ungehörig und dienstwidrig empfunden wurde. Mit einem abseitigen Gefühls- und Gedankenleben verbunden, war sie für mich selbst eine Quelle des Hochmuts sowohl wie der Melancholie und des Leidens, ohne daß ich ihr schon einen Namen zu geben gewußt hätte. Es war die literarisch-künstlerische, die dichterische Anlage, welcher die Mitwelt später wohl, unter Umständen, eine ehrenvolle soziale Funktion zugestehen mag, die aber zunächst, ihrer Ungreifbarkeit und Gegenstandslosigkeit wegen, weniger als jedes andere Talent erkannt und begrüßt zu werden pflegt.

Produktiv äußerte sie sich anfangs in kindischen Dramen, die ich mit meinen Schwestern vor Eltern und Tanten zur Aufführung brachte; dann in Gedichten, die unter dem Einfluß Storms und Heine's standen. Viel später erst gelangte ich zu erzählerischen Versuchen, sogar erst nach Zurücklegung einer kritisch-essayistischen Phase. Denn in einer wenig schulgemäßen Schülerzeitschrift, betitelt ›Der Frühlingssturm‹, die ich in Sekunda zusammen mit einigen revolutionären Primanern herausgab, tat ich mich hauptsächlich als philosophisch-wühlerischer Leitartikler hervor. –

Den größten Teil meines Lebens, fast vierzig Jahre, habe ich in München verbracht, wohin nach dem Tode meines Vaters meine Mutter mit den jüngeren Geschwistern übergesiedelt war. Mich hielt die Schule noch ein Jahr länger in der nördlichen Heimat zurück; dann folgte ich den Meinen in die bayerische Hauptstadt nach, – äußerlich wie innerlich in einem Zustande ungewiß tastender Vorbereitung. Ihre Stadien waren ein ungeordnetes, literarischen und historischen Fächern geltendes Hochschul-Studium, die episodische Tätigkeit als Volontär im Bureau einer Feuerversicherungsgesellschaft, ein Jahr, das ich zusammen mit meinem Bruder Heinrich in Italien, in Rom und dessen Umgebung, verlebte. Um diese Zeit – ich war einundzwanzig – erregte eine größere Erzählung von mir, ›Der kleine Herr Friedemann‹, erschienen in der Berliner Monatsschrift ›Neue Deutsche Rundschau‹, ein gewisses literarisches Aufsehen. Ein Novellenband, dessen Hauptstück diese Geschichte bildete, folgte binnen kurzem, und es war auch in diesem Jahr meines italienischen Versteckes, in Palestrina, dem Geburtsort des großen Komponisten, in den Sabinerbergen, daß ich den Roman ›Buddenbrooks. Verfall einer Familie‹ zu schreiben begann, den ich dann, ein Fünfundzwanzigjähriger, in München beendete und dem es bestimmt war, zu einem der größten deutschen Bucherfolge überhaupt, einer wahren deutschen Hauspostille zu werden.

Das bürgerliche Epos erschien 1901. Fünfundzwanzig Jahre später sollte ein Zeitroman, dessen Dialektik von den turbulenten europäischen Ereignissen der Zwischenzeit gespeist war, ›Der Zauberberg‹, eine ähnliche nationale und internationale Wirkung ausüben. Den Sechzigjährigen nun beschäftigt ein drittes großes Erzählwerk, dessen stoffliche Welt nicht mehr die bürgerliche Gegenwart, sondern tiefe und tiefste Vergangenheit, der Mythos, die Legende ist: der biblische Roman ›Joseph und seine Brüder‹, von dem zwei Bände, ›Die Geschichten Jaakobs‹ und ›Der junge Joseph‹, der Öffentlichkeit übergeben und in die meisten europäischen Sprachen übersetzt worden sind. Ein dritter, ›Joseph in Ägypten‹, steht vor seinem Abschluß, und ein vierter noch, ›Joseph, der Ernährer‹, soll folgen. Zwischen die drei Hauptwerke aber des Jünglings, des reifen Mannes und des in die Region des Alters Eintretenden fügen sich eine größere Anzahl knapperer Kompositionen: ein kleiner Roman von lustspielhaftem Charakter, ›Königliche Hoheit‹, eine Dialog-Dichtung, die gelegentlich das Theater reizen konnte, ›Fiorenza‹, und zwei Dutzend größerer und kleinerer Novellen, wie etwa ›Tonio Kröger‹, ›Die Bekenntnisse des Hochstaplers Felix Krull‹, ›Der Tod in Venedig‹, ›Herr und Hund‹, ›Unordnung und frühes Leid‹ und so weiter, – welche alle eben jetzt von meinem amerikanischen Verleger in einem starken Sammelbande, einem ›Omnibus‹, wie man drüben sagt, zusammengefaßt werden. Von früh an aber bis auf den heutigen Tag war dies erzählerisch-gestaltende Werk von kritisch-essayistischen Arbeiten begleitet und durchzogen, deren ausgreifend-umfangreichste, die ›Betrachtungen eines Unpolitischen‹, vom Kriege gezeitigt wurde, und die weiterhin in den Büchern ›Rede und

Antwort‹, ›Bemühungen‹, ›Die Forderung des Tages‹ und ›Leiden und Größe der Meister‹ gesammelt vorliegen.

So viel von meinem Tagewerk. Ihm hat vor allem meine Sorge, haben immer meine besten Kräfte gehört. Doch war ich niemals ein Arbeits-Anachoret wie Flaubert, wünschte nicht, weltfremder zu sein, als es nun einmal in der Natur des Poeten liegt, und habe mich immer bemüht, dem Menschlichen und dem sozialen Leben, dem Staate, soweit seine Sphäre sich mit der Kultur berührt, der Familie, der Geselligkeit und Freundschaft, der Zerstreuung und dem Genuß das Ihre zu geben. Das Problem des Gegensatzes von Kunst und Leben, Künstlertum und Menschentum hatte mich früh und tief beschäftigt, und so sehr ich mich zur Kunst berufen, um nicht zu sagen: verurteilt fühlte, wollte ich mich nicht in ihr verzehren, sondern ein Mensch sein, so gut ich es nur vermochte. Ich habe geliebt und geheiratet (dreißig Jahre zählte ich damals): die Tochter eines Münchner Universitätsprofessors, eine Frau, deren lebensvolle Eigenschaften auch meine amerikanischen Freunde schätzen gelernt haben, da ich zweimal in den letzten Jahren mit ihr die Staaten besuchte, und die mir durch ein Menschenalter eine unvergleichliche Gefährtin gewesen ist. Sie schenkte mir sechs Kinder, drei Mädchen und drei Knaben, und wie einst mein Vater in Lübeck, erbaute auch ich mir und den Meinen ein schönes Haus in einer Villenvorstadt Münchens, nahe der Isar. Wir haben es neunzehn Jahre bewohnt und durch die deutsche Katastrophe vom Jahre 33, die mich mein Vaterland zu meiden zwang, verloren. Von meinen Kindern ist die Älteste, Erika, Schauspielerin und hat sich als Gründerin und Leiterin eines literarischen Kabaretts, ›Die Pfeffermühle‹, in der Welt einen Namen gemacht. Ihr Bruder Klaus ist Schriftsteller geworden wie sein Vater und wie sein berühmter Onkel, mein Bruder Heinrich, und hat als Romancier und Kritiker in jungen Jahren Schönes erreicht. Golo, der zweite Sohn, Heidelberger Doktor der Philosophie, bekleidet gegenwärtig eine Dozentur für deutsche Sprache an der französischen Universität Rennes. Und was die drei Jüngsten betrifft, Monika, Elisabeth und Michael, so hat bei ihnen ein Element, das in der Natur ihres Vaters gebunden blieb und nur mittelbar sich manifestieren konnte, indem es in seine Prosa stilbildend hineinwirkte, nämlich die Musik, die Oberhand gewonnen: die Mädchen bilden sich als Pianistinnen, der heute siebzehnjährige Jüngste als Geiger aus. –

Noch will ich, um der Dankbarkeit willen, einiger gehobener Festesstunden in meinem nun schon langen Leben gedenken: meines fünfzigsten Geburtstags etwa, der im Münchner Alten Rathaus unter Beteiligung der Stadtvertreter höchst stattlich begangen wurde und an dem ich von nah und fern viele Zeichen der Erkenntlichkeit für meine Arbeit und der Verbundenheit mit ihr empfangen durfte; die Feierlichkeiten in Stockholm ferner bei Entgegennahme des Nobel-Preises für Literatur, der mir im Jahre 29 zuerkannt wurde, und des großen Banketts, das meiner Frau und mir an meinem neunundfünfzigsten Geburtstag, mit dem das Erscheinen der amerikanischen Ausgabe des ersten Bandes von ›Joseph und seine Brüder‹ zusammenfiel, das literarische New York in Gegenwart des Bürgermeisters La Guardia im Plaza Hotel gab.

Den Eintritt in mein siebentes Jahrzehnt beging ich in Zürich, wo ich seit drei Jahren meinen Wohnsitz habe und dessen Publikum mir bei einer aus diesem Anlaß veranstalteten Theaterfeier seine Sympathie aufs wohltuendste zum Ausdruck brachte. Das Wertvollste, was ich von diesem Tage bewahre, ist eine schön ausgestattete Kassette, die mir von meinem Verleger überreicht wurde und handschriftliche Grüße und Glückwünsche von Schriftstellern und Künstlern vieler Länder umschließt. Gehe ich diese Blätter durch, in denen von ersten Geistern der Zeit meinem Leben und Streben große, ergreifende Ehre erwiesen wird, empfinde ich tief die Schönheit und Wahrheit von Goethe's Wort: »Selten tun wir uns selbst genug; desto tröstlicher ist es, anderen genuggetan zu haben.«

[Das Bild der Mutter]

Ich wollte, die Öffentlichkeit wäre weniger schnell fertig gewesen im Identifizieren gewisser Figuren meiner Erzählungen mit dem wirklichen Leben. Mehr als ein Kritiker hat, überzeugt von meiner streng autobiographischen Gebundenheit als Dichter, Wendungen, mit denen ich im ›Tonio Kröger‹ die Mutter meines Helden charakterisierte, unbedenklich so zitiert, als seien es Worte, die ich über meine eigene Mutter geschrieben hätte. Daß aber die Dinge so einfach nicht liegen, geht schon daraus hervor, daß die entsprechende Frauengestalt in den ›Buddenbrooks‹, die Mutter Hanno's, Gerda Arnoldsen, keine Ähnlichkeit mit Tonio's Mutter hat, außer der Musik und dem Weither-Sein. Welche Figur ist denn nun das wirkliche Bild meiner Mutter? Auch Thomas Buddenbrook ist ein nach den Bedürfnissen der Komposition stark stilisiertes, von der Wirklichkeit unabhängiges Bild meines Vaters, mit meiner Mutter, wie sie war (denn sie ist seit sechs Jahren tot), sind jene beiden Frauen-Figuren tatsächlich nur durch die beiden Motive der Musikalität und des Weither-Seins verbunden.

Meine Mutter stammte aus Rio de Janeiro, hatte aber einen deutschen Vater, so daß nur zum vierten Teil unser Blut mit lateinamerikanischem gemischt ist. Uns Kindern erzählte sie von der paradiesischen Schönheit der Bucht von Rio, von Giftschlangen, die sich auf der Pflanzung ihres Vaters zeigten und von Negersklaven mit Stöcken erschlagen wurden. Mit sieben Jahren fand sie sich nach Lübeck verpflanzt – den ersten Schnee, den sie sah, hielt sie für Zucker. Sie wuchs dort auf in einem Mädchen-Pensionat, das von einer buckligen kleinen Gelehrten namens Therese Bousset geleitet wurde, und heiratete, sehr jung, den eleganten, lebensvollen und ehrgeizig tätigen Mann, der unser Vater war.

Unsere Mutter war außerordentlich schön, von unverkennbar spanischer Turnüre – gewisse Merkmale der Rasse, des

Habitus habe ich später bei berühmten Tänzerinnen wiedergefunden – mit dem Elfenbeinteint des Südens, einer edelgeschnittenen Nase und dem reizendsten Munde, der mir vorgekommen. Gefeierte Gesellschaftsdame, stand sie einem großen Hause vor, in dessen Ballsaal die Offiziere der Garnison die Töchter des Patriziats zum Tanze führten; aber wenn auch wir Geschwister, solange wir Kinder waren, in der Hauptsache der Obhut eines ›Fräuleins‹ überlassen waren, blieb doch das Heim bürgerlich genug, uns immer in Kontakt mit unserer Mutter zu halten, und namentlich ihre freien Abende schenkte sie uns oft, indem sie uns unter der Lampe des Wohnzimmertisches Fritz Reuters Erzählungen vorlas. Das Mecklenburger Platt nahm sich überraschend genug aus in ihrem exotischen Munde, aber sie beherrschte es besser als irgend jemand im Hause, und mit unendlichem Vergnügen folgte ich den Kapiteln des ersten Romans, der sich, breit und humoristisch, vor meinem inneren Auge aufbaute: der ›Stromtid‹. Die ›Buddenbrooks‹ lassen, glaube ich, merken, daß ich damals gut zugehört habe.

Noch lieber freilich folgte ich meiner Mutter beim Musizieren. Ihr Bechstein-Flügel stand im Salon, einem lichten Erkerzimmer, in dem der bürgerliche Prunkstil von 1880 mit dem guten Geschmack einen Frieden ohne Sieger und Besiegten geschlossen hatte, und hier kauerte ich stundenlang in einem der hellgrau gesteppten Fauteuils und lauschte dem wohlgeübten, sinnlich feinfühligen Spiel meiner Mutter, das sich am glücklichsten wohl an den Etüden und Notturnos von Chopin bewährte. Meine eingewurzelte Neigung für die mondäne Romantik dieser Musik, meine Kenntnis der klassisch-romantischen Klavierliteratur überhaupt stammt von damals, und noch empfänglicher vielleicht fand den Jungen, dessen Gefühlsleben unter dem Einfluß von Eichendorff, Heine und Storm die lyrische Verschmelzung mit dem Sprachlichen einzugehen begann, die Verbindung von Wort und Ton im Liede. Meine Mutter hatte eine kleine, aber überaus angenehme und liebliche Stimme, und mit einem künstlerischen Takt, der das Sentimentale so selbstverständlich wie das Theatralische ausschloß, sang sie sich und mir, nach einem reichen Vorrat von Noten, alles Hochgelungene, was diese wundervolle Sphäre von Mozart und Beethoven über Schubert, Schumann, Robert Franz, Brahms und Liszt bis zu den ersten nachwagnerischen Kundgebungen zu bieten hatte. Ihr verdanke ich eine nie verlorene Vertrautheit mit diesem vielleicht herrlichsten Gebiet deutscher Kunstpflege, einer Kultur für sich, in der Tat, in der ein Meister dem anderen den goldenen Ball zuwirft. Die unvergleichlichen musikalischen Ausdeutungen Eichendorff'scher und Heine'scher Gedichte durch Robert Schumann, ein Seelenwunder und Kleinod wie ›Es war, als hätt' der Himmel‹, die Monumentalität Schuberts in der Vertonung gewisser Stücke des ›West-östlichen Divans‹, die ernste Schönheit der Brahms'schen Gebilde, ein Meisterwerk im Kleinen wie ›Wann der silberne Mond‹ – all dies wäre mir nie so ganz und tief zum Lebensbesitz geworden ohne meine Mutter. Ja, ich bewahre von damals her Dinge, die heute vergessen und abgetan sind, obgleich sie einmal schön und von unverächtlichem Reize waren. Ich wäre versucht, um jener Stunden willen eine Lanze zu brechen für Eduard Lassen, einen Musiker etwas süßlichen Geschmacks, wie ich schon damals unterschied, der es aber ein paarmal in Verbindung mit Heine zu einer sensitiven Ironie des Ausdrucks bringt, die mir unvergeßlich ist. Man versuche einmal wieder seine Komposition von Heine's ›Mit deinen blauen Augen‹ oder jenes ›Oh, halt mich fest, Geliebte, vor Liebestrunkenheit fall' ich dir sonst zu Füßen‹ – und sage bei der Vorschlag-Stelle von den »blauen Gedanken« oder bei der Deklamation des »Und der Garten – ist voller Leut'«, ob das nicht sehr gut ist. Oder kommt es mir wirklich nur gut vor, weil meine Mutter es damals sang?

Süßer Schlaf

Daß täglich die Nacht sinkt, daß über Qual und Drangsal, Leiden und Bangen sich allabendlich stillend und löschend die Gnade des Schlafes breitet, daß stets aufs neue dieser Labe- und Lethetrank unseren verdorrten Lippen bereit ist, aufs neue stets, nach dem Kampf, dies milde Bad unseren zitternden Leib umfängt, damit er, gereinigt von Schweiß, Staub und Blut, gestärkt, erneuert, verjüngt, fast unwissend wieder, fast mit der ursprünglichen Tapferkeit und Lust daraus hervorgehe – Freund! ich habe das immer als die gütigste und rührendste der großen Tatsachen empfunden und anerkannt. Wir treten, Geschöpfe des blinden Dranges, aus leidloser Nacht in den Tag und wandern. Die Sonne sengt uns, wir schreiten auf Dornen und spitzem Gestein, unsere Füße bluten, unsere Brust keucht. Entsetzen, wenn die glühende Straße der Mühsal ungeteilt, ohne vorläufiges Ziel, in greller Unabsehbarkeit vor uns läge! Wer hätte die Kraft, sie zu Ende zu gehen? Wer sänke nicht in Entmutigung und Reue dahin? Aber die heimatliche Nacht ist eingeschaltet, vielmals, vielmals, in den Passionsweg des Lebens; jeder Tag hat ein Ziel: mit Quellgemurmel und grüner Dämmerung wartet unser ein Hain, wo weiches Moos unsere Füße tröstet, wonnige Kühle unsere Stirn mit Heimatsfrieden umwehen wird, und mit umfangenden Armen, rückwärts sinkenden Hauptes, mit offenen Lippen und selig brechenden Augen gehen wir in seinen köstlichen Schatten ein …

Man sagt mir, daß ich ein ruhiges Kind war, kein Schreihals und Störenfried, sondern dem Schlummer und Halbschlummer in einem den Wärterinnen bequemen Grade zugetan. Ich glaube es, denn ich erinnere mich, den Schlaf und das Vergessen geliebt zu haben zu einer Zeit, da ich noch kaum etwas zu vergessen hatte, und ich weiß wohl zu sagen, durch welchen geistigen Eindruck die stille Neigung zuerst zur bewußten Zärtlichkeit angefacht wurde: Es war damals, als ich das Märchen vom

Mann ohne Schlaf vernommen hatte, – die Geschichte jenes Mannes, welcher der Zeit und seiner Hantierung mit so törichtem Eifer anhing, daß er dem Schlafe fluchte. Da gewährte ihm ein Engel die schreckliche Vergünstigung: Er nahm das physische Bedürfnis des Schlafes von ihm, er hauchte auf seine Augen, daß sie wie graue Steine in ihren Höhlen wurden und sich niemals mehr schlossen. Wie dieser Mann sein Verlangen bereut, was er ausgestanden als einzig Schlafloser unter den Menschen, wie er, ein traurig Verdammter, sein Leben hingeschleppt, bis endlich der Tod ihn erlöste, endlich die Nacht, die unzugänglich vor seinen steinernen Augen gestanden, ihn zu sich und in sich genommen, – ich wüßte es im einzelnen nicht mehr zu erzählen, aber ich weiß, daß ich am Abend jenes Tages kaum erwarten konnte, in meinem Bette allein gelassen zu werden, um mich an die Brust des Schlafes zu werfen, daß ich nie inniger geschlafen habe als in der Nacht, nachdem ich jener Geschichte gelauscht.

Seitdem habe ich stets in den Büchern mit Genugtuung angemerkt, was sie zum Lobe des Schlafes zu sagen wußten, und so recht nach meinem Herzen war es zum Beispiel, wenn Mesmer die Möglichkeit betonte, daß der Schlaf, in dem das Leben der Pflanzen besteht und aus dem das Kind in den ersten Lebenswochen nur erwacht, um Nahrung zu sich zu nehmen, vielleicht der dem Menschen natürliche, ursprüngliche Zustand sei, dem Zweck des Vegetierens am unmittelbarsten entsprechend. »Könnte man«, meinte der geniale Scharlatan, »nicht sagen, daß wir nur wachen, um zu schlafen?« Das ist vorzüglich gedacht, und die Wachheit ist sicherlich nur ein Kampfzustand zum Schutze des Schlafes. Hält nicht auch Darwin dafür, daß sich der Geist nur als Waffe im Daseinskampf entwickelt habe? Eine gefährliche Waffe! Die sich, wenn keine äußere Not unsere Sicherheit bedroht, nur allzuoft gegen uns selbst wendet. Wohl uns, wenn sie ruht, wenn die grelle und zehrende Flamme des Bewußtseins die Welt um uns und in uns hinlänglich abgeleuchtet und wir unserm eigentlichen und glücklichen Zustand uns wieder überlassen dürfen!

Allein wenn es die Not ist, die uns weckt, so ist es doch sie nicht, die uns eigentlich dem Schlaf entfremdet. Willst du mir glauben, daß ich die Schlaflosigkeit aus Gram und Sorge nicht kenne? Die rechte Inbrunst ist in meinen Schlaf wohl erst gekommen, als das erste Lebensalter der Freiheit und Unantastbarkeit vorüber war und die Widrigkeit des Lebens in Gestalt der Schule meinen Tag zu entstellen begann. Ich habe nie köstlicher geschlafen als in gewissen Nächten zwischen Sonntag und Montag, wenn nach einem geschützten Tage, an welchem ich mir und den Meinen hatte gehören dürfen, der nächste wieder mit fremdem und hartem Ungemach drohte. So ist es geblieben: Nie schlafe ich tiefer, nie halte ich süßere Heimkehr in den Schoß der Nacht, als wenn ich unglücklich bin, wenn meine Arbeit mißlingt, Verzweiflung mich niederdrückt, Menschenekel mich ins Dunkel scheucht ... und wie, frage ich, kann es anders sein, da doch Kummer und Pein unmöglich unsere Anhänglichkeit an den Tag und die Zeit zu verstärken imstande sind?

Du wirst lächeln, wenn ich dir sage, daß ich jedem Bette, in dem ich irgendeinmal eine längere Zeit geschlafen, eine genaue und dankbare Erinnerung bewahre – jedem einzelnen, von dem kleinen Gitterbettchen mit grüner Gardine, das mein erstes war, bis zu der gewichtigen Mahagoni-Lagerstatt, in der ich geboren worden bin und die durch eine Reihe von Jahren in meinen Junggesellenquartieren aufgeschlagen stand. Jetzt habe ich ein leichteres Bett, ein englisches, weißlackiertes, das Kopf- und Fußende anmutig durchbrochen, und darüber hängt in weißem Rahmen jenes französische Bild, das ›Marche à l'étoile‹ heißt und in seiner hinsterbend blauen, schwimmend musikalischen Stimmung der schönste Alkovenschmuck ist, den ich mir denken kann ... Du wirst lächeln, sage ich – und doch, welchen außerordentlichen Rang nimmt unter dem Hausrat das Bett ein, dies metaphysische Möbelstück, in dem die Mysterien der Geburt und des Todes sich vollziehen, dies duftige Linnengehäuse, worin wir, unbewußt und mit emporgezogenen Knien wie einst im Dunkel des Mutterleibes, wieder angeschlossen gleichsam an den Nabelstrang der Natur, Nahrung und Erneuerung an uns ziehen auf geheimnisvollen Wegen ... Ist es nicht wie ein Zaubernachen, der über Tag verdeckt und unscheinbar seinen Winkel einnimmt und in dem wir jeden Abend hinausschaukeln auf das Meer des Unbewußseins und der Unendlichkeit?

Das Meer! Die Unendlichkeit! Meine Liebe zum Meer, dessen ungeheure Einfachheit ich der anspruchsvollen Vielgestalt des Gebirges immer vorgezogen habe, ist so alt wie meine Liebe zum Schlaf, und ich weiß wohl, worin diese beiden Sympathien ihre gemeinsame Wurzel haben. Ich habe in mir viel Indertum, viel schweres und träges Verlangen nach jener Form oder Unform des Vollkommenen, welche ›Nirwana‹ oder das Nichts benannt ist, und obwohl ich ein Künstler bin, hege ich eine sehr unkünstlerische Neigung zum Ewigen, sich äußernd in einer Abneigung gegen Gliederung und Maß. Was dagegen spricht, glaube mir, ist Korrektur und Zucht, ist, um das ernsteste Wort zu gebrauchen, Moral ... Was ist Moral? Was ist die Moral des Künstlers?

Moral hat ein doppeltes Gesicht, sie ist sowohl Sammlung als Hingebung, und eins ohne das andere ist niemals sittlich. Was ›Sammlung‹ sei, jenes schöpferische Gegenteil der Zerstreuung, von welchem Grillparzer seinen Priester so herrliche Worte sagen läßt, das will empfunden sein; und ist es nicht seltsam, daß eine bestimmte Vorstellung mir immer wieder die tiefste Empfindung des Wortes vermittelt, – die Vorstellung nämlich von dem Zustandekommen des Fötus im Leibe der Mutter? Unser Kopf, denke dir, ist nicht auf einmal rund und fertig, so daß er als Ganzes dann nur noch zu wachsen brauchte: Das Antlitz ist anfänglich vorne offen, es wächst von beiden Seiten allmählich nach der Mitte zusammen, es schließt sich langsam und sicher zusammen zu diesem unserem symmetrischen, schauenden, wollenden, individuell-konzentrierten Ich-Gesicht ... sieh, und dieses Sichzusammenschließen, Sichabschließen, Sich-zur-entschiedenen-Gestalt-Herausbilden aus der Welt der Möglichkeiten, diese Vorstellung ist es, die mich zuweilen ahnend verstehen läßt, was sich hier eigentlich hinter der Erscheinung vollzieht. Mir ist dann, als sei alles individuelle Dasein als Folge zu begreifen eines übersinnlichen Willensaktes und Entschlusses zur Konzentration, zur Begrenzung und Gestaltung, zur Sammlung aus dem Nichts, zur Absage an die Freiheit, die Unendlichkeit, an das Schlummern und Weben in raum- und zeitloser Nacht, – eines sittlichen Entschlusses zum Sein und zum Leiden. Ja, Werden ist bereits moralisch – und was meinte wohl sonst jener christliche Spruch: Unsere größte Sünde sei, daß wir geboren wurden? Nur der Spießbürger glaubt, daß Sünde und Moralität entgegengesetzte Begriffe seien: sie sind eins; ohne die Erkenntnis der Sünde, ohne die Hingabe an das Schädliche und Verzehrende ist alle Moralität nur läppische Tugendhaftigkeit. Nicht Reinheit und Unwissenheit sind der im sittlichen Sinne wünschenswerte Zustand, nicht egoistische Vorsicht und die verächtliche Kunst des guten Gewissens machen das Sittliche aus, sondern der Kampf und die Not, die Leidenschaft und der Schmerz. »Wer« – steht irgendwo bei Heinrich von Kleist – »das Leben mit Sorgfalt liebt, moralisch tot ist er schon, denn seine höchste Lebenskraft, es opfern zu können, modert, indem er es pflegt.« Und das sittlichste Wort des Evangeliums lautet: »Widerstehe nicht dem Bösen.«

Die Moral des Künstlers ist Sammlung, sie ist die Kraft zur egoistischen Konzentration, der Entschluß zur Form, Gestalt, Begrenzung, Körperlichkeit, zur Absage an die Freiheit, die Unendlichkeit, an das Schlummern und Weben im unbegrenzten Reich der Empfindung, – sie ist mit einem Wort der Wille zum Werk. Aber unedel und unsittlich, blutlos und widrig das Werk, das aus der kalten, klugen und tugendhaften Geschlossenheit eines Künstlertums geboren ward! Die Moral des Künstlers ist Hingebung, Irrtum und Selbstverlust, sie ist Kampf und Not, Erlebnis, Erkenntnis und Leidenschaft.

Moral ist ohne Zweifel die höchste Angelegenheit des Lebens, sie ist vielleicht der Wille zum Leben selbst. Allein wenn es mehr ist als eine Theatersentenz, daß das Leben der Güter höchstes nicht sei, so muß es etwas Höheres und Endgültigeres geben als diesen Willen, und wie die Moral eine Korrektur und Disziplinierung des Freien und Möglichen zum Begrenzten und Wirklichen ist, so bedarf auch sie wiederum eines Korrektivs, einer Richtigstellung, einer unaufhörlichen, nie ganz zu überhörenden Mahnung zur Einkehr und Abkehr... Nenne es Weisheit, dieses Korrektiv – und sein Gegenteil wird die Torheit des Mannes sein, welcher der Zeit und dem Tage mit so verblendetem Eifer anhing, daß er dem Schlafe fluchte. Nenne es Religiosität – und sein Gegenteil ist jene heidnisch gebundene Tierheit, die mit der Schnauze am Erdboden haftet und über sich den großen Frieden der Sterne nicht sieht. Nenne es Vornehmheit – und sein Gegenteil ist die Gemeinheit, die sich völlig und ohne Sehnsucht im Leben und in der Wirklichkeit zu Hause fühlt und eine höhere Heimat nicht kennt: wie es denn Menschen gibt von so unsterblicher Gemeinheit und Tüchtigkeit, daß man nicht denken kann, sie könnten jemals sterben, könnten jemals der Weihe des Todes teilhaftig werden.

Daß nicht die Depression, sondern die Leidenschaft, das was Gotama Buddha das »Anhangen« nennt, das hitzige Engagement unseres Ich an Tag und Tun uns den Schlaf raubt, ist von mehr als nervöser Bedeutung: es bedeutet, daß unsere Seele die Heimat verloren hat, sich im Eifer so weit von ihr entfernte, daß sie sich nicht mehr zurückfinden kann. Aber scheint es nicht, daß gerade die größten und stärksten unter den Menschen der handelnden Leidenschaft sich jederzeit leicht ›zurückfinden‹? Ich hörte, daß Napoleon einschlafen konnte, wann er wollte, am Tag, unter Menschen, im Lärm einer schwankenden Schlacht ... und denke ich daran, so steht mir jenes Bild vor Augen, dessen Kunstwert nicht eben hoch sein mag, dessen Anekdote aber stets einen unendlichen Reiz auf mich ausgeübt hat. Es heißt: ›C'est Lui‹ und schildert eine dürftige Bauernstube, deren Bewohner, Mann, Frau und Kinder, sich in scheuem Schauen bei der offenen Tür aneinanderdrängen. Denn dort in der Mitte des Zimmers, aufrecht an dem schlechten Tisch, sitzt der Kaiser und schläft. Er sitzt dort, dies Sinnbild egoistischer und expansiver Leidenschaft, hat den Degen abgetan, die schlaffe Faust auf den Tisch gestützt, das Kinn auf die Brust gesenkt und schläft. Er braucht keine Stille, keine Dunkelheit, kein Kissen, um die

Welt zu vergessen; er hat sich auf irgendeinen harten Stuhl gesetzt, hat seine Augen zugetan, hat alles zurückgelassen – und schläft.

Der ist gewiß der Größte, welcher der Nacht die Treue und Sehnsucht wahrt und dennoch die gewaltigsten Werke des Tages tut. Darum liebe ich das Werk am meisten, das aus der »Sehnsucht hin zur heiligen Nacht« geboren wurde und gleichsam trotz seiner selbst dasteht in seiner Willens- und Schlummerherrlichkeit, – ich meine den ›Tristan‹ von Richard Wagner.

Kinderspiele

Ich habe sehr schönes Spielzeug besessen in meiner Kindheit, wenn ich davon erzählen darf: Der Kaufmannsladen, mit Ladentisch und Waage, war wundervoll, besonders, als er neu war und die Schubladen von Kolonialwaren starrten, und der Kornspeicher genau von der Art derer, die meinem Vater drunten an der Trave gehörten – es fehlten nicht die Säcke und Ballen, die man emporwinden konnte (die Kurbel war hinten). Eine vollkommene Ritterrüstung aus eisenfarbener Pappe mit Visier-Helm, Turnierlanze und Schild schweben mir deutlich vor Augen; aber diese Romantik war unsolide, im Vergleich mit einer wirklichen und bis in jede Einzelheit vollkommen vorschriftsmäßigen blauen Husarenuniform nebst allem Zubehör, die mir eigens vom Schneider angemessen worden war. Übrigens fand ich kein sonderliches Gefallen an der militärischen Maskerade, und auch mit Bleisoldaten habe ich ohne rechte Leidenschaft gespielt, obgleich ich sehr prächtige, fast fingerlange mein eigen nannte, Berittene, die absitzen konnten, wobei mich nur der dicke Zapfen störte, den sie zwischen den O-Beinen trugen.

Mein Schaukelpferd aber habe ich zärtlich geliebt, und ich wünschte wohl, ich könnte noch einmal den Arm um seinen Nacken legen. Es hieß Achill, ich selber taufte es so, und als ich es zum Geschenk erhielt, wollte es mir in seiner lebensvollen Größe wie ein schöner Traum erscheinen. Elegant gesattelt und gezäumt, hatte es das natürliche kindlich-rauhe Fell eines Fuchs-Ponys – es *war* wohl ein Fuchs-Pony in ausgestopftem Zustande – und die treuherzigsten Glasaugen von der Welt. Nicht aus Rittersinn liebte ich es, das weiß ich wohl, sondern aus Sympathie mit der Kreatur, mit seinem Fell, seinen Hufen und Nüstern, – wie ich denn auch im Laufe der Kindheitsjahre mich mit vielen Hunden beschenken ließ, aus Porzellan, Papiermaché und Biskuit, Möpsen, Teckeln und Jagdhunden, die ich mit

Atlasschabracken, Flicken aus den Beständen der Schwestern, zu schmücken liebte.

Bei alldem ist wohl kein Zweifel, daß ich meine schönsten Stunden unserem Puppentheater verdankte, das schon meinem älteren Bruder Heinrich gehört hatte und dessen Dekorationen durch ihn, der gern Maler geworden wäre, um viele, sehr schöne selbstgemalte vermehrt worden waren. Die Art, wie ich dieses Kunstinstitut leitete, habe ich ausführlich in einer meiner ersten Novellen (›Der Bajazzo‹) beschrieben, und auch in Hanno Buddenbrooks Lebensgeschichte spielt es seine Rolle. Ich liebte dies Spiel so sehr, daß mir der Gedanke, ihm jemals entwachsen zu können, unmöglich schien. Ich freute mich darauf, wenn ich die Stimme gewechselt haben würde, meinen Baß in den Dienst der sonderbaren Musikdramen zu stellen, die ich bei verschlossenen Türen zur Aufführung brachte, und war empört, wenn mein Bruder mir vorhielt, wie lächerlich es sein würde, wenn ich als baßsingender Mann noch vorm Puppentheater sitzen wollte.

So viel von meinem Spielzeug. Aber ich darf sagen, ich bedurfte zum Spielen des Apparates nicht, sondern war mir mit stiller Genugtuung der unabhängigen Kraft meiner Phantasie bewußt, die nichts mir rauben konnte. Ich erwachte zum Beispiel eines Morgens mit dem Entschluß, heute ein achtzehnjähriger Prinz namens Karl zu sein. Ich kleidete mich in eine gewisse liebenswürdige Hoheit und ging umher, stolz und glücklich mit dem Geheimnis meiner Würde. Man konnte Unterricht haben, spazieren geführt werden oder sich Märchen vorlesen lassen, ohne daß dieses Spiel einen Augenblick unterbrochen zu werden brauchte; und das war das Praktische daran. Übrigens brauchte es nicht immer ein Prinz zu sein, meine Rollen wechselten häufig.

Denn da war ja ferner auch noch das Götterspiel, eine Unterhaltung ersten Ranges. Schon hat der Leser aus dem Namen, den ich meinem Schaukelpferde gab, meine frühe Beschäftigung mit der ›Ilias‹ ersehen. In der Tat haben mir Homer und Vergil in der dankenswertesten Weise alle Indianergeschichten ersetzt, um die ich mich nie bekümmert habe. In einem Buche, das schon meiner Mutter beim Mythologie-Unterricht gedient hatte (es trug eine Pallas Athene auf dem Umschlag und gehörte zu denen, die die Kinder dem Bücherschrank entlehnen durften), waren aus den Werken dieser beiden Dichter in deutscher Sprache packende Auszüge enthalten, die ich seitenweis auswendig wußte (besonderen Eindruck machte mir die »diamantscharf schneidende Sichel«, die Zeus im Kampf gegen Typhon erhebt – ich wiederholte mir diese Stelle immer wieder), und früh war ich vor Troja, auf Ithaka und dem Olympos so wohl zu Hause wie meine Altersgenossen im Lande des Lederstrumpfs. Und was ich so begierig in mich aufgenommen, das stellte ich spielend vor. Ich hüpfte als Hermes mit papiernen Flügelschuhen durch die Zimmer, ich balancierte als Helios eine glanzgoldene Strahlenkrone auf dem ambrosischen Haupt, ich schleifte als Achilleus meine Schwester, die wohl oder übel den Hektor darstellte, unerbittlich dreimal um die Mauern von Ilion. Aber als Zeus stand ich auf einem kleinen, rotlackierten Tisch, der mir als Götterburg diente, und vergebens türmten die Titanen den Pelion auf den Ossa, so gräßlich blitzte ich mit einer roten Pferdeleine, die obendrein mit Glöckchen benäht war . . .

›Im Spiegel‹

Was ich, geehrte Redaktion, in Ihrem Spiegel erblicke, ist überraschend und anstößig, – ich gebe zu, daß es mir subjektiv nicht wenig behagt, bemerke aber ausdrücklich, daß ich es in einem höheren Sinne nicht zu billigen vermöchte.

Ich habe eine dunkle und schimpfliche Vergangenheit, so daß es mir außerordentlich peinlich ist, vor Ihrem Publikum davon zu sprechen. Erstens bin ich ein verkommener Gymnasiast. Nicht daß ich durchs Abiturientenexamen gefallen wäre, – es wäre Aufschneiderei, wollte ich das behaupten. Sondern ich bin überhaupt nicht bis Prima gelangt; ich war schon in Sekunda so alt wie der Westerwald. Faul, verstockt und voll liederlichen Hohns über das Ganze, verhaßt bei den Lehrern der altehrwürdigen Anstalt, ausgezeichneten Männern, die mir – mit vollem Recht, in voller Übereinstimmung mit aller Erfahrung, aller Wahrscheinlichkeit – den sicheren Untergang prophezeiten, und höchstens bei einigen Mitschülern auf Grund irgendeiner schwer bestimmbaren Überlegenheit in gewissem Ansehen: so saß ich die Jahre ab, bis man mir den Berechtigungsschein zum einjährigen Militärdienst ausstellte.

Ich entwich damit nach München, wohin nach dem Tode meines Vaters, der Inhaber einer Getreidefirma und Senator in Lübeck gewesen war, meine Mutter ihren Wohnsitz verlegt hatte; und da ich immerhin Anstand nahm, mich sofort und offenkundig dem Müßiggang zu überlassen, so trat ich, das Wort ›vorläufig‹ im Herzen, als Volontär in die Bureaus einer Feuerversicherungsgesellschaft ein. Statt aber bestrebt zu sein, mich in die Geschäfte einzuarbeiten, hielt ich es für gut, auf meinem Drehsessel verstohlenerweise an einer erdichteten Erzählung zu schreiben, einer mit Versen untermischten Liebesgeschichte, die ich dann in einer umstürzlerisch gesinnten Monatsschrift zum Abdruck gelangen ließ und auf die ich mir wohl gar noch etwas zugute tat.

Ich verließ das Bureau, bevor man mich hinauswarf, gab an, Journalist werden zu wollen, und hörte ein paar Semester lang an den Münchener Hochschulen in buntem und unersprießlichem Durcheinander historische, volkswirtschaftliche und schönwissenschaftliche Vorlesungen. Plötzlich jedoch, wie ein rechter Vagabund, ließ ich alles liegen und ging ins Ausland, nach Rom, wo ich mich ein Jahr lang plan- und beschäftigungslos umhertrieb. Ich verbrachte meine Tage mit Schreiben und der Vertilgung jenes Lesestoffes, den man den belletristischen nennt und dem ein anständiger Mensch höchstens zur Zerstreuung in seinen Mußestunden sich zuwendet, – und meine Abende bei Punsch und Dominospiel. Ich besaß genau die Mittel, zu leben und unmäßig viele jener süßen Soldo-Zigaretten zu rauchen, die der italienische Staat verschleißt und denen ich damals bis zur Völlerei ergeben war.

Gebräunt, mager und in ziemlich abgerissenem Zustande nach München zurückgekehrt, sah ich mich endlich genötigt, von meinem Berechtigungsschein zum freiwilligen Dienst Gebrauch zu machen. Wenn man aber zu vernehmen hofft, daß ich mich auf militärischem Gebiete irgend tauglicher erwiesen hätte als auf anderen, so wird man enttäuscht werden. Schon nach einem Vierteljahr, noch vor Weihnachten, wurde ich mit schlichtem Abschied entlassen, da meine Füße sich nicht an jene ideale und männliche Gangart gewöhnen wollten, die Parademarsch heißt, und ich beständig mit Sehnenscheidenentzündung daniederlag. Aber der Körper ist dem Geiste bis zu einem gewissen Grade unterworfen, und wenn die geringste Liebe zur Sache in mir gelebt hätte, so wäre das Leiden wohl zu bezwingen gewesen.

Genug, ich quittierte den Dienst und setzte in Zivilkleidern mein fahrlässiges Leben fort. Eine Zeitlang war ich Mitredakteur des ›Simplicissimus‹, – man sieht, ich sank von Stufe zu Stufe. Ich ging in das vierte Jahrzehnt meines Lebens.

Und nun? Und heute? Ich hocke verglasten Blicks und einen wollenen Schal um den Hals mit anderen verlorenen Gesellen in einer Anarchistenkneipe? Ich liege in der Gosse, wie sich's gebührte?

Nein. Glanz umgibt mich. Nichts gleicht meinem Glücke. Ich bin vermählt, ich habe eine außerordentlich schöne junge Frau – eine Prinzessin von einer Frau, wenn man mir glauben will, deren Vater königlicher Universitätsprofessor ist und die ihrerseits das Abiturientenexamen gemacht hat, ohne deshalb auf mich herabzusehen, sowie zwei blühende, zu den höchsten Hoffnungen berechtigende Kinder. Ich bin Herr einer großen Wohnung in feinster Lage mit elektrischem Licht und allem Komfort der Neuzeit, – ausgestattet mit den herrlichsten Möbeln, Teppichen und Kunstgemälden. Mein Hausstand ist reich bestellt, ich befehle drei stattlichen Dienstmädchen und einem schottischen Schäferhund, ich speise schon zum Morgentee Zuckerbrötchen und trage fast ausschließlich Lackstiefel. Was noch? Ich mache Triumphreisen. Ich besuche die Städte, eingeladen von schöngeistigen Gesellschaften, ich erscheine im Frack, und die Leute klatschen in die Hände, wenn ich nur auftrete. Ich war auch in meiner Vaterstadt. Der große Kasino-Saal war ausverkauft, man überreichte mir einen Lorbeerkranz, und meine Mitbürger applaudierten. Überall nennt man meinen Namen nur mit hochgezogenen Brauen, Leutnants und junge Damen bitten mich in den ehrerbietigsten Worten um mein Autogramm, und wenn ich morgen einen Orden bekomme, so werde ich keine Miene verziehen.

Und wieso das alles? Wodurch? Wofür? Ich habe mich nicht geändert, nicht gebessert. Ich habe nur immer fortgefahren, zu treiben, was ich schon als Ultimus trieb, nämlich zu träumen, Dichterbücher zu lesen und selbst dergleichen herzustellen. Dafür sitze ich nun in der Herrlichkeit. Aber ist das der folgerichtige Lohn meines Wandels? Sähen die Wächter meiner Jugend mich in meiner Pracht, sie müßten irre werden an allem, woran sie geglaubt.

Diejenigen, die meine Schriften durchblättert haben, werden sich erinnern, daß ich der Lebensform des Künstlers, des Dichters stets mit dem äußersten Mißtrauen gegenüberstand. In der Tat wird mein Erstaunen über die Ehren, welche die Gesellschaft dieser Spezies erweist, niemals enden. Ich weiß, was ein Dichter ist, denn bestätigtermaßen bin ich selber einer. Ein Dichter ist, kurz gesagt, ein auf allen Gebieten ernsthafter Tätigkeit unbedingt unbrauchbarer, einzig auf Allotria bedachter, dem Staate nicht nur nicht nützlicher, sondern sogar aufsässig gesinnter Kumpan, der nicht einmal sonderliche Verstandesgaben zu besitzen braucht, sondern so langsamen und unscharfen Geistes sein mag, wie ich es immer gewesen bin, – übrigens ein innerlich kindischer, zur Ausschweifung geneigter und in jedem Betrachte anrüchiger Scharlatan, der von der Gesellschaft nichts anderes sollte zu gewärtigen haben – und im Grunde auch nichts anderes gewärtigt – als stille Verachtung. Tatsache aber ist, daß die Gesellschaft diesem Menschenschlage die Möglichkeit gewährt, es in ihrer Mitte zu Ansehn und höchstem Wohlleben zu bringen.

Mir kann es recht sein; ich habe den Nutzen davon. Aber es ist nicht in der Ordnung. Es muß das Laster ermutigen und der Tugend ein Ärger sein.

[›Welches war das Lieblingsbuch Ihrer Knabenjahre?‹]

Ein verschollenes Märchenbuch namens ›Der Kinder Wundergarten‹ spielte eine bedeutende Rolle und stand in Wettstreit mit ›Grimms Märchen‹, die ich gewohnheitsmäßig zu hören bekam, und mit Andersen, den ich selber las. Sehr einflußreich war Friedrich Nösselts griechische und römische Mythologie mit schönen Auszügen aus Homer und Vergil. Dies Buch besitze ich noch. Wiederholt hörten wir Reuters ›Ut mine Stromtid‹ –, es war der erste Roman, den ich kennenlernte. Aber die Palme gehört wohl Schillers ›Don Carlos‹. Es war meine stolzeste Liebe, meine ersten Übungen galten seiner Nachahmung, und noch heute weiß ich ihn szenenweise auswendig.

[›Was war uns die Schule?‹]

Die Redaktion der Zeitschrift ›Schule und Elternhaus‹, Berlin, stellte folgende Fragen:

1. Ist die Schule überhaupt von bestimmendem Einfluß für Ihre Entwicklung gewesen?
2. Hat die Schule Ihre besonderen Fähigkeiten erkannt und entwickelt oder ist sie eine Hemmung dieser Entwicklung gewesen?
3. Hat ein Ereignis aus Ihrer Schulzeit, das mit dem System der alten Schule zusammenhing, bestimmend auf Ihre Entwicklung eingewirkt und in welcher Weise?
4. War die Schulzeit für Sie eine Zeit der Freude oder denken Sie ungern daran zurück?
5. Wünschen Sie Ihren Kindern die Schulerziehung, die Sie selbst genossen haben, oder würden Sie eine Schule vorziehen, die auf dem Boden der eingangs skizzierten neuen Erziehungsgrundsätze steht?

Thomas Mann antwortete:

1. Nein, die Schule hat keinen bestimmenden Einfluß auf meine Entwicklung gehabt.
2. Die Schule hat von meinen besonderen Anlagen wohl instinktmäßig etwas gespürt, sie aber als obstinate Untauglichkeit gewertet und verworfen.
3. Ein Lehrer drohte, zufällig nicht mir, sondern einem anderen Schüler, mit den Worten: »Ich werde dir deine Karriere schon verderben!« Am gleichen Tage las ich bei Storm den Spruch: »Was du immer kannst, zu werden, scheue Arbeit nicht und Wachen, aber hüte deine Seele vor dem Karrieremachen.« Da wußte ich, daß die Lehrer meine Erzieher nicht waren, sondern mittlere Beamte, und daß ich meine Erzieher anderswo zu suchen hätte, nämlich in der Sphäre des Geistes und der Dichtung.

4. Die Schulzeit war die Kinderzeit, und also bot sie auch viel Raum für Freude. Aber die Schule war ohne Verdienst daran.
5. Ich beglückwünsche meine Kinder dazu, daß sie schon in einer weit freundlicheren pädagogischen Atmosphäre aufwachsen dürfen, als es uns Alten vergönnt war, und ich beglückwünsche Sie zu den erzieherischen Prinzipien, die Sie in Ihrem Brief entwickeln.

[Erinnerungen an das Stadt-Theater]

Mit dem Lübecker Stadttheater verbinden mich Erlebnisse, stark genug, um es begreiflich zu machen, daß ich die Schicksale Ihres Instituts mich herzlich angehen lasse und mich auch auf den Rechenschaftsbericht freue, den Sie mit Ihrem Buch über die Leistungen des Theaters im vergangenen Jahre und über seine Zukunftspläne ablegen wollen.

Meine ersten Beziehungen zu dem Haus in der Beckergrube waren persönlicher Art. Alexander von Fielitz, der unter der Direktion Erdmann-Jeßnitzer erster Kapellmeister war, verkehrte freundschaftlich im Haus meiner Eltern und übte durch seine aus dem gewohnten bürgerlichen Rahmen fallende Künstlerpersönlichkeit große Anziehungskraft auf mich aus. Damals war ich noch nicht Theaterbesucher; aber von moderner Musik bekam ich einen ersten Begriff durch Fielitz' elegante und feinfühlige Kompositionen, namentlich durch den schönen Lieder-Zyklus ›Eliland‹, den meine Mutter sang und spielte.

Später war es ein künstlerisches Kapital-Ereignis meines Lebens, die Begegnung mit der Kunst Richard Wagners, die das Theater meiner Heimatstadt mir vermittelte, – eine Begegnung, von deren entscheidender, prägender Wirkung auf meinen Kunstbegriff ich jedesmal gesprochen habe, wenn es Erläuterndes zur geistigen Geschichte meiner Bücher zu sagen galt. Damals war der junge Emil Gerhäuser Heldentenor der städtischen Oper. In seiner Stimme Maienblüte sang er den Tannhäuser, den Walther Stolzing und noch häufiger den Lohengrin. Ich will mich nicht vermessen, aber ich glaube, einen empfänglicheren, einen hingenommeneren Zuhörer hat das Stadttheater nie beherbergt, als ich es an jenen zaubervollen Abenden war. Ich war da, wenn es irgend ging, erlaubter- und unerlaubterweise. Ich hatte sozusagen einen festen Platz im Sitz-Parterre, der die billigste Kategorie nach dem Steh-Parterre bildete, einen Platz, der nicht wie die anderen eine Nummer trug, sondern mit dem

Buchstaben A bezeichnet war. Dieser also war mein Leib- und Lieblingsplatz, und ich kaufte ihn von dem alten Billetteur Weingarten oder Weingartner (ich bin des Namens nicht mehr ganz sicher), einem abgetakelten Mimen, der vom Theater nicht lassen konnte und, sitzend in einer Art von ungelüfteter Höhle, die von einer Gasflamme erleuchtet war, fettige Pappkarten ausgab, die einem von der Kontrolle abgenommen und immer wieder verkauft wurden. Eines Tages hatte Weingarten oder Weingartner sein ›Benefiz‹. Man gab, glaube ich, den ›Hüttenbesitzer‹ oder etwas ähnlich Altmodisches, was zu ihm paßte, und am Schlusse wurde der Alte herausgeklatscht und warf die zierlichsten Kußhände zu den Honoratioren-Logen des Ersten Ranges empor . . .

Wahrscheinlich hätte ich heute allerlei auszusetzen an so einer Lohengrin-Aufführung, wie sie mich damals entrückte und mit allen Schauern der Romantik begnadete. Die Geigen des kleinen Orchesters waren nicht edelsten Klanges, obgleich mein Violinlehrer Winkelmann mitspielte, der Schwan kam manchmal ein bißchen ruckweise herangeschwommen, und namentlich im Chor gab es sonderbare Gestalten: Ich erinnere mich an ein Mitglied der Brabanter Gentry, einen tenorsingenden Greis, der immer mit dem Zeigefinger taktierend im Vordergrunde stand und dessen Stimme bei dem »Gar viel verheißet uns der Tag« im II. Akt als ein gequetschtes Falsett recht schauderhaft hervortrat. Was tat es? Die Abstraktionskräfte der Jugend sind mächtig. Ich war glücklich, ich war, wie der Franzose sagt, transporté, und noch heute weiß ich aus jener Zeit den ›Lohengrin‹ so gut wie auswendig.

Als ich das Lübecker Stadttheater wiedersah, war es das alte nicht mehr. An seinem Platze verblieben, war es umgebaut, und der Schauplatz meiner Knabenentzückungen zeigte sich in seiner gegenwärtigen räumlich wohlgegliederten Gestalt. Thur Himmighoffen, der nun in Braunschweig amtierende Direktor, führte mein dramatisch-undramatisches Jugendwerk ›Fiorenza‹ auf, und da es den Platz A nicht mehr gab, wohnte ich im Balkon der Aufführung bei, an der es bestimmt nicht lag, wenn das

Stück langweilte. Wenn ich an etwas litt, so war, außer seinen theatralischen Schwächen, eine gewisse Unerfahrenheit der Schauspieler in romanischen Sprachen daran schuld. Sie sagten »Girolámo« und »Tschovanni«, und einer sagte, glaube ich, sogar »Fiorentscha«. Aber das tat meiner Dankbarkeit keinen Abbruch für ihre Hingabe und für die Geduld des Publikums. Es war merkwürdig genug, ein rührendes Abenteuer, an dieser Stätte, von dieser Bühne herab, Worte meiner eigenen Erfindung öffentlich erschallen zu hören.

Ein andermal dann, eines schönen Junitages, stand ich gar selbst auf dieser Bühne und sprach. Es war beim siebenhundertjährigen Jubiläum der Freien Stadt, diesem Heimatfest, das wir alle, die wir dabei waren, niemals vergessen werden, und ich sprach zu meinen Mitbürgern von der natürlichen Treue, die ich als Künstler im letzten Grunde dem Geiste Lübecks gewahrt. Schöne, denkwürdige Stunde! Es war meine Absicht, ihrem Andenken Ehre zu erweisen, als ich die Rede von damals in meine Gesammelten Schriften aufnahm. – Ich komme wieder nächste Pfingsten, wenn die alte Lateinschule in der Königstraße, wo ich so wenig Latein und ungezogenerweise auch sonst nichts gelernt habe, ihre vierhundert Jahre begeht. An einem Wiedersehen mit dem Stadttheater, dem heute meine herzlichen Wünsche gelten, soll es gewiß auch bei dieser halb rührenden, halb gewissenspeinlichen Gelegenheit nicht fehlen.

Erinnerungen an das Residenztheater

Sehr verehrter Herr Intendant, Sie konnten auf meine herzliche Anteilnahme rechnen bei Ihrer Benachrichtigung von der für die Jahreswende bevorstehenden Wiedereröffnung des aus den Ruinen neuerstandenen Residenztheaters. Das ist ein rechtes Fest für ganz München und besonders für die vielen Freunde der Kunst, der Dichtung, des Theaters, die es birgt; ein Ereignis, von dem eine Verheißung neuen Lebens, neuer Freude ausgeht auf die leiderfahrene Stadt und zu dem der weitentfernte einstige Mitbürger seine aufrichtigen Glückwünsche sendet.

Man hat sehr klug daran getan, auf die Restauration des alten Rokoko-Saals, reizend wie er war, zu verzichten, auf den Versuch, ins Es-war-einmal zurückzukehren und ein Bild zu schaffen, das beinahe so aussähe, als ob nichts geschehen wäre. Viel edler im Gemüt, aus dem Schutt das ganz Neue, entschlossen Moderne, klar und heiter Vorwärtsblickende unsentimental und tapfer erstehen zu lassen. Die Würde einer langen und glänzenden künstlerischen Geschichte, die sich dort abgespielt, bleibt der Stätte trotzdem erhalten.

Als ich nach München kam, zur Zeit der Regentschaft, thronte über dem theatralischen Leben der Stadt der bis zur Komik meisterliche Mann, der auf den Spielzetteln schlicht als ›Herr Possart‹ figurierte, in all seiner amtlichen Pracht aber Generalintendant Professor Doktor Ernst Ritter von Possart hieß. Nur Exzellenz wurde er nicht, so sehr er sich danach sehnte. Der alte Luitpold mochte ihn nicht. Aber er war exzellenter als alle Exzellenzen und bei Gala-Gelegenheiten denn auch mit Orden bedeckt vom gedrungenen Hals bis zum Unterleib. Ich werde nimmer seinesgleichen sehen. Komödiant großen Stils, Diplomat, Höfling, geriebener Verwaltungsmensch, ist und bleibt er, mit seinem verzuckerten Zynismus, seinem verklärten Schmierentum, dem erzenen Wohllaut seiner Stimme, dem auf Hochglanz polierten, idealischen Realismus, Sprechkunst, die jedes Wort zu einem erstaunlichen Treffer ins Schwarze machte, – vollkommen unvergeßlich. Wollte er sein Haus gepackt voll haben bis zum letzten Sitz- und Stehplatz, so brauchte er nur ein Stück anzusetzen, in dem er selber auftrat: ›Ein Fallissement‹ von Björnson also, den ›Clavigo‹, oder eine Scharteke wie ›Des Königs Befehl‹ von Töpfer, worin allein schon seiner Maske als Friedrich der Große immer bei offener Szene applaudiert wurde. Als Napoleon in ›Madame Sans-Gêne‹ saß er beim Aufgehen des Vorhangs in der berühmten Chasseur-Uniform, quittengelb im Gesicht, die dünne schwarze Haarsträhne in der Stirn, ganz vorn auf einem Empiresofa, während im Hintergrund eine scheue Gruppe von Generälen und Hofleuten beisammen stand. Er las mit stark aufgetragenem Ingrimm eine Ausgabe der ›London Times‹, die von Schüler, Ackermanns Nachfolger, in der Maximilianstraße besorgt worden war und die er schließlich brutal zusammenknüllte. Erzen sagte er: »Rustan!« – »Sire?« – »Wie spät?« – »Zwei Uhr, Sire.« – »Kaffee!« Es war überwältigend. Und wiederum überwältigend, durch das drastische ›Sitzen‹ jeder Silbe war es, wenn er zu dem knicksenden Chor der Hofdamen sagte: »Meine Damen, ich empfehle Ihnen zu tun, was die Kaiserin bereits getan hat: gehen Sie schlafen!« Seine Pointen bestanden oft in einem drastischen Durchbruch von Mauscheln – gekonnt natürlich, wie alles an ihm, wohllautend-idealisch, gutsitzend und wirksam aufs äußerste.

Mit Napoleon hatte er eigentlich physiognomisch so wenig Ähnlichkeit wie mit Friedrich dem Großen, aber sein Komödianten-Genie bewerkstelligte trotzdem eine so weitgehende Einheit seiner Person mit der historischen Figur, daß die Suggestion lange nachwirkte und man sich den Kaiser beim besten Willen nicht anders vorzustellen wußte als in Possarts Erscheinung und Gebaren. Bis zum heutigen Tag ist mir etwas von dieser Festlegung durch den starken Schauspieler geblieben.

Vollendung ist ein großer Genuß, und ihr Erlebnis haftet, – am festesten sogar, wenn ein gut Teil Heiterkeit mit der Erinnerung an soviel gegossenes Meistertum verbunden ist. Am vollendetsten war er vielleicht als Carlos im ›Clavigo‹, denn da durfte er einfach sprechen, und zwar kalt, amüsant und weltklug-zynisch. Es ist erstaunlich, wie genau ich nach fünfzig Jahren den Tonfall im Ohr habe, in dem er spottete: »Narre, das ist deine Schuld. Ich kann nie ohne Weiber leben, und mich hindern sie an gar nichts.« Aber ebenso genau höre ich, wie er als Advokat Behrent die Havanna des uneingestanden bankrotten Großhändlers zurückweist: »Ich bin zwar sonst ein *Freund* einer guten Zigarre, aber ich habe heute keine *Lussst* zu rauchen – ich dankä!« Es ging einem durch und durch, und Hofschauspieler Schneider als Großhändler ließ es denn auch an Betretenheit nicht fehlen.

Man hätte eigentlich diese Rede für unnachahmlich halten sollen, aber im Gegenteil reizte sie außerordentlich zur Nachahmung, und nicht wenige Leute in München konnten sie glänzend nachmachen, besonders solche vom Hoftheater, Basil etwa und Putscher, am komischsten wohl Waldau, der die Schauspielerin Frau von Hagen geheiratet hatte und den darum Possart, als er schon etwas dämlich im Kopf geworden war, immer »Liebster Hagen« nannte. Ich erinnere mich an eine Probe, bei der Waldau zum Gaudium der Kollegen die ganze Zeit wie Possart sprach, ein Übermut, bei dem der Gewaltige ihn überraschte. »Nun ja«, artikulierte er schneidend, »wenn man den ganzen Morgen den Herrn Intendanten kopiert, so kann man natürlich am Abend nichts.« Das glaubte er wohl selber nicht. Waldau konnte auch am Abend etwas, sogar sehr viel, und eine der unvergeßlich schönsten Vorstellungen, die ich im Residenztheater erlebte, war die Premiere von Hofmannsthals liebenswertem Lustspiel ›Der Schwierige‹ mit Waldau – nie übertroffen – in der Rolle des Hans Karl Bühl.

Aber das war später. Zu der alten Garde des Hofschauspiels, die Possart umgab, gehörte der unvergleichliche Causeur noch nicht. Es war ein Ensemble, das mir vielleicht nur in der Erinnerung so glänzend vorkommt, weil meine Jugend überhaupt in Bewunderung aufging; und doch meine ich, daß sich selten so viele ausgezeichnete Kräfte zu wohlabgestimmtem und vornehmem Zusammenspiel vereinigt haben. Schneider und Basil nannte ich schon. Aber da waren auch noch Häusser, Keppler, Wohlmut, Suske, Stury, Rémond (ein ausgezeichneter Kaiser im zweiten ›Faust‹ und ein prachtvoller Todesengel in Hofmannsthals ›Der Tor und der Tod‹), die elegante Heese, die schöne Dandler, die reizende Ida Hoffmann, die Hauptmanns Hannele spielte. Etwas später trat der so glücklich begabte Rheinländer Lützenkirchen hinzu, dessen ganze steigende und sich neigende Sternenbahn ich durch die Jahrzehnte verfolgt habe; und im Lauf der sich wandelnden Zeiten, nach dem Ersten Weltkrieg, haben ja noch Schauspieler ersten Ranges, wie Albert Heine und Steinrück, auf dieser an Atmosphäre so reichen Bühne gestanden, die in der Ehrwürde künstlerische Frische bewahrte.

Daß ich selbst einst dort stehen würde, ließ ich mir nicht träumen, als ich mit Zwanzig oder Fünfundzwanzig im Hintergrund des kleinen Prunksaals auf der Heizung saß und lernend, genießend, bewundernd der trainierten Diktion der Darsteller lauschte, die zur Kunst gereinigte persönliche Manier ihres Spieles ins Auge faßte, hingegeben an das, was mich mein Leben lang in der Welt am brennendsten interessiert hat: die Kunst des Ausdrucks, des Vortrags. Daß ich aber dort stand, geschah vor nun fünfundzwanzig Jahren, als man meinen fünfzigsten Geburtstag an jener schönen Stätte beging. Fritz Strich, nun längst Ordinarius der Literaturgeschichte in Bern, damals noch der Münchner Universität angehörig, hielt die so kluge wie zu Herzen gehende Festrede, und bevor ich selbst auf der Bühne zu Worte kam, sah ich mich unverhofft, ein staunender Parsifal, von einem Reigen lieblicher Blumenmädchen umschwebt, von denen eine mir gar einen Lorbeerkranz aufs Haupt zwingen wollte, – was ihr aber denn doch nicht gelang.

Auch das ist eine Erinnerung ans ›alte Residenztheater‹, eine persönliche und festlich freundliche – ich durfte sie nicht ganz übergehen. Von denen, die nun auf dem neuen, höchst fortgeschritten konstruierten Schauplatz ihr Spiel treiben werden, ist mir gewiß kaum einer bekannt. Aus meiner Ferne aber wünsche ich ihnen allen recht herzlich ein frohes Wirken, gute Stücke, gute Rollen, volle Häuser, den Segen der Musen, des Geistes hellen Sieg über die Qual der Zeit, – kurz, Hals- und Beinbruch!

[Katia Mann zum siebzigsten Geburtstag]

Meine lieben Freunde,

die Schweiz, unsere Schweiz, von der der unvergleichliche Redner dieses Abends den Namen hat, ist sehr fern dem Matriarchat. Sie ist ein Männerstaat, in dem die Frau nur indirekt mitzureden hat. Der Mann ist *der* Teil eines Ehepaars, der für alles einzustehen hat, von dem amtlich überall der Vortritt gefordert wird. Handelt es sich auch nur um eine notarielle Beglaubigung, und zwar in einer Sache, die in erster Linie die Frau angeht, so hat ihre Unterschrift kein Gewicht. Der ›Eheherr‹ muß heran, muß dabei sein, so gern die Frau ihm das Mitkommen ersparte, muß schwören und schreiben. Der patriarchalische Eheherr.

So wäre es ganz unschweizerisch, wenn nun unser Geburtstagskind aufstände, um Richard Schweizer für seine herzgewinnende Festrede zu danken, zu danken Ihnen allen, unseren Schweizer Freunden, für alles, was Sie ihr an ihrem hohen Tage Liebes erweisen, für die Idee dieses Abends und ihre reizende Verwirklichung. Das, wie gesagt, wäre gegen den Geist des Landes. Der ›Eheherr‹ muß eintreten. Oder soll ich sagen *darf*? Er tut es nämlich sehr gern, da sein eigenes Herz voll ist von der Erkenntlichkeit und Rührung und Genugtuung darüber, daß wir diesen Tag in *Zürich* begehen, einem Ort, traut uns beiden, der lieben Frau hier und mir: sie teilt die Anhänglichkeit an Zürich mit mir, wie sie alles mit mir teilt. »Angefangen an trautem Ort« schrieb ich ihr einst in ihr Exemplar von ›Lotte in Weimar‹ –

Angefangen an trautem Ort –
Schrieb in der Fremde daran fort.
Einmal fehlt' ich, macht's einmal gut –
Es wurde fertig in Deiner Hut.
Bleibe Du mir auf dieser Erden,
So soll alles fertig werden!

Verzeihen Sie das Selbstzitat, aber es ist in diese Privatverslein eines Prosaikers so vieles eingeschlossen und versiegelt an Gefühl für das Traute und für die Traute, die Märchenbraut von einst, die nun in ihrer heiteren Alterswürde neben dem Alten sitzt, dem verwegenen Freier von einst.

»Doch ich zuvor schon hatte dich gesehen«, klingt es im ›Lohengrin‹. Ich hatte sie gesehen, lange bevor ich sie sah, als halber Junge schon, als Schüler im fernen alten Lübeck. Wer noch einen Teil des neunzehnten Jahrhunderts miterlebt hat, erinnert sich, daß damals die Malerei in der angenehmen Verfassung war, von Zeit zu Zeit ein Bild hervorzubringen, das das sensationelle Entzücken der ganzen bürgerlichen Gesellschaft erregte. So ein Bild, so ein Treffer ins Herz des bürgerlichen Geschmacks wanderte von Stadt zu Stadt, und jeder wollte es sehen. Von wem war das drollig gewinnende, hundertfach reproduzierte Gemälde, das ›Ein Geheimnis‹ hieß und ein Kinderpärchen zeigte, Bub und Mädchen, die einander etwas ins Ohr flüsterten? Ich weiß es nicht mehr. Ebensowenig weiß ich noch, wer die tragische Leinwand geschaffen hatte, die damals unter allgemeiner Ergriffenheit die Runde machte und auf der ein verzweifeltes Liebespaar dargestellt war, höchst elegant, der Herr im Frack, die Dame in Balltoilette – mit einem Strick hatten sich die feinen Unglücklichen zusammengebunden und waren im Begriff, sich von einem Felsen ins Wasser zu stürzen. Es gab mehr solcher ausgreifender Erfolge der Malkunst, und einen der besseren Art trug weiland Exzellenz von Kaulbach in München davon mit einem Bild, das ›Kinderkarneval‹ hieß und auf dem besten Niveau eines schon bestrittenen Kunstbegriffs fünf schwarzlockige Kinder mit Elfenbeinteint in Pierrot-Kostümen, spitze Mützen auf den Köpfen, in einer Reihe nebeneinander abschilderte, vier Jungen und ein großäugiges, süßes Mädchen am Ende, vermutlich das Zwillingsgeschwister des beinahe ebenso hübschen, spitzbübisch melancholisch blickenden kleinen Burschen neben ihr. Das in seiner Art meisterhafte Gemälde, entzückend durch seinen Gegenstand, machte Furore, daß es nicht zu sagen ist. Es wurde zur öffentlichen Herzenssache. Man sah es überall, wiedergegeben auf allen möglichen Gegenständen. Es gab Papierservietten – ich glaube, sie waren von Rußland gekommen –, auf denen der ›Kinderkarneval‹ abgedruckt war.

Der Sekundaner in Lübeck sah eine große Reproduktion davon in einer illustrierten Zeitschrift und fand sie so liebens- und anschauenswert, daß er sie herauslöste und mit Reißnägeln über seinem Schüler-Schreibtisch befestigte. Wie der Künstler zu seinem Sujet gekommen, ob es seinem eigenen Kopfe entsprungen war oder ob er nach einer Wirklichkeit gearbeitet hatte, fragte ich mich sowenig wie andere Leute. Es waren aber die Kinder des Münchener Mathematikprofessors Pringsheim, die die Maler-Exzellenz auf einem Faschingsfest – wahrscheinlich im prächtigen Elternhause – in diesen Kostümen mit so viel Vergnügen gesehen, daß er sich ihre Porträtierung ausgebeten hatte. Und so habe ich meine zukünftige Frau schon als Schuljunge, in ahnungslosem Wohlgefallen, dauernd vor Augen gehabt, – die nun Siebzigjährige, die seit achtundvierzig Jahren, bald seit einem halben Jahrhundert, das Leben mit mir teilt.

Mit mir – das Leben. Wußte die Mädchenblüte von damals, was sie tat, als sie in das Werben des jungen Menschen willigte, der dabei auf nichts fußte als auf seiner Liebe und auf der überraschten und überraschenden Teilnahme, die ein glücklicher, in scheuer Einsamkeit von ihm vollendeter Erstlingsroman gefunden? Das ›Lied von der Glocke‹ singt gar klassisch von dem Mann, der hinaus muß ins feindliche Leben, muß wirken und streben und pflanzen und schaffen, muß wetten und wagen, das Glück zu erjagen. Und dann singt es ebenso kanonisch von der züchtigen Hausfrau, die still im Inneren waltet und um die schnurrende Spindel den Faden dreht. Aber unter Umständen ist das ja alles Unsinn. Wenn der Mann ein Schriftsteller, ein Dichter, ein Künstler und Träumer ist, so liegt das »feindliche Leben«, in das er hinaus muß, im Geistigen. Da liegen seine Abenteuer, da bewährt sich, wir wollen es hoffen, sein Mut, seine Kraft, da wirkt und strebt und pflanzt und schafft er, und auf die wirkliche Wirklichkeit, wo hart im Raume sich die

Sachen stoßen und wo man sich mit den Menschen herumstößt, versteht sein Träumersinn sich schlecht. Wer in diese »feindliche Welt« hinaus muß, sich darin tummeln, mit Menschen umgehen und handeln und das Geld, das der Mann nur mit seinen Sonderbarkeiten zu verdienen braucht, *ausgeben* muß, um das äußere Leben aufrechtzuerhalten und dabei des Träumers Wirken und Wagen liebevoll abzuschirmen gegen das Störende, Praktische, Geschäftliche, das ihn erschöpfen und für *seinen* Lebenskampf untauglich machen würde: wem diese Rolle zufällt, das ist die Frau, – *das war* diese Frau ein langes Leben lang, und wahrhaftig, es war nicht immer ein Auto für sie da, um sich darin zu tummeln im Wirklichen: in strengen, mageren Kriegs- und Nachkriegsjahren war es bloß ein Fahrrad, worauf sie herumfuhr in einer Windjacke zur Winterszeit, – da glitt sie aus auf vereister Trambahnschiene und brach sich den Knöchel.

Es gibt ja Frauen, die ganz Gattin, und solche, die ganz Mutter sind, deren Gedanken ganz dem Mann oder ganz den Kindern gehören, oder deren Liebeskraft doch ungleich verteilt ist zwischen ihm und ihnen. Das starke Herz dieser Frau, das Herz eines *ganzen* Menschen, schlug nie so verschieden. In ihrer Natur vereinigte sie beide Typen, sie war Mutter so ganz wie sie ganz Gattin war, und um nichts überwog *eine* Liebessorge die *andere*. Da sitzt sie und tippt die Stenogramme meiner Briefdiktate, kontrolliert Verleger-Abrechnungen, arbeitet Steuererklärungen aus und schreibt zwischenein lange mütterlich beratende Briefe an entfernte Kinder. Da wehrt sie den Besuchern und lehrt sie rechtzeitig wieder zu gehen. Von tausend Geschäften belastet und überlastet, ist ihr heller Geist noch wach zu erregter Teilnahme am öffentlichen Leben, den Weltereignissen. Da schilt sie. Da empört sich ihre Redlichkeit über die Bübereien der Politik, die Lüge, den Unsinn, die Heuchelei, das vom Interesse korrumpierte Denken. Da beklagt sie sich übers Niederträchtige, über das man sich doch nicht beklagen soll, da es das Mächtige ist, was man dir auch sage. Nie wird sie sich damit abfinden, so beschwichtigend man ihr zuredet: »Was wunderst du dich?«

Ihr energisch geschwindes Temperament heißt *Ungeduld*, Ungeduld mit der Trägheit, der störrischen Langsamkeit von Welt und Menschen, dem Zeitverderb, den all die Lahmheit ihrer Raschheit zumutet. *Und welche Geduld* hat sie lernen müssen, hat sie heldenhaft geübt als meine Gefährtin, die mit mir meine Arbeit trug! Diese schrecklichen Romane, in denen immer etwas Unmögliches möglich gemacht werden mußte, deren Entstehung sich in täglich webendem Bedacht hinschleppte durch Jahre und Jahre, mit ihren Einschaltungen, die ihrerseits Jahre verschlangen – wie oft hat sie seufzen müssen: »Nein, ich erlebe es nicht!« Von Zeit zu Zeit, von langer Zeit zu langer Zeit, hat sie's doch erlebt, das Finis, und dann gab es manchmal Feste, gab es Ehren. Es ist ja wahr: ich habe viele Ehren empfangen in meinem Leben, mangelhaft verdient für mein Gefühl, – meine Skepsis, die diesem Leben immer das Motto setzte: »Thou com'st in such a questionable shape«, sie hat sich der Kränze nie recht herzlich freuen können. Aber *für sie* haben sie mich gefreut, weil sie sie freuten, weil sie sie kindlich stolz machten und dadurch mein Gewissen entlasteten; zu ihren Füßen habe ich sie alle niedergelegt in sonst nicht auszusprechender Dankbarkeit für ihr unerschütterliches Ausharren, bei der Langsamkeit meines Lebens, für die heldenhafte Geduld, zu der Liebe und Treue ihre natürliche Ungeduld anhielten.

»Bleibe du mir auf dieser Erden, – so soll alles fertig werden!« – Nun, es ist einiges fertig geworden und wird – vielleicht – in ihrer Hut noch fertig werden. Aber alles? Das gibt es nicht. Wir gehen alle dahin als hoffnungsloser Schuldner des Unendlichen. »And my ending is despair«, sagt Prospero, Shakespeare's Zauberer. Wenn dann die Schatten sich senken und all das Verfehlte und Ungeschehene und Ungetane mich ängstet, dann gebe der Himmel, daß sie bei mir sitzt, Hand in Hand mit mir, und mich tröstet, wie sie mich hundertmal getröstet und aufgerichtet hat in Lebens- und Arbeitskrisen, und zu mir sagt: »Laß gut sein, du bist ganz brav gewesen, hast getan, was du konntest.«

Der dunkle Engel, der die Hände löst und jeden ins Alleinsein mit seinem Nichtsein weist, – hat er wirklich in jedem Falle

Gebot und Macht, so zu tun? Ich glaube es nicht. Gerade diese Tage ihres Altersfestes, und was ihr an Dank, Bewunderung, Ehrerbietung dabei zuströmt, läßt mich gläubig zweifeln an des Engels Vermögen. Was so gewesen ist, dem bleibt das Sein. Wir werden zusammenbleiben, Hand in Hand, auch im Schattenreich. Wenn irgendein Nachleben mir, der Essenz meines Seins, meinem Werk beschieden ist, so wird sie mit mir leben, mir zur Seite. Solange Menschen meiner gedenken, wird ihrer gedacht sein. Die Nachwelt, hat sie ein gutes Wort für mich, ihr zugleich wird es gelten, zum Lohn ihrer Lebendigkeit, ihrer aktiven Treue, unendlichen Geduld und Tapferkeit.

– Nun habe ich auch eine Rede gehalten auf meine Frau. Und ich hätte doch eine halten sollen auf Richard Schweizer und Freund Motschan und Emmie Oprecht und auf die Schweiz und alle Schweizer Freunde, die anwesenden und die, für die der Raum nicht reichte. Es war auch nicht anders gemeint. Es war nur so gemeint, daß, wie es sich gehört, der patriarchalische ›Eheherr‹ vorträte und im Namen der unmündigen Jubilarin in aller Form, in aller Herzlichkeit Dank und abermals Dank sage für das liebe Geschenk dieses Abends.

Little Grandma

Little Grandma war nicht meine little Grandma, aber sie wurde es gewissermaßen, da ich ihre Enkelin heiratete. Dieser Akt, den sie übrigens aus allgemeinen Gründen mehr duldete als billigte, hatte eine Vorgeschichte, merkwürdig genug, um mich für den Augenblick von Little Grandma wieder abzubringen, obgleich doch sie und sonst niemand die Heldin dieses kleinen Memorandums ist. Eine ihrer Töchter nämlich – sie hatte nur Töchter und war stolz darauf – ein sehr schönes Mädchen – wie auch Little Grandma zeit ihres Lebens sehr schön war, nur eben außerordentlich klein – hatte einen jungen Gelehrten geheiratet, den einzigen Sohn sehr reicher aus Schlesien nach Berlin eingewanderter Eltern, der sich der Mathematik zugewandt hatte und mit seiner Frau nach München gezogen war, wo er sich an der Universität habilitiert, zuerst Dozent, dann Professor, dann Ordinarius, Mitglied der Akademie der Wissenschaften, Geheimer Rat und alles mögliche geworden war. Außerdem machte das mit fünf Kindern gesegnete Paar dort ein großes Haus, das einen Mittelpunkt des Münchener geistigen und künstlerischen Lebens jener Zeit bildete und dessen Hochrenaissance-Räume der Schauplatz von Festen waren, wie Lenbach, der Tizian vom Dorfe, ein wahrer Freund der Familie, sie liebte.

Bei einem dieser Feste nun, einem Kostümball im Fasching, erschienen die Kinder des Hauses, vier Knaben und ein Mädchen, reizende, schwarzlockige Geschöpfe, als Pierrots in der weißen und bauschigen Tracht dieses Typs, mit Halskrause und spitzer Mütze, – das kleine Mädchen, die Jüngste, nicht etwa auch, wie es heute wohl sein würde, in der Pluderhose, sondern im artigen Röckchen. Die Gruppe hatte einen sensationellen Erfolg bei den Gästen, und Fritz von Kaulbach, Exzellenz, der Hofporträtist und einer der Malerfürsten jener Tage, bestand darauf, sie auf die Leinwand zu bringen. Er bekam seinen Willen, und sein Bild, wohl etwas zu glatt und schön gemalt für den heutigen Geschmack, aber in seiner Art ein Meisterwerk, gewann eine ungeheuere Popularität, wie sie in der Epoche bürgerlicher Kultur Werken der bildenden Kunst manchmal zuteil wurde. Das Original des Kinderkarnevals wanderte von Stadt zu Stadt, und Reproduktionen davon drangen in die entferntesten Winkel Deutschlands, ja weit über seine Grenzen hinaus. In allen illustrierten Zeitschriften fand man sie, sie hingen gerahmt in den Wohnstuben, auf Kalendern, Handarbeitskästen, Steingutgeschirr und Papierservietten waren die schelmisch blickenden weißen Buben, die liebliche kleine Pierrette zur Rechten, abgebildet. Jedermann war entzückt, und so auch ich, ein Schuljunge damals im alten Lübeck, hoch oben am Baltischen Meer. Ich schnitt das Bild, dessen persönliche Hintergründe mir ebenso unbekannt waren wie der großen Mehrzahl seiner Liebhaber und Bewunderer, aus einem Journal heraus und befestigte es mit Reißnägeln über dem Arbeitstisch meines Schülerzimmers, so gut gefiel es mir. München war fern, und unbekannt die Zukunft. Wenn ich aber aufblickte von meiner Ovid-Präparation – oder von was immer für einer schulwidrigen Vorbereitung, die ich an ihre Stelle setzte –, so hatte ich – meine zukünftige Frau vor Augen.

Ich sagte, daß diese Ehe nur die bedingte Zustimmung Little Grandma's hatte – nicht, weil sie mir persönlich besonders abgeneigt gewesen wäre. Aber zu der Zeit, als die Veröffentlichung eines vom Glück begünstigten Romans mir die Münchener Salons öffnete und ich die Bekanntschaft von Kaulbachs Pierrette machte, studierte diese, in Nachfolge ihres Vaters, Mathematik an der Universität; sie war nicht weit von ihrem Doktorexamen, und daß Ehe und Mutterschaft dieser Laufbahn ein Ende setzten und ihre Enkelin der hohen Wissenschaft entfremdeten, sah Little Grandma nicht gerne. Sie war eine eifernde Verfechterin der Ehre ihres Geschlechtes und seines unbedingten Anspruchs auf Gleichberechtigung, eine leidenschaftliche Kämpferin für das, was man damals Frauenemanzipation nannte, ja eine anerkannte Führerin dieser Bewegung, und als ich während meiner Verlobungszeit in Berlin ihre Bekanntschaft machte, bekam ich es wohl zu spüren, daß sie mich als einen Räuber an dem freien und ebenbürtigen geistigen Streben des Weibes betrachtete.

Es war eine der denkwürdigsten Bekanntschaften meines Lebens, vielleicht die denkwürdigste. Der Zauber von Little Grandma's Erscheinung und Persönlichkeit war unbeschreiblich und machte einen Eindruck auf mich, der sich bei jedem Wiedersehen im Lauf der Jahre bis zu ihrem Tode – sie ist nun schon mehr als zwanzig Jahre tot – in Rührung und Bewunderung erneuerte. Äußerst zierlich von Gestalt und gekleidet in ein schlicht fließendes, von aller Mode ›emanzipiertes‹ graues Gewand, besaß sie den malerischsten, mildbedeutendsten Kopf, den ich je gesehen, ein wahres Sibyllenhaupt, das Haupt einer gütigen alten Fee. Es war langschädelig, dieses Haupt, und weißes Haar fiel vom Scheitel, halblang gehalten, bis nahe zu den Schultern hinab und umrahmte ein vom Alter schon entblutetes elfenbeinfarbenes Gesicht mit edel gebogener Nase, einem feingeschnittenen, aber nicht etwa dünnen, sondern durch eine weiche Lippenmuskulatur ungemein beweglichen und ausdrucksreichen Mund und den außergewöhnlichsten Augen von der Welt, großen, weitgeöffneten, grauen Augen von wunderbarem Glanze auch dann noch, als das Weiße darin sich schon etwas ins Gelbliche verfärbte. Ein so weit offener Blick kann oft etwas Drohendes haben, und das traf auch bei Little Grandma zu; aber durch ein um die Lippen zuckendes Lächeln oder Schmunzeln wurde die Drohung, wenn nicht Lügen gestraft, so doch mehr oder weniger ins Gütig-Scherzhafte interpretiert. Ich sage: mehr oder weniger; denn als ich es einmal als junger Ehemann, infolge einer Dummheit, mit dieser durchdringenden Drohung der großen grauen Augen zu tun bekam, war fast gar kein Schmunzeln dabei, denn Little Grandma war so ernstlich böse mit mir, wie ihre Güte es irgend zuließ.

Ihre Enkelin und ich erwarteten damals unser erstes Kind, und ich hatte dem Wunsche Ausdruck gegeben, es möchte ein Knabe sein, mit der Begründung, es sei »mit einem Mädchen doch keine rechte ernsthafte Angelegenheit«. Diese schreiend unreife

Äußerung war Little Grandma leider hinterbracht worden, und beim nächsten Wiedersehen hatte ich mich zu verantworten – vor der Drohung der großen grauen Augen, die mich durchbohrten. Es war keine Kleinigkeit, ich habe nie einen schwereren Stand gehabt. Von Rechtfertigung konnte natürlich nicht die Rede sein, sondern nur von reuiger Zurücknahme und Deprekation. Aber ganz hat Little Grandma mir diesen verbalen Fehltritt nie verziehen, und für sie blieb ich von da an, trotz aller Gegenversicherungen und Bemühungen, mich rein zu waschen, ein »verdammter alter Anti-Feministe und Strindbergianer«. So nannte sie mich während der Gerichtsszene, und mir wäre noch schlechter zumute gewesen, wenn nicht zugleich der märchenhafte Anblick der Zürnenden mir die Seele erhoben und mich mit ehrfürchtiger Heiterkeit erfüllt hätte.

Ja, märchenhaft war ihre Erscheinung und wurde es mit den Jahren immer mehr, je kleiner das beugende Alter Little Grandma machte. Tatsächlich hatte sie persönlich nie recht in die Größenverhältnisse dieser Welt gepaßt; alles war zu hoch angebracht für sie, und die wachsende Schwierigkeit, Kleiderhaken und Wandborte zu erreichen, schuf ihr manchen Verdruß. So ließ die natürliche Neigung, sich selbst für richtig, den Rest der Welt aber für überdimensioniert zu halten, sie ärgerlich feststellen, daß in den Schlafwagen Berlin–München, die sie zuweilen benutzte, »alles für Riesen eingerichtet« sei. Und dabei hatte sie im Grunde viel freudiges Wohlwollen und sogar Bewunderung für so etwas wie einen Schlafwagen; denn nicht nur für die Befreiung ihres Geschlechtes aus Sklavenketten schlug ihr Herz, sondern für den Fortschritt der Menschheit überhaupt, den Aufschwung der Technik, von der sie sich reinen Herzens nur das Allerbeste und Glücklichste für die Zukunft unserer Rasse versprach, vor allem die Vereinigung der Welt zum ewigen Frieden. Sie war Schriftstellerin, und ihre Bildung, deren weibliche Unvollständigkeit oder Oberflächlichkeit sie ihren Erziehern zum bitteren Vorwurf machte, war weit eher vom Literarischen als vom Naturwissenschaftlichen her bestimmt. Auf chemischem und physikalischem Gebiet war sie eigentlich so unwissend wie ein Kind. Es war sehr schwer, ihr begreiflich zu machen, daß flüssige Luft nicht dasselbe sei wie Wasser; und schraubte jemand eine brennende Glühbirne ab, so konnte sie zur Erheiterung der Jugend warnen: »Was tust du? Du läßt ja die gute Elektrizität ausströmen!« Die »gute Elektrizität« war eben, wenigstens als Lichtquelle, sehr neu und spät in ihrem Leben, und sie stellte sich vor, daß sie ausströme wie das Leuchtgas, das in ihren jungen Tagen Kerze und Brennöl abgelöst hatte. Aber diese theoretische Unschuld hinderte sie nicht, den technischen Errungenschaften des Menschen, seinem ständig wachsenden Vermögen, sich die Naturkräfte dienstbar zu machen, die herzlich-hoffnungsvollste Bewunderung entgegenzubringen, – ja diese Unschuld war wohl gerade der Grund solchen stolzen Staunens, und nicht genug konnte sie von diesen Neuerungen und herrlichen Erfindungen noch mit in ihre Lebenszeit aufnehmen. Immer hatte sie gewünscht, es zu erleben, daß der Mensch fliegen könnte, – und sie erlebte den Aeroplan, das Luftschiff des Grafen Zeppelin: mit glänzenden Augen sah die winzige Greisin zu den völkerverbindenden Vehikeln des Äthers empor. Ich nehme an, daß die organische Ausdauer eines Menschen verlängert und hingehalten werden kann durch starke Erwartung, liebende Neugier. Gewiß wurde Little Grandma bei all ihrer Zartheit so alt – ganze sechsundachtzig Jahre –, weil sie durchaus dies und das an menschlichen Erfolgen noch mitmachen wollte. Lebende Zeugin zu sein von der Erschließung neuer, innerster Kraftquellen durch die Zertrümmerung des Atoms war all ihr Begehren. Wie sehr gönnte sie uns Menschenkindern das gewaltige Bequemlichkeitsglück dieser vielleicht letzten und höchsten Errungenschaft!

Little Grandma war 1832 geboren, im Todesjahr Goethe's, den sie nicht besonders mochte, seiner Schwäche wegen für leichte Frauenzimmer wie Wilhelm Meisters Philine. Sie stammte aus dem kleinen Berliner Mittelstande. Ihr Vater war ein Tabakimporteur gewesen, der die Tochter eines jüdischen oder halbjüdischen Musiklehrers geheiratet hatte – es war wohl dieser Einschlag von biblischem Wüstenblut, dem Little

Grandma den Glanz ihrer Augen, das Außerordentliche ihrer Physiognomie verdankte. Sie wuchs auf – wenn man so sagen kann – unter nicht weniger als siebzehn Brüdern und Schwestern, von denen ich niemals eines zu sehen bekommen habe. Es fällt schwer, sich geschwisterliche Varianten von Little Grandma's Schönheit vorzustellen. Vielleicht waren schon alle dahin zu der Zeit, als ich ihre Bekanntschaft machte. Die Heirat, die sie selbst in jungen Jahren einging, ähnelte der ihres Vaters. Es war ein junger protestantischer Theolog aus längst getauftem jüdischen Hause, den sie zum Manne nahm, nachdem er aus überwiegender Neigung den geistlichen Beruf mit dem eines politischen Publizisten vertauscht hatte. Gemeinsam mit Freunden, ihm an Gesinnung und Begabung verwandt, gründete er in den fünfziger Jahren des vorigen Jahrhunderts ein liberales Witzblatt, das durchschlagenden Erfolg hatte und für Jahrzehnte zum politisch-literarischen Inventarstück der bürgerlichen Kultur Deutschlands wurde. Die Mitarbeiter der berühmten Wochenschrift, Zeichner, Dichter und Redakteure, verkehrten in Little Grandma's Berliner Salon, der sich als eine Art von Fortsetzung des romantischen Salons der Rahel Varnhagen dargestellt haben muß. Überlebende dieses Kreises, Varnhagen selbst und Alexander von Humboldt kamen dorthin. Daß außerdem die ganze liberale Bismarck-Opposition, Bamberger, Lasker, selbst der Sozialist Lassalle, dort aus- und einging, hinderte nicht, daß der Kanzler, der jede Macht zu schätzen wußte, Little Grandma's witzigen Gatten sehr rücksichtsvoll behandelte. Als dieser eines Tages wegen Majestätsbeleidigung – denn er hatte ein Spottgedicht auf eine Prinzessin von Reuß, eine kapitale Gans, veröffentlicht – zu einigen Wochen Gefängnis verurteilt worden war, ließ Bismarck ihn sogleich wieder in Freiheit setzen, mit dem freundlichen Ersuchen, »die arme Luise« doch künftig in Ruhe zu lassen.

Dann verwitwete Little Grandma. Sie lebte nicht mehr an der Seite eines angesehenen Gatten, sie war nur noch sie selbst. Aber eine Frau von Persönlichkeit wird unter diesen Umständen oft erst recht, was sie ist. Little Grandma hatte nicht nur ihrem

Haushalt vorgestanden, ihre vier Töchter, von denen keine so klein, aber auch eine nur, die in München, annähernd so schön war wie sie, aufgezogen und befriedigend verheiratet, sie war auch für ihr Teil immer geistig tätig und produktiv gewesen. Sie schrieb Romane – nun, die waren nicht gerade sehr wichtig, obgleich sie als Dokumente aus dem Berliner und Münchener Gesellschaftsleben gewiß ihren Wert behalten werden. Aber erstens war es damals bei uns, anders als in den angelsächsischen Ländern, etwas Außergewöhnliches und Imponierend-Halbanstößiges, im bürgerlichen Sinne ›Unweibliches‹, daß eine Frau überhaupt Bücher schrieb; und zweitens war Little Grandma ja eine Kämpferin und Ruferin im Streit, welche die Freiheit und Selbständigkeit des Weibes, die sie als Novellistin praktisch betätigte, auch als Journalistin, mit Artikeln, die sie für die liberale Presse und für Frauenzeitschriften verfaßte, theoretisch-gesellschaftskritisch verfocht und sogar in Versammlungen auftrat. Ihre märchenhafte Person reichte dabei kaum über das Rednerpult hinaus; aber die Hauptsache war, daß ihre Augen darüber hinausblickten, und die machten mehr Eindruck als ihre Worte.

Die Verehrung, die sie in weiblichen Kreisen unter strebenden Frauen genoß, war außerordentlich. Ich war Zeuge davon, mit welcher Andacht ernste und tätige junge Mädchen, Studierende und dem sozialen Dienst Ergebene, buchstäblich zu ihren Füßen sitzend, den freien und gütig-radikalen Meinungen lauschten, die sie ihnen über Liebe und Politik, Volkserziehung und die Beseitigung von Armut und Verbrechen, namentlich aber über die Stellung der Frau in einer zukünftigen, durch die Dienstbarmachung aller Naturkräfte beglückten und vervollkommneten Welt schon zahnlosen Mundes eröffnete. Ihre Töchter lebten in guten Verhältnissen, verheiratet die eine an einen reichen Bankdirektor, die andere an einen Bildhauer der klassischen Schule, der Beziehungen zum Hofe besaß und die Kinder des Kronprinzen hatte modellieren dürfen, die dritte an einen gutbezahlten italienischen Journalisten. Sie aber hauste für sich, vollkommen anspruchslos, in einer stillen Straße des Berliner Alten Westens, zwischen Möbeln der fünfziger Jahre, in einer Drei-Zimmer-Mansardenwohnung. Dort kochte sie sich, nach den kurzen Schlummerstunden des Alters, frühmorgens im wattierten Schlafrock ihren Kaffee auf einer Spiritusmaschine, wobei sie der zukünftigen Menschheit gedachte, die ihr Kaffeewasser gewiß im Nu mit den Kräften des zertrümmerten Atoms zum Wallen bringen würde, und kehrte ins Bett zurück, um an ihren Emanzipations-Artikeln zu schreiben, die ihr auch dann noch von der Hand gingen, als fürs Romaneschreiben die Kräfte nicht mehr reichten. Das ›Berliner Tageblatt‹ druckte sie mit Ehrerbietung.

Nachmittags aber empfing sie im Wohnstübchen ihre Jüngerinnen, – sie waren nach Tracht und Rede nicht immer vom angenehmsten Typ, wie ja schon manches Prophetentum durch seine Gefolgschaft in Verlegenheit gesetzt worden ist. Little Grandma aber war nicht verlegen, sondern nahm duldsam und gütevoll das Menschliche wie es war und hielt es immer noch lieber mit dem Geschmacklosen als mit dem Konventionellen. Auch militante Kommunistinnen mischten sich wohl in den Kreis, und Little Grandma suchte eher beschwichtigend als antreibend auf ihre heftigen Gesinnungen einzuwirken.

An anderen Nachmittagen sah sie ihre Kinder und Enkel, zuletzt auch Urenkel bei sich, – eine Menge Nachkommenschaft, welche, das Stübchen überfüllend, in heiterer Ehrerbietung den Voltaire der zauberhaften Miniatur-Ahnin umdrängte. Ein wenig entbehrte es der Logik, daß sie ihre Enkel so zärtlich liebte, so selbstvergessen mit ihnen scherzte und plauderte, während sie für die Schwiegersöhne, die am Ende das Mittel ihres großmütterlichen Glückes waren, nicht gar viel übrig hatte. Obgleich sie doch selbst nicht ledig geblieben war, konnte sie eine grundsätzliche Animosität gegen Schwiegersöhne nie ganz unterdrücken, weil dieser Menschenschlag geschaffen war, die höhere Entwicklung der Frau zu vereiteln. Die ihren hatten persönlich darunter zu leiden. Dem Bankdirektor setzte sie mit sozialistischen Sticheleien zu, obgleich sie weit eher eine bürgerliche Radikale als Marxistin war; den Hof-Bildhauer nannte sie hinter seinem Rücken einen Konditor und den italienischen Journalisten einen Windbeutel – zu schweigen von dem großäugigen Verweis, der mir, dem Enkel-Schwiegersohn, unfehlbar bei jedem Wiedersehen wegen meiner gottverlassenen Äußerung von damals zuteil wurde.

Ich will nicht vergessen zu sagen, daß Little Grandma bei allem Kritizismus bescheiden war bis zur Selbstunterschätzung, bis zum kleinlauten Unglauben an das, was sie zu bieten hatte und was ihr zukam, – mochte diese Zaghaftigkeit nun mit ihrer schlichten Herkunft oder mit der Unterwüchsigkeit ihrer Person zusammenhängen. Sie war imstande, ihre Gäste selbst vor einer Speise zu warnen, die sie ihnen vorsetzte, und zu sagen: »Essen Sie lieber nicht davon; ich fürchte, es ist schon etwas verdorben.« Als sie einst bei uns auf dem Lande im sommerlichen Oberbayern zu Besuch war, fiel außergewöhnlich heißes Wetter ein und wurde, bis der obligate Gewittersturm ihm ein Ende setzte, zur schweren Kalamität. Little Grandma's Äußerung dazu vergaßen wir nie; und die Kinder zitierten sie viel. Sie lautete: »Wie warm muß es hier erst an einem *wirklich* heißen Tage sein!« – Der Tag war aber heiß im Extrem, der heißeste Tag seit Menschengedenken; er hätte gar nicht heißer sein können, und Little Grandma konnte aus purer Bescheidenheit nur eben nicht glauben, daß zu ihren Ehren das Wetter sich in außerordentliche Unkosten gestürzt haben sollte.

Noch sehe ich sie vor mir, wie sie damals, gestützt auf ihr kurzes Krückstöckchen, das weiße Haar von einem Schleier bedeckt, der ihr den gebeugten Rücken hinunterwallte, auf den Kieswegen unseres Gartens dahinwanderte, klein, sehr klein und seltsam, ein rührendes Menschheitsmütterchen. Sie erlebte den Ersten Weltkrieg, in dem gottlob die Fahrzeuge des Äthers noch nicht eine solche Rolle spielten, daß Little Grandma ernstlich hätte von ihnen enttäuscht sein können. 1918 starb sie, nach Ausrufung der deutschen Republik. Sie schloß die schönen alten Augen in der Zuversicht, daß Deutschland nun als freies und ganz der friedlichen Gesittung geweihtes Land im Kreise ebenso freier und fortschrittlicher Schwesterstaaten ein Dasein würdigen Glückes führen werde. Für uns, die wir weiterlebten, kam das alles ein wenig anders. Aber Little Grandma wird nicht vergessen sein. Die Menschheit ist eine schwache, doch nicht gemütlose Kreatur. Sie wird es übel treiben bis ans Ende. Dabei aber wird sie eine gewisse Dankbarkeit immer denen bewahren, die an sie geglaubt haben.

Der Doktor Lessing

Nummer 3 der Wochenschrift ›Die Schaubühne‹ brachte unter dem Titel ›Samuel zieht die Bilanz‹ einen ›Theodor Lessing‹ gezeichneten Artikel, dessen empörende Unart nicht scharf genug gerügt werden kann. In formaler Hinsicht der stümpernde Versuch einer Heine-Imitation, sucht der Artikel die Tätigkeit eines ernsten Schriftstellers, des Weimarer Kritikers und Dramatikers Samuel Lublinski, auf eine Weise zu diskreditieren, für die das Wort ›unsachlich‹ Beschönigung wäre. Charakterisierungsmittel, die man einem Dämon an Bosheit und Sprachkunst mit widerwilligem Entzücken verzeiht, handhabt Herr Lessing mit einer Dreistigkeit, die zu seinem schriftstellerischen Vermögen im unleidlichsten Mißverhältnis steht, und wenn man über seine Talentlosigkeit mit Bedauern hinweggehen könnte, so fordert seine Unverschämtheit auch den Unbeteiligten zu öffentlichem Widerspruch heraus.

Herr Lessing erklärt, daß er die Schriften, die den Gegenstand seines Machwerks bilden oder hätten bilden sollen, Lublinski's kritische Bücher ›Die Bilanz der Moderne‹ und ›Der Ausgang der Moderne‹, nicht etwa gelesen, sondern nur beim Buchhändler »ein bißchen darin geblättert« habe, – erklärt es mit Selbstgefälligkeit. Er gehört zu jenem heute weit verbreiteten Schlage von Literaten, welche Wert und Würde der Literatur nach ihrer eigenen – freilich unachtbaren – Person beurteilen und denen darum der Ehrenname des Literaten zum Schimpfwort geworden ist, das sie einander in den Journalen nachrufen und das keiner auf sich sitzen lassen will. So bedeutet uns Herr Lessing – oder »der Doktor Lessing«, wie er sich in seinem Artikel nennt oder nennen läßt –, daß er »für Literatur nur wenig Interesse habe« und seit einigen Jahren sich »nur mit Abelschen Funktionen und mit *den Kegelschnitten xter Ordnung* beschäftige«, wovor die Dichter »schreckliche Angst« hätten. Der Dichter freilich, der zufällig Gelegenheit hat, auch nur dies Renommierpröbchen Dr. Lessing'scher Fachgelehrsamkeit auf seine Solidität zu prüfen, wird kaum noch hoffen können, daß die Wissenschaft mehr an Herrn Lessing gewonnen hat, als die Schöne Literatur an ihm verlor. Sollte trotzdem, wie wir wünschen, seinem großen Namen dereinst in jedem Lehrbuch der hohen Mathematik ein Ehrenplatz angewiesen werden, so steht vorläufig fest, daß man, beim Buchhändler in Lublinski's literaturkritischen Schriften blätternd, den Namen Theodor Lessing *nicht* findet, – eine Tatsache, die jeder beurteilen und zu seiner Orientierung verwenden mag, wie es ihm beliebt.

Wenn es Herrn Lessing aber an Sachkenntnis fehlt, so fehlt es ihm, wie er sich und uns in unbegreiflicher Überschätzung seiner seelischen Sehkraft bereden möchte, desto weniger an der Kenntnis des Menschen Lublinski, dem er im Lauf der Jahrzehnte ein paarmal begegnet: und so bildet denn sein Artikel von Anfang bis zu Ende eine Verhöhnung der bürgerlichen Person des Mannes, – ein verleumderisches Zerrbild, wie es roher und insipider unmöglich zu denken ist. Da wird uns eine »kleine, kuglige Gestalt«, ein »gestikulierendes«, »purzelndes« Etwas auf »kurzen, fahrigen Beinchen« sichtbar zu machen gesucht, ein »fettiges Synagöglein«, das sein »schwammiges Bäuchlein ... wie die Apsis weit in die Außenwelt hineinstreckt«, ein »Männlein«, das »nicht sieht, nicht hört, nicht schmeckt, nicht riecht«, sondern nur »redet und schreibelt«, ein »Gebürtchen«, das »sich gar naiv ins Zimmer mauschelt«, mit den Beinen »mauschelt«, mit den Ärmchen »mauschelt«, »Wortwürmlein« nach rechts und links fallen läßt und dessen Wiege zu »Pinne in Posen« oder zu Johannisburg gestanden habe, – Herr Lessing wisse das nicht so genau. Dies »knicksende«, »watschelnde«, »trippelnde« und immer wieder mauschelnde »Gebürtchen« oder »Talmudgebürtchen mit hypertrophisch entarteten Schreib- und Redezentren«, das »sein liebes Väterchen an einem schönen Schabbes aus Versehen statt eines rabbinischen Traktätchens erzeugt« habe und das von seinem Schwesterlein gepäppelt, an den hohen Feiertagen wohl auch einmal gewaschen werde, – es »käut«, »speit« und »kollert« »Literatur«; es gibt, »ein Literaturfontänchen«, »Spruchbänder« von sich mit »Symbolismus«, »Neuromantik«, »Idealismus«, mit »differenziert«, »eigene Note« und »Persönlichkeit«, mit »Erdscholle«, »Wurzelständigkeit« und »Lokalkolorit«; es »schnüffelt nach literarischen Gelegenheiten, an denen es sein Wasser abschlagen« könne, es »hebt das literarische Beinchen«, um Ibsen »den Magus aus Norden« und Bismarck »die Eiche im Sachsenwald« zu nennen; es mauschelt dem würdevollen Herrn Lessing, den solche Laute natürlich im tiefsten befremden müssen, beständig vor, was für Dramen es zu schreiben gedenke, und »*wie übrigens die meisten Dichter*«, die Herr Lessing »*kennengelernt*« hat (ich gratuliere!), beginnt dies krasse Produkt seiner Gestaltungskraft auf das leiseste Stichwort hin sofort von den Perioden seiner Entwicklung zu faseln. So geht es mit läppischen Diminutiven, mit heinelnden »gar sehr«, »gar wohl« und »gar gern«, mit stumpfsinnig-unermüdlichen Wiederholungen des Wortes ›mauscheln‹ acht Seiten lang fort. Am Ende erscheint die »mißratene maurische Synagoge« Herrn Lessing im Traum, teilt sich in viele kleine mauschelnde Mißgeburten, die nicht sehen, nicht hören und nicht riechen können, sondern Herrn Lessing, sehr euphemistisch, einen »Nachzügler der Neuromantik« heißen und ihm, vollkommen mit Recht, die Existenzberechtigung absprechen, worauf er sie ernstlich ermahnt, »doch endlich« seine philosophischen Werke zu lesen. Das Ganze aber, gibt Herr Lessing uns zu verstehen, sei erstens das Porträt des Herrn Samuel Lublinski und bedeute darüber hinaus den »schreibenden Typus«, den Herr Lessing den »espritjüdischen« nenne.

Man errät, daß all dies »gar gern« für witzig, boshaft, grotesk, für diabolisch und visionär gelten möchte: manch übelduftend lyrisches Detail des Artikels läßt keinen Zweifel an den dichterischen Ambitionen des Herrn Urhebers. Es ist aber das Ganze so schlecht, so dumm, so falsch gesehen, so liederlich-willkürlich, es hat mit Lublinski's menschlicher und schriftstellerischer Persönlichkeit so durchaus gar nichts zu schaffen, daß man nicht weiß, ob man mehr über die bildnerische Ohnmacht oder über die bodenlose Unfeinheit des Winkelpamphletes erstaunen soll.

Auch ich bin mit dem Verfasser des ›Ausgangs der Moderne‹ das eine und andere Mal zusammengetroffen, und meine Eindrücke weichen von denen des Herrn Lessing wesentlich ab. Ich sah den Mann seiner Werke: einen ernsten, ja starren und nicht ohne Mißtrauen auf seine Würde bedachten Menschen, der sich die Zunge zerbisse, ehe er das ranzige Geschwätz, das Herr Lessing ihm zulügt, über seine Lippen brächte, – es wirkte auf mich eine wenig glückliche, wenig musisch-graziöse, theoretisch befangene und überstrenge, aber unbestechlich auf das Rechte und Große gerichtete Natur, deren bisherige Lebensleistung diejenige ihres Verunglimpfers ganz unvergleichlich überragt. Lublinski's Analyse der zeitgenössischen Literatur mag manchem freudlos und bitter erschienen sein, – mich hat sie nicht abgestoßen. Nichts, habe ich immer gefunden, – nichts von brennenderem Interesse, nichts fruchtbarer und stimulierender zu guter Letzt als die Kritik der Modernität. Es *fehlt* in Deutschland an Psychologie, an Erkenntnis, an Reizbarkeit, Gehässigkeit der Erkenntnis, es fehlt an kritischer Leidenschaft . . . Der Kampf gegen die Zeit und gegen das, was sie im Triumphe emporhebt, braucht nicht notwendig aus persönlicher Verbitterung hervorzugehen. Große Beispiele lehren, daß er dem Willen zur Selbsterkenntnis, zur Selbstüberwindung entspringen und die Selbsterkenntnis der Zeit, ihre Selbstüberwindung fördern kann. Auch braucht sich von einer Polemik, welche gegen die Zeit gerichtet ist, der einzelne ja nicht getroffen zu fühlen: Im Gegenteil, es ist auszeichnend, von einem Richter der Zeit als symptomatisch, als repräsentativ besonders aufs Korn genommen zu werden, und in Lublinski's Hofmannsthal-Polemik zum Beispiel, die ärgern könnte, findet sich manches heiße Wort, welches darauf hindeutet, daß er den Reiz dieser modernen Persönlichkeit vielleicht leidenschaftlicher empfunden hat als mancher ›Bewunderer‹. – Mich freilich hat er, mit Maßen, gelobt, und darum nehme ich ihn in Schutz? Nein, nicht so. Nicht weil er mich gelobt hat, sondern weil er mich *gescheit* gelobt hat, trete ich für ihn ein, und weil ich, durch gescheites Lob so wenig wie durch gescheiten Tadel verwöhnt, also aus unmittelbarer Erfahrung weiß, daß er die idiotische Charge nicht ist, die ein niedriges Ressentiment aus ihm machen möchte.

Herr Lublinski ist kein schöner Mann, und er ist Jude. Aber ich kenne auch Herrn Lessing (wer kann für seine Bekanntschaften!), und ich sage nur soviel, daß, wer einen Lichtalben oder das Urbild arischer Männlichkeit in ihm zu sehen angäbe, der Schwärmerei geziehen werden müßte. Im Ernst: Nur der vermag die herausfordernde Unmöglichkeit des ›Schaubühnen‹-Artikels völlig zu würdigen, der zufällig weiß, welch ein ›Gebürtchen‹ als Autor dahinter steht. Es ist nicht zu sagen, wo überall Herrn Lessings Wiege gestanden haben könnte, gesetzt, daß er eine gehabt hat. Demütigende Lebenserfahrungen, deren man sich selbst ihm gegenüber nicht als Waffe bedienen mag, sollten ihn, was Mangel an körperlichem Liebreiz betrifft, altruistisch gestimmt haben, und der gräßlichen Anekdote, er habe einmal mit anderen Schwabinger Ekstatikern beiderlei Geschlechts ganz nackend ein Feuer umtanzt, kann ich mich nicht ohne schwere Gefährdung meines Wohlbefindens erinnern. Wer im Glashause sitzt, lehrt das Sprichwort, sollte nicht mit Steinen werfen; und wer sich als Schreckbeispiel schlechter jüdischer Rasse durchs Leben duckt, verrät mehr als Unweisheit, verrät schmutzige Selbstverachtung, wenn er sich für Pasquille bezahlen läßt, deren drittes Wort ›mauscheln‹ lautet. Im Stile des wildgewordenen Provinz-Feuilletons über den »espritjüdischen Typus« zu satirisieren, steht prächtig dem zu Gesicht, der selber in aller Welt nichts weiter als das schwächste und schäbigste Exemplar dieses in einigen Fällen doch wohl bewunderungswürdigen Typus vorzustellen vermag! Nachdem er als Mediziner, als Schullehrer falliert, als Lyriker, Dramatiker und in jenen von ihm so dringlich empfohlenen »philosophischen Werken« seine weichliche Unfähigkeit erwiesen, hat unser Held sich in Göttingen als theaterkritischer Volontär, in München als Zionist und Conférencier für Damen versucht; hat, als jedermann soweit war, Kulissenreform getrieben; wird neuerdings, ein alternder

Nichtsnutz, vom Polytechnikum zu Hannover als Privatdozent geduldet und gibt dortselbst das Organ des vielbelachten Anti-Lärm-Vereins, ›Das Recht auf Stille‹ oder ›Der Anti-Rüpel‹, heraus, – eine Notbeschäftigung, in der man ihn sympathisch gewähren lassen könnte, wenn nicht gar zu viel dabei von dem köstlichen Nervensystem des Herrn Lessing die Rede wäre.

Woher aber nimmt dieser benachteiligte Zwerg, der froh sein sollte, daß auch ihn die Sonne bescheint, die Lust, das innere Recht zur Aggressivität und zur lyrischen Unverschämtheit? Woher die Selbstgefälligkeit, mit welcher er sein verfehltes Ich einer erstaunten Leserschaft aufzudrängen sucht? Niemand will wissen, in welchem »weltverlorenen Häuschen« er gewohnt und daß er vor »Herrschaften« Vortrag über »transzendentale Analytik« gehalten habe, als Herr Lublinski ihn, fünfzehn Jahre sind's her, besuchte, – welche Herrschaften »stupéfait« (ohne s) über das Talmudgebürtchen seiner zweifelhaften Phantasie gewesen seien. Niemanden interessiert es, in welchem Kaffeehaus er seine Jahre »verdüstert« oder daß er, ein prachtvoller Urmünchner, seine Gäste aufzufordern pflegte, ihn »halt a bisserl« ins Hofbräu zu begleiten. Und man ist »stupéfait«, um mich so herrschaftlich wie Herr Lessing auszudrücken, wenn dieser ewig namenlose Schlucker, dem die Trauben der Dichtung zu hoch hängen, von Liliencron sagt, er sei »nicht viel dümmer« gewesen, »als zum Ausüben edler Dichtkunst nun einmal nötig ist«. Mag er übrigens sein ärmliches Leben fristen, seine Nichtigkeit in Szene setzen, so gut er kann. Da er den Versuch wagte, einem Schriftsteller, dessen bedeutendes Streben Achtung verdient, dessen Wirkung auf die Zeit aber ohnedies durch spröde Eigenschaften gefährdet ist, mit albernen Lügen zu schaden, so galt es, dem Unfug zu steuern.

Ich oder ein anderer: Irgendwer mußte den Schächer strafen. Kein ehrenvolles Geschäft; aber vornehmes Übersehen ist nicht immer am Platz und macht den Lumpen das Handwerk zu leicht. Achtete doch selbst Odysseus es nicht für Raub, den häßlichen Schwätzer vor versammeltem Danaervolk, wie er's verdient, zu traktieren.

Was Dr. Theodor Lessing hier und in Nummer 10 der ›Schaubühne‹ unter dem Titel ›Gegen Thomas Mann‹ veröffentlicht, bedarf keiner Erwiderung, nur einiger sachlicher Richtigstellungen, die ich hier in aller möglichen Kürze vornehmen zu dürfen bitte.

1. Herr Lessing sucht, auf verworrene Art meinen Artikel im ›Literarischen Echo‹ vom 1. März als ein Produkt »verletzter Dichtereitelkeit« hinzustellen, als einen Akt persönlicher Rache, ich weiß nicht wofür. Der Hergang war dieser: Freunde des Herrn Lublinski schickten mir den Artikel ›Samuel zieht die Bilanz‹ und ersuchten mich, einen Revers zu unterzeichnen, worin sie gelegentlich der Lessing'schen Publikation ihr Bedauern darüber aussprachen, daß es keine Ehrengerichte für Journalisten gäbe. Ich lehnte es ab, dieses Papier zu unterschreiben, weil mir schien, daß wenig von all dem, was gesagt werden mußte, darin gesagt sei; ließ aber Herrn Lublinski mitteilen, daß ich den Angriff im ›Literarischen Echo‹ gebührend zurückweisen würde, schrieb meinen Artikel und gab ihn in Druck. Unterdessen hatte, ohne mein Wissen und von Berlin aus, eine mir nahestehende Dame einen Brief an Herrn Dr. Lessing gerichtet, worin sie, angewidert durch sein Machwerk, fernere Beziehungen zu ihm als nicht ehrenvoll ablehnte und ihren Austritt aus seinem ›Anti-Lärm-Verein‹ erklärte. Die Version, daß die Dame in irgendeiner besonderen Eigenschaft ihren Protest erhoben habe, beruht auf freier Erfindung des Herrn Dr. Lessing. Im Besitz ihres Briefes, übersandte er mir seinen ›Schaubühnen‹-Aufsatz und schrieb dazu, daß es »seinem Gewissen als Schriftsteller von Nutzen sein würde, wenn er erführe, ob auch ich seine Satire für ästhetisch verfehlt und menschlich infamierend hielte«. Ich bedauerte, ihm erwidern zu müssen, daß ich über seine Publikationen womöglich noch empörter sei als die Briefschreiberin, da ich Herrn Lublinski kennte und schätzte; daß ich eine Entgegnung *abgeschickt hätte*, die so scharf wie möglich ausgefallen sei, daß ich sie aber im letzten Augenblick zurückzie-

hen würde, wenn Herr Lessing sich entschlösse, eine Lublinski rehabilitierende Erklärung, über deren Form ich keinerlei Vorschriften machte, in der ›Schaubühne‹ zu erlassen. Dieser Vorschlag erschien mir, da Herr Lessing an mein Urteil appelliert hatte, als ein Gebot der Loyalität. Herr Lessing wies ihn in zwei aufeinander folgenden Briefen nicht nur mit sonderbarem Hochmut von sich, sondern drang in exaltierten Wendungen auf die Veröffentlichung meiner Replik und erklärte, daß er, wenn ich sie etwa zurückzöge, meinen Brief »nebst psychologischem Kommentar« der Presse übergeben werde. Ich hatte gewiß nicht die Bekanntgabe meines Antwortschreibens, noch weniger den »psychologischen Kommentar« des Herrn Lessing zu scheuen. Aber ich hatte auch keinen Grund, meinen Artikel einzuziehen, sondern ließ ihm seinen Lauf. – Dies der lückenlose Hergang. »Rache heischende« Dichtereitelkeit findet, wie man sieht, keinen Raum darin.

2. Herr Dr. Lessing beruft sich auf einen außerordentlich artigen Brief, den ich ihm vor vier Jahren über eins seiner Bücher geschrieben habe. Die alte Geschichte. Solche Leute haben immer irgendeinen alten Brief bei der Hand. Sie wissen, was eines Tages geschehen kann, bewahren auf, was sich brauchen läßt, und sind gerüstet. In der ›Schaubühne‹ bezeichnet Herr Lessing diesen Brief als »spontan«: was zunächst einmal falsch ist. »Geistige Bewegung«, »psychologisches Raffinement« – solche Phrasen, die Herr Lessing für voll nimmt und sich zu Kopf steigen läßt, weil er nichts anderes kennt, werfe ich nicht einem Autor zu, von dessen Werk ich ergriffen bin und dem ich wirklich etwas darüber zu sagen habe. Herr Dr. Lessing hatte mir sein Buch geschickt, und ich hätte nicht daran gedacht, ihm zu schreiben, ohne das Bewußtsein, daß er eine Äußerung von mir über seine Leistung wünschte und zu erwarten hatte. Seit Stilgebauers Tagen nehmen bessere Verleger Anstand, solche Briefe zu Reklamezwecken zu benutzen. Aber Herr Lessing zitiert daraus in der ›Schaubühne‹: »Ich bitte Ihnen aussprechen zu dürfen, daß ich Sie . . . bewundere« und »Ich habe von wenigen Geistern so starke Wirkungen empfangen wie von Ihnen.« Daß

ich diesen Unsinn nicht geschrieben haben konnte, war, trotz der Anführungsstriche, ohne weiteres klar. Herr Lessing hat die eigenartige Gewohnheit, zwischen Anführungszeichen zu setzen, was ihm beliebt. Was er in der ›Schaubühne‹ von meinen Äußerungen an und über ihn vorführt, ist willkürlich verändert, verstellt, ja erfunden, und doch als Zitat behandelt. (Ich habe, um ein kleines Beispiel zu geben, ihn niemals emphatisch »Herr Lessing!« angeredet, sondern einfach »Sehr geehrter Herr« geschrieben; und ich wundere mich, daß er diese Anrede nicht zu der Behauptung ausnutzt, ich hätte ihm noch vor vierzehn Tagen meine Ehrerbietung ausgedrückt.) Daß also die Anführungsstriche auch bei den Briefzitaten nicht die übliche Bedeutung hatten, lag auf der Hand. Wieweit ihnen diese Bedeutung nun an dieser Stelle zukommt, wo Herr Lessing, was gemeinhin nicht nötig ist, sein Zitat für »authentisch und wörtlich« erklärt, entzieht sich meiner Kontrolle. Wenn es mir im Jahre 1906 »geistige Bewegung« gewährt hat, in einem Buche zu blättern, das Schopenhauer und Nietzsche paraphrasiert und das mich also ganz unabhängig von seinem gedanklichen Eigenwert interessieren mußte, – beweist das etwas dagegen, daß das Urteil, welches ich im Jahre 1910 über die literarische Gesamtleistung des Herrn Lessing fällte, aufrichtig und zutreffend war, oder gar etwas dagegen, daß er sich in eben diesem Jahre wie ein niederträchtiger Narr benommen hat? Habe ich geschrieben, was Herr Lessing anführt, (und es nimmt sich immerhin anders aus, als das in der ›Schaubühne‹ zitierte), so trifft mich der Vorwurf, daß ich in der bei solchen Gelegenheiten nun einmal gebräuchlichen Zuvorkommenheit aus einer Schwäche, die ich nicht beschönigen will, viel zu weit gegangen bin; und ich habe dem nichts als die Versicherung hinzuzufügen, daß mir dieser Fall für alle Zukunft eine Lehre bleiben wird.

3. Um keine Unanständigkeit zu versäumen, beeilt sich Herr Lessing, ganz unbeteiligte Privatpersonen in seine erbärmliche Polemik hineinzuziehen. Ich bin also gezwungen, auch diesen Punkt zu berühren. Herr Lessing beruft sich auf die »nahe Freundschaft«, die er ein Jahrzehnt lang von seiten einer mir

durch Heirat verwandten Münchener Familie genossen habe. Ich hörte, daß Herr Dr. Lessing, da nichts gegen ihn vorlag, im Hause dieser Familie häufig empfangen worden ist. Man hat ihn geduldet, ihn angehört, getröstet, gestützt. Man hat ihn, auf seine Bitte hin, ungern und in zurückhaltenden Ausdrücken dem damaligen Rektor des Polytechnikums in Hannover empfohlen. Das ist alles. Daß er »gesucht« worden sei, daß man ihm »manches zu danken« habe, ist eine so sinnlose Umkehrung der Wahrheit, daß sich, nicht zum erstenmal, unheimliche Gedanken aufdrängen. Da Herr Lessing (ebenfalls in der ›Schaubühne‹) sich nicht entblödet, hinzuzufügen, daß ich in seiner Person zugleich meine eigene Schwester beschimpft hätte, so ermächtigt mich meine Schwester, zu erklären, daß es um diese verrückte Behauptung nicht anders als um die übrigen Prahlereien, Verdrehungen und Schnorrer-Zudringlichkeiten des Herrn Lessing bestellt ist.

4. Herr Dr. Lessing sagt aus, daß ich sein »Anerbieten«, sich mit mir zu duellieren, »zurückgewiesen« hätte. Es war zu erwarten, daß er das aussagen werde, denn es ist die Unwahrheit. Ich habe kein »Anerbieten« oder, wie man gewöhnlich sagt, keine Forderung zurückgewiesen, denn ich habe keine erhalten. Ich brauche nicht zu versichern, daß ich mich mit Herrn Lessing nicht schlagen werde. Ihm das mitzuteilen, dazu forderte aber die unmögliche Depesche, die er mir zukommen ließ, nicht unmittelbar heraus. Sie lautete: »Vor Weiterem habe auch namens der Meinen anzufragen, ob Sie für Überzeugung mit Waffe eintreten.« Was sollte das heißen? Wozu die vorläufige Anfrage? Was hieß besonders »namens der Meinen«? Da die Antwort bezahlt war, habe ich Herrn Lessing zurücktelegraphiert: »Ihr Telegramm widerspricht allem Herkommen und ist mir unverständlich.« Nichts hinderte ihn, mir hierauf seine Forderung zugehen zu lassen. Er tat es lieber nicht; und zeigte damit, wie ernst es ihm mit der Absicht gewesen war, »sein Leben für seine seelische Freiheit einzusetzen«.

Er nennt mich »Lügner« und »Fälscher«. Niemand wird verlangen, daß ich mich durch diese offenkundig sinnlosen Schreie eines längst Desequilibrierten ›beleidigt‹ fühlen und darum mit ihm rechten soll. Muß ich sagen, daß die Atemnähe dieses Menschen mich ekelt, daß ich nichts mit ihm zu schaffen haben will? Wie lange soll ich, weil eine gerechte und vollkommen unegoistische Wallung mich meinen Artikel schreiben ließ, dem Manne im Märchen gleich einen Zwerg auf dem Rücken tragen? Ein in der Lessing'schen Psyche Erfahrener sagte zu mir: »Was machen Sie da? Den werden Sie nie wieder los. Der zehrt von Ihrem Artikel bis an sein Lebensende.« Es scheint so. Herr Lessing ruft, daß »sein Kampf« erst jetzt beginne, er möchte den Handel ausnutzen, sich an mich hängen, mich stören, seinen Namen neben den meinen stellen, so oft, so lange wie möglich. Aber ich schüttle ihn ab, ich kenne ihn nicht. Möge er fortfahren, zu ›kämpfen‹. Möge er sich spreizen, Kußhände werfen und um sich schlagen, bis man ihn einsteckt. In mir hat er keinen Gegner.

[Eine Liebhaberaufführung im Hause Mann]

Der ›Laienbund‹, jenes junge theatralische Unternehmen, von dessen Begründung und Zwecken auf vorstehenden Blättern Nachricht gegeben, hatte sich vorgesetzt, am verwichenen Sonntag einen ersten Beweis seiner künstlerischen Daseinsberechtigung zu liefern, was ihm denn auch nach dem wohl einstimmigen und vom Referenten gern zu bestätigenden Urteil der gebildeten Öffentlichkeit recht wohl gelang. In Szene ging ›Die Gouvernante‹, jenes feine, wenn auch etwas marklose Werkchen des leider so jung verstorbenen Th. Körner, womit, wie anerkennend zugestanden sei, die Spielleitung einen geschickten Griff in das Schatzkästlein der heiteren Muse getan hatte. Der dramatische Knoten des Stückchens darf als wohlgeknüpft, die Verssprache als anmutig dahinhüpfend, die Lösung der feingesponnenen Intrige als geistreich angesprochen werden – Eigenschaften, welche durch die Vorstellung im ganzen trefflich zur Geltung gebracht wurden. Die Gouvernante wurde von Fräulein Titi mit verständiger Distinktion verkörpert. Nur dem großen Monolog erwies sich die Gestaltungskraft der achtbaren Künstlerin, welche übrigens die in ihrer Rolle enthaltenen französischen Redewendungen mit Exaktheit zu Gehör brachte, als noch nicht völlig gewachsen. Als Luise bewies Herr Klaus viel Biedersinn, doch bleibt der hoffnungsvolle Darsteller aufmerksam zu machen, daß das Sprechen gegen den Hintergrund in Kennerkreisen mit Recht als Unsitte gilt, da es das Verständnis der Dichterworte, von denen ein jedes dem Gebildeten teuer ist, erschwert. Die Rolle der Franziska lag bei Herrn R. Hallgarten in den besten Händen. Der Künstler bewies gute Haltung und fand zu Herzen gehende Betonungen. Er stand auch in der Umkleideszene, bei welcher seinem Partner der scherzhafte und darum dankbarere Teil zufiel, sehr wacker seinen Mann. – Die Kostüme waren stilvoll, die Dekorationen würdig, die Zuhörerschaft erlesen – mit Ausnahme jenes Rohlings, welcher bei der durch den freilich in seiner Erscheinung etwas wunderlich anmutenden Theaterdiener nach Schluß der Vorstellung eingeleiteten Tellersammlung sich nicht entblödete, die Summe von 7 (sieben!) Pfennigen (!?!) zu spenden, ein Gebaren, von dem auch an dieser Stelle ausdrücklich abzurücken wir uns nicht versagen wollen, können, mögen und dürfen.

[Drei Berichte über okkultistische Sitzungen]

[Erster Bericht, über die Sitzung vom 20. Dezember 1922]

München, 21. Dezember 1922.

Sehr verehrter Baron Schrenck!

Auf Ihren Wunsch fixiere ich kurz, was ich gestern bei unserer Sitzung mit dem Medium Willi Sch. gesehen.

Nach meinem Eintritt in Ihr Empfangszimmer mit den übrigen Teilnehmern bekannt gemacht, ließ ich es mir angelegen sein, auch den jungen Willi zu begrüßen und einige Worte mit ihm zu wechseln, teils um ihn merken zu lassen, daß kein Feind und böser Aufpasser in mir sich eingefunden habe, teils um einen Eindruck von seiner Persönlichkeit zu gewinnen. Ich fand einen etwa Zwanzigjährigen von offenbar ziemlich schlichter Herkunft, süddeutsch-österreichischen Dialekts und von anständig-freundlichem Wesen, der aber kein Bedürfnis verrät, durch eifriges Entgegenkommen und wortreiche Höflichkeit für sich einzunehmen. Abseits von der Gesellschaft sich haltend und beim Antworten auf sachliche Erkundigungen eher einsilbig, schien er sich im Zustand einer gewissen Spannung und unterdrückten Erregung zu befinden, einer Art von »Lampenfieber« offenbar, das mir auf seinen Gipfel zu kommen schien, als er zur Sitzung Toilette machte. Sie gaben mir vorher Gelegenheit, mich im anstoßenden Experimentierraum umzusehen und das von diesem Zimmer durch einen Vorhang abgeteilte Kabinett zu untersuchen. Darauf nahm ich an der Kontrolle des Mediums beim Umkleiden teil und überzeugte mich, daß an dem schwarzen Trikot, den Willi Sch. anlegte, und dem schwarzseidenen wattierten und mit Streifen aus Leuchtstoff versehenen Schlafrock, den er darüberzog, keinerlei Vorkehrung getroffen war, die zur Täuschung der Beobachter hätte dienen können. Auch Willi's Mundhöhle wurde untersucht. Die

Gesellschaft ging dann in den Sitzungsraum hinüber. Man nahm auf Stühlen vor dem geschlossenen Kabinett in einem ungefähren Dreiviertelkreise Platz, an dessen einem Ende das Medium gegenüber den beiden Kontrollherren saß. Zwei Personen blieben außerhalb der Kette, auf Rückplätzen.

Mein Sitz war in unmittelbarer Nähe des Mediums und der es kontrollierenden Herren, über deren Methode ich mich zuerst unterrichtet hatte. Sie, Baron Schrenck, waren mir beim praktischen Ausprobieren der Überwachung behilflich gewesen. Sie besteht darin, daß einer der Kontrollierenden die geschlossenen Füße, Unterschenkel und Knie des Mediums zwischen seine eigenen nimmt und dessen Handgelenke mit den Händen umfaßt, während der andre die Handballen hält. Die Figur des Mediums blieb mir vermöge der an seinem Kopf und seinem Rock angebrachten Leuchtstreifen während der ganzen Dauer der Sitzung in ihren Hauptumrissen sichtbar. Das Einstecken von Leuchtnadeln in den unteren Teil des Rockes geschah auf Willi's besondere Mahnung.

Es wird nun das Weißlicht ausgeschaltet und durch Kontaktnahme mit den Nachbarn Kette gebildet. Der Raum ist schwach rötlich erleuchtet durch eine rot und schwarz abgeblendete Deckenlampe und ein rotes Tischlämpchen. Eine Spieldose wird in Gang gesetzt. Man unterhält sich.

Wenige Minuten nach Eintritt der Rotdunkelheit melden die Kontrollierenden Trancezustand des Mediums. Nach meiner Beobachtung setzt dieser Zustand mit einem plötzlichen kurzen und heftigen Zusammenzucken ein, das von andauernden stoßenden Bewegungen des Oberkörpers nach vorn gefolgt ist. Will das Medium eine Frage bejahen, so verstärkt sich diese Bewegung einmal schlagartig; beim Verneinen wird sie zum seitlichen Hin und Her. Außerdem spricht der Somnambule zu den Kontrollierenden rasch und stark flüsternd, auf eine gewisse leidenschaftliche Art.

Er äußerte sich als eine der beiden symbolischen Personen, in die für seine Traumvorstellung sein Ich sich spaltet und die er Minna und Erwin nennt. Die männliche Persönlichkeitskomponente meldet sich zuerst und charakterisiert ihre Gegenwart durch die robuste Stärke der Krampf- und Stoßbewegungen. »Erwin« verspricht starke Phänomene leisten zu wollen, hält aber sein Wort nicht, sondern zieht sich nach einiger Zeit zurück, um der sanfter sich gebärdenden »Minna« Platz zu machen. Jedoch scheint auch diese gehemmt, weigert sich aber, die Hemmungen namhaft zu machen, so daß man Änderungen in der Sitzordnung aufs Geratewohl probieren muß. Verschiedene Personen tauschen nach Anweisung des Versuchsleiters die Plätze. Ich selbst rücke weiter gegen die Mitte des Halb- oder Dreiviertelkreises hin. Die Zeit vergeht.

Sie vergeht ziemlich schnell. Man ist beschäftigt durch Spannung, durch die Beobachtung des Mediums, durch das Ausspähen nach übernormalen Erscheinungen, und ein allgemeines, bald lauter, bald gedämpfter, aber ungeniert und harmlos auch über ferner liegende Gegenstände geführtes Gespräch vermischt sich mit Handharmonika- und Spieldosenmusik. Situation und Stimmung haben nichts Suggestives, Weihe- und Geheimnisvolles. Sie sind eher danach angetan, beim Neuling eine gewisse Geschmacksabneigung und geistiges Mißtrauen durch Erinnerungen an banale Aufpulverungsmethoden der Heilsarmee zu erzeugen. Auch ermunternde Zurufe, die häufig aus der Kette an das Medium oder vielmehr an die amtierende »Minna« gerichtet werden, tragen zu diesem Eindruck bei. Etwas Mystisches – und zwar nicht in geisterhaftem, sondern in einem zugleich primitiven und erschütternden, organischen Sinne Mystisches – gewinnt die Situation einzig durch das ringend arbeitende, unter Stößen sich hin und her werfende, flüsternde, rasch keuchende und stöhnende Medium, dem meine Aufmerksamkeit vor allem gilt und dessen Zustand und Tätigkeit auffallend, unzweideutig und entscheidend an den Gebärakt erinnert. Der sexuelle Einschlag ist so unverkennbar, daß es mich nicht wunderte, nachträglich zu hören, daß Erektionen und selbst Spermaergüsse, die zuweilen aktiv herbeigeführt werden sollen, die psycho-physische Arbeit und Produktion des jungen Menschen begleiten.

Nach einer Stunde oder etwa fünf Viertelstunden, die negativ verlaufen waren, wurde mit Einverständnis des Mediums eine Pause angeordnet. »Minna« bestimmte ihre Dauer durch einen energischen Schlußstoß beim Zählen bis 15 und fügte pedantischerweise – ich glaube, flüsternd – noch eine halbe Minute hinzu: eine Laune, mit der, wie es schien, Kenner es nicht weiter genau nahmen. Merkwürdig waren die schwebenden Bewegungen, die Willi vor dem Erwachen eine Zeitlang mit der Hand an seiner Flanke vollführte und die offenbar, wenigstens in seiner Vorstellung, zum Wiedereinziehen der emanierten, aber noch nicht zur Manifestation gelangten organischen Kräfte dienen. Die Rückkehr aus der Trance, die sich zeitweise zu einem Zustand vollkommener Ruhe und Unzugänglichkeit (Tieftrance) verstärkt hatte, geschah unter demselben jähen Zusammenzucken wie der Eintritt.

Man verbrachte die Pause in dem anstoßenden, zuerst betretenen Zimmer. Die wieder aufgenommene Sitzung brachte vorderhand auch weiterhin keine Ergebnisse – wenigstens für meine Wahrnehmung nicht. Ich habe von dem »kühlen Hauch«, einer Kälteströmung in der Luft, die typischerweise den Phänomenen vorangehen soll, nichts gespürt, und ebensowenig ist mir ein von andern empfundener Geruch, der an Schwefelwasserstoff erinnern soll, bemerklich geworden. Auch der Lichtstrahl, der nach der Beobachtung des Versuchsleiters unter dem Vorhang des Kabinetts schwach sichtbar hervorgekommen sein soll, ist mir entgangen. Die erste nicht unbedingt normale Erscheinung, die ich beobachten konnte, bestand darin, daß zwei vor dem Vorhang am Boden liegende Leuchtringe allmählich bis zu zwei Dritteln ihres Umfanges von dem Vorhang bedeckt wurden, um nach einiger Zeit wieder nach ihrem ganzen Umfange sichtbar zu werden. Der Vorhang muß also entweder vorgetreten sein, vermöge eines Luftzuges, dessen Herkunft jedoch unerfindlich ist und der auch kaum die Ursache einer so langsamen Bewegung hätte sein können; oder aber die Ringe müssen ihre Lage selbsttätig verändert haben.

Die Zeit verstreicht weiter ergebnislos. Fast drei Stunden sind seit Beginn der Sitzung abgelaufen. »Minna« verweigert die Auskunft über bestehende Hemmungen und verharrt in ihren Anstrengungen, sie zu überwinden. Um ½12 Uhr erklärt der Leiter, die Sitzung schließen zu wollen: ein letzter Anreizversuch, der seine Wirkung tut. Vor aller Augen und unter großer Bewegung der Anwesenden wird ein beim Tischchen am Boden liegendes Taschentuch von dort aufgehoben, steigt in rascher, sicherer, energischer Bewegung in den relativ hellen Lichtschein der Lampe und verharrt dort zwei oder drei Sekunden lang, während welcher drückende und schüttelnde Umgestaltungen damit vorgenommen werden, worauf es zum Fußboden zurückkehrt. Die Elevation geschieht nicht »selbsttätig«, nämlich so, daß das Tuch leer und flatternd emporwehte, sondern eine hebende Stütze steckt darin, es hängt faltig davon herunter, von innen her wird lebendig damit manipuliert, und oben zeichnet sich bei der zweiten Erhebung, die der ersten baldigst folgt, die Stütze in zwei knöchelartigen Erhebungen deutlich ab. Die Spannung der Zuschauer bei diesen Ereignissen ist außerordentlich. Man beugt sich vor, ruft, macht einander aufmerksam und schaut begierig. Die dritte Elevation des Tuches ist für mich die merkwürdigste dadurch, daß dreimal mit vollkommener Deutlichkeit ein Hinein- und Übergreifen der Glieder eines Greiforgans sichtbar ist, das bedeutend schmaler als eine Menschenhand, klauenartig erscheint.

Die Phänomene folgen nun rascher aufeinander. Das Medium verlangt die Entfernung des Taschentuchs. Nach Erfüllung des Wunsches steigt neben dem Tischchen, an der gleichen Stelle, wo die Elevation des Tuches vor sich ging, ein Gebilde auf, das nicht zu den am Boden befindlichen Gegenständen gehört und überhaupt undefinierbar ist. Einigermaßen gestaltlos, ist es vielleicht einen halben Meter lang und kann allenfalls für den Teil eines Unterarms mit zugehörigem Greiforgan (angedeuteter Hand in geschlossenem Zustand) genommen werden. Man kann nicht umhin, dieses Etwas für diejenige Stütze, das motorische Werkzeug zu halten, das vorhin das Tuch aufhob und nun unbedeckt sich darstellt. Es gibt zu denken, daß ich mich an seine Form, obgleich ich sekundenlang scharf darauf hinspähte, nicht deutlich erinnern kann. Ich erkläre mir diese Tatsache damit, daß das Gebilde eine gewisse Eigenfluoreszenz besaß, die, wiewohl schwach, genügte, um seine Umrisse zu verwischen. Während das aufgehobene Taschentuch das rötliche Reflexlicht der Lampe zeigte, schien dieser Gegenstand die Farbe des darauf fallenden Lichtes nicht anzunehmen, sondern war nach meiner Erinnerung schwach weiß leuchtend, eher ins Grünliche spielend. Er verschwand niedergehend auf dieselbe Art wie das Tuch.

Die fünfte Erscheinung und Kraftäußerung besteht darin, daß eine am Boden stehende Tischglocke energisch geläutet und mit derbem Schwung unter den Stuhl eines der Teilnehmer geschleudert wird. Die sechste, daß ein Leuchtring nebst anhängender Leuchtschnur zum Tische aufsteigt, einige Augenblicke mit kratzendem Geräusch an der Tischkante hin und her bewegt und dann auf die Platte niedergelegt wird. Danach schwächen die Phänomene sich ab. Man hätte sagen mögen, die Kräfte vagierten im Raum, ohne es weiter zu einer Gestaltung oder merklichen Äußerung zu bringen. Runde, helle Flecken oder Nebel, von der Lampe rötlich beleuchtet, bilden sich mehrmals in der Nähe des Mediums an der Wand oder davor und verschwinden wieder. Das Medium scheint erschöpft; es bekundet den Wunsch, die Sitzung zu beenden, indem es durch die Kontrollierenden »Gute Weihnachten« wünschen läßt. Die Zuckung des Erwachens folgt. Das Weißlicht wird hergestellt. Willi liegt noch einige Zeit schlaftrunken zur Seite über den Arm des einen Kontrollierenden gebeugt. Ich trete auf ihn zu, klopfe ihm auf die Schulter und drücke ihm meine Zufriedenheit aus, worauf er mit verschlafenen Augen und einem gutmütig-melancholischen Lächeln stumm zu mir aufblickt. Eine Betrügerphysiognomie ist das kaum.

In der Tat ist jeder Gedanke an Betrug im gewöhnlichen, taschenspielerischen Sinn des Wortes absurd. Die Glocke zu nehmen, zu läuten und fortzuwerfen, ist einfach niemand da. Willi kann es nicht tun, denn seine Extremitäten sind gehalten, und übrigens liegt er in 1½ m Entfernung in magnetischem Schlaf. Wer oder was hebt das Taschentuch auf und drückt es von innen zusammen? Ich weiß es nicht, aber ich habe es, wie alle, mit meinen unbestochenen Augen gesehen, die ebenso bereit waren, nichts zu sehen, falls nichts zu sehen war. Nochmals: von Betrug in irgendeinem mechanischen Sinn kann nicht die Rede sein. Es handelt sich um eine okkulte Gaukelei des organischen Lebens, um Vorgänge, deren anormale Realität mir unbestreitbar scheint, untermenschlich-tief verworrene Komplexe, die, zugleich primitiv und kompliziert wie sie sind, mit ihrem wenig würdevollen Charakter, ihrem trivalen Drum und Dran den ästhetisch stolzen Sinn wohl gar abstoßen mögen, deren zweifellose Wirklichkeit aber den Erkenntnistrieb des Wissenschaftlers bis zur Leidenschaft reizen muß. Heute, wo die Materie als eine Form der Energie, gewissermaßen als ein andrer Aggregatzustand von ihr, begriffen ist, hat die Vorstellung einer ephemeren Materialisation von Energie außerhalb des medialen Organismus, von psycho-physischer Fernwirkung und Selbstgestaltbildung kaum noch etwas Phantastisches.

Ich hatte einen Teil des Heimwegs mit Willi Sch. gemeinsam zurückzulegen. Er bewahrt keine Erinnerung an das in Trance Bewirkte. Er erzählte mir, wie er als Knabe gelegentlich eines spiritistischen Gesellschaftsspiels, beim ›Tischrücken‹, seiner medialen Natur gewahr geworden sei, und gestand seine Furcht vor den Spontanphänomenen, Phantombildungen usw., die er gewärtigen muß. Charakteristischerweise sind seine Fähigkeiten im Frühjahr am wirksamsten. Er meinte, sie hätten sich im ganzen vorübergehend herabgemindert und seien jetzt wieder im Anwachsen.

Ich bin Ihnen, sehr verehrter Baron Schrenck, für die Erlaubnis, einem Ihrer Versuchsabende haben beiwohnen zu dürfen, aufrichtig verbunden und bitte, mir Gelegenheit zu geben, meine Beobachtungen fortzusetzen. Möge die Ausführlichkeit meines Berichtes, laienhaft und unzulänglich wie er sein mag, Sie von meinem wahren Interesse überzeugen. Besonderen Dank habe ich Ihnen noch für gütige Übersendung der zweiten

Auflage Ihrer ›Materialisationsphänomene‹ zu sagen, deren Studium ich begonnen habe.

Mit hochachtungsvoller Begrüßung

Ihr sehr ergebener Thomas Mann.

Zweiter Bericht,
über die Sitzung vom 6. Januar 1923

Diesmal übernahm ich auf Wunsch des Verhandlungsleiters die Kontrolle des Mediums, dankbar dafür, die Erscheinungen des Trancezustandes, der mich besonders interessiert und als Quelle alles Weiteren ja auch das Interessanteste ist, unmittelbar beobachten zu können, aber von vornherein im Zweifel, ob meine Natur dem Medium bei seiner Arbeit werde behilflich sein können. Ich vertraute einigermaßen auf den ausgleichenden Einfluß der Frau P., Willi's Pflegemutter und Wirtin, die mir assistierte, bin aber überzeugt, daß Willi meinen Zweifel an der Förderlichkeit der Situation in seinem Jenseits teilte, obgleich er die Frage, ob alles in Ordnung sei, nochmals durch Händedruck bejahte und nur einmal, nach etwa zwanzig Minuten, sich flüsternd vernehmen ließ: Wenn man wünsche, daß die Phänomene schneller kämen, so –. Auf die Frage: was dann? äußerte er sich nicht weiter, ebensowenig auf die direkt gestellte, ob »Minna« eine andre Kontrolle wünsche. Das war wohl eine höfliche Form der Bejahung, und ich spreche von Höflichkeit, weil es nicht ohne Interesse ist, festzustellen, daß im somnambulen Trance- und zweiten Bewußtsein die Hemmungen der Gesittung und humanen Rücksicht offenbar keineswegs ausgeschaltet sind. »Man« warf mir gestern im Lauf der Sitzung einen kleinen Leuchtring ins Gesicht, der dann von meinen Knien zu Boden fiel. »Man« hätte mir ebensogut die Glocke oder die Spieldose ins Gesicht werfen können, die Kraft dazu hätte zweifellos ausgereicht. Daß es nicht geschah, daß niemandem je durch die materialisierten Kräfte etwas zu Leide geschehen ist, beweist intelligente Scheu vor Menschen- und Sachbeschädigung, Sinn für das Schickliche und Delikatesse. – Nach etwa einer halben

Stunde klopft das Medium fünfzehnmal mit dem Fuße auf: fünfzehn Minuten Pause. Dieser Wunsch wurde meiner Meinung nach noch nicht aus Ermüdung, sondern in der Erwartung geäußert, daß nach der Pause die Kontrolle gewechselt werden werde. Ich übernahm jedoch mein Amt auch bei Fortsetzung des Versuches aufs neue, und erst nach längerer vergeblicher Wartezeit traten für Frau P. und mich zwei Herren ein, an deren Aufsicht das Medium gewöhnt ist und die es besonders bevorzugt.

Ich weiß nicht, in welchem Maß das irrtümliche Einschalten von Weißlicht durch den Versuchsleiter das Eintreten der Phänomene verzögerte. Für den Augenblick wirkte es zweifellos schädlich, denn das Medium zuckte heftig zusammen und begann danach sogar durch die charakteristische Schabbewegung des Oberarmes mit dem »Einziehen« der Emanation. Trotzdem bedurften wir geringerer Geduld als das erste Mal, denn etwa um 11 Uhr setzten mit der Erhebung des Taschentuches in den Lichtkreis der roten Tischlampe die Erscheinungen ein und reihten sich nun in einer Serie aneinander, die weit reicher, exakter und eindrucksvoller war als bei meiner ersten Sitzung.

Wichtig ist die somnambule Hellsicht des Mediums, das, obgleich seine Augen geschlossen sind, sein Kopf vornüber hängt oder zurückgeworfen ist, oder auf dem Arm, den Knien des Kontrollierenden liegt, wohl weiß oder »sieht«, daß am Boden heute nicht das übliche *Taschentuch*, sondern ein Stück weißer Gaze liegt, das es als Schleier bezeichnet. Es besteht darauf, daß ein Taschentuch hingelegt werde, und dieses wird mehrmals erhoben, von innen zusammengedrückt, hin und her geschüttelt. Das darin lebendig agierende Glied schien diesmal größer als neulich: vom Umfange einer ziemlich kräftigen Faust. Das Tuch wird auf den Rand des Tischchens geworfen und danach die *Glocke* nicht nur, wie neulich, genommen und geläutet, sondern sekundenlang, allen sichtbar, in schräger Stellung in der Luft gehalten und in einem kleinen Bogen, scheinbar schwebend, von Ort zu Ort geführt, bevor »man« sie unter den Stuhl meines Nachbarn wirft.

Jetzt kommt die *Spieldose* daran, deren Hebel in Bewegung gesetzt wird, so daß das Spiel erklingt – ein besonders exaktes Phänomen insofern, als die »Materialisation« sich dabei kommandieren läßt und auf mein wechselndes »Halt« und »Los« das Spiel abstellt und beginnt.

Die stärkste Leistung war vielleicht die nun folgende Erhebung des mit Leuchtstreifen versehenen *Papierkorbes*, der ostentativ längere Zeit in waagerechter Stellung ins Rotlicht hochgehalten und unter allgemeinen Beifallsrufen niedergelassen wird.

Unterdessen hat es unter den *Leuchtringen* am Boden allerlei Bewegung gegeben. Sie werden hin und her geschoben, leicht erhoben, fortgeworfen. Einer davon, mit Leuchtschnur, steigt jetzt auf, wird zum Tischchen dirigiert und dort unter leichtem Anstoßen des dirigierenden Etwas, wodurch das Möbel zum Wanken gebracht wird, auf die Platte niedergelegt. Es war dieses mit einem leichten Geräusch von Hart gegen Hart verbundene Anstoßen von etwas, was man nicht sah, an die Tischplatte, was mir von allen Geheimnissen dieses Abends wohl den stärksten Eindruck machte. Hier manipuliert ein versteckt sich haltendes, licht- und augenscheues Lebendiges und bringt physikalische Wirkungen hervor, ein Lebendiges, das nicht von normaler Existenz ist, sondern aus einer Sphäre stammt, in der das Geheimnis des Lebens sich mit über- (oder unter-)sinnlichen, metapsychischen und metaphysischen Geheimnissen vermischt – oder wir alle sind auf eine Weise betrogen, die ihrerseits wieder so unbegreiflich ist, daß Menschenverstand urteilen muß, wir sind *nicht* betrogen.

Die Hellsicht oder das exteriorisierte Tastvermögen des Mediums fährt fort, sich zu bewähren, indem Willi Anweisungen über gewisse Verrückungen der Gegenstände erteilt und den Versuchsleiter korrigiert, während dieser seinen Wünschen willfährt. Die *Schreibmaschine* ist das nächste Objekt der Manifestationen. Unter anhaltendem Geklapper wird sie bedient. Die Glocke schlägt an, die das Ende der Zeile anzeigt; man hört, wie der fahrende Teil der Maschine unter dem hierbei natürlichen

Geräusch zurückgezogen wird. Die »Halluzination«, wenn es eine ist, ist höchst täuschend. Aber es ist keine, denn der Papierbogen weist objektiv die Schrift auf, die freilich nur in einer sinnlosen Aneinanderreihung von Buchstaben besteht (was wahrscheinlich anders wäre, wenn Willi das Maschinenschreiben erlernt hätte). Also Betrug? Aber der ist nicht möglich. Denn wenn Willi einen Fuß freimachen könnte, wenn er ferner damit bis zur Maschine reichen könnte, so könnte er mit dem Fuße doch nicht die Tasten einzeln bedienen – und sie niederzudrücken, darauf zu spielen, ist sonst einfach niemand da. Welche Erklärung bleibt? Es bleibt, man möge es mit Bedauern oder mit Triumph konstatieren, schlechterdings keine rationale und physikalische. Das zu leugnen, wäre unerlaubtes Augenverschließen und unvernünftige Renitenz.

Die *Materialisation*, die sich schließlich sehen läßt, indem sie, weißlich selbstleuchtend, allenfalls armstumpfartig von Form, ein paarmal im Lampenlicht schemenhaft auf und ab steigt, ist eine wenig exakte Erscheinung; sie wirkt flach, wenig körperlich, verschwindet rasch wieder und hütet sich ängstlich, sich in dem Mehl, das in einem Teller auf der gut beleuchteten Tischplatte steht, abzudrücken oder die Kreide zu nehmen, die ebendort mit einer Schiefertafel bereitliegt. Es ist zu hell auf der Tischplatte. Ich glaubte keinen Augenblick, daß die Hand sich dort unsern Augen aussetzen würde. Diese psychogenen Objektivierungen sind scheuen, flüchtigen, versteckten und vexatorischen Charakters, durchaus nicht bösartig, sondern zwar gefällig, aber verschämt und schwach. Durch ihr Wesen wird der Gedanke an Betrug, besonders nachträglich, immer wieder nahegelegt, und immer wieder wird er durch das Zeugnis der Sinne, durch die Besinnung auf seine Unmöglichkeit widerlegt und ausgeschaltet.

Immerhin wünsche ich wohl, daß es einmal unter meiner persönlichen Kontrolle des Mediums zu Phänomenen käme.

Thomas Mann.

[Dritter Bericht,
über die Sitzung vom 24. Januar 1923]

Sehr geehrter Baron Schrenck!
Bei meinem Bericht über unsre gestrige so interessante und ergebnisreiche Sitzung (24. Januar 1923) bin ich durch die praktische Vordringlichkeit andrer Arbeiten gezwungen, mich kurz zu fassen, was mir dadurch erleichtert wird, daß das Entscheidende wirklich mit zwei Worten gesagt ist. Der Wunsch, den ich am Ende meines vorigen Berichtes ausdrückte, ist mir zu meiner größten Genugtuung erfüllt worden: Unter meiner persönlichen Kontrolle des Mediums, während seine beiden Handgelenke fest und mir jeden Augenblick klar bewußt in meiner Haft und unmittelbar neben mir seine Knie zwischen denen des Professors Zimmer verwahrt waren, sind exakte und vollkommen überzeugende Phänomene zustande gekommen. Nicht ohne Feierlichkeit stelle ich fest und verhehle Ihnen nicht die Erschütterung, die ich empfand, als unter diesen von uns noch nicht erprobten Bedingungen das übliche Eröffnungsphänomen, die Erhebung des Taschentuches im Rotlicht, nach einstündigem Warten sich vollzog. Dieser Moment behält für mich, trotz einiger Gewöhnung, etwas Traumhaftes und tief Merkwürdiges, und ich empfand eine Art dankbarer Rührung angesichts der furchtbaren Anstrengungen, die Willi unter unsern Händen zu machen hatte, um eine Leistung zu erzielen, die, auf normal physikalische Weise hervorgebracht, zu unbedeutend wäre. Diese Anstrengungen sind offenbar ebensosehr psychischer wie physischer Natur, das Gehirn hat gewiß ebensosehr teil daran wie der gesamte übrige Organismus, und wiederholt führte Willi seine Hände mit den unsrigen zur Stirn, um sie dort eine Weile ruhen zu lassen. Gewisse ringende Bewegungen konnten wohl als instinktiver Versuch gedeutet werden, seine Hände loszuwinden und direkt zu tun, was man so begierig von ihm erwartete, gemäß Ihrer privaten Äußerung: wenn man ihn freigäbe, würde Willi wohl »zugreifen«, und zwar ohne das Bewußtsein des Betrugs, da ihm ein Unterschied zwischen der

normalen und der supranormalen Aktion im Trancetraum kaum deutlich sein dürfte und das Verlangen nach dem Effekt natürlich sehr lebhaft in ihm sei.

Die während der Dauer einer Kontrolle weiter auftretenden Phänomene betrafen die beiden Glocken und den Papierkorb. Letzterer wurde, wie von mir schon beobachtet, gerückt, umgeworfen, erhoben und sekundenlang in der Luft gehalten, worauf er zu Boden fiel. Während ferner das handelnde Organ mit der gestielten Tischglocke, einem ihm vertrauten Versuchsobjekt, ohne Verlegenheit umzugehen wußte, sie nahm, in den Lichtkreis erhob und ertönen ließ, herrschte einige Ratlosigkeit in betreff der noch nicht verwendeten Druckglocke, und das tastende Daranherumprobieren, bis endlich nach dem Beispiel des Versuchsleiters, das Niederschlagen des Klöppels von oben her gelang, war überaus seltsam und merkwürdig.

Ich kann, wie gesagt, bei den weiteren Phänomenen, deren nach der Pause noch eine lange Reihe sich abspielte und mit denen zum Teil schon Beobachtetes sich wiederholte, nicht ausführlich verweilen. Neu war die okkulte Handhabung des Tamburins, das ins Licht erhoben, durch die Luft herumgeführt und kräftig geschüttelt wurde. Auf wiederholtes Verlangen und nach mehrmals gegebenem Beispiel geschah es dann endlich auch, daß auf dem Trommelfell ein kurzer Wirbel geschlagen wurde, wenn auch schwach und technisch unvollkommen, so doch hinreichend, um eine gewisse, wenn auch vielleicht nicht bis zum Menschlichen fortgeführte organische Gliederung des geheimnisvollen Gebildes zu erweisen. Eine solche erhellte übrigens auch aus der späteren Erhebung des von Gegenständen freigemachten Tischchens. Nach meinem Dafürhalten wenigstens gehört zum Packen und Hochhalten des nicht so ganz leichten kleinen Möbels, das hernach geräuschvoll auf den Boden zurückfiel, ein ziemlich solides und weitgehend ausgebildetes Greiforgan, das sich von einer normalen Menschenhand nicht wesentlich unterscheiden kann.

Die Frage der physiologischen Ausbildung hängt nach meiner Vermutung mit der des Sichtbar- und Fühlbarwerdens zusammen. Der Literatur und mündlicher Versicherung zufolge hat beides oft stattgehabt: eine wohlgebildete Hand ist gesehen und abgetastet worden – nicht von mir, aber von andern, die es versichern und denen ich nach allem, was ich selbst gesehen, glauben muß. Ich neige nun zu der Vermutung, daß eben nur korrekt und vollkommen ausgebildete Glieder sich sehen lassen, einfach, weil sie sich »sehen lassen können«, und daß die meistens bestehende große Licht- und Augenscheu auf das *Bewußtsein* unvollkommener und untermenschlicher, vielleicht klauenartiger und also häßlicher Gestaltung zurückzuführen ist, die sich aus einer gewissen ästhetischen Schamhaftigkeit dem menschlichen Auge nicht darstellen mag. Ich möchte annehmen, daß die unvollständige organische Ausbildung ebenso häufig ist, wie das Sichtbarwerden des Gliedes selten; denn viele Phänomene sind wohl ausführbar, ohne daß das agierende Etwas die organisch-technische Ausbildung einer Menschenhand erreicht zu haben brauchte.

Dies versuchsweise zur Psychologie jener Kräfte. In dasselbe Gebiet gehört die gelegentliche Durchgängerei und übermütige Demoralisation, zu der sie neigen, wenn man ihnen die Zügel schießen läßt, wie wir gestern beobachteten, als »Minna« trotz aller Ermahnungen des Versuchsleiters darauf bestand, die Spieldose umzustürzen und die darauf liegende Tafel mit Kreidegriffel hinunterzuwerfen. Eine beständige, freundlich-disziplinäre Leitung und Zielhabung scheint nötig, um dies Wesen von launenhafter Ausartung abzuhalten.

Ich will noch die am Schluß der gestrigen Sitzung auftretende, kurze, flüchtige und schemenhafte Erscheinung der Materialisation erwähnen, die sich vor dem Vorhang auf einen Augenblick blitzartig selbst beleuchtete, und mit der Erklärung schließen, daß an der Realität, der okkulten Echtheit der Phänomene für mich nicht mehr der Schatten eines Zweifels besteht. Ich bin überzeugt, daß eine spätere Wissenschaft es denjenigen Dank wissen wird, die in unsern Tagen den Mut oder die Unbefangenheit hatten, ihren Sinnen zu trauen.

Mit hochachtungsvoller Begrüßung

Ihr sehr ergebener Thomas Mann.

Okkulte Erlebnisse

Während die Welt voll ist von Problemen, durch deren Erörterung der Schriftsteller oder Redner sich vielleicht ein öffentliches Verdienst erwerben könnte: geistigen, künstlerischen, sittlichen, gesellschaftlichen Problemen, deren Würde und Wichtigkeit demjenigen zugute kommt, der sie behandelt, – unterstehe ich mich, vor Sie zu treten mit einem Thema, das ich selbst gar nicht umhinkann als schrullenhaft, abwegig, gewissermaßen ehrlos zu empfinden und durch dessen Wahl ich zweifellos das geringschätzige Befremden der meisten von Ihnen errege. Aber wählt man sein Thema? Nein, man schreibt und redet von dem, was einem auf den Nägeln brennt – von nichts anderem, möge das andere auch würdigste Wichtigkeit für sich in Anspruch nehmen dürfen, das aber, was einem den Sinn gefangenhält, reiner Unfug sein. Und mir nun ist das ehrsame Konzept verdorben durch Eindrücke so intrikater Natur; ich bin in Verwirrung gesetzt durch persönliche Erfahrungen und Beobachtungen, die zugleich in dem Grade läppisch und in dem Grade unerklärlich sind (wenn es Grade der Unerklärlichkeit gibt), daß ich nicht darüber hinwegkomme, daß ich mich für die Beschäftigung mit den lauteren, der Sphäre gesunder, wenn auch verfeinerter Menschenvernunft angehörigen Themen, mit denen ich so viel mehr Ehre einlegen könnte, für den Augenblick wenigstens verdorben finde. Ich sage »verdorben«, denn es ist wirklich und deutlich eine Art von Verderbnis, die ausgeht von der Welt, die mir im Sinne liegt, dem wahrscheinlich nicht tiefen, aber untergründigen, trüben und vexatorischen Lebensgebiet, mit dem ich mich leichtsinnigerweise in Berührung gesetzt: eine Verführung fort von dem, was mir obliegt, zu Dingen, die mich nichts angehen sollten, die aber gleichwohl auf meine Phantasie und auf meinen Intellekt einen so scharfen, fuselartigen Reiz ausüben (fuselartig im Vergleich mit dem Wein des Geistes und der Gesittung), daß ich wohl verstehe, wie man ihnen lasterhafterweise verfallen und über einer monomanischen, närrisch-müßigen Vertiefung in sie der sittlichen Oberwelt auf immer verlorengehen kann.

Es ist nicht anders: ich bin den Okkultisten in die Hände gefallen. Nicht gerade den Spiritisten – obgleich sich, wie ich glaube, auch solche in der Gesellschaft befanden, an welcher ich neulich teilnahm. Immerhin muß man da unterscheiden. Die spiritistische Lehrmeinung ist nicht nur nicht obligatorisch in der an Zahl nachgerade gar nicht mehr so geringen internationalen Gelehrtengemeinde, deren Mitglieder sich Okkultisten nennen, weil sie dem Studium von Phänomenen ergeben sind, die – vorläufig – mit den Gesetzen der uns bekannten Naturordnung in Widerspruch zu stehen scheinen, sondern jene Art, gewisse Rätsel zu ›erklären‹, die Geistertheorie also, wird von vielen dieser Forscher sogar mit der Geste wissenschaftlicher Solidität und Strenge abgelehnt, obgleich, wie man hinzufügen muß, das Mittel, dessen sie sich zur Erzeugung der okkulten Vorgänge bedienen, die supranormale oder jedenfalls anormale Veranlagung gewisser, menschlich und geistig übrigens in der Regel durchaus nicht besonders hochstehender Personen – obgleich, sage ich, dieses Mittel, der Somnambulismus der sogenannten Medien, jeden Augenblick ins Transzendente und Metaphysische hinüberspielt. Aber Metaphysik ist natürlich nicht Spiritismus und namentlich: dieser ist nicht jenes. Das ist ein Niveauunterschied solchen Grades, daß er zum wesentlichen Unterschiede wird, und nichts ist begreiflicher, als daß philosophische Metaphysik sich den Spiritismus vom Leibe zu halten trachtet. In der Tat ist Spiritismus, der Glaube an Geister, Gespenster, Revenants, spukende ›Intelligenzen‹, mit denen man sich in Beziehung setzt, indem man eine Tischplatte anredet, und zwar nur, um die größten Dummheiten zur Antwort zu erhalten – in der Tat also ist Spiritismus eine Art von Gesindestubenmetaphysik, ein Köhlerglaube, der weder dem Gedanken idealistischer Spekulation gewachsen noch des metaphysischen Gefühlsrausches im entferntesten fähig ist. Ein Meisterwerk des metaphysischen Gedankens ist ›Die Welt als Wille und Vorstellung‹. Das klassische opus metaphysicum der Kunst besitzen wir in Wagners ›Tristan und Isolde‹. Man braucht an so hohe Intuitionen nur zu erinnern, um die ganze klägliche Unwürde dessen begreifen zu lassen, was sich Spiritismus nennt und was nicht sowohl Metaphysik als eine Sonntagnachmittagszerstreuung für Köchinnen ist.

Ist aber Menschenwürde ein Wahrheitskriterium? In gewissem Sinne: ja. Einen Mann, dessen Tun und Trachten sich an der Grenze des okkulten Gebietes bewegt, Herrn Krall aus Elberfeld, bekannt durch seine Zöglinge, die ›rechnenden Pferde‹, hörte ich sagen: »Wenn es Geister gibt, so hat man allen Grund, sich ein recht langes Leben zu wünschen, denn abgeschmackter, kindischer, ratloser, verworrener und erbärmlicher könnte nichts sein als die Existenzform dieser Wesen, ihren angeblichen Manifestationen nach zu urteilen.« Das erinnert an die berühmte Äußerung, die der Schatten des Achill am kimmerischen Strande, anläßlich der spiritistischen Séance des Odysseus, tut. »Nichtig und sinnlos« nennt der Pelide das Dasein der Verstorbenen, und der heidnische Sinn mag immerhin solche Vorstellungen vom Leben nach dem Tode hegen, ohne zugleich an diesem Leben als Wahrheit, Glaubenssatz, Tatsache irre zu werden. Dagegen wird der christlich geborene Menschengeist sich schwer entschließen, ein Jenseits anzunehmen, in dem es blöder, nichtsnutziger und armseliger zuginge als auf der uns bekannten Ebene; und wenn, wie es ja nicht selten begegnet, eine ›Intelligenz‹ sich vermittelst des Tisches als der Geist des Aristoteles oder Napoleon Bonaparte's in menschliche Gesellschaft einführt, die Verlogenheit dieser Behauptung aber durch hundert Albernheiten, Bildungsschnitzer und offenbar hochstaplerische Flausen belegt: dann genügen Geschmacksgründe, um das Urteil zu rechtfertigen, sie sei nicht nur nicht Aristoteles oder Napoleon, sondern sie sei überhaupt nicht, sie tue nur so, als ob sie wäre, und ein Eingehen auf solches Getue sei unter aller humanen Würde.

Das alles wäre nun schön und gut, wenn nicht immer ein Zweifel bliebe, ob dem Begriff der Würde und des guten Geschmacks ausschlaggebende Rechte zukommen dort, wo es sich um Wissenschaft, um die Erforschung der Wahrheit, also um jenen Prozeß handelt, in dem die Natur durch den Menschen sich selbst ergründet. Würde gibt es nur in der Sphäre des reinen Geistes, zu dessen Provinzen die Metaphysik im Sinne erkenntnistheoretisch-transzendenter Spekulation gehört. Wenn aber Metaphysik empirisch wird, wenn sie sich herbeiläßt oder der Verpflichtung zu fühlen beginnt oder die Verführung unterliegt, dem Weltgeheimnis *experimentell* auf die Spur zu kommen – und das tut sie im Okkultismus, da dieser nichts ist als empirisch-experimentelle Metaphysik –, so darf sie nicht darauf rechnen, ihre Hände rein zu halten, ihrer Haltung Würde zu wahren, außer derjenigen, die ehrlichem Wahrheitsdienst unter allen Umständen gewahrt bleibt; sie muß sich vielmehr darauf gefaßt machen, es mit viel Schmutz und Narretei zu tun zu bekommen. Denn im Mediumismus und Somnambulismus, der Quelle der okkulten Phänomene, mischt sich das Geheimnis des organischen Lebens mit den übersinnlichen Geheimnissen, und diese Mischung ist trüb. Hier nämlich handelt es sich nicht länger um *Geist*, Niveau, Geschmack, um nichts in Kühnheit Schönes; hier ist *Natur* im Spiel, und das ist ein unreines, skurriles, boshaftes und dämonisch-zweideutiges Element, gegen welches der Mensch, geistesstolz, emanzipatorisch-gegennatürlich gesinnt seinem Wesen nach, sich vornehm zu verhalten liebt, indem er seine spezifische Würde darin sucht, zu vergessen, daß er ein Kind der Natur so gut wie ein Sohn des Geistes bleibt. Gleichwohl hieße es der Naturerforschung, dem Wissen um die Natur überhaupt auf mittelalterlich hierarchische Art jede menschliche Würde und Wichtigkeit absprechen, wollte man es der Metaphysik aus humanen Gründen ernstlich verwehren, experimentell zu werden, das heißt also Okkultismus zu treiben. Als ob nicht die exakte Naturwissenschaft selbst an einem Punkte hielte, wo ihre Begegnung mit der Metaphysik unvermeidlich wird! Die Tatsache, daß ich von der Lehre des berühmten Herrn Einstein sehr wenig weiß und verstehe (außer etwa, daß dennoch die Dinge eine ›vierte Dimension‹ besitzen, nämlich die der

Zeit), hindert mich sowenig wie jeden anderen intelligenten Laien, zu bemerken, daß in dieser Lehre die Grenze zwischen mathematischer Physik und Metaphysik fließend geworden ist. Ist es noch ›Physik‹, oder was ist es eigentlich, wenn man sagt (und man sagt heute so!), die Materie sei zuletzt und zuinnerst nicht materiell, sie sei nur eine Erscheinungsform der Energie und ihre ›kleinsten‹ Teile, die aber bereits weder klein noch groß sind, seien zwar von zeiträumlichen Kraftfeldern umgeben, aber sie selbst seien zeit- und raumlos?

Genug der Theorie! Kommen wir zu meinen Erlebnissen ... Sie haben zur Voraussetzung die Bekanntschaft mit einem Mann, über den die Meinungen noch vor kurzem so gründlich auseinandergingen, daß die einen ihn für einen Scharlatan und betrogenen Betrüger erklärten, die anderen ihn als charakter- und verdienstvollen Forscher und Mit-Initiator einer neuen Wissenschaft ehrten. Er heißt Dr. Albert Freiherr von Schrenck-Notzing. Praktischer Arzt von Hause aus, Spezialist für Nervenkrankheiten, Sexual-Patholog, gelangte er früh, schon vor mehr als dreißig Jahren, auf den Weg über den Hypnotismus und Somnambulismus zu okkulten Studien, und es scheint, daß er eine Zeitlang dem Spiritismus zugeneigt gewesen ist, während er heute diese Theorie von der Hand weist und zur Erklärung all der Unerklärlichkeiten, die er hervorruft und beobachtet, sich auf unbekannte, aber allmählich zu erkennende Naturkräfte bezieht.

Das Erscheinen seines Buches ›Materialisations-Phänomene‹, ein paar Jahre vor dem Kriege, rief einen voll ausgewachsenen öffentlichen Skandal hervor. Aus der offiziellen Gelehrtenwelt hagelte es Proteste gegen soviel Verirrung, Leichtgläubigkeit, Dilettantismus und Schwindel. Das Publikum, soweit es von der Sache erfuhr, hielt sich den Bauch vor Lachen. Und wirklich, das Buch stellte unseren Ernst auf harte Proben, sowohl durch seinen Text wie durch seine Bildbeigaben, Photographien, die grotesk, phantastisch und albern anmuteten. Es fehlte nicht an Nachweisen, daß Dr. von Schrenck betrogen worden sei, – was wahrscheinlich mehr als einmal wirklich der Fall gewesen war; denn das Unglück will, daß die mediale Veranlagung, so echt sie sei, nicht nur nichts gegen schlechte Charaktereigenschaften beweist, sondern, wie es scheint, den Hang zur Mystifikation und die Fertigkeit darin geradezu begünstigt. Jedenfalls sah es jahrelang aus, als sei Schrenck-Notzing als Gelehrter rettungslos kompromittiert.

Die Jahre gingen. Der Krieg kam, und mit ihm kamen ungeträumte Umwälzungen und Abenteuer. Der zweite Band der ›Materialisations-Phänomene‹ fand eine vollständig veränderte Atmosphäre vor. Nicht, daß sein Inhalt weniger toll gewesen wäre als der des ersten, oder auch, daß die offizielle Wissenschaft, die Presse, das Publikum ihm einen geneigteren Empfang bereitet hätten. An Spott und Schimpf war auch diesmal kein Mangel. Aber es scheint, als sei beides weniger kraftvoll, von nicht ganz so behäbiger Zuversicht getragen wie ehemals, und nicht ohne einen Einschlag von Resignation, von fatalistischem Gewährenlassen. Man hat soviel Ungeahntes hinnehmen, so krasse Dinge über sich ergehen lassen müssen, daß der Entrüstung, die auch jetzt noch aufzubringen man sich bemühte, der rechte Schwung gebrach, ja, daß ihr eine unverkennbare Neigung zum Paktieren beigemischt war.

Ganz ähnlich wie in der Politik gibt es im Verhalten der Wissenschaft zum Okkultismus ein ›Rechts‹ und ein ›Links‹, eine starr konservative und eine radikal-umstürzlerische Gesinnung und Willensmeinung – nebst zahlreichen Übergängen und Abschattungen zwischen den Extremen des verstockten Ableugnens aller rational unerklärlichen, aber immer wieder gemeldeten und verbürgten Erscheinungen, wie Telepathie, Wahrtraum und Zweites Gesicht, und andererseits einer fanatisch-kritiklosen Leichtgläubigkeit, die weniger auf gefaßter Ehrfurcht vor dem Geheimnis als auf inhumaner Gehässigkeit gegen Vernunft und Wissenschaft beruht. Immerhin hat hier, wie am Ende auch in der Politik, die intransigent konservative Haltung ihr gutes Recht für sich, denn zwischen Rechts und Links liegt eine schiefe Ebene, auf der man gar leicht ins Gleiten gerät, und einen einzigen okkulten Fall auch nur als wahr unterstellen heißt seinen kleinen Finger einem Teufel reichen, der fast unfehlbar in der Folge die ganze Hand und den ganzen Mann nimmt. Principiis obsta! Und dennoch ist unverkennbar, daß heute ein gefährlicher Liberalismus im Lager der orthodoxen Wissenschaft Deutschlands einzureißen beginnt – Deutschlands, das bisher als Hochburg des Konservatismus in dieser Hinsicht betrachtet werden durfte. Im Auslande, in England, in Frankreich, war die Nachgiebigkeit längst ohne Frage größer, häufiger gewesen – ich will nicht von Amerika reden, wo unnötig viel Humbug sich den okkulten Studien beigemischt zu haben scheint. Es verfehlte vielleicht nicht ganz seinen Eindruck bei uns, daß Schrenck-Notzings ›Materialisations-Phänomene‹ ins Englische übersetzt wurden; daß die ›Society for Psychical Research‹ vor zwei Jahren das Medium, mit dem er früher hauptsächlich experimentiert hatte, eine Person namens Eva C., nach London kommen ließ und einen sehr ernsthaften Bericht über die Sitzungen mit ihr veröffentliche; daß französische Gelehrte, wie Richter, Flammarion, Gustave Geley, Dr. Bourbon und andere, ihn in seinen Gewagtheiten unterstützten, seine Versuche nachprüften, seine Ergebnisse bestätigten. Kurzum, eine leichte Erschütterung, eine gewisse Demoralisation unserer konservativen, unserer ›skeptischen‹ Phalanx ist ohne Zweifel zu verzeichnen. Es gibt Verräter, heimliche Verräter, bevor sie zu öffentlichen werden. Es gibt Universitätsprofessoren, und zwar keineswegs nur Philosophen und Psychologen, sondern Naturwissenschaftler, Physiker, Physiologen und Ärzte, die, aus der mangelhaften Münchener Straßenbeleuchtung einen überläuferischen Nutzen ziehend, vermummt und verstohlen sich zu den abendlichen Sitzungen des Herrn von Schrenck schleichen, um zu sehen, was ihnen nicht frommt. Denn sie müßten wissen und wissen auch, daß das einzige Mittel, sich intakt zu halten, darin besteht, die Augen zu verschließen und nicht zu sehen. Man ist verloren, oder so gut wie verloren, es ist aus mit der Skepsis oder vielmehr: *die Skepsis beginnt*, wenn man sieht. Dafür gibt es Beispiele. Ein gesuchter Münchener Augenarzt legte in Gesellschaft das Bekenntnis ab: durch das, was er bei

Schrenck-Notzing gesehen, sei er »in der Skepsis sehr vorsichtig geworden«. Ein hübsches Wort – wie die bedenklichsten Worte die hübschesten sind. Denn das ist in der Tat die wahre Skepsis noch nicht, die sich nicht auch gegen sich selber kehrt, und ein Skeptiker, so schien mir immer, ist eigentlich nicht, wer nur das Vorschriftsmäßige glaubt und seine Augen vor allem hütet, was seine Tugend gefährden könnte, sondern wer, populär gesprochen, verschiedenes für möglich hält und gegebenenfalls nicht, um des Wohlanstandes willen, das Zeugnis seiner gesunden Sinne verleugnet.

Was mich betrifft, so hatte ich zeit meines Lebens in Fragen des Okkultismus theoretisch ziemlich weit ›links‹ gestanden, hatte also, im Sinn jenes weitergehenden Skeptizismus, das verschiedenste für möglich gehalten, ohne mich übrigens persönlich irgendwelcher praktischen Erfahrungen auf dem Gebiete des Übersinnlichen rühmen zu können. Mein Interesse war eine theoretische Sympathie, welche diese Dinge wohlwollend auf sich beruhen ließ. Ich empfand und äußerte wohl gelegentlich den Wunsch, einer Séance beizuwohnen, aber es wurde nichts daraus, und daß nichts daraus wurde, lag denn doch wohl an mir.

Und nun? Und kürzlich? – Sie müssen mir erlauben, die Sache ganz so zu erzählen, wie sie sich zutrug. Besuch meldete sich, ein Herr, Künstler, Maler, Zeichner, von einem humoristischen Blatt beauftragt, meine Karikatur zu zeichnen. Nur zu! Er zeichnete mir eine schiefe Nase, und ein Wort gab dabei das andere. Gott weiß, wie wir auf Herrn von Schrenck-Notzing kamen. Ob ich gehört hätte, daß er mit einem neuen Medium arbeite, fragte mein Gast, während er mich mit dem Stift verspottete. Es sei ein junger Mensch, ein halber Knabe, Willi S. mit Namen, Zahntechniker seines Zeichens und dabei ein physikalischer Tausendsassa, mit dem Schrenck ganz tolle Erscheinungen zeitige. Er habe ihn entdeckt, ihn nach München kommen lassen, ihm Unterkunft und berufliche Anstellung verschafft, außerdem eine Summe für ihn hinterlegt, unter der Bedingung, daß Willi ausschließlich mit ihm ›sitze‹. Seit einem Jahr schon arbeite er mit ihm und habe ihn psychisch so weit abgerichtet, daß Willi, anders als die meisten Medien, einen beständigen Wechsel der an den Sitzungen teilnehmenden Personen vertrage, fast ohne je zu enttäuschen. Dies sei aus Gründen der Propaganda wichtig für Schrenck. – Ob man wohl einmal dabei sein könne, fragte ich. – Das hielt der Maler gar nicht für ausgeschlossen. Er kannte Schrenck, und er hatte für seine Person den gleichen Wunsch. Ich sollte ihn machen lassen: er werde meine Zuziehung in die Wege leiten.

Und so geschah's. Es folgten telephonische Verabredungen; und eines Winterabends um acht Uhr, gegen Weihnachten, befand ich mich mit meinem Satiriker auf der Trambahnfahrt zur Séance, – aufgeräumt, unternehmend und neugierig wir beide, in einer Verfassung zwischen Übermut und Nervosität, die mich – ich bitte jedermann wegen des Vergleiches um Verzeihung – ein wenig an die Stimmung junger Leute erinnerte, die sich zu ihrem ersten Besuch bei Mädchen anschicken.

Das palaisartige Haus des Barons von Schrenck ist in bevorzugter Stadtgegend, in unmittelbarer Nähe des Karolinenplatzes, gelegen. Wir kamen an, und ein Diener führte uns durch ein steinernes Vestibül und einige Stufen hinan auf einen Vorplatz. Während wir ablegten, hieß der Hausherr uns mit der etwas kühlen Liebenswürdigkeit des Aristokraten willkommen und ließ uns danach in ein mäßig großes Bibliothekszimmer eintreten, wo wir die übrigen Teilnehmer an der bevorstehenden Sitzung schon versammelt fanden. Nur einer von ihnen war mir bekannt – ich begrüßte ihn, indem ich meine Verwunderung unterdrückte, ihm hier zu begegnen. Es war Professor G., Zoolog und eifriger Sportsmann, Skiläufer, Segler und Hochtourist, bartlos, jünglinghaft seiner Erscheinung nach, obgleich gewiß Mitte Vierzig, ein Naturbursch und Freiluftmensch – nie hätte ich gedacht, daß er nach dem Verborgenen trachte. Es wurde vorgestellt. Ich war erfreut, die Bekanntschaft Emanuel Reichers zu machen, des berühmten Schauspielers und Bindestrich-Amerikaners, der eben in Deutschland weilte. Auch die Hauswirtin und Pflegemutter des Mediums, eine Witwe in mittleren

Jahren, namens Frau P., war anwesend. Ferner ein polnischer Maler, blond, rasiert, liebenswürdig und hart redend mit warmer Stimme. Dann dieser und jener Angehörige der Schwabinger Intellektuellen-Sphäre. Das naturwissenschaftlich-medizinische Element hielt dem laienhaft-geistigen beiläufig die Waage. Es war da ein zweiter Zoologie-Professor, von sanftem, ungesellschaftlichem Gelehrtentyp; ein junger Arzt aus der Schweiz, ein ebenfalls noch jugendlicher deutscher Mediziner, Assistent an einem Münchener Krankenhaus, der einen Apparat für Blutdruckmessung mitgebracht hatte; eine ›Spezialistin für Nervenmassage‹, blond und lustig... Mehrere der Anwesenden waren Neulinge, auch Reicher, der es jedoch nicht auf okkultem Gebiete überhaupt, sondern nur in diesem Kreise zu sein schien.

Etwas abseits von der Gesellschaft hielt sich das Medium, Willi S. Auch mit ihm machte der Baron mich bekannt, indem er ihn scherzend, in der deutlichen Absicht, auf Selbstbewußtsein und Stimmung des jungen Menschen zu wirken, als »die Hauptperson« bezeichnete. »Das ist die Hauptperson, wissen Sie«, wiederholte er, für sein teures und heikel-organisches Instrument um freundliches Entgegenkommen werbend. Als ob das nötig gewesen wäre in meinem Fall! Mein Wohlwollen war grenzenlos, und ich ließ es mir angelegen sein, den Künstler das merken zu lassen, ihn gewiß zu machen, daß in mir kein Feind und böser Aufpasser, kein Skeptiker jener Art sich eingefunden habe, die auf nichts als Entlarvung und triumphbrüllende Überrumpelung bedacht ist. Ich war ein positiver Skeptiker, ein Skeptiker, der seine Freude daran hatte, wenn etwas gelang – das sollte er wissen. Betrug? Zwischen Betrug und Wirklichkeit gab es viele Zwischenstufen, und irgendwo waren sie eins. Vielleicht handelte es sich um eine Art Naturbetrug, die ebensogut als Realität anzusprechen sein mochte? Ich war gekommen, um, ohne mir selbst etwas vorzumachen, zu sehen, was zu sehen sein würde, – nicht mehr und nicht weniger. Ich wechselte einige Worte mit Willi S., in dem Wunsch, einen Eindruck von seiner Persönlichkeit zu gewinnen. Ich fand einen Achtzehn- oder

Neunzehnjährigen, brünett, nicht unsympathisch und ohne jedes phänomenale Merkmal, von offenbar schlichter Herkunft, süddeutsch-österreichischen Dialekts und von anständig-freundlichem Wesen, der aber kein Bedürfnis verriet, durch eifrige und wortreiche Höflichkeit für sich einzunehmen. Einsilbig vielmehr beim Antworten auf sachliche Erkundigungen, schien er im Zustand einer gewissen Spannung und unterdrückten Erregung befangen, einer Art von Lampenfieber offenbar, das sich mit der natürlichen Schüchternheit seiner Jugend vereinigte und dem Verständnis leicht zugänglich war.

Ich verließ Herrn Willi, der von dem jungen Kliniker zu einer Blutdruckmessung eingeladen wurde, und folgte der Aufforderung des Hausherrn, mich im anstoßenden Laboratorium umzusehen. Das war ein geräumiges Zimmer, unordentlich angefüllt mit photographischen Apparaten und solchen für Magnesium-Blitzlicht, Stühlen und Tischen, auf denen allerlei Gegenstände, wie zum Beispiel eine Spieldose, eine gestielte Tischglocke, eine Schreibmaschine, mehrere weiße Filzringe und so weiter, standen und lagen – Dinge, die, banalen Charakters an und für sich, dem jungen Willi bei seinen seltsamen Leistungen dienen und von denen die Rede sein wird. Auch eine Art von Käfig aus feinem Drahtgeflecht war zu sehen, worin man den Jüngling gelegentlich einer wissenschaftlich-kritisch besonders strengen Sitzung verwahrt hatte, ohne daß man ihn durch diese Vorkehrung hatte hindern können, Unerklärlichkeiten zu erzeugen. Endlich war da das ›Schwarze Kabinett‹, an das soviel Gerede und Verdachtsmunkelei sich knüpfte und dessen frühere Versuchspersonen leidigerweise bedürftig gewesen waren. Ich sah hinein. Es hatte nüchterne Bewandtnis damit. Gleichgültiges Gerümpel stand hinter dem deckenhohen Vorhang, der einen Winkel des Zimmers vom Hauptraum abteilte. Wir würden das Kabinett nicht brauchen, sagte Dr. von Schrenck. Willi brauchte es nicht. Er war stark. Frei saß er im Zimmer bei seinen Taten. Nun, desto besser. Meine positive Skepsis hätte auch das Kabinett in den Kauf genommen, aber desto besser, wenn Willi so stark war. – Wir kehrten in die Bibliothek zurück. Ein Arbeitszimmer mit Schreibtisch stieß andererseits daran, wo Willi zur Sitzung Toilette machte.

Er macht diese Toilette beileibe nicht allein; er macht sie unter der argusäugigen Kontrolle dreier Personen, des Hausherrn und zweier Assistenten, zu welchen Dr. von Schrenck als Versuchsleiter diesmal mich und die lustige Nervenärztin ernannte. Ganz zu Befehl – obwohl ich mir selbst nicht durchaus als die rechte Persönlichkeit zu solchem Amte erschien. Ich fühlte mich voller Laxheit und Wohlwollen, geneigt, die Überwachung als Formalität zu behandeln. Die Rolle des mißtrauischen Aufpassers liegt mir nicht, sie beschämt mich und widerstrebt meiner Humanität. Niemand erwarte, daß die Menschen ihm ihre beste Seite zukehren, wenn er ihre Schlechtigkeit voraussetzt. Wie komme ich dazu, diesen Jungen, der sich anschickt, Merkwürdiges zu leisten, durch Kundgebungen des Verdachts herabzustimmen, er wolle mich betrügen? Ich bin ein Skeptiker, der wünscht, daß etwas zustande kommt... Aber vielleicht war das die allergründlichste und äußerste Skepsis? Vielleicht war ich, in meiner Lässigkeit und meinem Wohlwollen, der Ungläubigste von allen?... Das mußte gleichviel sein für den Augenblick. Kostümiere dich, Freundchen, ich sehe zu.

Der Baron wies uns das schwarze, aus einem Stück gearbeitete Trikot vor, worein Willi vom Halse bis zu den Fußknöcheln sich kleiden sollte. Er hielt uns an, es genauer Prüfung zu unterziehen, den Stoff überall zu befühlen, es war ihm an unserem Kritizismus gelegen. Ein Baumwolltrikot, schon gut. Es war keine Spur von Verräterei daran zu bemerken, und Willi zog es über seinen bräunlichen Knabenkörper. Ich fing einen schüchternen und ernsten Blick auf, den er, indem er es anlegte, zu meiner Kollegin, der blonden Ärztin, hinübersandte, die heiter in die Luft blickte... Im bloßen Trikot jedoch fror der Bursche erfahrungsgemäß, das war menschlich einleuchtend, und darum gab man ihm einen Schlafrock dazu, einen alten wattierten, seidenen des Barons, ein behagliches Kleidungsstück, das wir ebenfalls gewissenhaft untersuchten, so Taschen wie Futter. Ein gutmütiger alter Schlafrock – schon recht. Er wies aber eine

Merkwürdigkeit auf, die der Baron uns erklärte. Er war mit Bändern besetzt, überall, an den Ärmeln, den Säumen, die Nähte hinunter: mit weißen Bändern benähnt, und das waren Leuchtbänder, sie waren präpariert, waren mit einer Masse bestrichen, die im Dunkel leuchtete, so daß man die Umrisse von Willi's Figur auch bei gedämpfter Beleuchtung genauestens würde im Auge behalten können. Das hieß ich gut und praktisch. Auch um den Kopf bekam Willi diademartig ein Leuchtband geschlungen und alte türkische Pantoffel an die Füße. So war er fertig; allein da er fertig war, riß er den Mund vor uns auf, sperrangelweit und nach Löwenart, als wollte er uns verschlingen. Dem stand ich ratlos gegenüber, aber mir wurde klargemacht, daß es sich um die Kontrolle der Mundhöhle handle. Den Teufel auch, da hatte ich um ein Haar die Mundhöhle vergessen! Er hatte schon einen Goldzahn darin, seinem Handwerk zu Ehren. Im übrigen war das eine einwandfreie Mundhöhle. In Gottes Namen, genug, man sah ja bis hinter das Zäpfchen. Und wir gingen hinüber.

Freundliches Hallo empfing uns im Nebenzimmer. Die Habitués begrüßten ihren vermummten Willi. Es war eine fröhliche Maskerade, und er selbst, in seinem Talar und seiner Priesterbinde, lächelte tölpelhaft gutmütig über seinen Aufzug. Zum Werke denn! Die Gesellschaft ergoß sich ins Laboratorium, und hinter uns verschloß der Hausherr die Eingangstür.

Es wurde ernst. Unnatürliches sollte sich in diesem sonderbaren Zimmer ereignen, das einem photographischen Atelier mit Unterhaltungsgegenständen für Kinder glich. Ich gestehe, daß leichte Zaghaftigkeit mich anwandelte, ein innerer Widerstand, ein Zweifel, ob ich für meine Person bei diesem Unternehmen denn wohl am Platze sei. Aber da übertrug der Versuchsleiter mir ungebeten die Kontrolle des Mediums, mir und der Hauswirtin Willi's, Frau P., und begann sogleich, mich in der praktischen Ausübung zu unterweisen. Sie war praktisch in der Tat, höchst ausgiebig und beruhigend. Dem jungen Mann gegenüber hatte ich meinen Stuhl nahe an den seinen heranzurücken, hatte seine beiden Knie zwischen die meinen zu nehmen und seine Hände zu fassen, während seine Handgelenke von der Assistentin gehalten wurden. So war Willi in sicherer Haft, ich gab es zu, und so saßen wir und sahen uns töricht an, während die Teilnehmerschaft gemächlich plaudernd ihre Plätze einnahm.

Das geschah vor dem Vorhang, in einem unvollkommenen, nur etwa zu drei Vierteln geschlossenen Kreise, an dessen einem Ende das Medium mit uns Kontrolleuren und an dessen anderem der Hausherr saß. Nicht alle Anwesenden fanden Platz in dieser Reihe: zwei oder drei Personen mußten in die zweite zurücktreten, stehend oder sitzend, nach Wunsch und Laune, darunter der sportliche Zoologie-Professor, der sich zu meinem Erstaunen mit einer Handharmonika bewaffnet hatte. Er war ein Künstler auf diesem Instrument, betätigte sich oft darauf bei Ausflügen und sommernächtlichen Gartenfesten, und darum besonders war er hier gern gesehen. Denn das Medium verlangte Musik bei seinen Darbietungen, fast unaufhörlich Musik, das war ein Stimmungsbedürfnis, das man ihm nachsehen, eine Produktionsbedingung, die man ihm vernünftigerweise zugestehen mußte, und Professor G. brachte mit seiner Ziehorgel große Abwechslung in das Programm, das sonst allein von einer Spieldose bestritten wurde, die nur über eine einzige und nicht einmal besonders ansprechende Nummer verfügte...

Noch herrschte normale Helligkeit im Raum, elektrisches Weißlicht, und in ihm traf der Baron letzte Anordnungen unter den Versuchsobjekten. Ein Tischchen stand in unserem Kreis, nicht genau in der Mitte, sondern dem Hausherrn näher als dem Medium, von diesem anderthalb Meter entfernt, wie der Baron mit einem Meterstabe ermittelte, und mehrere Gegenstände waren daraufgestellt: ein rot verhülltes Lämpchen, die Handglocke, ein Teller mit Mehl, ein Schiefertäfelchen nebst einem Stück Kreide. Ein geräumiger Papierkorb war daneben zu sehen, nämlich umgekehrt, den Boden nach oben, und auf diesen hatte man die Spieldose placiert, eine zweite Spieldose, nicht die konzertierende, die hinter dem Sitz des Barons auf einem Wandbrett stand, sondern eine kleinere, auf welcher Herrn Willi's

Fähigkeiten sich beispielsweise bewähren sollten. Die Schreibmaschine setzte der Baron irgendwo in seiner Nähe auf den Teppich und verteilte dann noch auf der Bodenfläche des Kreises dahin und dorthin kleine Filzringe, Leuchtringe genau gesagt, denn sie waren präpariert wie die Streifen an Willi's Gewand, und an einem oder zweien war sogar noch eine längere Leuchtschnur befestigt... Mehr noch: auch die größeren Objekte, soweit sie sich irgend dafür eigneten, der Papierkorb also, die Spieldose, die Handglocke, waren mit Leuchtbandstreifen besetzt, dieser Erfindung des Barons, auf die er sich etwas zugute tat und die er reichlich in Anwendung brachte... Das Licht erlosch.

Aber es wurde noch einmal eingeschaltet, da Willi, bei wachen Sinnen noch, in meiner Haft, auf eine Vergeßlichkeit aufmerksam gemacht hatte. »Die Nadeln, Herr Baron!« sagte er. Das war noch eine Vorsichts- und Kontrollmaßregel, an die der Ehrenmann da erinnerte. Der Baron steckte große Nadeln in den Sammetschlafrock, in die Ärmel und in die Schöße: Nadeln mit dicken, weißlichen, selbstleuchtenden Köpfen, wie denn solcher Nadeln auch einige im Vorhang staken, rechts und links von der Spalte, so daß auch dort jede Bewegung im Dunkeln sich würde verraten müssen... Aufs neue Abknipsen des Weißlichtes. Was an Beleuchtung übrigblieb, war dunkel-rötlicher Schimmer, der von einer rot und schwarz verhüllten Deckenlampe und von der kleinen, ebenfalls abgedämpften Tischlampe einfiel. Es war nicht reichlich für ein noch unakkommodiertes Auge, aber der Baron versicherte, daß er die Erlaubnis zu größerer Helligkeit vorderhand beim besten Willen nicht habe durchsetzen können. »Ich kämpfe um jeden Strahl!« sagte er; »aber dies ist alles, was ich bis jetzt erreichen konnte.« Übrigens leuchtete Willi, es leuchteten die Filzringe, die Streifen an den übrigen Gegenständen und die Nadeln im Vorhang. Man übersah im Grunde die Verhältnisse des Schauplatzes. Die Platte des Tischchens war gut erhellt, wie man binnen kurzem fand. – Es wurde um ein wenig Stillschweigen gebeten, und in das Stillschweigen hinein ließ die konzertierende Spieldose, die der

Baron in Gang gesetzt hatte, klar und kindlich ihre einzige Nummer ertönen, ein Liedchen, eine kurze, immer gleich wieder von vorn anfangende Melodie, von zierlichen Akkompagnements umperlt. Man wartete. Ich im besonderen wartete, Willi's Hände weder zu fest noch zu locker in den meinen. Plötzlich, nach drei oder vier Minuten, zuckt er zusammen. Ein Krampfzittern durchläuft ihn, und seine Arme beginnen mit den meinen pumpend-stoßende Vor- und Rückwärtsbewegungen auszuführen. Sein Atem geht kurz und rasch.

»Trance!« meldet meine kundige Assistentin.

Da war der Junge mir unter den Händen in Trance gefallen! Nie hatte ich bisher diesen Zustand beobachtet, und da ich überzeugt bin, daß das ein Zustand von weitreichender Merkwürdigkeit ist, so wandte ich ihm angelegentlichste Aufmerksamkeit zu. Die Sache ist die, daß während seiner Dauer Willi's Ich sich für seine Traumvorstellung in zwei symbolische Personen spaltet, eine männliche und eine weibliche, die er ›Erwin‹ und ›Minna‹ nennt. Eine Kinderei. Hokuspokus. Niemand nimmt Erwin und Minna ernst, aber man geht um der Sache willen auf die Grille ein, kennt keinen Willi mehr und hält sich an die beiden, die ihre abwechselnde Gegenwart auf simple Art zu kennzeichnen wissen. ›Erwin‹ ist ein Rüpel. Er tut sich durch die robuste Stärke von Willi's Krampf- und Stoßbewegungen kund, leistet aber selten etwas Ansehnliches und überläßt den Platz denn auch meistens der sanfter sich gebärdenden und anstelligeren Schwester. Nach dem Urteil meiner Assistentin war sie es auch jetzt, die uns schüttelte und mit unseren Armen pumpte.

»Ist Minna da?« fragt der Baron.

Ja, sie ist da. Ein einmaliger kurzer und fester Händedruck, den ich von Willi empfange, bestätigt es. Das ist seine Art, zu bejahen. Beim ›Nein‹ gibt es ein seitliches Hin und Her der Hände und des Oberkörpers. Außerdem *spricht* auch der Somnambule zu den Kontrollierenden rasch und stark flüsternd, auf eine gewisse leidenschaftliche Art, aber mit schwerer Zunge.

Der Baron begrüßt Minna. »Guten Abend, Minna, so und so,

es sind gute Freunde hier, du kennst die meisten, ein paar sind neu, aber das macht dir nichts, wie ich dich kenne, nicht wahr?«

Verneinendes Hin und Her.

»Die Kontrolle hat heute der und der, ein Mann voller Sympathie, ein Mann des wärmsten Interesses für dich und dein Können. Du wirst ihm hoffentlich sehr schöne Dinge zeigen?«

Händedruck und ein kurzes Vorwärtsstoßen des Oberkörpers.

»Ja, sie verspricht es.« (Albernerweise sagt man unwillkürlich »sie«).

»Gut also, Minna; streng dich an!«

Und die allgemeine Unterhaltung beginnt. Sie *muß* beginnen, das Medium verlangt es. »Unterhalten«, flüstert es lallend, gegen mein Ohr vorgebeugt, und ich gebe die Parole weiter. Man hat Kette gebildet, sitzt Hand in Hand, vielleicht eine Reminiszenz an spiritistische Gesellschaftsspiele, man weiß es nicht. Willi jedenfalls besteht darauf und mahnt häufig flüsternd, die Kette recht fest zu schließen. Auch mein Nachbar zur Linken hält Berührung mit mir, seine Rechte auf meiner Schulter, meinem Arm. Man spricht ins Dunkel, redet, was einem einfällt, während man kaum weiß, wen man neben sich hat. Das ist nicht leicht, das Gespräch reißt immer wieder ab, der Redestoff schrumpft zusammen und geht aus, denn die wahre Aufmerksamkeit ist nicht bei der Not- und Pflichtunterhaltung. Dennoch wird uns ein allzu eifriges Ausspähen nach Phänomenen widerraten. Der Versuchsleiter empfiehlt eine »schwebende« Aufmerksamkeit, ohne Gier, ohne hinstarrende Ungeduld, und ein wenig wird sie begünstigt durch die Musik, die sich in das geräuschvoll-künstliche Wortemachen mischt, die Klänge der Handharmonika, die der Zoolog in der zweiten Reihe nun mit Fertigkeit, Fauchen und Dideldum in Bewegung gesetzt hat. Flotte Märsche spielt er, einen nach dem andern, er weiß immer noch einen. Und wenn er aufhört, löst ungesäumt die Spieldose mit ihren mechanisch perlenden Melodien den Orgelbalg ab.

Kuriose Veranstaltung. Ich begreife, daß eine Wissenschaft, die auf sich hält, die an die Würde der Exaktheit, an die nüchtern-sachliche Stimmung des Laboratoriums, die reinlich-abstrakte Arbeit mit Apparaten und Präparaten gewöhnt ist, sich von dieser allzu menschlichen Art des Experimentierens abgestoßen fühlen muß. Dem Laien geht es nicht anders. Sollte er suggestive Stimmung, eine Atmosphäre der Weihe und des Geheimnisses erwartet haben, so findet er sich enttäuscht. Was ihn umgibt, ist eher danach angetan, eine gewisse Geschmacksabneigung und geistiges Mißtrauen durch Erinnerungen an banale Aufpulverungsmethoden der Heilsarmee zu erzeugen. Kordial-ermunternde Zurufe, die häufig aus der Kette an das Medium oder vielmehr an die amtierende ›Minna‹ gerichtet werden – »Hallo, Minna! Mut! nur zugegriffen! Zeig, was du kannst, Minna!« –, tragen zu diesem Eindruck bei. Etwas Mystisches – und zwar nicht in geisterhaftem, sondern in einem zugleich primitiven und erschütternden, *organischen* Sinne Mystisches gewinnt die Situation allein durch das ringend arbeitende, unter Stößen sich hin und her werfende, flüsternde, rasch keuchende und stöhnende Medium, dem meine Neugier vor allem gilt und dessen Zustand und Tätigkeit auffallend, unzweideutig und entscheidend an den Gebärakt erinnert. Sein Kopf ist bald weit zurückgeworfen, bald sinkt er an meine Schulter oder hinab auf unsere Hände, die naß sind von Schweiß und die ihren Zugriff erneuern müssen, damit sie einander nicht entgleiten. Seine Anstrengungen kommen wehenartig, in Anfällen; es gibt Pausen zwischendurch, Zustände vollkommener Ruhe und Unzugänglichkeit, während welcher es mit seitlich auf die Brust hängendem Kopfe schlafend neue Kräfte sammelt. Das ist Tieftrance. Dann rafft es sich auf und beginnt seine zeugerisch-kreißende Arbeit aufs neue.

Eine männliche Wochenstube im Rotdunkel, mit Geschwätz, Dideldum-Musik und fröhlichen Zurufen! In meinem Leben war mir nichts Ähnliches vorgekommen. Ich dachte, daß, wenn gar nichts weiter geschehen sollte, der Weg sich immerhin gelohnt haben werde. Und wirklich schien nichts weiter geschehen zu sollen. Das ›Kind‹ blieb aus. Nichts Übernormales wollte sich ereignen. Es gab solche, die in ihrer Begierde dergleichen schon sehen, schon wahrhaben wollten. Zwei Leuchtnadeln staken nicht mehr in Willi's Schlafrock, obgleich sie fest und tief hineingesteckt worden waren; sie lagen am Boden, auf dem Teppich, die eine ziemlich weit von ihm entfernt. Man sagte, sie seien »genommen« worden, allein die Möglichkeit, wenn nicht die Wahrscheinlichkeit, bestand, daß sie durch Willi's Arbeit herausgeschleudert worden waren. – Wie war es, von ihnen abgesehen, mit den beiden Leuchtringen, die dort hinten unmittelbar vor dem Vorhang lagen? Sie hatten *davor* gelegen und nicht zum Teile dahinter, sie waren ursprünglich nach ihrem ganzen Umfange sichtbar gewesen, im Laufe der letzten Minuten aber hatte sich das geändert, sie waren nur zu einem Drittel noch sichtbar, der Vorhang war vorgetreten, oder die Ringe ihrerseits waren von der Stelle gerückt, und wenn man sie länger in Obacht hielt, – seht, so änderte allmählich die Sachlage sich abermals: sie waren nun wieder ganz sichtbar, frei vor dem Vorhang, nicht unter ihm, und das war ein Phänomen. – Ein unsicheres, klägliches Phänomen. Man mußte es auf sich beruhen lassen. Den kühlen Hauch dagegen hatte ich doch wohl verspürt, der vom Medium her in den Kreis ausgegangen war und dessen Auftreten anzeigte, daß Erscheinungen sich vorbereiteten? – Nein, rund heraus, ein kühler Hauch wäre mir durchaus willkommen gewesen, doch war mir nichts dergleichen bemerklich geworden.

Und die Zeit vergeht. Es ist nicht leicht zu beurteilen, wieviel davon schon vergangen ist, aber drei Viertelstunden, schätze ich, mögen es wohl sein. Zweifellos hat das Medium gegen Hemmungen zu kämpfen. Man befragt es in diesem Sinn, aber es verneint und müht sich weiter. Man fragt, ob alles in Ordnung ist, und es bejaht. Ich aber glaube ihm nicht; denn mir allein gab ich im stillen die Schuld an unserer Erfolglosigkeit. Von vornherein hatte ich heimlich bezweifelt, daß meine Natur dem guten Willi bei seiner Arbeit werde behilflich sein können, und war jetzt gewiß, daß er diesen meinen Zweifel an der Förderlichkeit der Situation in seinem Jenseits teilte. Leugnete er es, so war das bloße Höflichkeit, – obgleich es sonderbar klingen mag, von somnambuler Höflichkeit zu sprechen. Nach meinen Beobachtungen sind in diesem Zustande die Hemmungen der Gesittung und der humanen Rücksicht keineswegs ausgeschaltet, und Willi leugnete nicht einmal unbedingt. Er flüsterte: »Wenn ihr wollt, daß die Phänomene schneller kommen –« – Nun? was dann? – Er schwieg. – Ob er eine Pause wünsche. – Stillschweigen. Dann aber fängt er an, mit dem Fuße aufzuschlagen, und man zählt mit. Er schlägt fünfzehnmal. Schön, eine Pause von fünfzehn Minuten. Und man bricht ab für den Augenblick.

Vor Einschaltung des Weißlichtes ließ man dem Medium Zeit, zu sich zu kommen. Es traf wunderliche Vorkehrungen, bestehend in schabenden Bewegungen der Hand und des Armes an seiner Flanke, Bewegungen, die, wenigstens in seiner Vorstellung, dem Wiedereinziehen der ausgesandten, aber noch nicht zur Manifestation gelangten organischen Kräfte dienen. Es erwachte ruckweise, in zwei- oder dreimaligem Aufzucken, und blinzelte blöde ins Licht. Man verzog sich ins Nebenzimmer.

Zigaretten wurden angezündet. Auch Willi, in seinem Kostüm auf dem Sofa sitzend, rauchte die seine. Man besprach die Sachlage. Sie war fern davon, etwas Entmutigendes zu haben. Solch vorläufiges Versagen, die Notwendigkeit, zu pausieren, war keine Seltenheit. Rein negative Sitzungen kamen bei unserem Willi sehr selten vor. Nichts war verloren. Willi's Pflegemutter, Frau P., erzählte zur allgemeinen Aufrichtung Geschichten von zu Hause. Sie würden in der Wohnung nicht bleiben können, würden schließlich doch ausziehen müssen, der anderen Parteien wegen. Unerwünschte Dinge ereigneten sich beständig in des Jungen Umgebung. Spontan-Phänomene, Zeichen und Wunder. Es klopfte an die Wände wie mit Fäusten. Hände taten, wozu niemand sie eingeladen. Ein Phantom hatte sich urplötzlich an der Tür des Eßzimmers gezeigt. Die Köchin selbst hatte es gesehen und war mit Gekreisch entwichen. – Alles gut, nur waren wir leer ausgegangen bis jetzt. Der junge Kliniker mit dem Blutdruckapparat nahm eine neue, vergleichende Messung an Willi vor, über deren Ergebnis er sich mit Dr. von

Schrenck besprach. Fünfzehn Minuten! Der Baron gab das Zeichen zur Wiederaufnahme der Sitzung.

Überzeugt, daß Willi die Pause vor allem in der Absicht erwirkt hatte, daß nachher die Kontrolle gewechselt werden möge, erbot ich mich dringlich zur Aufgabe meines Amtes. Doch wollte der Hausherr davon nichts wissen. Nein, nicht jeder Laune und Empfindlichkeit Minna's dürfe man nachgeben. Für meine Eindrücke sei es wichtig, daß ich das Medium selbst im Gewahrsam hielt. Allenfalls mochte ich an zweite Stelle treten, an die der Frau P. Als erster Kontrolleur mochte ein anderer einrücken. Reicher oder Herr von K. – am besten dieser. »Kommen Sie, K.! Reißen Sie, wie gewöhnlich, die Sache heraus!«

Von K., das war der polnische Maler mit der harten Aussprache und der warmen Stimme, ein Mensch von herzlichem und unmittelbarem Wesen, des Mediums Lieblingskontrolleur, letzte Zuflucht der Laboranten, wenn eine Sitzung ergebnislos zu bleiben drohte. Wenn er Willi's Hände hielt und seine fröhliche Behandlungstechnik spielen ließ, so kam fast immer etwas zustande. »Grüß Gott, Minna, – was? Da sind wir alten Freunde wieder beisammen! Das wird famos, meine ich, und du bist sicher derselben Meinung. Siehst du, da drückst du mir meine Hände. Schön von dir, aber höre mal, nicht zu stark, au, du kugelst mir ja die Schulter aus, Minna, ist *das* deine Liebe?« In diesem Stil. Willi braucht diese Art, und sie hilft fast immer. Rasch war er, nach hergestelltem Rotdunkel, wieder in magnetischen Schlaf verfallen. Die Spieldose perlte, die Handharmonika löste sie ab. Die Geburt nahm ihren Fortgang.

Vorgebeugt, in unbequemer Haltung, ohne Rückenstütze, aber unempfindlich gegen solche Nachteile, umklammerte ich Willi's Handgelenke, ergriffen von seiner ringenden Mühsal. Er schüttelt uns, pumpt, zittert, wirft und windet sich, flüstert keuchend: »Unterhalten!« »Die Kette!« – »Die Kette!« wiederholt von K. mit spaßhaft-herzlicher Ergebenheit. »Was ist denn? Das kann meine Minna doch wohl verlangen, daß ihr die Kette ordentlich schließt!« Je länger wir sitzen, desto öfter will das immer wieder zur Neige gehende und abreißende Gespräch befeuert sein. Der Baron hilft ihm auf. »Unterhalten, meine Herrschaften! Professor G., Sie schlafen ja. Herr Mann, plaudern Sie?« – »Doch, Baron, ich plaudere nach meinen Fähigkeiten.« Man rafft sich zusammen, man redet das Überflüssigste ins Dunkel hinein. Der Schauspieler Reicher hilft sich mit sonorem »Rhabarber, Rhabarber!« Die Musik ist quälend. Man ist des Melodiechens der Spieldose bis zur Gereiztheit müde, doch wenn die Harmonika faucht und orgelt, sehnt man sich nach dem schonungsvolleren Geklingel zurück. Wenn Willi es schwer hat, – wir haben es nicht leicht. Fast eine Stunde ist abermals seit der Pause vergangen. Mein Rücken schmerzt, aber ich achte seiner nicht. Das Medium zuckt aus Tieftrance auf. Es nimmt einen leidenschaftlichen Anlauf und scheint mit seitwärts schleudernden Bewegungen des Oberkörpers stoßweise etwas aus sich herauszujagen. »Brav, Minna!« schmeichelt von K. »Nur zu! Nur heraus damit! Du bist ja drauf und dran, man sieht es genau, nichts fehlt, als daß du zupackst, das wird ein Hauptspaß, noch mal so gern werde ich dich haben!« Umsonst. Nichts regt sich. Auch Herrn von K.'s Bonhomie scheint heute nichts auszurichten. Verzicht schleicht sich in aller Herzen. Und ich, ich habe kein Glück mit den Geheimnissen. Ich werde fortfahren, das verschiedenste für möglich zu halten, gesehen haben aber werde ich nichts. Desto schlimmer für mich. Hartgesottene Materialisten, feindselige Verfechter der Betrugshypothese und zornmütige Ritter der physikalischen Schulgesetze sind hier gewesen und haben gesehen, was sie bis zum nächsten Morgen in ihrer sogenannten Skepsis wankend machte. Und meine Skepsis, die Glaube ist im Vergleich mit der ihren, ein Glaube an nichts und alles – wie soll ich ihn kennzeichnen? –, wird sich als unproduktiv-nihilistischen Wesens erwiesen haben. Leichte Bitterkeit, wie man sieht, wandelte mich an. Doch waren die Eindrücke des Abends ja immerhin mitzunehmen gewesen ...

Da versuchte der Hausherr ein letztes Reizmittel. Er zog strengere Saiten auf und sprach: »Nein, Minna, alles was recht ist. Wir sitzen nun über zwei Stunden, du kannst nicht sagen, daß wir es an Geduld haben fehlen lassen. Aber alles hat seine Grenzen. Wir geben dir jetzt noch fünf, noch zehn Minuten. Passiert nichts bis dahin, so machen wir Schluß, und die Herren gehen nach Hause, und mancher von ihnen wird allerdings denken, daß du nichts kannst und nichts vermagst, und wird es herumerzählen, und die Skeptiker werden sich freuen.« – »Aber nein«, sagt von K. und sekundiert dem Baron, indem er ihm zu widersprechen scheint. »Aber nein. Herr Baron, was sagen Sie da, ist sie ja dicht daran, das weiß sie ja selbst am besten, immer noch hat sie es selbst am besten gewußt, meine Minna, wenn sie ihr Ärmchen weit genug entwickelt und ausgestreckt hatte, um ordentlich ... Wie? Was sagst du? Still die Musik! Was hast du gesagt, liebe Minna?«

In seine Worte hinein hat das Medium etwas geflüstert. Die Musik schweigt, wir alle schweigen. Es kommt noch einmal, schwer lallend: »Das Taschentuch!«

»Das Taschentuch!« wiederholt befehlshaberisch von K. »Sie weiß genau, was sie will, sie wird es schon machen, alles wird sie uns machen, meine Freundin, die Minna ...«

»Selbstverständlich«, sagt der Baron. »Wenn es weiter nichts ist, hier ist das Taschentuch.« Und er zieht aus der Brusttasche sein großes, weißes, nur wenig gebrauchtes Schnupftuch, nimmt es am Zipfel und läßt es neben dem Tischchen zu Boden fallen. Da liegt es, schwach schimmernd sichtbar. Vorgereckt starrt alles darauf hin.

»Den Tisch weiter zurück!« flüstert Willi, dessen Gesicht auf seinen Händen liegt, die wir halten. »So recht?« – Nein, nicht so. Er sieht nichts, aber weiß in seinem Traum, was geschieht und daß es noch nicht genau so geschieht, wie er will; ungeduldig korrigiert er das Tun des Barons, als sähe er ihn: Mehr dorthin will er das Tischchen haben, erst etwas links und dann näher zum Hausherrn, so ist es recht. Der Raum zwischen Tisch und Taschentuch ist nun größer ... »Die Kette!« flüstert Willi, und man drückt sich die Hände. »Unterhalten!« flüstert er, und man macht diensteifrig: »Jawohl, jawohl, Rhabarber, Rhabarber.« Auch ich wende mich zu meinem Nachbarn, dem Polen, um etwas Gleichgültiges zu parlieren. Ich habe angefangen zu sprechen, da höre ich jemanden mit künstlicher Ruhe sagen: »Es kommt.« Ich werfe den Kopf herum...

Erinnert man sich an die Stelle im ›Lohengrin‹, erster Akt, wenn nach Elsa's Gebet der Chor mit einer Einzelstimme einsetzt: »Seht! Welch seltsam Wunder!«? So ähnlich war es. Das Taschentuch hatte sich vom Boden erhoben und war aufgestiegen. Vor aller Augen, mit rascher, sicherer, energischer und fast schöner Bewegung stieg es aus Schattengründen in den Lichtschein der Lampe empor, der es rötlich färbte, – stieg auf, sage ich, aber das ist nicht richtig, nicht so war der Vorgang, daß es leer und flatternd emporgeweht wäre, es wurde genommen und erhoben, eine tätige Stütze steckte darin, die sich oben in knöchelartigen Erhebungen darunter abzeichnete und von der es faltig herniederhing; von innen her wurde lebendig damit manipuliert, drückende und schüttelnde Umgestaltungen wurden damit vorgenommen in den zwei oder drei Sekunden, während welcher es frei ins Lampenlicht gehalten wurde, – und dann kehrte es mit ebenso ruhiger und sicherer Bewegung zum Boden zurück.

Das war nicht möglich, – aber es geschah. Der Blitz soll mich treffen, wenn ich lüge. Vor meinen unbestochenen Augen, die ebenso bereit gewesen wären, nichts zu sehen, falls nichts da sein würde, geschah es, und zwar nicht einmal, sondern alsbald aufs neue: Kaum unten, so kam das Tuch schon wieder empor ins Licht, schneller diesmal als zuvor, und jetzt sah man mit unverkennbarer Deutlichkeit das von innen erfolgende Hinein- und Übergreifen der Glieder eines Greiforgans, das schmäler als eine Menschenhand, klauenartig erschien. Hinab und wieder herauf... Zum drittenmal oben, wird das Tuch von etwas Unsichtbarem kräftig geschwenkt und gegen das Tischchen geworfen, – nicht recht darauf, nicht gut gezielt, es bleibt an der Kante hängen und fällt auf den Teppich.

Bravorufe und laute Lobeserhebungen für ›Minna‹ hatten das Phänomen begleitet, und mehrmals hatte der Baron zu mir herübergefragt, ob ich sähe, ob ich alles gut sehen könne. Gewiß, wie hätte ich das wohl nicht sehen sollen. Ich hätte die Augen schließen müssen, um es nicht zu sehen, – während ich diese meine Augen doch niemals im Leben gespannter offengehalten hatte als jetzt. Ich hatte Größeres gesehen auf Erden, Schöneres, Würdigeres. Aber daß etwas Unmögliches trotz seiner eigenen Unmöglichkeit geschah, das hatte ich noch nicht gesehen, und darum wiederholte ich nur erschüttert: »Sehr gut! Sehr gut!«, obgleich mir nebenbei auch ein wenig übel war. Hier hielt ich Willi's Handgelenke mit den Trikotärmeln darüber in meinen Händen, und unmittelbar neben mir sah ich seine Knie im Gewahrsam des Polen. Keine Rede davon, kein Gedanke daran, auch nicht der Schatten einer Möglichkeit vorhanden, daß der schlafende Bursche hier hätte getan haben können, was dort drüben geschehen. Wer sonst? Niemand. Es war niemand da, der hätte tun können, und dennoch wurde getan. Das schuf mir gelinde Übelkeit.

Die Taschentuch-Elevation, hörte ich sagen, bildet regelmäßig das Eröffnungsphänomen. Der Bann war gebrochen. Das Medium, das während der Geschehnisse sich seltsam still verhalten hatte, richtet sich auf, erzittert und flüstert: »Die Spieldose wegstellen! Die Glocke!« – »Die Glocke!« ruft in wärmstem Entzücken von K. »Was ist denn? Wo bleibt die Glocke für meine Minna? Die Glocke auf den Korb! Jetzt sind wir im Zuge!« Und der Baron folgt der Anordnung. Er entfernt die Spieldose, stellt die Tischglocke auf den Papierkorb. Da steht sie, – ihre Leuchtbandstreifen schimmern im Dunkel, und außerdem gibt ihr Metall einen rötlichen Lichtreflex. Willi führt seine Hände nebst den unsern an seine Stirn. Er seufzt. Da wird die Glocke genommen, – sie wird, unmöglicherweise, von einer Hand genommen, denn womit sonst als mit einer Hand kann eine Glocke am Stiel genommen werden? wird aufgehoben, in schräger Lage hochgehalten, kräftig geläutet, im Bogen ein Stück durch den Raum geführt, noch einmal geläutet und dann mit Schwung und Geklapper unter den Stuhl eines der Umsitzenden geworfen.

Leichte Seekrankheit. Tiefste Verwunderung mit einem Anfluge – nicht von Grauen, sondern von Ekel. Laut und unaufhörlich wird Minna belobigt. Ein Neuling ruft: »Unglaublich!« Ihr Kopf... was sage ich. Sein Kopf, Willi's Kopf also sinkt schräg zu mir hin, er legt seine Schläfe an meine, wie ein kleines Kind. Guter Kerl, das ist ja fabelhaft, was du da anstellst! Gerührt und achtungsvoll lasse ich seinen Kopf an dem meinen ruhen. Der Baron aber sagt:

»Hier, Minna, habe ich etwas Neues. Du kennst es noch nicht, aber es ist leicht zu benutzen. Es ist eine Druckglocke. Man schlägt von oben darauf, siehst du, so. Dann klingelt sie. Tu das auch, Minna. Hier hast du die neue Glocke.«

Und er stellt das Gerät auf den Korb. Erwartung. Und schon hört man es an der Glocke tasten, man sieht nichts, aber man hört, wie unsicher darauf gefingert wird. Es nimmt sie, es schüttelt sie leise; das klingt, aber es ist nicht das Wahre.

»Nicht so«, sagt der Baron, »du verstehst es noch nicht. Entschuldige mal. Weg da. So wird es gemacht.« Und er schlägt auf den Knopf. – »Die Kette!« flüstert Willi an meiner Wange und zittert. Aber der Baron kann ja nicht gleichzeitig Kette bilden und mit der Druckglocke ein Beispiel geben. Das bittet er Minna zu begreifen. Kaum sitzt er wieder, so fängt das Fingern und versuchende Tasten von neuem an. Und endlich gelingt das Kunststück. ›Man‹ hat es heraus, ›man‹ schlägt von oben her auf die Glocke, schwach, kindlich und ungeschickt, aber grundsätzlich ist die Aufgabe gelöst, der Klöppel klingt an.

»Brav, Mina!« ruft der Kreis. »Phantastisch!« sagt jemand. Aber man hat nicht Zeit, sich seinen Empfindungen zu überlassen. Es geht weiter. Kaum hat der Baron die Glocke vom Korbe genommen, fängt dieser zu wackeln an. Es stößt daran, er schwankt, er fällt um, und wie er liegt, wird er genommen und hochgehoben, hoch-hochgehoben und in der Luft gehalten: halb aufrecht, im Rotdunkel, mit schimmernden Leuchtstreifen, schwebt er dort vier oder fünf Sekunden lang und purzelt zu Boden.

»Haben Sie es gesehen? Gut gesehen?« fragt der Baron in seinem Stolz. Wir bekannten uns zu unseren Eindrücken. Willi, in Tieftrance, hing seitlich vom Stuhl. Begreiflicherweise ist man ruhebedürftig und sinkt ins Traumlose, nachdem man so angestrengt geträumt, daß außer einem die geträumten Handlungen wirklich geschahen. – Halt! Nachgedacht! Steige in dich und versuche zu ahnen: Wo ist der Punkt, die magische Wende, da eine Traumvorstellung *sich objektiviert* und vor den Augen anderer im Raum zur Wirklichkeit wird? – Seekrankheit... Zweifellos liegt er nicht auf der Ebene unseres Bewußtseins, unserer Erkenntnisgesetze, dieser Punkt. Wenn irgendwo, so ist sein Ort in jenem Zustande, worin ich den Burschen hier vor mir sehe und der gewiß eine Pforte ist, – wohin? Hinters Haus, hinter die Welt? ... Aber ich gebe zu, daß das kein Denken ist, sondern eher eine gelinde Form der Seekrankheit.

Die Stockung zu überwinden, setzte der Baron die Spieldose in Gang. Auch einen Wechsel in der Kontrolle ordnete er nun an. Von K. und ich wurden abgelöst. Im Dunkel tastete ich mich ans andere Ende der Kette hinüber und fand dort an Reichers Seite Platz, der gleich neben dem Hausherrn saß. Ich hatte das Tischchen vor der Nase. Und kaum bin ich auf meinem Stuhl und habe die Hände meiner Nachbarn gefunden, als es vor meiner Nase an der Spieldose zu fingern beginnt, die auf dem Tischchen steht. Der Baron beeilt sich, das konzertierende Instrument zu stoppen. Und in der Stille, vor meinen Augen, die nichts sehen, kratzt, raschelt und tastet es heimlich dort an dem Hebel der Dose, bemüht, ihn umzulegen. He, du verstecktes und lichtscheu-unbedenkliches Wesen aus Traum und Materie, was treibst du da vor unserer Nase? ... Knacks, wird der Hebel gewendet, das Spielwerk geht. »Kommandieren Sie Halt!« sagt der Baron. Und auf mein Wort wird abgestellt. »Los!« Und die Dose spielt. Dies einige Male. Man sitzt vorgebeugt und kommandiert das Unmögliche, läßt sich von einem Spuk gehorchen, einem scheuen kleinen Scheusal von hinter der Welt...

Eine Pause. Da entsteht allerlei Unruhe unter den Leuchtringen drunten auf dem Teppich. Sie werden hin und her gerückt, von Ort zu Ort geworfen... Einer steigt auf, die schimmernde Schnur hängt davon herunter, er wird hochgehalten, durch den

Raum geführt, zum Tischchen getragen. Dort will ›es‹ ihn niederlegen und tut es mit einem Ungeschick, das auf Blindheit schließen lassen könnte, wenn nicht wahrscheinlich Feigheit und Augenscheu der Grund wäre, Furcht, sich allzuweit im Lichtkreis des Lämpchens auf der Tischplatte vorzuwagen: Linkisch, mit einem gewissen Druck, so daß der Filz an dem Holze kratzt, wird der Ring auf die äußerste Tischkante geschoben, grade nur eben so weit, daß er nicht Übergewicht nach unten hat, und dabei stößt ›es‹ vor blindem, ängstlichem Ungeschick an den Tisch, stößt daran, hart gegen hart, so daß er wackelt. Pfui, hinterweltliche Unnatur, was stößt du da heimlich vor unserer Nase mit scheusäligem Knöchel an dies ehrbare Tischchen? Und wie ich es denke, plautz, fliegt mir ein Ring ins Gesicht; mit Schwung hat man ihn mir hineingeworfen, er fällt hinunter auf meine Knie und von dort zu meinen Füßen hin. Was für ein humoristisches Scheusälchen! Man lacht – und ist doch melancholisch berührt von dem frostigen Übermut eines Etwas, das vielleicht nur eine trübselig verwickelte Abart des Betruges ist. Aber es ist zivilisiert, wie ich sagte. Es hat mir nicht die Spieldose ins Gesicht geworfen oder die Schreibmaschine, sondern es wählte taktvoll den kleinen, weichen Ring. Man hat Backenstreiche erlebt und anderen Schabernack, so, daß jemandem die Armbanduhr vom Handgelenk geschnallt und im Zimmer umhergeführt, oder daß selbst jemandem ein Stiefel aufgeschnürt wurde. Aber niemandem, so wird einstimmig versichert, ist je von den Kräften etwas Ernstliches zuleide geschehen, und das beweist intelligentes Zartgefühl. Dennoch ist eine Neigung zur Demoralisation, zu Unfug und planlosem Kraftmeiertum unverkennbar; die Notwendigkeit beständiger Überwachung, pädagogischer Anleitung und Zielgebung besteht ohne Zweifel, wie sich deutlich zeigte, als, nach dem Wurf in mein Gesicht, das Teufelszeug sich daranmachte und hartnäckig darauf bestand, die auf dem Tisch stehende Spieldose umzustürzen. Der Baron fürchtete nicht wenig für sein Instrument und bat himmelhoch, ihm doch die Schererei zu ersparen, die heutzutage mit einer Reparatur verbunden sei. Umsonst, ›es‹ versteifte sich eigensinnig darauf, das Kästchen umzukippen, auf dem obendrein das Schiefertäfelchen und der Kreidestift lagen, im Begriffe, herunterzufallen und zu zerbrechen.

Da galt es Ablenkung, und der Baron brachte eindringlich die Schreibmaschine in Erinnerung, die dort vor dem Vorhang am Boden stand, mit eingezogenem Papierbogen, fertig zur Benutzung. »Schreibe, Minna«, sagte er. »Beschäftige dich nützlich! Wir werden dir zuhören, und dann werden wir die Schrift haben, zum Zeichen, daß wir nicht arme Halluzinierte sind, wie einige deiner Feinde behaupten.« Und es hat ein Ohr für verständige Gründe, es läßt ab von der Dose. Wir warten. Und bei meiner Ehre, da fängt vor unsern Ohren die Schreibmaschine dort unten am Boden zu ticken an. Es ist verrückt. Es ist, auch nach allem noch, was zuvor geschehen, verblüffend, lächerlich, empörend durch seine Absurdität, und anziehend durch seine Abenteuerlichkeit bis zum äußersten. Wer schreibt auf der Maschine? Niemand. Niemand liegt dort im Dunkel auf dem Teppich und bedient das Gerät, – aber es wird bedient. Willi's Extremitäten sind gehalten. Mit dem Arm, gesetzt, daß er einen frei machen könnte, würde er bei weitem nicht bis zur Maschine reichen. Auch mit dem Fuß nicht, wenn er einen frei bekäme, und reichte er auch mit ihm bis dorthin, so könnte er doch mit dem Fuße die Tasten nicht einzeln schlagen, sondern nur viele auf einmal niedertreten, – Willi kommt nicht in Betracht. Aber sonst ist niemand da! Was bleibt zu tun, als den Kopf zu schütteln und kurz durch die Nase zu lachen! Es arbeitet scheinbar ganz nach der Kunst, eine Hand schlägt die Tasten, das ist klar, aber ist es wirklich nur eine? Nein, das müssen, wenn man mich fragt, unbedingt *zwei* Hände sein, die da in Tätigkeit sind: das Getipp geht zu rasch, als daß es nur eine sein könnte, es geht wie bei einer geübten Kontoristin, schon ist die Zeile zu Ende, das Glöckchen schlägt an, man hört, wie der obere fahrende Teil der Maschine mit Geräusch zurückgeschoben wird, die neue Zeile beginnt, sie reißt ab, eine Pause tritt ein.

Da ereignet sich, etwas weiter hinten, vor dem dunklen Hintergrunde des Vorhangs, rasch, eilig und flüchtig folgende kleine Offenbarung. Eine Erscheinung tritt dort hervor, ein längliches Etwas, schemenhaft, weißlich schimmernd, von der Größe und ungefähren Form eines Unterarmstumpfes mit geschlossener Hand, – nicht exakt zu erkennen. Es steigt ein paarmal hastig-demonstrativ vor unsern Augen auf und ab, beleuchtet sich, während es das tut, aus sich selber durch einen kurzen, weißen, die Form des Dinges völlig verwischenden Blitz, der von seiner rechten Flanke ausgeht, – und ist weg.

»Da haben Sie eine Materialisation«, sagte der Hausherr, indem er mit dem Finger darauf wies. »Es ist ganz gut, daß Sie das noch sehen. Warten Sie, vielleicht macht es uns einen Abdruck!« Und er gab gute Worte, daß Minna ihre Hand im Mehl abdrükken möge, dem Mehle im Teller auf dem Tischchen. Aber ich glaubte keinen Augenblick, daß sie das tun werde, und sie tat es auch nicht, wir warteten vergebens. Es war recht hell auf der Tischplatte, allzu schutzlos hätte das Phantom sich dort unsern prüfenden Blicken ausgesetzt, und das hätte nicht mit dem Bilde übereingestimmt, das ich mir schon von dem scheu-kecken, flüchtigen, versteckten und vexatorischen Charakter dieser Irrwische gemacht hatte, – einem Charakter, zu unbedeutend, um bösartig zu sein, vielmehr gefällig, aber verschämt und schwach. – Es geschah nichts mehr. Ermüdung, so schien es, hatte Platz gegriffen. Willi flüsterte: »Gute Weihnachten!« Man schloß die Sitzung.

Es war eigentümlich, im nüchternen Weißlicht den Filzring zu meinen Füßen liegen zu sehen, der nicht auf rechte Art dorthin gekommen war. Es war auch merkwürdig, die getippte Schrift auf dem Bogen zu betrachten, die nichts als Unsinn darstellte, zwei Reihen wirr aneinandergefügter großer und kleiner Buchstaben, – was mutmaßlich anders gewesen wäre, wenn Willi sich aufs Maschinenschreiben verstünde. Er lag noch schlaftrunken zur Seite über den Arm des einen Kontrollierenden gebeugt. Ich trat zu ihm, klopfte ihm auf die Schulter und sagte ihm, daß das eine glänzende Sitzung gewesen sei, – worauf er mit verschlafenen Augen und einem gutmütig-melancholischen Lächeln stumm zu mir aufblickte.

Man kehrte allgemach in die Bibliothek zurück, lebhaft das Geschehene besprechend. Es gab Tee, was sehr wohltat. Und alles endete damit, daß Reicher Theatergeschichten erzählte.

Was habe ich denn nun also gesehen? – Zwei Drittel meiner Leser werden mir antworten: »Schwindeleien, Taschenspielerei, Betrug.« Eines Tages, wenn die Erkenntnis dieser Dinge weiter vorgeschritten, das Gebiet popularisiert sein wird, werden sie leugnen, je so geurteilt zu haben, und schon jetzt, wenn sie denn also mich für einen leichtgläubigen und suggestiblen Rauschbold halten, sollte das Zeugnis geschulter Experimentatoren, wie des französischen Gelehrten Gustav Geley, sie stutzig machen, der seinen Bericht mit der kategorischen Erklärung schließt: »Ich sage nicht: es wurde in diesen Sitzungen nicht betrogen, sondern: die Möglichkeit zu einem Betrug war überhaupt nicht vorhanden.« Das ist durchaus mein Fall, und die so reizvolle wie vertrackte innere Lage ist eben die, daß die Vernunft anzuerkennen befiehlt, was wiederum die Vernunft als unmöglich von der Hand weisen möchte. Das Wesen der geschilderten Erscheinungen bringt es mit sich, daß auch dem, der mit Augen sah, der Gedanke an Betrug, besonders nachträglich, sich immer wieder aufdrängt; und immer wieder wird er durch das Zeugnis der Sinne, durch die Besinnung auf seine ausgemachte Unmöglichkeit widerlegt und ausgeschaltet.

Aber, wird man mir vorhalten, drei Viertel aller Medien sind Schwindler und als Schwindler entlarvt. – Das ist eine schlimme, verwirrende Tatsache, um so verwirrender, als in vielen dieser Fälle, ich möchte annehmen in den meisten, die böse Absicht des Betruges, der dolus, fehlt. Ich bin überzeugt, daß auch unser braver Willi, wenn man ihn frei ließe, zu mogeln versuchen und so seine Sache schwer kompromittieren würde; denn es ist glaubhaft, daß er in seinem Traum keinen Unterschied macht zwischen dem, was er mit eigener Hand, und dem, was er auf ›andere‹ Weise tut, und da er den begreiflichen Wunsch hegt, etwas zu leisten, so würde er, unkontrolliert, zugreifen, würde ertappt werden und, wie ich sagte, Verwirrung gestiftet haben, ohne daß tatsächlich gegen die okkulte Echtheit der Phänomene, die zustande kamen, als man ihn gut verwahrt hielt, das geringste bewiesen sein würde.

Die Angelegenheit, einigermaßen insipid ihren Formen nach, ist ernst genug, um Erklärungen ernsten und selbst feierlichen Charakters zu rechtfertigen. Nachdem ich gesehen, halte ich es für meine Pflicht, Zeugnis dafür abzulegen, daß bei den Experimenten, denen ich beiwohnte, jede Möglichkeit mechanischen Betruges, taschenspielerischer Illusionierung nach menschlichem Ermessen ausgeschlossen war. Möge man ein solches Zeugnis waghalsig finden: die Vernunft verpflichtet und zwingt dazu, – indem sie selbst freilich sofort danach trachtet, einen Mittelweg zu erspähen und der Alternative von Betrug und Wirklichkeit, sei es auch nur durch ein Wort, zu entkommen. *Gaukelei* ist ein solches Wort, dessen Tiefe durch Trübheit undeutlich gemacht wird. Die Begriffe der Realität und des Truges mischen sich darin, und vielleicht ist das eine Mischung und Zweideutigkeit mit echtem Lebensrecht, die der Natur weniger fremd ist als unserem biderben Denken. Ich sage also: Bei dem, was ich sah, handelt es sich um eine okkulte Gaukelei des organischen Lebens, um untermenschlich-tiefverworrene Komplexe, die, zugleich primitiv und kompliziert, wie sie sein mögen, mit ihrem wenig würdevollen Charakter, ihrem trivialen Drum und Dran, wohl danach angetan sind, den ästhetisch-stolzen Sinn zu verletzen, aber deren anormale Realität zu leugnen nichts als unvernünftige Renitenz bedeuten würde.

Übrigens steht ihre wissenschaftliche Erforschung nicht mehr geradezu in den ersten Anfängen; zum mindesten hat die Wissenschaft sich ein technisches Vokabular dafür angelegt, mit dessen Hilfe sich auf anständige Weise darüber reden läßt. Was ich sah, waren telekinetische Phänomene, Erscheinungen der ›Fernbewegung‹, in deren Hervorbringung gerade dieses Medium, der junge Willi S., besonders stark ist und die in engem, ursächlichem Zusammenhang mit dem okkulten Naturphänomen der Materialisation, das heißt der transitorischen Organisation von Energie außerhalb des medialen Organismus, der *Exte-*

riorisation also, stehen. Es ist unter verständigen Leuten ausgemacht, daß das Agens, welches die beschriebenen Spielereien vollführt, die Glocke schwingt, das Taschentuch aufhebt, die Schreibmaschine bedient, nicht irgendeine spiritistische ›Intelligenz‹ namens Minna, auch nicht Aristoteles oder Napoleon, sondern das teilweise exteriorisierte Medium selber ist. Nur freilich ist damit für die rationale Zugänglichkeit des Problems sehr wenig gewonnen, – im Gegenteil, an rein gedanklicher Klarheit und Simplizität ist die populär-spiritistische Hypothese der gelehrten bei weitem überlegen, und das okkulte Problem der Exteriorisation und Materialisation offenbart je länger je mehr eine scheinbar geradezu auf Verhöhnung des Menschengeistes angelegte Kompliziertheit. Was Wunder aber, daß dem so ist, da es letzten Endes mit dem angeblich *nicht* okkulten Problem des Lebens selbst zusammenfällt!

»Das, was das Leben beherrscht«, hat Claude Bernard gesagt, »ist weder die Chemie, noch die Physik, noch etwas Ähnliches, sondern das ideelle Prinzip des Lebensprozesses.« Ein eigentümlich verschwommenes Wort für einen großen Gelehrten, der noch dazu Franzose war, ein vag nach einem Geheimnis tastendes Wort, welches beweist, daß gerade großes Gelehrtentum die innere Fühlung mit dem Geheimnis niemals verliert und nur Schul-Durchschnitt der Gefahr wissenschaftlichen Dünkels erliegt, uneingedenk, wie wenig vollkommen, wie sehr von Geheimnis und vielleicht nie zu lösendem Rätsel durchsetzt all sein ›exaktes‹ Wissen von der Natur, vom Leben und seinen Funktionen ist. Als gesicherte Tatsache des Okkultismus kann heute gelten, daß jenes in der normalen Physiologie wirkende bildende Prinzip in gewissen Fällen teleplastischen Charakter gewinnt, das heißt die Grenzen des Organismus überschreitet und außerhalb seiner (›ektoplastisch‹) wirkt, – nämlich so, daß es aus der exteriorisierten (in ihrem Hervortreten und ihrer Formenbildung übrigens schon ziemlich genau beobachteten) organischen Grundsubstanz Formen, Glieder, körperliche Organe, namentlich Hände, vorübergehend ins Dasein ruft, die alle biologischen Eigenschaften und funktionellen Fähigkeiten normal-physiologischer Gebilde besitzen, biologisch lebendig sind. Diese teleplastischen Endorgane bewegen sich scheinbar frei im Raum, stehen aber allen Beobachtungen zufolge mit dem Medium in physiologischem und psychologischem Rapport, dergestalt, daß jeder durch das Teleplasma empfangene Eindruck auf den medialen Organismus zurückwirkt – und umgekehrt. Man beachte hier, wie sich die supranormale Physiologie mit der normalen in dem Bestreben findet, die *Einheit der organischen Substanz* zu erweisen. Denn jenes Fluidum, das, in verschiedenem Dichtigkeitszustande, als amorphe, nicht organisierte Masse den Körper des Mediums verläßt und aus dem die verschiedenen teleplastischen Organisationen, Hände, Füße, Köpfe, sich gestalten, um sich nach ephemerem, aber aller Attribute des Lebens teilhaftigem Dasein wieder aufzulösen und durch den medialen Organismus resorbiert zu werden, – dies Fluidum, diese Substanz, dies Substrat der verschiedenen organischen Bildungen ist einheitlich, undifferenziert; es unterscheidet sich da nicht etwa eine Knochensubstanz von einer muskulären, einer viszeralen, einer nervösen; es gibt nur die eine Substanz, die Basis und das Substrat des organischen Lebens.

Wahrscheinlich bedeutet alles geordnete Denken und Reden über dies abenteuerliche Tatsachengebiet, alles theoretische Interpretieren heute nur voreilige Schein-Klärung. Jedenfalls aber hieße es über das Materialisationsphänomen, wie über das Rätsel des Lebens überhaupt, aufs unzulänglichste denken und reden, wenn man nur seine physisch-materielle Seite ins Auge faßte und nicht auch die psychische. Es war Hegel, der gesagt hat, daß die Idee, der Geist als letzte Quelle anzusehen sei, aus der alle Erscheinungen fließen; und diesen Satz zu beweisen ist die supranormale Physiologie vielleicht geschickter als die normale, – ja, sie unternimmt es, den philosophischen Beweis des Primates der Idee, des ideellen Ursprungs alles Wirklichen, neben den biologischen von der Einheit der organischen Substanz zu stellen.

Ganz unbelehrterweise und auf eigene Hand habe ich mir die telekinetischen Vorgänge als magisch objektivierte Traumvorstellungen des Mediums gedeutet. Die gelehrte Literatur gibt mir recht, indem sie mit einer ehrfurchtgebietenden Häufung von Kunstausdrücken erklärt, die Idee des Phänomens, lebendig im somnambulen Unterbewußtsein, mit dem sich übrigens dasjenige der sonst Anwesenden vermische, werde mit Hilfe psychophysischer Energie »durch eine biopsychische Projektion ektoplastisch auf eine gewisse Entfernung hin umgesetzt und ausgeprägt, das heißt objektiviert«. Man ruft, mit anderem Worte, eine unerforschte *ideoplastische* Fähigkeit der medialen Konstitution zu Hilfe, – ohne schmeichelhafte Eigenschaften für das Ohr des Künstlers, der schnell bereit sein wird, nicht nur sein eigenes Handwerk, sondern auch die gesamte Wirklichkeit als ideoplastisches Phänomen zu deuten; ein Wort, einen Begriff bei alldem von genau so trüber Tiefe wie der von mir vorhin angezogene der ›Gaukelei‹ und kraft seiner foppenden Mischung aus Elementen des Traums und der Realität direkt ins Krankhaft-Widersinnige führend.

Ich will dafür – zum Schluß! – ein einziges, aber schlagendes Beispiel geben. Es ist wiederholt versichert worden, daß die ideoplastischen Gebilde, solange sie eben vorhanden sind, alle Eigenschaften des wirklichen Lebens besitzen. Sie haben sich, wenn sie bei Laune waren, nicht nur sehen und abtasten lassen; man hat ihre objektive Realität nicht nur durch die Photographie und Apparate sichergestellt, die ihre telekinetischen Leistungen registrierten: man hat sie sogar in Gips abgegossen, und zwar so, daß man Hände transzendentaler Herkunft veranlaßte, sich in geschmolzenes, auf warmem Wasser schwimmendes Paraffin zu tauchen. Dadurch bildet sich augenblicklich um das Geisterglied eine Gußform, die in der Luft erstarrt und aus der keine Menschenhand sich befreien könnte, ohne sie zu zerbrechen. Das teleplastische Organ aber löst sich daraus, indem es sich dematerialisiert, und man gießt den im Laboratorium niedergelegten Paraffinhandschuh mit Gips aus, um einen Abguß zu gewinnen, der die Form der Materialisation in allen Einzelheiten wiedergibt. Wohlgemerkt: die so gewonnenen Handformen wiesen nach Gestalt und Linienlauf keine individuelle Ähnlichkeit mit den Händen des Mediums noch mit denen eines der übrigen Teilnehmer auf. In einer Sitzung mit Willi S. nun ereignete sich folgende Verrücktheit (und es ist nicht die einzige ihrer Art!): Bei sorgfältiger Kontrolle des Mediums zeigte sich über einem auf dem Tischchen stehenden Block aus grauer Tonerde, »von oben und hinten kommend«, ein handartiges, rosa leuchtendes Gebilde mit Vorderarm, das auf der Oberfläche der Tonerde herumhantierte. Nach der Sitzung stellte man sechs flache Eindrücke auf der vorher glatten Oberfläche fest. In dem Nagelbett von Willi's linkem kleinen Finger aber und auf dem Rücken des vierten Fingers derselben Hand *fanden sich Spuren von Tonerde*.

Ich frage Natur und Geist, ich frage die Vernunft, die thronende Logik: Wie, wann und wo war die Tonerde an Willi's Finger gekommen? –

Nein, ich werde nicht mehr zu Herrn von Schrenck-Notzing gehen. Es führt zu nichts, oder doch zu nichts Gutem. Ich liebe das, was ich die sittliche Oberwelt nannte, ich liebe das menschliche Gedicht, den klaren und humanen Gedanken. Ich verabscheue die Hirnverrenkung und den geistigen Pfuhl. Zwar habe ich bisher nur einige Flocken Höllenfeuers gesehen, allein das muß mir genügen. Ich möchte freilich einmal, wie das anderen geschehen, eine solche Hand, ein solches metaphysisches Gaukelbild aus Fleisch und Bein in meiner halten. Und vielleicht erschiene auch mir einmal, wie er anderen erschienen, über der Schulter des Somnambulen Minna's Kopf: ein schöner Mädchenkopf von slawischer Bildung und mit lebendig blickenden schwarzen Augen. Das müßte, wenn auch abwegig, so doch sehr seltsam sein. Ich werde also versuchsweise noch ein oder das andere Mal mich zu Herrn von Schrenck-Notzing begeben, zwei- oder dreimal, nicht öfter. Das kann mir nicht schaden, ich kenne mich. Ich bin der Mann der kurzen Leidenschaften, ich werde sehen, daß es zu nichts führt und mir das Ganze für immerdar aus dem Sinne schlagen. Ich will auch nicht zwei- oder dreimal noch dorthin gehen, sondern nur einmal, nur noch ein einziges Mal, und dann nie wieder. Ich will nichts weiter, als einmal noch das Taschentuch vor meinen Augen ins Rotlicht aufsteigen sehen. Das ist mir ins Blut gegangen, ich kann's nicht vergessen. Noch einmal möchte ich, gereckten Halses, die Magennerven angerührt von Absurdität, das Unmögliche sehen, das dennoch – geschieht.

Erinnern sich ältere Herrschaften in Groß-Berlin oder anderswo, daß Webers ›Euryanthe‹ irgendwann und -wo einmal Zug- und Kassenstück gewesen wäre? Ich wette, die ältesten nicht. Und dem füge ich die Meldung hinzu, daß es jetzt bei uns in München einfach der Fall ist: die ›Euryanthe‹ feiert Triumphe im Hoftheater. Es war keine der ersten Aufführungen, die ich sah; vielleicht die sechste. Aber die war so dick und andächtig ausverkauft, daß man wohl sah, noch manche würde es sein. Das darf man ein Wunder nennen, ohne dem Werke zu nahe zu treten, das höchste, süßeste, weheste Musik enthält und dessen ›Buch‹ bewiesen ist durch die Musik, zu der es dem Meister Anlaß und Anhalt bot. Es steht in weit höherer romantischer Sphäre als sein volkstümlicher Vorgänger, das Wald- und Jägerstück vom Freischützen, als dieser »verdammte Freischütz«, den Weber seiner erdrückenden und absorbierenden Popularität wegen beinahe hassen lernte; aber daß seine Gesamtkonstitution viel weniger glücklich ist, lehren die Tatsachen: es hat nie recht freudigen Zulauf gehabt und ist immer in Gefahr, zum Museumsstück und Gegenstand nationaler Hochachtung zu erstarren. Wer hauchte ihm denn nun so wirkendes Leben ein? Wer färbte ihm die Wangen mit dem eigenen Herzblut, machte es froh und siegreich? *Ein* Mann. Eines Mannes Glaube und Liebe. Ich nenne ihn gleich. Ich will nur rasch noch vorher sagen, daß die Oper glänzend aussieht im Hoftheater – es ist da zu Anfang ein phantastisch-hochromantischer Saal, in dem illusionsweise geweilt zu haben man sich immer freuen wird –, und daß das reizende Fräulein Reinhart (eine glückliche Erwerbung der jüngsten Zeit, – eine unter anderen –), daß also Fräulein Reinhart und Herr Erb als Euryanthe und Adolar ihre blühenden Stimmen im Liebesjubel recht herzerquickend vereinigen.

Und jener Mann des Glaubens und der siegreichen Liebe nun also? Er heißt Walter, Bruno Walter, ist ›Generalmusikdirektor‹

dahier, obgleich noch keineswegs in den Jahren, die man die besten nennt; – und nun mögen die anderen Träger von Münchens musikalischem Ansehen, schaffende und ausübende, mir verzeihen, wenn mein Brief, der von Münchener Musik handeln wollte, eigentlich nur von ihm handelt: denn das *ist* verzeihlich. Dieser Mann mit dem leichten Herrscherstäbchen aus Rohr in der Rechten ist den Blicken zu ausgesetzt, seine Tätigkeit zu reich und leidenschaftlich, zu extensiv und eindringlich, als daß er dem Laien nicht als Verkörperung und Statthalter der Musik in seinem Kreise erscheinen müßte; ja, wie es sein Wesen ist, alles was er angreift, höchst neu, gegenwärtig, unmittelbar lebendig zu machen, so scheint er auch seinem abgenutzt-pompösen Titel einen neuen und gegenwärtigen Sinn zu verleihen, ihn aufs persönlichste zu erfüllen. Dem Laien, wie gesagt, kommt das alles so vor; aber der Laie redet ja mit heutzutage, durchaus und in allen Stücken, und wenn in allen, warum nicht auch über musikalische Dinge? Die Emanzipation des Laien, meine Herren, das ist die Demokratie!

Bruno Walter freilich meint es anders. Verstehe ich einen sonderbar grüblerischen und aufrührerischen Aufsatz recht, den dieser hohe Beamte kürzlich in einer Monatsschrift zu veröffentlichen sich herbeiließ, so würde er es als eine Aristokratisierung der Kritik betrachten, wenn diese Tätigkeit aufhörte, ein allzu ›freier‹ Beruf zu sein, wenn irgendwelche ›Erlaubnis‹, irgendwelcher ›Nachweis‹ und ›Ausweis‹ dazu nötig wäre, sie auszuüben... Welcher denn wohl? Der Beamte drückte sich gelehrt und vorsichtig aus. Die kritische Intuition, sagte er, sei nicht Sache einer intellektuellen Gabe, sondern »eines spezifischen rezeptiven Kunsttalents«, »das wohl meist mit dem produktiven oder reproduktiven Talent verbunden sein dürfte«. Ja, so schreiben Künstler und hohe Beamte, wenn sie grübeln und revoltieren. Mit der journalistischen Fachkritik, der lokalen wenigstens, scheint der Verfasser jener schwierigen Betrachtung über ›Kunst und Öffentlichkeit‹ nicht auf sehr innigem Fuße zu stehen. Man hört von Konflikten, Unstimmigkeiten, – die, wie die Dinge liegen, bedauerlicher für ihn als für die Fachkritik sein »dürften«.

Denn man muß bedenken, daß die journalistische Fachkritik nicht in der Luft schwebt, sondern auf einer ziemlich soliden Basis fußt: der öffentlichen Meinung, oder doch einem Teile der öffentlichen Meinung, dessen Ausdruck sie ist – ohne daß ihr damit eine suggestiv-bestimmende, wie man sagt: erzieherische Wirkung in umgekehrter Richtung abgestritten werden soll. Mit anderen Worten: im Rücken der Tageskritik ist kein leerer Raum, sie hat hinter sich ein Getriebe mehr oder weniger dumpfer und dunkler Willensmeinungen, die klar über sich selbst und stoßkräftig zu werden suchen, indem sie durch das Mittel der Tageskritik sich äußern, – und das bringt mich auf einen zweiten Punkt, der es verzeihlich macht, daß ich unter der Überschrift ›Münchener Musik‹ nur von diesem einen Mann erzähle: Noch über seinen persönlichen Rang hinaus muß er dem Laien bedeutend werden dadurch, daß er den Mittelpunkt und Gegenstand eines Kampfes bildet, der, das will ich meinen, nicht etwa nur *gegen* ihn, sondern, mit hinlänglicher Erbitterung, *um* ihn geführt wird und der wiederum für Münchens interne Kultur- und Entwicklungsgeschichte nach meiner Meinung dies und jenes *bedeutet*.

Wenn ich also sage, daß dieser Künstler die Stadt beschäftigt, so meine ich damit freilich nicht, daß dies in solchem Sinne von Hause aus irgend in seiner Absicht gelegen hätte. Ich bin überzeugt, daß er sich ursprünglich nicht im geringsten als problematisch, sondern durchaus als einen Mann des klaren, geraden und guten Willens empfindet und versteht. Wenn er problematisch wirkt, so darf man dem wenigstens vermutungsweise die Einschränkung geben, daß er anderswo gar nicht in viel geringerem Grade so wirken würde, – woraus ich und andere nicht schließen, daß er fehl am Orte ist, sondern daß diese Stadt ihn als Erlebnis sogar recht wohl brauchen kann; wie auch er, fügen wir hinzu, sie nötig hat: für die Gesundheit, das Heiterer-, Robuster- und Ganzer-Werden seiner Seele und Kunst, und namentlich auch, weil sie seinen letzten, schon überkünstlerischen, ins Soziale und Nationale hinausgreifenden Bestrebungen einen vergleichsweise günstigen, im Grunde freundwilligen Boden bietet.

Es könnte weit führen, zu sagen, inwiefern Bruno Walter für München ein neuartiges Erlebnis bedeutet, – für diese liebenswerte Stadt, deren altbürgerlich-künstlerische Kultur mehr sinnlich als in irgendeinem radikal-literarischen Sinne geistig ist. Es ist eine frohe Kultur, eine Festkultur, und der typische Münchener Künstler ist immer ein geborener Festordner und Karnevalist. Die Literatur, der Geist, der Radikalismus hat hier eigentlich keinen Boden, – sofern nämlich München eben München und nicht darüber hinaus bereits eine allgemein-moderne europäische Großstadt ist, wozu es sich allerdings auf dem Wege befindet, aber ganz offenbar ohne daß es dabei Gefahr liefe, seine ursprüngliche kräftige und fröhliche Eigenart jemals völlig einzubüßen. Es ist die Stadt der bildenden und schmückenden Künste; die Lebensform des ›Kunstmalers‹ ist hier die allerlegitimste. Aber es ist ja auch Musikstadt – welche deutsche Stadt wäre das nicht! Wie musiziert München? Nun, kunstfroh und auch kunstfromm, gemütlich, großzügig und womöglich natürlich mit Genie. Bevor Mottl kam, hatte es einen Dirigenten, der wenig münchnerisch war, weil sein Fleiß und seine Gewissenhaftigkeit zu seinem Genie in einem dem Genie ungünstigen Verhältnis standen; und ein solches Verhältnis ist nicht münchnerisch. Es war Zumpe, er ist tot, und er hatte Verdienste. Aber sie waren etwas trockener Art, und das Orchester seufzte über die endlosen Proben. Dann kam Mottl, – ein großer Kapellmeister; München wird ihn nie vergessen. Was er ernstlich ergriff, das gedieh zum Schönsten und Besten. Aber man sagt ja, daß es unter ihm mit der Hofoper im ganzen nicht gerade zum besten stand, daß etwas wie eine genialische Verwahrlosung eingerissen war, dank seiner Großzügigkeit und auch dank seiner Freizügigkeit, seiner allzu vielen Abwesenheiten und Virtuosenfahrten nämlich. Es ist also in der Musikstadt München zuzeiten mit einem seufzenden Nebengeräusch gearbeitet und zu anderen Zeiten ein wenig genialisch gebummelt worden. Derzeit wird gearbeitet hier schlechthin und ohne Nebengeräusch, das heißt in einer so künstlerischen Bedeutung dieses Wortes, daß das Orchester *nicht* seufzt, – und wie wenig das Publikum zu seufzen

Grund hat, welcher Art die Ergebnisse dieser Arbeit sind, dafür nannte ich eingangs meines Berichtes ein Beispiel, – eines statt anderer.

Aber ist solche künstlerische Arbeit nun münchnerisch, oder ist sie es nicht? Sofern sie ›künstlerisch‹ ist, ist sie es zweifellos. Sie ist es vielleicht weniger, sofern sie ›Arbeit‹ ist. Es kommt jedoch etwas hinzu, was dieser Arbeit anhaftet: ein brennendes, ungemütliches und verzehrendes Element, ein Element der Gespanntheit, ja Überspanntheit, des Opfers, der Passion, – welches nun einmal ganz sicher und ohne Frage als ein ausgemacht unmünchnerisches Element angesprochen werden muß. Dieser Künstler und Musikbeamte ist ein für München neuer Typus, – aber ein Typus ist er, und zwar ein bekannter moderner Typus, der nur dank der fröhlichen Eigenart dieser Stadt hier noch neu und bis zu einem gewissen Grade befremdend wirkt. Es würde wiederum viel zu weit führen, die deutsche Entwicklung, die politischen, wirtschaftlichen, seelischen Umstände zu analysieren, die diesen Typus geschaffen haben, – Umstände, gegen die eine Menge einzuwenden sein mag, die aber für den Psychologen und Moralisten das menschlich Sympathische haben, daß sie eben diesen Typus züchteten und zur Vollendung ausbildeten.

Jene Entwicklung, – nennen wir sie kurz und roh die Industrialisierung Deutschlands; nennen wir sie außerdem die Entwicklung des deutschen Bürgers zum imperialistischen Bourgeois, eine harte und teilweise sehr böse Entwicklung, wie wir zugeben wollen. München nun hat an dieser Entwicklung, der Verhärtung und Verwirklichung Deutschlands zum ›Reiche‹ und der Imperialisierung des Bürgers auf seine Art natürlich teilgenommen, aber eben auf seine Art; der Münchener hat sie nicht sehr heftig erlebt, nicht sehr groß und schlimm. Oh, München ist auch ›industrialisiert‹; aber es ist die industrielle Abart und vergleichsweise fröhliche Sonderform der Fremdenindustrie, die hier herrscht. Man *kann* München humoristisch sehen, und dann erscheint es einem als ein ausgedehnter Badeort mit einem Verschönerungsverein an der Spitze, der mit naivem Eifer die Reklametrommel rührt und Sorge trägt, daß dem von allen Seiten herbeiströmenden Fremdenpublikum Erfreuliches und kulturell Hochstehendes geboten werde. Die gesellschaftlichen Zustände, das Herauswachsen des Künstlertums aus dem alteingesessenen Bürgertum, das Verschwägertsein von Kunst und Handwerk, bilden ein konservatives Element, das dem Eindringen oder doch der Herrschaft des internationalen Bourgeois nicht günstig ist. Und damit hängt es zusammen, daß der seelische Typus, auf den wir hindeuteten, hier noch bis zu einem gewissen Grade stadtfremd geblieben ist.

Wie nennen wir nun aber den? Sagen wir: es ist der moderne Leistungsethiker, – eine Wortkoppelung, bei der Akzent und Gewicht gleichmäßig auf alle Glieder verteilt ist. Modern ist er, dieser Typ, – das heißt: kein Hüne, nicht gerade so ungeheuer urwüchsig von Hause aus, eher zart, wenn auch vom Schwächling weit entfernt, eher nervös, ein Nervenmensch, und zwar ein Mensch der äußerst gespannten Nerven: trainiert, zu einer dauernden Höchstleistung trainiert, die eigentlich, persönlich genommen, eine Überleistung vorstellt, – übertrainiert also, das heißt: gefährdet, das heißt nicht gerade überbürdet, aber äußerst genau in dem Maße bebürdet, daß die Bürde bei einiger Willensverzückung eben noch getragen werden kann, das heißt also: genau an einem scharfen Rand existierend, am Rande der Erschöpfung... Und in alldem ist ohne Zweifel ein ethisches Element, ein Element des Opfers, – wenn dieses Element auch eigentlich nur ästhetisch – oder mystisch – gewertet werden kann; denn es ist eine Art von ethischem l'art-pour-l'art-Element, es hat keinen Sinn außer sich selbst, es ist ein Opfer, dargebracht einem unbekannten Gotte, einem Gotte, den es vielleicht nicht einmal gibt, und wollte man ihm den Namen des Heldentums zubilligen, so müßte man annehmen, daß Heldentum eine mystisch-ästhetische Lebensform, ein ›Selbstzweck‹ sei oder dies doch sein könne.

Vom ›Leistungsethiker‹ nun, von der Moral, der Lebensstimmung, dem passionierten Blutsrhythmus dieses modernen Typs, eignet auch dem Mann und Künstler, von dem wir uns unterhalten, sehr viel. Allgemein gesprochen, macht sich der

Beschauliche, der still und mit Muße sein Feld Bebauende nur schwer und mit Schrecken eine Vorstellung von der Daseinsform des Künstler-Aktivisten und Mannes des modernen Arbeitswirbels, der etwa, nach einer Aufführung in der Hofoper, deren Direktor er ist, oder nach einem der regelmäßigen Odeon-Symphonie-Konzerte, deren Dirigent er ist, oder nach einem Konzert des mit der Hofkapelle verbundenen Lehrergesangvereins – er ist ständiger Leiter auch dieser Aufführungen – oder sonst nach einer ordentlichen oder außerordentlichen musikalischen Veranstaltung sich im Frack, noch überhitzt von den Anstrengungen und Erschütterungen der Produktion, das Geprassel des Beifalles noch im Ohr, in den Schlafwagen wirft, um halb schlummernd nach Wien oder Frankfurt oder Darmstadt zu jagen, wo er morgen vormittag Probe hat und abends mit Arnold Rosé einen Sonatenabend geben oder ein Orchester-Konzert, eine Opern-Festaufführung dirigieren wird. Aber nicht das äußere Tempo einer solchen Existenz ist das Entscheidende, sondern das innere, die Leidenschaft, mit der sie erfüllt wird, nicht auf die Extensität kommt es an, sondern auf die Intensität, – überhaupt darauf, daß Gegenstand und Inhalt dieses wirbeligen Daseins hier kein derb-industrieller, sondern Kunst ist: das heißt das Geistigste und seelisch Anspruchsvollste, und zwar Musik: das heißt die physisch erschütterndste und strapaziöseste Art von Kunst; daß hier die äußeren Lebensformen des modernen Leistungsathleten von einem Künstlertum ausgefüllt sind, welches von Kunst die frömmsten und allerungeschäftsmäßigsten Vorstellungen hegt. In jener vorerwähnten Grübelei über Kunst und Öffentlichkeit erklärt unser Kapellmeister von der wahren und genialen Interpretationsbegabung, sie habe eine hellsichtig machende Art der Liebe, durch die sie bis in die Tiefen des Kunstwerks dringe. »Sie verwächst damit«, sagt er, »fühlt es wie aus sich selbst entstanden, und in einem geheimnisvollen Akt der Verwandlung *wird* der Interpret zum Autor selbst, zum Mozart, Beethoven, Weber. Verwandelt und doch er selbst geblieben, vermag er ...« Das ist ja Mystik. Es bedeutet Inbrunst und Ekstase. Und wenn auch die »Willensverzükkung«, die wir dem Typus des Leistungsethikers als seelisches Hilfsmittel zusprachen, eine Art von Ekstase ist, so sehen wir doch, welche Modifikation diese Lebensform erfährt, wenn sie mit Künstlertum, und zwar mit gläubigstem lauterstem Künstlertum erfüllt ist.

Überhaupt ist es schrecklich, daß man als Analytiker immer nach einer Seite übertreiben muß, um zu charakterisieren, und dann Mühe hat, das Schiefe richtigzustellen. Es war nicht gerade meine Absicht, den Helden dieser Spalten als Reinprodukt der kapitalistischen Epoche und des neuzeitlichen Rekord-Betriebsmenschen hinzustellen. Smartness ist nicht ganz das richtige Wort, um seine Gesamtverfassung zu bezeichnen. Er ist kein Amerikaner. Und auch ein ›Europäer‹ ist er im internationalistischen Sinne dieses Wortes nicht. Dem internationalen Zuge, der bis 1914 für das deutsche Musikleben bezeichnend war, hat er eher Widerstand geleistet, als daß er ihm Folge gegeben hätte. Der Krieg war nicht nötig, um ihn sich als deutschen Musiker fühlen zu lassen. Seinem Bewußtsein, seinem Willenszuge, seiner Hingebung, Sorge und Liebe nach war er deutsch, war er national von jeher, und wenn er auch in seinem Aufsatz sagt: «Keinesfalls wollen wir wünschen, daß die Sichtung unseres Spielplans etwa in einer gedankenlosen Ausmerzung aller außerdeutschen Produktion bestünde. Im besten Sinn deutsch wird der Spielplan dann sein, wenn er sich nach rein künstlerischen Gesichtspunkten richtet« – so ist doch festzustellen, daß in seinen Neueinstudierungen deutsch-romantischer Opernwerke im Hoftheater etwas wie ein Programm zu erkennen ist und daß auch im Odeon unter ihm nicht viel ›europäische‹ Musik gemacht wird: außer den selbstverständlichen Klassikern erklang auch dort vor allem Deutsch-Romantisches, es gab einen ganzen Mendelssohn-Abend (mit der lieblichen, selten gehörten Melusinen-Ouvertüre) und viel Schumann, viel Schubert... Fast scheint es, als fiele diesem Musiker der Begriff des Deutschen mit dem des Romantischen zusammen. Aber am wenigsten in der Musik ist ja das Romantische an eine Schule gebunden. Ist nicht Musik überhaupt die eigentlich romantische Kunst – keine redende, sondern eine Kunst des ›Lautes‹, der orphischen Verlautbarung? Was dieser Musiker, wenn ich ihn am Pulte, am Flügel recht verstanden habe, an seiner Kunst eigentlich liebt, ist nicht das klassisch Aufgeklärte, das restlos und vollendet Herausgesagte. Es ist der ›Laut‹, der Urlaut aus der Tiefe, es sind die rasch verhuschenden Momente einer Selbstoffenbarung des Weltgeheimnisses, wie sich dergleichen bei allen großen Musikern, und nicht nur bei den Romantikern findet, was ihm als das eigentlich Romantische, das Geniale, das Künstlerische, das Musikalische und vielleicht sogar als das eigentlich Deutsche in der Musik erscheint ... Wie weit eine solche Vorliebe bei einem modernen Künstler legitim-naiv, wie weit sie ›sentimentalisch‹ ist – wer wollte das auseinanderhalten! Wer wollte sich überhaupt vermessen, in der Kunst das Einfältige vom bloß Sehnsüchtigen, das Geniale vom Geistreichen jeden Augenblick zweifellos zu unterscheiden? Eins habe ich *auch* gesehen, wenn ich unseren Ekstatiker am Pulte, am Flügel beobachtete: nämlich, daß in dem hochfliegenden Musiker ein ungeahnt naiver und lustiger Musikante steckt, dem es zuletzt nicht so genau darauf ankommt, was er unter den Händen hat. Er hat während des Krieges in Bierkellern Wohltätigkeitskonzerte dirigiert, mit Programmen – nun, es waren zugängliche Programme, und er hat sie mit so viel Lust und Schmiß heruntermusiziert, daß das Publikum auf seine karitativen Kosten kam. Steckt nicht auch im großen Schauspieler immer der Komödiant, der Unsinnmacher, der Clown? Das Talent ist von Natur etwas Niedriges, ja Äffisches; der Geist erst ist es, der es zur Würde und Feierlichkeit erhebt.

Wie dirigiert unser Kreisler? Nicht gemütlich, nicht eine Hand auf dem Rücken. Ich will es verstehen, daß es nicht jedermanns Sache ist, ihm zuzusehen. Der nachschaffende Künstler überhaupt ist der eigentlich vor dem Publikum schaffende Künstler, und der Zustand höchster schöpferischer Konzentration ist kein recht gesellschaftlicher Zustand, es sollte gegen die Scham gehen, einen Menschen in diesem Zustande zu beobachten. Es gibt ja starke Kapellmeister, denen man nicht viel anmerkt, die mit scheinbar phlegmatischen und bürgerlich unanstößigen Zeichen die Übertragung ihrer Impulse erreichen. Hier aber ist ein ›Expressionist‹ – wenn man das vernutzte Modewort noch einmal zulassen will – ein Beschwörer, ein Entzückter und Entrückter, der sich – wissentlich, willentlich oder nicht – durchaus alles anmerken läßt und die Grenze des Artigen, bürgerlich noch Angenehmen dabei nicht immer respektiert. Ein Glück noch, daß das Exzentrische ihm leidlich zu Gesichte steht, daß schon seine noch unentrückte Ruhestandspersönlichkeit auf Außerbürgerliches einigermaßen vorbereitet. Eine Frackfigur, eher schmächtig als robust, nervös-elegant, zum Fettansatz innerlich nicht geneigt; ein von dickem Haarwuchs vergrößertes Haupt, ein feurig ermüdetes Gesicht von matter Blässe, in welchem die Merkmale der Sinnlichkeit und Geistigkeit sich vereinen, ein exotisch glänzendes Auge, eine kühne Nase, ein üppiger Mund. So klettert er auf seine kleine Pult-Tribüne dort oben-vorn und begrüßt mit dem überlieferten mehrmaligen Kopfnicken rechts, links und mittenhin seine Leute. Was er vermag über sie, erfährt man am besten, wenn er hinter dem Orchester einen Chor vor sich hat, wenn es gilt, Feuer aus dem Stein – oder aus was eigentlich – zu schlagen: es war ja das auch Gustav Mahlers, seines künstlerisch-menschlichen Meisters und Vorbildes, erstaunlichste Stärke. Er hat jedoch nicht Mahlers cäsarisch-eisern verschlossenen Mund und hart blitzende Brillengläser. Seine weit geöffneten Lippen bilden Worte, er lächelt, er droht, er segnet, er bannt und zieht mit emporgeworfenen Armen, zurückgeworfenem Kopfe das seelisch Letzte, Kühnste und Beste heraus, aus seinem zäh-bürgerlichen Material ... Der Anblick des großen Dirigenten ist der Anblick zündender Passion, zündender Liebe: und nicht nur der Liebe zur Sache, sondern auch zu dem menschlichen Mittel, das er zur höchsten Dienstleistung entflammt. Er fordert nicht nur, er gibt, gibt sich ganz, nicht nur dem Werk, nicht nur den Zuhörern, sondern namentlich denen, die er leitet, und was er erzielt, ist Hingabe für Hingabe. Chor und Orchester hängen an ihm, sie folgen ihm aus sich heraus, durch dick und dünn, aus der Sphäre des Bürgerlichen in die der Kühnheit und der Seele. Und der Einzelne, der Solist, der dramatische Sänger, Weib oder Mann, weiß wohl und möge zeugen davon, was er der immer neuen Begeisterungsfähigkeit dieses Pädagogen dankt, wie er unter seiner Führung gewachsen.

Es ist nur, daß ich es nicht vergesse. Ich will, solange ich es noch Stunde für Stunde am Schnürchen habe, das turbulente Diarium dieser neun Tage doch wiederherstellen und festhalten, da sie immerhin für meine Verhältnisse ein Abenteuer ersten Ranges bedeuteten. Es sind Verhältnisse, unter denen alle Wirklichkeit, alles Leben nach außen und Erleben von außen diesen Charakter gewinnt. Ich habe es einmal in nachlässigen Versen gesagt, daß den Träumer Wirklichkeit träumerischer dünke als jeder Traum und ihm tiefer schmeichle. Lassen wir es gut sein, daß diese kindische Eitelkeit auf das Wirkliche ihre Rolle spielt bei Lebensunternehmungen wie dieser, welche man also nicht allzu moralisch als Leistungen des Gehorsams und Pflichtgefühls sich aufputzen und vorempfinden darf, obgleich ihnen etwas von moralischer Gewaltsamkeit und Unnatur zweifellos anhaftet ... Und doch, die Wagner'schen »Geistesfreuden«, das »würdig Pergament«, ist das der Friede? Die Literatur, der Traum, das Werk, ist das kein Abenteuer? Habe ich je zu schreiben aufgehört, ohne mir zu sagen: Na, lange treib' ich's nicht mehr? Nicht abenteuerlich sind am Ende nur die Strecken entspannten Alltags und farbloser Regelmäßigkeit zwischendurch; ein Wunder eigentlich und Zeichen von zähem Fond, daß man nicht abgelebter ist.

Jetzt freilich bin ich denn etwas krank. Man glaubte aktiv bleiben und da nur fortfahren zu können, wo man digressiverweise aufgehört; aber der Körper, dies sonderbar selbständige Ich neben dem andern, das in der knabenhaftesten Weise obenhinaus will, wußte es besser und hat ›uns‹ auf dem Wege einer kleinen Infektion für acht oder zehn Tage Bettruhe verschafft. Es ist die Grippe, wie sie jetzt umgeht: mit niedrigen Übertemperaturen, langwierigen Affektionen der Luftwege und gastrischen Störungen, nicht schwer genug, um den Geschmack an der Zigarette ohne Rest zu verderben. Im Grunde, ich bin schon nicht mehr ärgerlich. Ich kann meine verwahrloste Korrespondenz in Ordnung bringen, komme endlich einmal wieder dazu, ›Abdias‹ und ›Salammbô‹ zu lesen und kritzele dies an der zum Pulte schräg gestellten Platte des über das Bett zu schiebenden Spezialtisches, an dem ich auch meine Mahlzeiten nehme und der mir als Sinnbild einer Konzentration erscheint, die nur das Krankenzimmer gewährt.

In Mainz hatte ich Heidelberg, Köln und Marburg hinter mir, erfreuliche Aufenthalte, reich an Gesichten und Gesichtern, der Hauptaffäre absichtlich vorgeordnet. Keine Plötzlichkeiten. Aus dem Münchener Arbeitszimmer und Isarufergehölz nicht unvermittelt in die Pariser Aktion. Man muß einen Anlauf schaffen, sich in Gang setzen, das Reden wieder lernen, sich geläufig machen. Am vierten Schauplatz war ich schon abgebrüht, umgänglich, schamentwöhnt in Hinsicht auf ein schwatzhaftes Ungefähr des Ausdrucks, zugleich katarrhalisch und geschmeidigt. Ich traf dort mit meiner Gefährtin zusammen, die mich in die französische Hauptstadt begleiten sollte. Das war neu und glücklich. Ich war auf dergleichen Wegen so gewöhnt, sie fern daheim zu wissen, daß ihre Gegenwart, obgleich natürlich vereinbart, eine heitere Unwahrscheinlichkeit gewann. Begegnung denn also wahrhaftig in der Halle des ›Hofs von Holland‹, Rheinstraße, als ich abends mit Herren des Vorstandes aus der Vorlesung zurückkehrte – in jenem Zustand von Erhitztheit und Erleichterung, der dem Kontakt mit einer sinnlichen Öffentlichkeit zu folgen pflegt. Ich will die Reize nicht verleugnen, die das Befahrnis in seinen verschiedenen Stadien noch heute für mich besitzt, obgleich die Annehmlichkeit dieser Stadien, gelinde gesagt, ihre Grade hat. Das Bild vom ›Sprung ins kalte Wasser‹ hat viel Zutreffendes. Die zehn Minuten im Wartezimmer, während das Murmeln des Saals durch die geschlossene Tür dringt, erinnern stark an die Gefühle lustiger Beklommenheit, mit denen man sich in einer Kabine entkleidet und fröstelnd am Ufer zögert. Aber dann tummelt man sich im Elemente warm, und in der wohligen Erschlaffung, die folgt, kommt die Verwandtschaft auf ihren Gipfel. Sechshundert oder auch tausend Menschen anderthalb Stunden in Atem zu halten, *zusammen*zuhalten, daß sie nicht auseinanderstreben, die Gemeinschaft genauen Lauschens sich nicht lockert, ist eine bedeutende körperliche Anstrengung. Husten im Saal ist ein Zeichen beginnender Auflösung der Disziplin und mit allen durch das Material gegebenen Mitteln hintanzuhalten. Heiterkeit muß sich akkumulieren; ihr Sichgehenlassen würde ebenfalls Entspannung bedeuten, weshalb sie im Ausbrechen durch rasches Weitergehen zu ersticken ist, das ist durch die Bedrohung, in entfesseltem Zustande Un-ersetzliches zu versäumen. Kurzum, es ist viel Wachsamkeit nötig, ein Regieren mit Schultern und Armen, als ob man mit sechsen führe; nachher ist man hungrig und geneigt, viel Wein hinunterzuschütten.

Wir gingen zu Tische: der Theaterintendant, die Herren vom Vorstande, die Damen. Ich saß am Ende der Tafel, und die Frau zu meiner Rechten hatte eine Tochter am Ende des Nachbartisches hinter mir: Tänzerin von Beruf und mit pikanten Augen. Auf Grund festlichen Dispenses aus anderer Tischgegend plauderte ich über die Lehne meines Stuhles hinweg länger mit der Kleinen, als übrigens höflich gegen meine Dame hätte sein mögen, wäre sie nicht eben die Mutter gewesen.

War es nicht am Ende das letzte Gespräch für einige Zeit, das legitimerweise und mit stämmiger Berechtigung durch Grund und Boden auf deutsch geführt werden konnte? Denn Mainz ist natürlich so deutsch wie möglich, obgleich man sich auch wieder schon ein wenig im Übergang fühlt – nicht nur, wenn man jetzt auf der Straße mit einem gewissen Erstaunen gemeine Soldaten Französisch sprechen hört. Wir machten am späten Vormittag, sehr wohl geführt, einen Spaziergang durch die Stadt. Der historisch-kulturelle Einfluß von drüben springt in die Augen: Die rote Sandsteinarchitektur des früheren kurfürstlichen Schlosses, in dessen Erdgeschoß man das römische Museum untergebracht hat, ist eleganteste französische Renaissance; man denkt auf dem prächtigen Hof an gewisse Blätter von Doré; und auch das Barock des großherzoglichen Palais wird den französischen General, der dort vorübergehend domiziliert, nicht weiter zivilisationswidrig anmuten. Der Vorstandsherr, der uns gütigerweise begleitete, emigrierter Elsässer, Rechtsanwalt ehemals, nun Geschäftsmann und kunstgeschichtlich wohl nicht sonderlich fest, hatte einen gelehrten jungen Museumsbeamten mitgebracht, unter dessen Beistand wir die schöne Jupitersäule besichtigten, zu deren öffentlicher Wiederaufstellung wirklich die Mittel beschafft werden sollten. Doch, es geht einigermaßen römisch-gallisch zu in der Stadt, die einmal ›Maguntiacum‹ hieß und nicht weniger als viermal von den Franzosen genommen wurde. Thorwaldsens Gutenbergdenkmal auf dem Gutenbergplatz (wir sind an der Geburtsstätte der Presse!) ist in Paris gegossen. Die Stadthalle am Rhein, soeben von den Okkupationstruppen geräumt und dem Volke von Mainz zur Belustigung wieder übergeben, hatte statt der Trikolore die rotgelbe Karnevalsflagge gehißt . . . Wir waren im Martinsdom, dessen Inneres wir leider durch Reparaturvorkehrungen arg verbaut fanden. Wir waren auch in den Gassen der Altstadt und sahen, was an malerischem Väterwerk nach allem Ungemach, das die Stadt durch die Jahrhunderte erfahren, nach Belagerungen, Eroberungen, Zerstörungen und Explosionen, noch übrig ist. Um vier Uhr nachmittags ging unser Zug.

Man reist verteufelt angenehm in einem Schlafwagenabteil, in dessen schmucker Enge man noch einige Tagesstunden verbringt, bevor die Betten gemacht werden. Da wir uns in Mainz mit Proviant versehen hatten, konnten wir den Speisewagen meiden und aßen am Klapptischchen zu Abend, ein Vergnügen, das ich von jeher zu schätzen gewußt habe. Wir baten dann bald um Herstellung der Lager, denn wir würden früh ankommen. Die Schaffner internationaler Schlafwagen sind merkwürdige Leute, heimatlos undefinierbare und mehrsprachige Grenz- und Mischtypen zumeist; der Geist des Verkehrs und des Abenteuers spricht aus ihren von Kohle imprägnierten Zügen, die von einer gewissen niedrigen Mondänität geschärft erscheinen. »Die Herrschaften –!« sagte der unsrige abends beim Einsteigen. Morgens in Paris sagt er: »M'sieur et dame –!«

MITTWOCH, DEN 20. JANUAR, 6 UHR. Gare de l'Est. Leichte Behandlung des großen Gepäckstücks durch die Douane und lange Autofahrt durch die noch nächtige, halb erwachte Stadt. Diese Gefährte sind für uns sehr billig. Um es auf fünf Franken zu bringen, also zur Zeit auf weniger als eine Mark, muß man weit fahren. Gewöhnlich kommt man auf zwei oder drei, also nach unserem Gelde auf beinahe nichts. Dieser Ankunftschauffeur blieb der einzige, der uns übervorteilte: er forderte fünfzehn Franken, keineswegs zu viel für unsre Begriffe, bevor wir im Bilde waren, aber wir haben acht Tage später denselben Weg für weniger als die Hälfte gemacht.

Hotel ›Palais d'Orsay‹, Quai d'Orsay, weitläufiger Bau mit stattlicher Halle, in der noch frühmorgendlich verschlafene Stimmung herrschte. In der Réception Zuweisung eines Zimmers im zweiten Stock, das sich mit seinem kleinen Vorplatz, an dem das Bad lag, als sehr freundlich erwies, aber im Punkte der Bequemlichkeit der Einrichtung nicht allen Wünschen genügte. Schließlich, man braucht eine Kommode! Den obligaten Kamin mit der vergoldeten Stutzuhr hätten wir gern für ein Möbelstück in Kauf gegeben, das unsere Wäsche bergen könnte.

Indem wir hier abstiegen, fanden wir uns vorzüglich beraten in Hinsicht auf die Lage unseres Quartiers, die sehr praktisch ist, aber weniger in Ansehung seines Charakters. Das ›Palais d'Orsay‹, obgleich es üppige Appartements zu bieten hat, ist vorwiegend Touristenhotel, für längeren Aufenthalt nicht eingerichtet. Auch ist es Festlokal des Pariser Mittelstandes, beliebter Schauplatz von Hochzeitsdiners, Vereinsbällen und dergleichen erhitzenden Veranstaltungen mehr, deren sich täglich mindestens eine hier abspielt. Dann stehen befrackte Diener, goldene Ketten um den Hals, empfangend und wegweisend auf allen Podesten, auf den Treppen flirtet die Jugend und tanzt im Saal, es riecht nach Festivität, und die Musik ist miserabel. Übrigens erwies sich unser Zimmer als durchaus schallfest, und eine Kommode wurde auf unsere Klage alsbald hereingerückt. Man stellte Sonderberechnung dafür in Aussicht, hat aber, wenn mir recht ist, schließlich darauf verzichtet.

Wir ließen Frühstück kommen – diesen herrlichen ersten Imbiß des Tages, der an Reiz und Wert in meinen Augen jede spätere Mahlzeit übertrifft. Große Erheiterung über den Kellner, der, als wir etwas Honig vermißten, statt ›miel‹ ›bière‹ verstand und sein Erstaunen über das rohe Verlangen hinter der größten Bereitwilligkeit verbarg, uns um sieben Uhr morgens Bier in beliebiger Menge herbeizuschaffen. Wir tranken unseren Tee mit dem erhöhten Vergnügen, das die Annehmlichkeiten des Lebens auf Reisen gewähren, und fanden es später sehr wohltuend, nach durchrüttelter Nacht und bis die Stadt sich beleben würde, in feststehenden und bequemen Betten noch eine Stunde zu schlummern. Dann wurde durchs Telephon Besuch gemeldet.

Dies Pariser Telephon ist der ergreifendste Apparat, der mir je vorgekommen – das unsrige wenigstens war das. Seine Lebensäußerungen warfen sich aufs Gemüt, man konnte ihm nicht schnell genug zu Hilfe eilen, und war man nicht abkömmlich für den Augenblick, so rief man ihm unwillkürlich von weitem laute Tröstungen und Versprechungen zu. Es hatte ein kleines Lichtauge, womit es auf die erregendste Art blinkte und blinzelte, und eine erbarmungswürdige kleine Kopfstimme, mit der es ängstlich winselte: »Ach, rasch, ach, bitte, bitte, rasch...« Man war ja schon da, in Gottes Namen, was gab es denn? Und jedesmal wieder war man enttäuscht und erleichtert von dem, was wirklich gemeldet wurde, da man mit Bestimmtheit die Nachricht von einem erbarmungswürdigen kleinen Unglück gewärtigt hatte.

Dies erste Mal war es nur Besuch von der Botschaft, der deutschen Botschaft, unserer Botschaft, und ich stieg hinab, den diplomatischen Landsmann in der Halle zu begrüßen. Botschaftsrat Dr. R[ieth] war kein germanischer Recke, sondern ein zierlicher Herr von höflich gescheitem Wesen, das für seine Laufbahn die besten Hoffnungen erweckte. Oh, schade, er war mit einem Wagen am Bahnhof gewesen – zu irrtümlicher Stunde, da man uns mit dem Zuge von München und nicht von Mainz her erwartet hatte. Es wurde einiges für den Nachmittag, den Abend besprochen. Schon jetzt erfuhr ich, daß gestern bei dem öffentlichen Vortrag des ebenfalls anwesenden Dr. Alfred Kerr sich törichte Unliebsamkeiten ereignet hatten. Serbische Jugend hatte politisch randaliert und war an die Luft gesetzt worden. Für mich war die Folge, daß Ängstlichkeit im Schoße des Vorstandes der Carnegie-Stiftung Platz gegriffen hatte und noch im vorletzten Augenblick der Entschluß gefaßt worden war, die heutige Veranstaltung auf intimeren Fuß, als ohnedies vorgesehen, zu bringen. Ich war es zufrieden; und nach vorläufiger Verabschiedung von Dr. R[ieth] machten wir uns, frei für diesen ganzen Vormittag, zu einem ersten Spaziergang auf.

Da war sie denn also nach fünfzehn Jahren wieder einmal, die milde, halbdurchsonnte, silbrig neblige Pariser Luft – aromatisiert freilich jetzt durch die Dünste der Autos, deren Zahl ins Verwirrende und Schwindelerregende angewachsen ist. Straßenübergänge sind ernste Angelegenheiten, zu deren Abwicklung Phlegma und Umsicht die rechte Mischung eingehen müssen. Es sind mehr Wagen, glaube ich, als in London, und ihr Benzin duftet anders und nicht besser als das unsrige: es hat einen Schweißgeruch, an den man sich nicht sofort gewöhnt. Da war auch der erste Büchertrödler am Quai! Wir schmökerten eine Weile bei ihm nach gutem Brauch, überschritten die schiffbare Seine auf der nächsten Brücke und fanden uns, nach einem flüchtigen Wiedersehen mit dem Tuileriengarten, dem Louvre, unter den Arkaden und vor den Auslagen der Rue de Rivoli. Wir hatten dort und in der Rue de l'Opéra kleine Einkäufe und Wechselgeschäfte zu erledigen. Im Treiben der Welt gingen wir die prächtige Straße bis zur Oper hinauf. Die Zeit verstrich. Wir frühstückten ausgezeichnet in dem sympathischen Café Rohan, gegenüber dem Palais Royal, betreut von einem ehrgeizigen und gefälligen Aufwärter, der von vornherein erklärte, daß hier alles sei, wie es sein müsse, sich auch in der Folge nicht Lügen strafen ließ und sehr angenehm mit einer Dame zu scherzen verstand. Ich war recht glücklich über den weißen Bordeaux, den wir bekamen, diesen charaktervollen und halbsüßen Graves Supérieur, dem ich in den folgenden Tagen noch oft und beifällig zugesprochen. Wir ließen es uns nicht nehmen, auch den Heimweg zu Fuß zu machen.

Um vier Uhr wurde es Ernst. Henri Lichtenberger (diese elsässischen Namen werden französisch gesprochen; das Konversationslexikon würde die Weisung ›Lieschtangberscheh‹ erteilen), der Germanist der Sorbonne, erwartete uns am Fuß der Hoteltreppe, um uns zum Vortrage abzuholen. Professor Lichtenberger ist ein hochgewachsener Mann mit schmalem Anatole France-Schädel, einem weißen Knebelbart und den liebenswürdigsten Formen. Seine Gewandtheit im Deutschen vermochte mich sehr bald, mein Negerfranzösisch einzustellen. Er hat eine reizende Art, zu sagen: »Ja, ich bitte nur –« oder: »Durchaus nicht –«. Aber ein wahres Vergnügen ist es, ihn im Salon Französisch plaudern zu hören, – ›causer‹, man denkt daran, daß unser ›kosen‹ kein anderes Wort ist als dieses, und auch einmal ›reden‹, ›verhandeln‹ bedeutet hat; sein heutiger Sinn ist zärtlich einschlägig in jenem ›causer‹, es ist ein Kosten der Sprache, gedämpft, delikat und genußreich; ich hatte ein ähnliches Gefühl, als ich Gilbert Murray in Oxford sein Englisch heiter zelebrieren hörte; den ganzen aristokratischen Reiz der humanistischen Zivilisation des Westens kostet man beim Lauschen, spürt auch genau, was diese Alte Welt unter ›Barbarei‹ versteht und weiß dabei, daß es eine todgeweihte Welt ist, schon tot eigentlich, im Begriffe, von östlich-proletarischen Wogen verschlungen und begraben zu werden. Am Ende hieße es nicht der Weltgeschichte in die Speichen fallen, wenn man zugäbe, daß es immerhin irgendwie ein bißchen schade darum ist...

Es gab noch Aufenthalte durch Photographen und Journalisten im Foyer. Dann führte uns ein Wagen in wenigen Minuten zum Quartier der europäischen Zentrale der ›Dotation Carnegie pour la Paix Internationale‹, Boulevard Saint-Germain.

Wartende Menschen am Eingang, Kontrolle, Anzeichen einer gewissen Spannung. Wir passierten unter unseres Führers bedeutendem Schutz. Begrüßungen im Flur, Bekanntschaft am Fuße der Treppe mit J. E. Spenlé, dem Straßburger Professor und aufmerksamen Beobachter der deutschen literarischen Produktion, dem auch ich zu großem Dank verpflichtet bin. Weitere Vorstellungen in dem oberen Wartezimmer mit Bureaucharakter: Earle B. Babcock, der Neuyorker Gelehrte und directeur-adjoint der europäischen Zentrale, Paul Desjardin von der ›Union pour la Vérité‹, Dr. Zifferer von der österreichischen Gesandtschaft, Charles Du Bos, Sekretär der ›Union Intellectuelle Française‹ und ausgezeichneter Kritiker, der eben noch eine Folge sehr eindringlicher Studien unter dem mich verwandt anmutenden Titel ›Approximations‹ zusammengefaßt hat, und andere mehr. Noch einmal gab es den Magnesiumchoc einer Aufnahme am Schreibtisch für die Zeitungen. Botschaftsrat Dr. R[ieth] sondierte das Terrain. »Nicht wahr also, der Botschafter kann kommen?« – Unbedenklich! Die Kontrolle war scharf gewesen und blieb es bis zum letzten Augenblick. Man hatte sich gegen jede Störung gesichert.

Herr von Hoesch erschien. Er ist ein Mann von vierzig Jahren, moderner Typus, rasiert, von sehr angenehmem Äußern. Ein Mitarbeiter des ›Cri de Paris‹, der zu dem nachfolgenden Empfang auf der Botschaft geladen gewesen war und seinem Blatt recht konventionelle Beobachtungen darüber lieferte, schilderte den »jeune ambassadeur« als einen Mann mit der »élégance précise d'un capitaine de cavalerie«. Das ist eine ganz falsche Charakteristik. Die Umgangsformen unseres Geschäftsträgers entbehren jeder überflüssigen Schärfe und törichten Korrektheit; sie sind zivilisiert und gewinnend, und seine Sprechweise, leicht rheinisch gefärbt, ist sanft und gescheit. Bei der Berührung mit ihm versteht man sehr bald die ungewöhnliche Raschheit seines Aufstiegs als Diplomat.

Man konnte endlich beginnen. Drei Schritte, nicht mehr, durch die Tür aufs Podium. Der kleine Saal bis in seine letzten Winkel und Gründe gefüllt. Hinter einem Tisch, zwischen dem französischen und dem amerikanischen Gelehrten, nahm eine Art von Präsidentenstuhl mich auf, in dessen Tiefen ich, gemeinsam mit der Versammlung, die aus Akademikern, Schriftstellern und ihren Damen bestehen mochte und in der ich auf den Stehplätzen seitwärts und hinten junge Leute erblickte, den klug und klar gesetzten Worten lauschen konnte, mit denen der Germanist zu meiner Linken den Fremdling einführte und begrüßte. Ich vernahm Schmeichelhaftes, unterschied Sätze aus meinen Schriften, folgte der Analyse natürlicher und moralischer Neigungen, aus denen eine besondere Eignung dieses Gastes, hier »gewissermaßen als außerordentlicher Gesandter des deutschen Geistes« zu erscheinen, sich ergäbe. Nach den Artigkeiten aber kamen Wahrheiten, die keineswegs in demselben Grade urfranzösisch waren, wie eben die Artigkeit es ist, sondern mir eine neue Stufe der Weisheit und der Resignation für das französische Denken zu bezeichnen schienen. Es sei seine tiefe Überzeugung, erklärte Lichtenberger, daß eine vertrauensvolle und sichere Zusammenarbeit Frankreich und Deutschland nur dann verbinden könne, wenn jedes der beiden Völker das Recht des anderen verstehe und zulasse, *»à exister tel qu'il est«*, nach seiner eigenen Fasson selig zu werden, wenn also jedes auf den Anspruch verzichte, das andere zu bekehren oder ihm das Geständnis der Minderwertigkeit zu entreißen. Gut, das war der Verzicht auf den Vorherrschaftsgedanken der ›lateinischen Zivilisation‹, mit welchem der Franzose gewisse Bemühungen des Deutschen bedankte, »sich über das, was an seinem natürlichen Romantismus ausschließend und gefährlich erscheinen könnte, bis zu einem Universalismus zu erheben, in welchem der deutsche und der französische Gedanke sich ohne Schwierigkeiten begegnen können«. Ihm scheine, sagte Lichtenberger, daß diejenigen, die mich sehen und hören würden, Vertrauen fassen müßten in den guten Willen Deutschlands, sich friedlich in ein versöhntes Europa einzufügen. Und da es ihm andererseits undenkbar scheine, daß dem Spürsinn eines Dichters das ungeheuere Verlangen nach Frieden und Versöhnung sollte entgehen können, das heute Frankreich beseele, so sei zu vertrauen, daß ich nicht umsonst diese winterliche Reise nach Frankreich auf mich genommen hätte. »Sie kennen den wundervollen und melancholischen Aphorismus unseres gemeinsamen Meisters Nietzsche: ›Die Worte und Klänge sind Regenbogen und Traumbrücken zwischen dem, was ewig getrennt ist.‹ Es mag sein. Aber wir wollen hoffen, daß der Regenbogen, den Ihre Dichtermagie von einem Ufer der Wasser zum andern zu werfen wissen wird, die unsere beiden Nationen trennen, wie der sein wird, den der Ewige über den brausenden Fluten der Sündflut aufrichtete, zum Zeichen des Friedens und der Versöhnung.«

Man applaudierte. Die Reihe war an mir. Beifall begrüßte auch mein Aufstehen. Es erregte eine gewisse heitere Überraschung, daß ich französisch begann, und man amüsierte sich aufs neue, als ich, mich zu meinem Manuskript wendend, mitten im Satz ins Deutsche fiel. Ich sprach aus, was meines Herzens Meinung ist und was ich mit anderen und auch mit denselben Worten in Aufsätzen, die für die deutsche Öffentlichkeit bestimmt waren, schon ausgesprochen hatte. Ich habe übrigens keine Dichtermagie walten lassen, sondern der nüchternen Wahrheit die Ehre gegeben, indem ich feststellte, daß, wenn es zu einer relativen Einigung des Erdteils komme, wir Europäer uns wenig darauf einzubilden hätten. Es werde das kein Ergebnis gereifter Sittlichkeit sein, sondern ein solches der primitivsten Vernunft und der baren Notwendigkeit, da allzu offenbar geworden sei, daß Europa als Ganzes stehe oder falle: dies sei es, was heute den Tendenzen der Verständigung, des Ausgleichs und des Friedens über die immer noch reichlich vorhandenen Leidenschaften ein wachsendes Übergewicht verleihe. Ich sprach fernerhin von den Mächten der Tiefe, die heilig, und von denen des Lichtes, die göttlich seien; von der Gottesunmittelbarkeit des Ich und des Volkes und von Vernunftemanzipation, Universalität und Gesellschaftlichkeit, die ein anderes Wort für Demokratie ist – von Kultur also und Zivilisation. Ich sprach für Deutschland. Was ein Teil unserer Presse in fetten Lettern von skandalösen Kniebeugen zu berichten gewußt hat, die ich vor den Franzosen vollführt hätte, ist – Entstellung. Ich habe erklärt, es heiße den deutschen Charakter nicht verunglimpfen, es heiße viel eher ihm eine besondere Schicksalsfähigkeit und religiöse Berufung zuschreiben, wenn man ihm eine tiefe und mehr oder weniger eingestandene Neigung zu den Mächten des Unbewußten und des vorkosmisch-lebensträchtigen Dunkels nachsage, eine Tendenz zum Abgrunde, zur Unform und zum Chaos, die uns Deutsche zu rechten Sorgenkindern des Lebens mache. Ich sprach von der Romantik und ihrem regenerativ-revolutionären Sinn, zeigte andeutungsweise die Unterschiede auf, welche tatsächlich zwischen dem deutschen geschichtsphilosophischen Denken und dem westeuropäisch-amerikanischen bestehen, ließ durchblicken, welche an sich und ursprünglich keineswegs verächtlichen Widerstände es seien, die das deutsche Wesen historisch dem entgegensetze, was man die Demokratie nenne. Ich war bei Abfassung meiner Ansprache von der Voraussetzung ausgegangen, daß es zwecklos sei, nach Paris zu fahren, um den Franzosen ihre eigenen Ideen zu entwickeln, daß sie vielmehr neugierig auf Deutsches seien. Ich habe allerdings betont, daß europäische Völker einander nichts wirklich Neues und Wildfremdes zu sagen hätten. Der ganze Komplex abendländischer Erlebnis- und Denkmöglichkeiten, sagte ich, sei allezeit in allen Nationen gegenwärtig und seine Dialektik allezeit nicht nur wirksam zwischen ihnen, sondern auch innerhalb jedes einzelnen von ihnen. Die Absurdität, die darin lag, daß das Volk Goethe's vorübergehend allen Ernstes als Feind der Menschheit erscheinen konnte, ich habe sie meinen französischen Hörern vorgehalten – und uns Deutschen soviel Schuld an diesem unsinnigen Vorgang gegeben, wie uns gebührt. Ich sprach von der Altersverderbnis der Ideen, von der Entartung des Romantismus, die uns für einige Zeit zu Einsamen und outlaws habe machen können, von der schal gewordenen Romantik, die dem Kaisertum Wilhelms II. angehaftet habe. Als ich mein Verständnis einräumte für die Weltantipathie, die die Verbindung habe erzeugen müssen, die der Romantismus im neuen Reich mit derbster Imperialwirtschaftlichkeit eingegangen sei, so daß man sich Deutschland endlich unter dem Bilde eines reichlich brutalen Generaldirektors habe vorstellen müssen, der sich von einem elektrischen Grammophon Schuberts Lindenbaumlied vorspielen ließe, wollte Applaus einsetzen, wahrscheinlich von deutscher Seite, den ich durch rasches Weitergehen im Keim erstickte. Ich beglückwünschte die Franzosen zu der wachsenden psychologischen Vorsicht, mit der unter ihnen die Frage der Schuld behandelt werde, und versicherte mit gutem Gewissen, daß unterdessen in Deutschland jeden Tag die Idee der Demokratie an Boden gewönne – wenn man darunter die Einsicht verstehen wolle, daß die Fühlung des deutschen Denkens mit dem westeuropäischen niemals in dem Grade, wie geschehen, hätte verlorengehen dürfen und daß kein Volk sich ungestraft einer Idee praktischer Vernunftforderung, wie derjenigen der Menschheitsorganisation und Völkergesellschaft, verschließe. Zum Schlusse huldigte ich der Sympathie, die ich das Kind des Eros und der Vernunft nannte, jener versittlichten Lust, die auch den Namen der Güte führe. Behilflich zu sein, sagte ich, die Sympathie zwischen den beiden großen Völkern zu stärken und zu befestigen, auf deren Wohlverhältnis der Friede, die Einheit, die Zukunft Europas beruhen, das heiße dem höchsten Gegenstand aller Sympathie, dem Leben selbst, einen Dienst erweisen.

Ich setzte mich. Der Beifall war von außerordentlicher Herzlichkeit. Er dauerte fort, während Professor Lichtenberger schon lange aufrecht stand, um meine Worte auf französisch zu wiederholen. Mehrmals hatte ich zu danken. Es war eine Kundgebung der Freundwilligkeit, die ich gut tat, nicht auf meine Person und Rede zu beziehen, sondern ihr einen allgemeineren Sinn beizulegen.

Nachdem auch er geschlossen, lud Lichtenberger zu einer Diskussion ein, ermutigte die Anwesenden, mir Fragen vorzulegen. Es ging, wie meistens bei solchen Gelegenheiten: niemand wollte den Anfang machen. Selbst namentliche Aufrufe Lichtenbergers nützten vorläufig nichts. Dann kamen einige Interpellationen – sie waren einförmig und charakteristisch. Charakteristisch durch die Einförmigkeit, mit der sie alle von der einen Unruhe und Wißbegierde diktiert waren: Was ist mit Deutschland, mit diesem großen, durchaus bedeutenden, Besorgnis erregenden Deutschland dort hinten? Wie ist sein Gemütszustand? Ist sein Wille gut? Denken dort alle Schriftsteller wie Sie? Wünschen die Intellektuellen Einfluß auf die politische Haltung ihres Landes zu nehmen, und trauen sie sich die Gewinnung solchen

Einflusses zu? Wird Deutschland in den Völkerbund eintreten? *Warum* wird es das tun? Eine sehr sonderbare Frage lautete: »Hat Deutschland Glauben an seine Zukunft?« Vielleicht war das nicht ganz treuherzig gemeint. Vielleicht sollte ich nun loslegen und verkünden, daß Deutschland sehr bald wieder obenauf sein werde, ›in der Welt voran‹. Ich sagte einfach, Deutschland hege den Glauben an sich selbst, ohne den kein Volk leben könne. Im übrigen erklärte ich, die Anmaßung liege mir fern, für die ganze geistige Welt Deutschlands zu sprechen. Wir seien ein sehr dezentralisiertes Land; auch der Geist sei in Deutschland dezentralisiert; die deutschen Schriftsteller seien ein wenig Säulenheilige. Immerhin, ich bildete mir ein, ein ganz guter Deutscher zu sein, gewissermaßen typisch. (Höfliche Zustimmung.) So möge man sich mit einer gewissen Zuversicht der Vorstellung überlassen, Deutschland durch mich sprechen zu hören. (»Très bien.«) Was die Einflußnahme des Geistes auf die Politik betreffe, so erleichtere die Durchrepublikanisierung Europas zweifellos eine solche. Dies gelte auch in betreff Deutschlands, für dessen Schriftsteller die Zeiten des ›Elfenbeinturmes‹ und der politischen Interesselosigkeit vorüber seien. In den Völkerbund werde Deutschland eintreten: nicht nur, weil es darin den Weg erblicke, im Rate der Völker wieder zu dem Einfluß zu gelangen, der ihm zukomme, sondern auch aus den geistigen und moralischen Gründen, die ich in meinem Vortrage anzudeuten versucht hätte.

Ich glaube, man war halbwegs befriedigt. Herr von Hoesch wenigstens war es ausdrücklich. Es gab noch ein paar Begrüßungen: Ich freute mich, der Übersetzerin des ›Tonio Kröger‹, Mlle. Geneviève Maury, die Hand zu drücken. Journalisten, die mich sprechen wollten, war ich gezwungen, um Nachsicht zu bitten, da wir um acht Uhr auf der Botschaft sein sollten und uns umkleiden mußten.

Ins Auto also, großer Anzug und wieder ins Auto, zur Rue de Lille. Der Weg dahin ist so kurz, daß wir uns wegen des Preises zu genieren hatten. Einen Franc. Man kann doch einem Chaffeur, der noch dazu vielleicht russischer Offizier ist (denn das sind dort viele Wagenlenker), nicht sechzehn Pfennige geben! Wir gaben ihm also fünfundzwanzig. Die Botschaft ist eines der schönsten Palais von Paris, mit stattlichem Ehrenhof. Garderobedienst mit deutschem Personal im Flur des Erdgeschosses. Eine breite Treppe, und die prächtigen Empire-Repräsentationsräume des ersten Stockwerks, schon von Gästen belebt, tun sich auf.

Es war wohl eigentlich, was man einen großen Abend nennt. Seit längerem hatten französische Minister hier nicht gespeist. Die Herren Daladier (Unterricht), de Monzie (Arbeit), Philippe Berthelot (Staatssekretär des Äußeren) waren da. Man zögerte, zum Essen zu gehen, da Herr Painlevé, eben noch Konseilpräsident, jetzt Kriegsminister, sich dienstlich verspätete. Bekanntschaft mit dem österreichischen Gesandten Dr. Grünberger, einem interessierten, warmherzigen, liebenswürdigen Mann, und seiner Frau, Engländerin, schlank und blond, kultiviert, belesen, die mir viel Herzliches und Kluges über ihr Verhältnis zu meinen Arbeiten sagte. Mit Gémier vom Odéon (durch Chapiro). Mit Benjamin Crémieux vom ›Cercle Littéraire International‹, der französischen Sektion des PEN-Clubs. Wiedersehen mit Leo Frobenius, dem Afrikaforscher, mir von München bekannt. Wiedersehen mit Dagny Björnson-Langen, Mme. Sautreau heute, Gattin eines französischen Industriellen, der ich vor dreißig Jahren, als junger Mensch, in der Redaktion des ›Simplicissimus‹ begegnet war. Jugendliche Melusine damals, die mich, sehr unwissentlich, nicht wenig bezauberte, ist sie heute eine Frau von zugleich sanfter und stolzer Reife, mit ihrem schönen weißen norwegischen Gesicht, das die Björnson'schen Familienzüge unverkennbar zur Schau trägt. Ihr Salon ist ein Zentrum des Pariser Europäismus und politischer Fortgeschrittenheit.

Auch mit meinem berühmten Landsmann Dr. Alfred Kerr wechselte ich bei dieser Gelegenheit, beim Gange zu Tisch, einen kollegialen Gruß. Ein paar Zeitungen hatten es zum Kichern gefunden, daß wir hier zusammenträfen, denn wir könnten einander nicht riechen. Warum nicht gar? Kerr hat sich schriftstellerisch ausgiebig über mich lustig gemacht, ausgiebiger sogar, als ich wußte, denn jene unterrichteten Blätter führten Dinge an, die mir neu waren. Nun, zum Lachen geben wir alle mehr oder weniger Anlaß. Die Witze aber, die Kerr über mich oder meine Arbeit gemacht hat, hätten viel schlechter sein müssen, als sie mutmaßlich ohne Ausnahme gewesen sind, um mich seinem kritisch-lyrischen Talent zu entfremden, das zu schätzen, ja zu bewundern ich durchaus geschaffen bin. Man kommt nicht von Nietzsche und der Musik her, ohne mir zu gefallen. Daß Herr Kerr mich blöde findet, geht nicht ganz mit rechten Dingen zu; es sollte im geistigen Leben unerwiderte Sympathie überhaupt nicht geben, und ihr Vorkommen verwirrt meine Weltanschauung. Jedenfalls habe ich nicht den Charakter Gottes im Himmel, der fürchterlich wird, wenn man ihn nicht wiederliebt. Es ergriff mich, wie sehr Kerr an Wedekind erinnerte, als er antwortete: »Guten Abend! Wie geht es Ihnen?« Zugleich war mein Sinn für Humor sehr stark berührt. Denn es liegt natürlich Humor darin, wenn jemand, der uns fünf- bis sechsmal zu töten versucht hat, sich nach unserem Befinden erkundigt.

Der Blumenschmuck des riesigen Tisches war reizend. Ich hatte Mlle. Weiß, die Direktrice der ›Europe Nouvelle‹, zu meiner Rechten, und da auch Félix Bertaux, der den ›Tod in Venedig‹ so schön übersetzt hat, in der Nähe saß, hatte ich gute Unterhaltung. Das Diner von einer Ausführlichkeit, in Platten und Weinen, die bei uns kaum noch vorkommt. Die Wohlerhaltenheit der westeuropäischen Sitten war festzustellen. Nachher, während man Kaffee trank und rauchte, kamen eine Menge Menschen, Franzosen, Reichsdeutsche und Österreicher, Literatur, Politik, Frauen. Ich stand mit zwei jungen französischen Herren an einem Türpfeiler in oberflächlichem Gespräch. Der eine nannte den Namen Fabre-Luce. »Fabre-Luce? Er ist da?« fragte ich, um mich blickend. »Mais je suis Fabre-Luce«, sagte der andere lächelnd. – Ein Theatercoup. Ich hatte, wie gewöhnlich, den Namen bei der Vorstellung nicht aufgefaßt und begrüßte den Verfasser von ›La Victoire‹ überrascht und erfreut noch einmal. Er ist außerordentlich sympathisch. Eine zierliche

Erscheinung mit mageren, schönen Händen, ein kluger, dunkler Kopf mit Augen, die sich gerade beim Lächeln gern melancholisch verschleiern. Erinnert er in der Art, sich zu geben, nicht etwas an Hofmannsthal? Er hat ein wenig den Diplomaten gemacht, in London, wenn ich nicht irre. Nun schreibt er – durchaus nicht nur Politisches; auch als Gesellschaftsromancier wird man ihn hoffentlich in Deutschland einmal kennenlernen; seine Freunde rühmen ihn eifrig in dieser Eigenschaft. Wovon sie aber namentlich zu erzählen wissen, ist seine Intelligenz, von der ich übrigens Proben hatte. »Er bringt uns, glänzend formuliert, unsere Gedanken entgegen, während wir noch bemüht sind, sie zu fassen«, sagte einer. Er soll ehrgeizig sein. Das dürfte genügen, ihn ›weit gehen‹ zu lassen, wie man französisch sagt.

Mit Frobenius über seine häufigen Besuche in Doorn, bei Wilhelm II. Die Mischung aus Schnoddrigkeit, Abenteuerlichkeit und Genialität, die er darstellt, ist sehr merkwürdig. Ich kann gut verstehen, daß er und der Kaiser einander mögen. Seine Freundschaft für diesen hindert ihn, Ludwigs Buch zu goutieren oder nur zu lesen. Der Kaiser hängt sehr an ihm, sie unterhalten sich prachtvoll, und wenn der Geheimrat weg ist, fällt jener förmlich zusammen, langweilt sich, schreibt ihm Briefe, unterzeichnet »Ihr Schüler Wilhelm«.

Der Botschafter kam, etwas erhitzt, von einem langen Gespräch mit Painlevé über weitere Erleichterungen, Truppenreduzierungen am Rheine. Seufzen. Die Militärs, die Militärs! Die Sicherheit Frankreichs! Und schließlich hängt man an der ›Armée du Rhin‹ als Institution, das ist eine Sache, wohltuend zu sagen, glorios. Wir müssen Geduld üben und uns mittlerweile, zur Zerstreuung, die stolze Machtvollkommenheit unserer Zivilregierung vorstellen im Falle, daß Ludendorff gesiegt hätte. – Über Demokratie. Ich sagte, was jeder denkt, sie sei in gewissem Sinne ja heute eher ein Hindernis. »Wenn die Regierungen könnten, wie sie möchten, wenn sie feststünden, freier handeln dürften, nicht durch hundert demagogische Rücksichten gebunden wären und ihren Nationalisten um den Bart gehen müßten, so wären wir weiter. Was heute für Europa not täte, wäre die aufgeklärte Diktatur.« Theoretisch leugnete er das nicht gerade.

Zu Fuß nach Hause. Verirrten uns halb absichtlich ein wenig, um von der nächtlichen Stadt noch etwas zu sehen und Luft zu schöpfen.

DONNERSTAG, DEN 21. Natürlich ziemlich spät auf. Der Korrespondent des ›New York Herald‹. Es steht schlimm. Die Exklusivität der Veranstaltung von gestern nachmittag hat viel böses Blut gemacht. Schon ergangene Einladungen an die internationale Presse sind in dem Augenblick für nichtig erklärt worden, als man Gebrauch davon machen wollte; die Empfindlichkeit ist groß. »M. Thomas Mann a parlé à huis clos.« »Newspapermen excluded from Mann speech.« »Brüskierung der deutschen Rechtspresse!« Die Pariser Ausgabe des ›Herald‹ gibt, mit Überschriften, eine sehr komische und aufregende Schilderung von Szenen, die sich vor dem Carnegie-Hause abgespielt, von Zusammenrottungen der Presseleute, Protesten, Auseinandersetzungen mit der Kontrolle und selbst mit der Polizei. Professor Lichtenberger hat das Seine getan, um abzuwiegeln, die getroffenen Maßnahmen erklärt, ein Communiqué ausgegeben. Unglücklicherweise aber hatte man auch noch versprochen, daß ich um sieben Uhr für die Herren zu sprechen sein würde – während ich mich, notgedrungen, kurz nach sieben aus dem Staube gemacht und auch von der Zusicherung gar nichts gewußt hatte. Um einiges wiedergutzumachen, gab ich dem ›Herald‹-Mann ein Interview, katarrhalisch und mit unnatürlicher Geläufigkeit: über unser Verhältnis zu Rußland, über Poe, Whitman und O'Neill, damit er doch etwas zu kabeln habe.

Übrigens waren natürlich nicht alle Journalisten ausgeschlossen gewesen, weder rechte noch linke, und was ich von Presseäußerungen sah, war mehr als manierlich: so die Artikel des ›Matin‹ und des ›Journal des Débats‹. Sonderbarerweise stimmten mehrere, wie zum Beispiel der ›Éclair‹, in der Nachricht überein, das ›Berliner Tageblatt‹ habe vorhergesagt, ich würde bei dieser Gelegenheit eine gründliche Revision des Vertrages von Versailles veranstalten, und stellten erleichtert fest, daß man mir mit solcher Unterstellung unrecht getan und daß ich mich auf anderer Ebene gehalten. Es sei entschieden schade, daß ich nicht in voller Öffentlichkeit gesprochen hätte. –

Nach einigem Schlendern und Schauen frühstückten wir chez Prunier, Rue Dufot. Chez Prunier muß man gefrühstückt haben, es ist das Lokal à la mode, wiewohl sehr speziell. Eigentlich ist es ein Lokal für Nix und Neck, für Andersens kleine Seejungfrau; es gibt nichts als Meeresfrüchte. Privatautomobile vor der Tür, der kleine Raum gedrängt voll von Kaufenden und Speisenden. Auf den Auslagetischen ein submarines Schlaraffenland von Langusten, Austern, Kaviar und Seefischen. Auf dem Speisetischchen Schalen mit prachtvollen Krabben à discrétion. Ein Barbüfett, an welchem im Halbkreise Leute auf hohen Hockern sitzen und sich stärken, natürlich ebenfalls mit Fischigem. Wir fanden ein Tischchen zwischen Amerikanern, Japanern und Franzosen. Die Krabben, nebst fertig gebuttertem Pumpernikkel und Weißbrot, sind eine gute Unterhaltung, bis man seine Bouillabaisse erhält, ein mächtig schmackhaftes und so ausgiebiges Gericht, daß man danach nur noch Käse braucht, um doch auch etwas Nicht-Ozeanisches in den Magen zu bekommen.

Um vier Uhr, wie gestern, meldete das ängstliche Telephon M. Henri Lichtenberger. Das Programm dieses Nachmittags war dicht. Unser erster Besuch galt der ›Union pour la Vérité‹, die heute unter ihrem Gründer und Oberhaupt, Paul Desjardin, eine Sitzung hielt und uns erwartete. Ein schlichter Raum im Erdgeschoß eines Hauses der Rue Visconti. An den Wänden ein Bücherschrank und, einander gegenüber, die Porträts von Descartes und Beethoven. Ein langer Tisch, bedeckt mit Druckschriften und Papieren, an dem Desjardin präsidiert. Bänke und Stühle besetzt mit Zuhörern. Man hat den Eindruck eines Konventikels, der Versammlung einer Gemeinde von sanften Verschwörern zum Guten.

Bei unserem Eintritt vernehmen wir das ruhige Sprechen eines einzelnen. Es ist Graf Coudenhove-Kalergi, der im Angesichte des Vorsitzenden am Tische steht und seine Ideen entwikkelt. Man unterscheidet das Wort ›Europa‹. Während er endet, lassen wir uns, in der Nähe Desjardins, an freigelassenen Plätzen an der Schmalseite des Tisches nieder. Der Vorsitzende dankt für den Vortrag, wendet sich dann zu mir und redet mich mit Hilfe eines vorbereiteten Manuskriptes an, indem er seine Worte mit delikaten Handbewegungen begleitet. Ein grauer, geistvoller Apostelkopf, dessen Mischung aus Idealismus und Schalkheit sehr anziehend ist. Er spricht zugleich leicht und ernst, findet glückliche, humoristisch-ernste Wendungen zur Charakteristik meiner Arbeit, über die Einheit von Person und Produktion und kommt auf Deutschland und Frankreich, auf die in meinem Vortrage berührte ›Schuldfrage‹. Er äußert sich darüber mit all der Skepsis, all dem Willen zum Denken, zur Freiheit, zur Gerechtigkeit, all der Verachtung vulgärer Vereinfachungen, die ich in diesen Tagen, in dem Kreise, worin ich mich zu bewegen die Ehre hatte, auf Schritt und Tritt gefunden habe und die die typische Form des französischen Idealismus, das heißt der französischen intellektuellen Selbstachtung ist. Diese Skepsis und dieser reine Wille sind um so verdienstlicher, als sie all die Widerstände zu überwinden haben, die das sinnliche Erlebnis der Invasion und ihrer Schrecken einem freien, gleichsam unbeteiligten Urteil entgegenstellt. Sie erhalten dadurch in der Tat etwas geistig Asketisches, und dieser Einschlag von asketischer Selbst- und Sinnenüberwindung zu Ehren der Freiheit und Wahrheit, dem übrigens das Element der Heiterkeit und der Ironie nicht fehlt, mag wohl dazu beitragen, den Sitzungen der ›Union pour la Vérité‹ ihren frühchristlich-geistlichen, still-widersetzlichen Charakter zu geben. Wie über das Problem in höherer intellektueller Sphäre überhaupt und rein historisch gedacht wird, zeigt ein Aufsatz von Léon Bopp: ›Esquisse d'une conception psychologique de l'histoire‹, im letzten Heft der ›Nouvelle Revue Française‹. »Für einige«, heißt es da, »ist die Französische Revolution ›die Ursache‹ der Invasionen, denen Frankreich unterworfen war. Für andere ist im Gegenteil Deutschland für diese Invasionen verantwortlich zu machen. Das ist ungefähr, als ob ich mich um die folgende Frage zanken wollte: Wenn ich zwei ungleiche Gewichte in die Schalen einer Waage lege – ist es das leichtere, das die Schale, in der es liegt, veranlaßt, emporzusteigen, oder ist es im Gegenteil das schwerere, das die seinige sinken läßt?«

Um der Schuldfrage irgendwie ernsthaft gerecht zu werden, meinte Desjardin, genüge es natürlich nicht, sich an die Tage oder auch Jahre vor Kriegsausbruch zu halten. Man müsse weiter zurückgehen, immer weiter, bis hinter Napoleon I. – und wo solle man haltmachen? – Das ist das Zerdenken der Dinge, das zur Freiheit führt, zur *Melancholie* der Freiheit, welche die Atmosphäre der Versöhnung ist.

Auch ich sollte nun sprechen. Desjardin lud mich ein dazu, mit dem Hinzufügen, ich möge es doch ja in meiner Sprache tun. Los also, wenn es gilt, so gilt es. Vorbereitet auf gar nichts, brauchte ich nicht zu besorgen, einen Faden zu verlieren, den ich nicht hatte. Mit gefalteten Händen an meinem Platze, tat ich sieben oder acht Minuten lang wohl eigentlich das, was der Deutsche ›quatschen‹ nennt, aber es wurde freundlich aufgenommen. Mitten im schamvergessensten Improvisieren fiel ein geliebtes Wort mir ein, das Goethe unter seine ›Maximen und Reflexionen‹ aufgenommen hat, das Wort des Johannes Secundus: »Vis suprema formae.« Dies variierte ich etwas, aber auf so verquatschte Weise, daß ich fürchterlich beschämt war, als, da ich entschieden die Stimme gesenkt und mich zurückgelehnt hatte, zum Zeichen, daß ich nun bestimmt nicht weiter zu quatschen gedächte, ein sanfter junger Mensch sich erhob und vortrug: Man habe wohl verstanden, aber vielleicht doch nicht so genau, so Wort für Wort, als der Wert und die Wichtigkeit dessen, was ich gesagt, es erforderten, und so beantrage er die Übersetzung. Was sollte ich machen? Man applaudierte ihm. Und so mußte ich meine Schamentwöhntheiten auch noch auf französisch wiederhören von einem, der sie mitstenographiert hatte, dem jungen Boucher, Lieblingsschüler Lichtenbergers, hervorragend begabt, zu Besserem geschaffen. Man nickte billigend zu unseren Worten. Eine kleine Unterhaltung entspann sich. Ich bekam Schriften eingehändigt, Hefte der ›Correspondance de l'Union pour la Vérité‹, darunter mehreres, was sich auf die deutsch-französischen Beziehungen bezog, Stimmen d'Outre-Rhin, eine Broschüre, die mit Äußerungen von Ernst Robert Curtius und Keyserling einen klug kommentierten Auszug aus meinem Aufsatz ›Von deutscher Republik‹ vereinigte.

Charles Du Bos hatte der Sitzung angewohnt. Mit ihm und Lichtenberger gingen wir fort, der nächsten Nummer entgegen, einer Begrüßung durch die ›Union Intellectuelle Française‹. Vorher aber war Zeit, eine kleine Stärkung zu sich zu nehmen, und während Du Bos voranging, um in der Union nach dem Rechten zu sehen, ließen wir uns mit Lichtenberger auf ein Viertelstündchen vor einem kleinen Café nieder. *Vor* einem Café, sage ich, au cœur de l'hiver, in Dunkelheit, Nässe und Kälte. Das wird durch die beifallswürdige Einrichtung der auf dem Trottoir zwischen den Tischchen aufgestellten Metallkörbe mit glühenden Kohlen ermöglicht, deren Wärmeausstrahlung man mit spanischen Wänden zusammenhält. Man sitzt ausgezeichnet, genießt seinen Tee und seine Brioches in frischer Luft und sieht der Straße zu. Auch den Rest des nicht weitläufigen Weges zum Hause der Carnegie-Stiftung, wo die Versammlung stattfinden sollte, legten wir zu Fuße zurück.

Es ist ein Privatpalais aus dem achtzehnten Jahrhundert, vor zwei Jahren von der Stiftung gekauft. Schauplatz war ein Saal des Erdgeschosses, größer als der, in dem ich gestern gesprochen. Nach einigem Warten in einem Vorraum beschritt ich mit Bertaux, Boucher, Du Bos und Lichtenberger das Podium, wo wir uns, hinter dem Tisch, in einer Reihe niederließen, deren Mitte ich hielt. Die Veranstaltung war dicht besucht; vielleicht waren manche gekommen, die zu der gestrigen keinen Zutritt gefunden.

Nach kurzer Einleitung Lichtenbergers erhob Félix Bertaux sich als erster Redner. Er plauderte frei, geübt und fließend. Seine heitere Häßlichkeit wird noch anziehender beim Sprechen durch sein Lächeln, dies französische Lächeln einer geisterhellten Bonhomie, das wir nie nachahmen werden, und die anmutige Natur der Geste, die ebenfalls vielleicht mehr eine nationale als eine persönliche Qualität ist. Geben wir zu, daß wir dergleichen weder haben noch machen können, wie diese erste Anrede gleich: »Mesdames, Messieurs... (Wendung) et vous, Monsieur, dont nous fêtons ici la bienvenue...« Es ist sehr gut, daß es das gibt, auch wenn wir es nicht besitzen.

Bertaux erzählt aufs freundlichste von einem Besuch bei mir zu Hause, in München. Er spricht von dem alten Hause in Lübeck, wo nun die Buchhandlung ist. Er tut, halt, halt, einen Sprung und kommt auf ein weiteres Haus, in Frankfurt, am Hirschgraben. Halt, zügelloser Causeur! Aber da ich seiner Behendigkeit nicht gebieten kann, versinke ich, während er seine Assoziationen weiterspinnt, in eigene Frankfurter Träume, Erinnerungen an das Haus, an die Stimmung seiner Räume und Treppen, die kindheitlich-märchenhafte Vertrautheit seiner Atmosphäre, die Erschütterung durch soziales Wiedererkennen, die ich, ohne meinen Empfindungen Halt zu gebieten, erprobte, als auch ich mich eines Tages dort umsah... Vertrautheit, Liebe, Verwandtschaft? Haben nicht Menschenkinder Götter und Halbgötter ihre Verwandten und Ahnen geheißen? Hat nicht Stifter gesagt, er sei kein Goethe, aber er sei einer von seiner Verwandtschaft? Bin ich noch gegen Stifter ein Nichts, oder bin ich so viel gegen ihn, daß auch ich in vertieften Stunden Familiensinn pflegen darf? Ist dies nicht eine vertiefte, eine erhöhte Stunde, hier, mitten in der Hauptstadt des ›Erbfeindes‹, angesichts eines fremdländischen Publikums, zwischen Männern, welche, in ihrer Sprache, dieser französischen Sprache, deren analytische Tradition und Kultur unter den europäischen Sprachen ohne Beispiel ist, im Geiste der Freundschaft meine Existenz erörtern? –

Bertaux spricht von gesellschaftlichen Wurzeln, von städtisch-bürgerlicher Überlieferung, von deutschem Republikanismus. Der Franzose sei geneigt, zu denken, die deutsche Bourgeoisie sei von gestern, parvenue, ohne kulturelle und politische Überlieferung. In Wirklichkeit sei sie so alt wie die französische; ihre Tradition reiche in die Hansa, in Dürers Nürnberg zurück, und das Kaiserreich habe dem Franzosen den Blick auf die Tatsache verdeckt, daß es in Deutschland von jeher eine Menge Autonomie, Demokratie, Freiheit gegeben habe, auch auf die, daß der deutschen Bürgerlichkeit bei allem Kulturkonservativismus ein revolutionärer Zug eigen sei, der sich ganz einfach aus seiner Tüchtigkeit, seinem schöpferischen Sinn, seiner Verbundenheit mit dem Leben und der Zukunft ergebe und von jeher bewirkt habe, daß Deutschland der erstaunten Welt alle hundert, ja alle fünfzig Jahre ein völlig neues Gesicht zeige, ihm in der Charakterbeharrung eine physiognomische Versatilität verleihe, vor der die anderen Völker ungläubig ständen. Man müsse aber Deutschland sein neues Gesicht jeweils glauben, meint er; es sei sein wahres, ob auch ein wieder neues. Und da habe er nun große Lust, auf eine andere Form der Revolution zu sprechen zu kommen, auf eine, die die bürgerliche Überlieferung auf einen höheren Plan erhebe: Das sei der künstlerische Geist, »dont chaque poussée est une révolution«. Jeder Künstler müsse aus seiner Tradition, welche immer es sei, heraustreten und ihr ein neues Wollen, ein anderes Leben einflößen. Das sei etwas, was der Ironie dieses Gastes hier zuweilen als eine Gefahr erschienen sei, als eine Bedrohung für die Festigkeit des Überlieferungsbaues... Aber hier weitergehen, hieße, anderen ins Gehege kommen, die sich vorgesetzt hätten, davon zu sprechen. »Nous avons hâte d'entendre ce qu'ils en diront.«

Die Zuhörer spenden Beifall. Auf steht Herr Maurice Boucher, zu meiner Linken, Philolog, Essayist und Dichter. Er ist groß und blond, und ich denke, was das ist, der nationale Stempel. Wie fängt man es an, so groß und blond zu sein und dabei das Gepräge des Franzosentums in keinem Zuge zu verleugnen? – Er liest. Seine Rede ist literarisch ausgearbeitet, gedanklich schwieriger und delikater als die Improvisation seines Vorgängers. Es scheint, daß der junge homme de lettres sich bei dieser Gelegenheit ein wenig die kritischen Sporen verdient. Man ist sehr aufmerksam. Man entdeckt ein neues Talent. Sein Ausdruck weist jene Vereinigung von Präzision und Tiefe auf, durch die der geborene Essayist sich kundgibt und der man durch Übersetzung immer zu nahe tritt. »Einen Schriftsteller«, sagt er, »begrüßen wir in Ihnen. Und mit diesem Wort verbindet sich uns der Begriff einer Dienstlichkeit und einer Größe, welche die Grenzen aufheben im Kultus derselben Vornehmheit und im Tragen derselben Sklaverei. Zwischen allen Menschen, die sich mühen, ihren Gedanken eine Form zu geben, besteht eine internationale und berufliche Solidarität, wie sie alle Arbeiter, die ähnlichen Arbeiten unterworfen sind, eint und verbindet.« – Wie gut, mein fremder Freund! Mitten im Kriege habe ich aus tiefstem Gefühl diesen Gedanken hinausgerufen: in den ›Betrachtungen‹, von denen Sie schon auch noch sprechen werden. – Vorerst spricht Boucher von der deutschen Sprache, »einer der reichsten, vornehmsten und biegsamsten, die es gibt«, und von meinem Verhältnis zu ihr. Mit Präzision und Tiefe sagt er Dinge, die für mich auf deutsch recht schwer in guter Haltung anzuhören wären und die durch den Schleier der fremden Sprache erträglich werden, wie dem guten Hans Castorp ein gewisses radikales Gespräch im ›Zauberberg‹. Der Redner kommt schon darauf. Er sagt, ich irrte mit der Erklärung, meine Romane seien ins Französische nicht übersetzbar, weil sie monströs wirken würden. Er müsse mich gegen mich selbst in Schutz nehmen oder eigentlich die französische Form gegen gewisse Vorurteile. Er glaube nicht, daß irgendeins meiner Bücher, wenn es gelänge, Impuls und Ton festzuhalten, dem französischen Leser formlos erscheinen würde. Hier walte wohl ein Mißverständnis. Unter demjenigen formalen Gesichtspunkt, den man dem lateinisch-französischen Urteil zuschreibe, seien die ›Odyssee‹, die ›Äneis‹, ›Don Quichotte‹, ›Pantagruel‹ und ›Candide‹ ohne Form. »Was wir Form nennen, heute mehr als früher, das ist keine so enge Tyrannei, keine so begrenzte Landschaft. Es hat mehr Ähnlichkeit mit der Art eines Reisenden, seine Zeit besonnen zu verwenden, seine Muße richtig auszunutzen, und wenn sie endgültige Entscheidung bedeutet, diese Form, so steht sie doch zur Beweglichkeit in keinem feindlicheren Verhältnis als die Erinnerung zum Leben.« – Ich mache Sie aufmerksam, lieber Freund, daß die Neigung der modernen

Ästhetik, die Gesetze aus den Werken abzuleiten, statt die Werke an den Gesetzen zu messen, anarchisch und gefährlich ist und daß, wenn Sie unter dem Vorgeben, die französische Form zu definieren, mit der größten Genauigkeit und Tiefe die meine bestimmen, es natürlich keinen Streit zwischen uns geben kann.

Wer das Vorige gesagt hat, wird mehr Gutes sagen, und er tut es, indem er von den Vorzügen der Hypochondrie, der Grübelei, des antithetischen Zweifels spricht. »Hat Schiller nicht die Schönheit zweigeteilt, einzig und allein, um seinen Anteil davon zurückfordern zu können?« Und nun wolle es scheinen, als besitze in glücklicheren Fällen einer nicht nur die Hälfte der ›Schönheit‹, nicht nur die ›Natur‹ oder den ›Geist‹ – sondern auch noch ein Viertel des anderen dazu. Geheimnisvoll, wie Geistiges zuweilen nicht anders als exakt und notwendig an seinem Platz steht, mit dem Sinn und der Kraft des Naiven und Plastischen! Umgekehrt mag man einen Schriftsteller naiv nennen, der die Menschen, seine Menschen sieht und nimmt, wie sie sind, ohne sie durch Interpretation zu entstellen. Wenn sie aber so gewählt werden, daß aus ihren Begegnungen gewisse und gewünschte ideelle Konflikte erwachsen, so ist das zugleich etwas anderes: ein Ineinander, das man geschickt nennen kann oder auch glücklich – nur zeigt es eben, daß weder zuviel Unmittelbarkeit noch zuviel Gedanklichkeit das Wahre ist und daß Form nur dies ist: Lebenstreue, beherrscht von dem Willen, zu wählen und zu ordnen.

Wackerer junger Mann. Ich habe es gut heute. Nie ist mir ähnlich nach dem Munde geredet worden. Alles Detail ist langweilig, ohne ideelle Transparenz. Kunst ist Leben im Licht des Gedankens. Sind wir einig? Ich höre Sie sagen, daß diese Settembrini, Naphta, Peeperkorn, Chauchat nicht Puppen und Doktrinen sind, sondern Arten zu sein, nicht nur individuelle, sondern die ganzer Völker. Ich höre Sie hinzufügen, daß man in Frankreich die ›Betrachtungen eines Unpolitischen‹ besser versteht, seit man den ›Zauberberg‹ kennt, und ich bin glücklich, weil ich dem Gefühl unterliege, das vielleicht eine Täuschung ist, daß, wo die Künstler sich verstehen, auch die Völker einander verstehen müssen.

Ach, Deutschland und Frankreich. Während ich die ›Betrachtungen‹ schrieb, hielt dieser junge Franzose, so erzählt er, unter den Truppen seines Landes das ab, was man damals drüben ›des conférences morales‹ nannte. Der eine verteidigte die ›Kultur‹, der andere die ›Zivilisation‹. Und nun? Wenn ich ›Kultur‹ nicht als ein System von Phrasen gedeutet wissen wolle; wenn ich dafürhielte, sie sei eine Besitzergreifung des Wirklichen durch Klarsicht und Einfühlung; wenn ich die Humanität dort suchte, wo die Ideen bis ins einzelne durchsichtig sind; wenn ich leugnete, daß der Geist eine logische Form sei und daß er je durch große Redensarten in Fesseln geschlagen werden könne; wenn mein Sinn zugleich auf das Ewige und auf die Vernunft gerichtet sei; wenn ich im Menschen nicht nur ein soziales oder nur ein mystisches Wesen sähe, nicht den Handwerker dialektischer und lebensfremder Konstruktionen, sondern eine Persönlichkeit, ein ganzes Bündel abgestufter Gefühle also, ein Gemisch von Abhängigkeit und Selbstbestimmung, und wenn ich endlich glaubte, daß sein Rang einzig und allein durch die Höhe seiner Seele bestimmt werde: so bitte er mich denn, nicht allzu sehr zu erstaunen, wenn er mir sage, daß dies ganz genau das sei, was er und die Seinen unter dem Namen der Zivilisation verstünden.

»Wir haben das Unglück gehabt«, sagt er, »unser Gewissen erforschen zu müssen in einem Augenblick, wo Geschichte mit den Kräften der Zerstörung gemacht wurde. Die Mißverständnisse entstehen aus dem Geiste der Verneinung. Jedes geistige System hat seinen Schwerpunkt, und die Schwerpunkte decken sich nicht nur nicht von Volk zu Volk, sondern ich bin sogar sicher, daß sie sich nicht einmal in den Individuen eines und desselben Volkes decken ... Für jede Sache gibt es einen streitbaren Ausdruck und einen der Sympathie. Ich glaube, daß derjenige der Sympathie stets das größere Wahrheitsgewicht hat, aber es gibt Stunden, wo wir nicht frei sind, ihn zu wählen. Mir ist, als seien wir nicht freier vor uns selber, als sei es unser tiefstes Gewissen, das Gesetz unseres Idealismus, das uns anhält, das, was uns teuer ist, auf verneinende Art zu umschreiben, um es desto stärker zu bejahen.«

Die kritischen Sporen, junger Mann, die Sporen der Moralisten, hier sind sie! Ich habe den Eindruck, daß niemand in diesem Saal sie Ihnen verweigern wird, und wenn es nach mir geht –

»Ist es nicht auffallend, daß ein Franzose die symbolischen Figuren Bouvards und Pécuchets geschaffen hat? Wir wollen nicht von Nietzsche reden, aber es war Goethe selbst, der dem Famulus des Faust die Züge geliehen hat, die man in Frankreich gern mit der Vorstellung des deutschen Gelehrten verbindet. Das bedeutet erstens, daß keins der beiden Völker blind ist für seine Fehler. Aber zweitens bedeutet es, daß man das Charakterbild der Völker, zum mindesten in seiner vulgären Gestalt, einer Revision unterwerfen muß. Immer wird es Mißhelligkeiten geben, solange wir der Konvention mehr Glauben schenken als der Wirklichkeit. Mitten im Kriege haben Sie, mein Herr, das Wort gesprochen: ›Ich liebe überhaupt nicht das Beschuldigen.‹« (Er sagt es auf deutsch, mit feiner und doch schwerer Zunge; es ist rührend zu hören.) »Im Schutz dieses Wortes möchte ich schließen. Gibt es zwischen gewissen Völkern unvereinbare Gegensätze? Vielleicht. Aber ganz sicher sind es gerade die wesentlichen Tugenden Frankreichs und Deutschlands, die sich vereinigen lassen. Wenn die Musik das vollkommenste Symbol tiefster Neigungen der Seele ist – in welchem fremden Lande hat die deutsche Musik mehr Widerhall gefunden als bei uns? Träumen wir nicht von ewiger Harmonie, seien wir nicht Ideologen! Die Harmonie ist nur ein elementares Stadium der Musik; sie selbst ist etwas anderes und Größeres. Versuchen wir ein musikalisches Reich des Lebens, des abendländischen Lebens zum mindesten, zu errichten! Verbinden wir den Sinn für das Individuelle mit dem für die Notwendigkeit höherer Ordnungen! Vielleicht gelangen wir dazu, die Kräfte des Lebens und die Gaben der Klarheit, die unser sind, im selben Zeichen zu vereinen, eine Nachbarschaft zu suchen, die bereichert, eine Gegensätzlichkeit, die bestätigt und erhöht, – den Einklang von Freiheit und Abhängigkeit. Ist es nicht dies, was wir beide wahrhaft menschliche Kultur nennen? Ihre Anwesenheit hilft uns, ihre Verwirklichung zu erhoffen.«

Anhaltender Beifall. Es ist Charles Du Bos, der nun das Wort hat, am rechten Flügel unserer Front, mit seinem schwarzen, bauschigen Franzosenschnurrbart, seinem schweren, rasierten Kinn und seinen gefühlvollen dunklen Augen, die oft, etwa beim Händedruck, mit einer gewissen Inbrunst von unten blikken. Seine Rede hat etwas Gehobenes, Musikalisch-Pathetisches, etwas fast Priesterliches. Ich glaube, daß dieser Mann fromm ist, zum geistigen Katholisieren neigt. Soeben las ich von ihm in der ›Nouvelle Revue Française‹ eine Studie über Rivière, die ›Sur l'humilité féconde‹ betitelt war und durch ihre Christlichkeit einen gewissen Anstoß erregt hat. Er ist aber ein großer Verehrer Nietzsche's. Überhaupt hat er dem deutschen Wesen ein tiefes Studium gewidmet, hat unter uns gelebt. Er erzählt vom vorkriegerischen Berlin, von seinem Berlin, das das Berlin Simmels und Dilthey's, Wölfflins, Reinhold Lepsius' und Liebermanns war; von einer Vorlesung, die ich damals, vor zweiundzwanzig Jahren, dort hielt und der er, der junge Ausländer, beigewohnt habe. Er spricht vom ›Tonio Kröger‹, vom ›Tod in Venedig‹; und indem er – gehobenen und schwingenden Wortes – auf die Erforschung der Anomalie eingeht, die in der Tatsache des Künstlertums beschlossen liege, bewährt er den hier herrschenden Willen, zu verbinden, Beziehungen herzustellen, Verwandtschaften aufzuweisen. Er ist an Flaubert erinnert, an Henry James, an Valéry. Er spricht das schöne Wort von dem »Stolze, nie zufrieden zu sein«, der mich mit letzterem verbinde; von der Liebe zum Meer, die mich ebenfalls dem Autor des ›Cimetière marin‹ verwandt erscheinen lasse. Es hieß, daß Paul Valéry, de l'Académie Française, sich unter den Zuhörern befunden habe. Nun, laut hat er nicht protestiert...

Nichts fehlte, als daß auf Barrès die Rede kam, und schon fiel der Name. Wie gesagt, ich hatte es gut heute. An wen erinnerte ich nicht alles. Einigen Franzosen ist aufgefallen, daß ich Barrès gern zitiere. Man sollte das bei uns schon darum recht häufig tun, um zu zeigen, daß der deutsche Nationalismus, der, wie neulich geistreich ausgeführt worden, seine geistigen Wurzeln in der Heidelberger Romantik hat, mit all seiner ›chthonischen‹ Religiosität, seiner Veneration von Nacht, Tod, Boden, Geschichte, Volk durchaus nichts spezifisch Deutsches ist, sondern so europäisch, so ›international‹ wie nur irgendein lichtfreundlicherer Gegenwille, und daß er sich, ein wenig spanisch eingefärbt, bei dem Begründer der Patriotenliga und Schöpfer des esprit nouveau von vor dem Kriege in seiner ganzen düsteren Sinnigkeit schon einmal findet.

Wie gut und voller Ergriffenheit liest dieser Schriftsteller, gegen den ich mich in meinem Stuhle rechtshin wende, zuweilen tief aus seinem Manuskript herausblickend, von der Tragik des Mannes, der wohl wußte, daß es Krankheiten gibt, die man gehabt haben muß, um über das Leben mitreden zu dürfen, der seinen ›Durchbruch‹ aus dem Ästhetizismus zum Leben bewerkstelligte, so gut es ihm eben gelingen wollte, der immer höhere Plane suchte, jedoch zerstört wurde, bevor er zum Ziele gelangte, zum Ufer der Sympathie ... »Oh la profonde parole, et qui vous échappe avec la plénitude de simplicité de ces vérités dernières qui, parce qu'elles remontent du plus intime de l'expérience vécue, viennent enrichir à jamais notre trésor spirituel. Es gibt keines, gerade in diesem Augenblick, das besser das zentrale Gefühl ausdrückte, welches uns beseelt: Vom Tode wissen und dem Leben Freundschaft erweisen – Sie haben uns die Devise geboten, die für uns gelte, wie für Sie.«

Es war zu Ende. Lichtenberger flüsterte mir etwas ins Ohr von zwei Worten, die vielleicht zu sagen wären, pour terminer. Was tun? Was antworten auf diesen Katarakt empfundener Galanterie? Bereitwillig sprang ich auf und sagte das Notwendigste. Offen gestanden, ich sagte sogar, bewegt, wie ich war, ein Wörtchen zuviel. Die Zunge glitt mir aus; es war der einzige Augenblick, wo die Hüter unserer Würde daheim Grund gehabt hätten, zu zetern. Von Vertretern einer Literatur, der meine Bildung so viel verdanke, den bescheidenen Beitrag meines Lebens so geistvoll-freundwillig gewertet zu sehen, das hätte ich, sagte ich maßloserweise, als ›den‹ Höhepunkt meines Lebens empfunden. Ich hätte sagen müssen: als ›einen‹ Höhepunkt, zumal ich durchaus nicht sicher bin, wo er gelegen ist, der wirkliche, von augenblicklicher Dankbarkeit unabhängige Höhepunkt, wahrscheinlich nicht in einem öffentlichen Saale – im nächsten Augenblick sah ich das ein. Zu spät, das Wort war entschlüpft, die ›Kniebeuge‹ geschehen.

Man sehe nun aber diese Franzosen an! Takt haben sie, das muß man ihnen lassen. Boucher, als Dolmetsch, verbesserte mich. Er übersetzte ungenau und mit Geschmack, er setzte den unbestimmten Artikel, sagte ›un‹ des sommets. –

Für jetzt verabschiedete man sich. Auch wenn wir zu Fuß gingen, würden wir rechtzeitig zu dem Diner umgekleidet sein, das die Union uns heute abend im Cercle Volney gab. Das Gebrodel der Straßen war toll um diese Stunde. Die Aufgabe, einen Fahrdamm zu überschreiten, bot mehr als einmal den Aspekt ewiger Hoffnungslosigkeit. Gelange mit List bis zur Mitte – dann ist der Gegenstrom so dicht, daß du angewurzelt zwischen Tod und Verderben stehst, auf schmalster Plattform, und weder vorwärts noch rückwärts kannst. Wie tröstlich wirkt in solcher Lage der Anblick des Schutzmannes, der hier, mitten im Leben, seinen dienstlichen Stand hat, fatalistisch, doch unerschütterlich im leichten Regen, in seiner Kapuze, wie der, den Crainquebille ›Polyp‹ schimpft, um ins Loch zu kommen. Man tritt an seine Seite, man blickt zu ihm auf wie zu einem Vater. So tat meine Gefährtin, und es war gut, wie er mit einem kleinen ruhigen, müden und väterlichen Scherz zu ihr sagte: »Vous restez encore ma prisonnière.« Und dann: »Passez!«

Der Straßenportier des ›Palais d'Orsay‹ (mit dem großen Schirm) ruft uns den Wagen. »Rue des Capucines!« Wir fahren ziemlich lange herum, dann halten wir – augenscheinlich nicht am Ziel, Rue des Italiens, wie sich zeigt. Es ist ein Kreuz mit diesen ausländischen Chauffeuren. Gott weiß, was der unsrige hier für ein Landsmann ist, aber in Paris weiß er nicht besser Bescheid als wir. Von einer Kapuzinerstraße hat er sichtlich noch nicht gehört. Seine einzige Entschuldigung bleibt, daß er so billig ist, so daß es in dieser Hinsicht nichts ausmacht, daß er einige Zeit suchen muß. Aber wir kommen etwas zu spät; die Gesellschaft wartet vollzählig.

Es ist ein Klublokal, ich glaube ein amerikanisches, wo die ›Union Intellectuelle‹ uns den Tisch bereitet hat. Der Mathematiker Émile Borel ist da, ehemals Marineminister, jetzt Deputierter, dessen Gattin, die Romanschriftstellerin Camille Marbo, die ich zu Tische führe. Ferner Langevin, der Physiker, der soeben nationalistischen Feindseligkeiten ausgesetzt gewesen ist, da er eine deutsche Gelehrte, das Fräulein Rotten, in seinem Institut hat sprechen lassen; der Dichter François Mauriac, dessen Werke erregende Titel tragen: ›Génitrix‹, ›Le désert de la volupté‹, ›La chair et le sang‹ und über dessen großes Talent André Germain in seinem neuesten Buch sehr fein gehandelt hat; Pierre Viénot ferner, Schriftsteller und Diplomat (er wird zur Botschaft in Berlin abgehen, wie ich höre, und man las kürzlich von ihm in der ›Revue de Genève‹ einen Aufsatz voll kluger Beobachtungen: ›République allemande et Allemagne nationale‹. Übrigens erhielt er einen gefährlichen Halsschuß im Kriege). Fabre-Luce, Boucher mit seiner Frau, Dr. Zifferer, Du Bos, Lichtenberger und andere mehr. Das Abendessen war zwanglos. Nicht einmal alle waren im Dinnerjacket erschienen. Während der Mahlzeit sprach Borel, mir gegenüber, im Sitzen einige Worte der Begrüßung, auf die ich nicht zu antworten brauchte. Wie angenehm, daß es zum Nachtisch immer ein paar Gläser Champagner gibt – erfreulich und bekömmlich. Die guten Dinge sind ja wohlfeil hier: Die Weine und Liköre, die feinen Seifen und Toilettewässer, die feinen Käse. Am Ende hat es etwas auf sich mit dem ›Leben wie Gott in Frankreich‹.

Bei der Zigarre unterhielt ich mich ausgezeichnet mit Fabre-Luce und Boucher. Ersterer sagte:

»Sehen Sie, die Alliierten hatten zweifellos ein viel größeres Interesse an der Erhaltung des Weltzustandes als Deutschland. Hier spielte das Dynamische eine ungleich größere Rolle. So verschiebt sich die Schuldfrage auf eine andere Ebene. Die Alliierten hatten es leichter, moralisch zu sein, als Deutschland.«

»Sie werden recht haben«, antwortete ich. »Wir haben diese durch die Verhältnisse gegebene Ungerechtigkeit sehr tief empfunden. Es ist die Rede davon in dem Buch, das ihr ›Considérations d'un non-politique‹ nennt und das euch arg skandalisiert hat. Glauben Sie mir, dies Buch war durchaus nicht bös gemeint.« (Heiterkeit, »Ah, non, évidemment!«) »Sein Antrieb war tatsächlich nicht politischer, sondern rein geistiger Art; es war der Protest gegen die moralische Weltvereinfachung durch die demokratische Tugendpropaganda.«

Sie zeigten unbedingtes Verständnis. Die Folge sei, erwiderte Fabre-Luce, daß das Buch sich hauptsächlich gegen den Geist der französischen Linken, den bürgerlichen Radikalismus, den Geist der Revolution richte, und dies sei eben die Schwierigkeit, daß in der Tat gerade die bürgerliche Linke seines Landes, deren natürliche politische Rolle doch die Förderung des Friedens sei, dem ideellen Deutschtum am feindlichsten gegenüberstehe.

Glänzend bemerkt. Aber erstens meinte ich, daß, wie ich gestern zu sagen versucht hätte, die Wiederannäherung des deutschen Denkens an das westeuropäische durchaus eine geistige Möglichkeit sei – die geistigen Möglichkeiten seien in Deutschland sehr umfangreich, das ideelle Deutschtum etwas sehr Bewegliches. Das ›Zweitens‹ aber und das ›Andererseits‹ müsse man der allgemeinen Weltrevolutionierung überlassen, die im Gange sei und ausgleichend wirken müsse, der – in der Literatur so deutlichen – Unterminierung des bürgerlichen, des klassischen, des konservativ-revolutionären Frankreich, als dessen politischen Exponenten man etwa den Typus Poincaré betrachten könne, durch die Kräfte des Neuen, östlich-proletarische Kräfte, die in gewissem Sinn die Europäisierung Frankreichs betrieben.

Das klassische Frankreich ... Es war klar, daß von meinen beiden Unterrednern der Philolog, der Historiker, Boucher also, am meisten daran hing. »Ah, es lebt, es lebt noch, das klassische Frankreich!« – Von seiner Richtigkeit abgesehen – wie verständlich der Widerspruch war! Genau, als wollte man einem deutschen Professor erklären: »Das romantische Deutschland ist erledigt.«

Das Gespräch ging weiter. Ich erinnere mich an einen Augenblick naiven Entzückens, wo ich ausbrach:

»Ach, ich bin wirklich zufrieden darüber, wie gut wir einander verstehen!«

»Sie haben daran gezweifelt?« fragten sie lächelnd.

Ich war voller Vertrauen. Ich sagte, auch vor Franzosen dürfe man aussprechen, daß der Erfolg der Separationsbewegung im Rheinland ein großes Unglück gewesen wäre. Es wäre nicht beim Rheinland geblieben ... Und der Zerfall des Reiches hätte die Vertagung der Konsolidierung Europas ins Unabsehbare bedeutet. Über die nationale Rolle der deutschen Sozialdemokratie. Bestes Einvernehmen.

Dieser Kontakt mit den französischen Kollegen hat für mich etwas wirklich Herzerwärmendes. Warum habe ich in keinem anderen Auslande bei ähnlichen Gelegenheiten eine solche Genugtuung empfunden? Natürlich handelt es sich um eine Verstärkung des Gefühls durch Überpersönliches, um die Ahnung, daß, wenn das tiefnachbarliche Verhältnis der beiden durch Haß verbundenen Völker sein Vorzeichen änderte, die Welt ein anderes Gesicht erhalten würde und, wer fischen wollte, es fortan im *Klaren* tun müßte. Daher, aus dem Gefühl einer Spannung, die ihren Sinn verändern könnte, dieses privaten Fädchenspinnens fast erotischer Reiz, dem vielleicht auf der anderen Seite ein ähnlich ›hochverräterischer‹ Kitzel entspricht. Alles ist möglich in dem Augenblick, wo der Hegemoniegedanke dahinfällt und der eines freigeordneten Europas – man nennt ihn den ›demokratischen‹ Gedanken – dafür eintritt. Sind wir so weit oder nicht?

FREITAG, DEN 22. Nie im Leben vergesse ich Mr. Marcus Aurelius Goodrich, ›Chicago Tribune‹, von heute morgen. Er hatte doch Konkurrenz, es ging hoch her, das Telephon klingelte und wimmerte nicht wenig, doch Marcus Aurelius schlug alles weit und breit – es war mir dergleichen an monumentaler Kindlichkeit und Fröhlichkeit, an sieghafter Rassenfrische überhaupt noch nicht vorgekommen. Ach ja, die Völker, die Menschenarten, die Typen der Welt! Es ist etwas für mich, ich weite mich, schaue und heiße gut. Zu den französischen Figuren und Figürchen dieser Tage bildete Marc Aurel den wunderbarsten Kontrast. Hallo und How are you und Athletenschultern und ein blendendes Gebiß in dem ausgezeichnet geschnittenen, rasierten, ausgeschlafenen Gesicht mit den keltischen hellgrauen Augen unter dem modisch glatt aus der Stirn zurückgestrichenen Haar, und in den kurzfingerigen, naiven und festen Händen der Stock, unter dessen Beinknopf eine Lederschleife durchgezogen ist. Und sich hingesetzt und losgeredet und -gelacht mit seinen vehementen angelsächsischen Bubenakzenten – he *is* too glad and he would so *very* much like to know – und *Fragen* gestellt ... »Was fühlen Sie, wenn Sie auf Ihr Leben zurückblicken!!« Und Ausbrüche strahlender Bewunderung über das Allerbescheidenste an Antwort. Und die story da, that lovely thing, you know, Death in Venice, please, tell me something about it! – Im Stil, meinte ich scheu, habe die Geschichte im Gegensatz zu anderen Dingen eher vielleicht was Lateinisches. »I see!« rief er strahlend. *»Boccaccio!«* – Und wie er lachte, als sich das übliche störende Rumoren und Stochern in der Dampfheizung, neben der wir saßen, durch Manipulieren am Schraubrädchen nur bedeutend verschlimmerte! Dies Schuljungengaudium! Der Sinn für Humor bleibt der oberste Vorteil dieser Rasse und wird nie aufhören, mich ihr zu verbinden ... Kurz, Goodrich war eine Erfrischung ersten Ranges. Der weinblonde kleine Deutsch-Italiener, Isenburg, obgleich Übersetzer des ›Tonio Kröger‹ und sonst auch sehr artig, fiel ab dagegen, nichts konnte ihn schützen.

Wir gingen diesseits der Seine spazieren, und wenn wir nichts Sonderliches sahen, so war es auszeichnenderweise doch eben Paris, wo wir gingen. Wir frühstückten im Café ›Palais d'Orsay‹, mit Chapiro, dem kosmopolitischen Publizisten und Gesprächspartner Hauptmanns – russisch-jüdisch-französisch –, der pariserisch spricht mit slawischem Akzent und deutsch mit französischem, schwarzäugig, sanft und graziös, mit dem weichen Mittlerethos des Mischlings, betriebsam, opferbereit: auf eigenste Kosten war er von Berlin gekommen, weil er bei diesen deutschen Veranstaltungen, von denen er eine wohl selbst in die Wege geleitet, nicht glaubte fehlen zu sollen ...

Graves supérieur! Diesen Augenblick kommt ein Aufruf zum Protest gegen das strikte, gesetzliche Alkoholverbot, das Deutschland drohen soll, nach amerikanischem Muster. Euch werde ich's geben. Ein gutes Glas Wein, wenn es irgendwie festlich hergeht, ist Gottesgabe, und dabei von ›Alkohol‹ und ›Alkoholismus‹ zu schwatzen heilloser Purismus und sanitäre Frömmelei. Radikale Askese, das bedeutet immer und überall nur Charakterschwäche, und man sollte niemandem das Gefühl dafür schärfen müssen, welche Unwürde in solcher Bevormundung eines großen, verständigen Volkes läge, dem an Freuden des Lebens wahrhaftig zuviel nicht übriggeblieben ist. Wie man auf so was nur kommen mag! Gewiß hängt es mit den ›diktatorischen‹ Ideen zusammen, die überall in der Luft liegen. Aber gesetzt auch, daß diese Ideen im Politischen ihre Berechtigung hätten – aufs Persönlich-Sittliche ausgedehnt würden sie unerträglich und schändlich. Ihr sammelt Stimmen? Hier ist die meine! –

Etwas Ruhe nach Tisch. Zum Tee bei Du Bos, Rue Budé, Ile Saint-Louis, zusammen mit Edmond Jaloux, dem Romancier und Kritiker, der zur französischen Ausgabe des ›Tonio Kröger‹ ein so schönes Vorwort geschrieben und über den ›Tod in Venedig‹ die erstaunlichsten Dinge gesagt hat. Wir trafen schon an der Tür des alten Hauses mit ihm zusammen, das aus der Zeit Heinrichs IV. stammt. Er könnte Deutscher sein mit seiner Rundbrille und seinem eher blonden als dunklen Schnurrbärtchen, ist aber Südfranzose. Schlicht, ernst, nachdenklich, fast gestenlos, mehr gemütvoll als sprühend, erschien er mir bei wiederholten Begegnungen als Typus des französischen Intellektuellen, den als Windbeutel vorzustellen niemand guttut. Auch als Liebling der Nation, hochbegütert und bürgerlich repräsentativ, sollte man sich den französischen Schriftsteller nicht denken. Die fünfhundert Auflagen und die Yacht im Mittelmeer sind Ausnahme und Glücksakzidens, wie überall. Der Typ ist von unscheinbarer und stiller Geistigkeit, weltabgewandt, dem Gedanken gehörig.

Ein Pariser Heim also. Ein großes Schlafzimmer mit Wohncharakter. Madame, so blond wie ihr Gatte dunkel, leidend und bettlägrig infolge eines nicht allzu schweren Unglücksfalls. Wir nahmen den Tee an ihrem Lager, unter uns des Hauses goldhaariges Töchterchen. Mit Du Bos im anstoßenden Arbeitskabinett. Besichtigung seines Schatzes, der Bibliothek, der deutschen Bücher zumal, die er mit Genugtuung vorwies, der Nietzsche-Ausgaben, der Literatur über den bewunderten Künstlergeist und Propheten. Er schenkte mir seinen letzten Essayband mit herzlicher deutscher Inschrift.

Zu Fuße trieben wir uns etwas in den abendlichen Gassen des Inselquartiers und an der Seine umher, bevor wir nach Hause fuhren, uns umzukleiden, in Erwartung der Wiener Bekannten, in deren Gesellschaft irgendein Theater besucht werden sollte.

Graf Coudenhove-Kalergi und seine Frau, Ida Roland (unvergeßlich die Messalinenmajestät ihrer Zarin, mit dem Stern auf dem Busen, am Prunktische aufrecht, kommandierend), erwarteten uns im Vestibül. Coudenhove, die kleine rotgoldene Kokarde seines ›Pan-Europa‹ im Knopfloch des Abendanzugs, ist einer der merkwürdigsten und übrigens schönsten Menschen, die mir vorgekommen. Zur Hälfte Japaner, zur anderen Hälfte gemischt aus dem internationalen Adelsgeblüt Europas, wie man weiß, stellt er wirklich einen eurasischen Typus vornehmer Weltmenschlichkeit dar, der außerordentlich fesselt und vor welcher der Durchschnittsdeutsche sich recht provinzlerisch fühlt. Zwei Falten zwischen den fernöstlich sitzenden schwarzen Augen, unter der reinen, festen und stolz getragenen Stirn, verleihen seinem Lächeln etwas Ernstes und Entschlossenes. Seine Haltung wie sein Wort geben Kunde von unerschütterlichem Glauben an eine politische Idee, von deren Fehlerlosigkeit ich nicht überzeugt bin, die er aber mit der klarsten Energie literarisch und persönlich in die Welt zu tragen und zu propagieren weiß. Er kam von Amerika, von England, hatte überall seine Gedanken mit starkem moralischen Erfolg vertreten und eben hier eine eingehende Unterredung mit Briand gehabt, der ihm sehr aufmerksam zugehört hatte. Er äußerte die Zuversicht, daß alles auf dem Marsche sei und in zwei Jahren seine Vision verwirklicht sein werde. Schließlich, was sollte einem imponieren, wenn nicht dieser vorwegnehmende und nobel-demokratische Spitzentyp einer neuen Gesellschaft, der, von Natur gewohnt, in Erdteilen zu denken, es auf eigene Faust unternimmt, die Welt nach den Einsichten seiner Vernunft zu formen.

Nach einiger Unentschlossenheit verzichteten wir auf Musik, auf die Oper, die von Amerikanern ausverkauft schien (für bessere Franzosen ist sie zu teuer), und fuhren ins ›Athénée‹, wo man ›Les nouveaux messieurs‹ gab, Lustspiel der Herren de Flers und de Croisset, ein Stück von der Art und mittleren Qualität, wie sie in Deutschland, wo das Theater entweder ein Tempel ist oder ein ›Lokal‹, nicht gedeiht: gesellschaftlich, amüsant, kritisch und lehrreich. In guter Aufführung sehe ich, namentlich auf Reisen, dergleichen mit Vorliebe, und die Aufführung war vortrefflich: In der tragenden Rolle zeigte sich ein Herr Victor Boucher, der jetzt zu den ersten Schauspielern Frankreichs zählt, ein Meister – an Sicherheit, Klugheit, zwangloser Lebenswahrheit war mir lange nichts so Erfreuliches vorgekommen. Natürlich handelt es sich um menschlich gesehene Politik, um einen jungen Elektrotechniker und Parteisozialisten, der Minister wird, und um eine Liebschaft, die die Verbindung mit einer aristokratischen Gegenwelt vermittelt. Man mußte hören, wie verständnisinnig das Publikum jede antidemokratische Pointe belachte – genau wie es bei uns gewesen wäre. Diese Skepsis gehört heute allen Völkern an, der Überdruß an parlamentarischer Demokratie und Parteimißwirtschaft ist international. Aber was soll werden? Die Forderung, die schon Nietzsche an Deutschland stellte, nämlich endlich doch in politicis etwas Neues zu erfinden, ist heute für alle Nationen dringlich geworden. Der Weg ins Vordemokratische zurück ist jedoch ungangbar. Das soll nicht heißen, daß die Vorschläge unserer Rechtsparteien immer und durchaus so verworfen wären, wie ein Liberalismus, der nur ermattete Schlagworte der Aufklärung wiederholt, es wahrhaben möchte. Wohl aber soll es heißen, daß die Gefahr der Vermengung und Verwechslung von Nachdemokratisch-Revolutionärem mit massiver Reaktion in den Köpfen nie größer war als heute und daß man nur zu wohl einen Jugendtypus kennt, in dem diese Gefahr sich dermaßen bewährt, daß selbst die Propagierung des ›alten Preußengottes‹ mit Zukunftsgebärde möglich ist.

Der Glaube an Geschichtswiederholung ist stark in deutschen Köpfen, nicht nur in Professorenköpfen, und zwar namentlich der an geistesgeschichtliche Wiederholungen. Die deutsch-romantische Revolution vom Anfang des neunzehnten Jahrhunderts gegen die Aufklärung, den Idealismus und die Klassik des achtzehnten, die Antithese von Humanität und Nationalität also, ist größtes historisches Thema heute und wird mit einer wissenschaftlichen Liebe gepflegt, die von aktueller Tendenz durchaus nicht frei sein möchte: so, um ein eindrucksvollstes Beispiel zu nennen, in der großen und geistvollen Einleitung, die Alfred Baeumler zu der jüngst erschienenen Auswahl aus Bachofens Schriften verfaßt hat. Man kann nichts Interessanteres lesen, die Arbeit ist tief und prächtig, und wer sich auf den Gegenstand versteht, ist bis in den Grund gefesselt. Aber ob es eine gute und lebensfreundliche, eine pädagogische Tat ist, den Deutschen von heute all diese Nachtschwärmerei, diesen ganzen Joseph Görres-Komplex von Erde, Volk, Natur, Vergangenheit und Tod, einen revolutionären Obskurantismus, derb charakterisiert, in den Leib zu reden, mit der stillen Insinuation, dies alles sei wieder an der Tagesordnung, wir ständen wieder an diesem Punkt, es handle sich nicht sowohl um Geschichte als um Leben, Jugend und Zukunft – das ist die Frage, die beunruhigt. Dieser Gesinnung gilt die Einheit der deutschen Romantik nur als optische Täuschung. Es gibt eine wahre und eine nur sogenannte. Novalis und Friedrich Schlegel sind Romantiker in Anführungsstrichen, achtzehntes Jahrhundert im Grunde, rational infiziert, verwerflich. Arndt, Görres, Grimm, endlich Bachofen sind die Wahren, denn nur sie sind zutiefst beherrscht und bestimmt von dem großen ›Zurück‹, von der mütterlich-nächtigen Idee der Vergangenheit, während bei jenen diejenige der Zukunft auf männlich-allzu-männliche Art vorwalte. Da man aber, seit der Schilderhebung Bachofens, vom Mythus nichts versteht, da man von nichts etwas versteht, wenn man im Gynaikokratisch-Mutterrechtlichen nicht zu Hause ist, so ist die Romantik von Jena, eben als deutsche Romantik, erledigt und abgetan, und mit ihr ist es Nietzsche, um dessen ›Mythus‹ es in der Tat geschehen ist in dem Augenblick, wo unser Autor sich anschickt, »Nietzsche an Bachofen zu messen«. Das darf man eine vermessene und maßvergessene Messung nennen, unbeschadet jeder Bewunderung für einen Gelehrtengeist von unbezweifelter Intuition, dem man jedoch unrecht täte, wollte man seine Gestalt an der eines Helden und Überwinders, eines Richters und Propheten messen, dessen eigenes hinreißendes Künstlerleben ein seelen- und zukunftsprägender Mythus war.

In Ansehung einer religiös vertieften Auffassung der Antike steht Nietzsche zwar, nach Baeumler, in einer Reihe mit Zoega, Creuzer, Grimm, K. O. Müller und Bachofen gegen den »zurückbleibenden Klassizismus«, gegen die Optimisten, Rationalisten und Ästhetiker Winckelmann, Voß, Bachmann, Mommsen, Wilamowitz. Er kennt jedoch, wie sein Freund Rohde, »das heilige Dunkel der Vorzeit nicht«; sein Begriff des Mythus, des »tragischen Mythus«, ist sokratisch, ist ein heillos brüchiges Gemenge aus logischen und mystischen Elementen und seine Erkenntnismethode – psychologisch; womit sie denn freilich das letzte ist, was eine honette Erkenntnismethode nach neuerer Modevorschrift sein darf, denn: »Psychologie und Mythus schließen sich ebenso aus wie Sokratismus und Musik.« Wahrhaftig? Hat es nie logische Musik gegeben? Ist es nicht vielleicht eine kleine Beschränktheit, ein für allemal auf der Verwechslung der Musik mit romantisch-nächtig-mutterrechtlichem Wonneweben zu bestehen? In Nietzsche's Begriff des tragischen Mythus offenbart sich seine »totale Unfähigkeit, den Mythus zu verstehen, historisch ausgedrückt: seine gänzliche Zusammenhanglosigkeit mit der *wirklichen* Romantik«. (Auch Schopenhauer war also nicht *wirkliche* Romantik, das nicht.) »Diese *Unberührtheit* Nietzsches durch die stärkste geistige Bewegung des beginnenden neunzehnten Jahrhunderts ist eine der auffallendsten *und folgenreichsten* Erscheinungen der deutschen Geistesgeschichte.« O ja, folgenreich, wir wollen das nicht leugnen. Folgenreich schon, was den Glauben an die Möglichkeit logischer Musik betrifft. Folgenreich aber auch, insofern Nietzsche die mehr oder weniger latente Vaterländerei einer gewissen Romantik als einen *Sumpf* empfunden hat – dies Wort kaum als Schimpfwort, sondern als sachliche Kennzeichnung genommen. Nietzsche's hohes und bildendes Deutschtum wußte, wie dasjenige Goethe's, andere Wege des Ausdrucks als den des großen Zurück in den mystisch-historisch-romantischen Mutterschoß. Es äußerte sich zum Beispiel allegorisch in dem Aphorismus, den Baeumler anzuführen unvorsichtig genug ist: »Apollinisch werden: das heißt seinen Willen zum Ungeheueren, Vielfachen, Ungewissen, Entsetzlichen zu brechen an einem Willen zum Maß, zur Einfachheit, zur Einordnung in Regel und Begriff. Das Maßlose, Wüste, Asiatische liegt auf seinem Grunde; die Tapferkeit des Griechen besteht im Kampfe mit seinem Asiatismus: die Schönheit ist ihm nicht geschenkt, so wenig als die Logik, als die Natürlichkeit der Sitte – sie ist erobert, gewollt, erkämpft – sie ist sein *Sieg.*« – Das war nicht gerade nur philologisch gemeint. Und vielleicht, statt zum Mythus zu beten, täte man heute besser, seinem Volk bei der Gewinnung solcher Siege behilflich zu sein.

»Der Weg zum Leben, der heilige Weg«, sagt Baeumler, »ist nach Nietzsche die Zeugung. Es ist der Weg, der in die *Zukunft* weist, dahin, wo der *Wille* Herr ist.« Für Bachofens Gefühl, musterhafterweise, verhalte sich dies alles umgekehrt. Damit ist das Problem der Revolution gestellt, das heute in seiner Zwiespältigkeit und Doppelgesichtigkeit die Köpfe derart verwirrt, daß das Abgestorbenste als wunder wie anziehende Lebensneuigkeit sich vermummen kann und gröbste völkische Reaktion, bestärkt durch eine tendenziöse Wissenschaftlichkeit, die »zurückbleibende Humanität« mit einem revolutionären Achselzucken glaubt abfertigen zu dürfen. Aber nicht so liegen die Dinge. Die Gelehrtenfiktion, als gehöre der geistesgeschichtliche Augenblick einem rein romantischen Rückschlag gegen den Idealismus und Rationalismus, gegen die Aufklärung abgelaufener Jahrzehnte, als stünde wieder wie zu Anfang des neunzehnten Jahrhunderts (das gegen sein Ende hin eine *zweite* Romantik gehabt hat, die von 1870, und in dessen ganzer zweiter Hälfte die Romantik durch die Kunst Richard Wagners triumphierte) – als stünde, sage ich, heute abermals ›Nationalität‹ mit vollem revolutionären Recht gegen ›Humanität‹ als das Neue, Jugendvolle und Zeitgewollte: diese Gelehrtenfiktion muß als das gekennzeichnet werden, was sie ist, nämlich eben als eine Fiktion voller Tagestendenz, bei welcher es sich nicht sowohl um den Geist von Heidelberg, als um den von München handelt. Nicht an Bachofen und seine Grabessymbolik knüpft das wahrhaft Neue an, das jetzt werden will, sondern an das heroisch bewunderungswürdigste Ereignis und Schauspiel der deutschen Geistesgeschichte, an die Selbstüberwindung der Romantik in Nietzsche und durch ihn; und nichts ist gewisser, als daß in die Humanität von morgen, die nicht nur ein Jenseits der Demokratie, sondern auch ein Jenseits des Faschismus wird sein müssen, Elemente eines Neu-Idealismus eingehen werden, stark genug, um dem Ingrediens romantischer Nationalität die Waage zu halten.

An diese Dinge streiften meine Gedanken bei den skeptisch pointierten Szenen des Lustspiels und bei der Zustimmung, die sie weckten. Große Erheiterung zwischendurch über die sonore und unverschüchterte Fachkritik der Roland an der Aufführung, deren Überlegenheit über alles, was ›wir‹ in Berlin und Wien könnten, sie energisch bestritt. Natürlich hatte sie eine weibliche Mitwirkende besonders auf dem Strich, die Liebhaberin, die recht unkünstlerisch mit einer weiß verbundenen Privatverletzung an der Hand kokettierte und deren Tricks mit den Augen der Bescheid wissenden und scharfsichtigen Kollegin zu beobachten sehr lustig war. In den Pausen Unterhaltung nach rechts mit Coudenhove, der mich durch das Geständnis einer starken Neigung für meinen Aufsatz über Friedrich den Großen verblüffte. Wie, und der Pazifismus?! – Er sei gar kein Pazifist, das sei ein Mißverständnis. Offenbar sei seine Ethik mir unbekannt, die heroisch sei – schon als Japaner müsse er eine solche moralische Geschmacksrichtung bevorzugen. Daß freilich Kriege, zum mindesten europäische Kriege, eine anachronistische Äußerungsform des menschlichen Heroismus geworden seien, liege für ihn auf der Hand. Europa müsse geeinigt werden, nichts sei selbstverständlicher; aber mit der Vereinigung eines Kontinents sei ohne weiteres so wenig geschehen wie mit der Gründung eines Reiches. Nur als Bodenbereitung und Vorbedingung betrachte er die europäische Union für ein höheres Werk, das ihm vorschwebe und das sittlich-ästhetischer Natur sei. – Was, frage ich wiederholt, sollte einem imponieren, wenn nicht dieser unprovinzielle Freiblick und unbefangen planende Mut, welcher politisch-wirtschaftliche Neugestaltungen ersten Ranges betreibt, um der höheren Menschlichkeit seines Traumes Raum und Atmosphäre zu schaffen?

Wir aßen zu Abend bei Weber, sprich Vébèr, in der Rue Royale, beim Eintrachtsplatz, die schöne Häuser vom Ende des achtzehnten Jahrhunderts besitzt, in deren einem Madame de Staël gestorben ist. Es ist erotisches Gebiet übrigens, Jagdgrund der Prostitution und namentlich der männlich-homosexuellen, die an Umfang der von Berlin wohl nachgerade gleichkommt. Merkwürdig genug, wie das erotische Wissen und Verstehen des *galanten* Paris (wo es freilich schon einmal einen ›Roi des Mignons‹ gab) sich gegen diesen Gefühlsbezirk geöffnet hat, der kürzlich noch – vom Orientalisch-Südeuropäischen abgesehen – für etwas eigentlich Angelsächsisch-Germanisches galt. In der Literatur, bei Proust und Gide, dem Freunde Oskar Wilde's, ist die Entdeckung deutlich. Hängt auch das mit der Dämmerung des konservativen Frankreich zusammen – mit dem Übergange klassischer ›Psychologie‹ in östliche ›Psychoanalyse‹?

SONNABEND, DEN 23. Eine Art von Ruhetag – vergleichsweise, vergleichsweise. Mr. Abbe, amerikanischer Kunstphotograph, der uns zu bestimmen wußte, seine sehr opulente Werkstatt in der Rue du Val-de-Grâce zu besuchen, und sich bei der Arbeit als geschickt und zartfühlend erwies. Mein Widerwille gegen die unvermeidliche und trotz aller Umgehungsversuche immer wiederkehrende Prozedur der ›Aufnahme‹ ist unbeschreiblich und wohl etwas krankhaft. Das Objektiv erregt mir mystischen Schrecken. Tatsächlich sitze ich lieber stundenlang einem Zeichner oder Maler, als daß ich die zwei Sekunden des ›Exponiert‹-seins ertrage, die meine Nerven sich zusammenkrampfen lassen, indem sie mir die abscheuliche Anstrengung auferlegen, meine Züge und Glieder vor dem blind-sehenden, dem ich-losen und exakten Apparate ruhig zu halten. Selbstverständlich ist gerade diese Anstrengung das Unvernünftige und Fehlerhafte. Und da es übrigens natürlich ›noch schöner‹ wäre, wenn es nicht gehen wollte, so hat denn Mr. Abbe ein recht freundliches Bildnis zustande gebracht.

In Notre-Dame nachher. Das zweite große gotische Ruhmeswerk dieser Reise: Ein Besuch im Kölner Dom, in Gesellschaft Ernst Bertrams, war vorangegangen. Das Wetter trüb, die Farben der Fenster und der großen Rose ohne Leuchtkraft. Dennoch tief berührt von der verdämmernd großartigen Geistigkeit des Raumes. Es mag durch Kindheitsüberlieferung zu erklären sein, daß ich nur gotische Kirchen als wahrhaft metaphysische Stätten empfinde. Die anderen sind Festsäle, deren Gottesprunk mich nicht anders als populär anmutet. In San Paolo zu Rom könnte man tanzen, – obgleich doch das Christentum die erste und einzige Religion ist, die den Tanz aus dem Kultus vertrieben und ihn dämonisiert, verteufelt hat, wie Heine in ›Lutetia‹ so hübsch erörtert.

Zu Tische bei Zifferers. Es ist draußen in Neuilly, einem Vorort, mit Paris verbunden durch die Porte Maillot, am Ende der Avenue de la Grande Armée. Der Hofrat und Lustspielautor wohnt licht und elegant in einem modernen Mietshause. Er ist ein eingebürgerter Pariser, hat hier schon sein Ius studiert, spricht vollkommen und weiß es nicht anders mehr, als daß sein Name ›Ziffèrèr‹ lautet. Fabre-Luce war da, Viénot, der Gesandte und seine Gattin. Offen gestanden und zur Ehre der Hausfrau wie zu derjenigen Österreichs gesagt, war es, rein kulinarisch, das beste Frühstück, das uns in Paris geboten wurde, – schlechthin vollkommen. Nachher mit Dr. Grünberger, dem Gastgeber und Viénot. Der Gesandte war Außenminister im Kabinett Seipel. Frau Grünberger ist eine geborene Davison und stammt in gerader Linie von dem Staatssekretär Wilhelm Davison in Schillers ›Maria Stuart‹ ab. So wird ihre Neigung zur deutschen Literatur begreiflich.

Wie kamen wir auf Spanien? Der Gesandte kannte es und war voller Eifer. Kastilien! Die Ebene um Madrid, der Escorial, Toledo, Segovia jenseits der Guadarrama, das ist das Wahre! Trotz Montserrat hatte Katalonien, trotz Alhambra und Sierra Nevada der Süden mir nicht das, nicht soviel zu sagen. Das Arabische selbst ist mir lieber in der überall durchscheinenden Andeutung als in Reinkultur. – Barrès in Toledo. »Exilé à Tolède«, schreibt ihm ein dort lebender Freund zum Abschied auf die Photographie. »Exilé de Tolède«, schreibt Barrès auf die seine. Das ist lateinische Epigrammatik und ein sehr tiefer Scherz des Dichters. – Über die heutige Antizipation der Welt vermöge technischer Mittel, durch die sie, demokratisch, an jeden herangetragen wird. Als ob man ein Stiergefecht nicht in- und auswendig wüßte, bevor man es in Wirklichkeit gesehen. Eben deswegen, und weil selbst sehr weite und ehemals abenteuerliche Reisen kaum noch etwas Auszeichnendes haben, ist persönliche Auswahl geboten. Rio de Janeiro, meiner Mutter Heimat, ist offenbar fabelhaft, aber ich muß es nicht gesehen haben. Worauf ich einen Blick geworfen haben mußte, war Spanien und Ägypten, – seelisch verwandte Länder. Ich meine: untereinander verwandt. – Über das ›Spanische‹ im ›Zauberberg‹. Das Ägyptische ist noch nie zum Vorschein gekommen. Es wird schon.

Abends in der Comédie: ›Robert et Marianne‹, Eheirrung von Géraldy. Hochelegante Aufführung. Was für ein geschmackvolles Bühnenbild, diese weite und bequeme Hotelterrasse mit den Männern in Sportdreß, gleich zu Anfang. Rhetorische Leistungen, Abgänge, die bei offener Szene applaudiert werden. Was mich eigentlich anzog, war die Parterreloge links, die Loge Napoleons. Dort saß er immer, wenn Talma spielte, im grünen Uniformfrack, die Haarsträhne in der Stirn. Aus der russischen Katastrophe traf er nachmittags fünf Uhr in Paris ein. Abends saß er in der Parterreloge, zur Bekräftigung des Bulletins: »Die Große Armee ist vernichtet. Seine Majestät der Kaiser hat sich nie wohler befunden.«

Souper im ›Café de la Régence‹. Vanille-Eis mit warmer Schokoladesauce ist bekannt. Im ›Café de la Régence‹ geht man so weit, auch noch geriebene Mandeln darüber zu streuen.

SONNTAG, DEN 24. Kleiner ungarischer Journalist mit Kamera, nett, aber so zäh, daß wir um ein Haar zu spät zum Bahnhof St. Lazare gekommen wären, von wo um elf Uhr unser Zug nach Sèvres ging. Wir waren bei Bertaux zum Frühstück, und er erwartete uns, von weitem schon mit heiteren schwarzen Augen winkend, an der Station. Ländlichkeit. Sein Haus, ›La Source‹ geheißen, schmuck und friedlich inmitten des hübschen Gartens. Nach einiger Unterhaltung im Salon Mahlzeit mit ihm, der sympathischen Hausfrau und Pierre, ihrem Sohn, einem zugleich verschmitzten und seriösen Knaben von zierlichen Sitten und innerem Ernst, Gegenstand der Bewunderung unserer Kinder dereinst in München, da er Vogelstimmen auf der hohlen Faust nachzuahmen weiß: den Kuckuck, die Meise, – dies aber nur sehr nebenbei, denn nach schon bestandenem Bakkalaureat bereitet er sich mit dem eisernen Fleiß und strengen Lebensernst, dessen diese jungen Franzosen bedürfen, um bei dem scharfen Concours-Wesen ihres Schul- und Hochschulbetriebes nicht ins Hintertreffen zu geraten, auf die École normale vor. Für das Stipendiat melden sich alljährlich zweihundert Musterschüler aus ganz Frankreich, aber aus der Zahl dieser Lerngenies und eifervollen Charaktere werden nur fünfundzwanzig aufgenommen. Woraus erhellt, was es bedeutet, ›normalien‹ zu sein und gewesen zu sein. Wer es nicht war, behauptet, es mache starr und dumm fürs Leben, zeitige eine gewisse seelische Erstorbenheit und Friedhofsruhe, wie die jesuitische Abrichtung. Aber ich kenne Jesuiten sehr munteren Geistes und vertraue fest, daß die artige Heiterkeit des kleinen Pierre der Askese standhalten und daß er seine Begabung für so zierliche Nebendinge des Lebens, wie das Nachahmen von Vogelstimmen, des Kuckucks, der Meise, nie völlig verleugnen wird.

Nach Tische kamen noch Kaffeegäste: ein schwerer, bärtiger, kluger Mann und sein Sohn, ein ebenso respektabler und strebsamer junger Franzose wie Pierre, mit dem er sich bald zurückzog. Der Bärtige, Kluge nahm mich in Unterhaltung: zurückgelehnt, mit ausholender Geste und ernst rollenden Augen, sprach er mit Geist und Gelehrsamkeit von Reisen, die er als Beamter des Auswärtigen Amtes unternommen und als Schriftsteller seelisch zu nutzen gewußt hatte. Wir waren bald bei Ägypten, der achtzehnten Dynastie, den Amenhoteps, der Kunst von Amarna. Er wußte viel und ich wenig, aber welch eine schmeichelhafte Sache ist jedes positive, jedes Spezialwissen für den wesentlich Unwissenden, welche kindische Genugtuung gewährt es ihm! Bis Tell-el-Amarna reicht es bei den meisten, aber wer weiß, daß die neue Residenz des Echnaton, südlich von Kairo, eigentlich Chuit-Aton oder auch Achet-Aton geheißen hat? Fast niemand, ich fast allein. Es liegt nichts daran, aber ich bin eitel darauf wie ein Geck. Weiß der ungelehrte Durchschnitt auch nur, was der fast zum Eigennamen gewordene Königstitel ›Pharao‹ bedeutet? Er bedeutet Per'o, großes Haus, ist eine Bezeichnung für die Majestät, wie etwa ›Die hohe Pforte‹ für die türkische Regierung. Wie hieß der biblische Potiphar ›in Wirklichkeit‹? Petepré, oder doch ganz ähnlich, das ist: Der dem Rê Geweihte. Aber wie hieß *seine Frau,* die um ein Haar – die jüdischen Sagen versichern, daß es wirklich um ein Haar geschehen wäre und eigentlich nur durch ein Wunder verhindert worden ist – den Joseph verführt hätte? Niemand weiß es. Es ist nirgends zu lesen. Man nennt sie manchmal humoristisch ›Frau Potiphar‹, und manche sind dermaßen dumm, zu glauben, sie selbst habe

Potiphar geheißen. Hieß sie möglicherweise Mut-em-enet, mit ›schönem Namen‹ Eni? Das Herz möchte einem stocken, wenn man es erwägt. – Etwas aus meiner Jugend verzeihe ich mir nie. Es muß in Sexta oder Quinta gewesen sein, in der Religionsstunde, daß der Seminarist, gewiß bei Gelegenheit des Goldenen Kalbes, die Frage aufwarf, wie der heilige Stier der Ägypter geheißen habe. Ich, der ich ›Das Land der Pyramiden‹ gelesen hatte, meldete mich dringlich und wurde gerufen. »Hapi«, sagte ich, berauscht von Wissenschaft. – »Falsch, setzen, besser nichts wissen, als Verkehrtes. Apis hieß er.« – Und ich ließ mich niederschlagen! Ich fand nicht den Mut, mein besseres Wissen zu verteidigen und zu erklären, daß ›Apis‹ ja völlig unägyptisch laute, daß es natürlich eine griechisch-römische Stilisierung des Namens sei und daß das Tier – viel eher jedenfalls, denn die Vokale sind ja niemals ganz sicher – Hapi geheißen habe. Daß so die frohe Wahrheit von Autorität erstickt werden konnte, ist kennzeichnend für die stumme Sklaverei, in die unser Geschlecht gebannt war. Ein heutiger Junge würde dem Lehrer Bescheid zu geben wissen.

Auch von Griechenland sprach der Bärtige und schenkte mir ein kleines Manuskript über den Parthenon, betitelt ›Une leçon du temple‹, ein für die französische Gebärde höchst charakteristisches Stück lyrisch-philosophischer Rhetorik. »Porte de l'Infini, tu épuises l'admiration de tes fidèles, car tu es la voie qui conduit des apparences passagères à l'Idée indestructible.« Wunderbar. Auch Automobilist war der Mann und fuhr uns, nach dankbarer Verabschiedung von unseren liebenswürdigen Wirten, in seinem kräftigen kleinen Citroën, dem unser Opelwagen nachgebildet ist, zur Station der Tramlinie, die uns nach Paris führte. Da wir schließlich, um Zeit zu sparen, doch noch ein Taxi nahmen, fuhren wir unter der ungeheuren Basis des Eiffelturmes hindurch, wie durch eine riesige Unterführung. Das Prahlwerk der Technik steht auf Füßen, nach Art gewisser eiserner Öfen. Der Turm zu Babel, an den man natürlich denkt, muß stärker gewirkt haben, nach allem, was man hört, mit seinen sechs sich verjüngenden Stufenbauten in Tonfarbe und bunter

Emaille, auf mächtiger Terrasse und mit dem blauleuchtenden Tempel als Krönung. Aber die konstruktive Magerkeit der modernen Erhebung hat wohl ihre eigene, uns zugehörige Schönheit, und statt des Tempels hat sie oben ein Restaurant.

Im Hotel, nach der Ruhe, ein ängstlich aufdämmerndes Erinnern, ein Klarwerden und starres Entsetzen. War so etwas möglich? Wir hatten eine Frühstückseinladung vergessen! Am Freitag, statt mit Chapiro Graves zu trinken, hätten wir bei Mlle. Weiß von der ›Europe Nouvelle‹ dejeunieren sollen: am ersten Abend, auf der Botschaft, beim Essen, hatte sie uns eingeladen und mir sogar einen Denkzettel eingehändigt, der sich noch in meiner Brieftasche fand! Höchstwahrscheinlich hatte sie Freunde dazu eingeladen, hatte mit dem Essen gewartet wer weiß wie lange. Es war eine Katastrophe und würde zweifellos dem schon ermattenden Begriff des ›Boche‹ neue Nahrung zuführen. Das einzige Glück im Unglück war, daß wir wußten: Mlle. Weiß empfing sonntags zum Tee. Wenigstens also hatten wir sofort Gelegenheit, uns zu entschuldigen, oder, richtiger gesagt: uns Verzeihung zu holen, denn jeder Versuch, die skandalöse Schuld von uns abzuwälzen, war aussichtslos. Es gab keine andere Erklärung als die der Kopflosigkeit, des Mangels an Beherrschung der gesellschaftlichen Materie. Auf denn, ins Auto, es war Rue des Vignes.

Der Eiffelturm zeigte nun doch eine bedeutende Überlegenheit über seinen frühorientalischen Vorgänger: Er war elektrisch illuminiert. Und wie! Er war vier- oder fünffach illuminiert, wechselte alle paar Minuten das Feuerkleid von oben bis unten. Flammenarabesken, Flammengirlanden, Flammenblumen, -sterne und -inschriften entbrannten, liefen an ihm herunter, verschlangen sich, standen, erloschen und machten neuen Sensationen Platz. Selbst Abraham hätte es prächtig gefunden und wäre vielleicht nicht ausgewandert, hätte der Turm von Esagil dergleichen zu bieten gehabt.

Die Leiterin der ›Europe Nouvelle‹ sah viele Gäste bei sich, sie hatte gar keine Muße, im Vergangenen zu wühlen, war voller Nachsicht, Verständnis, voller Bereitschaft, zu vergessen. Instinktmäßig bedient man sich in solchen Fällen des probaten und bauernschlauen Mittels, den Spieß umzukehren, indem man die Selbstbeschuldigung so dick aufträgt, sich tellement désespéré zeigt, daß der Beleidigte einen auch noch trösten muß. Bald, nachdem wir einigen Leuten vorgestellt worden und in dem kleinen Salon der Hausfrau delikate moderne französische Bilder betrachtet hatten, zogen wir uns aus der fremden Gesellschaft zurück, da unsere eigentlichen Teeverpflichtungen heute woanders lagen, in der Rue de l'Alboni, in russischer Sphäre zur Abwechslung, bei Leo Schestow.

Wo war ich ihm schon begegnet? Auf der Botschaft? Im Cercle Volney? Ich weiß es wahrhaftig nicht mehr zu sagen. Aber es hatte mich außerordentlich gefreut, die Bekanntschaft des Mannes zu machen, der Europa das Buch über Nietzsche und Dostojewski gegeben hat und dessen großer Versuch über Pascal im letzten Jahrbuch der Nietzsche-Gesellschaft mich durch die Eindringlichkeit seines diskursiven kritischen Stils entzückt hatte. Ginge es nach unseren literarischen Moskauern, so dürfte man mit russischen Emigranten in Paris überhaupt nicht verkehren; denn sie müssen ja ›Weiße‹, Bürger, Reaktionäre, Widergeistige, Abhub sein. Ich für mein Teil nehme an, daß sie ihre Gründe haben werden, Mütterchen Rußland (und wer sagt uns, mit welchen Schmerzen, unter welchen inneren Entbehrungen) heute zu meiden, und da diese Gründe desselben Niveaus sein werden wie ihre Hervorbringungen, in diesem Fall wie der Essay über Pascal, so bin ich geneigt, sie zu achten.

Schestow empfing uns mit seinen Damen unter den Mantelgebirgen des Vorplatzes fast wörtlich mit offenen Armen, à la russe, voller Herzlichkeit. Er ist außerordentlich russisch: bärtig und breit, enthusiastisch, zutunlich, herzensgut, ›mähnschlich‹. Ja, da war auf einmal russische Atmosphäre in diesen paar menschenvollen Räumen, dem Arbeits- und Wohnzimmer, – eine Stimmung, large, kindlich und von großartiger Gutmütigkeit, vergleichsweise nicht ohne einen kleinen Einschlag von Wildheit, mit starkem Tee und Papyros. Der erste, mit dem ich bekannt gemacht wurde, war Iwan Bunin, mit dem ich brieflich schon in Kontakt gestanden hatte, der Meister des ›Herrn aus San Francisco‹, einer Erzählung, die an moralischer Wucht und aufwandloser Plastizität einigen stärksten Dingen von Tolstoi, dem ›Polikuschka‹, dem ›Tod des Iwan Iljitsch‹, an die Seite zu stellen ist. Die Geschichte ist nun wohl in alle Sprachen übersetzt. Sie steht auf französisch in voller Greifbarkeit da, wie auch der furchtbar triste Bauernroman ›Le village‹. Bunin sieht aus, wie ich ihn mir, glaube ich, vorgestellt hatte: Mittelgroß, rasiert, scharfzügig, scheint er eher in sich gekehrt als gesprächig. Es versteht sich, daß er von Komplimenten über den ›Herrn aus San Francisco‹ genug hat. Lieber wollte er etwas über ›Mitjas Liebe‹ hören, und wahrhaftig brauchte ich mich zur Bewunderung auch dieser Eindringlichkeit nicht zu zwingen, denn auch aus ihr wirkt die unvergleichliche epische Überlieferung und Kultur seines Landes – mit welcher man heute dort ein Konterrevolutionär, bourgeois, widerproletarisch, politisch verbrecherisch ist und landflüchtig werden muß, wenn man davonkommt. Hier empfinde ich Sympathie, Solidarität, – eine Art von Eventualkameradschaft; denn wir sind in Deutschland ja noch nicht so weit, daß ein Schriftsteller vom ungefähren Charakter Bunins den Staub des Vaterlandes von den Füßen schütteln und das Brot des Westens essen muß. Aber ich habe gar nicht zu zweifeln, daß unter Umständen mein Schicksal das seine wäre.

Alles arbeitet im Hause Schestow und trägt zum Unterhalt der Gesamtheit bei. Die Frau ist Medizinerin, und da sie in Frankreich den ärztlichen Beruf nicht ausüben darf, so ist sie als Masseuse tätig. Die beiden Töchter, herzlich freimütige, echt russische Mädchen, sind in Deutschland zur Schule gegangen und sprechen, wie auch der Vater, vielleicht besser Deutsch als Französisch. Die eine versieht ein Amt in dem neuen Ressort des Völkerbundes, dem ›Institut International de Coopération Intellectuelle‹. Die andere hat eben ihr Ingenieurexamen abgelegt und ist im Begriff, in die Praxis einzutreten. Ich saß unter breiten Russen mit Bärten oder halblangem Haar am Schreibtisch beim Tee, und es gab eine Konversation über das Thema, das allen

Völkern heute am meisten zu schaffen macht: über die Freiheit, über die Möglichkeiten und die Zukunft der Freiheit in Europa. Ein heikles, ein kritisches Thema, – denn wer empfände nicht, daß die Freiheitsidee in schwerer Krise liegt, nebst ihrer Komplementäridee, der Gerechtigkeit? Überall zugleich ist die gegenidealistische Wende wieder einmal da, wo der europäische Mensch in einer gewissen Moralverkrampfung und eigentümlich perversen Grausamkeit gegen sich selbst, begeistert und mit zusammengebissenen Zähnen, das Absolute positiv zu machen, ein Positives, die Macht, das Vaterland, die Klasse, ins Unbedingte zu erheben ›entschlossen‹ ist. Was schön ist, männlich, heroisch, zeitgewollt an solcher Entschlossenheit, – ich verkenne es gar nicht. Aber ich wundere mich doch, es beleidigt mich sogar ein bißchen, wie wenig *gelitten* wird unter der ideellen Kasteiung, wie wenig Scham und – fast hätte ich gesagt: natürliche Auflehnung sich regt gegen die Vergewaltigung des Menschlichen, gegen die Politisierung, das heißt den Verfall und die Verderbnis der Justiz zum Beispiel, die allerorten zum Himmel stinken. Finis libertatis: sollte das das Abhandenkommen der Anständigkeit auf Erden bedeuten? Und sollte nicht diese so mannhaft erstickte Anständigkeit, mit anderem Worte die Selbstachtung des europäischen Menschen, mit noch anderem Worte der heute so ganz und gar unmögliche ›Liberalismus‹ eines Tages unter uns Europäern eine unwiderstehliche Renaissance begehen? Im Schreiben *frage* ich so. Im Gespräche *behauptete* ich es.

Dazwischen war mit Schestow Sachliches zu besprechen: sein Eintritt in den Vorstand der Nietzsche-Gesellschaft, die Buchausgabe seines Pascal-Essays. Und unterdessen feierte im Nebenzimmer die gallische Zungenfertigkeit meiner Gefährtin ihren endgültigen Triumph. Einheimische hatten verspätet begriffen, sie sei meine Frau. Sie wunderten sich: »Mais alors il a épousé une Française?« – Höher ging es nicht. Wir konnten uns empfehlen und mußten auch wohl, denn zum Diner waren wir bei Sautreaus geladen, in Gesellschaft Seiner Exzellenz des Herrn Kriegsministers.

Ist die Höhe der Lebensführung an dem Verbrauch an weißen Stärkhemden zu messen, so ging es mir gut, das war nicht zu leugnen. Um aber ganz ehrlich zu sein, muß ich gestehen, daß ich mich unter festlich-unregelmäßig-sensationellen Reiseumständen wie diesen eigentlich und in geheimster Seele immer im Elend fühle: Bei aller Hingabe an den außerordentlichen Augenblick, aller Freude an der Bereicherung, die ich durch ihn erfahre, verläßt mich nicht das Bewußtsein, von der Welt am Narrenseile geführt zu werden, und jenes andere, das das Würdig-Wahre einzig das Für-sich-Sein, das stille, förderliche Gleichmaß des Lebens im eigenen Reiche bleibt. Da haben wir wieder das »Pergamen«, den Famulus Wagner, dem neulich ein Italiener, Benedetto Croce, eine so schöne Ehrenrettung und Sympathieerklärung gewidmet hat, obgleich er etwas unendlich Deutsches ist. Der Deutsche ist kein Welt- und Lebemann, er ist es höchstens aus Ethik, um sich dem Leben nicht zu entziehen, kein Drückeberger zu sein; er ist es wie Tannhäuser, dem der ›Venusberg‹ auch ganz gewiß niemals ein Vergnügen war, sondern der Leidenschaftstribut eines Moralisten von tieferer Anlage als die bloß tugendhaften Wolfram und Walther: wie könnte er sich sonst »aus Freuden nach Schmerzen sehnen«? Auch Fontane nimmt das Deutsche in sein Selbstgefühl, seine Selbstaussage auf, wenn er seinen gemütvoll-grämlichen Pariser Dreistropher schließt:

Ich bin für diese Herrlichkeiten
Vielleicht zu deutsch, gewiß – zu alt.

Die Sautreaus wohnen am Außenboulevard Flandrin, elegant und geschmackvoll. Der Salon hat Bibliothekscharakter und einen reizenden Kaminplatz, jenen beliebig zu erweiternden westeuropäischen Halbkreis von Sesseln vor dem Feuer, der angenehmste gesellschaftliche Szene ist und mir immer nachahmenswert schien. Die Hofrätin Zuckerkandl war da, mir aus Wien bekannt, wo ich ihr im Hause Arthur Schnitzlers begegnete; des weiteren ihre Schwester, Mme. Paul Clemenceau,

Schwägerin des ›Tigers‹, Weltdame von energischer Jugendlichkeit; Painlevé, untersetzt, jovial und bürgerlich; Victor Basch, Professor der Sorbonne, der irgendein hervorragendes Amt in der ›Liga für Menschenrechte‹ bekleidet, ein unterhaltsamer Mann von geistreicher Häßlichkeit, der mit wienerischem Akzent vollkommen deutsch spricht; endlich noch ein jüngerer deutscher Diplomat. Basch und Painlevé bestritten bei Tische die Hauptkosten der Unterhaltung. Sie waren ja eben noch Hochschulkollegen, und der kurzhalsige kleine Mathematiker mit seinen braunen Kugelaugen, seinen gepolsterten Händen und seinem Bonhomme-Schnurrbart ist hier nicht War Lord, Minister, Exzellenz, sondern einfach »notre ami Painlevé« oder »maître Painlevé«. Erst kürzlich aus dem Reich des Gedankens übergetreten in das andere, wo sich hart die Sachen stoßen, wahrt er kritischen Abstand von der zweideutigen Sphäre seines neuen Berufes, medisiert behaglich über berühmte Politiker, die ihrem Gewissen täglich eine ordentliche Portion Brom verabreichen. Dabei fehlen ihm persönlich die Merkmale und das Rüstzeug des demokratischen Politikers durchaus nicht, vor allem nicht die wohllautende, demagogisch gewinnende Berufsstimme des parlamentarischen Redners. – Mit meiner Tischdame, der Hausfrau, zwischendurch über ihren Bruder, unseren Freund Björn, den ›Theater-Chef‹ in Christiania, über Abende mit ihm bei uns, bei ihm, wo die unverwüstliche Windbeutelei des Sechzigjährigen, sein persönliches Talent, seine dramatisch exekutierten Ibsen-Anekdoten die Gesellschaft in Atem hielten oder vielmehr vor Lachen um den Atem brachten. Ibsen und Grieg, der unvorsichtigerweise um Gewinnbeteiligung für seine Peer Gynt-Musik bei ihm einkommt. Ibsen und der neugierige Tapezierer, der vor Schreck von der Leiter stürzt, als der greise Troll, ganz Brille, ganz böse Bürgerlichkeit, mit rotglühendem Gesicht und weißer Mähne durch eine Tür – und seine ebenfalls stark unterirdische Frau durch die andere ins Zimmer tritt. Die Komik solcher Geschichten steht natürlich nicht sonderlich hoch; sie ist gesellschaftliche Unterhaltungskomik und muß getragen sein von jenem persönlichen Talent, das das gesellschaftlich Schätzenswerteste bleibt. Falls nicht Musik gemacht wird, ist es für jede Gesellschaft am besten, jemand wie Björn oder auch wie der verstorbene Max Bernstein, der berühmte Verteidiger, ist da und erzählt Geschichten. Alles ist gut dann, man genießt und wischt sich die Augen. Das Komische *als Labsal*, der Humorist als wahrer Wohltäter der Menschheit, – je älter ich werde, desto inniger empfinde ich es so, und ich habe es sehr früh so empfunden. »Humorist und also nicht vom ersten Range«, sagt Goethe in ›Dichtung und Wahrheit‹ von einem italienischen Künstler. Ich habe es angestrichen und mir hinter die Ohren geschrieben. Es ist ein vorwegnehmend modernes Urteil nebenbei, welches heute wohl kritisch herrschend geworden: Das Humoristische gilt als ›bürgerlich‹, und ein Element des Gutmütigen, das ihm innewohnt, mag wohl wirklich der strengen Zeit entgegen sein. Aber wie kommt es, daß trotz solcher kritischen Verfügung das Humoristische, produktiv, heute eher in der Ausbreitung als im Rückgange begriffen ist? Ist Hamsun, der Größte unter den Lebenden, nicht Humorist vom ›Hunger‹ bis zum ›Letzten Kapitel‹? Ist nicht die Reaktion auf seine Erzählung vor allem das Lachen, das tief heraufquellende, zugleich sardonische und herzensinnige, erquickungsvolle Lachen, zu dem Leben und Wahrheit uns reizen, wenn sie so durch das Mittel der letzten Komik gezeigt werden? Wie ist es mit Bernard Shaw, dem nächsten im Range? Ist er nicht vor allem ein *lustiger*, ein zu vollkommener Freiheit aufgeweckter, ein humoriger Geist? Die humoristische Überlieferung ist stark in England aus epischen Bürgerzeiten her; alle Lebensäußerungen Albions waren mit Drastik, mit Humor durchsetzt von jeher, noch die letzte Unterhausrede ist das; man kann den Humor geradezu die Form der britischen Männlichkeit nennen, und wirklich ist er allgemein etwas sehr Männlich-Germanisches. Das hindert nicht, daß heute das Humoristische sogar in den romanischen Ländern um sich greift, sogar in Frankreich, dessen literarischer Sinn den Humor bisher eigentlich nicht kannte: es war sec – im Gegenteile der Wortbedeutung von Humor. Heute entdeckt es Jean Paul. Ist so etwas wie die Reise des von Insekten verfolgten Provinzialen in Gide's ›Caves du Vatican‹ noch französisch? Oder gewisse komische Detailmassen bei Proust? Auf jeden Fall ist das alles hervorragend humoristisch: der Zeit zum Trotz? Ihr zu Gefallen! behaupte ich, wenn auch der Sinn des Humors heute ein anderer sein mag als in satteren Zeiten: nämlich der einer Zuflucht für Leidende. Wen rührte nicht das Bekenntnis unseres Hermann Hesse zum Humor, seine eingestandene Sehnsucht nach ihm, sein Willensbekenntnis, ihn fortan zu suchen, an ihn sich zu halten? – Was mich betrifft, so soll es mich wenig kümmern, welchen Platz die kritischen Bescheidwisser dem Humor in der Rangordnung der seelischen und geistigen Werte heute zuweisen mögen, – zeit meines Lebens ist mir das Epische selbst mit dem Humoristischen fast auf ein Haar zusammengefallen, und auf nichts in der Welt bin ich stolzer als auf die Notizen über den Humor, mit denen Arthur Schnitzler die Lektüre des ›Zauberbergs‹ begleitet hat und unter denen man das lapidare und schlagende Wort findet: »Der Humorist lustwandelt innerhalb der Unendlichkeit.«

Dies zum Gespräch mit Dagny. Übrigens war es sehr drollig, wie sie sich beklagte, ›man‹ sei immer etwas von jemandem, die Tochter von jemandem, die Schwester, die Frau von jemandem – und der Gatte einfiel: »Allons, allons! Tu es la femme de personne!« Er beschäftigt sich aber mit Literatur und ist ein geschätzter Übersetzer.

Nach Tische weitere Gäste, junge Leute: Arne, Sohn Dagny's aus ihrer Ehe mit Langen, Dr. Zuckerkandl aus Wien, eine junge Schwedin. Painlevé war köstlich. Man hatte ihn auf Italien gebracht, auf den Faschismus und seine Helden, und da ging er denn los, unter Freunden, – er nahm kein ministerielles Blatt vor den Mund. Ich hege große Abneigung, diplomatische Verwicklungen herbeizuführen, aber man verrät wohl kein Staatsgeheimnis, wenn man das Selbstverständliche feststellt, daß der heute in Frankreich herrschende Politikertyp von dem aufgedonnerten Gehaben dort drüben nicht allzuviel wissen will. Ein Rohrspatz hätte sich nicht kräftiger äußern können als Maître Painlevé mit seiner wohllautenden Kammerstimme, und seine

Antipathie ließ keinen Widerspruch gelten. »Indessen, die Persönlichkeit ...« – »Was denn, Persönlichkeit! Wenn die Großindustrie mir zweihunderttausend Mann und die zugehörigen Mitrailleusen gibt, spiele ich Ihnen auch Persönlichkeit ...« Es war erquicklich und erheiternd zu hören, und ich bekam das gewinnende Wesen des Mannes noch einmal privatim zu spüren, als er zum Abschied auf mich zutrat, meine Hand zwischen seine beiden nahm und in herzlichen Worten dem Wunsche Ausdruck gab, ich möchte diesen Pariser Tagen ein freundliches Gedenken bewahren.

MONTAG, DEN 25 Heute mußte ich wieder an Napoleon denken, denn wir frühstückten im Faubourg St. Germain, dem Adelsquartier von Paris, und das Geständnis des Kaisers fiel mir ein, bei allen seinen Erfolgen, nach jeder gewonnenen Schlacht sei sein erster Gedanke: Was wird das Faubourg St. Germain dazu sagen? – Lichtenberger, dessen Ehrgeiz wohl dahin ging, uns zu zeigen, daß auch in aristokratischer Region Friedens- und Freundschaftsbereitschaft zu finden sei, holte uns ab, um uns zum Grafen und zu der Gräfin de Ponge zu führen, von denen die freundliche Einladung ausgegangen war und die uns in ihrem geräumigen und ernst-repräsentativen Salon mit großer Herzlichkeit empfingen. Wir fanden dort Maurice Muret nebst Gattin, denselben, der mehrere Jahre vor dem Kriege das verdienstliche Buch ›La littérature allemande d'aujourd'hui‹ veröffentlicht hat, und Fabre-Luce, der verurteilt scheint, beständig mit uns zu frühstücken. Zweifellos sind die de Ponge sehr vornehm, da sie mit den Broglie verwandt sind, – durch die Gräfin übrigens auch mit Frau von Staël, was die literarische Überlieferung des Hauses sowie ein näheres Verhältnis zu Deutschland erklärt. Der Graf ist ein brünetter, sympathisch-müder Typ von sanfter Courtoisie; die Gräfin blond, stutznäsig, reizvoll-süffisant. Bei Tische saß ich zwischen ihr und Muret, einem feinen Schauspielerkopf, dessen ausgesuchte Höflichkeit einige Zurückhaltung zu wahren schien. Während des Krieges war er, sonst erklärter Freund meiner Schriften, sehr schlecht auf mich zu sprechen und wird mir die ›Betrachtungen eines Unpolitischen‹ wohl nie ganz verzeihen. Auch sein Begrüßungsartikel im ›Journal des Débats‹, eben jetzt, hatte der ironischen Spitze nicht ganz entbehrt, doch hielten wir während der Mahlzeit freundliche Nachbarschaft. – Beim Kaffee Sondergespräch mit Lichtenberger über Nietzsche und des Professors schönes, sowohl gelehrtes als intimes Novalisbuch, an dessen Ende der Name Richard Wagners steht. Ich empfand, nicht zum erstenmal, daß durch ein gewisses brennendes und persönliches Interesse für die Psychologie der Romantik der Deutsche mit dem geistigen Franzosen von heute am tiefsten und angelegentlichsten zusammengeführt wird. – Fesselnd der Blick vom Balkon auf die dix-huitième-Architektur und in die Höfe des Faubourg.

Auch Nachmittag und Abend waren wohlbesetzt. Es gab großen Tee-Empfang in der neueröffneten Abteilung der Société des Nations, dem ›Institut International de Coopération Intellectuelle‹, an dessen Spitze Professor Luchaire und Dr. Robert Eisler stehen. Das Institut domiziliert im Palais Royal, neben der Comédie, in fürstlichen alten Räumen. Vertreter von mehr als zwanzig Nationen gehören ihm an, das Gewimmel war bunt, und indem Luchaire mich mit seinem Mitarbeiterstabe bekannt machte, hatte ich Polen, Engländern und Amerikanern, Schweden, Tschechen und sogar einer kleinen Japanerin die Hand zu drücken, die, wo sie ging und stand, das klassische und unwandelbare asiatische Lächeln zur Schau trug. – Sonderbare und fast geheimnisvolle Beziehungen, Verwandtschaften, Duplizitäten gibt es im Menschlichen über Räume und Rassen hinweg. Dieser Professor Luchaire, schlank, mit einem rasierten, scharfzügigen und dabei etwas schläfrigen Patriziergesicht, erinnerte mich durch seine Züge und seinen gesamten Habitus auffallend an einen hanseatischen Schulkameraden, der heute Weinhändler ist und die Lübecker mit französischem Rotspon versieht. Dazu hieß er Julius mit Vornamen, und der Pariser politische Professor heißt Julien. Es ist weiter nichts darüber zu sagen, aber in Gedanken verweilte ich wiederholt bei der amüsanten und mysteriösen Erscheinung. – Was Dr. Eisler betrifft, so steht er im Rufe großer orientalistischer Beschlagenheit. Leute mit solchem Spezialwissen muß man sich merken; vielleicht kommt die Stunde, wo sie einem zur Hand gehen können.

Im Zeichen des Orientalismus stand auch der Abend, denn wir waren bei dem berühmten, dem reichen und gelehrten Salomon Reinach zum Diner geladen, draußen in Boulogne-sur-Seine, wohin die altmodische Familienkraftdroschke der Reinachs uns abholte, besetzt schon mit zwei Damen: einer russischen emigrierten Prinzessin, die sich in Paris irgendwie, ich glaube als Verlagsangestellte, ihren Unterhalt erwirbt, und Mme. Borel (Camille Marbo), der ich sehr für einige ihrer Werke zu danken hatte, die sie mir unterdessen hatte zugehen lassen. Heute gibt es ja schon altmodische Autos, wie es ehemals altmodische Kutschen gab. Diese hier war ungeheuer hoch und breit, wir vier Personen verschwanden beinahe darin. Aber gerade dieser altertümlichen Geräumigkeit wegen hängen die Reinachs an dem überholten Modell und verschieben es immer wieder, eine moderne Limousine in Dienst zu stellen.

Es gab einen sonderbaren und ebenfalls altfränkischen Aufenthalt unterwegs, bei einem Wächterhäuschen am Burgfrieden von Paris: die Benzinkontrolle, eine Formalität, an der festgehalten wird, da ein hoher Stadtzoll auf diesem Betriebsstoff liegt. Die Untersuchung wurde leichthin gehandhabt, wir durften rasch weiterfahren und stiegen aus vor der schloßartigen Parkvilla der Reinachs, Avenue Victor Hugo. In dem weitläufigen Salon zu ebener Erde trafen wir wieder mit Julien Luchaire zusammen. Ferner waren anwesend ein stattlicher Vierziger, Gaston Ragert genannt und Schriftsteller von Distinktion; ein jugendlicher Italiener, Suarès mit Namen, und Verwandte der Reinachs, darunter eine im Hause lebende Nichte, Soya Silberstein, mit Augen wie aus Tausendundeine Nacht, in deren glänzendem Dunkel ich während des Abends oft und dankbar verweilte.

Mme. Reinach, neben der ich bei Tische saß, ist russischer Abkunft und spricht das Deutsche wie das Französische mit demselben charakteristisch harten Akzent. Was ihren berühmten Gatten angeht, so beherrscht er, wie es scheint, jede Sprache, die gerade in Vorschlag gebracht wird, – sein Deutsch, vor allem, ist vollkommen rein und gewinnt an Gewicht durch die patriarchalische Würde seiner Diktion, sein morgenländisch langsames und weises Auge. Dieser Mann ist vielleicht der größte Polyhistor der Gegenwart. Er ist vor allem – aber man weiß nicht sicher, was er vor allem ist – Mytholog, Religionshistoriker, Erforscher primitiver menschlicher Vorwelt. Man findet sein vierbändiges Werk ›Cultes, mythes et religions‹ wiederholt zitiert bei Sigmund Freud, der in seiner Schrift über ›Totem und Tabu‹ einen ›Code du totémisme‹ wiedergibt, den Reinach eines Tages in der ›Revue Scientifique‹ entworfen hat. Er hat jedoch auch eine ›Histoire générale des arts‹ geschrieben und bekleidet in Paris ein Konservatorenamt. Als Linguist und Agrégé de grammaire gibt er sich populär und menschenfreundlich. Die Librairie Hachette enthält reizende Bücher von ihm: ›Le grec sans larmes‹, ›Le latin sans pleurs‹, ›Le français sans peine‹, worin er brieflich, plauderhaft und spielend in diese Sprachen einführt. Seiner Kritik des Sprachunterrichts an den Mittelschulen hörte ich mit Vergnügen zu. Der Grundgelehrte findet ihn viel zu gelehrt; er möchte die Philologen dahin verweisen, wohin sie seiner Meinung nach gehören, an die Universitäten.

Seine Bücherei ist enorm. Ich durfte mich umsehen darin: Sie bedeckt nicht nur die Wände seines großen Arbeitszimmers und eines weiteren Salons, sondern füllt, auf schmucklosen Metallgestellen gereiht, wie in öffentlichen Bibliotheken, noch den ganzen Wand- und Innenraum eines dritten Zimmers. Es ist eine herrliche Bücherei, gelehrt wohl, aber nicht abschreckend und entmutigend, sondern ganz zugänglich und freundlich, nämlich human. Sie handelt vom Menschen und von nichts anderem, von den Geschichten und Schicksalen seines Geistes, den Abwandlungen seines Glaubens, Träumens und Redens, von allerlei Ausdruck seiner Seele. So ist es sehr gut und hat nichts Beschämendes, darin zu wandeln und zu blättern: kein Band, der einen nicht anginge. Die kleine Soya ist im Begriffe, deren

Kartenkatalog herzustellen: ein Riesenunternehmen, une mer à boire, aber es ging nicht so weiter, es war mit der Bibliothek nicht mehr zu arbeiten, die ist dem Onkel über den Kopf gewachsen, er übersieht sie nicht mehr, und es ist schon vorgekommen, daß er sich ein Buch aus der Stadt hat holen müssen, das er besaß und von dem er nur nicht wußte, wo es stand, – eine Situation, mir nicht ganz unbekannt, nachgerade.

Die kleine Soya obliegt ihrer Aufgabe mit Stolz und Fleiß. Sie hat die Liebe ihrer Rasse zum ›Buch‹ und ihre Teilnahme für den, der welche schreibt. Sie ist in moderner französischer Literatur belesen wie einer, setzt sich an des Onkels Arbeitstisch und schreibt mir eine lange Liste neuer Bücher, die ich lesen müsse, um auf die Höhe zu kommen. Sie ist literarisch tätig, übersetzt aus dem Deutschen in das Französische. Sie schenkt mir ein Heft der ›Europe‹, für das sie den ›Beamten‹, ›L'employé municipal‹, von Leonhard Frank übersetzt hat, unter einem männlichen Schriftstellernamen. Am liebsten möchte sie ›Buddenbrooks‹ übersetzen, und wahrhaftig, ich hätte nichts einzuwenden. Ob aber der Verleger ihrer großen Jugend Vertrauen schenken wird? Solche Leute sind durch Tausend-und-eine-Nacht-Augen nicht ohne weiteres zu bestechen.

Was den großen, blonden, eleganten Herrn Ragert (Gaston) betrifft, so ist er ein eifriger Verehrer Bergsons, über den er verschiedentlich gearbeitet hat. Gegenwärtig liefert er der ›Revue bleue‹ Theaterberichte. Es heißt, daß er ein vortrefflicher Redner ist und oft an französischen und selbst ausländischen Hochschulen Vorträge literarischen oder philosophischen Charakters hält. Er und Luchaire duzen einander, denn sie sind Schulkameraden, ehemalige normaliens alle beide, demnach ehemalige Musterschüler. Sonderbar! Es scheint, daß in Frankreich die Musterschüler Schriftsteller werden, diese aus jenen sich rekrutieren, – zum Unterschiede von Deutschland, wo der angehende Schriftsteller schon auf der Schule seine soziale Unmöglichkeit zu erhärten pflegt. Es ist eben doch etwas anderes mit dem Schriftstellertum in Frankreich als bei uns. Dort ist es weit mehr etwas gesellschaftlich Vertrautes und Anerkanntes, eine Laufbahn viel eher, die sogar weit führen kann in Staat und Sozietät, – während es bei uns reine Dämonie ist, außerstaatlich und außergesellschaftlich von Grund aus und mit der Vorstellung früher Musterhaftigkeit und Harmonie so schwer vereinbar wie mit derjenigen späterer akademischer Repräsentation. Die deutsche Republik zeigt melioristischen Ehrgeiz in dieser Richtung und wird vielleicht äußere Änderungen herbeiführen. Aber dem Akademikertum des deutschen Schriftstellers wird immer ein gut Teil Ironie beigemischt sein.

Wie sympathisch war übrigens auch der kleine Suarès, mit seinem schmalen, spanischen Gesicht, ein feuriger, naiver, ergebener Junge, bedrängt von Jugend und Leidenschaft. Korrekterweise glaubte er mich aufmerksam machen zu müssen, daß er nicht André Suarès sei, mit diesem nicht zu verwechseln. Das machte nichts, er gefiel mir auch so. Da ich ihm in Paris begegnete, war anzunehmen, daß er Antifaschist sei, und er erwies und bekannte sich als solcher mit Schmerz und Wut und bedrängter Brust. »Sie leben nicht in Italien?« »Mein Herr, was wollen Sie, ich kann – ich kann es nicht!« Genau wie die Russen. Es ist doch merkwürdig. Sein Gott und Held und Meister ist Mazzini. Seine Freude darüber, daß ich von diesem Geist auch nur wußte, auch nur einige seiner Manifeste kannte, war ergreifend. Wo sind die Zeiten, da ein und dasselbe Pathos Vaterland und Menschheit umfaßte? Auch der Demokrat und Menschheitsfreund Mazzini forderte die Brennergrenze, die heute der Faschismus, nach der ersten Überraschung darüber, daß sie ihm in den Schoß gefallen, für gottgewollt erklärt. In der Anlage und Fähigkeit, im Namen ganz verschiedener Prinzipien dasselbe zu fordern, besteht die Überlegenheit derjenigen Völker über uns Deutsche, welche wir, eben auf Grund dieser Anlage und Fähigkeit, die politischen Völker nennen. Die Forderung der Vereinigung mit Österreich wäre eine solche, die unter Berufung auf beide Prinzipien, das völkische und das demokratische, durchaus einstimmig gestellt werden könnte; aber unsere Nationalisten, die während des Krieges nichts als Außenpolitik kannten, lehnen sie ab aus innerpolitischem Grunde: weil sie *auch* mit menschheitlich-demokratischen Argumenten gestützt werden kann und weil ihre Erfüllung einen Erfolg der Republik bedeuten würde. Der Deutsche verhält sich zur Demokratie wie der alte Germane zum Christentum: er fürchtet und muß vielleicht fürchten, durch sie national geschwächt zu werden. Diese Sorge ist den anderen überhaupt unbekannt. Der Grundgedanke meiner ›Betrachtungen‹, daß Demokratie und Politik ein und dasselbe sind, bleibt mir wahr und unanfechtbar. Leugnet man ihn, so kann man ein hochinteressantes Volk sein, aber man bringt es zu nichts. –

Die Familienkraftkutsche brachte uns, zusammen mit der Prinzessin und der Romancière, wieder nach Hause.

DIENSTAG, DEN 26. Anstandsbesuch im Louvre. Die Umstände sind jeder ernstlichen Vertiefung entgegen. Ein Hindurchschlendern, Umheräugen, ein Blick auf die Nike, die Venus von Milo, die Leonardos, die Spanier, eine Erneuerung der allgemeinen Idee, was hier an prangendem Ausdruck seelisch-sinnlicher Kräfte vereinigt ist, das war alles. Ach ja, der Mensch! Er hat gesündigt, sich wie ein Vieh benommen, sich gegenseitig gemetzelt all die Jahrhunderte her – und unterdessen beständig dergleichen hervorgebracht. Wobei es ein Irrtum wäre, zu unterscheiden zwischen seinem ›göttlichen Teil‹, dem diese Dinge zu danken wären, und seinem tierischen, auf dessen Rechnung das andere käme. Nein, beides entspringt aus seinem Ganzen, die Viecherei und die Herrlichkeit; das Gemetzel hat grauenhaft viel mit dieser zu schaffen, viel mehr, als ein Pazifist sich auch nur träumen zu lassen einwilligen würde; und ich beneide diejenigen, die sich durch die Berührung mit großer Kunst in ihrer Forderung an die Heiligkeit, Reinheit, Friedlichkeit des Menschen gerechtfertigt und bestärkt fühlen. Ich habe das nie gekonnt. Heiligkeit und Friedlichkeit machen keine Bilder. Der ›Geist‹ tut das auch nicht, sondern die Seele, welche nämlich Sinnlichkeit und Sünde ist. Ich habe immer behauptet, daß im Kampfe gegen den Krieg mit dem Namen der Kultur nicht viel anzufangen ist. Der europäische Pazifismus von heute ist eine

Sache der allerpraktischsten Vernunft, und nur Narren freilich löcken gegen diesen Stachel.

Was, im Vorübergehen, gefiel mir am besten? Ich glaube: ›L'embarquement pour Cythère«, dies zärtlich irisierende Muschelgeschenk Aphroditens. Die Umstände mochten eine Empfänglichkeit entschuldigen, die mich selbst überraschte. Was noch? Die Höfe. Der älteste namentlich, aus Franz des Ersten Zeit, mit den reinen Formen seines von vier Jahrhunderten geschwärzten Steines.

Frühstück in der Botschaft, allein mit Herrn von Hoesch und einem weiteren Landsmann, dem Präsidenten der Leipziger Handelskammer. Man hielt sich im Erdgeschoß, wo die Privaträume des Botschafters liegen, die übrigens an Stattlichkeit den oberen kaum nachstehen. Blick von den Salonfenstern auf die Seine und den Tuileriengarten. Wieder trug der Eßtisch ein schönes Mittelstück von Blumen. Beim Frühstück kam Hoesch auf den ›Zauberberg‹, dessen Bände er rührenderweise neulich, bei dem großen Empfang, auf dem Tische des Hauptsalons ausgelegt hatte. Er nahm Anstoß an der übergroßen Fülle von nicht immer erfreulichem Detail in diesem Roman, wünschte sie erklärt. Ich sagte, es handle sich um den Exaktheitshang eines Schriftstellers, der durch die naturalistische Schule gegangen. Seither habe aber das Detail an Sinn gewonnen, ja, überhaupt erst Sinn gewonnen. Das Exakte werde heute nicht mehr um seiner selbst willen gepflegt. Seine Vergeistigung habe von Anfang an in meiner Tendenz gelegen. – Ich fürchte, den Präsidenten langweilte das. Nach Tische bei den Likörs und der Hamburger Zigarre gab es solidere Themata: Die Finanzlage Frankreichs, das Kunststück und Wunder der deutschen Deflation und Währungsstabilisierung, über deren Gelingen Hoesch mit einem gewissen nationalen Stolze sich äußerte. Er sprach auch sehr hübsch über seine eigene Laufbahn, die insofern ungewöhnlich war, als er niemals Gesandter gewesen, sondern mit vierzig Jahren, vom Posten des Botschaftsrates, nach Weggang des kranken Dr. Meyer, sofort zum Botschafter aufgerückt ist: auf französischen Wunsch sowohl wie nach dem strikten Willen der

Berliner Stellen, den er damals vergebens mit geharnischten Telegrammen zu wenden versucht hat. Er wußte wohl, welch Kelch ihm bevorstand: es galt die Liquidierung der Ruhraffäre, und der dienstliche Verkehr mit Herrn Raymond Poincaré muß das genaue Gegenteil eines Vergnügens gewesen sein. »Es war ziemlich schrecklich. Eine kultivierte Familie, ein in seiner Art kultivierter Mann, gewiß. Aber stellen Sie sich einen Kopf vor, wie eine Registratur, vorzüglich beherrscht, die Umsicht, mit der er die Schubladen handhabt, ist imposant, aber alle sind gestampft voll, – etwas Neues geht nicht mehr hinein.« Eine erheiternde Charakteristik, wie das peinliche Erlebnis sie eingibt. Wir überließen den vielgeplagten Mann seiner Arbeit. Zum Abschied dankte er mir noch einmal auf eine zugleich herzliche und offizielle Weise für mein Kommen und Reden, – vielleicht um mich im voraus zu wappnen gegen die unvermeidlichen, aber untergeordneten kleinen Mißverständnisse und Infamien, die ich deswegen in der Heimat würde zu bestehen haben. –

Vorlesung bei den normaliens am Nachmittag. Zwei elsässische Studenten, denen das Deutsche Muttersprache ist, Mitglieder der ›Groupe d'Information Internationale de l'École Normale Supérieure‹, holten mich ab und fuhren mit mir ins Quartier Saint-Médard, Rue d'Ulm, wo das klösterliche Haus der Schule, ein Gebäude aus dem Anfang des neunzehnten Jahrhunderts, gelegen ist. Steinerne Gänge, junge Leute. Ich liebe den rührenden Kontrast von Jugend und würdigem Gemäuer, worin sie lacht, lernt und schlendert, und dachte an Oxford. Diese Begegnungen der Studenten mit fremden Gästen pflegen eigentlich in engstem Rahmen abgehalten zu werden, auf irgendeiner Bude und in Gesprächsform. Man hatte jedoch heute einen größeren Hörsaal zum Schauplatz gewählt, weil die Jugend nicht unter sich war, sondern externes Publikum sich eingefunden hatte. Ich spazierte durch den Gang zwischen den Bänken zum Katheder recht wie ein Professor, wurde in kurzer Ansprache vorgestellt und hatte für einen Begrüßungsapplaus zu danken, dessen jugendlich hochherziger Eifer mich ergriff.

Ich sagte ein paar einleitende Worte, sprach von der neuen Generation, auf die man immer hofft und auf die heute die Welt aus besonderer Not und Hoffnung blickt, und entschuldigte mich, daß ich keine Zeit gefunden, einen eigenen Vortrag für diese Stunde vorzubereiten. Ich hatte ein paar Bogen aus dem Aufsatz ›Goethe und Tolstoi‹ mitgebracht und las daraus zwei Kapitel, Gedanken über Freiheit und Vornehmheit, über den Adel des Geistes und den der Natur. Ich fand musterhafte Aufmerksamkeit. Dies Publikum verstand offenbar vorzüglich deutsch. Das Anekdotische amüsierte, jede Pointe ward aufgefangen. Man zeigte sich sehr dankbar am Schluß, und nach einiger Unterhaltung mit den Vorstehern führten meine beiden Elsässer mich im Taxi zum Hotel zurück. Wir sprachen dabei über die Dichter ihrer Provinz, über Flake und Schickele, über den lyrischen Frühling, der dort keimte und der vom Kriege hinweggerissen worden. –

Wie, keine Abendtoilette nötig? Für das Diner im ›Cercle Littéraire International‹, der Pariser Niederlassung des PEN-Clubs, war ausdrücklich Straßenanzug vorgeschrieben, und wirklich trug der Abend, sehr im Gegensatz zu dem hochoffiziellen Frackbankett in London, unter Galsworthy's Vorsitz, vor zwei Jahren, das Gepräge der Bequemlichkeit und sogar der Primitivität, denn die Aufwärterinnen legten seelenruhig das benutzte Besteck auf seinen Platz zurück, wenn die Teller gewechselt wurden. Das Klublokal in der Passage des Favorites ist besonders ansprechend: Der Speisesaal hat eine Galerie, von der man aus dem darübergelegenen Bibliotheks- und Konversationsraum auf ihn hinabblickt.

Eine Menge Menschen und Namen: Jaloux und Jules Romains, mit seinem stark und einfach geschnittenen, freundlichen Gesicht, das etwas Bäuerliches hat, François Mauriac, der schwarzbärtige Benjamin Crémieux, Präsident des Klubs, Walter Hasenclever, Verfasser des ›Sohnes‹ und Swedenborg-Herausgeber, der jetzt in Paris lebt, Professoren, Damen, Zifferer, Du Bos, Mlle. Weiß, Herren der deutschen Botschaft, Bertaux, Iwan Goll und seine Frau Claire, die jetzt mit dem merkwürdigen Roman eines Schwarzen: ›Der Neger Jupiter raubt Europa‹ hervorgetreten ist.

Die Tafel war in offenem Viereck aufgestellt, man saß eng und gemütlich und erfreute sich eines guten weißen Landweins in Karaffen. Ich hatte Jaloux zu meiner Linken, Jules Romains zur Rechten, Schestow in der Nähe. Romains, der glückliche Autor des ›Doktor Knock‹, ist ein viel feinerer Poet, als das große Publikum in Deutschland weiß. In ›La vie unanime‹ erreicht seine Lyrik an geheimnisvoll-durchdringender Simplizität beinahe Verlaine.

Je me sens tout fatigué;
Mes lèvres tremblent un peu.
C'est comme si je venais
De donner trop de baisers.
Au fond de moi on a peur . . .

Sein Versdrama ›Cromedeyre-le-vieil‹ macht begreiflich, daß Claudel ihn nennt und liebt. Es ist nicht fern der Sphäre von ›L'annonce faite à Marie‹, nur derber, weniger seraphisch, im Volkstümlichen lustiger. Der Mann hat Humor, sein Gesicht verrät es gleich, und im Gespräch reicht er mit verschmitzter Anspruchslosigkeit rasch zugeschnittene witzige Definitionen hin. Das Talent eines sehr berühmten Kollegen bestimmte er als »Anämie,– ohne ihre Vorzüge«. Ich mußte lachen, zumal ich sehr der Sentenz zuneige, daß Güte ohne Humor Anämie ist.

Die Unterhaltung mit dem besinnlich in sich gekehrten Jaloux war eingehender. Er erzählte ein wenig von seiner Herkunft, die wir der meinigen verwandt fanden, von der derb materiellen Kultur seines Marseiller kaufmännischen Heimatmilieus, gegen das der werdende Schriftsteller sich früh in Opposition befunden. Die ›Buddenbrooks‹ hätten ihm viel Vertrautes entgegengebracht. Sonderbar! Es war nicht das erstemal, daß mir das im Auslande gesagt wurde. Wirklich ist, was man für das Deutscheste halten möchte, zuweilen das Internationalste. In der Schweiz, in Holland, in Dänemark habe ich junge Leute und

Familiensöhne ausrufen hören: »Dieser Prozeß der Entbürgerlichung durch Differenzierung, durch ein Überhandnehmen der Sensibilität – genau wie bei uns!«

Sehr merkwürdig und reich ist der französische Begriff der ›sensibilité‹, – zugleich wörtlicher und allgemeiner zu verstehen als unser Fremdwort. Das Stammelement des ›Sinnlichen‹ spielt eine größere Rolle darin, und zwar einer zum Rausch und zum Untergange geneigten Sinnlichkeit, des Romantisch-Dionysischen also: der Begriff umfaßt den Komplex von Schönheit, Lust und Tod als Gegensatz zu dem von Zucht, Ordnung, Klarheit, Vernunft, Moral, und so gebrauchte ihn Jaloux, als er den tragischen Sieg der sensibilité im ›Tod in Venedig‹ zu lieben erklärte. Den deutschen Gegensatz des Romantischen und Klassischen besitzen die Franzosen vollkommen unter dem Namen des Widerstreites von sensibilité und raison, und wir kamen überein, daß das Problem des deutsch-französischen Verhältnisses, der Verständigung und des Ausgleichs zwischen den beiden Völkern zu diesem feindlichen Begriffspaar in engster Beziehung stehe. Man ist ziemlich weitgehend gewöhnt – und zwar auf beiden Seiten –, Frankreich als den Vertreter des klassischen und Deutschland als den des romantischen Prinzips in Europa aufzufassen. Es ist aber festzustellen, daß diese Anschauung der geistigen Begegnung der Nationen nicht nur nicht förderlich ist, sondern daß sie auch tatsächlich stark zu veralten begonnen hat. Einer gewissen Germanisierung des französischen Geistes entspricht eine ebenso wahrnehmbar fortschreitende, wenn auch ebenso bedingte Verwestlichung des deutschen Sinnes, und eine bewußte Selbstkorrektur auf beiden Seiten, eine Art von wissentlichem Rollentausch möchte ein übriges tun, so daß Deutschland von der Seite der klassischen raison, Frankreich von der romantischen sensibilité her einander finden könnten.

So unsere Übereinkunft. Auch von Romain Rolland war die Rede, und ich hatte wieder festzustellen, daß die Bewunderung, die man ihm in Frankreich zollt, der unsrigen nicht gleichkommt. Da man ihn als artiste-créateur, als Gestalter, als Plastiker, nicht für voll nimmt, glaubte ich desto eher auf volle

Zustimmung rechnen zu könnnen, wenn ich ihn als analytischen Schriftsteller, als Kritiker, herausstrich und etwa die Seiten im ›Jean-Christophe‹ pries, die dem künstlerisch-literarisch-politischen Leben des Vor-Kriegs-Paris gewidmet sind. Aber Jaloux fand sie nur »très exagérés«. – Ferner von John Galsworthy, über dessen vollendete persönliche Liebenswürdigkeit wir einig waren. Ich erzählte lachend, daß die Londoner Presse mich seinerzeit als »The German Galsworthy« eingeführt habe, aber Jaloux war nicht einverstanden. Galsworthy sei nicht »künstlerisch« genug, als daß der Vergleich passen könnte. Wäre es denkbar, daß dieser Franzmann, wenn gerade der Engländer sein Nachbar gewesen wäre, umgekehrt geurteilt hätte? Auf jeden Fall ist es merkwürdig, wie fest in Franzosenköpfen der Begriff des ›Künstlerischen‹, des ›Artistischen‹, noch heute sitzt, – viel fester als in den von der Weltrevolution früher und unmittelbarer ergriffenen Ländern, wo er kaum noch Lebensmöglichkeit besitzt und wo man längst ganz andere Sorgen hat als das ›Künstlerische‹. Flaubert konnte es als den Gegenbegriff des Bürgerlichen empfinden; heute ist es ein bürgerlicher, ein konservativer Begriff. Flauberts Kunstidealismus ist nicht denkbar ohne die ›Rente‹, die niemand mehr hat. In Frankreich aber scheint die artistische Idee der Rentenlosigkeit standzuhalten. Selbst zur Zeit der ›Betrachtungen‹ hat man mich dort damit verteidigt, daß ich »gleichwohl sehr künstlerisch« sei: eine völlig ungültige Entschuldigung bei uns, wo die Qualitätswürdigung eines als feindlich Empfundenen heute unmöglich und jedes Urteil parteimäßig bestimmt und gefärbt ist. Die europäisch gerichtete ›Nouvelle Revue Française‹, die von dem alten G. Clemenceau politisch gewiß nicht viel wissen will, hat sein Demosthenes-Buch mit vollkommenem Freisinn gelobt und es groß genannt. Man stelle sich vor, daß unsere Rechtspresse ein Meisterwerk erhöbe, das eines ihr nicht genehmen Geistes voll wäre! Oder umgekehrt! Aber das Umgekehrte, die Niveausachlichkeit der deutschen bürgerlich-demokratischen Kritik, die auf ›Bildung‹ noch immer mehr als auf Politik sieht, ist wohl eher denkbar, und wir haben da abermals und wiederum das Problem der

›Freiheit‹, die tief problematisierte Idee der Freiheit und Gerechtigkeit, die – man verzeihe das harte Wort! –, die liberale Idee, an welcher, wenn sie noch einmal, aufs neue, auf neue Weise, erstarkte, nach dem Glauben einiger weniger die Welt genesen könnte. –

Es war so gemütlich gewesen, und nun, ganz am Ende der Mahlzeit, entfaltete Crémieux doch noch ein Manuskript, um zu reden, obgleich meine Nachbarn nicht geglaubt hatten, daß es geschehen werde. Er las seine wohlgepflegten Begrüßungssätze vom Blatt, wie das im Westen fast durchaus die Regel ist: man läßt es ungern auf das Ungefähr der improvisierten Rede ankommen – die literarische Form über alles! Oder eigentlich nicht dies, denn die Form ist dem Gedanken nicht übergeordnet, womit die wirkliche rhetorische Windbeutelei begönne, sondern ein Gedanke gilt erst dann als ausgedrückt, er wird zum Range des Gedankens überhaupt erst erhoben, wenn er vollkommene literarische Form gewonnen. Daß in Frankreich viel abgelesen wird, ist Zeichen einer lebhafteren Achtung vor der Sprache und damit vor dem Gedanken, als bei uns üblich ist. Ländlich, sittlich; aber besonders sittlich kann ich das deutsche ›von-der-Leber-weg-Reden‹, das heißt die Sprach- und Gedankenschlamperei, nicht finden.

»Sie brauchen nicht zu antworten«, sagte Jaloux. Aber alle sahen sich nach mir um. Crémieux kam zu mir und sagte: »Sie sind vollkommen entschuldigt, wenn Sie schweigen; Sie müssen müde sein, vous aurez la gorge sèche.« Aber alles wandte die Köpfe nach mir. So stand ich denn auf und rief: »Meine Damen und Herren, man weiß nachgerade in Paris oder doch in diesem liebenswürdigen Kreise, daß ich die schlechte Gewohnheit habe, Deutsch zu sprechen. Nun, ich habe gute Erfahrungen damit gemacht, mich guter Gespräche erfreut auf diese Weise. Meine Partner haben Französisch gesprochen, und ich habe Deutsch gesprochen, und wir haben einander ausgezeichnet verstanden. Lassen wir das symbolisch sein! Fassen wir es auf als Symbol für das Europa, auf das wir hoffen und an das wir glauben! Es wird weder ein französisches Europa sein noch ein deutsches. Wir werden Französisch sprechen, und wir werden Deutsch sprechen, und wir werden einander dennoch gut verstehen!«– Großes Händeklatschen. Man muß diesen Leuten Pointen schnitzen, das haben sie gern. Es war aber eine aufrichtig ernstgemeinte Pointe, und sie wurde auch so verstanden.

Auflösung der Tafelrunde. Meine Gefährtin versicherte, sie habe sich mit ihrem Tischherrn, Professor Meillet vom Collège de France, ganz ungewöhnlich gut unterhalten. Er hat eine indoeuropäische Grammatik geschrieben, die höchsten Rufes genießen soll, und beschäftigt sich hauptsächlich mit den alten slawischen Sprachen. – Gedränge und lautes Geplauder beim Kaffee droben in der Bibliothek, im Zigarettenrauch. Benommenheit vom Weißwein und vom Trubel. Welche Fülle der Gesichte! Mit einzelnen weiß ich gar nichts mehr anzufangen. Da war im Nebel ein seltsam exotischer, älterer kleiner Mann mit ungeheurer Stirn – er hieß Benrubi und war Philosoph, ich bin im Besitz seiner Karte. Habe ich ihm irgend etwas versprochen? Der Himmel weiß es, und der Meister möge mir verzeihen, wenn ich mein Wort nicht halte, – ich habe keine Ahnung mehr, welches ich gegeben. Ein Amerikaner kannte etwas von mir. Es war der ›Untertan‹. Ich steckte seine Komplimente vorläufig ein, gebe sie aber hiermit an die große Adresse weiter, der sie gebühren und von welcher in einem Gespräch mit Iwan Goll und seiner Frau sehr anregend die Rede war. Wir fanden es merkwürdig, wie bei uns Brüdern das Deutsche und das Romanische im künstlerischen und politischen Ausdruck sich überkreuze. In seiner politisch-sozialkritischen Anlage schlage bei jenem das blutmäßig Romanische viel stärker durch als bei mir, dem ›Unpolitischen‹. Künstlerisch genommen aber sei ich im Grunde den Franzosen näher und vertrauter als er, nämlich kraft meiner ›Bürgerlichkeit‹, das heißt: eines Konservativismus, der, selbst wenn er sich nur ironischerweise behaupte, ihren klassischen Sinn anspreche, während mein Bruder weit mehr mit dem deutschen Expressionismus zu schaffen habe. Es war sachlich amüsant zu finden, daß jemand deutscher sei als ein anderer, *weil* er revolutionärer sei. Aber wie heute die Dinge liegen, ist wohl etwas daran, und zweifellos wird in Frankreich die dem Osten nähere geistig-geographische Lage Deutschlands als ein Vorteil für uns empfunden.

MITTWOCH, DEN 27. Oh, auch von Paris haben wir nun etwas gesehen, dank der Fürsorge der Herren Zifferer und Viénot, zweier leidenschaftlicher und intimer Kenner der Stadt, die auf eine für amerikanisch-deutsche Begriffe so glücklich-befremdliche Weise den Charakter der Weltstadt mit dem der *alten* Stadt, der tiefhistorischen Kultur vereinigt. Hier fehlt der Gegensatz der kolonialdeutschen Modernität Berlins zur kulturellen Würde der Provinzzentren. Die Weltzivilisation tobt und flittert in Paris nur obenauf; weiter innen ist alles Kultur, Historie, Alter.

Unsere Führer sorgten vor allem dafür, daß wir einen französischen Chauffeur gewannen; sie mußten mehrmals fragen: die zuerst Angesprochenen gaben mit verschämtem Kopfschütteln zu, sie seien »weit her«. Wir kamen leidlich herum, sahen, immerfort haltend, schauend und eintretend, wohl dies und das, was nicht jeder sieht. Man kennt gewiß die kleine Kirche Saint-Julien-le-Pauvre aus dem dreizehnten Jahrhundert, erbaut auf Trümmern des sechsten, vor deren Eingang der merkwürdige alte Brunnen steht, der auch seine siebenhundert Jahre gesehen. Aber war man auch in dem zugehörigen Gärtchen, in das man aus der Kirche linkshin hinaustritt und das die Aussicht auf Notre-Dame bietet: eine völlig ungestörte und idyllische Aussicht, die nichts von der Weltstadt, überhaupt von nichts Neuem und Gegenwärtigem weiß, sondern den Sinn mit reiner Abgeschiedenheit und historischer Stille berührt? Wenn jeder es kennt, so bitte ich um Entschuldigung. Auf jeden Fall hat der Ort etwas Überraschendes und Verwunschenes, und meine Erinnerung zeichnet ihn besonders aus – zusammen etwa mit dem Cluny-Museum, dessen Sammlungen ich gar nicht gesehen habe. Es ist aber auf antiken Thermen erbaut, und wenn man hinten herum durch den Garten geht und aus dem fünfzehnten Jahrhundert – denn aus dieser Zeit stammt das gegenwärtige Haus – plötzlich das römische Gemäuer hervortritt und man durch ein Eisengitter in das statuenbesetzte Atrium eines Palastes aus Marc Aurels Tagen blickt, so fühlt man sich recht traumhaft eingenommen; man kehrt wohl noch einmal um, wenn man schon weggetreten, um noch einmal so, unter leichtem Leibziehen, durch die Jahrhunderte zu sinken und durch das Gitter noch einmal auf den staubig-steinernen Spuk zu blicken, der dort, unzugänglich, aber wirklich, in starrem Schlafe beharrt.

Dies und jenes war wohl das Beste. Aber ich habe den Kopf voll von Renaissance- und Barockarchitektur, von Formenglanz, in welchem oft die Stile verschiedener Jahrhunderte so harmonisch zusammenwirken, daß es in seiner Selbstverständlichkeit zum Verwundern ist: wie im Falle der Kirche Saint-Sulpice, die seit dem zehnten in beinahe jedem Jahrhundert neu erbaut wurde und neben einem Turm aus dem siebzehnten einen zweiten hat, den nördlichen, dessen Geschmack in aller Naivität hundert Jahre jünger ist, ohne daß man den leisesten Anstoß daran nähme. Da war das Palais du Luxembourg mit seinem alten Parke im Silberlicht und dem vornehm ausladenden Bassin der Fontaine Médicis. Der Palast ist ja Sitz des Senates, und ich erinnerte mich, dies sei also das Wirkungsfeld des unangenehmen Herrn Poincaré, hörte aber, daß wirklich niemand sich um den Mann mehr kümmere und daß er selbst hier, seit Jahr und Tag, den Mund nicht mehr aufgetan habe.

Schön ist der runde Platz vor dem Panthéon, gebildet von der Bibliothèque des Génovéfains, der École de Droit und der Mairie dieses Arrondissements. Schön die Hügelstraße an der romanisch-gotischen Renaissancekirche Saint-Étienne-du-Mont vorbei, hinab zur Sorbonne, ein alter Römerweg, jetzt Rue de la Montagne Sainte-Geneviève. Traumweise ist mir, als seien wir ein Stück weit ins ›Institut‹ vorgedrungen, die Akademie am Quai Malaquais, und die runde Stiege der Bibliothèque Mazarine schwebt mir vor, charaktervoll gedrungen. Was für ein glänzender Hof, der das Hôtel Carnavalet, wo gegen Ende des ›grand siècle‹ Madame de Sévigné mietweise wohnte – gerade der Doré-Dornröschen-Glanz war das, von dem wir in Mainz einen Vorgeschmack bekommen. Aber in klarster Erinnerung, ich weiß nicht, warum, steht mir der Platz, der durch die Jahrhunderte viele Namen hatte: Place Royale, Place des Fédérés, Place de l'Indivisibilité, und der seit 1800 Place des Vosges heißt, zu Ehren des Vogesen-Départements, weil es als erstes seine Steuern gezahlt hatte! Er war einmal Roßmarkt, dieser Platz, aber Heinrich IV. hat etwas ganz Nobles aus ihm gemacht, prächtige, rote, giebelige Herrschaftshäuser herumgestellt, die eigentümlich niederländisch anmuten, und ihn zum Mittelpunkt des geselligen Lebens erhoben. Berühmte Duelle wurden hier ausgefochten, zum Beispiel das Duell Guise-Coligny und andere der Art, wie Mérimée sie in der ›Bartholomäusnacht‹ beschreibt. Das majestätische Reiterstandbild Ludwigs XIII. steht auf dem Platz, und in einem der roten Herrschaftshäuser wohnte einst Victor Hugo.

Auf der Fahrt durch die Stadt kamen wir an Ruinen vorbei, zu Schutt zerstürztem Mauerwerk, und mir wurde bedeutet, das hätten jetzt kürzlich die weittragenden deutschen Geschütze, das im Walde von St. Gobain aufgestellte 21-cm-Kaliber, gemacht. Ich hatte mir nicht vorgestellt, daß sie wirklich solchen Schaden gestiftet hätten, mir eingebildet, sie hätten mehr der Reklame gedient. O nein, es ist zeitweise täglich eine regelrechte Beschießung gewesen, zu bestimmter Stunde, und die Pariser haben auch Verständnis dafür gehabt und sich nicht hochgradig aufgeregt – was wollen Sie, das ist der Krieg, man konnte die bestrichene Zone ja meiden. Geärgert haben sie sich nur und laut geschimpft, wenn die Geschoßbahn plötzlich verlegt worden ist, das hat sie nervös gemacht. Viénot sah beiseite, während ich so berichtet wurde, und die Trümmer betrachtend murmelte ich die Anführung des französischen Wörterverzeichnisses vor mich hin, die mir in diesem Zusammenhange am Platze schien, nämlich »désagréable«. Aber es gibt ja auch in deutschen Landen allerlei Denkzeichen, die den Herren Nachbarn désagréable sein könnten, und dies bedenkend wandelte ich im Vorüberfahren meine Miene ins Eherne, nicht anders, als hätte ich selber das 21-cm-Kaliber konstruiert.

Im ganzen, es war eine dankenswerte Spazierfahrt. Wir frühstückten Austern und Graves danach im Café d'Orsay, wo die Stunde des stärksten Besuches schon vorüber war und wenige Leute nur noch bei Mokka und Benediktiner ausharrten. Nicht weit von uns, an einem der weißen Tische, saß unter Freunden eine Frau, die mitten in dem vergoldeten Spiegelsaal an offener Brust ihr Kind stillte. Ein südlich-natürliches Bild, bei uns kaum denkbar und auch hier überraschend.

Besuche am Nachmittag, ein eigenwilliger und einer, zu dem man uns anhielt. Henri Lichtenberger führte uns zu Mme. Menard-Dorian, der ›Enkelin Victor Hugo's‹. Dieser Ehrentitel ist nun freilich ein kleiner Euphemismus, Madame Menard ist schlechterdings nicht mit Victor Hugo verwandt, ihre Tochter, jetzt Gattin des Malers Herman Paul, war früher einmal die Frau Jean Hugo's, des Enkels und Erben des Dichters, das ist alles. Immerhin, die Beziehung ist da, auch allerlei persönliche Andenken an den Autor von ›Hernani‹ gibt es in dem reichen und bequemen Privathause der Mme. Menard-Dorin an der Rue de la Faisanderie, nicht weit von der Avenue du Bolis, und vor allem wahrt die bürgerlich-vornehme, weißhaarige alte Dame, die uns in ihrem großen Salon so liebenswürdig empfing, aufs tätigste die in dem Namen Hugo beschlossene politische Überlieferung als eifrige Teilnehmerin an allen linksbürgerlich, freimaurerisch-pazifistisch bestimmten Organisationen, Zirkeln und Kongressen, zum Beispiel als Mitglied der ›Ligue des Droits de l'Homme‹. Ich hörte, sie sei eine so enragierte Atheistin, daß sie jedem, der es wage, Gott vor ihr zu nennen, die Douche verordne. Das gibt es nur in katholischer Sphäre – wie denn etwa auch gewisse skeptische Lästerungen bei Anatole France den Protestanten befremden. Wir kennen nicht diese Erbitterung gegen Gott, nicht diesen Fanatismus des Unglaubens, der in katholisch-antikatholischem Bezirke gedeiht. Sind wir also frömmer oder nur lauter, oder ist unsere Skepsis vielleicht die tiefere? Gott weiß es – hätte ich fast gesagt, und wirklich ist das sehr zweifelhaft; denn wir wissen ja, daß der französische Skeptizismus nicht so leicht haltmacht und in mehr als einem Falle jene Kreisbahn durchmessen hat, die über das Nichts, wenn nicht gerade zu Gott, so doch zur katholischen Kirche zurückfindet – was denn freilich wieder recht unprotestantisch ist. Denn wir können uns zwar Gott ohne die Kirche vorstellen, aber nicht die Kirche ohne Gott, sans la foi – ein politisches Kunststück, dem wir uns nicht gewachsen fühlen.

Eine italienische Dame war da, ausgewiesen von zu Hause oder doch unmöglich dort und flüchtig; ich saß neben ihr, und sie versicherte, der Faschismus, der vorwärts müsse, bereite den Krieg. – Den Krieg gegen wen! – Gegen Frankreich. Auch die anderen erklärten, viele Anzeichen sprächen dafür. Ich fand es recht ehrgeizig von Italien, daß es den ersten militärischen Sieg seiner Geschichte ausgerechnet über Frankreich davonzutragen beabsichtige, und ich glaube, was französisch war, schmunzelte. Gibt es einen Pazifisten, der nicht ein *wenig* geschmeichelt wäre, wenn man seinem Lande ein militärisches Kompliment macht? Ich möchte nur gefragt haben.

Zwischendurch zeigte die Hausfrau sich besorgt um Deutschland, um seinen Eintritt in den Völkerbund. Würde er bald erfolgen? Da ich es in der Zeitung gelesen hatte, durfte ich sie mit gutem Gewissen beruhigen. »Il me semble absolument sûr, Madame, que l'Allemagne entrera bientôt.« Ich wunderte mich, daß sie es nicht auch in der Zeitung gelesen hatte.

Zu Iwan Schmeljow von da, dem russischen Dichter und Dulder, der ›Die Sonne der Toten‹ geschrieben hat, dies grauenvolle und dennoch in den Glanz der Dichtung getauchte Dokument aus der Zeit, da die roten Glücksbringer die Krim ›mit eisernem Besen kehrten‹. Aus dem üppigen, mit duftenden Hölzern getäfelten, mit Teppichen belegten Pariser Bürgerheim in die äußerste Eingeschränktheit, eine Armeleutwohnung der Rue Chevert, im VII. Bezirk, drei Zimmer mit Küche und kahlem Vorplatz, die Dürftigkeit atmen. Die Nichte des Schriftstellers öffnet uns, eine junge Frau, die ihren Mann auf irgendeine gräßliche Weise verloren hat und deren Söhnchen in dem Zimmer, in das sie uns vorläufig einläßt, am Wachstuchtische sitzt und Briefmarken klebt. Das blasse Knäbchen geht sonst zur

Schule und kann schon recht gut Französisch, krankt aber an den Folgen seiner Erlebnisse in der großen, geliebten, grauenvollen Heimat und muß zu Hause bleiben, wo es sich langweilt und sitzt und klebt. Seine Mutter meldet uns inzwischen dem Onkel – mein Gott, es dauert lange, der Dichter ist einsam und nervös, vielleicht fühlt er sich überrumpelt, verwirrt, ein Kleidungsstück muß vielleicht gewechselt, das Zimmer etwas geordnet werden – quälen wir ihn? Und doch haben wir in der Miene der Nichte, als wir uns vorstellten, zu lesen geglaubt, daß er sich freuen werde.

Er freut sich – sein Entgegenkommen im engen Raum des Arbeitszimmerchens, sein Blick, sein Händedruck lassen uns nicht daran zweifeln. Ich bin erschüttert, wie ich dann bei ihm sitze, an dem improvisierten Notbehelf von Schreibtisch, und in dies zerfurchte, abgezehrte Gesicht im weißen Barte blicke, in das jene Greuel sich eingezeichnet haben, die man in der ›Sonne der Toten‹ nachlesen mag, wenn man Mut hat, und das einem Manne von fünfzig Jahren gehört, aber fünfzehn Jahre älter erscheint. Meine Erschütterung geht in Scham über, als er es ausspricht, daß er mich, den Altersgenossen, »jung und stark« findet, und in bitterer Verachtung an seiner eigenen Mitgenommenheit vergleichsweise hinunterweist. Ich muß an die Stelle denken in seinem furchtbaren Roman, wo er sagt, während an der Wolga zehn Millionen Menschen vor Hunger krepierten und Leichen fraßen, hätten wir andern Völker gegafft wie ein junges Studentchen bei einer Demonstration, voll Neugier, was aus dem »Experimente« wohl werden möge. Er hat etwas Erregtes und Schreckliches, besonders da er mit der Sprache kämpft. Er spricht weder Deutsch noch eigentlich Französisch und sucht, was ihm an Möglichkeit des Ausdrucks fehlt, durch verstärkte Tongebung und heftige Bewegung seiner blassen Krankenhände zu ersetzen, was meine Erschütterung verstärkt. Die Nichte muß ihm helfen. Mit verminderter Stimme fragt er sie zwischendurch auf russisch, wie dies und jenes französisch zu sagen sei und wiederholt ihre Auskunft dann, wieder zu mir gewandt, fast schreiend und unter Gesten. Er spricht von Paris, wo er nicht arbeiten kann. Der Winter ist hinzubringen, das Frühjahr zu ersehnen, um welche Zeit er mit den Seinen irgendwohin ans Meer, in die Nähe von Biarritz etwa, zu gelangen hofft, wo es besser sein, besser gehen wird. Sein Buch, das ich bewundere, er schenkt es mir; erregt und langsam schreibt er hinein, was die glatte, fix und fertige Sprache des Westens ihm an die Hand gibt: etwas von »grande admiration« und »les plus sincères sentiments« und auch seinen Namen französisch: Chmélow.

Von allem zu schweigen, was Menschen wie dieser physisch erlitten, was sie an Greueln mit Augen haben sehen müssen – mit letztem Erbarmen und letzter Ehrfurcht durchdringt uns erst die Vorstellung ihres ideellen Elends, der teuflischen Demütigung und Vernichtung des revolutionären Idealismus, von dem jeder höhere Russe erfüllt war und der durch das Erlebnis menschlich-viehischer Wirklichkeit in den Kot gezogen wurde. Die bitterste soziale Skepsis, den blutigen Hohn auf die »febris revolutionis« der Grünschnäbel, der auf manchem Blatte der ›Sonne der Toten‹ sich kundgibt, als Weichlichkeit, Charakterschwäche, nichtssagende Empörung eines individuellen Opfers abzutun, ist nichts als unwissende Literatur und der Dünkel der Abstraktion. Erlebe, was diese Menschen erlebt haben, und dann »glaube« noch an die »Idee«! »Ich denke«, sagt jemand bei Schmeljow, »ich denke immer: Wieviel Material! Und welch Beitrag zur Geschichte . . . des Sozialismus! Seltsame Sache: Die Theoretiker, die Wortdrechsler haben nicht ein Nägelchen zum Bau des Lebens beigetragen, nicht ein Tränchen haben sie der Menschheit getrocknet, wenn sie auch auf ihren Lippen stets die Arbeit am menschlichen Glücke führen . . . aber welch blutbefleckte Sekte! . . . Ich habe es ausgerechnet: in der Krim allein, in kurzen drei Monaten, waren es an Menschenfleisch, das ohne Gericht – *ohne Gericht!* – erschossen worden ist, achttausend Waggons, neuntausend Waggons! Dreihundert Eisenbahnzüge! Hundertvierzigtausend Tonnen frischen Menschenfleisches, jungen Fleisches! Hundertzwanzigtausend Köpfe! Menschenköpfe! Auch die Menge von Blut habe ich ausgerechnet, nach

Eimern, wenn Sie ... gleich, ich habe es in mein Taschenbuch ... hier ... man könnte eine Albuminfabrik darauf gründen ... für den Export nach Europa ... *Ach, ist denn jetzt nicht alles einerlei!* Schon Dostojewski hat von der Million Menschenköpfe gesprochen, welche die kühnen Erdreister als Ausgabe für das ›Experiment‹ aus den menschlichen Vorratsspeichern buchen werden; aber er hat sich in der Buchführung geirrt: sie haben die Ausgaben um zwei Millionen überschritten und sie auch nicht aus der Weltenvorratskammer genommen, sondern aus der kleinen russischen Vorratskammer allein. So sieht es aus – das ›Experiment‹! Die Erdreistung der aufrührerischen Laus, die mit blutunterlaufenen Augen die Leere des Himmels erschaut hat!« – Was aber, armer Schmeljow, hat der Weltkrieg, der eine bürgerliche Veranstaltung war, an Menschenfleisch gekostet, und wieviel Albuminfabriken könnte man mit dem durch ihn verschütteten Blute gründen – verschüttet durch Leute, die entweder den Himmer *nicht* leer sahen, sondern an irgendeinen Preußengott oder High-Church-Gott glaubten oder bürgerlich-freimaurerische Atheisten waren wie Mme. Menard-Dorian, die gastliche Kongreßdame? Was fängt man mit den stolzen Ziffern und Summen an, die die Statistik des Krieges an die Hand gibt? Da sie zu groß sind, als daß man sie von der Summe der Revolutionsopfer abziehen könnte, wird man sie wohl hinzuaddieren müssen, denn irgend etwas haben diese Summen, das bourgeoise und das proletarische Blutkonto, offenbar miteinander zu tun, und die Bourgeoisie hatte angefangen.

Soll man sich von den Gesichten der Entmenschtheit, die sich in Ihre abgezehrte Miene eingezeichnet haben, Iwan Schmeljow, in die andere Alternative, ins strikt Bürgerliche, Reaktionäre drängen lassen? So ganz das Wahre ist der freimaurerische Kongreßpazifismus wohl auch nicht mehr, wenn er es jemals war, und es genügt heute, irgendeine Note der Sowjets an die Regierungen des kapitalistischen Westens und des ›Völkerbundes‹ zu lesen, um zu fühlen, auf welcher Seite die *Idee* ist und auf welcher die Überalterung, das Flickwerk, das Nicht-ein-undaus-Wissen. Sind die Ideen überhaupt des Teufels – da es ja keine historische Idee gibt, die nicht von oben bis unten mit Blut bespritzt uns vor Augen stünde? Nie hat die Menschheit mit ihrem Blute gegeizt, wenn es Ideen galt, und ewig wird vielleicht der Pazifismus sich lächerlich machen mit seiner Betulichkeit angesichts dieser Tatsache. Sie sind auf die allerviehischste Weise von der »febris revolutionis« und vom »Glauben« kuriert worden, armer Schmeljow, und wahrhaftig, ich glaube auch nicht viel. Aber der Besuch bei Ihnen hat mich wieder empfinden lassen, wie furchtbar schwer es heute ist, sich anständig zu halten und zu stellen. Diejenigen, die es nicht schwer finden, sind nur eitle Bescheidwisser, die nichts als das Glück suchen, sich an der tête zu fühlen. Seinem Instinkt, seiner Natur folgen ganz einfach? Ja, aber nicht ›ganz einfach‹, sondern mit Vorsicht und Gerechtigkeit – mit jener Selbstkritik, die unsere bedingte Lebens- und Geistesform sich öffnen läßt dem, was wir nicht mehr sind, was nach uns kommt, der Zukunft. Man wäre nicht Schriftsteller, ohne die vortastende Kritik des Gedankens an der eigenen Form. Ein Musiker darf einfach sein, was er ist, er hat die reine Erlaubnis zur Naivität. So etwa ist Richard Strauss Repräsentant und Exponent der bürgerlichen Kultur und nichts weiter – es ist genug. Auch ich bin ›Bürger‹ – die tête-Halter und Bescheidwisser geben es mir schimpfweise täglich zu verstehen. Aber das Wissen selbst, wie es um das Bürgerliche heute geschichtlich steht, bedeutet schon ein Heraustreten aus dieser Lebensform, einen Nebo-Blick auf Neues. Man unterschätzt die Selbsterkenntnis, indem man sie für müßig, für quietistisch-pietistisch hält. Niemand bleibt ganz, der er ist, indem er sich erkennt. –

Noch einmal im Theater diesen Abend. Man spielte ›Le dompteur ou l'Anglais tel qu'on le mange‹ von Alfred Savoir in dem kleinen Théâtre Michel, Rue des Mathurins, nahe der Oper – einem winzigen Häuschen für vielleicht hundert Personen, dessen ebenfalls zwergenhafte Logen durch leichteste Brüstungsverschläge vom Parterre abgeteilt sind. Das Sälchen war voll, das Zirkusstück hat allabendlich Zulauf, offenbar empfindet das Pariser Publikum es als sehr neu und kühn, obgleich es Wedekind ist und nicht viel darüber hinaus. Was aber darin über ihn hinausgeht, ist nicht sehr gut: es ist allerlei Allegorisches um den Konflikt von roher Kraft und Idealismus, von Liebe und Vergnügen herum, wodurch wohl eben die Illusion des tiefsinnig Dichterischen und Neuen beim Publikum erzeugt werden mag. Die Aufführung war unterhaltend: Mme. Spinelli, die Lulu des Stückes, der Erdgeist, la Femme avec majuscule, wie Crémieux schrieb, zeigt wunderbar negative Toiletten und versetzt, mit ihren stadtbekannten vierzig Jahren, die Pariserinnen in Aufregung durch die erstaunliche Jugendfrische ihres Körpers. »Elle a accouché quatre fois, cette femme, mais regardez le ventre!« Auch der Mordskerl von Bändiger selbst macht gute Figur und frißt eine Banane in zwei Bissen. Was den Lord Lonstale betraf, so ließ sein eigentlicher und sehr geschätzter Darsteller sich zum laut geäußerten Bedauern des Publikums wegen Krankheit entschuldigen. Herr Soundso, der für ihn eingesprungen sei, habe, so meldete der Regisseur, nur vierundzwanzig Stunden Zeit gehabt, sich mit seiner Rolle bekannt zu machen, nicht genug, um sich recht darin zu befestigen. Er bitte um die Erlaubnis, seinen Text mit auf die Bühne zu bringen. Das tat er wirklich. Den ganzen Abend hielt er sein Rollenheft in der Hand, wie bei einer ersten oder zweiten Probe, gelegentlich hineinblickend, so daß sein Spiel sich natürlich auf bloße Andeutung beschränkte. Ich fand das abgeschmackt. Ein routinierter Schauspieler sollte doch binnen vierundzwanzig Stunden die Situationen einer Rolle so weit beherrschen lernen können, daß er mit Hilfe des Souffleurs zu ›schwimmen‹ vermag.

Bei Weber gegessen nachher und Heidsieck getrunken.

DONNERSTAG, DEN 28. Einer der Subdirektoren des Hotels, eine Art von höherem Portier oder Manager in Schwarz, Schlüsselbewahrer unter anderem, ist ein literarischer Mann, der sich höchlichst für meine Anwesenheit interessiert. Er hat in den Blättern von mir gelesen, vor allem Bertaux' großen Artikel in den ›Nouvelles Littéraires‹ und verlangt beständig nach dem

Text meines Carnegie-Vortrags, den ich doch auf französisch nicht beibringen kann. Eben verhandelte ich, vormittags, mit ihm in der Réception, als ein Herr sich mir näherte, der sich als Sekretär des Herrn Dmitri Mereschkowski vorstellte. Herr Mereschkowski wünsche mich zu besuchen. Das war beschämend. Ich hatte gewußt und doch aus Kopflosigkeit nicht bedacht, daß Mereschkowski in Paris lebe und daß es mir obliege, ihn aufzusuchen. Ich ließ ihn zum Tee bitten, um welche Stunde ich Dr. Ludwig Lewisohn, den New Yorker Publizisten, und seine Gattin bereits erwartete. Vorerst kamen Bertaux und Monsieur Pierre-Quint, einer der Chefs des Verlagshauses Kra, bei dem der ›Tod in Venedig‹ erschien. Wir fuhren in die Champs-Élysées, wo die Firma Kra uns in einem Restaurant namens ›Cabaret‹ ein Austernfrühstück gab. Es galt die Besprechung großer Dinge, der Übersetzung aller meiner Arbeiten, einer Art von französischer Gesamtausgabe, die Kra, ermutigt durch die Teilnahme, die ›La mort à Venise‹ gefunden, im Laufe einiger Jahre zu bewerkstelligen gedenkt. Großartige Situation! Wie komme ich dazu? Manche finden alles selbstverständlich. Tut man das aber nicht, so ist das Leben sehr aufregend.

Ein letzter Kopfsprung zwischendurch ins Geläufig-Improvisatorische, denn Bertaux, der über meinen Aufenthalt zusammenfassend schreiben will, verlangt interviewmäßige Auskunft über meine Eindrücke, und so heißt es denn noch einmal reden, reden. Von junger französischer Literatur sodann, dem früh verstorbenen Radiguet zum Beispiel und seinem Roman aus der Kriegszeit ›Le diable au corps‹, worin ein Fünfzehnjähriger ein Verhältnis mit einer Frau hat, deren Gatte an der Front kämpft. Pierre-Quint nennt Radiguet einfach »un petit malheureux«, aber ich möchte die eigentümliche moralische Kälte dieser Jugend nicht mit solchem Achselzucken abtun. Man denke etwa noch an die Episode in Gide's ›Faux-Monnayeurs‹, wo irgendein junger Mensch sich den Spaß macht, den Koffer-Depotschein des Erzählers zu stehlen, das Gepäckstück auszulösen, es mit sich nach Hause zu nehmen, es zu öffnen, zu durchstöbern, sich einen Anzug daraus anzueignen, *die intimen Tagebücher zu lesen*, die er ebenfalls darin findet und die ihn über das Liebesleben seines Opfers unterrichten. Die Frechheit noch weiter treiben, heißt freilich fast schon mit ihr versöhnen: Der Witzbold begibt sich, angetan mit dem gemausten Anzug, zu jener Frau, wo er sein Opfer zu finden erwartet und auch findet – munter tritt er ihm unter die Augen und begegnet vollem Verständnis für seine Schelmerei. Denn der Schriftsteller, weit entfernt, Wut aufzubringen über den absolut schamlosen Eingriff in sein Leben, fühlt sich ganz einfach »énormément amusé«.

Was ist das? ›Unordnung‹! Man kann nicht umhin, zu denken, daß, andeutungsweise gesagt, das geistige Frankreich, spät erreicht von der Welle analytischer und weltverändernder Erschütterung, die über uns alle hingeht, sich in einem Zustande moralischer Gleichgewichtsstörung und radikaler Problematisierung befindet, einer Verwirrung aller kürzlich noch klaren Begriffe von dem, was möglich und was *nicht* möglich ist, die diesem Lande klassischer Vernunft, das sich selbst noch jahrelang nach dem Kriege als das intakteste und konservativste Land Europas empfand, besonders kraß befremdlich und unheimlich belustigend zu Gesichte steht. Man muß aber hinzufügen, daß es nur von der Tapferkeit des französischen Bewußtseins, das heißt von der Stärke und Naivität seines Schrifttums zeugt, wenn diese Erschütterung und Desorientiertheit hier literarisch mit besonderem Freimut zum Ausdruck kommt – denn vorhanden ist sie überall –, und ein typisches kleines Beispiel von moralischem Bolschewismus fällt mir ein, das mir vor kurzem persönlich vorgekommen: Ich meine die – wirtschaftlich übrigens völlig uneigennützige und rein schabernackmäßige – Fälschung eines Beitrags von mir für eine Münchener Tageszeitung, bewerkstelligt mit aller Sorgfalt und gar nicht ohne Humor von einem natürlich jungen Menschen, der sich, um seinen Streich überhaupt zu ermöglichen, keinen Augenblick besonnen hatte, unter dem Begleitbrief die Unterschrift des angeblichen Absenders nachzuahmen. Die genasführte Redaktion, die sich vogelfrei fühlte und der unfrischen Auffassung war, bei der Fälschung einer Unterschrift höre der Spaß auf, sie sei kriminell – was sie ja auch ist, aber was will das besagen! –, setzte den Staatsanwalt in Bewegung, ohne daß es bis heute gelungen wäre, den vorurteilslosen Spaßvogel festzustellen, dessen musterhafte Diskretion und Vorsicht gewiß weniger seiner Person als seiner Sache gilt, seinem guten bolschewistischen Spaß, der ihm verdorben wäre, wenn man ihn fänge. Gott schütze ihn – ich werde nicht müde, der Polizei meinen völligen Mangel an Rachsucht zu beteuern. Ich bin nichts weiter als zeitpsychologisch interessiert, énormément amusé – es gibt keine bessere Formel für mein inneres Verhalten – und versichere dem neuartigen jungen Mann, unter Hinweis auf die entwaffnende Unerschrockenheit bei Gide – meines unverbrüchlichen Stillschweigens und meines Einverständnisses mit ihm gegen die Häscher, falls er die Freundlichkeit haben sollte, sich mir zu erkennen zu geben. –

Nachmittags gepackt. Tee mit Mereschkowski und den Lewisohns im Speisesaal des 1. Stocks, reisefertig. Traf den russischen Dichter, der mit seinem Buch über Tolstoi und Dostojewski einst auf meine zwanzig Jahre einen so unauslöschlichen Eindruck gemacht, im Begriffe, ihm entgegenzugehen, auf dem Korridor vor unserem Zimmer. Er ist graziler als die Mehrzahl seiner Landsleute, mit kurzgehaltenem, graumeliertem Vollbart und von fast eleganten Formen. Es bewegt mich, ihn mir in Person gegenüber zu sehen, und mit Widerstand erinnere ich mich des politisch entstellten Urteils über ihn, das ich neulich in einer deutschen radikalen Zeitschrift las: ein »überschätzter Kleinbürger« wurde er da genannt, den die Revolution »restlos enthüllt« habe. Ein Kleinbürger, der Autor des erschütternden und aufwühlenden Buches über Gogol, nur weil sein russisches Religiosentum, sein apokalyptisches Temperament ihn zwingt, im Bolschewismus den Antichristen zu sehen und sein Vaterland zu meiden, dessen Seele ihm gefälscht und gemordet scheint. Ist alle Gerechtigkeit, aller Sinn für geistigen und seelischen Rang abhanden gekommen, der Politik zum Opfer gefallen? Und welcher Politik? Urteile wie das angeführte kommen von Literaten, denen der demokratische Pazifismus, welchen sie um 1918 ›dem Geiste‹ gleichsetzten, heute nur noch ein Achselzukken und ein Gelächter ist und die mit Genugtuung erklären, in Frankreich stehe die ganze höhere Jugend auf der anderen, der ›dynamischen‹, der nationalen Seite, und wahrhaftig, wenn sie jung wären, sie stünden auch dort. Sie stehen dort. Man ›trägt‹ wieder Militarismus heute, sei er nun faschistisch oder kommunistisch eingefärbt, und beim Himmel! mir soll es recht sein, wenn die fade Tyrannei von damals, gegen die ich reizbarer Tor die ganzen ›Betrachtungen‹ glaubte schleudern zu müssen, heute schon literarisches vieux jeu ist und pazifistische ›Gesinnung‹ nicht länger als Ersatz für Talent gilt: die Jahre, wo sie dafür galt, waren die unangenehmsten meines Lebens. Aber vielleicht sollte ein politisch-literarisches Geschmäcklertum, das immer nur auf ›das Neueste‹ aus ist, den ernsten und leidenschaftlichen Gewissenstiefgang eines Geistes wie Mereschkowski nicht mit Kleinbürgertum verwechseln. Eben jetzt haben die Sowjets ihren Erzfeind seiner letzten Subsistenzmittel entblößt, und ein Aufruf zu einer Hilfsaktion für ihn ergeht aus Frankreich. Mit Überzeugung und ohne Menschenfurcht habe ich ihn unterschrieben.

Er hat mir Bücher mitgebracht, eine kleine Kollektion seiner neueren Schriften mit Widmungen, darunter die ›Weisheit des Ostens‹, eine theologisch-mystische Aphorismensammlung über Ägypten und Babylon, eines der merkwürdigsten, profundesten und innigsten Bücher jedenfalls, die man dem religiösen Genie Rußlands verdankt. Er ist nicht glücklich in Paris. Er lebe in einer Wüste, sagt er, und klagt über die Teilnahmslosigkeit der französischen literarischen Welt, die er ganz gegen meine Erfahrung für nationalistisch erklärt. Die fremde Sprache beengt ihn. Sie drücke das Ausdrucksniveau in einer Weise, daß man sich beständig wie ein Idiot vorkomme. Unsere Unterhaltung geht, mit Hindernissen, deutsch und französisch durcheinander, ist eine gehemmte Andeutung dessen, was wir einander sagen möchten, ein kosmopolitischer Notbehelf, der ihn doch amüsiert. Es ist von seinem Tut-ench-Amon-Roman die Rede, nach dessen literarischen Lebensmöglichkeiten in Amerika er sich bei Dr. Lewisohn erkundigt und von dem ich hier und jetzt zum ersten Male höre, – nicht ohne Schrecken, denn ich habe einigermaßen verwandte Träume zu gestehen und der Amerikaner merkwürdigerweise auch. Mereschkowski ermutigt uns und will von Resignation nichts wissen. Das sei der Geist, sagt er, der allgegenwärtige, der an entlegensten Punkten das gleiche wecke. Eine schöne Idee, die in aller individuellen Vereinzelung die Einheit und Kameradschaft des Zeitgenössischen empfinden läßt. Übrigens habe ich nie gefürchtet, daß irgend jemand, und sei er der Überragendste, mich durch die promptere Behandlung eines mir angelegenen ›Stoffes‹ matt setzen könnte. Hätte ich es zu fürchten, meine Langsamkeit würde zur Dauerkatastrophe. Aber was ist ›Stoff‹! Das Persönliche ist alles. Der Stoff ist nur durch das Persönliche. Und meine allzu subjektive Art stellt mich wenigstens sicher gegen jede ernstliche Kollision mit Gleichzeitigem und schneller Fertigem.

Als Mereschkowski aufbricht, begleite ich ihn zur Garderobe und nehme dem Diener den Mantel ab, um dem großen Schriftsteller selbst behilflich sein zu dürfen. Ehrerbietung zu erweisen gehört zu den größten Genugtuungen des Herzens. Ohne Heuchelei: es macht viel glücklicher, als Ehre zu empfangen. Das beschämt, bedrückt, überlastet das Selbstgefühl, und man denkt nur abwehrend: »Kinder, Kinder!«

Noch leisteten Lewisohns uns etwas Gesellschaft, – ein originelles Paar: beleibt beide und klein, er aber brünett, mit Papageiennase und einem Zwicker darauf, sie blond und stutznäsig, ihm gleich aber wiederum in Feinsinn, Humor und Herzensgüte. Ich hatte dem Gatten für einen gewaltig schmeichelhaften Artikel über den ›Zauberberg‹ in der New Yorker ›Nation‹ zu danken, und damit war der literarische Streitpunkt der Eheleute berührt, denn einer ausgesprochenen Schwäche des Doktors für meine Schreiberei steht die leidenschaftliche Bewunderung seiner Frau für Jakob Wassermann gegenüber, und das scheint erheiternderweise eine unerschöpfliche Quelle wertender Diskussion und kritischer Uneinigkeit in dieser sonst so harmonischen Ehe zu bilden. Wassermanns Popularität in Amerika ist außerordentlich; er verdankt sie besonders dem sozial-religiösen

Zuge seines ›Wahnschaffe‹ und noch mehr gewiß der echten Romanhaftigkeit seiner Produkte, einer Gabe des Fabulierens, durch die er uns alle schlägt. Nicht umsonst hat er neulich essayistisch Einspruch erhoben gegen die »Entfabelung« des Romans, die im Gange sei, und die Unsterblichkeit der Fabel, des Geschichtenerzählens überzeugungsvoll verkündigt. Selbstverständlich hat er recht, und seine persönliche Stärke ist es, von der Krise, in der sich der Roman als Form heute für unser aller Gefühl befindet und für welche »Entfabelung« nur ein halbwegs zutreffendes Wort ist, vergleichsweise wenig berührt zu sein. Sein rassenmäßig bestimmtes Elementar-Erzählertum macht ihn als Künstler konservativ und widerstrebt jener Auflösung ins Geistige, die er als »Entfabelung« bezeichnet. Aber die Krise bleibt bestehen, und die Frage, ob der Roman alten Stils heute noch möglich ist, wird nicht aufhören, die Produktion versuchend zu beunruhigen...

Man ließ uns allein zur letzten Ordnung unserer Angelegenheiten.

Der Orient-Expreß ging 7 Uhr 50. Vierzehn Stunden bis München. Wir hatten ebensoviele von Mainz hierher gebraucht.

Letzte, lange Fahrt durch das lichtschleudernde, reklameflammende Paris.

Der Orient-Expreß ist ein adeliger Zug, der König der Züge. Wer mit ihm reist, wird als hohes Mitglied der kapitalistischen Gesellschaft mit voller Auszeichnung behandelt, und das Souper im Speisewagen ist von einer Gepflegtheit, die ebenfalls von der Selbstachtung des Zuges zeugt. »M'sieur et dame –« sagte der mit Kohle und großer Welt imprägnierte Schaffner, der uns die Betten bereitete... In der Frühe, bei Ulm, als wir zum Tee gingen, sagte er: »Guten Morgen!«

[An die Redaktion der ›Münchner Neuesten Nachrichten‹]

Sehr geehrte Redaktion,
in seinem von den ›Münchner Neuesten Nachrichten‹ am gestrigen Sonntag veröffentlichten Berliner Brief hat Herr Hanns Johst eine Bemerkung über meinen Pariser Aufenthalt vom Januar einfließen lassen, auf deren unzutreffende und fehlgehende Feindseligkeit ich doch hinweisen möchte. Ich werde da – im Scherz, aber ein Scherz muß doch irgendwie Hand und Fuß haben – als der »junge Mann« des Herrn Alfred Kerr bezeichnet, mit dem zusammen ich mich in Paris »blamiert« hätte. Beide Wendungen entbehren jedes Sinnes und Verstandes, sie sind überhaupt nicht zu erklären und zu verteidigen. Und da es mir nicht lieb sein kann, wenn in der Stadt, in der ich lebe, auf so unvertretbare Weise böses Blut gegen mich gemacht wird, so darf ich um Ihren Schutz zu folgender Feststellung bitten.

Der Besuch des Dr. Kerr in Paris und mein eigner waren völlig getrennte, ihrem Ursprunge und ihren Schauplätzen nach verschiedene Veranstaltungen, die aus reinem (und nicht sehr glücklichem) Zufall ungefähr in dieselben Tage fielen. Ich bin wenig unterrichtet darüber, wie es Herrn Kerr in Paris ergangen ist; was aber meine »Blamage« betrifft, so ist mir dort mehr Ehre erwiesen worden, als meiner Person je zukommen könnte: ich habe die Aufnahme, die ich gefunden, der gespannten Aufmerksamkeit und Achtung zuzuschreiben, die man in Frankreich dem deutschen Geistesleben überhaupt zur Zeit entgegenbringt. Die Gefahr, der deutschen Würde etwas zu vergeben, in diesem Sinne also etwas wie eine nationale »Blamage« herbeizuführen, war unter solchen geistigen Umständen gering. Daß ich sie völlig vermieden habe, ist mir auch von der Münchner Presse, einschließlich der ›Münchner Neuesten Nachrichten‹, bestätigt worden, und es ist vielleicht nicht unnütz, hinzuzufügen, daß der deutsche Botschafter in Paris, der doch von deutschen Interessen irgend etwas verstehen muß, mir für mein Kommen und Reden ausdrücklich, in zugleich herzlicher und offizieller Weise, Dank gesagt hat.

Es ist jetzt, sehr geehrte Redaktion, über die große und hochherzige Vergangenheit Münchens und seine nicht ebenso glückliche Verfassung in der Gegenwart eine höchst merkwürdige Diskussion im Gange, – nicht ohne all und jeden Zusammenhang kommt sie mir in den Sinn. Noch wohnen in dieser von Gnaden der Natur so reich begabten Stadt ein paar Gäste, die auf Grund ihrer Lebensleistung und einer Gesinnung, welche mit den dringlichsten realen und ideellen Bedürfnissen der Zeit zusammenklingt, überall sonst in der weiten Welt wohl gelitten sind, aber durch Jahre der Verdüsterung und eines nicht mehr geleugneten Niederganges hindurch München Treue gewahrt haben. Ich glaube, mancher wird mir zustimmen, wenn ich anzudeuten wage, daß die journalistische Verunglimpfung und leer-gehässige Entstellung des Bildes dieser Einwohner nicht von dem kulturellen Instinkt zeugt, der vonnöten wäre, um dem Namen Münchens seinen holden Klang von ehemals zurückzugeben.

Pariser Eindrücke 1950

Ich will gewiß die Gelegenheit nicht versäumen, die Ihr erster in Frankreich erscheinender Almanach mir gibt, zu einem dankbaren Erinnern an die guten Tage, die ich zu Anfang des vergangenen Sommers in Paris verlebte. Nicht als gebildeter Tourist habe ich sie verbracht, nicht in Galerien, Museen, Kirchen und Bibliotheken. O nein! Ich mußte Hände drücken, Bücher signieren (drei Stunden lang, Sie wissen es nur zu gut), Interviews geben, Reden anhören (was für Reden! Diese Franzosen reden alle wie Cicero) und versuchen, sie zu erwidern.

Zwischendurch aber habe ich es doch fertiggebracht, die unglaubliche Schönheit dieser Stadt wieder zu erfahren – zwölf Jahre hatte ich sie nicht gesehen und tatsächlich vergessen, wie schön sie ist! Auf schnellen Streifzügen habe ich mein Auge an der weiten Herrlichkeit ihrer Veduten, dem unauslöschlichen historischen Glanz ihrer Architektur geweidet und mit Sinnen und Nerven hineingefühlt in ihr spezifisches Leben, das sich in aller Weltumwälzung mühelos und von Natur wegen bewahrt, – diese vom Oxygen der Literatur durchtränkte Atmosphäre von Leichtigkeit, Lachlust, skeptischer Erfahrung, von immer noch die äußerste Spitze haltender Zivilisation . . . Ich bin nicht genau; ich schreibe nicht gut . . . Es gibt da kleine Boulevard-Cafés, wo abgerissene Intellektuelle, alte, von Geist und Nichtstun existierende Absinthbrüder und Bohemiens ihre Tage verbringen – jeden Augenblick glaubt man Verlaine zu sehen:

Je suis un berceau
Qu'une main balance
Au creux d'un caveau:
Silence, silence!

Genug von meinen Pariser Impressionen, die ebenso abgerissen sind wie jene Schatten Verlaine's.

Aber dies ist entschieden der Ort, meiner Freude Ausdruck zu geben über die beinahe erregte Aufnahme, die mein ›Doktor Faustus‹ dank einer Übersetzung, deren Meisterschaft das Erstaunlichste an der Sache ist, beim Pariser Publikum, bei der französischen Kritik gefunden hat. Ich sage: es ist der rechte Ort, denn Flinkers, Vater und Sohn, haben viel getan, dies Buch meines Herzens, dies Resümee meines Lebens, so muß ich es wohl nennen, unter die Leute zu bringen, so daß der Mut Albin Michels mit Erfolg belohnt wurde.

Aber das Phänomen bleibt psychologisch bemerkenswert. Dieser Roman ist deutsch bis zum Exzeß. Sein Deutschtum ist aus künstlerischen, aus ideellen Gründen beinahe so dick aufgetragen wie das der ›Meistersinger‹. Mit allen Mitteln suggeriert es das tief, das gefährlich Deutsche. Und das gefällt den Franzosen? Ja, aus Neugier. Es gibt ein französisches Interesse am Deutschtum, unendlich geistvoller als aller deutscher Nationalismus, dem ich so abgeneigt bin, wie jenes Interesse mich freut. Und doch mischt sich etwas wie Beklemmung in diese Freude.

Ich habe gepfuscht, als ich meine Pariser Eindrücke andeutete. Ich habe die Neigung zur Resignation, zur Abdankung ausgelassen, die auch ein Element der Atmosphäre ist, die man dort atmet. Nur das nicht! Ich habe Anwandlungen von De Gaullismus, wenn ich dergleichen spüre. Es gibt eine Liebesbereitschaft, bei der man sich entwaffnet. Die Integrierung Europas auf Grund der geistigen Selbstbewaffnung Frankreichs, das wäre das Europa nicht, von dem die ›guten Europäer‹ geträumt haben. Es wäre der nachträgliche Sieg Hitlers, der von allen Seiten droht. Es wäre auch nicht das Europa der besten Deutschen, die ein europäisches Deutschland wollen und kein deutsches Europa. *Ein Überschuß an Selbstbewußtsein sei die französische Neigung zum Deutschen und keine Übergabe!* Ein ›faible‹, doch keine ›faiblesse‹.

Es mag lächerlich sein im Extrem, daß ich solche Gedanken an die wohlwollende Aufnahme eines deutschen Buches in Frankreich knüpfe. Aber mir ist einfach jeder Anlaß recht, sie zu äußern.

Gute glückliche Arbeit weiter am Quai des Orfèvres!

Tischrede bei der Feier des fünfzigsten Geburtstags

Es gibt verschiedene Arten, sich an Jubiläumstagen zu verhalten und zu festlichen Veranstaltungen, die sie etwa mit sich bringen. Man hört von Jubilaren, die an solchen Tagen auf dem Lande verschwinden, sozusagen in die Wüste gehen, um sich ›den Ehrungen zu entziehen‹; und das wird wohl als Zeichen der Bescheidenheit und der Abneigung gegen äußeren Tand gewürdigt. Sie sehen, ich habe es nicht so gemacht; und zwar nicht aus einem unüberwindlichen Verlangen, mich feiern und hudeln zu lassen, habe ich es nicht so gemacht, sondern weil ich finde, daß man sich nicht ›entziehen‹ soll, überhaupt nicht, daß man dem Leben gehorsam sein und darin seinen Mann stehen und auch die Feste feiern soll, wie sie fallen. Man soll ein Mensch sein, soll sich dem Leben nicht ›entziehen‹, sondern es mitmachen in allem, was es mit sich bringt. So soll man heiraten und Kinder haben (in den ›Meistersingern‹ gibt es ja eine Definition, die will, daß von Meistertum erst dann die Rede sein könne, wenn die Fähigkeiten, ein schönes Lied zu singen, sich auch unter »Kindtauf, Geschäften, Zwist und Streit« noch bewähre); und so soll man, lebensbürgerlich, auch solchen Festen, wie sie in diesen sonderbaren Tagen auf mich niederrauschen, standhalten, dankbaren Herzens standhalten – sollten solche Ehrungen einen auch beschämen und einem Angst machen.

Ich will nicht leugnen, daß sie das tun. Ich sehe mich um, ich sehe, daß ich Freunde habe, eine Menge Freunde, mehr, als ich mir je träumen ließ, die gekommen sind, mir Liebes zu erweisen und diesen Abend mit mir zu verbringen. Habe ich es verdient, vor allem menschlich-persönlich verdient? Ich fürchte: nein. Ich war kein recht geselliger Mensch, kein guter Kollege sogar, fürchte ich. Ich hielt mich zurück, ich war viel allein, ich war schwer für Austausch und Organisation und Gesellschaft zu haben. Ich bitte Sie, meine Freunde, heute um Verzeihung und

Nachsicht deswegen. Nehmen Sie es als Scheu, als Befangenheit, als Zeichen großer Ermüdbarkeit und notgedrungener Kräfte-Ökonomie, als Bedürfnis nach Einsamkeit, die ja identisch ist mit der Naivität, jener Naivität, aus der das originale Werk kommt – aber nehmen Sie es *nicht* als Menschenunfreundlichkeit und Kälte, denn das war es nicht! Sie sehen heute abend einen Glücklichen und einen Dankbaren vor sich – glücklich und dankbar, weil es ihm trotz aller sozialen Unzulänglichkeit offenbar beschieden war, sich Freunde zu erwerben.

Aber Beschämung und Bangigkeit erfüllen mich angesichts dieser Ehrungen auch in Hinsicht auf mein Werk. »Euch macht ihr's leicht, mir macht ihr's schwer, gebt ihr mir Armen zu viel Ehr'!« möchte ich zitieren, wenn das nicht ein allzu theatralisches Zitat wäre, das seinem Autor persönlich gewiß gar nicht aus dem Herzen gekommen ist. Wagner gehörte gewiß zu den Künstlern, die nie zu viel, nie genug Ehre empfangen können, durch keine Lobpreisung und Ehrung je zu beschämen sind – es ist ihnen immer noch nicht genug. Nun, er hatte gute Gründe dafür. Was mich betrifft, in meinem Stande, so gehöre ich zu jener fontanischen Klasse von Künstlern, die nie aufhören, zu sich selber zu sagen: »Du kommst in so fragwürdiger Gestalt...« Mein Werk, dies fragmentarische, unzulängliche, schlackenvolle Werk – glauben Sie mir – und besonders meine Kollegen bitte ich, mir das zu glauben –, ich denke aufrichtig bescheiden darüber. Goethe hat einmal gesagt, daß er die Größe mühsam habe lernen müssen. So habe ich, wiederum in meinem Stande, mühsam den Glauben lernen müssen, daß ich den Menschen und gar den Nationen etwas sein könne. Ich habe ihn sehr spät erlernt. Ich habe es gesagt und sage es heute wieder: Immer war ich ein Träumer und Zweifler, der, auf die Rettung und Rechtfertigung des eigenen Lebens notgedrungen bedacht, sich nie eingebildet hat, er »könne was lehren, die Menschen zu bessern und zu bekehren«. Wenn trotzdem mein Treiben und Schreiben in der äußeren Menschenwelt bildende, führende, helfende Wirkungen gezeitigt hat, so ist das ein Akzidens, das mich in demselben Grade überrascht, wie es mich beglückt.

Ich leugne nicht, daß es mich beglückt. Was das Gewinnende an meiner Arbeit sein mag – etwas Musikalisches, etwas Sittliches, etwas von beidem –, Gott mag es wissen, der es mir gegeben hat. »Kein Verständiger kann zergliedern, was den Menschen wohl gefällt«, heißt es bei Platen. Auf jeden Fall ist es eine wundervolle, tief dankenswerte Sache, einem großen Kulturvolk, wie dem deutschen, anzugehören, von seiner Sprache getragen zu sein, sein höchstes Erbgut wahren und fortentwikkeln zu dürfen. Man erfährt von diesem Glück erst spät. Die Jugend ist notwendig individualistisch und nur dies. Erst spät lernt man, lernt es auf dem Wege des Erlebnisses, daß Kunstwerke von irgendwelcher Bedeutung *sozial* empfangen werden, empfangen in beiderlei Sinn, dem der Konzeption und der Rezeption. Man glaubt nur sich zu geben, nur von sich zu reden, und siehe, aus tiefer Gebundenheit und unbewußter Gemeinschaft gab man Überpersönliches. Es gibt ein Wiedererkennen von Vertrautem, von Zügen der Echtheit, des national Überlieferten und Gemeinschaftlichen, und eben dies Überpersönliche, wodurch das Werk von vornherein heimlich bestimmt war, ist das Beste. Es macht die Begegnung zwischen dem Dichter und dem geistigen Volk erst möglich, und es ist das, was uns ermutigt, Ehrungen überhaupt auch nur anzunehmen.

Der Ruhm zu Lebzeiten ist eine fragwürdige Sache; man tut gut, sich nicht davon blenden, sich kaum davon erregen zu lassen. Wenn man sieht, was aus hellem Ruhm mitunter binnen fünfzig, binnen zwanzig Jahren wird, so mag einem wohl bangen. Niemand von uns weiß, wie, in welchem Rang er vor der Nachwelt stehen, vor der Zeit bestehen wird. Wenn ich einen Wunsch für den Nachruhm meines Werkes habe, so ist es der, man möge davon sagen, *daß es lebensfreundlich ist, obwohl es vom Tode weiß*. Ja, es ist dem Tode verbunden, es weiß von ihm, aber es will dem Leben wohl. Es gibt zweierlei Lebensfreundlichkeit: eine, die vom Tode nichts weiß; die ist recht einfältig und robust, und eine andere, die von ihm weiß, und nur diese, meine ich, hat vollen geistigen Wert. Sie ist die Lebensfreundlichkeit der Künstler, Dichter und Schriftsteller.

Worauf es aber ankommt, ist, nicht allzu sehr zum Lebensbürger zu werden, sich von Sympathie, Vertrauen und Ehrungen nicht zum Bonzen, zum ethischen Magister machen zu lassen, sondern ein Moralist zu bleiben, das ist ein Mensch des sinnlichen und sittlichen Abenteuers und der Weltoffenheit, mit einem Worte ein Künstler. Es ist mein Vorsatz, das zu bleiben, und dies Versprechen ist das beste, ist das einzige, womit ich Ihnen danken kann für all Ihre Güte.

Erinnerungen
aus der deutschen Inflation

Eine amerikanische Zeitung – ›The New York World Telegram‹ – hatte kürzlich den guten Einfall, ihren Lesern eine Statistik der deutschen Inflation des Ersten Weltkrieges vorzulegen. Sie beginnt im Jahre 1913, mit 1,00 und endet im Jahre 1923 mit 1 200 400 000 000,00. »Statistics«, meinten dazu die Herausgeber, »are traditionally, a bore«, aber diese verdiente doch zweimal gelesen zu werden. Denn wenn man einer ähnlichen Entwicklung in Amerika nicht zeitig in den Weg träte, so würde nach neun Jahren der durchschnittliche Amerikaner seinen Besitz auf one trillion, two hundred billion, four hundred millionth seines ursprünglichen Wertes zusammengeschrumpft finden . . .

Meinem eigenen bescheidenen Vermögen, dem Produkt meiner Arbeit und der meines Vaters, Großvaters, Urgroßvaters, erging es damals so. Und darum bin ich vielleicht in der Lage, einen etwas persönlicheren Kommentar zur Statistik der deutschen Inflation zu geben. Denn glauben Sie mir, es ist etwas völlig anderes, eine Sache selbst zu erleben, als die gründlichsten Statistiken darüber zu lesen. Statistiken hatte ich früher auch gekannt. Und doch hatte ich keine Ahnung von den wirklichen Stimmungen, den Tollheiten, den Lastern und Leiden, mit denen ein Geldverfall verbunden ist. Auch wie er beginnt, und worin seine ersten Anzeichen bestehen, die ersten Symptome der Krankheit, hatte ich mir auf Grund meiner Statistiken nicht träumen lassen können.

Die deutsche Inflation begann folgendermaßen:

Man war im Kriege, und seine Führung kostete das Reich ungekannte Summen – Menschenleben, Arbeit, Rohstoffe; jeden Tag, jahraus, jahrein, kostete der Krieg ein Vermögen. Zur gleichen Zeit blieben sehr viele Güter aus, die Deutschland vor dem Kriege zu importieren gewohnt gewesen war. Zur gleichen Zeit kam mehr Geld in Umlauf, weil mehr Männer arbeiteten als sonst, auch viele Frauen, und alle für ihre Arbeit bezahlt wurden. Die Deutschen wurden an wirklichen Dingen ärmer, an Geldscheinen reicher.

Was hätte daraus gefolgert werden können, – ja, was hätte daraus gefolgert werden müssen? Das Volk selbst und sein Vermögen nahmen ab in dieser Zeit der hohen Ausgaben an Gut und Blut. Konnte man diese Ausgaben einschränken? Kaum! Nun, so mußten solche Ausgaben eingeschränkt werden, die eingeschränkt werden konnten. Mit einem Worte: es mußte im Lande gespart werden, wo immer und wann immer es anging. Zogen wir – zog das deutsche Volk solche Schlußfolgerungen damals? Nicht eigentlich. Denn die schwindelerregenden Zahlen, mit denen man es traktierte, Millionen von Mark für den Krieg, Hunderttausende von Toten im Kriege, führten im Gefühl der Leute zu einer Entwertung sowohl des Menschenlebens wie des Volksvermögens zu einer Zeit, wo bei zunehmender Verknappung beider, ihr Kurs hätte höher stehen sollen als je zuvor. Knapp war zwar nicht das Geld, knapp aber waren die Dinge geworden – beinahe alle Dinge, von den Lebensmitteln über die Kohle und die Kleidung bis zum Bindfaden und zum Packpapier. Was taten die Leute? Da die Zukunft ihnen ungewiß erschien, da niemand wissen konnte, was kommen würde, da überdies die Söhne und Gatten und Brüder im Felde standen und vielleicht nicht wiederkehren würden, so daß nicht einzusehen war, für wen eigentlich man sparen sollte, um so weniger, als der Krieg ohnedies »so teuer« war, *kauften* sie, was immer sie kaufen konnten und zu welchem Preis immer. Im Schleichhandel (black market) erstand sich der deutsche Bürger ein Pfund ranziger Butter für 20 Mark. Die Schleichhändler spielten eine dominierende Rolle in beinahe jedem deutschen Haushalt, und die Gesetze zu brechen, indem man über seine Rationen lebte und das illegal Erworbene unsinnig überzahlte, galt als einwandfrei und ehrbar.

In meinem Hause ging es, relativ, gesetzestreu her. Ich sage relativ, denn, wie die Dinge standen, war es mählich fast unmöglich geworden, vom gesetzlich Zulässigen zu leben. Unmöglich schon deshalb, weil die Schleichhändler auf krummen und gewinnsüchtigen Wegen dem »legalen« Markt soviel Ware entzogen, daß die ohnedies geringen Bestände ins Jämmerliche zusammenschrumpften. Immerhin hatten wir beschlossen, über das allernötigste nicht hinauszugehen und bei den Schleichhändlern nur zu kaufen, was unbedingt geboten schien.

Die Schleichhändler, – finstere und ungemütliche Figuren, kamen am Abend und verhandelten im Flüsterton mit meiner Frau, draußen auf dem Vorplatz. »Um Gottes willen, Herr Hirsch!« sagte meine Frau; »40 Pfennige für ein Ei, und letzte Woche hat es noch 30 gekostet! Wohin soll das führen?«

Der Schleichhändler, ein auf schiefer Ebene befindlicher Junge von neunzehn oder zwanzig Jahren, zu schwächlich, wohl, für die Front, aber kräftig genug, meine Frau einzuschüchtern, die gewissermaßen von ihm abhing, lachte. »Don't be crazy!« sagte er. »I could charge you 50 Pfennige, if I pleased, or 60, or 70, – couldn't I? And you'd still have to take the stuff. You've got four children haven't you? Incidentally« – fügte er hinzu, – »my name isn't Hirsch today; it's Bertelo now, understand?«

Meine Frau erstand vier von den teuren Eiern. Sie hätte acht nehmen sollen. Denn bei seinem nächsten Besuch eine Woche später hatte Bertelo seine Preise erheblich gesteigert. Übrigens hieß er nun nicht mehr Bertelo, sondern Rabenstein – von Rabenstein sogar, wenn ich mich recht erinnerte.

Hirsch Bertelo von Rabenstein und seinesgleichen auf der einen Seite, und ihre Kunden, das deutsche Volk, auf der anderen, halfen der deutschen Inflation ins Leben, unbeschadet anderer Geburtshelfer, von denen wir wissen. Wohlgemerkt, wir sprachen während des Krieges noch nicht von »Inflation«, sondern nur von »Teuerung« der legal oder illegal zu kaufenden Waren; wir wußten nicht, daß das Mißverhältnis zwischen der Nachfrage und dem Angebot, der Menge des umlaufenden Geldes und der Menge der vorhandenen Ware nun, da es einmal entstanden war, sich nach seinem eigenen bösen Gesetz weiterentwickeln würde.

Der Krieg ging zu Ende. Die Blockade, die Rationierungen, all die eisernen Fesseln der Kriegsnot fielen fort; aber Deutschland fand seinen überall in der Welt verstreuten Reichtum verloren, seine Industrie erschöpft und unnütz, seine ihm verbleibenden Werte durch die Forderungen der Siegermächte in Frage gestellt; es fand sich ohne Vertrauen der Welt und ohne Vertrauen in sich selbst. Unter diesen Umständen geschah, was man damals die »Flucht in die Sachwerte« nannte: Was im Kriege begonnen hatte, setzte sich nun ins völlig Phantastische fort: man kaufte. Aus Angst vor einer weiteren Entwertung des Geldes kaufte man, was es zu kaufen gab, und bedachte kaum, daß man eben dadurch das bereits entwertete Geld weiter entwerten half, das ganze Geschäftsleben wurde, sozusagen, zu einem einzigen großen black market. Als die Preise sich verfünffacht hatten, begannen wir von »Inflation« zu sprechen und die Chance des uns verbliebenen Fünftels unseres Besitzes als sehr ungünstig zu beurteilen.

Wenn der Mechanismus einer Inflation einmal abzulaufen begonnen hat, so ist es schwer, ihn zu bremsen, und der einzelne gar, der sich ihm entgegenwürfe, nähme sich aus wie der Mann, der den Niagarafall mit einem Regenschirm aufzuhalten versuchte. Der Krieg gegen die Inflation muß, um gewonnen werden zu können, ein Präventivkrieg sein. Daß der Verfall gerade der deutschen Währung nicht bei 10 oder 100 stehen blieb, sondern bis zur Trillion ging, ist freilich nicht bloß aus ökonomischen, sondern auch aus politischen und psychologischen Ursachen zu erklären. Die deutsche Neigung zum Uferlosen, zum radikal Unvernünftigen und Katastrophalen, die inzwischen der Welt auf so schauerliche Art zu schaffen machte, sie ist schon damals deutlich geworden. Deutlich wurde auch die Erbötigkeit des deutschen Volkes, mit sich tun und geschehen zu lassen, was immer seine Führer für angebracht hielten. Mindestens für einen Teil dieser Führer, gewiß sehr machtvolle Industrielle, war die Inflation eine günstige Sache, die vorzeitig zu beenden sie kein Interesse hatten. Die Krupp, Stinnes, Thyssen usf. wurden in diesen Jahren alle ihre echten Millionenschulden los, indem sie ihre Gläubiger mit Inflationsmillionen abspeisten; überdies brachten sie echte Millionenobjekte an sich, indem sie Inflationsmillionen dafür auf den Tisch legten. Wenn auch Deutschland damals sehr arm war, so besaß es doch noch gewaltige Reichtümer an Bodenschätzen und industriellen Einrichtungen; und es geschah während der Inflation eine große Veränderung und Konzentration im Besitz dieses Reichtums. Die Kleinen und Mittleren verloren; die Größten gewannen. Sie gewannen die Sachen und zahlten mit Papier. Noch lange Jahre später konnte man sagen hören: diese Fabrik oder jenes Bergwerk seien unergiebig und würden nicht rentieren, wenn sie nicht während der Inflation, also praktisch umsonst, erbaut worden wären. Kein Wunder, daß Deutschlands Industrie-Könige nicht eben Eile hatten, den tollen Zauber zu beenden! Ihnen und einer Gang von Abenteurern und Spekulanten kleineren Stils ging es gut, solange er dauerte.

Für Menschen, welche verdienen wollen, ohne zu arbeiten, ist nie ein solcher Boden gewesen, wie Deutschland von 1922 bis 24 war. Ein klein wenig Unverschämtheit war alles; das ehrenhafteste Handwerk nichts. Und so wurden auch die ehrenhaftesten Handwerker vom Fieber der Spekulation ergriffen. Bauern füllten ihre Häuser mit Nähmaschinen, Klavieren, Perserteppichen und weigerten sich, Eier und Milch anders als im Tausch gegen solide Ware herauszurücken. Studenten der Medizin verwandelten sich in Börsenjobber. Schullehrer besprachen in der Klasse mit ihren Schülern, wie man aus wenig Geld viel machen könnte. Wie? Natürlich dadurch, daß man fremde Valuta kaufte und sie nach einiger Zeit wieder verkaufte. Dann hatte sich eine Million in fünf Millionen, in eine Billion, in eine Trillion verwandelt. Waren aber nicht auch die Preise mittlerweile entsprechend gestiegen? Meistens ja; aber nicht unbedingt, nicht, wenn man sofort mit seinem Geld zu einem möglichst weltfremden Krämer oder Weinhändler oder Kunstmakler lief. Vielleicht besaß der den Mark-Kurs von 9 Uhr morgens, aber nicht von 12 Uhr mittags; und das konnte schon eine beträchtliche Differenz zu seinen Ungunsten machen. Vielleicht telephonierte er auch gerade mit seiner Bank; seufzte, wischte sich den Schweiß aus der Stirn, schritt dann zu einer schwarzen Tafel und korrigierte die Preise, die dort prangten. Auf diese Weise konnte freilich auch der Käufer hereinfallen. Er kam herein, er fand die Zigarre zu teuer, eilte zur Konkurrenz, fand sie dort noch teurer, kehrte wieder in den ersten Laden zurück, wo die Preise sich mittlerweile verdoppelt hatten; bis zum Abend würden sie vielleicht verdreifacht sein. Es half nichts, man mußte aus der Handtasche das dicke Bündel von Tausendmarkscheinen ziehen, über die in roter Schrift gedruckt war: Eine Million; oder: Einhundert Billionen. »Einhundert Billionen in Gold zahlt die Reichsbank dem Überbringer dieses Scheines...« Freitag abends sah man die Lohnempfänger mit Körben, Säcken und Koffern voller Geld aus den Fabriken kommen. Sie hatten nicht viel Freude damit. Denn tatsächlich ließen verängstigte und gierige Kaufleute die Preise oft noch schneller steigen, als der Wert des Geldes fiel. Man mußte dazu übergehen, die Löhne täglich zu zahlen; und schließlich bezahlte zum Beispiel die Firma Krupp ihre Arbeiter ganz einfach mit Geld, das sie selber druckte. Auch die Städte druckten Geld; der kleinste Ort soviel davon, wie ein hoher Stadtrat für recht hielt. Der Begriff des Geldfälschens kam damals notwendig aus der Mode.

Substantiellere Vorteile waren aus dem Leihgeschäft zu ziehen. Wer 1920 sich Geld geliehen und etwas Tüchtiges, ein Haus, eine Farm, eine Fabrik dafür gekauft hatte, der war 1923 ein glücklicher Mann. Nicht so glücklich war der Ausleihende. Dergleichen Geschäfte wurden von Weitsichtigen im vollen Bewußtsein der Chance gemacht und der Betrug an altmodischen Leuten verübt, welche den Geist der Zeit nicht verstanden. Von den letzteren gab es nur allzu viele. Wer, der ehedem mit Talern und Gulden und Kurantmark und dann mit Bismarcks hochbeständiger Reichsmark gerechnet hatte, konnte nun auf seine alten Tage mit Trillionen und Quadrillionen fertig werden? Noch erinnere ich mich des stolzen, hilflosen Gesichts, mit dem unsere alte Kinderfrau uns eines Tages versicherte, sie wollte sich nun bald zurückziehen und von ihren Ersparnissen leben –

sie hatte einige tausend Mark, das war weniger als ein Cent, auf der Bank. In ihren veralteten Palästen saßen die Reichen der Vergangenheit, gaben ihre Kunstschätze und Möbel an Gauner, hatten für einen Rembrandt ein paar Wochen zu leben, und zogen schließlich aus ins Elend, die Taschen voller buntem, tollem, nichtigem Papier.

Ja, das war eine Zeit, in der nur mitkam, wer sehr genaue Beziehungen zum Tage hatte. Man wurde betrogen oft, ohne daß irgendwelche böse Absicht im Spiel war. Ich hatte während des Krieges 10 000 Mark in das Landhaus eines Freundes gesteckt, in dem ich gern zu Gast war, und das mir also sozusagen mitgehörte; aber wohlgemerkt, nicht ein Teil des Hauses gehörte mir, sondern 10 000 Mark, welche durch das Haus garantiert waren. Im Frühjahr 1923 geschah es, daß dieser Freund mir mitteilte, die Umstände hätten ihn leider gezwungen, sein Haus zu verkaufen, und hier seien meine 10 000 Mark zurück; ja, fügte er mit einem Lächeln hinzu, es seien noch dieselben, mit denen ich ihm 1917 ausgeholfen, sie hätten mittlerweile ganz unberührt in seinem Safe geruht. Da stand ich, etwas ungläubig, etwas verlegen, noch nicht ganz begreifend, mit den sauberen, fast neuen, hübsch gezeichneten Museumsstücken in der Hand.

Das heißt nicht, daß es denjenigen, welche die »Flucht in die Sachwerte« versucht hatten, besser ergangen wäre. Ich kann mich an keinen Menschen in meinem Bekanntenkreis erinnern, der seinen Besitz heil durch die Inflation gebracht hätte, er mochte sich drehen und wenden, wie er wollte. Und selbst die neuen Vermögen, die Gewinne der Abenteurer zerrannen meistens so schnell, wie sie entstanden. Es ist besonders darum, daß ich die deutsche Inflation immer als eine Art von Zauberspuk empfunden habe, einen Hexensabbat, von dem nichts übrigbleibt als Kopfschmerzen und Reue. Im Sommer des Jahres 1923 geschah, was gegen Ende eines Hexentanzes nach altem Brauch geschieht: er wird schneller, wilder, wüster und immer schneller; dann kräht plötzlich der Hahn, die Mitternachtsstunde ist um; und erschöpft und getäuscht findet die Hexe sich wieder in ihrer alten Küche. Der Hahn war hier der Reichsbankpräsident

Dr. Schacht, der mit seinem enormen Stehkragen in der Tat etwas Gockelhaftes hatte.

Die Literatur ist eine internationale Sache, und ich persönlich durfte mich nicht beklagen während der Inflation. 25 Dollar, die ich von der amerikanischen Zeitschrift ›The Dial‹ für eine monatliche Korrespondenz erhielt, gewährten meiner achtköpfigen Familie ein leidliches Auskommen. Einem meiner Söhne, der eine Boardingschool auf dem Land besuchte, gab ich für das Halbjahr 5 Dollar Schulgeld in die Hand; womit die Leitung sich zufrieden und dankbar erklärte. Andere Schüler brachten silberne Teller, Klassiker-Ausgaben, lebende Gänse oder gar nichts. Es war damals gut, die Kinder auf dem Land zu haben, denn das Leben in den Städten war verrückt.

Meine jüngste Tochter saß auf ihrem Schaukelpferd und rief: »Der Dollar steigt!«, wenn die Nase des Pferdes sich hob. Man sang es auch auf den ersten Takt von Beethovens c-moll-Symphonie, der jetzt zum Rhythmus des Victory-Zeichens geworden ist. Man sprach von nichts als von Mark, Dollar und Pfund, so daß die Straßen der großen Städte einer einzigen aufgestörten Monstre-Börse glichen. Nachts herrschte in Vergnügungslokalen und Bars ein zweifelhaftes Leben; hier gaben die Glücksritter der Stunde mit vollen Händen aus, was sie dem Volk aus der Tasche zogen. Meinen älteren Kindern, die in der Stadt zur Schule gingen, stieg der Inflations-Karneval unvermeidlich zu Kopf. Da war ein Schulkamerad, dem sein törichter Vater aus der Schweiz ein monatliches Taschengeld von hundert Francs schickte, und der sich damit aufführte wie Aladin mit der Wunderlampe. Da waren spekulative Freunde, die, im Alter von College boys, die Erwählten ihres Kreises mit Champagnerfrühstücken und Brillantnadeln regalierten. Ihre Spekulationen stellten sich teilweise später als eigentliche Betrügereien heraus; wie anders? Wo die moralische Grenze zwischen Betrügerischem und Erlaubtem so flüssig ist, da wird unerfahrene, geldberauschte Jugend auch die technische Grenze zwischen beiden zu verachten geneigt sein. Es wurde Trumpf und Mode, die hergebrachten Regeln zu verachten. Das Erlebnis der Niederlage, der völligen Unsicherheit der Zukunft, der zynische Witz der Inflation, zu dem die respektiertesten Fachleute sich hergaben, all das stimmte die Jugend hochmütig, genußsüchtig und skeptisch.

Eine echte Inflation ist die schlimmste der Revolutionen. Schuldentilgungen, wie der weise Solon sie in Athen vornahm, Beschränkungen der Produktion von Bequemlichkeiten, drakonische Steuern, alle die Eingriffe, die der Staat mit einiger Systematik machen kann und manchmal machen muß, sind Kinderspiele dagegen. Denn die Enteignung und Neuverteilung des Besitzes, welche eine Inflation im Gefolge hat, geschieht ohne jedes System und ohne jede Gerechtigkeit. Da gilt nichts mehr als ein zynisches »Rette sich wer kann!«. Aber bloß die Allermächtigsten, und neben ihnen die Findigsten und Frechsten, allerlei hergelaufenes Gesindel, Hyänen des Wirtschaftslebens, können sich retten. Es verliert die Masse derer, die der hergebrachten Ordnung vertraute; die Uneingeweihten und Unschuldigen; die Alten, deren Arbeit in der Vergangenheit liegt; die Tätigen, die mit realen Sachen, aber nicht mit Geld zu arbeiten gewohnt sind. Ein solches Erlebnis ist Gift für die Moral einer Nation.

Es geht ein gerader Weg von dem Wahnsinn der deutschen Inflation zum Wahnsinn des Dritten Reiches. So wie die Deutschen ihre Geld-Einheit zur Million, Billion und Trillion anschwellen und schließlich zerplatzen sahen, so sahen sie später ihren Staat zum Reich aller Deutschen, zum Lebensraum, zur europäischen Ordnung, zur Weltherrschaft anschwellen, und werden ihn so auch noch zerplatzen sehen. Das Marktweib, das für ein Ei in trockenem Ton »hundert Billionen« verlangte, hat damals verlernt sich zu wundern; und nichts war seitdem so toll und grausam, daß es sich noch hätte darüber wundern können. Es war während der Inflation, daß die Deutschen es verlernten, auf sich selbst, als Individuen zu bauen, und lernten, alles von der »Politik«, vom »Staat«, vom »Schicksal« zu erwarten. Sie gewöhnten sich daran, das Leben als ein wildes Abenteuer zu betrachten, dessen Ausgang nicht von der eigenen Arbeit, sondern von unbekannten bösen Gewalten abhängt. Aus den Millionen betrogener Arbeiter und Sparer wurde damals eigentlich die »Masse«, mit der Dr. Goebbels es dann zu tun hatte. Inflation ist ein Schauspiel, das alle zynisch, hartherzig und gleichgültig macht. Ausgeräubert wurden die Deutschen zu einer Nation von Räubern; wohin sie kommen, da bringen sie die Banknotenpresse mit, und zynisch lachend zahlen sie ihre Opfer mit Geld, das sie vor ihren Augen drucken.

Ich muß kaum sagen, daß das Gefühl einer unverdienten Heimsuchung meiner Meinung nach falsch ist. Kein Volk ist an dem unschuldig, was es sich selber antut, oder sich von seinen eigenen Leuten antun läßt. Ökonomische Unerfahrenheit, politische Unreife oder Passivität, Disziplinlosigkeit, Gier, Panik – all das sind Erklärungen, aber keine Entschuldigungen. Auch während der äußersten Kriegs-Anstrengung, vielmehr gerade während ihrer, muß eine Nation mit dem auskommen, was sie wirklich hat. Sie muß die ökonomischen Schein-Bequemlichkeiten und Gewinnmöglichkeiten eines warbooms durchschauen, und stets sich bewußt halten, daß ein Krieg Opfer, Opfer und nichts als Opfer bedeutet. Auf die gerechte Verteilung dieser Opfer, auf nationale Selbstdisziplin und Einsicht kommt alles an. Darum bin ich auch ehrlich davon überzeugt, daß der amerikanische Genius die Gefahr einer Inflation überwinden wird. Was heißt aber schließlich der amerikanische Genius? Es ist nicht der ›Secretary of the Treasury‹ und nicht der ›Price Commissioner‹, und nicht die Administration und nicht der Congress. It's you and I.

Ehrungen, hohe Ehrungen mit guter Miene entgegenzunehmen, das ist eine schwere Kunst, die gelernt sein will und in der mich zu üben die Welt mir freilich in diesen Tagen und Wochen reichlich Gelegenheit gibt. Eine schwere Kunst, sage ich, zum mindesten gerade für einen Künstler.

Nicht wahr, das Wort: »Thou com'st in such a questionable shape«, oder wie es im Deutschen fast noch schöner heißt: »Du kommst in so fragwürdiger Gestalt«, durch dieses Wort ist doch das Verhältnis jedes anständigen, jedes selbstkritischen Künstlertums zu sich selbst am besten bestimmt. Es ist ein Verhältnis des Zweifels, das ich vielleicht, um meine Gedanken auf den rechten Weg zu bringen, präziser noch mit einem Fremdwort, mit dem Worte *Skepsis* bestimme. Diese geistige Haltung nun zu sich selbst und zur Welt, die skeptische, erscheint freilich heute höchst demoliert, in einer Welt nämlich, die von wilden Entschlossenheiten, von blutigen Extremen der Entschlossenheit zerrissen ist. Und doch gehört dieser Begriff der Skepsis, des Zweifels zu einem geistigen Komplex und einer allgemein menschlichen Haltung, die einen sehr schönen, sehr bedeutenden und großen Namen führt. Er gehört zum Ideenkomplex der Humanität. Es ist das ein Komplex, der sich zusammensetzt aus Begriffen wie Freiheit, Gerechtigkeit, Behutsamkeit, Wissen, Güte und Form. Namentlich Form. Es ist geheimnisvoll, wie in humaner Sphäre sich die Idee und das Ethos des Zweifels mit dem Prinzip der Form verbindet. Und nun lassen Sie mich dieses fremde, wenn auch unter uns Deutschen überlieferungsweise besonders geheiligte Wort ›Humanität‹ wieder in ein deutsches übersetzen, das ihm bis zu dem Grade verwandt, bis zu dem Grade ein Synonym dafür ist, daß man es unbedenklich dafür einsetzen kann, mit dem Worte *Bürgerlichkeit*. Es fällt mir dabei, meine Herren, eine kleine Erfahrung dieser Tage ein. Mir kam ein Artikel des Pariser ›Temps‹ zufällig zu Gesicht, welcher der mir widerfahrenen Ehrung gewidmet war. Darin hieß es, durch die Preiskrönung gerade dieses deutschen Schriftstellers sei etwas Allgemeineres als nur seine Person von der Welt begrüßt und bekrönt worden. Um was es sich handele, sei eigentlich »la pensée bourgeoise«. Damit meinte das natürlich sehr gebildete Blatt nun gewiß nicht irgendeine bourgeoise Klassenmitte oder etwas wie den internationalen Kapitalismus, sondern es meinte den bürgerlichen Gedanken eben in jenem höchsten und geistigsten Sinn, in welchem ich ihn eben zu entwickeln und zu bestimmen suchte und von dem man offenbar in der Welt glaubt, daß gerade in Zeiten wie der unsrigen heilsame Wirkungen davon ausgehen können. Es ist eine spezifisch deutsche Haltung, es ist die des Erasmus gegenüber den Fanatismen seiner Zeit, es ist die Haltung, die Goethe im großartigsten Stile praktiziert hat, und wenn nun ich in meinem Stand diese Haltung an den Tag gelegt habe, so mag wirklich der Grund für die mir widerfahrene Auszeichnung in dem Glauben der Welt an die erhaltenden sowohl wie die zukünftigen Kräfte sein, die dem Ethos bürgerlicher Humanität eingeboren sind. Eine Lebenshaltung, meine Herren, ist der Ausdruck eines Glaubens, und so ist es nicht Überheblichkeit und Selbstgefälligkeit, sondern eben nur der Ausdruck dieses überpersönlichen Glaubens, wenn ich die Hoffnungen teile, die, wie es scheint, die Welt mit dieser Bestätigung meines an und für sich bescheidenen Lebenswerkes zum Ausdruck bringt.

[Fragment über das Religiöse]

Als der Hauptpastor von Sankt Marien zu Lübeck, im Priesterkleide am Sterbebett meines Vaters knieend, sich in lauten Gebeten erging, sprach der Sterbende, nach einigem unruhigen Kopfwenden, ein energisches »Amen!« in die frommen Redereien hinein. Der Geistliche ließ sich dadurch nicht stören und tat des Amens sogar in seiner Grabrede lobend Erwähnung, während es doch, wie mir, dem halbwüchsigen Jungen, sofort klar gewesen war, nichts weiter bedeutet hatte als »Schluß!« –

Dies Amen habe ich im Ohr, wenn man mich wegen meines Verhaltens zum Religiösen zur Rede stellt, wie überhaupt mein Leben von jeher stark nach dem meines Vaters orientiert war, was auch vielleicht etwas mit Religion zu tun hat. »Freundschaft, Liebe und Pietät«, sagt Novalis, »sollten geheimnisvoll behandelt werden. Man sollte nur in seltenen, vertrauten Momenten davon reden, sich stillschweigend darüber einverstehen. Vieles ist zu zart, um gedacht, noch mehres, um besprochen zu werden.« Das hat ihn freilich nicht gehindert, viel über Religion zu schreiben.

Was aber ist denn das Religiöse? Der Gedanke an den Tod. Ich sah meinen Vater sterben, ich weiß, daß ich sterben werde, und jener Gedanke ist mir der vertrauteste; er steht hinter allem, was ich denke und schreibe, und die Neigung, alle Dinge in seinem Licht und Zeichen zu sehen, ist mir so natürlich, daß der Ergebnissatz meines letzten Romans: »Der Mensch soll um der Liebe und Güte willen dem Tode keine Herrschaft einräumen über seine Gedanken« eine wirkliche Überwindung bedeutete, – welche, wie meine Freunde wissen, für mein Denken und Handeln allerlei wenig verstandene Folgen gehabt hat. Der Gegensatz des Religiösen und des Ethischen, der Welt der Pflichten also, ist mein persönlichstes geistiges Erlebnis; daß er nicht endgültig sein möchte, bleibt mir vorderhand nur eine Vermutung.

Glaube? Unglaube? Ich weiß kaum, was das eine ist und was das andere. Ich wüßte tatsächlich nicht zu sagen, ob ich mich für einen gläubigen Menschen halte oder für einen ungläubigen. Tiefste Skepsis in bezug auf beides, auf sogenannten Glauben und sogenannten Unglauben, ist all mein Ausweis, wenn man mich katechisiert. Wir sind vom ewigen Rätsel so dicht umdrängt, daß man ein Tier sein müßte, um es sich nur einen Tag lang aus dem Sinn zu schlagen. Keinen Tag, seitdem ich wach bin, habe ich nicht an den Tod und an das Rätsel gedacht. Was aber verlangt man, daß ich glaube? Einen ›Gott‹, der das Einstein'sche All geschaffen hat und dafür Prostration, Anbetung, grenzenlose Unterwerfung verlangt? Warum nicht gar. Das Einstein'sche All könnte noch viel großartiger und komplizierter sein, als es offenbar ist, und würde mir immer noch eine von Überschwang völlig freie Haltung gegenüber seinem Urheber gestatten. Ein ›Werk‹, eine ›Welt‹, einen äußerst komplizierten und in sich ruhenden Mechanismus mit irrationalen Einschlägen herstellen kann ich auch; das ist keine Kunst, vielmehr: es ist nichts weiter als Kunst und kein Grund, mit der Stirn den Boden zu schlagen. Antwortet man mir aber, ich hätte es einzig von ›Ihm‹, so erinnert mich das eben nur daran, daß der Mensch ein Wesen ist, welches am Geiste teilhat, und daß das Religiöse in ihm, in seiner Zweiheit aus Natur und Geist beschlossen liegt. Die Stellung des Menschen im Kosmos, sein Anfang, seine Herkunft, sein Ziel, das ist das große Geheimnis, und das religiöse Problem ist das humane Problem, die Frage des Menschen nach sich selbst.

Meine Neigung, diese Frage in einem rein idealistischen, spiritualistischen Sinn zu ›lösen‹, ist geringer, als gewisse polemische Äußerungen von mir mögen vermuten lassen. Ich weiß von der Religion des Fleisches und verkenne nicht den religiösen Akzent zeitgenössischer Bestrebungen, den Menschen neu ans Natürliche zu binden. Es gehört zum humanen Geheimnis, es ist dies Geheimnis selbst, daß die Betonung unseres natürlichen Teils so gut religiösen Charakter tragen kann wie die Verfechtung unseres geistigen Wesens. Wenn ich aber eine Überzeugung, eine religio mein eigen nenne, so ist es die, *daß es nie eine Stufe gegeben hat, auf der der Mensch noch nicht Geist, sondern nur Natur war.* Die modische Tendenz, ihn auf eine solche Stufe ›zurückzuführen‹, die Ideenverhöhnung der Zeit ist mir in tiefster Seele zuwider. Der Mensch hat nie angefangen und nie aufgehört, aus den Antinomien seines geistig-fleischlichen Doppelwesens das Absolute, die Idee zu visieren, – das ist eine Schwäche von ihm, eine Mitgift, ich weiß nicht woher, seht sie ihm nach, sie gehört nun einmal zu seiner Natur und Wahrheit, und er belöge sich selbst, wenn er sie verleugnete, – den Aufblick verleugnete zu ›Gott‹, den Aufblick zu sich selbst.

Man hat meinen ›Zauberberg‹ einen Erziehungsroman genannt. Da aber in seinem Zentrum das humane Problem, das Rätsel des Menschen steht, bin ich nicht weit entfernt, ihn ein religiöses Buch zu nennen, – worin seine Einschläge von Fleischesmystik mich nur bekräftigen können. Kein Wunder und Zufall also, daß seither das Religions- und Mythengeschichtliche – eine Welt von rührendster Intimität und Geschlossenheit, in der von Anfang an alles da ist – sich ganz und gar meines humanen Interesses bemächtigt hat. Es bildet den Gegenstand des Romans, an dem ich schreibe, eines Buches, noch krauser und eigensinniger vielleicht als das vorige, so daß sehr ungewiß ist, ob es ein Publikum haben wird. Was ich weiß ist, daß es mich unendlich unterhält und beschäftigt.

[Der französische Einfluß]

Ihre Frage ist bei weitem nicht so einfach zu beantworten, wie es auf den ersten Blick scheinen möchte; es ist eine gefährliche Frage, die harmlos dreinschaut und, läßt man sich mit ihr ein, zu immer neuen Analysen vorwärts lockt... Ich will sehen, daß ich mich nicht zu weit führen lasse.

Ich liebe und bejahe in der Kunst, mit dem frühen Nietzsche zu reden, »die ethische Luft, den faustischen Duft, Kreuz, Tod und Gruft«. Ich glaube in der Kunst an den Schmerz, das Erlebnis, die Erkenntnis, die Liebe, die Tiefe und stehe aller schönen Oberflächlichkeit je nach Befinden ironisch oder ungeduldig gegenüber. Ich bin nordisch gestimmt, bin es mit der ganzen Bewußtheit, die heute überall in Sachen der Nationalität und der Rasse herrscht. Protestantische, moralische, puritanische Neigungen sitzen mir, wer weiß, woher, im Blute, und wie ich gegen die südliche Landschaft eine gelinde Verachtung hege, so erregt mir jene gewisse Gemeinheit, die unzweifelhaft dem romanischen Kunstgeschmack anhaftet, einen instinktiven und nervösen Unwillen.

Fragte man mich nach meinem Meister, so müßte ich einen Namen nennen, der meine Kollegen von der Literatur wohl in Erstaunen setzen würde: Richard Wagner. Es sind in der Tat die Werke dieses Mächtigsten, die so stimulierend wie sonst nichts in der Welt auf meinen Kunsttrieb wirken, die mich immer aufs neue mit einer neidisch-verliebten Sehnsucht erfüllen, wenigstens im Kleinen und Leisen ›auch dergleichen zu machen‹, – und ich bin freudig bewegt, dies einmal aussprechen zu dürfen; denn da ich noch nicht so weit bin, daß bessere Psychologen genötigt wären, sich mit mir zu beschäftigen – in weiteren Kreisen bin ich, glaub' ich, als Schilderer guter Mittagessen geschätzt –, so weiß natürlich niemand etwas davon, obwohl der Titel meines letzten Buches einiges darüber aussagt. Oder hat von den acht- oder zehntausend geduldigen Leuten, die meine ›Buddenbrooks‹ gelesen haben, dennoch einer oder der andere in diesem epischen, von Leitmotiven verknüpften und durchwobenen Generationenzuge vom Geist des ›Nibelungenringes‹ einen Hauch verspürt? Buddenbrooks und die Wälsungen, das ist komisch, nicht wahr? Aber ich sagte ja: im Kleinen. Und meinetwegen auch im Komischen. – Das Motiv, das Selbstzitat, die autoritative Formel, die wörtliche und gewichtige Rückbeziehung über weite Strecken hin, das Zusammentreten von höchster Deutlichkeit und höchster Bedeutsamkeit, das Metaphysische, die symbolische Gehobenheit des Moments – alle meine Novellen haben den symbolischen Zug –: Diese wagnerischen und eminent nordischen Wirkungsmittel (man findet die meisten davon ja auch bei Ibsen) sind schon völlig Instinkt bei mir geworden.

Dies ist das Wesentliche. Wollte ich ins technische Detail gehen, wollte ich die Reihe der großen Schriftsteller nennen, die meinen erzählenden Stil beeinflußt haben (Andersen, Jacobsen, Dickens, die Russen, Fontane), wollte ich gar diejenigen hinzuziehen, die mich anregten, ohne mich zu beeinflussen, so würden immerhin ein paar französische Namen darunter sein, zum Beispiel Flaubert und die Goncourts. Auch habe ich Iwan Turgenjew mit Entzücken in mich aufgenommen, und er ist ja ein Franzosenschüler.

An dieser Stelle beginnen denn überhaupt meine Einschränkungen und Bedenklichkeiten. Der Roman als Kunstwerk, wie ich ihn doch will und meine, ist er nicht bei Licht betrachtet eine französische Erfindung? Wenn ich nach dem Ehrentitel eines Stilisten, eines literarischen Künstlers strebe, ist es nicht eigentlich und trotz alledem ein französisches Ideal, was mir vorschwebt? Mag sein, daß dies unwesentliche Äußerlichkeiten sind; fest steht, daß es mit den ›wechselseitigen Beziehungen‹ eine komplizierte Bewandtnis hat. Was ist deutsch, und was französisch? Ein junger deutscher Lyriker, der von Paul Verlaine gelernt hätte, dürfte man ihm Abhängigkeit von Frankreich nachsagen? Verlaine seinerseits ist stark germanisch beeinflußt. Ein junger deutscher Erzähler, der beim alten Fontane in die

Schule gegangen wäre, dürfte man ihn für zweifel- und makellos deutsch erklären? Die »fontanische Gauloiserie« ist sprichwörtlich. Was deutsch ist, steht im ›Meistersinger‹-Vorspiel ziemlich restlos ausgedrückt. Allein derselbe große Rätselrater, der zu verstehen gab, daß der ganze moderne Nationalismus nur die raffinierteste Form des romantischen Exotismus sei, er hat Richard Wagner, meinen Meister und nordischen Gott, mit feiner Hand in die *französische* Romantik verwiesen... Aber ich versprach, zu rechter Zeit aufzuhören.

Mitteilung an die Literarhistorische Gesellschaft in Bonn

Vor einiger Zeit veranstaltete die Zeitschrift ›Nord und Süd‹ eine Enquete über das Theater. »Was halten Sie vom Theater? Glauben Sie an den Kulturwert unseres heutigen? Was verdankt ihm Ihre Bildung, Ihre künstlerische Entwicklung?« So – oder so ähnlich – wurde auch ich gefragt. Nun weiß ich wohl, daß ich es mir eigentlich ein für allemal verbieten sollte, mich auf solche Dinge einzulassen; weiß aus wiederholter Erfahrung, daß eine mich selbst einigermaßen befriedigende Beantwortung solcher Fragen mich unverhältnismäßig viel Zeit und Nervenkraft kostet; daß ich bei der Schriftstellerei das peinvolle Gefühl nicht los werde, mich ganz unnütz zu kompromittieren, und daß ich also viel klüger täte, bei meiner ›Musik‹ zu bleiben. Aber es hilft nichts: Obgleich die Ernüchterung, der Katzenjammer, das Gefühl der Entkräftung und der Reue nach jedem Anfalle stärker wird, scheint es, daß ich das Schriftstellern nie ganz werde lassen können. Ich werfe mich von Zeit zu Zeit mit einer Leidenschaft darauf, die ich beim ›Musizieren‹ einfach nicht kenne, – einer für mein Künstlertum desto gefährlicheren und entnervenderen Leidenschaft, als sie mit jenem »unseligen Hang zum Polemischen« verbunden ist, den Goethe bedauernd bei Platen feststellte. So habe ich voriges Jahr, angeregt durch Gott weiß welche Erfahrungen, meinen Aufsatz ›Bilse und ich‹ geschrieben, jenen sehr persönlichen und sehr passionierten Essay, in welchem ich das sittliche und künstlerische Recht des Dichters, die Wirklichkeit zu benutzen, gegen eben diese Wirklichkeit verteidigte und in der Hauptsache Goethe's Aussage paraphrasierte: »Das Benutzen der Erlebnisse ist mir immer alles gewesen; das Erfinden aus der Luft war nie meine Sache: ich habe die Welt stets für genialer gehalten als mein Genie.« Und so saß mir nun die Theaterfrage wie ein Widerhaken im Fleisch: in einem erregten, gereizten, dialektischen Zustande ging ich umher, räsonierte, disputierte, komponierte, warf mit heißem Kopf einzelne Pointen aufs Papier . . . kurz, ich beschloß, den Roman, an dem ich schreibe, ›auf ein paar Tage‹ zu unterbrechen und der Zeitschrift die beste Antwort zu geben, die sie überhaupt bekommen würde. Was zustande kam, war ein Manuskriptum von einunddreißig Groß-Quart-Seiten, betitelt: ›Versuch über das Theater‹. Ich habe nicht Tage, sondern Wochen damit im Kampfe gelegen; mehr als einmal war ich der Sache bis zur Verzweiflung überdrüssig; mehr als einmal wollte ich angesichts der Widersprüche, die sich bei der Behandlung des Verhältnisses eines künstlerischen Menschen zum Theater notwendigerweise auftun, die Hände sinken lassen, aber ich hatte mich engagiert und gehorchte meinem kategorischen Imperativ ›durchhalten‹! Muß ich's bereuen? Wahrscheinlich. Wieder einmal habe ich geschwätzt, direkt geredet, theoretisiert, Wurzeln aufgedeckt, mich festgelegt, bloßgestellt, mich gebunden ausgeliefert: ein elendes Gefühl, – das durch das Bewußtsein, dies alles auf eine möglichst geschmeidige und unverbindliche Art getan zu haben, nur wenig gelindert wird . . . Die Schrift ist gegen das Theater gerichtet, wie man vielleicht errät, – zum mindesten gegen die künstlerische Vorherrschaft, die es sich seiner wirkungssüchtigen Natur nach nur zu gern zu häufig anmaßt; sie ist mit jener Skepsis und jener Einseitigkeit geschrieben, die beide das Ergebnis der Einsamkeit sind, und sie ist bei alldem nicht ohne den guten Willen zum Positiven. Ich habe hier nichts weiter darüber zu sagen . . . Nur eine Bemerkung und Verwahrung ist vielleicht am Platze. Eingeweihte wissen, daß ich kürzlich persönliche Erfahrungen auf dem Gebiete des Theaters gemacht habe. Eine große deutsche Bühne hat den – nicht übelgelungenen – Versuch unternommen, meine ›Fiorenza‹-Dialoge ihrem Publikum vorzuführen. Muß ich sagen, daß zwischen diesem merkwürdigen persönlichen Erlebnis und dem ›Versuch‹ nicht die geringste Beziehung besteht? Nichts von ›Undank‹, wenn ich bitten darf, und noch weniger etwas von ›Rankünc‹! Mein Aufsatz war seit Wochen fertig, als ich nach Frankfurt fuhr, um mir eine ›Fiorenza‹-Aufführung anzusehen, und wenn es anders gewesen wäre: ich war ein mit Auszeichnung aufgenommener Gast im theatralischen Reich, aber doch nur ein Gast, ein Fremdling; auch nach Frankfurt hätte es mir an Distanz von meinem Stoff nicht gefehlt.

Das ist alles, was ich aufzuweisen habe, wenn man mich fragt, was ich im letzten Jahre fertigstellte, – denn seitdem habe ich das Fest des Schlußwortes und der ›letzten Hand‹ nicht mehr gefeiert. Ich bin von der zeitraubenden schriftstellerischen Abschweifung zu meiner ›Musik‹, meinem Roman zurückgekehrt, den die ›Neue Rundschau‹ schon allzulange ankündigt und den sie schon noch eine Weile wird ankündigen müssen. Jeden Vormittag ein Schritt, jeden Vormittag eine ›Stelle‹, – das ist einmal meine Art, und sie hat ihre Notwendigkeit. In einer warmherzigen und ungewöhnlich feinfühligen Besprechung, die Dr. Alexander Pache neulich in den ›Hamburger Nachrichten‹ meinen literarischen Bemühungen widmete, machte er auf meine Kompositionsart aufmerksam; er schilderte, wie ich das vielgebrauchte Kunstmittel des ›Leitmotivs‹ ausgebildet und verinnerlicht hätte, wie es bei mir nicht mehr ein bloßes Merkwort physiognomischen und mimischen Inhalts bleibe, sondern »direkt musikalisch« verwandt werde und für die ganze Darstellungsweise und Stilfärbung bestimmend sei. Das ist schon früher bemerkt worden. Auch Oscar Bie schrieb einmal, daß die Musik als symbolische und stilbildende Macht in meine Produktion hineinwirke. Nun, diese Machart allein würde genügen, meine Langsamkeit zu erklären. Es handelte sich dabei weder um Ängstlichkeit noch um Trägheit, sondern um ein außerordentlich lebhaftes Verantwortlichkeitsgefühl, das nach vollkommener Frische verlangt und mit dem man nach der zweiten Arbeitsstunde lieber keinen irgend wichtigen Satz mehr unternimmt. Aber welcher Satz ist ›wichtig‹ und welcher nicht? Weiß man es denn zuvor, ob ein Satz, ein Satzteil nicht vielleicht berufen ist, wiederzukehren, als Motiv, Klammer, Symbol, Zitat, Beziehung zu dienen? Und ein Satz, der zweimal gehört werden soll, muß danach sein. Er muß – ich rede nicht von

›Schönheit‹ – eine gewisse Höhe und symbolische Stimmung besitzen, die ihn würdig macht, in irgendeiner epischen Zukunft wiederzuerklingen. So wird jede Stelle zur ›Stelle‹, jedes Adjektiv zur Entscheidung, und es ist klar, daß man auf diese Weise nicht aus dem Handgelenk produziert. Ich blicke in dieses oder jenes gern gelesene erzählende Werk und ich sage mir: »Nun ja, ich will glauben, daß das flink vonstatten gegangen ist!« Was mich betrifft, so heißt es, die Zähne zusammenbeißen und langsam Fuß vor Fuß setzen, – heißt es, Geduld üben, den halben Tag müßig gehen, sich schlafen legen und abwarten, ob es nicht morgen bei ausgeruhtem Kopf doch vielleicht besser wird. Irgend etwas Größeres fertigzumachen, dem einmal Unternommenen die Treue zu halten, nicht davonzulaufen, nicht nach Neuem, in Jugendglanz Lockendem zu greifen, dazu gehört bei meiner Arbeitsart in der Tat eine Geduld – was sage ich! eine Verbissenheit, ein Starrsinn, eine Zucht und Selbstknechtung des Willens, von der man sich schwer eine Vorstellung macht und unter der die Nerven, wie man mir glauben darf, oft bis zum Schreien gespannt sind. Jedes Urteil über Neuheit und Wirkungsmöglichkeit des Werkes ist mit der Zeit abhanden gekommen, der Glaube daran wird künstlich, wird galvanisch, der größere Teil der Nervenkraft wird verbraucht, um den Glauben zu stimulieren, und zuletzt fragt man sich, ob all der Kampf eigentlich noch in irgendeinem Verhältnis steht zu der Würde und Wichtigkeit dessen, um was man kämpft. Das Ende muß es lehren, – auch diesmal.

Erzählen? Ausplaudern? Das ›Problem‹? Die ›Handlung‹? Ich werde mich hüten. Mein Geheimnis wenigstens will ich bis zum Ende für mich haben, – abgesehen davon, daß meine ›Stoffe‹ und ›Handlungen‹ die Eigentümlichkeit haben, sich nicht ausplaudern zu lassen . . . Ich gab die Überschrift her: ›Königliche Hoheit‹, – ein schöner Titel, unter dem zu arbeiten mich seit Jahren verlangt hat. Ein Prinz, ein Milliardär, ein Chauffeur, ein Rassehund, eine wahnsinnige Gräfin, ein romantischer Hilfslehrer und eine Prinzessin besonderer Art treten auf, – man sei also neugierig. Mir selbst erscheint das Ganze zuweilen so neu und schön, daß ich in mich hineinlache – und zuweilen so läppisch, daß ich mich auf die Chaiselongue setze und zu sterben glaube. Was wird die Wahrheit sein? Das Ende muß es lehren, – auch diesmal.

Mein Sommerhaus

Man möchte doch auch wieder einmal sein Scherflein beitragen zur Unterhaltung und Belehrung, und so habe ich mich denn an die verehrliche Vortrags-Kommission gewandt mit dem Vorschlage, Ihnen heute etwas zu erzählen – nicht von literarischen Dingen. Ich höre zwar gern von Literatur sprechen und möchte dabei erinnern, daß Rotarier Bruno Frank uns schon lange keine seiner beliebten Bücher-Revuen geliefert hat. Ich selbst ziehe das Nichtliterarische vor und habe nun überlegt, welches Thema ich wählen soll, nachdem man mir so interessante Dinge wie »Aluminium« oder »Versicherungswesen« schon vorweggenommen hat. Was bleibt denn da für einen armen Poeten übrig an Dingen, die zugleich konkret und poetisch sind? Ich habe an eine Landschaft gedacht, und zwar an die Landschaft, die mir in letzter Zeit besonders ans Herz gewachsen ist: die Kurische Nehrung.

Fast wundere ich mich über meine Wahl. In meiner Jugend, sagen wir noch vor fünfzehn Jahren, hätte ich mir ein solches Thema nicht ausgesucht. Der Sinn des Auges, das optische Vergnügen, die Fähigkeit, die äußere Welt mit einer gewissen unschuldigen Hingabe und Offenheit zu genießen, ist etwas Spätes. Der Jüngling ist ein nach innen gekehrter, spröder, eher asketischer Mensch, vielleicht nicht in der Regel, aber die Erfahrung lehrt, daß es vorkommt. Die Empfänglichkeit des Auges kommt erst später, und dies brachte mich auf die Wahl meines heutigen Themas. Ich habe eine starke Sympathie für diese Landschaft.

Die Kurische Nehrung ist der schmale Landstreifen zwischen Memel und Königsberg, zwischen dem Kurischen Haff und der Ostsee. Das Haff hat Süßwasser, das auch durch eine kleine Verbindung mit der Ostsee bei Memel nicht beeinträchtigt wird, und birgt Süßwasserfische. Der Landstreifen ist ca. 96 km lang und so schmal, daß man ihn in 20 Minuten oder einer halben Stunde bequem vom Haff zur See überqueren kann. Er ist sandig, waldig und sumpfig. Meine Worte können Ihnen keine Vorstellung von der eigenartigen Primitivität und dem großartigen Reiz des Landes geben. Ich möchte mich hier auf Wilhelm von Humboldt berufen, der dort war, und speziell von Nidden so erfüllt war, daß er erklärte, man müsse diese Gegend gesehen haben, wie man Italien oder Spanien gesehen haben müsse.

Bei meiner Beschreibung will ich mich nun ganz einfach an die Himmelsrichtungen halten. Jede zeigt eine Sehenswürdigkeit, die die Fremden anzieht.

Wir sind im Sommer immer gern an die See gegangen, und man empfahl uns da eines Tages, die samländische Küste zu besuchen. Wir waren schon einige Wochen in Rauschen. Dies ist ein ziemlich triviales Ostseebad, wie es viele gibt, und wir sehnten uns nach etwas anderem. Man schlug uns vor, die Nehrung zu besuchen. Gut, wir fuhren also für einige Tage nach Nidden auf der Kurischen Nehrung und waren so erfüllt von der Landschaft, daß wir beschlossen, dort Hütten zu bauen, wie es in der Bibel heißt. Dies ist zwar bei uns nichts Neues, denn wir beschließen es phantasieweise fast überall, sei es bei St. Moritz oder Assuan. Aber diesmal war es ernster. Der Eindruck war tief. Man findet einen erstaunlich südlichen Einschlag. Das Wasser des Haffs ist im Sommer bei blauem Himmel tiefblau. Es wirkt wie das Mittelmeer. Es gibt dort eine Kiefernart, Pinien ähnlich. Die weiße Küste ist schön geschwungen, man könnte glauben, in Nordafrika zu sein. Wir faßten einen Hügel am Haff ins Auge und begannen mit einem Bauplatz zu kokettieren. Als wir abreisten, hatten wir uns soweit gebunden, daß wir nicht mehr zurückgekonnt hätten, selbst wenn wir gewollt hätten. Durch Vermittlung Einheimischer kam ein Pachtvertrag mit der Litauischen Forstverwaltung zustande, eine Memeler Architektenfirma wurde engagiert, und so bauten wir brieflich ein Holzhaus. Alles war furchtbar einfach, nur Holz und Schleiflack. Als der nächste Sommer kam, stand das Haus fix und fertig da. Wir kamen an und saßen auf der

Veranda unseres Häuschens, als ob es schon immer so gewesen wäre.

Im Osten über dem Haff steigt morgens die Sonne auf. Das Haff ist das Hauptarbeitsgebiet der Fischersleute. Im Fischerdorf findet man an den Häusern vielfach ein besonders leuchtendes Blau, das sogenannte Niddener Blau, das für Zäune und Zierate benützt wird. Alle Häuser, auch das unsere, sind mit Stroh- und Schilfdächern gedeckt und haben am Giebel die heidnischen gekreuzten Pferdeköpfe. – Genau so machte man es bei unserem Haus. Es ist ein Holzhaus mit Schilfdach und am blauen Giebel zwei gekreuzte Pferdeköpfe. – Unten ist eine offene Veranda, dahinter liegt das Eßzimmer. Alles andere sind Schlafzimmer. Nur eines im ersten Stock ist für mich als Arbeitszimmer eingerichtet. Von hier habe ich einen weiten Blick über das Wasser bis zur ostpreußischen Küste, die man aber nur sehr selten sehen kann.

Wie ich schon sagte, ist das Haff das Hauptarbeitsgebiet der Fischer. Jeden Nachmittag sieht man ihre kleine Segelflottille, wenn das Wetter es nur irgend erlaubt, hinausfahren. Sie fischen nur nachts und kehren morgens zurück mit Hechten, Zandern. Schollen und Aale kommen aus der Ostsee. Mit russisch anmutenden Wägelchen werden sie von ihren Frauen mitsamt der Beute abgeholt. Der Menschenschlag ist unschön, aber sehr freundlich. Er hat sehr starken slawischen Einschlag mit starken Backenknochen, blauen wäßrigen Augen. Sie sind dreisprachig und sprechen deutsch, litauisch und kurisch. Wenn sie deutsch sprechen, wirken sie wiederum sehr russisch. Litauisch und kurisch sind sehr eigentümliche Sprachen. Litauisch hat einen leichten russischen Einschlag. Kurisch soll dem Sanskrit sehr nahestehen, so nahe wie sonst keine heutige Sprache. Ihr Leben ist rauh und oft sehr schwer. Das Haff erscheint harmlos, kann aber unter Umständen außerordentlich bösartig sein, besonders im Herbst. Im Sommer sind die Blitzschläge gefährlich. Ich habe erlebt, wie man einen Fischer, der vom Blitzschlag gelähmt wurde, aus seinem Boot hob. Allerdings erholte er sich nach ein paar Tagen in einer Memeler Klinik wieder.

Im Süden liegen die großen Dünen, ein wirklich sehr merkwürdiges Naturphänomen. Sie gehören zu den Hauptsehenswürdigkeiten für die Fremden und haben wohl Humboldt hauptsächlich zu seiner Äußerung veranlaßt. Sie sind eine halbe Stunde von unserem Häuschen entfernt, auf einem sehr reizvollen Weg zu erreichen vorbei an einer Bucht, die wir Portofino genannt haben. Die ungeheueren Sandwände der Düne soll man lieber nicht hinaufklettern, denn das Herz wird dabei sehr angestrengt. Kennen Sie die Dünen bei List auf Sylt? Man muß sie sich verfünffacht denken, man glaubt, in der Sahara zu sein. Der Eindruck ist elementarisch und fast beklemmend, weniger wenn man sich auf den Höhen befindet und beide Meere sieht, als in den tiefen eingeschlossenen Gegenden. Alles ist weglos, nur Sand, Sand und Himmel. Immer wieder überkommt mich hier der Eindruck des Elementarischen, wie ihn sonst nur das Hochgebirge oder die Wüste hervorruft. Die Farbenpracht ist unvergleichlich, wenn der Osthimmel das Feuerwerk des westlichen widerspiegelt. Diese Farbenpracht ist unbeschreiblich. Zarteste Pastellfarben in Blau und Rosa, und der federnde Boden ist geschmückt mit den feinen Wellenlinien, die der Wind hineinzeichnet. Auch auf einer Segelbootfahrt hat man diesen unbeschreiblich schönen Eindruck.

Ich wende mich nun nach Norden. Dort ist wieder ein Attraktionspunkt. Der Elchwald. Die Niddener Elche sind sehr berühmt. Elche kommen ja in Europa kaum noch auf freier Wildbahn vor. Man fährt im Wagen hinaus zum Elchwald. Es ist ein Wald von russischem Charakter, und man spürt auch hier die Nähe Osteuropas. Sumpf mit Birken und Fichten. So wie die russische Landschaft von Turgenjew beschrieben wird. Zum Elchwald zu fahren verursacht unendliche Spannung. Wir fahren mit einem Wägelchen hinaus. Allein schon diese Fahrt erhöht die Spannung. Es geht durch tiefes Wasser, man fährt über Bäume, die niedergedrückt werden und sich dann wieder aufrichten. Ich bin gewiß, dieser lange Weg ist sicher nicht nötig, und es gibt sicher einen viel näheren und weniger unbequemen, aber der Kutscher fährt nun diesen Weg, und es ist schön, so in

Spannung dem Kommenden entgegenzufahren. Der Anblick des ersten Tieres ist ein sehr imposanter Eindruck, in dieser eigenartigen Umgebung, die großen wilden Tiere zu sehen. Sie sind eine Mischung von Rind, Pferd, Hirsch, Kamel und Büffel, sehr langbeinig mit breit ausgeladenem Geweih. Auf diesen langen Beinen schreiten sie langsam dahin, ohne Furcht zu zeigen, und man hat volle Muße, dieses eigentümliche Wesen in Augenschein zu nehmen und zu knipsen. Man sieht Elchkühe mit ihren Jungen allein. Die Männchen halten sich in der Regel abgesondert wie ein Herrenclub. Sie liegen weiter im Wald auf einer Wiese. Ihre Geweihe haben einen Überzug, der sie wie bemoost scheinen läßt und samtartig aussieht. Die Tiere bleiben ganz ruhig liegen. Sie stehen nur auf, wenn unsere Kinder die eigenartigen glucksenden Laute, die sie von den Dorfkindern gelernt haben, ausstoßen, auf die sie dann horchen und dem Wagen ruhig nachblicken.

Und nun komme ich zu der Hauptsache, zum Meer, diesem Meer, das man überall hört und zu dem alle Wege hinführen und zu dem ich an jedem Tag nach meiner Arbeit hinübergehe. Viele sandige Dünenwege führen dorthin. Bevor man den windschiefen Wald am Meer erreicht, geht man auf einer Höhe ca. 50 m und hat dann schon auf halbem Wege das Meer vor Augen. Weit breitet es sich vor einem aus. Jeden Tag hat es ein anderes Gesicht. Bei Sturm ist es schwarz mit grünen Kämmen, wie im Märchen vom ›Fischer un siner Fru‹. Geht man weiter durch den windschiefen Wald, kommt man in ein bewachsenes Dünengelände und ist dann endlich am Strand, an der Ostsee, einer Ostsee, wie ich sie noch gar nicht kannte. Sie ist vollkommen offen nach Westen bis nach Schweden hinüber, und stark wie an der Nordsee ist die Brandung bei Westwind. Die Brandung ist von eigenartiger Großartigkeit. Auch hier haben Meer und Strand einen primitiven, elementaren Charakter. Ich denke zuweilen, daß das Meer, das Hochgebirge im Schnee und die Wüste eine Kategorie von Naturerscheinungen für sich ist. Wer nicht den nötigen Respekt vor dem Meer hat, kann leicht zu Schaden kommen. Die Wellen haben selbst ganz nahe am Strand noch eine Kraft, daß man glaubt, Löwenpranken schlügen auf die Schultern. Im Sog ist schon mancher zu Schaden gekommen. Schwimmt man zu weit hinaus, so gerät man in diesen Sog, der einen immer wieder zurückzieht und gegen den alle Anstrengungen vergeblich sind. Mancher, der in diesen Sog geriet, wurde nachher mit geplatzten Lungen aufgefunden. Man beklagt ihn dann, aber im Grunde hat er es sich selbst zuzuschreiben, weil er eben nicht genügend Respekt vor dem Meere hatte. Der Strand empfiehlt sich nicht durch Komfort. Nur wir haben einen Strandkorb, alle anderen Gäste bauen sich Sandburgen.

Ich freue mich heute schon wieder auf unseren nächstjährigen Aufenthalt in Nidden. Der eigenartige Charakter dieses Landstriches hat nichts Einschmeichelndes, er ist nicht schön im konzilianten Sinne, aber er kann einem ans Herz wachsen, davon kann ich ein Lied singen und habe es heute versucht. Ich kann meine Worte nicht passender schließen als mit dem Wunsche, daß der eine oder andere von Ihnen mich besuchen möge oder wie Goethe unter ein Bild seines Hauses am Frauenplan schrieb – und es stehen Leute davor –

»Kämen sie getrost herein,
Würden wohl empfangen sein.«

Meine Goethereise

Herr Präsident! Liebe Rotarier!

Sie dürfen mich nicht für redselig halten, wenn ich schon wieder bei einem After-Lunch-Speech aufstehe. Ich hatte neulich zufällig die Ehre, neben dem Herrn Präsidenten zu sitzen, und er brachte die Anregung, daß ich über meine letzte Reise sprechen solle, eine Goethe-Vortrags-Reise, von der ich kürzlich zurückgekommen bin, und die mich über Prag, Wien, Berlin schließlich nach Weimar führte. Diesem liebenswürdigen Vorschlag will ich mich gewiß nicht entziehen, vorausgesetzt, daß Sie mir volle Zwanglosigkeit zugestehen, um so weniger, als ich in letzter Zeit, mehr nolens als volens, ein sehr schlechter Rotarier gewesen bin, der sich selten sehen ließ und daher allen Grund hat, eine kleine Reparation eintreten zu lassen.

Fangen wir also an mit meinen kleinen Abenteuern. Wir reisten, nämlich meine Frau und ich, an einem etwas unpassenden Tage, dem Tag der Reichspräsidentenwahl, von München ab und fuhren mit schlechtem Gewissen, da die Wahl erst um 9 Uhr begann, wir aber der älteren Verabredung gemäß schon den Zug um 8 Uhr über Regensburg benutzen mußten und nicht mehr wählen konnten, nach Prag. Wir waren durch diesen Umstand etwas beunruhigt und wurden erst im Laufe des Tages getröstet.

Nun muß ich über diese Verbindung Klage führen. Die Verbindung nach Prag ist vernachlässigt und eigentlich schlecht. Es müßten zwischen zwei Hauptstädten wie München und Prag doch direkte Wagen gehen. Man muß in Schwandorf umsteigen. Wohl gibt es bis Regensburg Speisewagen, so daß man darin ein Frühstück nehmen kann, aber das Mittagessen liegt so früh, daß man Vorrat mitnehmen muß. Die Unbequemlichkeit ist zu bedauern, weil erfahrungsgemäß die Prager Deutschen sich außerordentlich freuen, wenn Reichsdeutsche zu ihnen kommen. Das wäre doch wohl ein Grund, diese Verbindung ein wenig zu erleichtern.

Nun, die Reise wurde zurückgelegt. Wir kamen um 5½ Uhr in Prag an und wurden dort empfangen von einigen Herren der ›Urania‹, d. i. das Kulturinstitut, das mich zur Goethe-Feier eingeladen hatte, mit der zugleich die Feier des fünfzehnjährigen Bestehens dieses sehr regen und gutgeleiteten Instituts verbunden war. An der Spitze der ›Urania‹ steht ein Herr Professor Frankl, der sich ganz dieser Aufgabe widmet. Er hat außerordentlich viel zu tun, denn die ›Urania‹ veranstaltet ständig Theateraufführungen, Lichtbildervorführungen, Vorträge usw. und macht sich um die deutsche Kultur in Prag sehr verdient. – Die Herren geleiten uns in das schöne Hotel Esplanade in der Nähe des Bahnhofs, das wirklich sehr empfehlenswert ist. Es ist charakteristisch für die ehrgeizig-großstädtische Entwicklung, die Prag in den letzten Jahren genommen hat und die sich sehr merkwürdig von dem Prag der Kleinseite, dem romantischen, dem Golem-Prag, abhebt. – Das Programm einer solchen Reise pflegt ziemlich dicht zu sein. Wir hatten kaum Zeit, uns ein wenig zu erfrischen, da mußten wir schon zu einem großen Tee-Empfang bei Direktor Frankl antreten, wo sich das deutsche Prag in seinen prominenten Vertretern eingefunden hatte: Theater, Schriftsteller, Musik usw. Dieser Nachmittag war eine Mischung von Tee und Souper, die sich sehr in die Länge zog und außerordentlich turbulent und interessant war. Ein solcher Empfang besteht ja aus einem Hagel von neuen Bekanntschaften. Man drückt sich die Hände, knüpft Gespräche an, die sofort wieder von anderen Bekanntschaften abgerissen werden. Das ist recht ermüdend, wenn man die Sache ernst nimmt und nicht mechanisch und phlegmatisch über sich ergehen läßt. Für die Beseitigung unserer Befürchtung wegen unserer verfrühten Abreise war gesorgt. Wir hörten am Radioapparat zwischen Musikstücken die Teilergebnisse der deutschen Wahlen und hatten durch die Freundlichkeit des ›Prager Tagblattes‹ bis ½12 Uhr abends, also wohl nicht später als Sie auch, einen vorläufigen Überblick über das Resultat der

Reichspräsidentenwahl. Damit schloß dieser Tag ganz beruhigend.

Am nächsten Tage habe ich mir zuerst das Deutsche Theater angesehen und dessen Direktor besucht. In diesem sehr schönen und ein wenig erschreckend weitläufigen Saale sollte am Abend mein Vortrag stattfinden. Ich mußte ein paar Regieanordnungen treffen und mich ein wenig orientieren.

Dann machten wir Besuch bei meinem tschechischen Verleger Melantrich, dem sehr jungen intelligenten Direktor des Instituts. Er hat uns mit seiner jungen Frau sehr freundlich aufgenommen und zeigte uns seine schöne Auswahl tschechischer, deutscher, englischer und amerikanischer Ausgaben. Wir machten dann mit einem Wagen dieser Firma unsere erste Fahrt durch die Stadt. Ich feierte Wiedersehen mit dieser Stadt, die ich so außerordentlich bewundere und liebe. Die Möglichkeit, sie meiner Frau zeigen zu können, war mir eine außerordentliche Freude. Der Blick von dem Ufer der Neustadt hinüber über die alte Karlsbrücke auf den Hradschin und die umliegenden Gebäude hat etwas von sehr eigentümlicher Großartigkeit, es verbinden sich damit so große historische und literarische Erinnerungen, daß dieser Eindruck immer sehr tief ist. Namentlich die Erinnerung an Wallenstein wird bei einem Rundgang durch die Stadt immer wieder lebendig, besonders beim Anblick des herausfordernd königlichen Palastes, den er aufführen ließ, nachdem er einen ganzen Stadtteil mit großer Nonchalance hatte niederreißen lassen. Man muß bei dem Anblick Prags immer wieder an eine gewisse Szene Schillers denken, wo der schwedische Oberst verlangt, daß Prag von den Schweden besetzt werden solle und Wallenstein erklärt: »Sei's um Eger! Aber Prag? Geht nicht.«

An unsere Rundfahrt schloß sich ein Frühstück in dem Prager PEN-Club. Das ist eine Abteilung dieses von England ausgegangenen Schriftsteller- und Verlegerclubs, der sich rasch über die ganze Welt verbreitet hat und der mir in allen möglichen Städten schon gastliche und freundliche Stunden bereitet hat. Es freute mich, mit meinem tschechischen Kollegen Karel Čapek zusammenzutreffen, den ich von Genf her kannte. Auf der Tischkarte zu meiner anderen Seite las ich den Namen: »Ossip Schubin«, den ich als Junge, wenn ich die Mappen unseres Lesezimmers stöberte, oft gelesen und der immer für mich einen interessanten und pikanten Anstrich gehabt hatte. Es war mir sehr wertvoll, diesen Namen vorzufinden, den ich nie ganz vergessen hatte. Denn ich hatte nicht gedacht, daß dessen Trägerin noch im Fleische wandle. Sie erwies sich als eine sehr liebenswürdige, kluge alte Dame. Sie erhob sich sogar zu einem Toast auf den deutschen Gesandten Koch. Es sprach außerdem Čapek, es sprach der Vertreter der jungdeutschen Prager Literatur Walter Seidl, ein sehr begabter junger Mensch. Zum Kaffee ging man hinüber in einen Nebenraum, wo neuerdings Bekanntschaften geschlossen und alte wieder aufgefrischt wurden, so mit einem Teil der deutschen Prager Schriftsteller u. a. mit Max Brod, den ich im Laufe des Aufenthalts persönlich sehr schätzen gelernt habe, nachdem ich schon früher seine Werke kennen und schätzen gelernt hatte. Von seinen eigenen Arbeiten abgesehen, hat er das große Verdienst, eine literarische Entdeckung gemacht zu haben, nämlich die Werke des verstorbenen Franz Kafka, den vielleicht zu wenig bekannten Dichter, der die Prager Not in klassischer Weise darstellt. Hermann Hesse hat ihn den heimlichen König der Deutschen Prosa genannt, sehr bezeichnend und nicht mit Unrecht.

Am Abend dieses Tages war mein Vortrag im Deutschen Theater, vor dem ich mich mit Recht ein wenig gescheut hatte. Das ist ein Raum für 2000 Personen. Wenn Rotarier Knappertsbusch dort vor seinem Orchester steht, so kann er seiner Sache sicher sein, aber ob ich hier die Vorzüge meines Manuskriptes an den Mann würde bringen können, stand mir nicht so ganz fest. Ich hatte jedoch freundlichen Beifall, den ich aber nicht sehr persönlich nahm. Mein Vortrag hätte bedeutend dümmer sein können, er hätte doch den Beifall der Prager Deutschen gefunden, die so erfreut sind über deutsche Besuche.

Nachdem ich schon einigermaßen körperlich erledigt war, schloß sich an meinen Vortrag ein Abend der ›Urania‹ an. Das war eine Festversammlung in einem großen Raum des Hauses, welches der Gesellschaft gehört. Der Eindruck war zunächst etwas sonderbar und befremdend. Ein ungeheurer Saal mit einer weitläufigen weißgedeckten Tafel, weiß gedeckt und leer. Ich war durch die Strapazierung meines Kehlkopfes sehr hungrig und durstig, aber die Feier, zu der man mich eingeladen hatte, hatte durchaus nicht Form und Charakter eines Banketts. Es war vielmehr eine Redeschlacht, die an dieser langen und ungedeckten Tafel ausgetragen wurde. Nach der Rede des Präsidenten folgte eine Rede des Direktors. Es sprachen Theaterdirektoren, hohe Funktionäre, Professoren und Studenten, einer nach dem andern, und ich mußte antworten. Es war schwierig, auf einem gewissen Schleichwege ein halbes Paprikahuhn zu bekommen, das ich dann vor mir hatte. Ich mußte aber immer wieder Messer und Gabel weglegen und zuhören, und schließlich war das Huhn noch vorhanden, als ich mich nach der Redeschlacht erhob. Wir haben uns dann in eine Bar zurückgezogen und dort in aller Behaglichkeit entschädigt.

Das war dieser Tag in Prag. Am nächsten Tag sind wir zusammen mit Max Brod nochmals durch die Stadt gefahren und gegangen, der wirklich ein äußerst intimer Kenner seiner Vaterstadt und ein vorzüglicher Führer durch dieselbe ist und auch entlegene Winkel aufzufinden wußte. Daran schloß sich am Mittag unsere Reise nach Wien, wo wir am Abend um ½ 9 Uhr am Westbahnhof ankamen. Wir suchten mein altes gutes Imperial auf, das ich ganz besonders wegen seiner pompösen Kulissenhaftigkeit schätze und das ganz großartig ist. Wir hatten sofort Besuch unten. Es waren Journalisten und die Direktrice des Kulturbundes, bei dem ich dort zu Gast war, eine Frau von Jacobi. Eine sehr intelligente Frau, mit der ich im Laufe des Aufenthaltes noch sehr oft zusammen war, dann mein alter Freund Auernheimer von der ›Neuen Freien Presse‹.

Wir gingen früh zu Bett, weil am nächsten Tag allerlei los war. Wir haben dann am nächsten Tag Wiedersehen mit Wien gefeiert und fanden es wundervoll, nicht zuletzt dank dem wunderbaren Wetter. Wir stellten wieder einmal fest, daß Wien nächst Paris die schönste, in ihrer repräsentativen Weitläufigkeit großartigste Stadt ist, die man sich denken kann. Wir hatten Gelegenheit, meine geliebten Breughels der Staatsgalerie wiederzusehen. Dann fuhren wir nach Döbling hinaus zu einem Frühstück bei Direktor Benedikt von der ›Neuen Freien Presse‹. Wir fanden uns dort in einem kleinen Freundeskreis sehr gemütlich zusammen. Abends war mein Vortrag in der Hofburg in einem sehr schönen Saal, der jetzt für solche Zwecke zur Verfügung steht. Daran schloß sich ein gemeinsames Abendessen mit alten und neuen Bekannten, an dem Bundespräsident Renner, Generaldirektor Schneider von der Hofburg und andere teilnahmen. Es entwickelte sich ein Redentausch und eine bis ziemlich tief in die Nacht sich erstreckende Geselligkeit.

Am nächsten Tag hatte ich die Gelegenheit, auf die ich mich seit langem gefreut hatte, den alten Sigmund Freud zu besuchen. Es war für mich ein tiefernster Eindruck, dem Urheber dieser Bewegung, die so tief und weit gereicht hat und so viel Veränderungen in der geistigen Welt hervorgerufen hat, gegenüberzusitzen und mit ihm zu sprechen. Es waren auch seine junge kluge Tochter, seine Frau und seine Schwägerin anwesend. Ich durfte mich längere Zeit mit diesem bedeutenden Mann unterhalten. Er zeigte mir seine Schätze, seine Sammlung archäologischer Merkwürdigkeiten, Geschenke, Reisetrophäen, indische Schnitzereien, Frühfunde aus ägyptischen Gräbern, griechische Kleinplastiken sehr merkwürdiger Art. Das Interesse, das er damit bekundete, zeigte mir gerade, wie weit diese ursprünglich rein psychiatrisch-pathologische Bewegung hineinreicht in das Geisteswissenschaftliche, in das Wissen vom Primitiven, vom Urmenschen überhaupt und wie sie in die alte Kultur zurückweist.

Es schloß sich an diesen Besuch dann ein Frühstück bei Frau von Jacobi, der Leiterin des Kulturbundes in größerem Kreise. Vor allem war zu unserer Freude der Dichter Werfel, nun verheiratet mit der Witwe Gustav Mahlers, anwesend, der Verfasser des bekannten Romans ›Die Geschwister von Neapel‹.

Wir verbrachten noch einen Teil des weiteren Nachmittags

mit ihm und seiner Frau, bis wir um 6 Uhr die Weiterreise nach Berlin antraten.

Dieser Teil der Reise war der bequemste. Man hat direkten Schlafwagen und Speisewagen und ist am nächsten Morgen schon um 7 Uhr in Berlin. Wir suchten unser schon vertrautes Hotel Savoy in der Fasanenstraße auf. Ein kleines Hotel, von dem ich nicht weiß, ob es jemand von Ihnen bekannt ist, aber so sympathisch und behaglich, daß ich es ›Kaiserhof‹ usw. vorziehe. Man soll solche Gelegenheiten wahrnehmen, seiner Menschenfreundlichkeit Genüge zu leisten, indem man auch andere darauf hinweist.

Ich hatte zunächst eine Pflicht: Ich mußte in die Akademie am Pariserplatz zur Tonfilmaufnahme der Emelka bzw. Tobis von der Goethe-Feier in der Akademie. Das war insofern etwas komisch, als man nicht daran gedacht hatte, daß ich abends im Frack sprechen würde. Man hat von mir einfach eine Aufnahme im Sakko gemacht. Dagegen erfolgte die Aufnahme des Publikums am Abend in Festkleidung. Wenn nun ein Teilnehmer die Aufnahme sieht, wird er sich an den Kopf greifen und sagen: »Thomas Mann hat doch sicher einen Frack getragen.« Doch das gehört zu den Wundern der Technik. Die Aufnahme war nicht sehr angenehm. Man wird da zwischen riesige Jupiter-Lampen eingekeilt, die ziemlich heizen. Doch soll die Aufnahme gut geworden sein. Ich habe sie im Phöbuspalast gesehen. Es ist ein sonderbarer und unheimlicher Eindruck, sich selbst objektiviert vor sich zu sehen. Dieses Gefühl restloser Verantwortlichkeit für eine im Objektiven vorhandene Erscheinung hat etwas Krankhaftes und etwas Quälendes. Ich möchte diesen Eindruck gar nicht sehr oft haben.

Am Abend dieses Tages war dann die offizielle Feier der Preußischen Akademie der Künste Goethe zu Ehren. Diese Feier war die würdigste, stimmungsvollste und schönste. Sie fand in einem intimen Saal statt, einem dieser schönen stilvollen, geschmackvollen Räume, die ungefähr aus der Goethezeit stammen. Es war da ein Publikum von ungefähr 300 Personen, die noch übrige geistige Elite Berlins, vor der zu sprechen eine Ehre und ein Vergnügen ist. Es war da der alte Liebermann, Max von Schillings, Oberbürgermeister Sahm, der französische Botschafter François-Poncet, der preußische Kultusminister Dr. Grimme usw. Umrahmt war meine Ansprache von Chören von Zelter und anderen Zeitgenossen Goethes. Das war der 18. März.

Den 19. März haben wir noch in Berlin verbracht, um die schon berühmte Aufführung von Hauptmanns neuem Stück ›Vor Sonnenuntergang‹ zu sehen. Das Berliner Theater ist es in erster Linie, was mich dort hinzieht und an Berlin fesselt. Es ist trotz weitgehendem Versagen der dramatischen Produktion noch immer das faszinierendste und Berlin noch immer das Theaterzentrum Europas. Paris kann bei weitem nicht daran reichen. Das Werk und die Aufführung ernteten großen Beifall. Vor allem Krauss, der ins König-Learhaft-Großartige hineinwuchs, wozu das Stück ihm Gelegenheit bieten mußte. Es ist bewußt und eingestandenermaßen ein Alterswerk, das Greisenhafte liegt ja schon im Gegenstand. Aber es zeigt in der Plastik der Figuren, in der Kraft, mit der diese Figuren hingestellt sind, die Klaue des Löwen.

Am 20. März fuhren wir nach Weimar, dem eigentlichen Zentrum dieses Goethe-Festes, dem Brennpunkt aller dieser Feiern, wo man uns in dem Hotel Fürstenhof, das vielleicht einige von Ihnen kennen werden, Quartier bereitet hatte. Es ist das ein sympathisches altes Hotel, wie man es in kleinen Städten findet, aber unter den gegenwärtigen Umständen war es außerordentlich geräuschvoll. Der ›Erbprinz‹ oder der ›Elefant‹ wäre angenehmer gewesen. Wir haben da 3½ Tage verbracht. Die Stadt unter den gegenwärtigen Umständen zu sehen, war sehr merkwürdig. Das Nest hatte förmlich eine Injektion bekommen durch den ungeheueren Fremdenzudrang. Man sah hier alle menschlichen Typen, auch exotische. Die Bevölkerung war erregt und neugierig und bildete Menschenmauern, wenn ein Regierungsvertreter oder dergleichen aus dem Automobil stieg. Ganz eigenartig berührte die Vermischung von Hitlerismus und Goethe. Weimar ist ja eine Zentrale des Hitlertums. Überall konnte man das Bild von Hitler usw. in nationalsozialistischen Zeitungen ausgestellt sehen. Der Typus des jungen Menschen, der unbestimmt entschlossen durch die Stadt schritt und sich mit dem römischen Gruß begrüßte, beherrscht die Stadt. Daneben fiel die festliche Ausstattung der Schaufenster ins Auge, manchmal ein wenig kindlich, teils rührend, wie Goethe in Marzipan, das Gartenhaus als Bonbonnière, versandfertig, und die sonstigen kleinen rührenden Scherze.

Mit den offiziellen Veranstaltungen haben wir natürlich das Wiedersehen mit den eigentlichen klassischen Stätten verbunden. Wir standen wieder einmal in den Zimmerchen, die Goethe sich in seinem Hause am Frauenplan zu seinen Arbeiten eingerichtet hatte, voll tiefer Rührung, obgleich der Zudrang von Fremden, die beständig diese beiden Räume belagerten, ein wenig störte. Es ist ja eigentümlich, mit welchem asketischen Sinne dieser große Mensch sich das Privateste seiner Wohnung eingerichtet hat. Er hat gelegentlich in seinem Werke geäußert, daß er gegen prunkvolle Zimmer, reich ausgestattete Räume immer eine Antipathie gehabt habe, weil ein solches Wohnen zu sehr den Geist beunruhige und den Produktionstrieb einlulle. Man kann das im allgemeinen nicht zugeben. Tatsache ist, daß Fürsten, Minister, große Geschäftsleute auch in reichen und eleganten Räumen gearbeitet haben. Es war von Goethe ein persönlicher asketischer Zug, das Geistige und Innerste seines Wesens durch Keuschheit der äußeren Umgebung zu salvieren gegen das Weltliche, zu dem er dann doch außerdem mit einem Teil seines Wesens verpflichtet war.

Wir besuchten auch das Schiller-Haus, das vergleichsweise komfortabel ist neben Goethe's privater Wohnung. In seinem Zimmer steht der Schreibtisch aus Kirschholz, wegen dessen Anfertigung in Jena er sich so große Sorgen gemacht hatte. Auf ihm lag ein schöner großer Blumenstrauß, und man erfuhr auf Befragen, daß eine alte Dame hier in Weimar von Zeit zu Zeit frische Blumen auf ihm einsetze; Goethe bekomme gerade jetzt so viel Blumen und Kränze, da wolle sie nun auch für Schiller sorgen.

Was die offiziellen Veranstaltungen betrifft, so war für den 21. März nachmittags mein Vortrag angesetzt in der sehr geschmackvollen weitläufigen, schönen mit Holz vertäfelten Stadthalle, die ganz kürzlich neu etabliert worden ist. Der Vortrag litt ein wenig unter der Regie, da ihm sehr ausgedehnte Musikaufführungen vorhergingen, ein ganzes, übrigens wundervolles Schubertquartett. Erst um 5 Uhr statt um 4 Uhr kam ich auf das Podium. Auf ½ 7 Uhr war die ›Egmont‹-Aufführung des Bochumer Stadttheaters angesetzt, die ich selbst auch besuchen wollte. Alles wollte zwischen den beiden Veranstaltungen etwas essen, sich umkleiden, neues Lippenrot auflegen und war daher etwas unruhig. Ein Teil des Publikums räumte während des zweiten Teils den Saal. Das war für den Vortragenden nicht sehr angenehm, aber auch das ging vorüber mit etwas Humor. Abends war dann die sehr schöne ›Egmont‹-Aufführung unter Saladin Schmitt. Am 22. März fand vormittags die auch in der Wochenschau gezeigte Feier in der Fürstengruft mit Brüning, Groener und den übrigen Herren aus Berlin statt, an der ich mich nicht beteiligen konnte, weil ich keinen Zylinder hatte. Aber ich konnte unmöglich auf dieser Reise den Zylinder mitschleppen, ich mußte mich daher dispensieren. Ich habe dafür teilgenommen an der großen Hauptfeier in der Stadthalle. Ich hörte die Rede des Prof. Julius Petersen, des Germanisten und Literaturhistorikers der Berliner Universität. Das Erfreulichste war der Gesang der Thomaner aus Leipzig. Ich habe sie zum ersten Mal gehört in ihrer Reinheit und Nuanciertheit. Ihr Gesang war mir lieber als die ganze Rede.

Wir haben dann abends den ›Tasso‹ gesehen. Das war ein Höhepunkt dieser Weimar-Festlichkeiten. Das Wiener Burgtheater spielte mit Aslan in der Titelrolle und der Bleibtreu als Prinzessin. Dieses herrliche Stück, dessen dichterische Intimität und Kühnheit so eindringlich mit seiner klassizistischen Form kontrastiert, wurde einem in entzückender Weise nahegebracht durch den Konversationston, den Ton eines gehobenen Realismus, in dem man es spielte. Nach diesem theatralischen Eindruck genoß ich noch eine Veranstaltung in der Stadthalle, an der Brüning und die Seinen wieder teilnahmen, nämlich die »Stunde der deutschen Volksgemeinschaft«. Das Programm wurde bestritten von drei deutschen Schriftstellern, nämlich Walter von Molo, Kolbenheyer und dem Wiener Literaturhistoriker Eibel. Es hatte einen stark politischen Einschlag namentlich dank Kolbenheyer, der angekündigt hatte, er würde über Goethe als Weltbürger sprechen. Er sprach aber eigentlich gegen Goethe's Weltbürgertum, bestritt es und kennzeichnete die ›Iphigenie‹ als ein durch und durch völkisches Stück. In Goethe's Umfänglichkeit findet jeder das Seine. Aber diese wunderliche Stilisierung seines Wesens erschien doch ein wenig weitgehend.

Am nächsten Tag haben wir das Schloß-Museum besucht. Wir feierten auch hier allerhand schöne Wiedersehen mit Bildern, wie denen von Caspar David Friedrich, die ich besonders liebe. Ich mußte dann zum offiziellen Frühstück der Reichsregierung zusammen mit der Landesregierung für die Weimarischen Gäste, an dem Groener, Brüning und andere bekannte Persönlichkeiten teilnahmen. Dabei wurde mir die Goethe-Medaille für Kunst und Wissenschaft überreicht mit einem Brief von Hindenburg, der dessen ungeheuer markante und festgeführte Unterschrift trägt. Auch der Verlauf dieses Frühstücks war wieder eigentümlich, wie das in Deutschland und vielleicht in keinem anderen Land zu begegnen pflegt. Ich saß mit Groener an einem langen Tisch mit dem Rektor der Universität Jena, dem von Frankfurt, dem liebenswürdigen badischen Kultusminister usw. Groener saß in einiger Entfernung, und ich habe so wenig seine Bekanntschaft gemacht wie etwa die von Brüning. Man kann natürlich nicht hingehen und sich aufdrängen, und auf den Gedanken, eine Vorstellung herbeizuführen, kommen diese Leute nicht. Die Gelegenheit zu einer solchen Berührung wäre aber ganz glücklich und nützlich. Ich konnte übrigens beobachten, wie eigentümlich doch die Persönlichkeit des Reichskanzlers Dr. Brüning ist und wie sie das Benehmen seiner ganzen Umgebung gegen ihn bestimmt. Er muß ein besonderer Mensch sein. Die fast gerührte und liebevolle Art, in der seine ganze Umgebung mit ihm umgeht, ihn gleichsam auf Händen trägt, zeugt für das Eigentümliche seiner Person. Sie nennen ihn einen Parsifal, schwärmen von der Schönheit seines Blicks, von seiner persönlichen Reinheit usw. Wie man auch über sein politisches Tun und Lassen denken möge, man überzeugt sich in seiner Nähe jedenfalls davon, daß etwas von ihm ausgeht, daß er der Mensch ist, der seine Umgebung hält und zu einer gewissen Hingebung zwingt.

Nun bleibt auch von diesem Aufenthalt nicht mehr viel zu erzählen übrig. Wir haben am letzten Vormittag noch in Gesellschaft eines guten Freundes, des Münchener Malers Hoerschelmann, einen Spaziergang durch den Stadtpark gemacht und dann unsere Heimreise angetreten.

Lassen Sie mich, liebe Rotarier, nicht einfach aufhören, sondern damit schließen, daß ich noch versuche, Ihnen folgendes zu sagen: Diese Goethe-Feier hatte ja – und es dauert ja noch an – einen Umfang, eine allgemeine Teilnahme, sie hat, ich möchte sagen, ökumenische Internationalität. Wohin man hörte und das Radio drehte, war huldigend und feiernd von Goethe die Rede. Das zeigt, daß das Deutschtum doch einmal, in einem historischen Augenblick, durch die Persönlichkeit Goethe's in ihrer Mischung von Größe und Urbanität wirklich die ganze Welt zur Liebe, zur Bejahung, zur Bewunderung hingerissen hat. Dieses Jahr 1932 ist tatsächlich ein Ehrenjahr des deutschen Menschen und der deutschen Kultur. Und sowenig wie faktisch-praktisch das deutsche Volk Nutzen davon haben mag, so kann die Erhebung des deutschen Selbstbewußtseins, die damit verbunden ist, einem leidenden Volk, wie das deutsche ist, nur zustatten kommen. Ich möchte sagen: Der Deutsche ist nur zu geneigt, sich für verachtet zu halten und dadurch sich das Blut zu vergiften. Nun, es ist zur Verachtung sehr wenig Grund, und auch Goethe, der weiß Gott an seinen Deutschen vieles auszusetzen hatte, wie jeder große Deutsche das getan hat, hat doch an unsere Unverwüstlichkeit und an unsere Zukunft niemals zu glauben aufgehört. Jeder von Ihnen, meine lieben Rotarier, der Gelegenheit hat, mit dem Ausland in Berührung zu kommen, wird die

Erfahrung gemacht haben, daß die Welt diesen Glauben teilt. Wir sind nichts weniger als verachtet. Wir sind allenfalls gefürchtet. Aber in Goethe, diesem Liebling der Menschheit, sind wir auch geliebt.

Unterwegs

Ich bin unterwegs seit Wochen, die mich wie Jahre dünken. Es treibt mich auf den Meeren um, ich bin der Fliegende Holländer. Ich habe in den Ohren die beiden Motive, mit deren Hilfe Wagner die Gestalt des Unseligen so eindrucksvoll dargestellt hat: das stille, öde, das die einförmige Horizontweite des unbewegten Meeres malt, und das balladeske Hoiho und Hoihe, womit die Ouvertüre beginnt. Ich habe das ewige Meer auf beide Arten erlebt, in Schläfrigkeit und Gebraus, ich habe die Sonne auf seiner Bläue, den Mond auf seiner schlummernden Finsternis spielen sehen und habe stundenlang beim Sausen des Windes und Knallen der Leinwand in seinen Aufruhr geblickt, wenn der Bug des stampfenden und sich bäumenden Dampfers auf seine vom Sturm ihm entgegengewälzten Wogen niederwuchtete und das ganze Vorderschiff von weißem Gischt übersprüht wurde. Des Morgens bekomme ich es heiß in die Wanne geliefert, das Meer, und esse danach Hafergrütze, Eier und gute Marmeladen zum Tee. Zuweilen gehe ich an Land, um berühmte Baulichkeiten auf mich wirken zu lassen, die Sitten fremder Völker zu beobachten und so den engen Bezirk meiner Bildung zu erweitern. Doch bald heißt es wieder, wie für Senta's bleichen Liebhaber: Aufs Meer! Aufs Meer!

Es handelt sich um eine Lustfahrt des Hamburger Dampfers ›General San Martin‹ durch das Mittelmeer, die zweite schon, die er dies Jahr unternimmt. Noch eine dritte wird folgen, und alle sind ausverkauft. Das wundert mich nicht: der ›General‹ ist ein ausgezeichnetes, gepflegtes und höchst behagliches Schiff, nicht ganz so groß wie der öfter genannte ›Peer Gynt‹, sechstausendfünfhundert Tonnen, wenn ich nicht irre, aber geräumig genug, mit seinem Speisesaal und Wintergarten, seinen wohnlichen Gesellschaftsräumen und seinem breiten Promenadendeck, daß ungefähr hundertsechzig Passagiere wohl darauf leben können, ohne einander zu bedrängen. Sie leben sehr gut, bedient von einem Heer weißer Jacken; die Verpflegung ist üppig, nicht ohne Förmlichkeit wird sie genossen, man kleidet sich gesellschaftlich zum Sieben-Uhr-Diner, Musik spielt, zuweilen ist Tanz auf fahnengeschmücktem, mit Talkum bestreutem Deck ... Ich will das alles nicht ausmalen, es könnte als soziale Provokation wirken, als beifällige Schilderung einer Orgie des nachkriegerischen Kapitalismus mit Neureichen in den strahlenden Luxuskabinen. Es ist dergleichen. Es hat was davon. Aber es ist auch wieder ein deutsches Fahrzeug, das unsere Flagge auf hoher See und in den fremden Häfen zeigt, mit einem Kapitän, dem Ernst und Tüchtigkeit auf der Stirn geschrieben stehen, mit höflichen Offizieren, gutmütigem Schiffsvolk und einer Atmosphäre von Hamburger Nüchternheit und Sauberkeit, die sehr wohltut nach den exotischen Bizarrerien, in die es einen getragen.

Ich bewohne kein Luxus-Appartement und bin es zufrieden. Man hat mir eine ehrenhafte Offizierskabine auf dem Bootsdeck angewiesen, die früher der Arzt innehatte, ein gedrängt praktisch eingerichtetes kleines Gelaß mit einem Tisch zum Schreiben und vielen geräumigen Schubladen unter dem Bett und in der Kommode. Ich habe es gut, aber nicht zu gut, so ist es in Ordnung. Mein Liegestuhl zum Lesen steht vor der Tür.

Ich ging an Bord in *Venedig* ... Mein Gott, mit welcher Bewegung sah ich die geliebte Stadt wieder, nachdem ich sie dreizehn Jahre lang nur im Herzen getragen! Die langsame Fahrt in der Gondel vom Bahnhof zum Dampfer, mit fremden Menschen, durch Nacht und Wind, werde ich immer zu meinen liebsten, phantastischsten Erinnerungen an sie zählen. Ich hörte wieder ihre Stille, das geheimnisvolle Anschlagen des Wassers an ihre schweigenden Paläste, ihre Todesvornehmheit umgab mich wieder. Kirchenfassaden, Platz und Stufen, Brücken und Gassen mit vereinzelten Fußgängern erschienen unverhofft und entschwebten. Die Gondolieri tauschten ihren Ruf. Ich war zu Hause ... Der Dampfer, der vor der Piazzetta lag, fuhr erst am nächsten Abend. Ich war vormittags in der Stadt, auf dem Platz, in San Marco, den Gassen. Ich stand den ganzen Nachmittag auf

Deck und betrachtete die geliebte Komposition: die Säulen mit dem Löwen, dem Heiligen, die arabisch verzauberte Gotik des Palastes, die prunkend vortretende Flanke des Märchentempels; ich war überzeugt, kein Gesicht der kommenden Fahrt werde vor meiner Seele dies Bild überbieten können; ich schied mit wirklichen Schmerzen.

Nun bin ich unterwegs, wer weiß, wie lange. Das ist die sonderbarste Inspektionsreise, die mir vorgekommen. Wir gewinnen die Weltkenntnis von Matrosen. Wir gehen vor Anker da und dort, wir mustern die Hafenstädte und werfen uns wieder aufs Meer. Wir pendeln zwischen zwei Erdteilen, wechseln die Klimate wie den Anzug – den Anzug nach dem Klima –, und unsere Bildung erweitert sich in ungeahntem Maße. Wie leicht wird es mir fortan werden, in Gesellschaft über *Cattaro* zu sprechen, wenn die Rede darauf kommt. Vielleicht könnte ich etwas nachhelfen und geschickt das Gespräch darauf lenken, um meiner Umgetriebenheit froh zu werden. Die Einfahrt zu jenem südlich engen und malerischen Städtchen ist originell und fjordartig, ein mehrfach gewundener Schlauch, von Bergen besäumt, zu deren Füßen reizvolle Ortschaften lagern. Es regnete während unseres Besuchs, doch war es viel wärmer als beispielsweise in der Türkei, und nichts hielt uns ab, uns ausbooten zu lassen und unseren Forscherfuß auf den Boden Südslawiens zu setzen. Ich bin aus der Domfassade nicht klug geworden. Sie hat eine gotische Rose über dem Portal, zeigt aber auch romanische Motive. Auf jeden Fall ist die Gesamtwirkung prächtig. Ein sehr geschmackvolles dix-huitième kommt unter den öffentlichen und besseren Bürgerhäusern Cattaros vor. Eine große Anzahl von Söhnen der Schwarzen Berge, Montenegriner, man versteht, waren zum Markt heruntergekommen und belebten mit ihrem farbigen Nationalkostüm das Bild. Wir schieden bereichert.

Was denken Sie, ich war in Ägypten! Lesseps steht im Frack auf der großen Mole von *Port Said*. Man nahm Anstoß daran, aber ich urteilte, man hätte ihn nicht gut als Griechengott oder Amon-Ra dort hinstellen können. Schließlich einigte man sich auf den Gehrock; er wäre das Richtige gewesen. Wir fuhren per Extrazug an seinem Werke hin, dem Suezkanal. Das beste, was für mich dabei herausgekommen, ist die ›Aida‹, und ich versuchte, mir etwas aus diesem wohllautenden Werk zu pfeifen, während wir längs der Verkehrsader rollten, die blau durch den Wüstensand zieht. Wir fuhren nach Kairo, einer Stadt, in der orientalisches Leben brausend pulst. Wir lunchten in einem englischen Hotel und tobten in Kraftwagen, begierig nach Land und Leuten blinzelnd, die Augen mit farbigen Brillen geschützt gegen den Staub und die Sonne Afrikas, hinaus nach den Pyramiden von Gizeh.

Ich habe nicht viel gesehen. Ich war behangen mit Arabern, Männern und Jungen, einem Gelichter, gegen das die Soldojäger Süditaliens der reine britische Hochadel sind. Sie haben nur einen Gedanken im Sinn: das Bakschisch, und sie machen dies Interesse mit allen Mitteln, worunter ein furchtbares Geschrei, gegen jedes andere geltend, um dessentwillen man etwa nach Ägypten gekommen sein könnte. Man bedient sich tatsächlich gegen sie des Fliegenwedels, den man sich gegen die wirklichen Fliegen sofort nach der Landung kaufen muß; aber sie sind schlimmer als die wirklichen. Weder in den Straßen von Kairo, wo sie dir als Händler mit Mumienfragmenten, ›Skarabäen‹, Postkarten, allerlei zweifelhaften Souvenirs in den Ohren liegen, noch in der Wüste, als Eseltreiber, Schuhabstauber und Bettler, lassen sie dich auch nur einen Augenblick zur Ruhe kommen. Bei alledem kann man sich nicht ernstlich gegen sie erbittern. Sie sind pittoresk und fidel. Auch hübsch sind sie oft, auf afrikanische Art. Sie haben Zähne, wie ich sie nie im Leben gesehen. Von weitem schon sieht man diese unglaublichen Gebisse als breiten weißen Streifen in den dunklen Gesichtern leuchten.

Die Frauen scheinen am öffentlichen Leben nicht teilzuhaben. Schwarzverhüllt, nonnenhaft, sieht man sie, ein Wassergefäß auf dem Kopf, das liegt, wenn es leer, aufrecht steht, wenn es voll ist, einherwandeln. Die Männer und Buben behaupten das Feld, sind lustig und lästig. Selbst die Kinder, unbeschreiblich drollige

Geschöpfe oft, Amulette auf der Stirn und an einem Stück Zuckerrohr oder einem Kringel saugend, sieht man meist auf den Armen von Männern. Mein Esel hatte drei Namen: Bismarck, Maurice und Dooly, je nachdem, wie der nebenhertrabende Besitzer mir offenherzig erklärte, während er mein Portemonnaie auf seinen Gehalt an englischem Silber untersuchte. Ich habe auf Capri einen Esel namens Michelangelo geritten, und es war sonderbar genug zu hören, wie der Führer ihn beständig mit dem Rufe »Mut, Michelangelo!« zu höherer Leistung zu stacheln suchte. Immerhin, es war der Name eines nationalen Heros, ein stolzer Name, nur einer, nur dieser, und damit Punktum. Aber dies hier – je nachdem – war ja die reine Charakterlosigkeit und fremdenindustrielle Liebedienerei, amüsant, aber verächtlich. Übrigens war Bismarck ein reizendes Tier, weißgrau, klein, mit großem Kopf und witzigen Augen, gewandt, zäh, intelligent, wie die Esel zumeist hierzulande. Aber ich hätte es nicht sagen, hätte ihn nicht loben dürfen. Es kostete mich viel.

Wir waren in *Luxor*, in *Karnak*, in den Königsgräbern von Theben. Bei Nacht fuhr ein Schlafwagenzug uns hin und zurück. Ich habe in der Glut eines Himmels, von dem seit drei Jahren kein Tropfen Regen gefallen ist, die Trümmer einer Kultur ragen sehen, von der schwer begreiflich ist, wie dieser vom Nil befruchtete Streifen Landes zwischen Wüste und Wüste, wo Roggen, Mohn, Baumwolle und Zucker wächst, sie hat ernähren können; ich bin im Staube zwischen diesen Lotos- und Papyrussäulen, diesen Pylonen gewandelt, deren Flächen so zauberdicht mit Bild und ewiger Inschrift gefüllt sind. Ich bin auch mit den andern in die schwülen Grabzimmerfluchten der Söhne der Sonne in den Bergen am Rande der Libyschen Wüste hinabgestiegen, obgleich mir nicht wohl dabei war. Ich bin sicher, daß jeder Bessere empfinden wird wie ich, in der staubigen Hitze dieser weit und tief in den Berg vorgetriebenen Gemächer, deren Lufttrockenheit die Farben ihrer Wandmalereien durch die Jahrtausende so unglaublich frisch erhalten hat: das Gefühl beschämender Indiskretion verläßt einen bei keinem Schritt. Diese Menschen haben ihr Leben lang darauf gesonnen und keine Vorkehrung unterlassen, um genau das zu verhindern, was jetzt geschieht. Amenophis IV., an dessen glasbedeckter Mumie im Porphyrsarg ich lange in Rührung stand – die feinen Züge des jungen Königs sind vollkommen lebenskenntlich, die eingetrockneten Arme über die Brust gekreuzt –, hat zwei falsche Grabkammern mit falschen Königsmumien vor seine wirkliche legen lassen, um sich gewiß zu schützen. Es ist ihm gelungen für einige Zeit; die Wissenschaft hat sich lange bei der ersten, dann bei der zweiten Kammer beruhigt. Aber schließlich ist man ihm doch auf die Schliche gekommen und hat ihn persönlich gefunden. Es ist ein Jammer im Grunde.

Das Grab Tut anch-Amons ist vollständig ausgeräumt. Nur noch die vergoldete Hülle der Mumie ist dort. Er war komplett für die Ewigkeit eingerichtet dort unten und glaubte sich sicher mit seinem Hausrat. Ich habe einen Teil der Schätze im Museum zu Kairo gesehen, vor allem den Stuhl mit den goldenen Löwenfüßen und der figürlich bemalten Rückenlehne, ein Werk von höchster Anmut. Ist es recht und gut, daß solche Schönheit der menschlichen Empfindung wieder fruchtbar gemacht wurde, oder hätte es uns nach einem Willen, dessen Würde durch keinen Zeitverlauf zunichte werden konnte, niemals vor Augen kommen dürfen? Ein Dilemma.

Das Morgenland ... Doch, doch, ich habe es aufgenommen. Ich trage zeitlose Bilder mit fort, die unverändert sind seit den Tagen der Isis und sperberköpfiger Götter. Ich sah die braunen Männer von Keme die Schöpfeimer hochziehen an den Lehmufern des Nils, den Ackersmann mit Urgeräten den heiliggedüngten Boden bestellen, den Ochsen das Wasserrad drehen. Ich sah das Kamel, das weise, schäbige, nützliche, alte – Jahrtausende im Blick seines grotesken und klugen Schlangenkopfes –, noch immer sehe ich es, bepackt, mit Turbanreitern, eins hinter dem andern, in langer Zeile am Horizont hinziehen, ich werde es immer sehen, wenn ich will, das Morgenland ist doch mein geworden.

Aufs Schiff, aufs Schiff! Man meint wohl, *Konstantinopel* sei schwer zu erreichen? Durchaus nicht. Man braucht nur ein paar

Tage lang morgens in warmem Meer zu baden und abends den Smoking anzulegen, so dringt man unversehens durch die Dardanellen und das Marmarameer und ist dort. Allerdings kann man unterwegs Windstärke sechs oder sieben und böse See haben, so daß der Speisesaal immer halbleer ist, auch während der Mahlzeiten sich weiter leert und man den Wermut als Herzstärkung schätzen lernt. Dann hat man Verspätung, aber doch nur ein paar Stunden. Und dafür wurde mir bei der Ankunft eine erhebende Überraschung zuteil, ein offizieller Empfang durch die türkische Hafenbehörde! Man lud mich ins Rauchzimmer, man machte mich mit den mandeläugigen Polizeioffizieren bekannt. Der eine redete allerlei, was der andere dahin verdolmetschte, man sei außerordentlich erfreut, mich hier zu begrüßen, und hoffe dringend, daß der Aufenthalt sich mir zur Annehmlichkeit gestalten werde. Ich erwiderte in fließendem Deutsch, ich sei zum ersten Male in der Türkei und sähe dem Besuch ihrer berühmten Hauptstadt mit der größten Spannung entgegen. Die Artigkeit der an mich gerichteten Worte wisse ich herzlich zu schätzen. – Der Austausch wurde noch eine Weile fortgesetzt. Schließlich erhielt ich eine Extra-Empfehlung von rechts nach links auf meinen Ausweis. Die Sache blieb ohne praktische Folgen und Vorteile für mich. Aber wissen möchte ich wohl, wie die Türken von meinem Nahen Kunde erhielten.

Der Aufbau Konstantinopels ist prächtig, vom Meere aus gesehen. Die Minarette sehen aus wie Faberbleistifte mit kleinen Mastkörben. Die Hagia Sophia hat ihrer sechs – man sollte nicht im Scherz davon sprechen, das schicksalreiche Heiligtum ist eins der majestätischsten Bauwerke der Welt, Allah ist groß dort, dazu ist der Boden mit Teppichen belegt, die den blassen Neid des Liebhabers erwecken. San Marco in Riesendimensionen. Aber ich bleibe doch der goldenen Heimlichkeit meines Tempels treu.

Ich sah noch andere Moscheen, hörte den Koran psalmodieren und den Muezzin aus seinem Mastkorbe nach allen vier Windrichtungen zum Gebete rufen, sah die Moslemin in sanfter und schöner Bewegung mit der Stirne den Boden berühren. Ich sah auch die Jeré-Batan-Zisterne, dies unterirdische Säulengewölbe im Wasser, phantastisch zu schauen. Ich fuhr über Land, durch das fruchtbare, aber nicht hinlänglich bestellte Türkenland, hinaus, wo hoch über dem blauen Bosporus, über dem Park der Sommerresidenz der deutschen Botschaft, der Ehrenfriedhof der in den Dardanellenkämpfen gefallenen Deutschen liegt. Um das Kreuz des einen hängt der zerplatzte Rettungsring, worin er an Land getrieben. Auch Feldmarschall von der Goltz liegt dort begraben.

Die Stadt als solche enttäuscht. Man spürt ihren wirtschaftlichen Rückgang; es gibt keine eleganten Läden; der Große Basar ist ein Trödelmarkt, die Perastraße langweilig; man darf die orientalische Lebensflut Kairos nicht vorher gesehen haben. Die Männerwelt, vom Fünfjährigen bis zum Greise, trägt einhellig den Fez (den niedrigen, meist dunkelroten, nicht den hohen, meist heller gefärbten der Ägypter). Aber der Weltanschauungszwiespalt der Bevölkerung, die Trennung in Alt- und Jungtürkentum wird deutlich an den Frauen, die man teils strenggläubig verhüllt, teils aufgeklärt unverschleiert einhergehen sieht. Übrigens vertragen sie sich. Man sieht die Bewahrende neben der Emanzipierten, die Fromme neben der Freien, die womöglich pariserische Korallenlippen hat, duldsam wandeln.

Athen? Ich war dort. Ich glitt nach abermals stürmischer Nacht in den Piräus ein, ich ließ mich ›ausbooten‹ und fuhr in einem Buick-Wagen die Akropolis hinan. Ich ging nicht so weit, mich vor den Karyatiden des Erechtheions photographieren zu lassen, wie viele meiner Genossen. Aber sonst trieb ich mich ebenso ordinär und verächtlich zwischen den edlen Resten herum wie sie.

Gleichviel, es ist unbeschreiblich, wie verwandt, wie geistigelegant, wie jugendlich-europäisch auf einmal, nach den Formen der Nilkultur, diese göttlichen Reste auf uns wirken. Setzt alle Bildungsempfindsamkeit beiseite – es ist keine Kleinigkeit, von der Burg hinab und hinaus auf Salamis und die heilige Straße zu blicken. Zuletzt ist es unser aller Anfang, in Wahrheit unser heroisches Jugendland. Wir taten den schwülen Orient ab, unsere Seele ward licht und heiter, ein Bild des Menschen erstand, das oft versank und immer wieder zur Sonne stieg. Wo ich stand, empfindet man, daß wahrhaft nur der Europens Sohn ist, der sich in seinen besten Stunden auf Hellas im Herzen zurückzubeziehen weiß. Man wünscht dort inbrünstig, immer möchten die Perser, in welcher Gestalt sie auch kommen, wieder geschlagen werden.

Stinnes in Ehren, – ich habe herrliche Dinge gesehen, ich bin, Bewunderung und Liebe und menschlichen Jugendstolz im Herzen, auf seine kapitalistische Lustbarke zurückgekehrt. Ich habe das eleusinische Relief (mit dem Eros) im Original erblickt, ich sah die sinnende Athene, den Bronze-Epheben von Antikythera und jenen unvergleichlichen Marmor, den vom Meere, wohin Barbaren ihn geworfen, halb zerfressenen, zum Diskuswurfe gebückten Jüngling, über dessen wundervoll modellierten Rücken mit der Hand zu streichen ein geistig-sinnliches Glück ist. Wie Phidias, auch Pheidias genannt, ein ganz dünnes Gewand in feinsten Falten sich an die weichen Formen eines Frauenkörpers schmiegen zu lassen wußte, darüber bin ich aufrichtig bestürzt. Schade, daß soviel Talent mit menschlichen Schwächen verbunden war, über die man vielleicht besser schwiege. Unter uns gesagt, war er ein Materialdieb und starb im Gefängnis. –

Wir steuern nach *Messina*, wir werden das namhafte Taormina besuchen, uns nach Neapel wenden und die Fortschritte kontrollieren, welche die Ausgrabungen von Pompeji gemacht. Wer glaubt, daß wir *Algier* auf sich beruhen lassen werden, der irrt. Wir werden dort kurz, aber scharf nach dem Rechten sehen. Wir werden vor Malaga Anker werfen, uns nach Granada begeben und sowohl die Alhambra besichtigen wie auch mit gemischten Gefühlen einem Stiergefecht beiwohnen. Wir werden Barcelona anlaufen und uns in Serpentinen nach Monsalvat kutschieren lassen. In Genua endet die Lustbarkeit, aber das ist unabsehbar, und zuweilen wünschte ich, es wäre das weniger. Das gute Leben und all dies bunte Obenhin fangen an, mich zu langweilen. Es ist auch kalt; außer nach Ägypten kommen wir für heurige Verhältnisse überallhin zu früh. Jetzt im Ionischen Meer sitze ich im Winteranzug und habe die Dampfheizung meiner ehrenhaften Kabine aufgedreht. Die schwereren Grade der Seekrankheit bleiben mir fremd, doch neigt mein Magen oftmals zu Hyperazidität und Unbehagen.

In Gesellschaft werde ich fortan meinen Mann stehen, das ist gewiß. Ich werde sprechen wie ein Buch, dem Anschauung zugrunde liegt, wenn auch nur eine hastige. Ich bin ungeduldig, diesen sozialen Vorteil zu genießen; ich wollte, es wäre soweit.

[Rede in Stockholm zur Verleihung des Nobel-Preises]

Der Augenblick zu danken ist nun auch für mich gekommen, ein ersehnter Augenblick, ich brauche es nicht zu sagen. Und nun, wo er da ist, wo es gilt, nun steht zu fürchten, daß das Wort sich dem Gefühle versagt, wie es bei geborenen Nichtrednern zu gehen pflegt. Zu den geborenen Nichtrednern zähle ich die Schriftsteller überhaupt: es bestehen tiefe Unterschiede, ja Gegensätze zwischen den Produktions- und Wirkungsarten des Redners und des Schriftstellers, und namentlich wird das Improvisatorische, das literarische Ungefähr alles Redens, das Prinzip künstlerischer Aussparung, das vieles, ja Entscheidendes der nachhelfenden Persönlichkeitswirkung zur Ergänzung offenläßt, den Instinkten der entschiedenen Schriftstellerpersönlichkeit zuwider sein. In meinem Falle kommen temporäre Unzuträglichkeiten hinzu, die meinem Zur-Not-Rednertum wenig Hoffnung lassen, sich zu bewähren: Die Umstände, in die Sie selbst, meine Herren von der Schwedischen Akademie, mich versetzt haben, turbulente Umstände, herrlich verwirrende und umstürzend lebensfestliche Umstände. Wirklich, ich habe mir keine Vorstellung gemacht von der Donnergewalt der Ehrung, die Sie in Händen halten und zu vergeben haben. Ich bin eine epische, keine dramatische Natur. Das ruhige Fortspinnen meines Fadens, das Gleichmaß in Leben und Kunst ist es im Grunde, was meinen Wünschen und Anlagen entspricht. Kein Wunder, daß der dramatische Lebens-Knalleffekt, der da von Norden her in dies Gleichmaß hineinschmetterte, meine rednerische Fertigkeit noch über das gewohnte Maß einschränkt. Seit der im Schoß der Schwedischen Akademie gefaßte Beschluß in die Welt ging, lebe ich in einem immerwährenden Festtrubel, einem bezaubernden Drüber und Drunter, dessen seelische und geistige Folgen ich am besten kennzeichne, indem ich an ein seltsam schönes Liebesgedicht von Goethe erinnere. Es ist an Cupido selbst gerichtet, und ich meine die Zeile: »Du hast mir mein Gerät verstellt und verschoben.« So hat der Nobelpreis mir mein episches Hausgerät dramatisch verstellt und verschoben, – und, nicht wahr, ich trete der mir verliehenen Ehrung nicht zu nahe, wenn ich ihre Wirkungen denen der Liebesleidenschaft in einem geordneten Menschenleben vergleiche.

Dennoch, wie schwer ist es für einen Künstler, solchen Ehrungen, wie sie jetzt auf mich niederrauschen, mit guter Miene standzuhalten. Gibt es ein anständiges, selbstkritisches Künstlertum, das ein gutes Gewissen dabei hätte? Nur der überpersönliche, überindividuelle Gesichtspunkt kann da helfen. Vom Individuellen loszukommen ist immer Wohltat, besonders in solchem Fall. Von Goethe stammt das stolze Wort: »Nur die Lumpe sind bescheiden.« Das ist das Wort eines sehr großen Herrn, der damit eine gewisse Heuchler- und Duckmäusermoral von sich abwehren wollte. Aber, meine Damen und Herren, das Wort hat nicht unbedingte Gültigkeit. Bescheidenheit hat auch etwas mit Gescheitheit, mit Intelligenz zu tun; und der, meine ich, müßte ein rechter Dummkopf sein, der sich aus Ehrungen, wie der mir zugefallenen, eine Quelle des Eigendünkels und der Aufgeblasenheit machen wollte. Ich tue wohl daran, den Weltpreis, der mehr oder weniger zufällig auf meinen Namen lautet, meinem Lande und Volke zu Füßen zu legen, diesem Lande und Volk, mit dem meinesgleichen sich heute nur fester noch verbunden fühlt als zur Zeit seiner klirrendsten Machtentfaltung. Dem deutschen Geist, der deutschen Prosa insbesondere, gilt dieses Jahr der Stockholmer Weltpreis, nach langen Jahren wieder einmal, und Sie machen sich schwer eine Vorstellung von der sensitiven Empfänglichkeit dieses verwundeten und vielfach unverstandenen Volkes für solche Zeichen der Weltsympathie.

Darf ich mir anmaßen, den Sinn dieser Sympathie etwas näher zu deuten? Was in Deutschland in den letzten anderthalb Jahrzehnten geistig, künstlerisch geleistet wurde, ist nicht im Schutz günstiger Umstände, nicht unter gesicherten seelischen und materiellen Verhältnissen geleistet worden; kein Werk konnte in Sicherheit und Behagen sich runden und reifen, sondern die

Bedingungen der Kunst und des Geistes waren diejenigen schärfster allgemeiner Problematik, waren Bedingungen der Not, der Aufgewühltheit und des Leidens, eines fast östlichen, fast russischen Leidenswirrsals, in welchem der deutsche Geist das westliche, das europäische Prinzip gewahrt hat, die *Ehre der Form*. Denn, nicht wahr, Form, das ist eine europäische Ehrensache! – Ich bin kein Katholik, meine Herren und Damen, meine Überlieferung ist, wie wahrscheinlich die Ihrer aller, die protestantische Gottesunmittelbarkeit. Dennoch habe ich einen Lieblingsheiligen. Ich will Ihnen seinen Namen nennen, es ist der heilige Sebastian – Sie wissen, jener Jüngling am Pfahl, den Schwerter und Pfeile von allen Seiten durchdringen, und der in Qualen lächelt. Anmut in der Qual – dies Heldentum ist es, das Sankt Sebastian symbolisiert. Das Bild mag kühn sein, aber ich bin versucht, dies Heldentum für den deutschen Geist, die deutsche Kunst in Anspruch zu nehmen und zu vermuten, daß die der literarischen Leistung Deutschlands zugefallene Weltehrung diesem sublimen Heldentum gilt. Deutschland hat durch seine Dichtung Anmut bewiesen in der Qual. Es hat die Ehre gewahrt: politisch, indem es nicht in Schmerzensanarchie zerfiel, indem es das Reich bewahrte; und geistig, indem es das östliche Prinzip des Leidens zu einen vermochte mit dem westlichen Prinzip der Form, indem es in Leiden Schönes hervorbrachte.

Und nun lassen Sie mich zum Schluß noch einmal persönlich sprechen. Schon den ersten Unterrednern, die mich nach gefallener Entscheidung aufsuchten, habe ich ausgesprochen, wie sehr es mich rührt und mir genugtut, daß diese Auszeichnung mir gerade aus Norden kam, aus dieser skandinavischen Sphäre, mit der mich als Lübecker Kind von jung auf so viel Übereinstimmung der Lebensform, als Schriftsteller so viel literarische Sympathie und Bewunderung für nordischen Geist und Tonfall verbindet. Als junger Mensch habe ich eine Erzählung geschrieben, die immer noch jungen Menschen wohlgefällt, den ›Tonio Kröger‹. Sie handelt vom Süden und vom Norden und von der Mischung beider in einer Person: einer konfliktvollen und produktiven Mischung. Der Süden, das ist in dieser Geschichte der

Inbegriff alles geistig-sinnlichen Abenteuers, der kalten Leidenschaft des Künstlertums; der Norden dagegen der Inbegriff aller Herzlichkeit und bürgerlichen Heimat, alles tief ruhenden Gefühls, aller innigen Menschlichkeit. Und nun umfängt und empfängt sie mich denn als strahlendes Fest, diese Herzensheimat des Nordens. Das ist ein schöner, sinnvoller Tag in meinem Leben, ein rechtes Lebensfest, ein ›högtidsdag‹, wie die schwedische Sprache ausdrucksvoll das Fest überhaupt nennt. An dieses, der schwedischen Sprache mit Unbeholfenheit entliehene Wort lassen Sie mich die Bitte knüpfen, zu der ich schließlich komme. Vereinigen wir uns, meine Damen und Herren, in Dank und Glückwünschen für die segenvolle und weltbedeutende Stiftung, der wir diesen herrlichen Abend verdanken. Nach gut schwedischer Sitte wollen Sie mit mir einstimmen in ein vielfaches Hurra auf die Nobel-Stiftung.

Gruß an die Schweiz

Meine Damen und Herren!

Ich bin der Leitung des Studio Zürich herzlich dankbar, daß sie mir Gelegenheit gibt zu diesem ›Gruß an die Schweiz‹, wie der Titel meiner heutigen kleinen Ansprache lautet. Es soll der Dankesgruß sein an ein Land, ein Staatswesen und eine Kulturordnung, die mir, seit anderthalb Jahren schon, zur Heimat geworden sind, da das Schicksal nicht wollte, daß ich in die alte, gewohnte zurückkehrte. Ein Dichter, es war August von Platen, hat wohl mit Wahrheit und Recht davon gesprochen, »wie leicht es ist, die Heimat aufzugeben, allein wie schwer, zu finden eine zweite«. Aber eben dieses Schwere, eine neue Heimat zu finden, ist mir hierzulande auf so wohltuende Weise erleichtert worden, die Schweizer Behörden sind mir mit so großzügiger Gefälligkeit, das Schweizer Publikum mit so freundlicher Sympathie dabei entgegengekommen, daß es mich schon vorigen Winter anläßlich einer öffentlichen Vorlesung drängte, meiner tiefen Erkenntlichkeit dafür Ausdruck zu geben. Und nun bin ich froh, durch das so wunderbar weitreichende und umfassende Kommunikationsmittel des Radio diese Danksagung vor dem ganzen Lande, ja vor der Welt wiederholen zu können.

Heimat. Es ist, meine Damen und Herren, ein seltsames, fragwürdig-weitläufiges Ding um des Menschen ›Zuhause‹. Ich will Ihnen, da Sie mir gerade zuhören, eine kleine, unscheinbare Anekdote erzählen, die mir kürzlich begegnete und die mir Eindruck machte, wie manchmal die kleinen und unscheinbaren Dinge einem Eindruck machen. Ich fuhr mit meiner Frau auf einem holländischen Schiff nach Amerika, und am zweiten oder dritten Tag der Ozeanfahrt wurden wir Passagiere angewiesen, uns zu einer bestimmten Stunde mit unsern Schiffskarten auf Deck an den numerierten Bootsplätzen einzufinden, um uns von dem betreffenden Offizier über die Einbootung im Notfall instruieren zu lassen. Als unser Instruktor, Bootsführer und Rettungsmann stellte der Obersteward sich vor, uns wohlbekannt aus dem Speisesaal, ein jovialer Dutchman, der Englisch und Deutsch mit der gleichen, humoristisch mit wenigem auskommenden Fertigkeit sprach, gewitzter Bonhommetyp, rasiert, goldene Brille auf der schmal gebogenen Nase, wie man sie bei uns am ehesten im Schwäbischen trifft, und in einem seemännisch reich betreßten Rock. Er führte uns zur Stelle des Ernstfalles, einem Punkte des offenen Promenadendecks, und erläuterte uns in seinem drollig-angenehmen Neederlands-Deutsch leichthin und gemütlich den Vorgang des Einbootens. Nichts einfacher und vertrauenswürdiger: Hier kommt das Boot, ein Motorboot, sehr nett, nur etwas klein, wenn die See hoch geht, vom Oberdeck herunter, hier vor der Reling hängt es, wir steigen ein, dann geht es aufs Wasser, »und dann«, sagte er, »bringe ich Sie nach Haus«! – Nach Haus, sonderbare Formulierung! Sie wollte mir nicht aus dem Ohr. Es klang, als sollten wir ihm auf den Wellen unsere Adresse sagen, und dann würde er uns hinfahren mit dem Rettungsboot. Nach Haus, was hieß das überhaupt? Hieß es Küsnacht bei Zürich im Schweizerland, wo ich so kurze Zeit erst wohnte, daß ich's als rechtes Ziel für ein Rettungsboot nicht wohl schon ansehen konnte? Bedeutete es, weiter zurück, mein Haus im Münchener Herzogpark, an der Isar, wo ich meine Tage zu beschließen gedachte und das sich auch nur als vorübergehendes Obdach und pied-à-terre erwiesen hatte? Nach Haus – das mußte wohl noch weiter rückwärts gehen, ins Kinderland und ins Lübecker Elternhaus, das an seinem Platz steht in der Gegenwart und doch tief versunken ist im Vergangenen. Sonderbarer Bootsführer und Rettungsmann mit deiner Brille, deinen goldenen Tressen auf den Ärmeln und deinem unbestimmten »Nach Haus«!

Des Menschen Zuhause ist unbestimmt, das ist es, was ich sagen will und worauf mich der Heimatbegriff gebracht hat. Alle, die Sie mir zuhören, kennen Sie das schöne Gedicht von Schiller, worin erzählt wird, wie Zeus die Welt verteilt, jedem Wesen sein Reich und Eigen gibt und ganz zuletzt, zu spät, der verträumte Poet sich einfindet und auch etwas für sich haben möchte. Zeus zuckt die Achseln: Nichts mehr zu machen, die Welt ist fortgegeben, aber, so lautet sein Trost, wenn der Poet in seinem Himmel mit ihm leben wolle – »so oft du kommst, er soll dir offen sein«. Nun, ich muß mich ja wohl zu dem Menschentyp rechnen, der, bei allen Veränderungen, die sich seit jener idealistischen Epoche an ihm vollzogen haben, noch heute auf den Namen des Dichters hört. Aber das Dichterische ist in allen Stücken nur eine Verdeutlichung des Menschlichen überhaupt, und der heitere Tiefsinn der Ballade meint zuletzt gar nicht nur die irdische Haus- und Heimatlosigkeit des Poeten, im Grund und eigentlich meint er den Menschen selbst, dieses poetenhaft problematische Geschöpf, das sich nicht mit seiner ganzen Natur, nicht so durchaus und restlos wie die anderen Wesen auf Erden zu Hause fühlt, das mit einem Teil davon einer andern, einer geistigen Welt angehört und, wenn es sich nach seinem letzten und wirklichen Zuhause fragt, keine recht präzise und handfeste Antwort findet. Das hat gar nichts mit Frömmelei und metaphysischem Augenaufschlag zu tun, es ist eine einfache Bewußtseinstatsache, die kein Hindernis zu sein braucht, der Erde Treue zu halten und sich resolut auf ihr zu bewähren, der aber sich ganz zu verschließen oder unzugänglich zu sein ein Menschenkind schon ungewöhnlich gemein und tiefstehend sein muß. Es ist das Grundgefühl aller Religion und Philosophie – und nun sehe ich Sie mit mir lächeln darüber, wie rasch und über wie wenig Worte der Heimatbegriff, die Idee des Zuhause mich in so weite Gefilde entführt hat.

Ich will in näherliegende und dann in die nächsten zurückkehren. Deutschland, mein Vaterland, hatte in frühern Zeiten einmal viel Ähnlichkeit mit Schillers zuspätkommendem Poeten; es war auf Erden nicht ebenso, nicht auf dieselbe Weise zu Hause wie die andern Völker, es war ein unpolitisches Volk, ein Volk des reinen Gedankens, das ›Volk der Dichter und Denker‹, wie man es nannte. Es hat sich dieser Rolle, mit Recht oder Unrecht, immer geschämt und sein Schicksal – oder seinen Charakter, wie Sie es nennen wollen – auf alle Weise zu kompensieren, ja gewaltsam überzukompensieren gesucht, und man könnte sagen, daß auch das, was jetzt dort vorgeht, dieser Versuch, alles von den Reichsgrenzen umschlossene Deutsche zu einer formidablen, restlos vereinheitlichen und im Gleichtakt laufenden Macht- und Willensmaschine zusammenzuschweißen, daß auch dies als eine solch gewaltsame Korrektur und Überkompensation des eigentlichen deutschen Charakters zu verstehen ist. Deutschland hat jenen faden Ehrentitel längst gründlich satt. Es will auf Erden ganz so und in demselben Sinne zu Hause sein wie jedes andere Volk, ja machtvoller, restloser und formidabler will es das sein als jedes andere, und das, sehen Sie, zeitigt die Nebenerscheinung, daß meinesgleichen dort *nicht* mehr zu Hause ist.

Ich bin aber an ein bloß relatives und lockeres Zu-Hause-Sein von langer Hand her gewöhnt, schon die deutschen Heimatverhältnisse brachten das mit sich. Deutschland ist groß, es hat viele Heimaten, die menschlich und atmosphärisch sehr verschieden voneinander sind, und wenn man, wie ich, von der Ostsee gebürtig ist, so ist man im Süden Deutschlands, in München, wo ich den weitaus größten Teil meines Lebens verbracht habe, nicht viel weniger nur zu Gaste als etwa in Zürich. Mein Münchner pied-à-terre war mir lieb, ich hatte es mir selbst geschaffen, ich hing daran und bin nicht ohne Hoffnung, es eines Tages zurückzugewinnen. Aber rein heimatlich gesehen bin ich, der Norddeutsche, in Zürich, das in seiner Naturverbundenheit mit seinem See, seinen Wäldern und seinen Bergen soviel Verwandtschaft mit meinem ehemaligen Wohnsitz aufweist, nicht fremder als in München, wenn Zürich auch außerhalb der Grenzen meines politischen Vaterlandes liegt. Daß es etwas gibt wie die deutsche, oder sagen wir: die allemannische Schweiz, daß es überhaupt ein Deutschtum außerhalb des Reiches gibt, daß Deutschland als Volk, Sprache, Kultur größer ist denn als Staat, daß es überall über seine politischen Grenzen hinausreicht, das ist gut und erhaltenswert, es rettet dem Deutschtum etwas von seinem ehemaligen und vielleicht eigentlichen Charakter, von seinem Nicht-ganz-auf-Erden-und-im-Staate-zu-Hause-Sein, von seiner Geistigkeit, seiner innern Unendlichkeit.

Besonders gut und glücklich ist es natürlich für den Deutschen, den die Verhältnisse zwingen, sein Land zu meiden. Der russische Dichter oder Gelehrte etwa, der mit seinem Mütterchen Rußland nicht mehr recht auskommt, ist da viel übler dran. Er ist überall fremd. Überall schlägt fremde Sprache an sein Ohr, überall muß er sich nach den Lauten der eigenen sehnen und nach der angestammten Kultur. Den Deutschen nimmt möglicherweise – und ich kann nicht dankbar genug dafür sein, daß bei mir diese Möglichkeit sich erfüllt – draußen eine Art von Deutschland auf, das in seinem Dialekt, in den Bildern seiner städtischen Intimität sogar mehr Ur- und Altdeutsches, mehr deutsches Mittelalter noch konserviert, als im Reiche zu finden ist; ein Land, wo er in deutscher Sprachsphäre, auf deutschem Kulturboden lebt, das aber – welch eine Neuigkeit! – geistig-atmosphärisch, nach seinem politisch-moralischen, gesittungsmäßigen Denken und Empfinden zu Westeuropa gehört; wo also noch die Werte gelten, die einem solchen Deutschen teuer sind, und wo man folglich seiner Kulturgesinnung und geistigen Form mit Sympathie und Freundwilligkeit statt mit hämischer Abgunst begegnet. Das ist, ich möchte sagen, rein nervenmäßig, eine große Wohltat; es kommt aber hinzu, daß dieses außerordentliche Stück Deutschland mit Teilen lateinischen Volkstums, italienischen und französischen, friedlich und freundlich unter einem und demselben staatlichen Dach lebt, und das schafft vollends eine europäisch freie, duldsame und dem weltfreundlich empfindenden Deutschen wohltuende Lebensluft, die er beständig mit einer gewissen entzückten Überraschtheit darüber, daß es so etwas gibt, daß dies möglich ist, daß dieses Modell, diese glückhafte Vorwegnahme seiner europäischen Zukunftswünsche und Träume schon heute und schon seit langem in der Welt verwirklicht ist, einatmet.

Die alemannische Schweiz war immer mit deutscher Kultur eng verbunden, und sie hat produktiv zu dieser Kultur zu kräftig und glücklich beigetragen, als daß nicht von jeher das schöpferisch geistige Leben der Schweiz einen guten Teil der geistigen Bildung jedes Deutschen hätte ausmachen müssen. Ich habe von jung auf Ihre großen Künstler geliebt und verehrt wie einer, Ihren Gotthelf zum Beispiel, dieses großartige, alles Literarische sprengende Phänomen schöpferischen Volkstums; Ihren großen Hodler, einen der wenigen Maler unserer Zeit, in dem das Dekorative ins Geistige und Monumentale sich erhebt; Ihren Conrad Ferdinand Meyer, mit dessen bürgerlich-überbürgerlichem Kunstsinn und persönlicher Lebensstimmung so viel intime Sympathie mich verbindet, daß es mir wie ein Traum war, als ich hier in Zürich bei einem Fest an der Seite seiner Tochter sitzen durfte, mit ihr von dem Verewigten, der mir bis dahin eine mythische Figur gewesen war, menschlich zu sprechen und aus ihrem Munde die Bestätigung dieser künstlerischen Verwandtschaft hören durfte, von ihr die Versicherung erhielt, daß der früh Verehrte aller Mutmaßung nach an meiner eigenen Arbeit Wohlgefallen gehabt haben würde. Ebensowenig aber darf ich hier Gottfried Kellers vergessen und des unauslöschlichen Eindrucks, den sein Werk auf meine Jugend gemacht hat. Was wir Deutschen unter Meistertum verstehen, wobei Erinnerungen an unsere beste und nationalste Epoche, städtisch-mittelalterliche Erinnerungen und Empfindungen, unfehlbar anklingen, hier finden wir es in seiner Frömmigkeit, Schalkheit, Biederkeit und Genauigkeit. Diese goldenen Legenden, diese tief glücklich in sich ruhende Novellistik, dieses groß-bescheidene Lebensbuch dazu, dessen Held vom Träumer-Hans, vom Taugenichts und deutschen Gotteskind so manchen urvertrauten Zug aufweist – man muß das Wort ›Schatz‹ in seinem epischsten, innigst funkelnden Sinne nehmen, so ist es wohl angewendet auf dies Volks- und Geistesgut, das Ihr Schweizer mit gerechtem Stolz hütet.

Das sind klassische Werte des Schweizer Geistes. Aber in ganz anderem Maß natürlich als früher habe ich jetzt die Möglichkeit, teilzunehmen an Ihrem aktuellen künstlerischen und geistigen Leben, das würdig diese große Tradition fortsetzt. Ich denke an die so reichen und hochstehenden musikalischen Darbietungen Ihrer Städte, an das Fest, das Ihrem modernen Tonschöpfer Schoeck bereitet wurde, an eine so verdienstvolle Ausstellung wie die des Corot-Werkes in Zürich, an die fesselnden, der modernen Problematik offenen Aufführungen des Zürcher Schauspiels, an den Kontakt, den ich mit einzelnen Vertretern Ihrer lebendigen Literatur gewinnen konnte, und dergleichen mehr.

Oft war ich in Ihrem Lande, schon vor dem Krieg und nachher, zu literarischen Vorträgen, nicht nur in den großen Städten, sondern ich lernte schon damals Ihr Land in seiner Intimität, seiner Stille und seinen pittoresken Verstecktheiten kennen, noch ahnungslos, daß es mir eines Tags zum ständigen Aufenthalt werden sollte. Recht aber kennen und lieben gelernt habe ich es erst jetzt, seit es mir zum Gastland, zur neuen Heimat geworden ist, und Sie müssen es mir nachsehen, wenn meine Dankbarkeit mich verführt, an das Viele und Schöne, was zu Ehren seiner landschaftlichen Herrlichkeiten, seiner gesitteten Wohnlichkeit und freien Traulichkeit gesagt worden ist, auch mein eigenes schwaches und rasch improvisiertes Wort noch anzureihen. Das Einfachste wird das Richtigste dafür sein. Ich kann nicht sagen, wie sehr mich einfach das Leben auf Ihrem Grund und Boden freut: die wunderschönen Waldspaziergänge, die ich in unserm Küsnacht vor der Türe habe, die Fahrten in meinem kleinen Wagen auf Ihren guten Straßen von einer Ihrer schönen, alten, kulturvollen Städte zur andern, zuweilen durch die landschaftliche Anmut eines Jurapasses, zuweilen durch die erhabene Szenerie, die überall das Hochgebirge bietet. Ein Stück veritablen Italiens ist in der Landesgrenze eingeschlossen, man erreicht es in wenigen Stunden über den Gotthard und badet sein Herz, ohne eigentlich eine Reise ins Fremde getan zu haben, in der Sonnenwelt des mittelländischen Südens. Das Französische steht sprachlich und kulturell ganz nahe, in Basel, in Bern, selbst in Zürich schon ist es stark einschlägig, und ein wenig weiter nach Westen ist man vollends in dieser Sphäre, in Gebieten, die bei aller überzeugten Treue zur eidgenössischen Schweiz französischer Geistigkeit und Form rein zugehören. Das alles ist, schlicht gesagt, recht ›etwas für mich‹, es ist eine Welt, in der ich mich wohl fühle, in der ich vertrauensvoll atme und in der, wenn das Schicksal es so will, ich gern mein Leben und meine Arbeit zu Ende führen werde.

Vielleicht werden Sie mir erwidern, daß das Bild der Schweiz, das ich da entwerfe, doch zu wenig eindringlich, immer noch zu sehr mit den Augen des Touristen und des Fremden gesehen ist und daß es Züge vermissen läßt, die von Schicksals wegen, dem schärfern Blick unverkennbar, heute auch das Antlitz der Schweiz zeichnen. Ich sehe sie und weiß von den Sorgen und Schwierigkeiten, mit denen die heutige Weltlage, die geistige und wirtschaftliche, auch dieses Land, dieses Staatswesen bedrängt und vor neue Probleme stellt. Und doch ist es meine gefühlsmäßige Überzeugung, daß dieses kleine und dabei vielfache Land sich diesen Problemen glücklicher gewachsen zeigen wird als manches große. Natur und feste Tradition wirken hier zusammen. Das gefährlichste Gift des Zeitalters, die nationalistische Leidenschaft, muß hier selbstverständlich auf eine natürliche Immunität stoßen, denn wie sollte diese Krankheit Boden finden in einem Völkerstaat, darin drei europäische Stämme ihr Leben friedlich und vorbildlich vereinigt haben? In einer Zeit, wo überall Zentralisationswut und gewaltsame Gleichschaltung triumphieren, kann ein schweizerischer politischer Führer wie Giuseppe Motta, ein Mann, dem ich, nicht erst seit einer persönlichen Begegnung mit ihm, besondere Wertschätzung und Sympathie entgegenbringe, eine Rede halten, worin er die unveräußerliche Italianität des Tessin behauptet und vertritt – ein wahrhaft glückliches Symptom für den Willen zur Freiheit und Duldsamkeit, der dieses Gemeinwesen unsterblich beseelt. »Eintracht«, hat Motta gesagt (Emil Ludwig zitiert es in seinem schönen Aufsatz über ihn), »Eintracht ist notwendig für alle Völker, für uns ist sie eine Lebensfrage. Ich bin zu stolz auf mein Land, ich habe davon eine zu hohe Meinung, um nicht zu glauben: am Tage, wo die Schweiz die Fahne der Demokratie zusammenrollte, würde die Demokratie einen tödlichen Stoß erleiden, auch außerhalb unseres Landes.« Dies die Worte Ihres bedeutenden Staatsmannes, und ich bin durchdrungen von ihrer Richtigkeit. Die Schweiz kann von Natur wegen nur demokratisch sein, und wieviel berechtigte Kritik heute auch immer an der parlamentarischen Regierungsform geübt werden möge, so muß man, meine ich, unterscheiden zwischen Korrekturen an dem demokratischen Apparat, der sich unter den heutigen Zeitumständen zuweilen als zu schwerfällig erweisen mag, und dem demokratischen Geiste, der einem Gemeinwesen wie dem Ihren eingeboren ist und den es nicht aufgeben kann, ohne sich selbst aufzugeben. Dieses staatliche Gebilde ist ein politischer Glücksfall, etwas wie ein europäisches Wunder, an dem gerade heute die hoffenden Blicke aller hängen, die unter dem Elend des Erdteils leiden, und ich bin mir bewußt, vieles zusammenzufassen, wenn ich diese Gruß- und Dankesworte beschließe mit dem innigen Wunsch: »Gott erhalte die Schweiz!«

Brief über die Schweiz

Die Schweiz? Aber ich liebe sie! Wer sollte – heute zumal – dies rüstig-friedliche Gemeinwesen, diese Heimstatt würdiger Freiheit nicht lieben und ehren? Wie sollte selbst der es nicht tun, dessen Urteil und inneres Verhalten weniger persönlich bestochen, von erwärmendem Freundschaftsbewußtsein weniger gefärbt und bestimmt wäre als das meine? Es ist wahr: überschlage ich die Bilanz meines Lebenshaushalts, oft erscheinen die guten Beziehungen zu Ihrem Lande (aber ich tue wohl gut, hier nur die Ostschweiz, die deutsche, zu meinen: In Genf bin ich, fürchte ich, nicht reçu) unter den wohlig-positiven Posten an erster Stelle. Ich war oft dort, schon vor dem Kriege. Und als nach schlecht und recht geschlossenem Frieden die Einsperrung, unter der deutsche Weltbedürftigkeit so sehr gelitten, sich ein wenig lüftete, war Ihre Heimat das erste Ausland, das ich nach Wahl und Gelegenheit wieder betrat. Drei-, viermal seitdem kam ich wieder. Die Reise zu Ihnen ist kein Abenteuer. Bequem ist Lindau erreicht; man schifft übers Schwäbische Meer und setzt den Fuß auf Ihren redlichen Grund. Ich kannte das kosmopolitische Zürich, das, mit seinem See, seinen Bergen, Heimatlichkeit und demokratische Internationalität, weltweiten Horizont mit den Eigenschaften eines heiteren Luftkurortes vereinigt. Werte Freunde leben mir da, Männer der Universität, der Journalistik, des geistig bestrebten Bürgertums, denen meine Gedanken sich nicht anders als in herzlicher Achtung zuwenden und deren Teilnahme an meiner Existenz mich beglückt. Ich kannte das ehrbare Basel, meinem Wesen wohl gar verwandter als die europäische Hauptstadt, durch konservative Luft und breites Familienleben, das mir hanseatische Jugendeindrücke täuschend erneuerte, – und auch das amtliche Bern mit seinen herrlichen Patrizierhäusern war mir nicht fremd geblieben. Dann aber führte eine Lesetournee mich durch die »Provinz«, ich lernte Ihr Land in seiner Intimität, seiner Stille, seinen pittoresken Verstecktheiten kennen. Ich war überall: in Baden, in Winterthur (drei Sterne seinem Namen! es war reizend dort, ich wohnte bei allerliebenswürdigsten Menschen), in dem köstlichen Sankt Gallen, dem erinnerungsvollen Solothurn, dessen Dom und Rathaus zu meinen stärksten architektonischen Eindrücken gehören . . . Unvergeßlich die Fahrt von Luzern, wo ich im Kreise der »Gleichgesinnten« geweilt und sie sehr wohlgesinnt gefunden hatte, am Wallensee hin, in dessen geschliffenem Spiegel die Häupter der sieben Kurfürsten sich aufs reinste abbildeten, und hinauf dann, auf gedrangen Pfaden, in die heiligphantasmagorisch sich auftuende Welt des verschneiten Hochgebirges, gegen den seltsam extremen Ort, mit dessen Namen, wie Ihrer Zeitschrift nicht völlig unbekannt, mein Träumen und Bilden seit langem so eng verknüpft ist . . . Doch das sind Interna, während Ihr Anrecht auf weniger persönliche, auf öffentlich bedeutendere Begründungen einer erklärten Sympathie ganz unbestreitbar ist.

Ich werde nicht von den Erlebnissen sprechen, die ich schweizerischer Kunst und Dichtung verdanke, nicht von Hodler also, von Gotthelf, Keller und Meyer. Es ist kaum die Stunde dafür, und ich bin nachgiebig gestimmt gegen ein die Zeit durchwaltendes Gefühl, daß nicht Kunst, nicht Kultur in einem irgend geschmäcklerischen oder selbst »innerweltlich asketischen« Sinn es jetzt sei, um was es gehe, sondern Probleme der Koexistenz, Probleme also der politischen Sittlichkeit und der Menschenordnung. Da denn nun bin ich zu sicher, daß Ihr Volk auf das meine und sein wildes Schicksal mit Achtung, ja, nicht ohne Bewunderung blickt, als daß ich mich scheuen müßte, der Überzeugung Ausdruck zu geben, daß der Blick auf Ihr Gemeinwesen, das sicherlich einen hochmerkwürdigen Glücksfall der Geschichte darstellt, für dieses mein großes, leidendes und tief verstörtes Volk heilsam und innerlich förderlich sein kann. Inwiefern? So etwa, daß dieser Blick ihm helfen könnte, sich mit dem ihm auferlegten Schicksal der Demokratie auszusöhnen, durch das es Schaden an seinem Besten und Eigensten zu nehmen fürchtet. Aber hat es in Ihrem Stamm nicht einen historisch gesonderten Teil deutschen Volkstums vor sich, dem Demokratie in des Wortes weitläufigster Bedeutung durchaus natürliche Lebensluft ist, ohne daß es darum eine einzige Eigenschaft der germanischen Art, *Männlichkeit* zum Beispiel, verleugnete? Demokratie und Männlichkeit. Es fällt dem Deutschen schwer, sich diese Vereinigung vorzustellen. Ich aber erzähle gern, wenn auf diese Dinge die Rede kommt, von dem Schwyzer Bürger (er war übrigens ein Angehöriger der gelehrten Stände), zu dem ich kurz nach dem Kriege sagte:

»Wir Boches sind sicherlich große Sünder, und das mit Belgien war selbstverständlich eine atrocity. Das aber können Sie mir glauben: auf den Gedanken, die Schweiz anzurühren, ist in Deutschland nie eine Menschenseele verfallen.«

Die Antwort? Sie schwang nicht eben von Dankbarkeit über. Sie lautete trocken und bieder:

»Das wäre ja auch nicht ganz ungefährlich gewesen.«

Da saß ich, erfrischt und abgefertigt. Zeit meines Lebens, glaube ich, wird der kleine Dialog mich erfrischen und amüsieren, sobald ich an ihn denke, und ich hoffe, nicht ohne jeden Zusammenhang habe ich ihn hier vorgebracht.

Spricht man in Deutschland von Demokratie, so pflegen die Unterredner nichts weiter als eine Staatsform, die Republik also, darunter zu verstehen und einem mit den Argumenten zu begegnen, die gegen diese Verfassung jederzeit bequem zur Hand sind und die man selbst bis zum Überdrusse am Schnürchen hat. Aber damit ist nicht viel getan, die Widerlegung ist schwach, sie ist nur parteipolitisch, während man doch nicht Parteipolitik treibt, wenn man den Fürsprech der »Demokratie« macht, sondern in bewußter Selbstkorrektur für gewisse geistige Notwendigkeiten sich einsetzt, denen Rechnung zu tragen der Deutsche um seiner inneren Gesundheit willen sich nicht wird sperren können. Und sie sind es, die ich im Sinne habe, wenn ich meine, daß der Blick auf die Schweiz uns Deutschen heute heilsam und förderlich sein kann.

Worin sie bestehen, diese Notwendigkeiten, was also in Wahrheit Demokratie ist und welcher bedeutenden und keineswegs verächtlichen Art die Widerstände sind, die das deutsche Wesen ihr historisch entgegengesetzt, das ist aufs lichtvollste ausgesprochen in dem letzten Vortrag, den Ernst Troeltsch vor seinem zu frühen Ende hielt und dessen Studium ich aller Welt empfehle. Er war betitelt: ›Naturrecht und Humanität in der Weltpolitik‹ und begnügte sich nicht, den Unterschied des deutschen geschichtsphilosophischen Denkens gegenüber dem westeuropäisch-amerikanischen, kurz gesagt also den Gegensatz zwischen der Ideenwelt der deutschromantischen Gegenrevolution und der älteren, bürgerlich-konservativ-revolutionären des Naturrechtes, der Humanität und des »Fortschritts« mit bewunderungswürdiger Präzision aufzuzeigen, sondern er bewies und propagierte zugleich mit überzeugender Wärme und höchster Klugheit das historische Erfordernis einer Wiederannäherung des deutschen Gedankens an den mit bestimmten religiösen und ideologischen Elementen unseres Kulturkreises unlöslich verbundenen westeuropäischen, unter Vorbehalt aller an der Verrottung und dem heuchlerischen Mißbrauch der antikchristlichen Humanitätsidee zu übenden Kritik, – bewies, sage ich und propagierte die vollkommene Möglichkeit, diese zeit- und weltnotwendige Wiederannäherung, ohne jede grundsätzliche Verleugnung unserer geistigen Eigenart zu vollziehen ... Ich kann den großen Gedankengang der Schrift nicht auf zwei Worte bringen. Was aber hier von einem gelehrten Denker mit stärkender, bestärkender Bestimmtheit ausgesprochen worden, das war gefühlsweise, als dunkle Gewissensregung, seit Jahr und Tag in manchem Deutschen lebendig gewesen, – in solchen vielleicht sogar, die im Zauberberge des romantischen Ästhetizismus recht lange und gründlich geweilt –, und hatte zu Bekenntnissen geführt, die von jener Zukunftslosigkeit, die sich treu dünkt, als Zeugnisse des Selbstverrats und der Gesinnungslumperei übel begrüßt worden waren.

Nun denn und nochmals: Vor unseren Augen lebt eine Spielart deutschen Volkstums, die, vom Hauptstamm politisch frühzeitig getrennt, seine geistigen, sittlichen Schicksale nur bis zu einem gewissen Grade geteilt, die Fühlung mit westeuropäischem Denken niemals verloren und die Entartung des Romantismus, die uns zu Einsamen und Outlaws machte, nicht miterlebt hat. Es fragt sich, ob wir die Schweizer darum beneiden sollen. Das ist eine Krankheit, die sie nicht gehabt haben, und ein wenig tragen unsere Empfindungen für ihre bewahrte Tugend vielleicht den Akzent des »Kinder, was wißt denn Ihr!«. Eines aber jedenfalls kann der Anblick des Schweizer Wesens uns lehren: eine Stufe des deutschen Schicksalsganges, der irrend zu überschreiten war, nicht mit dem Deutschtum selbst – und Selbstzucht nicht mit Selbstaufgabe zu verwechseln.

Zur Ideen- und Idealwelt jener naturrechtlich bestimmten europäischen Humanität, der das Schweizer Deutschtum sich niemals, wie wir, entfremdet hat, gehört der Gedanke der Menschheitsorganisation, – ein Gedanke, geboren ganz aus jener schon stoisch-mittelalterlichen Verbindung von Recht, Moral und Wohlfahrt, die wir als utilitaristische Aufklärung so tief – und mit ursprünglich unzweifelhaft großem revolutionären Recht so tief zu verachten gelernt haben; ein Gedanke, kompromittiert und mißbraucht in aller Erfahrung, verhöhnt und vorgeschützt von den Machthabern der Wirklichkeit, – und ein Gedanke dennoch, der einen unverlierbaren Kern regulativer Wahrheit, praktischer Vernunftforderung birgt und dessen grundsätzlicher, absoluter Verleugnung kein Volk – und sei es aus den anfänglich geistigsten Gründen – sich schuldig machen kann, ohne an seinem Menschentum nicht nur gesellschaftlich, sondern tief innerlich Schaden zu nehmen. Das ist erwiesen. Wir sollen das arge Zuckerbrot, das jeder Erfahrungstag unserem historischen Pessimismus anbietet, nicht gierig schlingen, weil unser romantischer Instinkt heimlich an diesem Pessimismus hängt und ihn nicht lassen will. Wir sollen weit eher unseren Blick auf Erscheinungen richten, die diesem Pessimismus in unwahrscheinlicher Gesundheit und einer so mannhaften Vernunftwürde entgegenstehn, daß es »gar nicht ganz ungefährlich« für ihn wäre, sie anzutasten. Eine solche Erscheinung, heilsam und förderlich anzusehn, ist der Schweizer Staat, – das antipessimistische Wunder Europas in Wahrheit, ein felsig standhaftes Wunder in der Tat, da es der nationalistischen Springflut von 1914 standgehalten hat! Daß in unserer Welt dieser freie und heilige Bund verschiedensprachiger, verschiedenstämmiger Volksteile möglich ist, bedeutet allerdings, wenn nicht die Widerlegung des historischen Pessimismus – ich will nicht so weit gehen –, so doch ein ständiges Anerbieten der Vernunfternüchterung an ihn, das er nicht unbedingt wird von sich weisen können, ohne sich als romantisches Laster zu erklären, das nur noch sich selber will. »Nie«, spricht er (und ist im Grunde nur allzu einverstanden damit), »nie wird es Frieden und gerechten Vertrag geben zwischen Deutschen und Franzosen. Sie hassen einander, sie werden es ewig tun, ewig wird Krieg zwischen ihnen sein, ewig ihr Kampf hin und wider wogen, und von der Brust, der Gurgel des zuletzt Unterlegenen wird sich der Sieger entkräftet lösen und neben ihm in seinem Blute liegen.« – Unterdessen aber wohnen irgendwo in Europa Franzosen und Deutsche friedlich unter einem Staatsdach zusammen! Das hat vielleicht nichts zu bedeuten, bewahre Gott, ich hüte mich, Folgerungen daraus zu ziehen, die mir den Vorwurf unironischer Tugendhaftigkeit von seiten des historischen Pessimismus eintragen könnten. Ich meine nur, es könnte von Nutzen, beiden schäumenden Gegnern von Nutzen sein, den flakkernden Blick zuweilen auf das Schweizer Faktum zu lenken.

[Danksagung bei der Feier des sechzigsten Geburtstags]

Meine Damen und Herren!

Nun heißt es danken, und das ist schwer, wo es so viel zu danken gibt. Und doch bin ich froh, daß das Programm auch mir im gegebenen Augenblick einmal das Wort vergönnt, denn so viel Güte und Freundlichkeit *schweigend* entgegenzunehmen, das wäre noch schwerer. Andererseits hat der junge Mann, der vor dreißig oder mehr Jahren die Szenen schrieb, von denen man Ihnen jetzt einige vorführen will, sich auf der Bühne so episch-häuslich eingerichtet, daß nun der Sechzigjährige für ihn aufkommen und mit der Zeit haushalten muß.

Lassen Sie mich Ihnen also danken, so gut ich kann: Ihnen allen, die Sie gekommen sind, diesen Vormittag mit mir zu begehen, vor allem aber natürlich den Initiatoren und Akteuren der schönen Feier, die man mir heute bereitet und die mich im tiefsten Herzen rührt und freut und beglückt. Es ist die altberühmte Kulturorganisation des ›Lesezirkels Hottingen‹, deren Name über dieser Veranstaltung steht. Von früh auf bin ich ihr verbunden. Schon den jungen Menschen hat sie wiederholt nach Zürich berufen, hat immer wieder den persönlichen Kontakt zwischen dem jungen Autor und dem Zürcher Publikum vermittelt und krönt nun ihre ein Menschenleben lang mir erwiesene Anteilnahme und Güte durch diese Ehrung. Ich danke ihr von Herzen.

Daß aber der Name Hottingen heute nur für den einer größeren Gemeinschaft steht, haben mich die tief bewegenden Worte des Herrn Vizepräsidenten des Stadtrates, Gschwend, gelehrt und das prächtige Geschenk, das er mir eben überreicht hat. Ja, Zürich selbst, diese altdeutsch-bürgerliche Stadt mit europäischem, mit Welt-Horizont, in der ich seit zwei Jahren leben und arbeiten darf, ist es, der ich für diese Stunde zu danken habe; denn ich darf mir sagen, daß *sie* es auch war, die durch den Mund des Zürcher Gelehrten und Dichters sprach, der vorhin so klug und gütig charakterisierende Worte für meine Arbeit fand, »mit freundschaftlicher Hand die Summe meiner Existenz gezogen« hat.

»Selten«, heißt es bei Goethe, »tun wir uns selbst genug, desto tröstlicher ist es, anderen genuggetan zu haben.« Das ist ein mir liebes und teures Wort, ein rechtes Künstlerwort, voll von der leidenden Strenge eines Hochbedürftigen gegen sich selbst und voll doch auch von Empfänglichkeit für das Lob, das seiner Ungenügsamkeit von außen begütigend zuredet. Ja, es ist tröstlich, anderen in seinen besten Stunden genuggetan zu haben: tröstlich zumal in einer Zeit, die so sehr wie die unsrige danach angetan ist, den Sinn und Wert einer Lebensbemühung wie der meinen in Frage zu stellen.

Wem gilt es genugzutun? Den Besten seiner Zeit, hieß es einmal, klassischerweise. Denn dann habe man gelebt für alle Zeiten. Heute antwortet man wohl: dem Volke: Eine demokratische Antwort, zweifellos, und eine romantische Antwort, – allzu romantisch und euphemistisch, fürchte ich; denn Volk ist oft ein Euphemismus für Masse und Pöbel – nicht im sozialen, sondern im geistigen Sinn –, und wer nicht geboren ist, dem Massen-Demos genugzutun, der ist in Zeiten seiner um sich greifenden diktatorischen Herrschaft übel daran.

Aber indem ich dies ausspreche, wird mir recht bewußt, daß meine Danksagung nicht nur über diesen Saal hinausgehen muß, sondern auch über diese Stadt, daß sie sich an das ganze Schweizerland richten muß, dessen freien Frieden ich nun schon so lange genieße und in dem ich mich glücklich fühle. ›Glück‹, das ist wohl im wesentlichen *Harmonie*, Übereinstimmung mit der Umgebung; und diese Übereinstimmung eben habe ich in Ihrem Lande gefunden. Wie soll ich sie bestimmen? Die Ostschweiz, so könnte ich sagen, wo die deutsche Sprache erklingt, ist altdeutscher Kulturboden, sie ist keine Fremde, sondern Heimat einem Deutschen meiner Art, ein Stück Deutschland außerhalb Deutschlands, – notwendiger- und unverbrüchlicherweise außerhalb seiner, denn sie gehört geistig, seelisch, gesittungsmäßig zu Westeuropa. Sie ist eines der unentbehrlichen Außengebiete des Deutschtums, wo dieses ins Europäische übergeht, –

und das ist nach meinem innersten Sinn, das beglückt mich, das schafft jene Übereinstimmung, von der ich sprach. – Oder, anders gesagt: Meinesgleichen findet sich mit der Schweiz in einer konservativen Gesinnung, – dies Wort ›konservativ‹ in dem neuen, besonderen und notwendigen Sinn verstanden, der ihm heute zukommt. Wirklich hat das Wort ›konservativ‹ seine Bedeutung gegen früher verändert. Mehr als ehemals ist es mit der Idee der Kultur verbunden, und wer sich heute konservativ nennt, meint damit nicht, daß er alte, wohl gar feudale Einrichtungen und Ordnungen erhalten oder wieder zurückrufen will: im Gegenteil, man kann sehr demokratisch, sozial, ja revolutionär gesonnen sein und dabei konservativ in dem Sinn, daß man den Geist selbst, die Kultur, das männlich freie und selbständige Denken, das innere Leben der Nation zu erhalten wünscht und es zu verteidigen gesonnen ist gegen die Verödung und Verblödung durch den neuen Massengeist mit allen seinen bedrohlichen Folgen von Verdummung, Verrohung und Verknechtung.

Der schweizerische *Kulturerhaltungswille* ist es, der mich und meinesgleichen mit der Schweiz verbindet und der sie mir heimatlich macht. Ein kleines unter den Ländern, ein Nachbarländchen, wir hörten es. Aber nicht aufs Quantitative, auf die Einwohnermillionen und die Quadratkilometer kommt es an. Worauf es ankommt, das ist die Gesittungshöhe eines Volkes; seine Bildung in dem nie zu veraltenden Sinn dieses Wortes; seine Fähigkeit zur Freiheit; seine Anteilnahme an der Ehre der Menschheit; seine Willigkeit zum Dienste an ihr. Und weil es auf *diese* Dinge ankommt und nicht aufs Kolossale, darum ist die Schweiz der Welt lieb und wert.

Ich grüße dies schöne, gastliche Land in Dankbarkeit. Ich wünsche ihm, daß es die Wirren und Qualen dieser Zeit, von denen es sowenig unberührt ist wie ein anderes, klaren und unverwirrten Sinnes durchschreiten möge, hinein in eine bessere Zukunft. Vielleicht wird es seine schönste Sendung sein, deutsche Werte, die Weltwerte sind und die sonst am Wege bleiben würden, in diese Zukunft hinüberzuretten.

Zur Gründung einer Dokumentensammlung in Yale University

Herr Präsident, meine Herren Professoren; liebe junge Freunde, Studenten dieser berühmten Hochschule, meine Damen und Herren!

An der Spitze meiner vierten Reise in die Vereinigten Staaten, die mich weiter herumführen, mich mit mehr Städten und Menschen Ihres großen Landes in Berührung bringen wird als jede frühere, steht diese Feier, und obgleich ich weiß, daß viele Bilder, Begegnungen, Eindrücke ihr folgen werden, bin ich geneigt, zu glauben, daß sie an Bedeutung nicht überboten werden, von den Erlebnissen meiner Fahrt mir das liebste und denkwürdigste bleiben wird.

Meine Sache ist es, zu danken: Denen, die diese Stunde veranstalten und den Anlaß dazu schufen, und Ihnen allen, die Sie freundlich daran teilnehmen. Vor allem aber danke ich es dem Leben, daß es meinen höheren Tagen diese rührende, von Nachdenklichkeit erfüllte Stunde aufgespart hat, die zu den Erfahrungen gehört, die man sich in der Jugend nicht träumen läßt. Eine amerikanische Universität, die erste neben der von Harvard, richtet ein Archiv, eine Bibliothek ein, worin die Arbeiten meiner Einsamkeit, wie sie in deutschen Drucken und Übersetzungen, als Manuskripte, Brouillons, Entwürfe, Briefe und Studien vorliegen, auch kritische Auslassungen von Zeitgenossen über meine Versuche, übersichtlich zusammengetragen und angeordnet werden, um Freunden der Literatur Einblick in eine geistige Werkstatt unserer Zeit und namentlich der studierenden Jugend die Übersicht über ein Leben zu gewähren, dem der Drang eingeboren war, sich in Wort, Bild, Gedanken zu befestigen, der Vergänglichkeit das Beständige, dem Chaos die Form abzugewinnen und die Erscheinung durchsichtig zu machen für das, was nach Goethe »des Lebens Leben« ist, für den Geist. Es ist, schlecht und recht, ein Künstlerleben, nicht mehr und nicht weniger, mit seinen Schwächen, Torheiten und Fehlgriffen und seinen gesegneteren, ins Reinere und Richtige gehobenen Augenblicken; und Sie mögen es nicht belächeln, wenn derjenige, der dies Leben führte und heute noch die organische Geduld hat, es weiterzuführen, sich träumerisch, ja, phantastisch berührt zeigt von der Aufmerksamkeit und Sympathie, der sammelnden und registrierenden Pflege, die die akademische Wissenschaft eines fremden, seinem Ursprung so fernen Landes diesem Leben und seinem fragmentarischen Gelingen widmet, indem sie seinen Bemühungen die Würde des Lehr- und Bildungsstoffes erteilt. Dies eigentlich scheint mir die Bestimmung der Phantasie: nicht Erfindung des Unwirklichen, sondern die Erfüllung und Ausstattung des Wirklichen mit Gefühl und Sinn und Merkwürdigkeit, die Verstärkung und Steigerung des Lebens in Freud und Leid durch die Empfindung und den Gedanken. So wäre Phantasie schlechthin das Gegenteil der Nüchternheit; wenn aber diese, die Nüchternheit, eine nahe Verwandte der Bescheidenheit, ja vielleicht mit dieser identisch ist, so ist die psychologische Feststellung zu treffen, daß Phantasie und Nüchternheit einander keineswegs ausschließen, sondern daß für jene Ehrfurcht vor den Erscheinungen und Gaben des Lebens, die nichts als selbstverständlich hinnimmt, die sich aus allem ›etwas macht‹ und die wir Phantasie nennen, ein gut Teil nüchterner Bescheidenheit sogar die unentbehrliche Voraussetzung ist, ohne welche die das Leben intensivierende Ehrfurcht, die Phantasie, nicht statthaben, sondern nur ein selbstverständliches und damit unproduktives Hinnehmen herrschen könnte.

Wirklich läßt sich sagen, daß Bescheidenheit, ein nüchtern-skeptisches, ironisch-erstauntes Verhältnis zur eigenen Existenz dem Menschen der produktiven Phantasie, dem Künstler sehr natürlich ist. Die Würde, die Feierlichkeit oder gar die Aufgeblasenheit, die er etwa an den Tag legt, ist vielleicht nur der Über-Ausgleich eines Zweifels, der seine guten Gründe hat. Die Kunst ist eine große Sache, eine solenne Angelegenheit menschlicher Kultur, welcher selbst Staaten und Regierungen ihre offizielle Reverenz erweisen und die im Bewußtsein der Menschheit ihren höchsten und geistigsten Interessen, dem religiösen Impuls, der wissenschaftlichen Forschung gleichgeordnet ist. Die Philosophie ist so weit gegangen, den ästhetischen Zustand – und zwar den produktiven wie den rezeptiven – als den höchsten menschlichen zu bezeichnen, insofern er die reine Anschauung der Idee in der Erscheinung, die Erlösung des Willens durch die selige Kontemplation bedeute, so daß denn der Künstler der größte Wohltäter der Menschheit und seine Schöpfung die eigentlich und einzig geniale sei. Dies alles könnte denjenigen, in dem die Kunst sich manifestiert, ihren Träger, den Künstler, mit dem höchsten und anmaßendsten Selbstbewußtsein erfüllen, ihn im Verhältnis zu sich selbst jeder Nüchternheit entheben und den rauschhaftesten Stolz sein Teil sein lassen.

Nun liegt es aber so, daß die Kunst bei ihren individuellen Verwirklichungen und Ausprägungen jedesmal gleichsam von vorn anfängt und, verkappt mit Naivität, ihrer selbst unbewußt, ohne sich selbst zu erkennen oder, richtiger gesagt, wiederzuerkennen, ganz aufs neue und auf ein erst- und einmaliges Geratewohl ins Leben tritt. Jeder ihrer Erscheinungsfälle ist ein höchst spezieller und persönlich ganz besonders bedingter Sonderfall, welchen der großen und allgemeinen Idee der Kunst zu subsumieren demjenigen, der ihn darstellt, sehr schwer gemacht ist – ja, es kommt ihm das vorderhand gar nicht in den Sinn. Zur Illustration will ich Ihnen eine kleine Geschichte erzählen. Im Winter 1929 saß ich in Stockholm bei einem Frühstück im Hause des Verlegers Bonnier an der Seite Selma Lagerlöfs, der großen Erzählerin, Trägerin des Nobelpreises für Literatur und Mitgliedes der Schwedischen Akademie. Eine schlichte Frau, ein wenig ernst gestimmt durch ihre Arbeit, aber freundlichen Wesens und ohne jedes physiognomische Stigma des Genies, ohne Großartigkeit des Profils und irgendwelchen Anspruch der Allüre. Wir kamen auf ihr populärstes Werk, die weltberühmte Gösta Berling-Saga, zu sprechen und auf seine erstaunliche Laufbahn durch alle Sprachen und über alle Grenzen hin. »Mein Gott, ja«, sagte sie, »das ist so gekommen, aber Sie müssen nicht glauben, daß ich mir dabei viel gedacht hätte, als ich es machte. Ich habe es für meine kleinen Nichten und Neffen geschrieben. Das war eine Unterhaltung wie eine andere. Ich dachte, es wäre etwas zum Lachen.« – Ich war entzückt von dieser Äußerung; denn genauso war es mir – und ich sagte es meiner Nachbarin – mit dem Buch gegangen, das in meinem Schriftstellerleben ungefähr dieselbe Rolle spielt wie die Gösta Berling-Saga in dem ihren: mit den ›Buddenbrooks‹. Auch sie waren ursprünglich eine Familien-Angelegenheit und -Unterhaltung gewesen, die halb alberne Schreiberei eines etwas unregelmäßigen Zwanzigjährigen, woraus ich den Meinen vorlas und worüber wir Tränen lachten. Daß die Welt etwas damit werde anzufangen wissen, daß dieser Roman – oder was es nun war – kurz gesagt zum Anlaß werden werde, daß ich jetzt hier in Stockholm neben der Verfasserin von ›Gösta Berling‹ saß – solche Möglichkeiten hatte damals beim Lachen niemand von uns in Betracht gezogen.

Ich erzählte es Selma Lagerlöf im Austausch, und ich erzähle Ihnen diese beiden Fälle als Beispiel dafür, daß die berühmte Kunst sich in ihren individuellen Erscheinungen keineswegs wiedererkennt, sondern sich mehr oder weniger für einen neuerfundenen, privaten und absonderlichen Spaß hält, der zu jener hochansehnlichen, hochangesehenen Menschheitssache in keinerlei Beziehung zu bringen und für den die Anteilnahme und Hochachtung der Welt in keiner Weise zu erwarten ist. Der Urheber solcher Späße hat unbedingt nicht das Gefühl, einer besonders achtenswerten Beschäftigung obzuliegen. Nach seiner Auffassung, mit der er ja auch noch längere Zeit nicht allein stehen wird, treibt er Allotria, mit denen er dem Ernst des Lebens auf recht abseitige und unerlaubte Weise ein Schnippchen schlägt, und sein Gewissen als Mitglied der menschlichen Gesellschaft, deren Ansprüche bei so unseriösen Neigungen zu kurz zu kommen pflegen, ist denn auch nicht das beste. Ich schildere hier die Boheme-Stimmung des Künstlers, denn Boheme, psychologisch gesehen, ist ja nichts anderes als soziale Unordentlichkeit, das in Leichtsinn, Humor und Selbstironie aufgelöste schlechte Gewissen im Verhältnis zur bürgerlichen Gesellschaft und ihren Anforderungen.

Der Boheme-Zustand des Künstlers, den er gänzlich niemals verläßt, wäre jedoch nicht vollständig bestimmt, wenn man ihm nicht einen Einschlag von geistigem und selbst moralischem Überlegenheitsgefühl über die zürnende bürgerliche Gesellschaft zuspräche, der ihn zu einem Übergangzustand macht zwischen der ersten, individuell spielenden Unbewußtheit der Kunst und dem Gewahrwerden ihrer überpersönlichen Würde, an welcher das Individuum teilzunehmen sich getraut, so daß denn die Boheme-Ironie mindestens doppelseitigen Charakter gewinnt und sowohl Selbstironie wie auch Ironie gegen die bürgerliche Gesellschaft ist. Die erstere aber überwiegt, wird vielleicht lange, vielleicht für immer überwiegen – und zwar aus guten Gründen.

Es ist in dem Künstler, der dank unwillkürlicher Leistungen persönlich teilzunehmen beginnt an der überpersönlichen Würde, der Kunst, eine instinktive und spöttische Abwehr gegen das, was Erfolg heißt, gegen die weltlichen Ehren und Vorteile des Erfolges, – eine Abwehr aus Anhänglichkeit an den noch ganz individuellen, ganz nutzlosen und frei-spielerischen Frühzustand der Kunst, da Kunst noch nicht wußte, daß sie ›Kunst‹ sei und über sich selber lachte. – Daß immerhin mit dieser Treue, dieser ironischen Abwehr von früh an ganz andere, sehr entgegengesetzte Wünsche, Träume, Ambitionen Hand in Hand gehen, sich wunderlich-kindlich mit ihr vertragen, möge Ihnen ein anderes kleines persönliches Dokument zeigen, das aus noch früherer Lebensperiode stammt als das vorige und an das ich in dieser Stunde zurückdenke. Da es sich hier nicht um Prosa, sondern um Verse handelt, will ich sie Ihnen auf deutsch sagen, vertrauend, daß auch so den meisten von Ihnen der einfache Sinn nicht entgehen wird.

Ich bin ein kindischer und schwacher Fant,
Und irrend schweift mein Blick in alle Runde,
Und schwankend fass' ich jede starke Hand.

Und dennoch regt die Hoffnung sich im Grunde,
Daß etwas, was ich dachte und empfand,
Mit Ruhm einst gehen wird von Mund zu Munde.

Schon klingt mein Name leise in das Land,
Schon nennt ihn mancher in des Beifalls Tone, –
Und Leute sind's von Urteil und Verstand.

Ein Traum von einer schmalen Lorbeerkrone
Scheucht oft den Schlaf mir, unruhvoll, zur Nacht,
Der meine Stirn einst zieren wird zum Lohne
Für dies und jenes, das ich gut gemacht.

Ein Knabentraum, meine Damen und Herren, worin der aufrichtigen Einsicht in die eigene Schwäche und Kinderei die Hoffnung entgegengesetzt wird, daß dennoch einmal etwas Lebenswürdiges, den Menschen Wertes daraus wachsen möge. Ein Traum ohne Ironie. Und wenn ihm manche Erfüllung zuteil ward, über Verdienst wahrscheinlich, so konnte es wohl nur geschehen, weil denn doch die Boheme-Ironie dem zarten Pathos solcher Träume Raum ließ. Ironie allein ist nicht lebenstauglich. Das Leben will ernst genommen sein; die Kunst will es auch. Selbst als der freie und bezuglose Spaß, als der sie demjenigen erscheint, in dem sie neu beginnt – und in gewissem Grade bleibt sie immer ein solcher Spaß –, läßt sie Züge tiefen und unbedingten Ernstes erkennen, und früh erfährt der von ihr Ergriffene die Wahrheit des Wortes von Goethe: »Die Kunst beschäftigt sich mit dem Schweren und Guten.« Dem Nihilismus wissen Leben und Kunst keinen Dank; sie reichen ihm keine Kränze. Wo es Kränze gibt, wo es Liebe gibt und irgendwelches Vertrauen, da muß Glaube gewesen sein und etwas von dem, was wir Frömmigkeit nennen.

Ach, aber es gilt der Kunst selbst dieser Glaube, und kaum auch dem wunderlich-einmalig-unzulänglichen und fast unkenntlichen Erscheinungsfall ihres Wesens, den man selber darstellt, und ich zweifle nicht, daß jedem Künstler die Scham vor der Kunst bekannt ist, das plötzliche Erröten vor dem Meisterhaften neben und vor ihm: es rührt eben daher, daß jede Kunstübung eine neue und ihrerseits schon sehr kunstvolle Anpassung des persönlich und individuell Bedingten an die Kunst überhaupt bedeutet und der einzelne, selbst nach anerkannten, geglückten Leistungen, beim Vergleich mit fremder Meisterschaft sich fragen kann: »Wie ist es möglich, mein persönliches Arrangement mit jenen Dingen überhaupt in einem Atem zu nennen?« – »Wie ist es möglich?« Das ist die Frage nüchterner Bescheidenheit des Künstlers vor der Kunst. Es ist auch die Frage, die für mich über dieser Stunde schwebt, mit der Sie meinem Leben so viel Ehre und ernste Aufmerksamkeit erweisen, daß Sie beinahe meine Nüchternheit und Bescheidenheit damit in Gefahr bringen. Lassen wir's gut sein, die Sorge wiegt leicht. Schwerer schon wiegt mir eine andere, bei der man wohl von einer Gewissensfrage reden kann. Es ist die Frage: Wie verträgt sich mit der natürlichen Bescheidenheit und den ironischen Neigungen des Künstlers ein gewisses unironisches, vielmehr entschiedenes und moralisch gefärbtes Verhalten zur äußeren Welt und den sozialen Problemen – kurzum, das Verhalten, mit dem es zusammenhängt, daß ich heute hier vor Ihnen stehe, statt im Deutschland des Herrn Hitler als Mitglied der ›Reichsschrifttumskammer‹ zu schreiben, was man dort schreiben darf?

Ich stehe am Anfang einer Vortragsreise durch die Vereinigten Staaten, auf der ich in zahlreichen Städten, in Universitäten und town-halls über Demokratie sprechen will: von ihrer zeitlosmenschlichen Jugendlichkeit will ich sprechen, will diese verteidigen gegen den falschen Jugendlichkeits- und Zukünftigkeits-Anspruch zeitgeborener Gegen-Tendenzen und meinen Glauben bekennen an den zukünftigen Sieg der Demokratie. Nicht wahr, damit trete ich aus der Sphäre der Kunst und des Künstlertums heraus, greife agitatorisch in die Welthändel ein, beziehe Stellung darin, suche mit meinem Wort, das mir zur Erzielung indirekter und halb-unverbindlich-symbolischer Wirkungen gegeben ward, unmittelbar auf die Gedanken, den Willen, das Gewissen der Menschen zu wirken, als sei ich zum Moral-

Magister bestellt statt zum Künstler und »könne was lehren, die Menschen zu bessern und zu bekehren«. Bedeutet das nicht Untreue gegen die Bescheidenheit, gegen jenen unschuldigen Frühzustand der Kunst, worin sie, ihrer unbewußt, noch über sich selber lachte? Heißt es nicht der Nüchternheit vergessen, eine Würde und Feierlichkeit prätendieren, die allenfalls der Kunst, aber nicht ihrem nur allzu individuellen Erscheinungsfall zukommt, und heißt es nicht vor allem die Grenze überschreiten, die zwischen Spiel und Ernst, zwischen Kunst und Leben gesetzt ist?

Lassen Sie mich, meine Damen und Herren, mit einem kurzen Wort der Rechtfertigung in diesem Punkt, meine kleine Dankesansprache beschließen. Und erlauben Sie mir, dieses Wort besonders an die Jugend unter Ihnen zu richten! – Daß ein gewisser Widerspruch besteht zwischen der Existenz und Lebensstimmung des Künstlers und seiner bekennenden, aber auch werbenden Parteinahme in politischen Dingen; daß ein solches Auftreten der künstlerischen Bescheidenheit *abgewonnen* werden muß, das gebe ich zu und beziehe es in jedes politische Bekenntnis, das ich ablege, stillschweigend ein. Aber eine solche Selbstüberwindung scheint mir heute geboten, und ich glaube nicht, mich einer vermessenen Grenzverletzung damit schuldig zu machen. Die Grenze zwischen Kunst und Leben, die Grenzen überhaupt zwischen den Bezirken des Menschentums sind fließend geworden. Man spricht heute viel von ›Totalität‹, und sofern dieser Begriff auf den Staat angewandt wird, ist er etwas Fürchterliches, Monströses und Unmenschliches; er ist in dieser Anwendung genau das, wogegen meinesgleichen menschlichen Protest, den Protest der Menschlichkeit erhebt, wenn er sein Wort zu den Fragen des gemeinsamen Lebens spricht. Eine andere Totalität aber ist heute mehr denn je eine innere Tatsache: diejenige der Humanität, die Einheit der Frage nach dem Menschen selbst, die als forderndes und zum Bekenntnis verpflichtendes Problem über uns allen steht, und von der man Geist und Kunst nicht als Sondersphäre abtrennen kann. »Er ist ein Prinz!« sagt in Mozarts ›Zauberflöte‹ jemand von Tamino, und die verweisende Antwort lautet: »Er ist mehr als das, er ist ein Mensch.« So darf und muß es heute auch heißen: Er ist ein Künstler? – Er ist mehr als das, er ist ein Mensch. Und wenn er in dieser Eigenschaft versagte und verstummte, was wäre er noch in der anderen? Das Vertrauen, das er sich als Künstler erwarb, ist nicht nur ästhetisches, sondern auch menschliches Vertrauen. Wie sollte und müßte er es nicht nützen, um im Leben zum Guten zu wirken, wie er es in der Kunst versuchte?

»Die Kunst beschäftigt sich mit dem Schweren und Guten.« Nun denn, das Schwere und Gute, um was es heute geht in der Welt, das ist der *Friede.* Er ist es, der heute der Menschheit ihre Aufgaben stellt, und nur in ihm sind sie zu erfüllen. Der Krieg ist zu einem schändlichen und allem Schöpferischen entgegengesetzten Müßiggang geworden, den der Künstler, nebst allem, was ihm dient und auf ihn abzielt, verabscheuen muß aus der Tiefe seines produktiven Instinkts. An das unnatürliche und selbstzerstörerische Gebaren eines Künstlers, der etwa dem Kriege zugunsten spräche, die gräßliche Verantwortung, die er auf sich nähme, mag ich nicht denken. Er wahrlich überschritte seine Grenzen. Aber einzustehen mit seiner Person, derselben Person, die es ernst nahm mit der Kunst, für die menschlich ebenso heilige Sache des Friedens, das scheint mir des Künstlers Recht und des Menschen Pflicht.

Ansprache im Goethejahr 1949

Ich glaube, Sie würden es mit mir als unnatürlich empfinden, wenn ich, nach so freundlicher, so ehrenvoller Einführung, nun einfach, als handelte es sich um nichts anderes, einen der obligaten Goethe-Vorträge begänne, wie sie in diesen Tagen, diesem ganzen Jahr überall in der Welt gehalten werden. Das habe ich drüben in meiner neuen Heimat, dann in England, Schweden und in der Schweiz getan; hier und heute, in dieser seltsamen Lebensstunde, voller beklommener Traumhaftigkeit, kann ich es nicht. Zuviel des Persönlichen – und des mehr als Persönlichen auch wieder – drängt sich vor den historisch-festlichen Gegenstand und verlangt zuerst nach dem Wort, dem die Zeit überbrückenden, das das Einst mit dem Jetzt verbinden, der Entfremdung wehren, die Verschiedenartigkeit der Erlebnisweisen versöhnen möchte.

Wie mir zumute ist beim Wiedersehen mit dem Altvertraut-Vergangenen, das mir nach sechzehn von Geschehen überfüllten Jahren wieder Gegenwart und Wirklichkeit wird, – ich versuche gar nicht, es Ihnen anzudeuten. Die Erschütterung wird mir zuteil, die vor mir andere Emigranten beim Wiederbetreten des heimatlichen Bodens erfuhren und die ihnen im Bilde von den Gesichtern abzulesen war. Ich sehe Arturo Toscanini, bevor er in der Scala zum erstenmal wieder den Taktstock hebt, dastehen, den Blick nach innen gerichtet, in bleicher Benommenheit. Ich sehe Fritz von Unruh, den Dramatiker und Pathetiker, als Redner bei der Paulskirchen-Gedenkfeier, im Kampf mit einer anwandelnden Ohnmacht sich an das Pult klammern. Ich glaube, er mußte hinausgestützt werden und sich niederlegen, bevor er fortfahren konnte. Nun, ich gedenke auf den Beinen zu bleiben bei meiner kleinen Allokution, – meine vielberufene Nüchternheit wird mir dazu verhelfen, oder sagen wir: die Gefaßtheit und Gesetztheit des Erzählers, ein episches Phlegma, oder auch ein Sinn für Humor, der sich durch langen Aufenthalt in angelsächsischer Lebenssphäre eher noch verstärkt hat. Aber glauben Sie nicht, daß ich darum der erregenden Phantastik und Abenteuerlichkeit der Stunde und der Tragik, die ihr beigemischt ist, weniger zugänglich bin als jene Schicksalsgenossen!

Im Fluge ziehen die Erlebnisse dieser anderthalb Jahrzehnte, in denen ich sechzig und siebzig wurde, mir durch die Seele: Die Abreise am 11. Februar 1933 zu Vorträgen im Ausland – eine Reise, unternommen wie hundert frühere, mit leichtem Gepäck, ahnungslos, ohne die leiseste Vorstellung davon, wie das Schicksal es mit dieser Ausfahrt meinte. Es gab keine Heimkehr. Ein Sturz von Ereignissen, die ich nicht zu nennen brauche, versperrte mir den Rückweg – für einige Zeit, wie ich zu glauben lernte. Wogegen ich zehn Jahre lang nach meinen Kräften gekämpft, wovor ich in den letzten Jahren mit wachsendem Grauen, auf Kosten meiner Ruhe und dessen, was man Popularität nennt, gewarnt hatte, das war durch Gewalt und List in Deutschland zu unumschränkter Macht gelangt. Ein Rausch, mir unheimlich in tiefster Seele, hob das Volk auf und nannte sich ›nationale Revolution‹. ›Der Rausch‹ – was für ein zweideutig deutsches Wort! Wie mischen sich darin Begeisterung mit Entgeistung, das Höchste mit dem Niedrigsten, das Glück der Enthemmung, das Elend der Vernunftlosigkeit. Andere Sprachen haben dies Zauberwort gar nicht; sie setzen dafür ein sehr sachliches und nüchternes wie: Intoxikation, Vergiftung. Vergiftet schien mir Deutschland, nicht erhoben. Wild-fremd geworden über Nacht und verfratzt, bot es mir keine Stätte und Atemluft mehr. Ich war nicht emigriert, ich war nur auf eine Reise gegangen. Und plötzlich fand ich mich als Emigrant.

Es kamen die Monate des Wanderlebens von Land zu Land, in tiefer Verstörung, im Gefühl der Entwurzelung, des Abgeschnittenseins von einer Lebensbasis, die ich für fest und endgültig gehalten, des Verlustes von Herd, Heim und Habe. Die erste Kontaktnahme mit Amerika kam, fast alljährlich wiederholte Reisen dorthin, die Berufung nach Princeton, die Gewöhnung an den neuen, riesigen Horizont, die Sprache, die Lebensluft des weiten Landes, dem Goethe während seiner letzten Erdenjahre so viel erwartungsvolle Aufmerksamkeit geschenkt hatte. Verbunden und verschränkt aber immer mit der durchaus auch physiologischen Anstrengung des Sichumstellens und der Adaption blieb der Wille zum Beharren, die aktive Treue zur deutschen Sprache, dieser wahren und unverlierbaren Heimat, die ich mit mir ins Exil genommen und aus der kein Machthaber mich vertreiben konnte. Nie ist es mir in den Sinn gekommen, auch als Schriftsteller zu emigrieren und etwa, wie mancher es von mir erwartete, ja forderte, eine Arbeit gleich auf englisch herzustellen, da es ein deutsches Publikum für sie ja doch nicht gab. Die Zweiteilung meines Lebenswerks in eine deutsche und eine englische Hälfte erschien mir als Absurdität. Im Gegenteil wurde mir in der Fremde – mochte die Zeit sie auch ins Vertraute und Heimatliche verwandeln und herzliche Zugehörigkeitsgefühle in mir großziehen –, im Gegenteil wurde mir mein Tun gerade in diesen Jahren mehr und mehr zum bewußten Sprachwerk, zur versuchenden Lust, alle Register des herrlichen Orgelwerks unserer Sprache zu ziehen, zu einem Bestreben nach Rekapitulation zugleich und Vorwärtstreibung deutscher Sprachzustände und Ausdrucksmöglichkeiten deutscher Prosa. Fern von Deutschland, nach der tiefsten Zäsur, die das Jahr 1933 bezeichnet, baute sich mir so ein zweites Lebenswerk auf.

Das geschah unter beständigen wilden Ablenkungen von seiten der Außenwelt, der Zeit und ihres Geschehens, und schwierig war es, gegen das umdrängende Drama am Epischen festzuhalten und weiterzuwirken, die unentbehrliche Heiterkeit des künstlerisch Hervorbringenden zu bewahren trotz dem brennenden Affekt, zu dem ich mir die längste Zeit meines Lebens die Fähigkeit kaum zugetraut und den ich ohne das deutsche Unheil gewiß nie kennengelernt hätte: dem Affekt des Hasses. Ja, meine Zuhörer, ich habe die ruchlosen Verderber Deutschlands und Europas gehaßt, mit unbedingtem, mit tödlichem Haß, dessen ich mich nicht zu schämen hatte, auf den ich stolz sein durfte, und eben die Tiefe dieses Hasses mag den Gedanken verzeihlich erscheinen lassen, den ich nicht los wurde, daß, wenn er vom deutschen Bürgertum, vom deutschen Volk wahrhaft und durchgehend geteilt worden wäre, es mit Deutschland nicht hätte zu kommen brauchen, wohin es gekommen ist. Der Krieg, den dieses Regime in sich getragen von Anbeginn, der ihm für jeden, der sehen konnte, von je an der Stirn geschrieben stand, war da und, wie gewiß mancher von Ihnen hier, habe ich nie an seinem Ausgang gezweifelt. Mehrere meiner Kinder, seltsames Spiel des Schicksals! nahmen in amerikanischer Uniform an ihm teil; ich selbst nahm an ihm teil mit den vielen Aufrufen über den britischen Sender, deren gefahrvolles Abhören, das weiß ich, in Deutschland nicht selten war. Wer sie aber gehört hat oder wer sie gar im Zusammenhang gelesen hat, wie sie seit längerem schon gedruckt vorliegen, der weiß, daß ich nicht, wie böse Unwissenheit mir vorwirft, aus sicherer Ferne mein Vaterland, Deutschland, damit beschimpft, verraten und verleugnet habe, sondern daß jeder Schimpf, jedes heiße Wort des Zornes und des Abscheus darin nur den machthabenden Verführern Deutschlands und ihren Untaten galt; daß sie eingegeben waren von dem Entsetzen vor dem Abgrund, den sie aufrissen zwischen Deutschland und der übrigen Welt, von dem sicheren Vorwissen, wohin es mit Deutschland kommen müsse, wenn diese Menschenart Herr bliebe über das Land; eingegeben freilich auch von dem Wunsch, den Deutschen, die ähnlich empfanden wie ich, einer bangenden, von Hitlers Falschsiegen erschreckten Welt und im Grunde mir selbst Mut zuzusprechen, uns allen die Versicherung zu geben, daß diese Siege nichts zu bedeuten hätten, daß dieses vor Gott und den Menschen unmögliche Regime nicht bestehen könne, daß ihm »trotz Gewalt und Müh'« ein schändlicher Untergang unfehlbar vorgezeichnet sei, – und, glauben Sie mir! – ich habe ergreifende Beweise dafür –: dieser Zuspruch hat vielen, vielen verstörten und leidenden Seelen über die ganze Welt hin Trost und Kraft und Glauben gebracht, auch in Deutschland, das weiß ich, und wenn allein in Deutschland daneben der Vorwurf der Preisgabe meines Vaterlandes laut wurde und noch heute laut wird, so erklärt sich das aus dem Konflikt, der so gut der meine wie der gleichfühlender Menschen in Deutschland war: dem Konflikt, daß ja, wie die

Dinge lagen, der Untergang des Nazi-Regimes gleichbedeutend war mit der nationalen Katastrophe, dem Sturz, der Erniedrigung und Zerreißung Deutschlands. Man will wahrhaben, ich sei ohne Empfindung gewesen für diesen Konflikt; ich hätte auch keine Ahnung gehabt von der Gewalt des Terrors, von der Hilflosigkeit eines Volkes vor dem lärmenden, lückenlosen und nicht einmal Märtyrertum zulassenden Unterdrückungssystem des totalitären Staates; unwissend und erfahrungslos, in bequemster Lebenslage, hätte ich der Tragödie meines Volkes von weitem zugesehen und ins Blaue hinein darüber geschwätzt. »Er kann sagen«, schrieb jemand, frei nach Goethe, »er kann sagen, er sei nicht dabei gewesen.«

Nicht doch, ich bin dabei gewesen. Wie einer das Schmerzensbuch von ›Doktor Faustus‹ gelesen haben und dann noch sagen kann, ich sei nicht dabei gewesen, Ferne und persönliche Sicherheit hätten mich gehindert, stärker und tiefer dabei zu sein als so mancher, der physisch dabei war, das verstehe, wer mag und kann. Emigrantenliteratur. Aber das Werk eines Emigranten, der mit allem, was ihm an Erlebnisfähigkeit gegeben war, die deutsche Not geteilt hat.

Ich weiß, daß der Emigrant in Deutschland wenig gilt, – er hat noch nie viel gegolten in einem von politischen Abenteurern heimgesuchten Lande. Es versteht sich wohl, daß diese Ablehnung eines jeden, der sich lossagte, nicht wenig beitrug zu der Scheu, die mich vier Jahre nach der Vollendung des Unheils von Deutschland ferngehalten hat. Und auch sonst mag es Erklärungen geben für diese Scheu. Man zögert, die Grenze eines Landes wieder zu überschreiten, das einem durch lange Jahre ein Alpdruck war, von dessen Fahne, wo sie sich im Auslande zeigte, man mit Grauen den Blick wandte und wo, wäre man dorthin verschleppt worden, ein elender Tod einem sicher gewesen wäre. Dergleichen wirkt nach, es ist nicht so leicht aus dem Blut zu bringen. Die Sorge der Entfremdung, der Gedanke an die Verschiedenartigkeit der Erlebnisweise, des Lebensstandpunktes, die Furcht, daß man nicht mehr dieselbe Sprache spreche, daß die Verständigung schwer geworden sein möchte zwischen euch drinnen und uns draußen, – dies alles trägt bei zu der Scheu, die mich fesselte und die mit Unversöhnlichkeit, feindseliger Überheblichkeit und bösen Wünschen so gar nichts zu tun hatte. Oft habe ich mir in diesen Jahren die Verse vorgesagt, mit denen Platen in der Fremde Deutschlands gedachte:

Ich lieb' es drum in keinem Sinne minder,
Da stets ich mich in seinem Dienst verzehre,
Doch wär' ich gern das fernste seiner Kinder.

Geschieht's, daß je den innern Schatz ich mehre,
So bleibt der Fund, wenn längst dahin der Finder,
Ein sichres Eigentum der deutschen Ehre.

Der deutschen Ehre ist in langen Jahren nicht viel Zuträgliches geschehen. Verglichen damit ist selbst das, was ich draußen hervorbringen konnte, beinahe viel, und wenn die Welt sich seiner annahm, es war doch unverwechselbar, unübersetzbar deutsch, und es war niedergelegt zu den Füßen des Volkes, in dessen Sprache es geschrieben war. Das fühlte mancher Deutsche. Das fühlten offenbar auch die Männer, die mir die hohe Ehre der Zuerteilung des auf Goethe's Namen getauften Preises in diesem besonderen, festlichen Jahr erwiesen. Ich bin hier, um meinen tiefgefühlten Dank dafür auszusprechen, und ich freue mich sogar des materiellen Teils dieser Ehrung, weil ich ihn nutzen kann, um hier im Lande unverdiente Not, die Bedürftigkeit des Verdienstes in dieser harten Zeit zu lindern.

Aber nicht nur zu dieser Danksagung bin ich hier, sondern auch, weil ein untrügliches Gefühl mir sagt, daß der Streit, der in Deutschland geht um mein Werk und meine Person und dem ich mit Staunen zugesehen habe, an Bedeutung weit hinausreicht über diese gleichgültige Person, dies eben nur bemühte und gewiß von anderen übertroffene Werk. Die Erbitterung, mit der dieser Streit geführt wird von den Hassern, der Nachdruck, den Freunde in ihre Erwiderung und Abwehr legen, wären sonst unerklärlich. Das ist nicht Literaturkritik mehr, es ist der Zwist zwischen zwei Ideen von Deutschland, eine Auseinandersetzung, nur anläßlich meiner, über die geistige und moralische Zukunft dieses Landes. Wie sollte es mich nicht über alle persönliche Bescheidenheit hinaus ergreifen, wenn ein in Zürich studierender junger Deutscher mir schreibt: »Vergessen Sie nicht, bei allem, was Ihnen in Deutschland begegnen möge, daß auch in der jungen Generation – und hier vielleicht besonders – Kräfte am Werk sind, die ihre höchste Aufgabe darin sehen, den noch Abseitsstehenden die Binde eines engen Nationalismus und einer krankhaften Selbstbemitleidung von den Augen zu nehmen. Denn der Weg der Deutschen zu einem echten Europäertum ist mit der Gerechtigkeit und dem Verständnis, das man einmal in Deutschland Ihrer Person und Ihrem Werk widerfahren läßt, aufs engste verknüpft.«

Noch einmal: wie sollten solche Worte mich nicht erschüttern? Will es denn das Schicksal, daß unsere Existenz symbolisch wird, so haben wir uns diesem Schicksal zu stellen. Nun also, ich stelle mich, der Freundschaft, dem Haß. Den Freunden, um sie nicht im Stich zu lassen, den Feinden, um den Anschein zu meiden, als verberge ich mich vor ihnen. Willkommen oder nicht, ich hätte es als einen Flecken in meinem Leben empfunden, wenn ich dem Genius Goethe's nur auswärts gehuldigt und auch dabei Deutschland gemieden hätte.

Klar muß ich mir darüber sein, und bei jedem Schritt, den ich hier tue, springt es mir in die Augen, daß die Umstände der Genesung Deutschlands, seinem Weg nach Europa weit eher entgegen sind, als daß sie sie begünstigten. Trümmer umgeben mich, welche die nationale Katastrophe sinnfällig zurückgelassen, ich finde das Land zerrissen und aufgeteilt in Zonen der Siegermächte, und ich verstehe nur zu wohl den patriotischen Gram, die bittere Unschuld, aus der, laut oder leise, das Wort ›Fremdherrschaft‹ bricht. Lassen wir es wahr sein, daß die Herrschaft des Ungeistes, die zwölf Jahre lang über Deutschland lag und aus der dies alles hervorging, schlimmere Fremdherrschaft war. Was nun ist, schmerzt und reizt und lastet doch schwer genug, und die Sehnsucht, es möchte enden, wäre keinem Volke auf Erden fremd. Eines Tages muß und wird es enden. Mir aber, wie ich hier stehe, gilt es schon heute nicht. Ich kenne keine Zonen. Mein Besuch gilt Deutschland selbst. Deutschland als Ganzem, und keinem Besatzungsgebiet. Wer sollte die Einheit Deutschlands gewährleisten und darstellen, wenn nicht ein unabhängiger Schriftsteller, dessen wahre Heimat, wie ich sagte, die freie, von Besatzungen unberührte deutsche Sprache ist? Gewähren Sie, meine Zuhörer, dem Gast aus Kalifornien diese Repräsentation und lassen Sie ihn den Augenblick unbekümmert vorwegnehmen, den Goethe's Faust seinen letzt-höchsten nennt: den Augenblick, wo der Mensch, wo auch der Deutsche »auf freiem Grund mit freiem Volke steht«!

Zum Bußprediger fehlt mir alles und alles zum Propheten, der sich im Besitze der Wahrheit weiß, die Zukunft kennt, dem Leben predigend den Weg vorschreibt. Nichts eignet mir von dieser Anmaßung, und Wahrheit ist mir von interviewenden Journalisten nicht, noch von bedürftiger Jugend abzufragen. Ich komme zu Ihnen als ein armer, leidender Mensch, der sich mit den Problemen dieser in Geburtswehen des Neuen, in Umwälzungen und qualvollen Anpassungsnöten liegenden Zeit herumschlägt wie irgendeiner von Ihnen. Zu meinem verstorbenen Sohn, einem Opfer dieser Krisenzeit, sagte ein großer französischer Freund, André Gide: »Wann immer junge Leute kommen, sich bei mir Rats zu holen, fühle ich mich so beschämend inkompetent, so hilflos, so verlegen. Immer fragen sie mich, ob es einen Ausweg gibt aus der gegenwärtigen Krisis, ob irgendeine Logik, ein Zweck, ein Sinn ist hinter dem Durcheinander. Aber wer bin ich, ihnen zu antworten? Ich weiß es ja selber nicht.« – Wenn der so sprechen konnte, sprechen mußte, – wer bin ich, daß ich es besser wissen sollte? Die Ratlosigkeit, wie dies alles sich lösen, ordnen, setzen, wie es ins gleiche kommen, politisch, sozial, ökonomisch, allgemein geistig, und zwar unter Vermeidung einer Katastrophe und Explosion, die an Greuelhaftigkeit jede Erfahrung weit überträfe und dabei gar nichts lösen würde: wie der Mensch wieder den Segen einer moralischen Autorität gewinnen, zu einem Glauben gelangen könnte, der sich nicht als

Not-Aberglaube und kümmerlicher Unterschlupf, als ein bloßes Versteck vor dem fordernden Blick der Sphinx erwiese, – diese Ratlosigkeit ist groß, und nur die Stumpfheit oder ein zynisches Konjunkturrittertum, das jede Situation kaltblütig für seine persönlichen Zwecke auszubeuten weiß, leiden nicht unter ihr. Ich bekenne offen: Wenn nicht die Zuflucht der Phantasie wäre, wenn sie nicht wären, die immer wieder, nach jedem Fertigsein zu neuen Abenteuern und erregenden Versuchen weiter lockenden, zu steigerndem Weitermachen verführenden Spiele und Unterhaltungen des Fabulierens, der Gestaltung, der Kunst – ich wüßte nicht, wie zu leben, von Rat und guter Lehre für andere ganz zu schweigen.

Oft denke ich aber: Es hat mit »diesen sehr ernsten Scherzen« (das ist ein Ausdruck, den Goethe für den ›Faust‹ gebrauchte), es hat mit der Kunst vielleicht eine glücklichere, hilfreichere, lebensdienlichere Bewandtnis als mit allem Ratwissen, Glauben und Lehren. Der dankbare Laie und Genießer des Kunstwerks braucht zu dessen Lob und Preis das Wort ›schön‹. Aber der Künstler, der Mann vom Bau, sagt gar nicht ›schön‹, er sagt: ›gut‹. Er bevorzugt dies Wort, weil das fachlich Lobenswerte, das technisch Gekonnte sich besser und nüchterner darin ausdrückt. Aber damit hat es nicht sein Bewenden. Tatsächlich schwebt alle Kunst in der Doppeldeutigkeit dieses Wortes ›gut‹, in dem das Ästhetische und Moralische sich treffen, vermischen, ununterscheidbar werden, dessen Sinn übers bloß Ästhetische hinausreicht ins überhaupt Zustimmungswürdige und hinauf bis zur höchsten, gebietenden Idee der Vollendung.

Vollendung – was für ein Gedanke! Der Kunst, dem Künstler steht er am nächsten. Immer vollendet er, immer, von Werk zu Werk, läßt er sich weiterlocken und zum Leben verführen von der Sehnsucht nach Vollendung, diesem Trieb, von dem nicht ganz klar ist, ob er eigentlich dem objektiven Werk oder der Person, der eigenen Rettung und Rechtfertigung, der Selbstvollendung gilt. Es ist der Trieb zum ›Guten‹ im absoluten und schon symbolischen Sinn dieses Wortes, der den Künstler beherrscht und dem er in ernstem Spiele gehorcht, einem symbolischen Spiel. Alle Kunst ist symbolisch, ist es kraft des Doppelsinns dieses Triebes, und wenn sie auch die Beredsamkeit zu einem ihrer Mittel macht, ihr eignet doch das schweigende Sein des Symbols, des Zeichens, des Bildes, in das man vieles hinein-, aus dem man vieles herauslesen kann und das doch nicht verwirrt, sondern durch Anschauung befriedigt und den Sinn für das Gute belebt.

Der wunderbare Mensch, den vor zweihundert Jahren ein junges deutsches Weib zur Welt gebar und dessen leuchtender Lebensbogen nicht nur am deutschen Himmel steht, sondern überall auf Erden staunendes Schauen auf sich zieht – Goethe –, was, so könnte man fragen, lehrt und rät uns sein Werk, was hat es je gelehrt und verkündigt? Nichts und alles. Wie die Natur, wie eines Götterbildes stilles, von keinem Streit berührtes, auf allen Streit ironisch herabblickendes Sein. Preis dem achtzehnten Jahrhundert, das den ›großen Mann‹ deutscher Nation, den Übermenschen, dies eine Mal, in höchster, weltgewinnender Liebenswürdigkeit hervorbrachte, als Dichter und Weisen, als Lebensfreund, Friedenshelden, als Gesegneten der Natur und des Geistes, als Liebling der Menschheit – so ist man zu sagen versucht angesichts der reinen und einmütigen Sympathie, mit der buchstäblich die ganze bewohnte Erde die hohe Wiederkehr seiner Epiphanie begeht. Ich brauche dies Wort, das die Ankunft, Herniederkunft, das Erscheinen eines Gottes auf Erden bedeutet, denn noch einmal: etwas Göttliches war es mit ihm, mit dem ironisch-liebevoll, kühl-majestätisch, grundgütig Allumfassenden seines Wesens – und etwas Dämonisches doch auch an dunkler Getriebenheit, naturelbischer Vieldeutigkeit, vitalem Magnetismus, in Geist aufflammender Lebensgewalt, die seit Jugendtagen bis ins hohe Alter ausgegangen sein muß von seiner zuletzt übergroßen, nivellierenden, zu staunender Unterwürfigkeit nötigenden ›Persönlichkeit‹.

Den Zeitgenossen schon, vielen von ihnen, einigen, einzelnen, war diese gewaltige Persönlichkeit ein Licht und eine Beglückung. Andere, und nicht immer die Schlechtesten, haben an ihm gelitten, an dem Egoismus, nach dem sein von göttlicher

Kühle umflossenes Leben zuweilen aussieht; denn »die Pyramide seines Daseins so hoch wie möglich zu spitzen« war all sein Betreiben, um den Auf- und Ausbau einer umfassenden persönlichen Kultur war es ihm zuerst und zuletzt zu tun, und daran alles Störende, Beeinträchtigende, Beirrende abzuwehren von seiner Individualität, deren Einzigartigkeit er wohl zu schätzen wußte, wendete er seine ganze Lebenskunst. Zu dieser Abwehr, dieser Nichtzulassung und instinktiven Selbstbewahrung, diesem sich immer Zurückziehen, Zurücknehmen, gehört die ›Entsagung‹ auch, die er in der Liebe übte; denn das Element absoluter Hingegebenheit und Selbstvergessenheit war seiner Individualität nicht gegeben, und selbst ein innigster Bewunderer unter den Zeitgenossen, Carl Gustav Carus, spricht hier von einem »Mangel«, der ihn freilich des Verzichtes fähig gemacht habe, uns aber doch, so notwendig er seiner Größe gewesen sei, immer ein herbes Gefühl zurücklasse.

Ein herbes Gefühl. Wo ist die Größe, die es mäßig-mittlerem Menschentum nicht einflößte? In seiner ›Iphigenie‹, die er »verteufelt human« genannt hat und die wirklich ein Gedicht von reinster Humanität und solcher Schönheit der Form ist, daß jedem für Kunst Empfänglichen, der Deutsch versteht, die Tränen dabei in die Augen treten, sagt er einmal:

> Denn es erzeugt nicht gleich
> Ein Haus den Halbgott, noch das Ungeheuer;
> Erst eine Reihe Böser oder Guter
> Bringt endlich das Entsetzen, bringt die Freude
> Der Welt hervor.

Den Halbgott und das Ungeheuer, will sagen: den Unmenschen, – er denkt das zusammen, er nimmt das eine ins andere auf und weiß, daß es ohne einiges Entsetzen in der Freude, ohne das Ungeheuer im Halbgott nicht abgeht. Etwas Ungeheuerliches oder Nicht-Geheures, die Atmosphäre großer Einsamkeit – einer duldsamen, gnädigen, fast alles geltenlassenden und fast alles verachtenden Einsamkeit – ist auch um ihn, den allzu

Überragenden, und der Sterbliche nahte sich ihm wohl mit zitternden Knien. Dieser Sterbliche mochte es sich dann angelegen sein lassen, schlicht und bestimmt vor ihm zu sprechen, denn der sehr von oben herab kommende Befehl des Hausherrn am Weimarer Frauenplan lautete: »Wenn ich die Meinung eines anderen anhören soll, so muß sie positiv ausgesprochen werden; Problematisches hab' ich in mir selbst genug.« – Mehr will auch ich nicht gesagt haben.

»Unwahr wie ein Festredner.« Das Wort stammt von Strindberg und war an Björnson gerichtet. Wir wollen es nicht noch einmal wahr machen, sondern selbst am hohen Geburtstag um Wahrheit bemüht bleiben und trachten, den Gefeierten in ihrem Licht zu sehen. Wir wollen auch nicht die populäre und schon abgeschmackte Unterscheidung mitmachen zwischen einem ›bösen‹ und einem ›guten‹ Deutschland und das erhabene Geburtstagskind als den Repräsentanten des ›guten‹ propagandistisch herausstellen. Großes Deutschtum hat von Gutheit so viel, wie Größe überhaupt davon haben mag, aber das ›böse‹ Deutschland ist immer auch in ihm, und den Helden des Tages sehen wir, glaube ich, in wahrem Licht, wenn wir einen Ausbruch großen Deutschtums, eine Erscheinung deutscher Gewaltigkeit in ihm sehen – allerdings die sublimste, humanisierteste, gebändigtste Abwandlung davon –, den olympisch gebildeten Titanen, – es ist ein Wunder!

Goethe – dieser jetzt ausgestorbene, nicht mehr vorkommende Familienname, dieses Sippenschild, welches, nachdem viele Gleichgültige es getragen, durch den Einen, Späten zu einem Palladium der Menschheit, zum Namen für ganze Welten der Kunst, Weisheit, Bildung, Kultur geworden ist, – dieser merkwürdige Name ist selbst schon Symbol und siegelartige Bestätigung der Auffassung, die ich begünstige: Das Nordisch-Gotische (denn von »Gothe« kommt er doch wohl), das Barbarische also, ist darin, durch den flötenhaften Umlaut ins Musische geläutert, – und Läuterung, Klärung, Ordnung, Formung ist in der Tat der Imperativ, das hohe Geschäft dieses Lebens, das man oft ein Kunstwerk genannt hat und besser noch ein Kunststück nennen sollte. So hat er selbst es gekennzeichnet in dem Spruch, den er sich hätte zur Grabschrift bestellen können:

›Wohl kamst du durch; so ging es allenfalls.‹
Mach's einer nach und breche nicht den Hals.

Was wir von Vorstellungen von Harmonie, glücklicher Ausgewogenheit und Klassizität mit Goethe's Namen verbinden, war nichts leichthin Gegebenes, sondern eine gewaltige Leistung, das Werk von Charakterkräften, durch welche dämonisch-gefährliche und möglicherweise zerstörerische Anlagen überwunden, genützt, verklärt, versittlicht wurden, zum Guten und Lebensdienlichen gewendet und gezwungen. Und doch bleibt immer viel Dämonisch-Dunkles, Übermenschlich-Unmenschliches, das den bloßen Humanitarier kalt und schreckhaft anweht, in dieser mächtigen Existenz, schon dank der polaren Spannung, in der sie schwebt, dem problematischen Reichtum an Gegensätzen und Widersprüchen, der die Quelle ihres Schöpfertums ist; dank der ungeheueren Dialektik seiner Natur, in der das Göttliche und das Teuflische, Fausts unendliches Bestreben und der höhnische Nihilismus des Mephistopheles dichterisch auseinandertreten und einander die Wahrheit streitig machen. Ja, wer wollte leugnen, daß der Teufel so gut wie immer verzweifelt recht hat mit dem, was er sagt, und wer fühlte nicht, daß seine vernichtenden Worte mindestens ebensosehr aus der Seele des Dichters kommen, wie die des Faust oder Gottes, des Herrn? Darum meint Carus, daß, so hoch auch der Standpunkt war, auf welchen der ›Faust‹ die Mitlebenden führen sollte, doch vielleicht Tausende mehr Verzweiflung als Förderung daraus hätten schöpfen müssen.

Der hohe Standpunkt, von dem da aber die Rede ist, ist der des Schauens. Was in der Philosophie die Dialektik ist, das ist beim Dichter das Schauen, der geöffnete Blick für die Widersprüche, für das Böse im Guten, die Verderbnis der Idee durch ihre Verwirklichung, die fundamentale Tragik des Menschenlebens. Alles reine Schauen ist tragisch. Darum ist ›Faust‹ eine

Tragödie, ist es besonders dort, wo das Gedicht sich zur sozialen Utopie wendet und Faust nach vielen Abenteuern der Erkenntnis die technisch-soziale, kollektiv verpflichtete Tat, das große Landgewinnungs- und Siedelungswerk, der Völker breiten, dem Elemente abgewonnenen Wohngewinn, als Gipfel seines Strebens, als seinen »höchsten Augenblick«, als Rechtfertigung und Erlösung erlebt. Welche bitterste Ironie – die Ironie des Schauens – durchsetzt diese prachtvoll gedichteten Szenen! Das gute Werk, das Faust in der besten Meinung, wenn auch mit den unvermeidlich dazugehörigen Mitteln der Gewalt und der Lokkung dirigiert, – es ist des Teufels. »Menschenopfer mußten bluten, nachts erscholl des Jammers Qual«; Philemon und Baucis, das gute, im Vergangenen wohnende alte Pärchen, müssen in ihrer Hütte verbrennen, mit ihnen der Fremde, der freie Wanderer; und als der blinde Faust sich am Geklirr der Spaten ergötzt, die vermeintlich sein Werk fördern, da sind es nicht die Spaten der beigepreßten Arbeiter oder des freien Volkes auf freiem Grund, sondern die der schlotternden Lemuren, die den Hundertjährigen einbetten wollen, und Mephistopheles murmelt bissig:

> Man spricht, wie man mir Nachricht gab,
> Von keinem Graben, doch vom Grab.

Tragische Ironie! Aber ist sie die Verhöhnung und Verneinung der Tat, – die doch schon für den bibelübersetzenden Faust »im Anfang war«, als Verdeutschung des Logos? Ist das Schauen des Tragischen konservativer Defaitismus? Nur Geister, die nicht wollen, daß etwas geschehe, daß irgend etwas sich ändere, können behaupten, nie sei es dem Dichter ernst gewesen mit Fausts »höchstem Augenblick«, mit seinem Sozialwerk der Menschenbeglückung. Im Gegenteil habe er nur zeigen wollen, daß es des Teufels ist, ein Irdisch-Partielles, das Soziale, Ökonomische über sich zu stellen und so das Spirituelle im Menschen, das Metaphysische und Religiöse zu verleugnen. »Die Bejahung des Sozialen«, sagen sie, »kann das Religiöse oder gar das Metaphysische nicht ersetzen.« Sie bestehen mit seltsamem Nachdruck auf dieser Selbstverständlichkeit in einem Augenblick, wo alles Ringen der Menschheit darum geht, sich auf eine höhere Stufe ihrer sozialen Reife zu erheben, wo alles darauf ankommt, die lebensgefährliche, katastrophengeladene Spannung auszugleichen, die sich hergestellt hat zwischen Wahrheit und Wirklichkeit, zwischen dem geistig längst Erreichten und dem, was sich noch Wirklichkeit zu nennen wagt, und wo in der Sorge um diesen Ausgleich von Religiosität, von Gehorsam gegen den Willen des Weltgeistes ganz sicher mehr ist als in aller spirituellen Frömmelei.

Dem Dichter, dessen ganzes Alterswerk voll ist von sozialer Utopie und dessen Ideen und Gesichte in den ›Wanderjahren‹ so gut wie im ›Faust‹ weit hinausgehen über das achtzehnte und neunzehnte Jahrhundert bis in unser eigenes Zeitalter, war es von Herzen ernst mit Fausts letztem Abenteuer und seinem höchsten Augenblick, diesem »Solch ein Gewimmel möcht' ich sehn«, auch wenn er die Tragik der Tat durchschaute und die Erlösung seines Heilsuchers der Liebe und Gnade von oben vorbehielt. Nie hätte er sich dazu hergegeben, gegen ein Neues, das kommen wollte oder schon da war, überalterte und schon heuchlerisch gewordene Ideale auszuspielen, denn er wußte, daß sich die Welt beständig erneuerte, und hat sich den Namen eines Konservativen, der nur das Bestehende bewahren wolle, schönstens verbeten, denn vieles, was bestehe, sei gar dumm und schlecht, und was im Jahre 1800 vernünftig gewesen sei, das könne 1850 sträflicher Unsinn sein. Er hat gerufen:

Entzieht euch dem verstorbenen Zeug,
Lebendiges laßt uns lieben!

Und seiner Weisheit letzter Schluß heißt: »Es gilt im Grunde doch nur: vorwärts!«

Ganz gewiß sind des Teufels Wahrheiten auch wahr in ihm, aber durch Faustens Mund spricht er zu ihm:

Dein widrig Wesen, bitter, scharf,
Was weiß es, was der Mensch bedarf?

Und als der hämische Begleiter den Faust verhöhnt, der an Kaisers Hof gern zum Glück der Menschen regieren, im Bunde mit der Macht auf Erden das Bessere, das Edel-Wünschbare herstellten möchte, da ist ihm die Antwort vorgesehen:

So höre denn, wenn du es niemals hörtest:
Die Menschheit hat ein fein Gehör,
Ein reines Wort erreget schöne Taten.
Der Mensch fühlt sein Bedürfnis nur zu sehr
Und läßt sich gern im Ernste raten.

Was hat Goethe uns bedürftigen Menschen geraten? Die Zeitgenossen hat oft genug ein zum Scheiden und Werten unwilliger Objektivismus – der Objektivismus der Kunst und Natur – verschüchtert, der sein Wesen war, ein Element umfassenden Zweifels, das ihn, wenn wir seiner Umgebung glauben dürfen, gern Sätze sprechen ließ, die gleich den Widerspruch auch schon enthielten, und: »Er hat sein Sach' auf nichts gestellt« ist das moralisch beklommene Wort, in das Schillers Frau, Charlotte, diese Erfahrungen zusammenfaßt. Aber dieses »Nichts«, es ist ein anderer Name für »Alles«, für das Menschlich-Umfassende, die tausendfache Lebendigkeit des Proteus, der in alle Formen schlüpft, alles zu wissen, alles zu verstehen, alles zu sein, in jeder Haut zu leben verlangt. Nichts und alles sind da eins, wie Mephistopheles und Faust eins sind in der Person ihres Schöpfers, der sie ihren Pakt schließen läßt auf dem Grund einer totalen, das Höllische ins Allmenschliche umdeutenden Lebenshingegebenheit.

Mein Busen, der vom Wissensdrang geheilt ist,
Soll keinen Schmerzen künftig sich verschließen,
Und was der ganzen Menschheit zugeteilt ist,
Will ich in meinem innern Selbst genießen,

Mit meinem Geist das Höchst' und Tiefste greifen,
Ihr Wohl und Weh auf meinen Busen häufen,
Und so mein eigen Selbst zu ihrem Selbst erweitern...

Ist das ein Teufelspakt? Bekenntnis zum Nichts? Es ist höchste Lebensbereitschaft, der höchste, opferwillige und freilich auch zum Hinnehmen von Opfern willige Anspruch auf Menschheitsrepräsentanz, höchster Humanismus. Ohne jene oft treulos wirkende Ubiquität hätte er nie eine Vereinigung des Urbanen und des Dämonischen vollendet, wie sie in so gewinnender Größe kein zweites Mal vorgekommen ist in der Geschichte der Gesittung. Das Deutsch-Volkhafte und das Mediterran-Europäische in vollkommen zwangloser und einleuchtender Synthese, in einer Verbindung, die im Wesen dieselbe ist, wie die des Geniehaften und des Vernunftvollen in ihm, des Geheimnisses und der Klarheit, des Tiefenlautes und des geschliffenen Wortes, des Dichters und des Schriftstellers, der Lyrik und der Psychologie – noch einmal, es ist ein Wunder!

Das ›gute Deutschland‹, das ist die Kraft, gesegnet durchs Musische, gesittete Größe. So konnte ein Deutscher musterhaft werden, Vorbild und Vollender seines Volkes nicht nur, sondern der Menschheit, zu deren Selbst er sein Selbst erweiterte.

Reisebericht

Gern erzähle ich Ihnen etwas von meiner Fahrt nach Deutschland, diesem Lande, das uns so viele Jahre lang ein Alpdruck war, von dessen Flagge wir, wenn wir ihr im Ausland begegneten, mit Grauen den Blick wandten, und wohin verschleppt zu werden den sicheren Tod, einen höchst elenden, bedeutet hätte. Dergleichen vergißt sich nicht von heute auf morgen, es ist nicht so leicht aus dem Blut zu bringen, und es mag die Scheu erklären, aus der ich vier Jahre vergehen ließ, bevor ich mich zu dem Wiedersehen mit dem besiegten, befreiten Lande entschloß. Das Goethejahr bot zwingenden Anlaß dazu. Unmöglich konnte ich in England, in Schweden und in der Schweiz mein Scherflein beitragen zur festlichen Ehrung dieses weltgewinnenden Glücksfalls deutscher Größe und auch dabei Deutschland meiden. Es wäre ein unheilbarer Affront, eine Kundgebung der Unversöhnlichkeit und überdauernden Feindschaft gewesen, die weder im Einklang mit meinem Herzen noch mit meiner Vernunft gestanden hätte. Auch zieht unsereinen das Abenteuer ja an, und zum Abenteuer des Gemütes hatte das wilde Geschehen von anderhalb Jahrzehnten diesen Besuch geprägt. Ich machte ihn zum krönenden Ende meines an bunten Erlebnissen und mitteneinfallenden schmerzlichsten Erschütterungen ohnehin reichen europäischen Aufenthalts.

Allen Einladungen zu folgen, eine Rundreise durch das ehemalige Reich zu vollführen, die bis hinauf zu meiner Vaterstadt an der Ostsee hätte reichen müssen, war eine physische Unmöglichkeit. Ich hatte mich, von einigen kurzen Zwischenstationen abgesehen, auf die beiden Goethe-Städte, Frankfurt und Weimar, und auf die Stadt zu beschränken, in der ich vierzig Jahre meines Lebens verbracht habe, München. Welches waren meine Eindrücke? – die moralischen, meine ich, denn von den visuellen, dem jammervollen Anblick der zertrümmerten Städte, auf den ich vorbereitet war, will ich schweigen. Persönlich kann ich meine Erfahrungen dahin zusammenfassen, daß ich heute in Deutschland – ich spreche vorläufig von Westdeutschland – ungefähr leben würde wie um 1930: freundlich angesehen von einer gebildet-einsichtigen Minorität, deren Zahl sich durch die politischen Erfahrungen vielleicht etwas vergrößert hat, gehaßt und als undeutsch, antideutsch, als Vaterlandsverräter beschimpft von breiten, verstockten, zu einem dreisten Nationalismus längst zurückgekehrten Massen, bei denen die Parole gilt: ›Unter Hitler war es doch besser!‹, und die, triumphierend, die Demokratie für widerlegt erklären durch die Erfahrungen, die sie mit ihr gemacht haben wollen. Ihr, das heißt den Okkupationsmächten und allen, die mit ihnen ›kollaborieren‹, legen sie ihren und des Landes elenden Zustand zur Last, und unserer ›re-education‹ ist gleich das Fundamentalste mißlungen: diesen Menschen klarzumachen und einzuprägen, daß ihr Übelbefinden nur die Folge eines von Verbrechern der Welt aufgedrängten, verlorenen und, als er längst verloren war, bis zum äußersten Ruin fortgeführten Krieges, eines nationalen Bankrotts ohnegleichen ist. Sie vertrotzen sich gegen diese Tatsache; von den Schandtaten des Nazi-Regimes wollen sie nichts hören und wissen, sie erklären sie für propagandistische Lügen und Übertreibungen, legen ostentative Gleichgültigkeit an den Tag gegen Prozesse, die diese Greuel zum Gegenstande haben, und zeigen sich ebenso gleichgültig gegen die Zerrüttungen, die Hitlers Krieg in anderen Ländern angerichtet. Wenn man ihnen sagt: »Aber den Engländern geht es ja schlechter als euch«, so antworten sie: »Mag sein, etwas.« Offenbar müßte es den Siegern *viel* schlechter gehen. Der deutsche Anspruch auf bevorzugendes Mitleid, besondere Rücksichtnahme und Fürsorge ist von unerschütterlicher Arroganz, und eine vertrackte Welt-Konstellation macht ihn sehr weitgehend erfolgreich.

Es kann ja kein Zweifel sein, daß diese unglückselige Konstellation, die Spannung zwischen den beiden aus dem Kriege hervorgegangenen Großmächten, daß diese Spannung, die alles verdirbt, jede Besserung hintanhält, den schlechten Elementen in Deutschland zugute kommt, die guten schädigt und in einen defensiven Nachteil setzt, der schon wieder dem der dreißiger Jahre gleichkommt. In München, bei dem Empfang, den die Akademie der Künste veranstaltete und bei dem ich in so manches vertraute, um anderthalb Jahrzehnte gealterte Gesicht blickte, sprachen wir mit dem Mitglied einer sehr bekannten Familie, einem Mann, dessen demokratische Gesinnung von jeher bekannt war, dessen Schwester aber zu Hitler und den Seinen nahe Beziehungen unterhielt. Wir fragten nach ihr, und er sagte: »Ich sehe sie nicht.« Ob sie Unannehmlichkeiten habe, fragten wir. »Unannehmlichkeiten?« antwortete er. »Der geht es vorzüglich. Die Unannehmlichkeiten haben *wir*.«

So steht es, und solche Gespräche nebst einer unendlichen Menge von Briefen, unglaublich gemeinen und rührend herzlichen, nehmen der Frage, wie ich denn wissen kann, wie es in Deutschland steht, einen Teil ihrer Berechtigung. Ich sage: einen Teil; denn ich muß gestehen, daß ich ein wenig in fürstlichem Stil gereist bin, geschützt, bevorzugt und überwacht, und daß ich Dinge und Menschen durch einen Schleier umringender Freunde und scharf aufpassender Kriminalpolizei gesehen habe, welche uns beizugeben die einladenden Stadtväter in ihrem Verantwortungsbewußtsein für ratsam gehalten hatten. Diese Häupter, die Oberbürgermeister Kolb von Frankfurt, Klett von Stuttgart, Wimmer von München, Ziebill von Nürnberg und so weiter sind vorzügliche Männer und ehrliche Patrioten, von denen mancher lange Jahre im Konzentrationslager verbracht hat und die sich nun, unter tausend Schwierigkeiten, aufopfern im Dienst ihrer Gemeinden, ihres Landes und seines moralischen und physischen Wiederaufbaus. Die bekannten positiven Eigenschaften des deutschen Volkes, Fleiß, Tüchtigkeit, zäher Lebenswille, kommen ihnen dabei zu Hilfe, und mit Stolz zeigten mir meine Führer die Fortschritte der Trümmerverwertungsarbeit, die oft mitten in den Ruinen vor sich geht und aus dem staubigen Gerümpel Millionen sauberer, neuer Bausteine schafft. An dem Stuttgarter Polytechnikum, das großenteils zerstört ist, darf kein junger Mann studieren, der sich nicht verpflichtet, einige Wochen lang bei der Wiederherstellung mit Hand anzulegen.

Selbstverständlich sind die wirtschaftlichen Verhältnisse in Westdeutschland weit besser als im Osten und haben seit der Währungsreform entschiedene Fortschritte gemacht. Man kann alles kaufen und bekommt vorzüglich zu essen – wenn man ein Einkommen hat, es zu bezahlen. Ist dieses nur klein, so bleibt das Leben hart; die Pensionen der erwerbsunfähigen Veteranen schützen sie nicht vor Not, und namentlich die Lage alter Leute, deren Ersparnisse durch die Abwertung zu nichts geschwunden sind, ist beklagenswert. Der Anblick aber der Speisekarte Münchener Restaurants auch nur mittleren Rangs muß einem Engländer sonderbare Gefühle erwecken.

Mit Freude denke ich an die musikalisch geschmückte Feier in der Frankfurter Paulskirche zurück, bei der ich mich für die Zuerteilung des Goethe-Preises mit einem aus persönlichen Bekenntnissen und Huldigungen für den großen Dichter gemischten Vortrag bedankte. Trotz rüder Drohungen, die vorangegangen waren, gab es nicht den leisesten Mißton; die Herzlichkeit der Stimmung war vollkommen, und mag auch das den Neubau füllende Publikum mehr oder weniger ausgewählt gewesen sein, so waren bestimmt die Menschen es nicht, die draußen bei der Abfahrt zu Hunderten Spalier bildeten, und deren Zurufe »Auf Wiedersehen!« und sogar »Dableiben!« lauteten. Es war in den anderen Städten nicht anders; und da, wunderlicherweise, meine Existenz und das Verhalten zu ihr in Deutschland eine gewisse symbolische Bedeutung angenommen hat und es bei ihrer viel zu häufigen Erörtertung kaum noch um Literaturkritik, sondern um den Streit zwischen zwei Ideen von Deutschland, um die Auseinandersetzung über den Weg geht, der in seine Zukunft führt, so kann man diese Kundgebungen, die niemand zu stören wagte, über alles Persönliche hinaus als ein ermutigendes Symptom betrachten.

In der Paulskirche schon hatte ich, unter Beifall, erklärt, daß mein Besuch dem alten Vaterlande als Ganzem gelte, daß es für mich keine Zonen gebe, und hatte die Frage gestellt, wer denn die Einheit Deutschlands gewährleisten und repräsentieren solle, wenn nicht ein unabhängiger Schriftsteller, dessen wahre Heimat die freie, von Besatzungszonen unberührte deutsche Sprache sei. Dies war der Gesichtspunkt, unter dem ich – natürlich in vollem Einvernehmen mit der amerikanischen Behörde – die Fahrt nach Weimar unternahm, um meinen Dank abzustatten für die Verleihung des Ehrenbürgerbriefes der Stadt und des Goethe-Preises der Ostzone. Durfte ich nicht einigen optimistischen Gebrauch von der Tatsache machen, daß einmal, in kultureller Sphäre, abseits und oberhalb von allen ideologischen, politischen, ökonomischen Gegensätzen, eine Übereinstimmung sich ergeben hatte und beide Preise demselben Schriftsteller – gleichviel welchem – zugesprochen worden waren? Ich tat es bei der Feier in dem geschmackvoll erneuerten Nationaltheater, einer Veranstaltung, deren Regie von größter Würde war und bei der mir die beiden von einem Künstler der Buchbinderei prachtvoll ausgestatteten Dokumente überreicht wurden. Vertreter der Regierung, der Stadt und der russischen Okkupationsmacht wohnten ihr bei. Wie bei allen offiziellen Gelegenheiten trug ich die kleine Kokarde der ›American Academy of Arts and Sciences‹ im Knopfloch, und ich sprach als Amerikaner, als ich in meiner Ansprache erklärte, daß in jeder sozialen Revolution die teuer bezahlten Errungenschaften der Menschheit, Freiheit, Recht und die Würde des Einzelwesens, heilig bewahrt und in die Zukunft überführt werden müßten. An dieser Stelle meiner Rede brachen die zweitausend Personen, welche die Halle füllten, in Beifall aus. Der russische Stadtkommandant, ehemaliger Metallarbeiter, ein Bär in weißer Bluse, neigte sein Ohr zu dem deutschkundigen Adlatus zu seiner Rechten, um sich das Gesagte übersetzen zu lassen.

Wir hatten ein Frühstück in kleinstem Kreise mit General Tulpanow, der nebst Frau und Tochter von Berlin herübergekommen war. Der mächtigste Mann neben dem Marschall Shukow, ist er als Bauernjunge geboren und hat sich von einer militärischen Karriere ursprünglich nichts träumen lassen. Der Bürgerkrieg machte ihn zum Soldaten, und dank seiner Intelligenz, die seinem leicht mongolisch geprägten Gesicht mit den hellen, etwas schiefen, freundlichen Augen wohl anzusehen ist, stieg er rasch empor. Als ›Chef der Informationsabteilung der SMA‹ führt der Generalmajor auch den Professortitel. Er spricht vorzüglich Deutsch. Die große russische Romankunst des neunzehnten Jahrhunderts, der ich so viel von meiner literarischen Erziehung verdanke, gab einen guten Gesprächsgegenstand ab. Politisch äußerte sich der General befriedigt über den schon recht ebenen Gang der Dinge in seinem Bereich: Nicht viel Einmischung der Besatzungsbehörden sei mehr nötig, die Volksdemokratie sei eingeübt, man könne die Deutschen schon selbständig gewähren lassen. Daß dieses glatte Arbeiten der Maschine in erster Linie dem schwarzuniformierten Polizeiheer zu danken ist, das die Russen aufgestellt haben und von dem ein kleines Detachement unser mit Lebensmitteln üppig versorgtes Hotel ›Augusta‹ in jedem Stockwerk besetzt hielt, blieb unerwähnt, – wie denn überhaupt in dem Gespräch so manches höflich ausgespart wurde.

Das politische Regime in Thüringen ist nicht ganz ein Ein-Partei-System. Es gibt einen oder den anderen Liberalen in der Regierung, ihrer mehrere in den Stadtverwaltungen, aber natürlich haben sie gegen die herrschende Hauptrichtung keinen leichten Stand. Die einleitende Rede bei der Feier im Nationaltheater hielt der Vorstand des Stadtrates, ein Theolog, Kirchenrat seinem Titel nach, der die Gelegenheit wahrnahm zu manchem christlich freien Wort. Ich habe den Oberbürgermeister von Weimar, Buchterkirchen, sehr schätzen gelernt – einen Mann, der seine unbezweifelbare Loyalität gegen den neuen Staat mit der Anhänglichkeit an – lassen Sie mich sagen: konservativere Ideale zu vereinigen weiß.

Ein Problem war für mich die beste Verwendung der zwanzigtausend Ostmark, die den materiellen Wert des Weimarer Goethe-Preises darstellten. Ich habe sie dem Wiederaufbau der Herder-Kirche zugewendet – ein Entschluß, der vielleicht nicht ganz nach dem Sinn der Kommunisten war. Es hätte aber wenig Sinn gehabt, wie in Frankfurt, eine Stiftung für bedürftige

Schriftsteller aus dem Gelde zu machen, denn für geistige Arbeiter, wenn sie nicht geradezu stören, sorgt in der Ostzone der Staat, und die Prominenten unter ihnen werden gehegt und gepflegt. Der russische Kommunismus weiß die Macht des Geistes wohl zu schätzen, und wenn er ihn reglementiert und in den Schranken des Dogmas hält, so muß man eben darin den Beweis dieser Schätzung sehen. Ohne sie würde er sich weniger um ihn kümmern.

Der kommunistische Ministerpräsident von Thüringen, Eggebrecht, der unter Hitler Schlimmstes gelitten hat und nun sein Amt mit der Überzeugungstreue versieht, der man, von Mensch zu Mensch, so schwer seine Achtung versagen kann, widmete seine Zeit vom ersten bis zum letzten Augenblick gänzlich unserem Besuch. Das Regime mochte diesen, so betont unpolitisch er war, als ideelle Unterstützung werten, aber meine Besorgnis, daß die nicht konformistischen Teile der Bevölkerung – und sie sind beträchtlich – mir mein Kommen verübeln würden, erwies sich als unberechtigt. Gerade sie zeigten sich dankbar, denn in ihrer Isolierung vom übrigen Deutschland fühlen sie wohl, daß die Gefahr eines gänzlichen Sichauseinanderlebens der beiden Hälften, der völligen Entfremdung zwischen ihnen täglich wächst, und sind froh, wenn man sie nicht vergißt, auch noch Deutsche in ihnen sieht und sie nicht wie Pestkranke meidet.

Haben die demokratischen Regierungen Westdeutschlands einen schweren Stand gegen den reaktionären Nationalismus und das wiedererwachte Nazitum, so ist es im Osten das bürgerliche Verlangen nach Freiheit und demokratischer Rechtssicherheit und die Unzufriedenheit mit den schlechten ökonomischen Verhältnissen, was der Popularität des Regimes entgegenwirkt. Alle Kritik ist natürlich ins Private und Mündliche gebannt. Die Presse ist streng gezügelt, und journalistische Frechheiten gegen die Okkupation, wie sie im Westen geduldet werden, sind im Osten undenkbar. Mein Besuch wurde in den Blättern mit vorschriftsmäßiger Sympathie und Festlichkeit behandelt. Es gab auch keine Schmähbriefe, wie mehrfach im Westen; nur eine

Flut von Begrüßungs- und Glückwunschtelegrammen von Gewerkschaften, Jugendbünden, politischen und kulturellen Organisationen. Habe ich dies Fehlen jeder feindseligen Äußerung nur der Drohung Buchenwalds zu danken – oder einer Volkserziehung, die eingreifender als im Westen Sorge trägt für den Respekt vor einer geistigen Existenz wie der meinen? Mein Abscheu vor dem faschistischen Laster, das heute so viel Nachsicht, um nicht zu sagen: Begünstigung findet, hat nie vermocht, mich zum Kommunisten zu machen, und man weiß das. Ich bin fremd dem totalitären Staat, seiner Jakobiner-Tugend, seinen Geheimpolizei-Methoden, seinem humorlosen Optimismus, seiner Verpönung bourgeoiser Verfeinerung und all dessen, was er dekadent, volksfremd und formalistisch nennt. Aber man weiß auch, daß ich mehr Nicht-Kommunist als Antikommunist bin; daß ich es verschmähe, gegen ein sich versuchendes Neues Ideale auszuspielen, die so vielfach schon zu heuchlerischen Vorwänden des Interesses geworden sind; und die Tatsache einfach, daß ich mich weigere, an der grassierenden Hysterie der Kommunistenverfolgungen teilzunehmen und dem Frieden zugunsten rede in einer Welt, deren Zukunft ohne kommunistische Züge längst nicht mehr vorzustellen ist, genügt offenbar, mir bei den Gläubigen jener Sozialreligion ein gewisses Vertrauen einzutragen.

Ich habe unter den kommunistischen Offiziellen der russischen Zone manche Figur gefunden, der angestrengt guter Wille und reiner Idealismus an der Stirn zu lesen waren. Es wäre schwer gewesen, sich dem Eindruck der Rede zu entziehen, die Dr. Wandel, Präsident der ›Deutschen Verwaltung für Volksbildung‹ in Berlin, bei dem Bankett von zirka hundert Personen am Vorabend unserer Abreise hielt, an welchem wieder die russischen Militärs, Schriftsteller wie Johannes R. Becher und Arnold Zweig, der Musiker Hanns Eisler, der Präsident der Akademie der Wissenschaften, Professor Stroux, und sonst allerlei Vertreter des geistigen Lebens und der Universitäten, wie der geistvolle Leipziger Literarhistoriker Hans Mayer, teilnahmen. Wandel, ein ernst und leidend aussehender Mann, der täglich achtzehn Stunden arbeitet, erklärte in seiner an mich gerichteten Ansprache, er wolle ausnahmsweise einmal nicht von mir reden, sondern mir berichten, was in der Ostzone während der letzten Jahre unternommen, geschaffen und aufgebaut worden sei. Er sprach von der Bodenreform, der »demokratischen Umerziehung«, der Überführung von Produktionsmitteln in Volkseigentum, über Beschlüsse zur Förderung des geistigen Lebens, die auf eine innigere Verbindung zwischen dem Volk und den Kulturschaffenden zielten. Er sprach von der anständigen Armut, in welcher man hier, ohne geborgtes Geld, mühselig, aber ohne Neid auf Reichere, seine nach bestem Wissen aufbauende Arbeit tue. – Hörte man da nur den Fuchs, dem die Trauben zu hoch hängen und der sie darum sauer nennt? Nein, für jeden Europäer schwang und klang etwas mit von der Ehre des alten Kontinents, die Sehnsucht war angesprochen nach einem Europa, das nicht gekauft, das nicht die femme soutenue des Mannes mit dem großen Geldsack mehr wäre, sondern seine Würde wiederfände, indem es nach eigenem Sinn, eigenen Gesetzen und Notwendigkeiten seinen Weg verfolgte... Wer lobte den Terror! Aber sind nicht auch die Bedingungen des Geldgebers nur eine ›humanere‹ Form davon?

In der Flucht der Erscheinungen hat sich mir eine andere gewinnende Gestalt noch eingeprägt: es war Frau Dr. Thorhorst, früher Lehrerin am Karl Marx-Gymnasium in Berlin, jetzt als Minister eingesetzt über das gesamte Erziehungswesen in Thüringen. Sie war es, die mich gleich bei unserer Ankunft in Weimar mit einer der zahlreichen Ansprachen begrüßte, bei denen man ein Mikrophon neben den Redner hielt. An ihrer Seite, immer unter großem Zulauf der Bevölkerung und organisiert jubilierender Jugend, besuchte ich die Goethe-Stätten, die ich so gern vor zwölf Jahren revidiert hätte, als ich ›Lotte in Weimar‹ zu schreiben begann. Die Beschädigungen des Hauses am Frauenplan sind mit größter Sorgfalt wiederhergestellt. Goethe's Garten ist mit genau den gleichen Baum-, Strauch- und Blumenarten bepflanzt, auf denen sein eigenes Auge ruhte. – Die Stadt war beflaggt; aber man sah keine rote Fahne. Die

Farben der deutschen Republik, Schwarz-Rot-Gold, beherrschten das Bild. – Was meine sympathische Begleiterin betrifft, so habe ich sie nicht lächeln sehen. Es liegt ein asketischer Ernst auf diesen Gesichtern, strenge Ruhe, Entschlossenheit und eine der Verbesserung des Irdischen zugewandte Frömmigkeit. Man darf nicht zögern, darauf hinzuweisen, daß diese Verbesserung oft nur eine auf den Kopf gestellte Ungerechtigkeit ist. Professoren von Leipzig und Berlin hatten uns mit Begeisterung von dem glühenden Lerneifer des neuen Studententyps gesprochen, der jetzt die Universitäten der Ostzone bevölkert, – lauter Söhne von Bauern und Arbeitern, die sich zum Studium drängen und nach einer Begabungsprüfung durch einen raschen Kursus für den Besuch der Hochschule vorbereitet werden. Aber hat es Vernunft, daß dabei die Jugend jenes Bürgertums, das schließlich die Wissenschaften geschaffen hat, nun gänzlich zurückstehen muß? Wir hatten von Fällen gehört, in denen das abgelegte Abiturientenexamen sich geradezu als Hindernis für die Zulassung zur Universität erwiesen hatte, und befragten die Ministerin nach dieser sonderbaren Diskriminierung. Sie versicherte begütigend, das werde sich ausgleichen, sich bessern, sobald man mehr Platz, mehr Anstalten, mehr geeignete Lehrkräfte habe. Alles sei im Werden, im Übergang; es gelte vorerst einmal den Abbau des Klassenstaates. Unser befremdetes Gerechtigkeitsgefühl hatte sich dabei zu beruhigen.

Gewisse Gegner meiner Weimar-Fahrt hatten mich in Frankfurter Blättern mit einer Ironie, deren Bewunderung ich ihnen selbst überlasse, aufgefordert, doch ja das Lager Buchenwald zu besichtigen. So gut ich konnte, und unterderhand, habe ich mich über die Zustände dort informieren lassen. Ich hörte, die Belegschaft bestehe zu einem Drittel aus schlechthin asozialen Elementen und verwilderten Landfahrern, zum zweiten Drittel aus Übeltätern der Nazi-Zeit und nur zum dritten aus Personen, die sich manifester Quertreibereien gegen den neuen Staat schuldig gemacht und notwendig hatten isoliert werden müssen. Folter, Prügel, Vergasung, die sadistische Erniedrigung des Menschen wie in den Nazi-Lagern gebe es dort nicht. Aber die

Sterbeziffer sei hoch infolge von Unterernährung und Tuberkulose. Wo man überhaupt nicht viel zu essen habe, seien diese Ausgeschiedenen eben die letzten, die etwas bekämen. – Das Bild ist traurig genug. Wir wollen hoffen, daß es nicht auch noch zu schöngefärbt ist.

Im übrigen ist es schwer, von dem Volksfest, zu dem Regierung und Stadt unseren Besuch gestaltet hatten, ein zulängliches Bild zu geben. Für einen Schriftsteller, eigentlich einen Mann der Stille und des zarteren Gedankens also, ist es durchaus nicht leicht, das rechte Gesicht zu machen, wenn er plötzlich in der Rolle des Nationalhelden und Volksführers eine stationenreiche Triumphstraße trommelnder und jauchzender Popularität zurückzulegen hat. Alles, was man an gutem Humor, bescheidwissender Menschenfreundlichkeit und Skepsis sein eigen nennt, will da aufgeboten sein, um glücklich und mit Anstand durch- und davonzukommen.

Wir hatten bei unserer Ankunft das Tollste vermieden, indem wir in unseres Schweizer Freundes schönem Buick-Wagen, der überall ein Gegenstand neugierigen Staunens war, die Zonengrenze nicht an dem offiziell vorgesehenen Punkt, dem Orte Wartha, sondern, um die Fahrt zu kürzen, weiter nördlich, in der Nähe von Hof überschritten und nicht über Eisenach, sondern über Plauen unseren Weg nach Weimar verfolgt hatten. Der Zufall wollte, daß wir in Plauen eine Straße passierten, deren Schild meinen Namen trug. »Gestellt natürlich! Potemkin!« riefen die voranfahrenden Führer, die uns von Bayreuth abgeholt hatten, uns aufgeräumt zu. Aber mit der Straße wenigstens hatte es seine schlichte Richtigkeit. Sie heißt immer so, seit 1945, auch wenn ich nicht zu Besuch komme; und es gibt mehr Straßen dieses Namens in der Ostzone. – Mit den uns entgegengefahrenen und recht grausam umgetriebenen Offiziosen trafen wir erst kurz vor Weimar, bei einem Gasthaus am Wege, zusammen und legten mit ihnen den Rest der Fahrt zurück. Die zu unserem Empfang in festlicher Bereitschaft harrenden Ortschaften aber hatten wir, halb ahnungsvoll, halb unversehens, links liegenlassen.

Das Versäumte wurde, Gott weiß es, auf dem Rückwege

nachgeholt. Zehn Autos mit Würdenträgern von Stadt und Land, mit Presse-, Rundfunk- und Kurbelbildleuten eskortierten unseren Wagen, der auf Schritt und Tritt mit Blumen überfüllt, mit Girlanden behängt wurde, so daß wir ihn, da der Fahrer nichts mehr sah, von Zeit zu Zeit, zwischen den Städten und Ortschaften, auf den Wiesenrand auszuleeren und von Behängen zu befreien hatten. Spruchbänder quer über den Straßen, ausgerückte Stadtmusikanten, die bliesen, Bürgermeister und Lehrer mit Schulklassen und Ehrentrünken, Sprechchöre: »Wir grüßen unseren ...« und so weiter – ich ließ es alles bei gesunder Vernunft über mich ergehen und fand nur manchmal, daß die äußeren Formen der Volksdemokratie eine fatale Ähnlichkeit aufweisen mit der Regie des Hitlerstaates. Man darf aber nicht vergessen, daß das unaufhörlich gesungene internationale Jugendlied ein *Friedens*lied ist, mit dem Refrain: »Freundschaft siegt.« In Eisenach hatte zur Begrüßung, sein goldenes Kreuz auf der Brust, auch der Landesbischof von Thüringen sich eingefunden, zum Dank für jene Stiftung. Er hielt bei Tische eine erstaunlich gescheite Rede über die Pädagogik des ›Zauberbergs‹ und begleitete uns zu einem Aussichtspunkt, wo die Wartburg auf ihrem bewaldeten Hügel, wie eine Tannhäuser-Dekoration, sich den Blicken darbot. Papst Pius, erzählte er, habe als Nuntius Pacelli bei diesem Anblick einst zu ihm, dem Lutheraner, gesagt: »Das ist eine gesegnete Burg!« Auch Erfurt und seine prachtvolle Kathedrale sahen wir wieder, bevor wir, unser Kortege zurücklassend, die Zonengrenze wieder kreuzten. Der Krieg hat einige architektonische Herrlichkeiten und Denkmäler altstädtischer Würde ausgespart in Deutschland. Aber nie vergesse ich, wie uns im hoffnungslos ruinierten Nürnberg der alte Museumsdirektor auf die Burg führte, damit wir den Blick auf die Stadt genössen. »Der Turm, der Brunnen dort«, sagte er mit zitternder Stimme, »sehen Sie nur, sie stehen noch. Die Stätten des Dürer-, des Pirckheimerhauses, die sind noch erkennbar, nicht wahr? Die Handschrift ist es doch noch, gewissermaßen ist es doch alles noch da ...« Nichts war mehr da, aber er beredete sich, es noch zu sehen. Es war zum Weinen.

[Wiedersehen mit der Schweiz]

Wie gern spreche ich davon und von der Freude, die es mir bereitet hat und fortfährt, mir zu bereiten. Denn nach mehreren, im lieben Zürich verbrachten Wochen erwartet mich noch ein Erholungsaufenthalt in den Bergen, nicht in den höchsten, das will der Arzt nicht, aber in Flims/Graubünden mit seinen Wäldern und seinem See. Dort will ich nach festlich bewegten Tagen zur Ruhe kommen, einer arbeitsamen Ruhe, wie ich voraussehe. Das erste Stück Europa, das ich wiedersah, war England, war das verwundete London, wo das Leben beschattet ist von den Folgen des Krieges und die Menschen es schwer und dürftig haben, was dieses großartige Volk nicht hindert, ein gutes Teil von dem, was sie haben, ins unglückliche Deutschland zu senden. Von dort bin ich durch getürmte Wolken hierher geflogen, in das Land, nach dem ich durch neun Jahre eine Art von Heimweh gespürt habe. Denn eine Heimat war es mir geworden, als Deutschland mir verlorengegangen war. Heimat, Schutz und Arbeitsfrieden hat es mir geschenkt, fünf Jahre lang, bevor ich nach Amerika ging, und ich habe auch nie den Kontakt mit der Schweiz und schweizerischem Geist verloren, habe nicht nur ihr internes Leben mit einem gewissen Zugehörigkeitsgefühl in ihren Tagesblättern verfolgt, sondern drüben auch große Schweizer Literatur mit Bewunderung wieder gelesen: Kellers ›Grünen Heinrich‹, dies reiche, einmalige Werk, das ich in seinen beiden Fassungen studierte, und die Uli-Epen ihres kraftvollen Gotthelf, seine erschütternde Geschichte von der schwarzen Spinne.

Oft habe ich von dem Wiedersehen geträumt, das ich nun genieße und das in gewissen Jahren recht zweifelhaft geworden war, zweifelhaft durch die geschichtlichen Ereignisse, die sich zeitweise so anließen, als ob Europa mir nie wieder zugänglich sein würde, zweifelhaft auch persönlich durch schwere Krankheit, die mich unverhofft anfiel. Aber wir haben überlebt, die Schweiz und ich.

Und nun darf ich meine Augen wieder auf den vertrauten, heiteren und würdigen Bildern ruhen lassen, darf ihre alten Städte, ihre Landschaften wiedersehen, während Schönheit das Idyllische wie das Erhabene umfaßt, und der Sprache ihrer wackeren Menschen wieder lauschen. So tat ich in einer der reizenden ländlichen Gaststätten nahe von Zürich, wohin gute Schweizer Freunde mich geführt hatten und wo, als wir bei Tische saßen, eine schlichte Frau, eine Bewohnerin der Ortschaft, mit Blumen und einer sinnigen Gabe zu mir kam, um mir zu sagen, daß sie während des Krieges meinen Radiobotschaften nach Deutschland immer zugehört habe, und daß damals meine Worte, die die Sorge um Deutschland und der Haß auf seine Verführer mir eingab, sie – wie viele andere Schweizer – gestärkt und getröstet hätten. Dieser Dank aus dem Schweizer Volk hat mich tief gerührt und gehört zu den bewegendsten und unvergeßlichsten Eindrücken, die diese Wochen mir gebracht haben. Sympathie und Dank habe ich auch in geräuschvollerer und festlicherer Form erfahren, von großen Zuhörerschaften in Zürich hier, in Bern und in Basel, wenn ich über das Werk eines deutschen Denkers von verhängnisvoller Größe sprach oder aus dem neuen Buch vorlas, dessen Drucklegung jetzt in der Schweiz, in Winterthur, geschieht. Es versteht sich, daß diese Ehrungen mir wohl getan haben, und doch ist mir zumute, als geschehe mir zuviel damit, denn ich habe immer nur gesagt und getan, was mir natürlich war, und weil es das war, war es mir leicht, selbst wenn es schwer war, und ich sehe kaum ein Verdienst damit verbunden.

Wie es mir aber während der fünf nach dem Verluste Deutschlands hier verbrachten Jahre ein Glück war, in einem deutschsprechenden Lande zu leben, das doch der Art seiner Gesittung nach der westlichen Welt angehört, so habe ich es genossen, nach einem fast zehnjährigen Leben in fremder Sprachsphäre wieder in der angeborenen Sprache zu meinen Hörern reden zu können, in einem Lande, dessen glückliches Schicksal es wollte, daß es heil und gesund die allgemeine Katastrophe überstand und dem durch lange Jahre die Aufgabe zufiel, die deutsche Kultur zu hüten und zu bewahren, ja, dem auch nach den grausigen Zerstörungen, die das deutsche Schreckensregiment und sein Krieg nicht nur in materieller, sondern auch in geistiger und moralischer Beziehung gestiftet hat, diese Aufgabe wohl noch für manches Jahr zufallen wird – so sehr wir hoffen und so sehr gerade jeder gute Schweizer es wünscht, daß der große nördliche Nachbar bei allmählicher Gesundung die ehrenvolle Rolle wieder übernehmen wird, die der Genius der Menschheit ihm zuweist.

Die Schweiz war von jeher dank der einzigartigen Vielfalt ihrer landschaftlichen Schönheiten, die auf einem verhältnismäßig so kleinen Raum sich drängen, und dank dem, was ihre Bürger in jahrhundertelangem Fleiß und klugem Ordnungssinn aus ihr gemacht haben, ein bevorzugtes und von Reisenden aus aller Welt gesuchtes Land. Ihr geschonter und wohlerhaltener Zustand aber jetzt im Rahmen der heutigen Welt hat gerade etwas Märchenhaftes und Unglaubwürdiges. Er scheint einer sonst versunkenen Zeit des Wohlstandes und des Glückes anzugehören; und wie in der Antike der allzuglückliche Mensch den Neid und die Rache der Götter fürchtete, so mag heute mancher Schweizer, ich habe das im Gespräch oft zu fühlen bekommen, den ungeheuer bevorzugten Zustand seines Landes als eine fast bedrückende Schuld an das Schicksal empfinden. Man mag ihm antworten, was er selbst wissen wird, daß auch die Schweiz ihr gerüttelt Maß von Anteil an den Sorgen und Schwierigkeiten einer Welt zu tragen hat, die sich in einer problemvollen Übergangs- und Anpassungskrise befindet, und daß diesem Lande aus seiner einzigartigen Stellung auch einzigartige Aufgaben erwachsen, die es während der Kriegszeit nach besten Kräften erfüllt hat. Es hat seiner Sendung gemäß als Asylland der Freiheit prozentual mehr Flüchtlinge vor blutiger Tyrannei aufgenommen als manches Land mit gewaltigeren Räumen; und noch heute, wo es nicht länger unmittelbar ums Leben geht, beherbergt es Tausende, denen die Rückkehr in ihr Ursprungsland weiter verwehrt ist und die das Schweizer Gastrecht gerne weiter genießen dürfen. Dazu höre ich mit herzlicher Genugtuung, daß der Plan besteht, diesen zahlenmäßig ja nicht sehr ins Gewicht fallenden restlichen Emigranten Dauerasylrecht zu gewähren, und ich glaube, jeder echte und gute Schweizer stimmt mit mir in der Hoffnung überein, daß diese mit dem Geist und den Traditionen der Schweiz so rein übereinstimmende Vorlage Gesetzeskraft gewinnen möge.

Bei alldem erschöpft sich die Sendung der Schweiz natürlich nicht in Asylrecht und philanthropischen Aufgaben. Ihre Lage im Herzen Europas, ihre Vielsprachigkeit, ihre alte demokratische Überlieferung scheinen sie vorzubestimmen zur Mittlerschaft zwischen den europäischen Volksgeistern, und wie sie selbst schon längst ein Modell der befriedigenden europäischen Völkergemeinschaft ist, so ist ihr zweifellos in der Welt unserer Hoffnung und unseres Strebens ein wichtiger und ehrenvoller Platz vorbehalten.

Möge kein neuer Wahnsinn die Völker befallen oder ihnen von blinden Egoisten aufgedrängt werden, möge der Friede, der aller Welt lebensnotwendige Friede, wir können nicht sagen: erhalten bleiben, denn noch ist keiner, aber möge er gewonnen und geformt werden. Das ist das große Anliegen, die große Hoffnung. Für mich aber meint die Hoffnung auch, das Wiedersehen mit diesem lieben Land fortan Jahr für Jahr erneuern zu können.

[Rückkehr]

Es werden bald zwei Jahre sein, daß ich wieder in der Schweiz lebe, wie schon von 1933 bis 38. Wir hatten zunächst da drüben am rechten Ufer des Sees ein Häuschen gemietet, das aber unseren Bedürfnissen nicht so recht entsprach, und nun, als ein »hartnäckiger Villenbesitzer«, wie ein guter Freund, Hermann Kesten, mich in seinem Buch ›Meine Freunde die Poeten‹ so hübsch genannt hat, habe ich hier in Conrad Ferdinand Meyers Kilchberg ein ganz wohnliches kleines Haus erworben mit schönem Ausblick auf den See, seine besiedelten Ufer und die »türmende Ferne«, ganz nahe dem Ländlichen, den Wäldern der freien Natur, und doch in bequemem Kontakt mit der Stadt gelegen. Nach so viel Wanderung und Wechsel, die das Leben mit sich brachte, soll es meine definitiv letzte Adresse sein. – Zu verwundern ist es nicht, daß die Vorstellung, ich lebte in Amerika, in manchen Köpfen noch festsitzt, denn schließlich habe ich volle anderthalb Jahrzehnte dort verbracht und bin amerikanischer Staatsbürger geworden, der ich heute noch bin. Ich war zu kürzeren Besuchen schon mehrfach drüben gewesen, und 1938 kam dann die Einladung oder, akademisch gesprochen, der ›Ruf‹ von der Universität Princeton, dort als Gastprofessor oder, wie es hieß, als ›lecturer in the humanities‹ zu wirken. Ich folgte bereitwillig, und der Aufenthalt in der würdigen kleinen, zwischen New York und Philadelphia gelegenen Universitätsstadt, wo man mir so freundlich und interessiert entgegenkam, bildet eine Episode meines Lebens, an die ich gern zurückdenke. Teils öffentlich und teils für fortgeschrittene Studenten las ich über deutsche Literatur, über Goethe, Wagner, Nietzsche, Freud, sogar über mich selbst, zum Beispiel über den ›Zauberberg‹, der von meinen Büchern in Amerika am populärsten ist...

Die Anforderungen waren nichts weniger als rigoros, man war voller Rücksicht, ›take it easy‹ war die Parole, ich konnte meine Lesungen ansetzen, wann ich wollte, und wenn die Ausarbeitung der Vorträge in der ungewohnten Sprache auch etwas mühsam war, so blieb mir doch reichlich Zeit für meine private Arbeit. – Die Verbundenheit mit der Universität war zunächst nur für ein Jahr gedacht; sie wurde prolongiert für ein zweites, und während dieses zweiten machten wir auf eigene Hand die Entdeckung Kaliforniens, des südlichen Teils dieses Landes, der uns nicht nur durch sein unvergleichliches Klima, sein herrliches, alle Farben zum Leuchten bringendes Licht entzückte, – und dort, in den Hügeln der Bucht von Santa Monica, nahe dem Pazific, haben wir uns dann ein eigenes Heim errichtet, wo ich länger als ein Jahrzehnt, natürlich auch dort, wie es überall gewesen wäre, dem Druck, der oft würgenden Not der Zeit ausgesetzt, aber doch unter relativ milden und zuträglichen Umständen gelebt und gearbeitet habe. Es waren fruchtbare Jahre. Dort habe ich den Schlußband der Joseph-Tetralogie, dort den ›Doktor Faustus‹, den ›Erwählten‹ geschrieben, – und produktive Zeit, das ist für mich im Rückblick glückliche Zeit . . .

Ja, der alte Kontinent. Ich will es Ihnen sagen: ich wurde selber alt. Amerika und seiner splendiden Geräumigkeit verdanke ich viel, ich möchte die Erweiterung meines Horizontes, die es mir gewährte, nicht missen. Aber je länger ich dort lebte, je älter ich wurde, desto stärker spürte ich meine europäischen Wurzeln, desto entschiedener fühlte ich mich als Europäer, und eine Unruhe überkam mich, den rechten Augenblick nicht zu versäumen für die Rückkehr zur alten Erde, die mich hervorgebracht und in der ich einmal zu ruhen wünsche . . . Wenn ich aber ›Europa‹ dachte, so war es eigentlich immer die Schweiz, die ich im Sinne hatte: dies freie, kleine, aber nicht enge, sondern vielgestaltige und mehrsprachige, von europäischer Luft durchwehte und nach seiner Natur so großartige Land, das ich liebe von jeher und dem ich drüben immer ein gewisses Heimweh getragen habe. – Es war im besonderen die gute Stadt Zürich, die mir vorschwebte, die ich von jung auf oft besucht habe, in der ich immer gute, wohlwollende Freunde hatte und die mir in den ersten Jahren der Emigration Schutz und Zuflucht und

Arbeitsfrieden gewährt. So etwas vergißt sich nicht. Wo man es erfuhr, dahin zieht es einen zurück. – Sie werden fragen: »Und Deutschland?« Ich antworte Ihnen: Die Ostschweiz ist deutsches Sprachgebiet, und wieder im Bereich der deutschen Sprache zu leben, hat es mich in der Tat verlangt. Hier habe ich wieder deutsches Theater, das mir gefehlt hat, kein Ozean trennt mich mehr von deutschem Kulturleben, und nicht nur Paris und Milano sind nahe, sondern auch die deutsche Grenze, die, jahrelang ein Schrecken, jetzt leicht zu überschreiten ist, – eine Möglichkeit, von der ich, wie Sie wissen, immer wieder, von Zeit zu Zeit Gebrauch mache.

Meine Arbeit . . .: ›Die Betrogene‹, die erste Erzählung, die ich wieder in Europa schrieb? Nun ja, das ist ein umstrittenes Ding, viel gescholten, von einigen auch wieder herrlich geschätzt, – ich will auf seinen Wert nicht trotzen, bin vielmehr der erste, zuzugeben, daß das ein problematisches Produkt ist. Es sind törichte Vergleiche damit angestellt worden: Mit dem ›Tod in Venedig‹ hat es gar nichts zu tun, weder nach seinem Gewicht noch nach seiner Thematik. Es hat mit ihm nur gemein, daß es eben auch von mir ist, und zwar unverkennbar von mir. Es könnte von keinem anderen sein und gehört mit einer gewissen Notwendigkeit zu mir und dem Meinen. Ich habe mir den Stoff nicht ausgedacht; er kam zu mir als Anekdote aus dem Leben, als Vorkommnis, von dem ich hörte und das mich packte durch die grausame Natur-Dämonie, die sich darin ausdrückt, und da es mich betroffen machte, mich sofort produktiv anzog. Es wird ästhetisch schwer annehmbar zu machen sein, sagte ich mir; aber das eigentlich nicht recht Mögliche dennoch möglich zu machen, hat mich immer gelockt, und so amplifizierte ich die knappe Lebenstatsache, erfand das Notwendige hinzu und machte daraus, was es ist: Die Geschichte einer Täuschung, eines bitteren Natur-Truges, erlitten von einem guten Kinde der Natur, danach geartet, ihr ihre Tücke zugute zu halten. – Das ist nun freilich sonderbar erzählt. Die Art des Vortrages scheint manchem zu dem kruden Gegenstand nicht zu passen. Aber so ist es nun einmal: daß die kraß klinische Geschichte gewissermaßen ihrem Charakter entgegen, im Stil der klassischen Novelle erzählt werden müsse, gehörte zur Konzeption, zur Ironie des Gegenstandes, und die unrealistischen Dialoge zwischen Mutter und Tochter wollen dem Peinlich-Vertraulichen Form und eine gewisse ästhetische Höhe verleihen. – Kurzum, es war ein Experiment. Ich war immer novarum rerum cupidus, habe immer experimentiert, und das tut man mit wechselndem Glück. –

›Die Bekenntnisse Felix Krulls‹? Ja, schon längere Zeit schreibe ich wieder an dem Roman, den ich als ein noch nicht Vierzigjähriger begann, und habe dem ›Buch der Kindheit‹ von damals zwei neue Bücher hinzugefügt. Das ist nun ein Band von vierhundertvierzig und einigen Seiten, ›Der Memoiren Erster Teil‹, der im September erscheinen soll – Fragment immer noch, aber Fragment wird das wunderliche Buch wohl bleiben, auch wenn mir Zeit und Laune gegeben sein sollten, es noch um vierhundertvierzig Seiten weiterzuführen. Es ist gar nicht auf ein Je-damit-Fertigwerden angelegt, man kann daran immer weiterschreiben, weiterfabulieren, es ist ein Gerüst, woran man alles mögliche aufhängen kann, ein epischer Raum zur Unterbringung von allem, was einem einfällt und was das Leben einem zuträgt. Das ist wohl das Charakteristischste, was ich darüber sagen kann: Daß es wohl einmal abbrechen und aufhören, aber nie fertig werden wird. Im übrigen gehört es zum Typ und zur Tradition des pikaresken, des Abenteurer-Romans, dessen deutsches Urbild der ›Simplicius Simplicissimus‹ ist. Ein junger Autor hat es begonnen, ein alter setzt es fort, und ich bin neugierig, ob man die Naht spüren, den Stilbruch bemerken wird. Ich habe mich bemüht, ihn möglichst wenig merken zu lassen und den alten Ton festzuhalten gesucht. Aber ein gewisses persönliches Wachstum, das unterdessen natürlich seinen Gang genommen hat, wirkt sich ebenso natürlich auch aus auf das lange liegengebliebene Werk. Es führt wohl seine Grundidee von einst, die travestierende Übertragung des Künstlertums ins Betrügerisch-Kriminelle getreulich durch, hat aber unwillkürlich an innerer Weite und Erfahrung gewonnen und sich zu einem vieles aufnehmenden humoristisch-parodistischen Bildungsroman ausgewachsen. *Humoristisch* ist es seinem Wesen nach und mag zuweilen *frivol* wirken. Ich wollte freilich, es täte das nicht – wenigstens nicht im Sinne zeitflüchtigen Leichtsinns, eines sträflichen escapism. Zeitflüchtig und abseitig konnte auch der in ebenso schwerer, ebenso fordernder Zeit entstandene mythische ›Joseph‹ sich ausnehmen. Und doch war er es nicht, denn er nahm teil am Kampf gegen das Unmenschliche durch eine Haltung, die diesem Unmenschlichen humanen Widerstand leistete. Ich möchte glauben, daß es beim ›Felix Krull‹ nicht anders ist, daß das Buch bei all seiner Lockerheit, allem Unfug, den es treibt, eine gewisse symbolische Aktualität besitzt, die den Helleren und Feineren nicht entgehen und es in ihren Augen über den Vorwurf der Müßigkeit erheben wird.

[Geist und Geld]

Ich darf Ihre Rundfrage als eine biographische Erkundigung auffassen, ohne mich dadurch zur Erörterung eines weitläufigen sozialen Problems aufgefordert zu fühlen. So ist bald geantwortet. Ich kenne den Hunger nicht, habe ihn nie erfahren, – es sei denn letzthin zur Zeit der englischen Blockade, als die Magenfrage, rein als solche, mir so übel machte, daß ich überhaupt nichts mehr essen mochte und arg herunterkam. In meiner Jugend hatte ich jene zweihundert Mark monatlich, die vor dem Kriege soziale Freiheit gewährten und mich in den Stand setzten, zu tun, was ich wollte. Auf italienisch nahm der kleine Wechsel sich sogar noch besser aus, so daß dem Abonnenten eines bescheidenen römischen Speisehauses sogar für Punsch, Zigaretten und Reclam-Hefte noch das Nötige übrigblieb. Ob der reine Sozialismus einer so regelwidrigen und nach menschlichem Ermessen aussichtslosen Existenz, wie ich es damals war, diese Möglichkeit, der Welt ein Schnippchen zu schlagen, gewähren würde, ist zweifelhaft. Jedenfalls bin ich persönlich der kapitalistischen Weltordnung von früher her zu Dank verpflichtet, weshalb es mir niemals anstehen wird, so recht à la mode auf sie zu spucken.

Meine Arbeitsweise

Ich habe niemals ein größeres Manuskript abgeschrieben oder abschreiben lassen, sondern immer die Urhandschrift in die Druckerei gehen lassen. Die Setzer sind gut damit fertig geworden, ohne Ausnahme.

Das Diktieren widerstrebt mir. Ich habe eine Zeitlang versucht, wenigstens meine Korrespondenz auf diese Weise zu erledigen, bin aber bald wieder davon abgekommen. Ich kann kein menschliches Medium brauchen.

Meine Arbeitszeit ist vormittags, morgens. Ich liebe das Wort Goethe's: »Tag vor dem Tage, göttlich werde du verehrt! Denn aller Fleiß, der männlich-schätzenswerte, ist morgendlich.« Dennoch geschah es nicht ohne Bedauern, daß ich der Nachtarbeit, die ich als junger Mensch wohl übte, notgedrungen absagte:

Ich bin gewohnt, im Zimmer zu arbeiten. Offener Himmel, meine ich, zerstreut die Gedanken. Im Sommer brauche ich wenigstens die Decke einer Veranda, eines Gartenhauses über dem Kopf, ein Gehäuse, das, sozusagen, die Atmosphäre des Werkes schützt.

Sie fragen nach der Entstehungsart meiner Arbeiten. Ich täusche mich bei der Konzeption vor allen Dingen über den Umfang. ›Buddenbrooks‹ war als Roman von zweihundertfünfzig Seiten gedacht, ›Der Tod in Venedig‹ als Simplicissimus-Novellchen, ›Der Zauberberg‹, der zwei dicke Bände bekommen hat, als kleines Satyrspiel dazu. Das Anschwellen der Komposition beruht auf einem doppelten Vorgang, einem Bohrungsprozeß und einem Ankristallisieren und Einbezogenwerden von außen. Der tiefste Grund mag das Begehren sein, mich jedesmal *ganz* zu geben. Ich empfinde mein Werk als fragmentarisch und unzulänglich. Die Verse Platens:

Nie kann der Mensch, wieviel er auch vollende,
Wie kühn er sei, sich zeigen als ein Ganzes,
Und was er ausführt, gleicht es nicht am Ende
Zerstreuten Blumen eines großen Kranzes?

haben mir immer sehr ans Herz gegriffen. Dieser Kampf um Vollständigkeit ist wahrscheinlich nichts anderes als Todesangst.

Über den Alkohol

Es ist ganz gegen meine Gewohnheit, vor der Arbeit oder während der Arbeit Alkohol zu mir zu nehmen. Dennoch ist das ein paarmal vorgekommen. Während ich seit langem nur noch vormittags arbeite, habe ich vor Jahren einmal eine Novelle zur Abendzeit geschrieben, und zwar unter Mithilfe von Kognak-Grog. Man merkt's ihr an. Ferner habe ich einmal, als ich eine Termin-Arbeit (sie sind schrecklich, diese Termin-Arbeiten) durchaus noch nachmittags fertigmachen mußte, eine halbe Flasche Champagner hinzugezogen, die mich wirklich bis zur Beendigung der Novelle am Schreibtisch festhielt. Aber es handelte sich dabei weniger um Stimulation als um Beruhigung. Der Wein lähmte mir Ungeduld und Überdruß, machte mich still und verhinderte, daß ich davonlief. Das ist alles.

Im allgemeinen halte ich nicht das geringste von der ›Inspiration‹ durch Alkohol – ich glaube nicht daran. Daß mehrere große Dichter Potatoren gewesen sind, beweist mir nichts. Denn wie beinahe alles Große, was dasteht, als ein Trotzdem dasteht, trotz Kummer und Qual, Armut, Verlassenheit, Körperschwäche, Laster, Leidenschaft und tausend Hemmnissen zustande gekommen ist, so glaube ich, daß auch jene Poeten ihre Leistungen nicht mit dem Alkohol, sondern trotz ihm vollbracht haben. Zuweilen freilich reichte die Moralität nicht aus. Ein Widersacher, der einen so edlen Geist wie den Hartlebens zu zerstören vermochte, muß Schrecken erregen. Ich verstehe mich wenig auf den physischen Rausch und befinde mich damit, glaube ich, nicht in der schlechtesten Gesellschaft. Kann man sich Wagner im Weindunst denken, als er das rauschvollste und todseligste Werk, den ›Tristan‹, machte? Kann man sich Ibsen denken, am ›Solneß‹ sinnend, ein wenig angekneipt? Ich Geringer trinke täglich zum Abendbrot ein Glas helles Bier und reagiere auf diese anderthalb Quart so stark, daß sie regelmäßig meine Verfassung durchaus verändern. Sie verschaffen mir

Ruhe, Abspannung und Lehnstuhlbehagen, eine Stimmung von »Es ist vollbracht!« und »Oh, wie wohl ist mir am Abend!« – ein Zustand, aufs innigste zu wünschen, ein Zustand, der gelegentlich vielleicht sogar noch einen brauchbaren Einfall mit sich führt, aber ein Zustand, der dem der Arbeit, des Kampfes, des Bezwingens genau entgegengesetzt ist.

Ich glaube nicht, daß der Alkohol Stimmung macht, ich glaube nicht an die Stimmung, die er macht, ich glaube überhaupt nicht sehr an Stimmung. Was man so nennt, scheint mir etwas ziemlich Dilettantisches zu sein, was mit wirklichem Schöpfertum wenig zu tun hat. Ein Zustand, in dem die Hemmungen ausgeschaltet, die Selbstkritik betäubt, die gute künstlerische Haltung in Frage gestellt wäre, ein unbesonnener und hektischer Zustand scheinbaren Allvermögens und trügerischer Leichtigkeit wäre mir höchst verdächtig. Wer ihm traut, wer sich wohl darin fühlt, ist kein Künstler nach meinem Sinne. Stimmung ist nicht Betrunkenheit. Stimmung ist Ausgeschlafenheit, Frische, tägliche Arbeit, Spazierengehen, reine Luft, wenig Menschen, gute Bücher, Friede, Friede . . .

Mein Verhältnis zur Psychoanalyse

Mein Verhältnis zur Psychoanalyse ist so uneinfach, wie sie es verdient. Man kann in der Psychoanalyse, diesem merkwürdigen Gewächs wissenschaftlich-zivilisatorischen Geistes, mit allem Recht etwas Großes und Bewunderungswürdiges erblikken, eine kühne Entdeckung, einen tiefen Vorstoß der Erkenntnis, eine überraschende, ja sensationelle Erweiterung des Wissens vom Menschen. Und man kann auf der anderen Seite finden, daß sie, mißbräuchlich ins Volk gebracht, zu einem Instrument boshafter Aufklärung, einer kulturwidrigen Manie der Enthüllung und Diskreditierung werden kann, gegen die Bedenken zu haben nicht bloße Sentimentalität zu bedeuten braucht. Ihr Wesen ist Erkenntnis, *melancholische* Erkenntnis, insonderheit was Kunst und Künstlertum betrifft, auf die sie es offenbar besonders abgesehen hat. Nun, das war mir nichts Neues, als es mir zum erstenmal entgegentrat. Bei Nietzsche, namentlich in seiner Wagner-Kritik, hatte ich es im wesentlichen erlebt, und es war, als Ironie, zu einem Element meiner geistigen Verfassung und meiner Produktion geworden, – ein Umstand, dem ich es zweifellos zu danken habe, daß meinen Schriften von jeher eine gewisse charakteristische Aufmerksamkeit und kritische Vorliebe von seiten der analytischen Gelehrtenschule zuteil wurde. Auch ›Der Tod in Venedig‹ erfuhr aus guten Gründen diese Teilnahme, obgleich doch der hochfahrende Satz darin steht: »Aber es scheint, daß gegen nichts ein edler und tüchtiger Geist sich rascher, sich gründlicher abstumpft als gegen den scharfen und bitteren Reiz der Erkenntnis; und gewiß ist, daß die schwermütig gewissenhafteste Gründlichkeit des Jünglings Seichtheit bedeutet im Vergleich mit dem tiefen Entschlusse des Meister gewordenen Mannes, das Wissen zu leugnen, es abzulehnen, erhobenen Hauptes darüber hinwegzugehen, sofern es den Willen, die Tat, das Gefühl und selbst die Leidenschaft im geringsten zu lähmen, zu entmutigen, zu entwürdigen geeignet ist.« – Das ist stark anti-analytisch gesagt, aber es ist wohl als charakteristisches Beispiel der ›Verdrängung‹ verstanden worden, während in der Tat das, was dem Künstler-Neurotiker die Unverfrorenheit verleihen mag, trotz aller analytischen Aufdeckung das Seine zu tun, nicht sowohl als Verdrängung wie – zutreffender, wenn auch unwissenschaftlicher – als ein Aufsichberuhenlassen zu kennzeichnen sein wird. Einfache Feindseligkeit bedeutet das keineswegs, denn Erkenntnis, als Prinzip nicht produktiv, kann, wie das Phänomen Nietzsche zeigt, doch auch wieder mit Kunst sehr viel zu tun haben, und der Künstler kann mit ihr auf vortrefflichem Fuße stehen. Es bedeutet auch nichts weniger als den Wahn, die Welt könne vermittelst Augenverschließens je wieder um die Forschungsergebnisse Freuds und der Seinen – populär gesagt – ›herumkommen‹. Sie kommt durchaus nicht darum herum, und auch die Kunst wird das nicht tun. Längst spielt die Psychoanalyse in die Dichtung unseres ganzen Kulturkreises hinein, hat auf sie abgefärbt und wird sie möglicherweise in steigendem Grade beeinflussen. Auch in meinem eben herausgegebenen Zeitroman ›Der Zauberberg‹ spielt sie ihre Rolle. Dr. Krokowski, wie ihr Agent hier heißt, ist zwar ein bißchen komisch. Aber seine Komik ist vielleicht nur eine Schadloshaltung für tiefere Zugeständnisse, die der Autor im Inneren seiner Werke der Psychoanalyse macht.

[›Braucht man zum Dichten Schlaf und Zigaretten?‹]

Der köstlichen Einrichtung zu Ehren, die den Hauptgegenstand Ihrer Rundfrage bildet, habe ich einmal ein Lied gesungen. Es war ein bewegter Aufsatz, betitel ›Süßer Schlaf‹, der eingegangen ist in den Essayband ›Rede und Antwort‹ und, aus natürlichen Gründen, unter allem, was ich je an Direktheiten vorgebracht, die meisten Freunde gefunden hat. Ihnen zur Antwort möchte ich mich ökonomischerweise auf diesen Artikel beziehen; denn die Bekanntschaft damit vorausgesetzt, bedarf es keiner Versicherung mehr, daß sein Verfasser zum Schlafe *wahrhaft herzliche* Beziehungen unterhält, ja, ich glaube, daß die kleine Komposition die Eigenschaft besitzt, solche Herzensbeziehungen auch bei dem Leser herzustellen – womit jedem anderen Erzeugnis der Unterhaltungsschriftstellerei das Urteil gesprochen wäre, diesem jedoch, in sonderbarer Ausnahme, das Beste nachgesagt würde.
Wie *alle* meine dichterischen und kritischen Versuche wurde die Abhandlung *in Vormittagsstunden,* zwischen neun und zwölf Uhr, zu Papier gebracht, und da sie so vorzüglich gelungen ist, darf ich annehmen, daß ich vorher gut und ausgiebig geschlafen hatte. Denn ein verkürzter und in der Qualität mangelhafter Schlaf zeitigt fast unfehlbar nachteilige Wirkungen auf meine nervöse Spannkraft während jener Stunden: der *schlechte* mit fataler Sicherheit, der *kurze* nicht ebenso unbedingt. Jedermann weiß ja, daß das »Ein wenig, aber fest und gut« des Junkers von Stolzing gelegentlich seine Vorzüge hat und man nach ungewohnt kurzem Schlaf zuweilen – undeutlich, warum gerade diesmal – besonders frisch, heiter und ruhig ans Werk geht. Aber nur *einmal*! Denn mehrere Nächte hintereinander zu spät ins Bett kommen heißt für mich jedenfalls in einen Zustand der Insuffizienz geraten, der mir der widerwärtigste auf Erden ist.

Für *matinale* Naturen ist das Leben auf die einfachste Weise ein

Vorgang der *Abnutzung*. Ich bin frisch mit dem jungen Morgen, ich verbrauche mich im Laufe des Tages bis zu redlicher Müdigkeit am Abend, und gesellschaftliche Aktivität in die Nacht hinein, Soiree, Theater, Musik, Licht, Wein, Gespräch bedeutet, sowenig dergleichen vermeidbar ist und sowenig meine Menschenfreundlichkeit und Neugier es auch nur zu vermeiden wünscht, eigentlich eine künstliche und überschuldende Aufpulverung, die sich am folgenden Tage straft – und sich in Gottes Namen denn strafen möge! Am Ende gehört die Sünde zum sittlichen Haushalt.

›Anregungen‹ bietet das *Leben* in Überfülle; sie sind meistens Zerstreuungen und tragen den Charakter des Widersacherischen. Der Sinn, den der Christ mit dem Wort ›Welt‹ verbindet, ist mir mit den Jahren mehr und mehr aufgegangen, und ich habe mich wohl auf Goethe's Wort verstehen gelernt, daß, wenn einer *einmal* etwas Tüchtiges geleistet habe, die Welt alles tue, um zu verhindern, daß ihm je wieder dergleichen begegne. Der Welt das Ihre zu geben und sich dennoch leidlich vor ihr zu *bewahren* ist ein Kunststück, das gelernt sein will. Die Fähigkeit, auf eine natürliche und also nicht beleidigende Art Nein zu sagen, muß sich dazu mit jener Urbanität vereinen, die uns zum Beispiel – oh, nichts zu danken – bestimmt, die Rundfragen der verehrlichen Presse von Zeit zu Zeit mit heiterem Anstande zu beantworten.

Was die ›Stimulantien‹ betrifft, an die ich beim Arbeiten gewöhnt bin, so können sie als harmlos passieren. Ich rauche dabei ein bißchen, esse wohl auch eine Kleinigkeit. Ein Sportsmann war ich nie, muß aber auf Gehbewegung halten und habe große Freude daran, im offenen Automobil über Land zu fahren. Im künstlerischen Bereich ist zur Ermunterung meiner produktiven Lust am tauglichsten der lauschende Einblick in die Faktur einer guten und klugen Musik.

[Zur Physiologie des dichterischen Schaffens]

1. *[Erste Inspiration.]* Der Einfall als Überfall ist mir unbekannt. Meine Arbeiten sind nicht derart, daß sie auf einem Einfall stünden. Es gehören sehr viele dazu, und die ›Inspiration‹ besteht eigentlich nur in dem Vertrauen darauf, daß sie sich einstellen werden. Der Zustand der Konzentration ist ein Zustand körperlich-seelischen Wohlseins, des Hörens und Schauens, in welchem aus dem inneren Vorrat irgend etwas sich lustbetont und hoffnungsvoll hervortut und mich glauben macht, daraus könne, wenn ich gut damit umgehe, etwas Merkwürdiges werden. Dabei ist die Konzeption regelmäßig sehr klein und bescheiden. Ich unternehme die Dinge, weil ich mir einbilde, daß sie rasch und leicht auszuführen sind.

2. *[Wie fixieren Sie den ersten Einfall?]* Da gibt es nichts zu fixieren. Ich führe kein Taschenbuch. Dagegen bildet das zu Machende fortan den Mittelpunkt aller Aufmerksamkeit, und alles Erleben wird, wenigstens versuchsweise, in Beziehung dazu gesetzt: nicht nur das Gegenwärtige, sondern auch das Frühere und Einverleibte; das ›Werk‹, klein oder groß, wird zum Brennpunkt des gesamten Ich- und Weltgefühls. Es wird, praktisch gesprochen, zum Lebenszweck.

3. *[Arbeitszeit.]* Ich arbeite vormittags, etwa von neun bis zwölf oder halb ein Uhr, täglich, mit seltenen Ausnahmen. Das ist nicht Zwang, sondern Gewohnheit, und eine notwendige; denn will ich etwas zustande bringen, so darf ich nicht viel Ferien machen. Übrigens halte ich es aus Erfahrung mit Baudelaire: »L'inspiration est sans doute la sœur du travail journalier.«

4. *[Arbeitsmaterial.]* Ich brauche weißes, vollkommen glattes Papier, flüssige Tinte und eine neue, leichtgleitende Feder. Äußere Hemmungen rufen innere hervor. Damit es kein Durcheinander gibt, lege ich ein Linienblatt unter. Ich muß auf Klarheit halten, da ich nur Zeitungsaufsätze abschreiben lasse und gerade

die großen Manuskripte im Original, als erste und einzige Niederschrift, in Druck gebe. – Ich kann überall arbeiten, nur muß ich ein Dach über dem Kopf haben. Der freie Himmel ist gut zum unverbindlichen Träumen und Entwerfen: die genaue Arbeit verlangt den Schutz einer Zimmerdecke.

5. *[Arbeitshygiene.]* Da mein physiologischer locus minoris resistentiae, von dem alles ausgeht, der Magen ist, sollte ich bei intensiver Arbeit nicht so gut essen, tue es aber doch, aus Mangel an hygienischer Disziplin, richtiger: aus mangelnder Liebe zur Weisheit. Kaffee nach dem Essen ist Gift (ich will nun wirklich keinen mehr nehmen). Beim Schreiben rauche ich.

6. *[Machen Sie Brouillons?]* Dem Beginn eines größeren Manuskripts geht in der Regel eine Periode schriftlicher Vorarbeiten voraus. Das sind kurze Entwürfe und Studien, psychologische Pointen und Motive, Aufzeichnungen gegenständlicher Art, Auszüge aus Büchern und Briefen und so fort, die durch quer über das ganze Blatt laufende Striche voneinander getrennt sind. Sie vermehren sich im Laufe der Arbeit und liegen als systematisch geordnetes Konvolut beim Schreiben neben mir. Im Falle der ›Buddenbrooks‹ und des ›Zauberberg‹ war dies handschriftliche Material sehr umfangreich und ist es wieder bei meiner gegenwärtigen Arbeit. Es dient unter anderem dazu, einen Plan, in dessen Ausführung ich mich unterbrechen muß, selbst über Jahre hinweg zu konservieren.

7. *[Herstellung des Manuskripts.]* Das Tempo ist verschieden. Im Kopf Vorbereitetes schreibt sich oft leicht herunter, oft geht es gerade dabei sehr mühsam zu, etwa, wenn es falsch vorbereitet war. Dialog ist ein Vergnügen; Beschreibung hält auf; das schriftstellerisch Schwerste ist das Abgezogene, Moralische. Aber so oder so, es läuft schließlich auf ein Normalpensum von ein bis anderthalb Manuskriptseiten hinaus. Ich weiß heute noch nicht, ob das ärmlich ist oder anerkennenswert, habe mich aber damit abgefunden. – Das Manuskript, wie gesagt, wird unter dem Gesichtspunkt der Druckfertigkeit hergestellt. Korrekturen sind also mit aller Präzision und Deutlichkeit vorzunehmen. Überkorrigierte Blätter werden gleich neu geschrieben. Ich kor-

rigiere das Geschriebene meist am nächsten Tag vorm Weiterschreiben.

8. [Korrekturfahnen.] Korrekturfahnen sind eine Gelegenheit, zu streichen. Sonst dienen sie nur der Durckfehlerverbesserung.

9. [Lesen Sie das fertiggestellte Buch noch einmal?] Ich bin eines Werkes schon sterbensmüde, wenn ich noch daran schreibe, und dann muß ich es als Fahne und Umbruch noch zwei-, dreimal lesen. Es geht mir bis zum Halse – wie sollte ich's mir als fertiges Buch noch einmal zu Gemüte führen? Das ist abgetan, nun mögen die anderen zusehen. Blicke ich viel später wieder hinein, so ergibt sich eine Mischung aus Verlegenheit und »Possible que j'ai eu tant d'esprit?«. Aber Wunsch und Hoffnung des Bessermachens können sich nur auf Neues und Zukünftiges, nicht auf das Abgelebte beziehen.

Vorwort zu einem Gedächtnisbuch für Klaus Mann

Mit diesen Zeilen möchte ich danken, dem Verlage zunächst und dem Verleger, Fritz Landshoff, deren generöse Initiative den vorliegenden Band ins Leben gerufen hat. Danken möchte ich denen, die beitrugen zu unserem Buch und Zeugnis ablegen von dem Reiz, der auf sie ausgegangen ist von dem früh geschlossenen Leben meines lieben Sohnes, der heiteren, bangen, in ihrer Art einmaligen Sympathie, die es ihnen eingeflößt hat, und an der sie festhalten, obgleich sie ihn nicht zu halten vermochte, obgleich er ging, ohne nach ihrem und unser aller Kummer zu fragen. Ungeachtet dieser Vergeßlichkeit, vor der ich ihn väterlich oft gewarnt habe, entgegen vieler Abgunst und Ungerechtigkeit, denen sein Leben und seine Leistung begegneten, zeugen sie für ihn; und da es Geister sind, aufmerksam auf das Menschliche, erfahren in ihm und zum Urteil berufen über seinen Wert, so wird ihre Fürsprache der Nachwelt höher gelten als Verneinung und Widerwillen. Diese können wohl schrecken, das weiß ich auch. Aber wenn Liebe ihnen entgegentritt, verblassen sie und haben nicht viel mehr zu sagen. Die Liebe ist das Gültige; sie gibt den Ausschlag.

Danken will ich auch seiner treuen Schwester, unserer Erika, die diese Stimmen sammelte, diesen Kranz, unverwelklicher als Blumen und Blätter der Erde, da er des Geistes ist, niedergelegt auf den fernen südfranzösischen Hügel. Sie hat um das Bleiben des Abgeneigten, Fortstrebenden gerungen, wie außer ihr nur noch seine gute Mutter; und durfte sie nicht immer wieder hoffen, den Weggenossen zu halten? Er wollte ja brav sein, wollte seinen Mann stehen in diesem Leben und hat es getan in einem Maß, das ich heldenhaft nenne bei einem, dem Todessehnsucht früh im Herzen keimte. Seit wann? Wahrscheinlich seitdem seine Kindheit endete. Sie endete, diese spielerisch-übermütige und begabte Kindheit, eigentlich erst mit dem Exil.

Dieses machte ihn zum Mann; die Erfahrung des Bösen rief seinen Ernst auf, reifte in ihm, einem Weltläufigen mit der Affinität zum Tode, den Entschluß, dem Guten, also dennoch dem Leben zu dienen. Seine rasche, oft fieberhafte Tätigkeit war guter Wille. Draußen begann sie mit der Herausgabe der Emigrantenzeitschrift ›Die Sammlung‹, einer notwendig ephemeren Erscheinung, der sein geschickter Eifer gleichwohl dokumentarische Dauer gesichert hat. Später, in Amerika, versuchte er Ähnliches in sehr viel weiterem Rahmen mit der internationalen Monatsschrift ›Decision‹, der er durch seine zahllosen, in viele Länder sich erstreckenden Beziehungen und geistigen Freundschaften einen besonderen Rang glaubte geben zu können und die wohl wirklich die beste, farbigste literarische Revue war, die Amerika je gesehen hat. Sie sollte nicht leben, fand keinen Boden. Er kämpfte hartnäckig um ihren Bestand, und ich weiß noch, wie ich, gar nicht gewöhnt, ›Schritte zu tun‹, ihm dabei sekundierte, welche kläglichen Körbe ich mir holte bei dem Versuch, das bißchen Kapital beizubringen, das das Leben der Zeitschrift fristen konnte. Es war seine bitterste Enttäuschung. Aber seinen Dienstwillen brach sie nicht. Es war Krieg, Krieg gegen das Böse. Er erreichte seine Aufnahme in die Armee, zog das ihm fremdeste Kleid an, die Uniform, unterwarf sich dem ›basic training‹, ging über See und bewährte sich als ein so guter, genauer Soldat, daß hohe Vorgesetzte mir lobende Briefe über ihn schrieben. Ist das kein guter Wille?

Damals war es auch, daß er für das Heft der ›Neuen Rundschau‹, das meinem siebzigsten Geburtstag gewidmet war, den kleinen Aufsatz schrieb, der, datiert: »Mit der amerikanischen Armee in Italien, Weihnachten 1944«, wie ein Musikstück die Bezeichnung führt: ›Feierlich bewegt‹, und mir teuer ist, nicht nur weil er so sehr den Stempel trägt der Anmut seines Geistes, sondern vornehmlich, weil er in ganz bestimmter Hinsicht ebenfalls ein Dokument ist seines guten Willens: des ehrlichen Willens nämlich, den Schatten zu leugnen und sein Gefühl nicht von ihm verdunkeln zu lassen, der, wie ganz und gar ungewollt! von meinem Dasein fiel auf das seine, und ihm, wie sehr meiner

Liebe entgegen! das Leben erschwerte. Seine Sohnschaft mag ihm in der Frühe Spaß gemacht haben; später hat sie ihn belastet. Aber wie zeugt seine reizende Art, von der Tröstung und Stärkung zu sprechen, die ein väterliches Buch, der letzte Band der Josephsgeschichten, ihm in seinem harten kriegerischen Dasein gewährt habe, von seiner »innigen Vertiefung« in dieses Buch, – wie ergreifend zeugt sie für den reinen Willen, Verwünschungsgefühle seiner Seele fernzuhalten! Auch das ist Tapferkeit, und wenn niemand sie anerkennt, ich will sie rühmen.

Ich will auch seinen Fleiß rühmen, der außerordentlich war. Im Verhältnis zu der kurzen Spanne seines Daseins und zu der Unrast seiner Lebensführung ist der Umfang seines Werkes enorm. Wohin er kam auf seinen beständigen Wanderungen, in jedem Gast- oder Hotel-Zimmer, war sofort eine auf Arbeit abgesehene, nette Ordnung hergestellt: ein paar Bilder gehängt, ein paar Bücher gereiht, Photographien verteilt, und er saß an seiner Schreibmaschine. Ein solcher Fleiß ist nach meiner Meinung etwas mehr, als eben er selbst. Kein Mensch ist so fleißig ins Blaue hinein, ohne drängende Begabung, ohne das Bewußtsein eines Auftrags. Und wie viele Raschheiten und Leichtigkeiten seinem Werk, all diesen Romanen, Reisebüchern, biographischen und autobiographischen Produkten, Theaterstücken und unzähligen, in zwei Sprachen geschriebenen Aufsätzen abträglich sein mögen, ich glaube ernstlich, daß er zu den Begabtesten seiner Generation gehörte, vielleicht der Allerbegabteste war. Ich habe seinen Tschaikowski-Roman, als Kulturbild vortrefflich und wie schmerzlich-schön als mitempfundenes Leben! von Herzen gelobt und noch mehr den ›Vulkan‹, diesen unübertroffenen Roman der Emigration von 1933. Ich wollte wohl, unter seinen Papieren fänden sich noch einige Briefe, die ich ihm im Lauf der Jahre über seine Hervorbringungen geschrieben habe und die eingegeben waren von dem väterlichen Wunsch, ihn zu stützen und zu stärken, ihn durch ehrliche Anerkennung und Freude zum Dableiben anzuhalten.

In ihm aber mischte sich ein unaufhaltsam wachsendes, seinen guten Willen überwältigendes, durch Enttäuschungen genährtes, leidendes Verlangen nach persönlicher Auslöschung mit der allgemeinen Verzweiflung der Intelligenz in dieser Zeit und an ihr, wie er sie schildert in seinem letzten, englisch geschriebenen Aufsatz ›Die Heimsuchung des Europäischen Geistes‹, dem, als er in ›Tomorrow‹ erschien, eine besondere, dem besten Essay des Jahres bestimmte Auszeichnung zuteil wurde. Es ist ein in seiner literarischen Mondänität und seiner Melancholie ungeheuer charakteristisches Stück Arbeit, eine Art von Welt-Interview über die Situation des Intellektuellen inmitten der Wirrnisse und trostlosen Kontroversen der Epoche – mit dem Ergebnis des Bankerotts. »Es gibt keine Hoffnung. Ob wir Intellektuelle nun Verräter seien oder Opfer, wir täten gut daran, die völlige Hoffnungslosigkeit unserer Lage zu erkennen. Warum sollten wir uns etwas vormachen? Wir sind geliefert, sind geschlagen.« So zitiert er einen jungen Philosophie- und Literatur-Studenten in Uppsala und läßt ihn weiter sagen: »Der Kampf zwischen den beiden anti-geistigen Riesenmächten – dem amerikanischen Geld und dem russischen Fanatismus – läßt keinen Raum mehr für intellektuelle Unabhängigkeit und Integrität. Wir sind gezwungen, Stellung zu nehmen und gerade dadurch alles zu verraten, was wir verteidigen und hochhalten sollten.« – Man sieht, das soll ihm zur Rationalisierung dienen seines Dranges zum Tode, aber außerdem ist es wahr. Das Pathologische kann sehr wohl die Wahrheit repräsentieren.

Er greift die Worte auf jenes jungen Menschen, die er wohl mehr oder weniger selbst gedichtet hat: »Eine neue Bewegung sollten sie ins Leben rufen, die europäischen Intellektuellen, eine Bewegung der Verzweiflung, die Rebellion der Hoffnungslosen... Eine Selbstmordwelle, der die hervorragendsten, gefeiertsten Geister zum Opfer fielen, würde die Völker aufschrecken aus ihrer Lethargie, so daß sie den tödlichen Ernst der Heimsuchung begriffen, die der Mensch über sich gebracht hat durch seine Dummheit und Selbstsucht.« Das war das Letzte, was er aufschrieb; dann tötete er sich.

Er starb gewiß auf eigene Hand und nicht, um als Opfer der Zeit zu posieren. Aber er war es in hohem Grade. – Eine Freundin schrieb, auf seinem Gesicht habe im Tode der Ausdruck tiefer Befriedigung, tiefer Wunscherfüllung gelegen. Man behauptet, all dergleichen, das Bild der ›Verklärung‹, ›Erlösung‹, des ›süßen Friedens‹, sei nichtssagendes Gaukelspiel der Materie. Das mag sein. Aber log die Materie auch hier, so log sie die Wahrheit. Er ruhe in Frieden! Mein Herz ist ohne Bitterkeit, weil er zum Schluß nicht mehr unser gedenken konnte. Es fehlte nur, daß man von Undank spräche für ein so zweideutiges und schuldhaftes Geschenk wie das des Lebens.

[Lob der Dankbarkeit]

Herr Präsident! Meine Herren Professoren!

Ich halte dies Papier in Händen, weil ich Ihrer schönen Sprache noch nicht sicher genug bin, um hoffen zu können, den Gefühlen dieses Augenblicks in ihr auf gut Glück einen leidlich lebendigen und richtigen Ausdruck zu geben, woran mir doch selten mehr gelegen war als eben heute. Achten Sie aber, bitte, nicht auf diesen Zettel und halten Sie sich versichert, daß meine Worte trotz der schriftlichen Beihilfe vollste Spontaneität besitzen. Ich lese im Grunde nicht; ich spreche zu Ihnen aus meinem Herzen.

Dies ist ein schöner Augenblick, denn es ist ein Augenblick des Dankes, und ich kenne kein glücklicheres Gefühl als das der Dankbarkeit. Erfreulicher Weise ist Dankbarkeit eine Eigenschaft und Gabe, die man sich zuschreiben und deren man sich rühmen darf, ohne hoffärtig zu erscheinen, und so hindert nichts mich, wiederum nur eben mit Dankbarkeit auszusprechen, daß die gütige Natur mich wenigstens mit dieser Eigenschaft freigebig ausgestattet hat, und daß vielleicht sie am meisten mir geholfen hat, meines Lebens froh zu werden. Eine dankbare, eine empfängliche Natur – was kann es Besseres geben, um selbst aus einem sonst mangelhaften Leben das Mögliche zu machen? Empfänglichkeit für die Anerbietungen des Lebens, die großen und kleinen, für einen Scherz, ein gutes Mahl, für die beherrschten Kühnheiten der Kunst und des Geistes, für einen Frühlingstag, für das Menschlich-Individuelle, einen Blick, eine Stimme, den Zauber einer Persönlichkeit – das ist nicht alles. Es gibt auch eine Dankbarkeit für das Schwere und Dunkle im Leben, für das Leiden, – Dankbarkeit dafür um des Wissens und der menschlichen Vertiefung willen, die das Leiden, und vielleicht nur dieses gewährt. »Das schnellste Tier, das dich trägt zur Vollkommenheit«, sagt Meister Ekkehart, »ist Leiden.« Das Leiden lehrt manches, es lehrt auch die Dankbarkeit. Niemand ist dankbarer als ein Leidender, ja, man könnte sagen, daß Dankbarkeit der Leidensfähigkeit entstammt, und daß sich die Fähigkeit zu ihr danach bemißt, wie tief einer gelitten hat.

Dankbarkeit ist jedoch keine passive, sie ist eine produktive Eigenschaft. Goethe, als Sänger des ›West-östlichen Divan‹, legte sich den persischen Namen Hatem bei, d. i. »der reichlich Gebende und Nehmende«. In dieser stolzen Selbstbenennung ist die seelische Zusammengehörigkeit von rezeptiver und produktiver Kraft ausgesprochen; wir werden daran gewahr, daß Produktivität aktiv gewordene Empfänglichkeit ist, Dankbarkeit für das Leben, für das Glück und das Leiden, das es dem schöpferischen Menschen reichlicher spendet als anderen.

Nun ist Kunst ein Produkt der Einsamkeit und diese gewiß die Heimatsphäre des Künstlers. Aber als aktive Form der Dankbarkeit ist Kunst zugleich ein sozialer Trieb. Sie will geben, sie ist das Geben selbst, sie gibt das Erfreulichste und Vollkommenste, was sie eben zu geben hat, und nie kann sie sich genug tun dabei, denn sie weiß, wie reichlich ihr Nehmen war, und wagt nicht zu hoffen, daß sie mit Geben je bezahlen kann. Daher ihr glückliches Erstaunen, wenn wiederum Dankbarkeit ihr antwortet. Lassen Sie mich noch einmal Goethe anführen. »Selten«, sagt er, »tun wir uns selbst genug. Desto tröstlicher ist es, anderen genug getan zu haben.«

Ich hatte das Glück, in einem großen Volk von hochgebildeter Sprache geboren zu werden, in dessen reicher geistiger Tradition mein Leben wurzelte, und mit dem mich eine fruchtbare Erlebnisgemeinschaft verband. Von ihm war meine Arbeit getragen. Ich hatte reichlich von ihm genommen, gebend nach meinen Kräften und Möglichkeiten, suchte ich mich dankbar dafür zu erweisen und erfuhr die unerwartetste Dankbarkeit. Was solch ein Austausch bedeutet, was es für einen Künstler und Schriftsteller heißen will, ein großes, gebildetes Volk hinter sich zu wissen, dessen geistiges Leben er mitgestaltend teilt, das weiß nur der, der dieses Glück verlor. Ich will nichts beschönigen und gebrauche das Wort Glück nicht sentimentaler Weise. Es kann nie fehlen, daß der geistige Einzelne und sein Volk sich auch aneinander reiben. Manche Bitternis läuft mit unter. Und doch drängen sich meinem Gedächtnis ein paar Verse des Grafen August von Platen auf, die mit Vollendung alles hierüber sagen. Belächeln Sie nicht meine Neigung zum Zitieren! Auch das Zitieren ist eine Form der Dankbarkeit. Jene Verse lauten:

»Mein Geist, bewegt von innerlichem Streite,
Empfand so sehr in diesem kurzen Leben,
Wie leicht es ist, die Heimat aufzugeben,
Allein wie schwer, zu finden eine zweite.«

Ein eigentümlicher Ausfall in der geistigen Mitgift des deutschen Volkes, eine verhängnisvolle Lücke in seinem Kulturbegriff, sein Mangel an politischem Instinkt brachte es mit sich, daß es verworfenen Führern in die Hände fiel, die den Geist, das Recht, die Wahrheit und Freiheit tiefer demütigten und entehrten, als es vielleicht je in der Welt geschehen war, und deren unkritisierbare Gewaltherrschaft einem Menschen, dem es mit dem Wort und seiner Würde, mit dem freien Gedanken ernst war, das Atmen in diesem Lande unmöglich machte. Daß es verzichten hieß auf Heim und Habe, scheiden auf unberechenbare Zeit, vielleicht bis ans Lebensende, von den Landschaften der Heimat, auf die man ein angeborenes seelisches und physisches Recht hat, war das Wenigste, obgleich es absurd ist, daß hergelaufene Abenteurer einen sollten davon trennen und einem sogar den Namen eines Deutschen sollten nehmen dürfen. Aber der Schriftsteller ging seiner Leserschaft, des Kontaktes mit den gebildeten Massen seines Landes verlustig; er sah sich, so gut wie vollständig, von dem Publikum abgeschnitten, mit dem zusammen er sich höher gebildet hatte. Zwar reicht die deutsche Sprache nach allen Seiten über die Grenzen des politischen Reiches hinaus; aber eben damit soll es ja nach dem stupiden Willen von Machthabern, die von der wahren Natur und Bestimmung Deutschlands nicht das Geringste wissen, ein Ende haben. Sie wissen nicht, daß Deutschland von Natur ein Land schöpferischer Dankbarkeit ist, ein Land des Nehmens und Gebens, ein

Land mit verfließenden Grenzen, ein grenzenloses Land, nicht feindlich abgeschlossen gegen die Welt, sondern welt-offen und welt-empfangend, groß durch fruchtbare Bewunderung, durch Liebe und Verstand, nicht aber geschaffen, in abgeschmackter Selbstbetrachtung und Selbstverherrlichung sich zu verdummen und gar in Dummheit, durch Dummheit zu herrschen über die Welt.

Es handelt sich um einen dialektischen Vorgang tragischen Charakters. Ein großer Vorzug Deutschlands, seine überpolitisch-unpolitische Natur, schlug ihm zum Verderben aus und machte möglich, was wir erleben. Seine Politiklosigkeit ist umgeschlagen in die brutalste, geistverlassenste und mörderischste Alleinherrschaft der Politik, in den totalen Staat, der von Natur schon der totale Krieg ist und über Deutschland selbst und Europa die furchtbarsten Gefahren heraufbeschwört.

Der erste Leidtragende bei diesem Unheil ist der deutsche Geist, und wird immer der am schwersten Leidtragende sein, solange dies Unheil dauert. Buchstäblich ist ihm der Boden unter den Füßen geschwunden. Die außerdeutschen Gebiete, in denen noch seine Sprache erklang und verstanden ward, fallen eines nach dem anderen dem Moloch des Kriegsreiches zum Opfer. Er sieht sich heimatlos, persönlich in jedem seiner Träger, und er erfährt, wie schwer es ist, in den geschlossenen Sprach- und National-Familien Europas eine zweite Heimat zu finden.

Die Schweiz ist eine kleine Demokratie von Sprachen und Nationalitäten, die sich mitten in Europa tapfer erhält. Als ihr Gast habe ich fünf Jahre lang gelebt und das Meine getan, Jahre, an die ich immer mit Dankbarkeit zurückdenken werde. Aber von Anfang an, seit dem deutschen Unglücksfall, hatten Fäden der Sympathie sich nach Amerika hinübergesponnen. Das freundliche Interesse, das die englischen Übersetzungen meiner Bücher gerade hier gefunden, konnte mich fast über das absurde Faktum trösten, daß heute diese Bücher im deutschen Original, worin doch nur sie wahrhaft sie selbst, kaum existieren. Ehemals war die Teilnahme der Welt mir ein glücklich Hinzukommendes gewesen – jetzt war sie alles geworden. Hatte ich noch ein Publikum, so war es die Welt, und es war in erster Linie Amerika. Alljährlich war ich hier zu lecture Reisen; die Bekanntschaft von Land und Leuten des Ostens wurde bald durch Besuche in großen und kleineren Städten des Mittelwestens, durch das lichte Erlebnis der kalifornischen Landschaft ergänzt. Freundschaft, eine moralische Freundschaft, die mit mir in dem entschiedensten Abscheu gegen das Widerwärtige übereinstimmte, das in Europa sein Wesen trieb, empfing und umgab mich überall. Großartig weiträumige Verhältnisse, eine Atmosphäre der Freiheit, das Leben einer mächtigen Nation, welche die Macht in den Dienst der Gesittung zu stellen gesonnen war, sprachen mich glücklich an; es winkte die Möglichkeit eines erneuerten Wirkens auf breiter Basis, mit dem kontinentweiten Hintergrund einer kulturell noch ganz unermüdeten, dem Geistigen ehrlichst zustrebenden Öffentlichkeit, – und der Entschluß, mein Leben an dieses Land zu binden, stand schon so gut wie fest, als die ehrende Einladung der Universität Princeton den letzten Ausschlag gab.

Länger als ein halbes Jahr bin ich hier, sieben Monate, in denen es nicht leicht war, das bekenne ich mit etwas sorgender Dankbarkeit, gegen den Ansturm fordernder Güte meine private Arbeit leidlich aufrechtzuerhalten. Wenn es mich aber nach dieser Art von Bedrohtheit nicht im Grunde verlangte, so wäre ich nicht gekommen, und ich wäre all diese Zeit nicht so glücklich gewesen. Daß ich hier, wie heute die Dinge liegen, an meinem Platze bin, ist meine frohe Überzeugung.

Besteht nicht eine merkwürdige Verwandtschaft zwischen dem Deutschland unserer liebenden Vorstellung und Amerika? Das rassisch gemischteste und vielfältigste, an inneren Möglichkeiten reichste Volk Europas, grenzenlos seinem tiefsten Wesen nach, weltoffen, zu allem höchsten Lernen bereit, aufnehmend, verarbeitend und wiedergebend, ein »Hatem« unter den Völkern – hat es nicht sein gewaltiges Gegenstück in diesem Volk und Land, das auch ein Land produktiver Dankbarkeit ist und groß im Nehmen und Geben, – dem klassischen Lande der

Immigration und der Mischung, das dank seiner resorbierenden Kraft gleichwohl das eindeutigste und bestimmteste nationale Gepräge aufweist, die eigentümlichste Synthese von Charakter und Duldsamkeit, ein Volk und eine Welt zugleich?

Die europäischen Nationen sind bürgerliche Familien von spröder Geschlossenheit. Niemand kann Franzose oder Engländer werden, wenn er nicht als solcher geboren ist; bei aller Höflichkeit des Empfanges wird man in den Schoß der Familie nie wirklich aufgenommen. Amerikaner kann man werden, und zwar erstaunlich rasch: der starke Charakter des Landes und seine Duldsamkeit, beide verhelfen dazu. Wird man es nicht für die eigene Person, so wird man es in seinen Kindern. Es ist ein Land mit offenen Armen; und diese Arme klaftern weit; denn Amerika ist mehr als ein Land, es ist ein menschheitlich gestimmter Kontinent. Die menschheitliche Stimmung des alten Deutschland, in kolossalem Maßstabe ist sie hier wieder.

Ich darf nicht hoffen, noch ein rechter Amerikaner zu werden. Vierundsechzig Jahre, das ist zu spät für eine solche Metamorphose, und die besondere, sprachgebundene Art meiner Tätigkeit legt selbst der innerlichen Bereitwilligkeit dazu sanfte Zügel an. Aber daß ich im Schutz Ihrer großen Demokratie die Luft gewaltigen Freimuts atmen, mein Lebenswerk soll zu Ende führen dürfen, dafür bin ich innerlich dankbar, und wie sehr ich wünsche, der Ihre zu sein, beweist mir selbst die Freude, mit der jedes äußere Zeichen der Verbundenheit und Verwurzelung mich erfüllt, jede symbolische Klammer, die mein Leben in diesem Grunde befestigt. Vor wenigen Tagen habe ich meine ersten Papiere genommen und Amerika den ersten, vorläufigen Treueschwur geleistet. Kommt die Zeit, so werde ich dem Gesetze und Buchstaben nach Ihr Mitbürger sein. Aber die großen geistigen Körperschaften Ihres Landes haben dem Staate längst vorgegriffen. Das Abzeichen der American Academy of Arts and Letters sagt mir: ich bin zu Hause. Die Commencement days Ihrer berühmten Universitäten brachten mir wiederholt das akademische Bürgerrecht. Und als stärkste Bindung dieser Art muß ich die außerordentliche Ehrung betrachten, die

Princeton zum Abschluß meiner bescheidenen lecturer Tätigkeit mir heute gewährt.

Ja, der heimatlos Gewordene ist wieder zu Hause, in Princeton, in Amerika. Groß ist seine Dankbarkeit. Und da der Wunsch, zu geben, untrennbar ist von so reichlichem Nehmen, so bitte ich meinen guten Genius, daß meine Dankbarkeit sich fruchtbar erweisen möge.

Lob der Vergänglichkeit

Sie werden überrascht sein, mich auf Ihre Frage, woran ich glaube, oder was ich am höchsten stelle, antworten zu hören: Es ist die *Vergänglichkeit*.

Aber Vergänglichkeit ist etwas sehr Trauriges, werden Sie sagen. – Nein, erwidere ich, sie ist die Seele des Seins, ist das, was allem Leben Wert, Würde und Interesse verleiht, denn sie schafft *Zeit*, – und Zeit ist, wenigstens potentiell, die höchste, nutzbarste Gabe, in ihrem Wesen verwandt, ja identisch mit allem Schöpferischen und Tätigen, aller Regsamkeit, allem Wollen und Streben, aller Vervollkommnung, allem Fortschritt zum Höheren und Besseren. Wo nicht Vergänglichkeit ist, nicht Anfang und Ende, Geburt und Tod, da ist keine Zeit, – und Zeitlosigkeit ist das stehende Nichts, so gut und so schlecht wie dieses, das absolut Uninteressante.

Die Biologen schätzen das Alter des organischen Lebens auf Erden ungefähr auf fünfhundertfünfzig Millionen Jahre. In dieser Zeit entwickelte es in unzähligen Mutationen seine Formen bis hinauf zum Menschen, seinem jüngsten und gewecktesten Kinde. Ob dem Leben noch eine ebenso lange Zeit gewährt sein wird, wie seit seiner Entstehung vergangen ist, weiß niemand. Es ist sehr zäh, aber es ist an bestimmte Bedingungen gebunden, und wie es einen Anfang hatte, so wird es enden. Die Bewohnbarkeit eines Himmelskörpers ist eine *Episode* in seinem kosmischen Sein. Und würde das Leben noch einmal fünfhundertfünfzig Millionen Jahre alt – am Maßstabe der Äonen gemessen ist es ein flüchtiges Zwischenspiel.

Wird es dadurch entwertet? Im Gegenteil, meine ich, gewinnt es dadurch ungeheuer an Wert und Seele und Reiz; *gewinnend* gerade und Sympathie erweckend wird es als Episode – und obendrein durch die *indefinibel* geheimnisvolle Bewandtnis, die es mit ihm hat. Nach seiner Stofflichkeit unterscheidet es sich durch nichts von allem übrigen materiellen Sein. Als es sich dem

Anorganischen entband, mußte *etwas hinzukommen*, was noch kein Laboratorium recht zu fassen und auszumachen vermocht hat. Und nicht bei diesem Hinzukommen blieb es. Aus dem Bereich des Tierischen trat der Mensch hervor, – durch Abstammung, wie man sagt; in Wahrheit wiederum durch ein Hinzukommendes, das man mit Worten wie ›Vernunft‹ und ›Kulturfähigkeit‹ nur mangelhaft bestimmt. Die Erhebung des Menschen aus dem Tierischen, von dem ihm viel geblieben ist, hat den Rang und die Bedeutung einer *Urzeugung*, – es war die dritte nach der Hervorrufung des kosmischen Seins aus dem Nichts und nach der Erweckung des Lebens aus dem anorganischen Sein.

Zu den wesentlichsten Eigenschaften, welche den Menschen von der übrigen Natur unterscheiden, gehört das Wissen von der Vergänglichkeit, von Anfang und Ende und also von der Gabe der Zeit, – diesem so subjektiven, so eigentümlich variablen, nach seiner Nutzbarkeit so ganz dem Sittlichen unterworfenen Element, daß sehr wenig davon sehr viel sein kann. Es gibt ferne Himmelskörper, deren Materie von so unglaublicher Dichtigkeit ist, daß ein Kubikzoll davon bei uns zwanzig Zentner wiegen würde. So ist es mit der Zeit schöpferischer Menschen; sie ist von anderer Struktur, anderer Dichtigkeit, anderer Ergiebigkeit als die locker gewobene und leicht verrinnende der Mehrzahl, und verwundert darüber, welches Maß an Leistung in der Zeit unterzubringen ist, fragt wohl der Mann der Mehrzahl: »Wann machst du das alles nur?«

Die Beseeltheit des Seins von Vergänglichkeit gelangt im Menschen zu ihrer Vollendung. Nicht, daß er allein Seele hätte. Alles hat Seele. Aber die seine ist die wachste in ihrem Wissen um die Auswechselbarkeit der Begriffe ›Sein‹ und ›Vergänglichkeit‹ und um die große Gabe der Zeit. Ihm ist gegeben, die Zeit zu heiligen, einen Acker, zu treulichster Bestellung auffordernd, in ihr zu sehen, sie als Raum der Tätigkeit, des rastlosen Strebens, der Selbstvervollkommnung, des Fortschreitens zu seinen höchsten Möglichkeiten zu begreifen und mit ihrer Hilfe dem Vergänglichen das Unvergängliche abzuringen.

Die Astronomie, eine große Wissenschaft, hat uns gelehrt, die Erde als ein im Riesengetümmel des Kosmos höchst unbedeutendes, selbst noch in ihrer eigenen Milchstraße ganz peripher sich umtreibendes Winkelsternchen zu betrachten. Das ist wissenschaftlich unzweifelhaft richtig, und doch bezweifle ich, daß sich in dieser Richtigkeit die Wahrheit erschöpft. In tiefster Seele glaube ich – und halte diesen Glauben für jeder Menschenseele natürlich –, daß der Erde im Allsein eine zentrale Bedeutung zukommt. In tiefster Seele hege ich die Vermutung, daß es bei jenem »Es werde«, das aus dem Nichts den Kosmos hervorrief, und bei der Zeugung des Lebens aus dem anorganischen Sein auf den Menschen abgesehen war und daß mit ihm ein großer Versuch angestellt ist, dessen Mißlingen durch Menschenschuld dem Mißlingen der Schöpfung selbst, ihrer Widerlegung gleichkäme.

Möge es so sein oder nicht so sein – es wäre gut, wenn der Mensch sich benähme, als wäre es so.

[Ansprache in Lübeck]

Herr Bürgermeister, werte auswärtige Gäste, liebe Mitbürger!

So ist denn mein Augenblick gekommen – der ungeduldig erwartete Augenblick, da ich *Dank* sagen darf, von Herzen Dank für die hohe Ehre, die meine Vaterstadt mir heute erweist. Ich will nicht den Träumer spielen und mich auch nur zum Schein in der Illusion wiegen, als sei durch den Beschluß zu dieser Ehrung nun auf einmal aller Mißbilligung meiner Existenz, die hier zu finden war, der Lebensodem ausgeblasen. Aber schön, dankenswert und auch beglückend ist es doch, daß offiziell, formell, vor der Welt, der Friede, ein später und endgültiger Friede hergestellt ist und die trübenden Mißverständnisse begraben sein sollen.

»Allen zu gefallen – ist unmöglich.« Ein gut lübischer Spruch, den ich früh gelesen und später oft zitiert habe. Neben Sympathie und Zustimmung auch Ärgernis zu erregen, ist das Los jeder irgendwie prononcierten und persönlich zugespitzten Existenz, besonders wenn sie es an einer gewissen vorsichtigen Lebensdiplomatie unklug fehlen läßt. Goethe sagte einmal von Schiller: »Schiller hatte viel mehr Lebensklugheit und Lebensart und beachtete viel besser, was er sagte, als ich, der so manches Mal durch rückhaltlose Äußerungen gute Menschen zurückgestoßen und die Wirkung seiner besten Sachen verdorben hat.« Nun, das kenne ich! Und zu verwundern ist eigentlich nur, daß ich mir nicht noch mehr Unfreunde gemacht habe, sondern daß mein Schreiben und Treiben sich hier und draußen in der Welt immerhin so viele Freunde gewinnen, daß es ins Leben wirken, menschliche Bündnisse stiften und in allerlei Sprachen der Welt genugtun konnte.

Es war europäisch gestimmt von Anfang an, schon bei den ›Buddenbrooks‹, für die ich bei Russen und Franzosen, Engländern und Skandinaviern in die Schule gegangen war, aber eines verwaschenen internationalen Charakters war es nicht. Meine

Bücher sind unverkennbar deutsch, bestimmt von deutscher Tradition, wie sonderbar immer diese Tradition darin abgewandelt erscheinen mag. Sie können nur von einem Deutschen sein, und ich möchte das Ding auf die Spitze stellen und hinzufügen: nur von einem *Lübecker.* Als ich hier war im Jahre 1926, zum siebenhundertjährigen Jubiläum Lübecks als Freier Stadt, versuchte ich mich an einem Vortrag ›Lübeck als geistige Lebensform‹, worin ich meinen Zuhörern und mir selbst bekannte, daß ich die hanseatische Heimat, daß ich Lübeck mit mir genommen habe, wohin und wie weit ich ging; ja noch in dem Roman des Siebzigjährigen, ›Doktor Faustus‹, ist viel die Rede von einer mittelalterlichen deutschen Stadt »Kaisersaschern«, die es gar nicht gibt und von der lebenslangen unverleugbaren Bindung des ebenfalls erfundenen Helden der makabren Geschichte, Adrian Leverkühns, des Komponisten, an den Geist dieser Stadt seiner Herkunft in allen exzentrischen Abenteuern seiner Produktion.

Nun, meine eigene Produktion ist nicht, wie die des armen Leverkühn, vom Teufel eingegeben, aber wenn man allerlei Medisance, Satire, kritische Bosheit darin finden wollte, dergleichen schon gleich in den ›Buddenbrooks‹ fand, und wenn man mir das zu Hause übelnahm – woher hab' ich's am Ende? Ist es nicht vielleicht ein heimatliches Erbe? Die Lübecker hatten immer böse Mäuler, fast wie die Renaissance-Florentiner, und wenn sie sagten: »Gott, wie gediegen, du!«, so konnte darin eine vernichtendere Kritik liegen, als ich sie je zustande gebracht habe.

Wie lange ist jener Jubiläumsbesuch, bei dem der Senat, noch auf Anregung des liebenswürdigen Bürgermeisters Neumann, mir den Professortitel verlieh – wie lange ist er schon wieder her! Fast ein Menschenalter. Ich war einundfünfzig damals, heute bin ich eng an den achtzig, und lange leben heißt viel überleben. Man wird einsam. Der einzig Übriggebliebene von fünf Geschwistern, habe ich kaum noch jemanden, mit dem ich der Kindheit, der Jugend gedenken und die Frage ›Weißt du noch?‹ tauschen kann. Und doch erinnere ich mich so gern und frage oft noch mich und andere nach dem Verbleib der Jugendgenossen. Wo sollen sie wohl verblieben sein, da man doch meistens vor Achtzig stirbt. Zerstreut und verstorben sind, mit ganz vereinzelten Ausnahmen, die Mitschüler von damals, die ich alle in deutlicher Erinnerung habe, manche in sehr genauer Erinnerung – von den Lehrern nicht zu reden. Ich will niemanden voreilig totsagen, aber schwerlich wird einer die Hand erheben und sich noch zur Stelle melden. Damals, vor neunundzwanzig Jahren, war ich dem Lübeck meiner Schulzeit noch näher. Ich traf noch den freilich schon emeritierten Ordinarius der Untersekunda, Dr. Baethcke, wieder, bei dem wir Deutsch und Lateinisch hatten, und konnte noch zu ihm sagen: »Herr Professor, ich weiß, daß ich immer den Eindruck eines rechten Taugenichts gemacht, aber unterderhand habe ich sehr viel von Ihren Stunden gehabt.« – »Na«, sagte er, »das freut mich ja, daß ich das nachträglich noch erfahre!« Er war ein großer Schillerverehrer, und beim Studium der Schiller'schen Balladen pflegte er uns mit der stehenden Redensart anzuspornen: »Das ist nicht das erstebeste, was Sie lesen, das ist das Beste, was Sie lesen können!« – »Ich habe oft an dieses Wort gedacht«, erzählte ich ihm, »und mir gesagt: der Mann hatte eigentlich ganz recht.« – »Ach was, hab' ich das gesagt?« rief er erfreut, »und Sie haben's behalten?«

Es ist natürlich ein unsinniger Wunsch, aber ich wünschte mir, der alte Schiller-Baethcke hätte es noch erlebt, daß gerade ich jetzt ausersehen war, für ganz Deutschland die offizielle Gedenkrede für seinen Dichter zu halten. Ein unmöglicher Wunsch – so irrational wie der, mein Vater könne hier und heute, in diesem historischen Saal, in diesem Hause, wo er als Senator aus- und einging, zugegen sein und es erleben, wie ich das Ehrenbürgerrecht der Stadt empfange, deren Mitregent er war – wie der Wunsch auch nur, er hätte wenigstens meinen Weg noch etwas weiter verfolgen und sehen können, daß ich mich eben doch, gegen alles Erwarten, auf meine Art als sein Sohn, sein echter erweisen konnte. Solche Wünsche sind unmöglich, weil sie auf einen Selbstwiderspruch des Lebens zielen. Wie hätte ich ›Buddenbrooks‹ schreiben können, während er noch da war?

Undenkbar! Aber während ich's dennoch denke, erinnere ich mich, wie er am Travemünder Strand durch sein goldenes Pincenez ein französisches Buch las, einen Roman von Zola, am Ende war es gar ›Nana‹. Das durfte niemand sehen, daß Senator Mann Zola las, und darum hatte er das Buch in eine dichte, gestickte Schutzhülle gesteckt, die es unkenntlich machte. *Die* Schutzhülle gibt es nicht, sie ist unherstellbar und unvorstellbar, in der er ›Buddenbrooks‹ hätte lesen können.

Noch sehe ich ihn, den Zylinder lüftend, zwischen den präsentierenden Infanterie-Wachtposten vorm Rathaus hindurchgehen, wenn er eine Senatssitzung verließ, sehe ihn mit eleganter Ironie den Respekt seiner Mitbürger entgegennehmen und habe nie die umfassende Trauer vergessen, mit der, als ich fünfzehn Jahre alt war, seine Stadt, die ganze Stadt, ihn zu Grabe brachte. Ich kann wohl sagen: sein Bild hat immer im Hintergrunde gestanden all meines Tuns, und immer hab' ich's bedauert, daß ich ihm zu seinen Lebzeiten so wenig Hoffnung machen konnte, es möchte aus mir in der Welt noch irgend etwas Ansehnliches werden. Desto tiefer ist die Genugtuung, mit der es mich erfüllt, daß es mir gegönnt war, meiner Herkunft und dieser Stadt, wenn auch auf ausgefallene Weise, doch noch etwas Ehre zu machen. Heute gibt das alte Lübeck mir in Gestalt des Dokuments, das ich hier halte, diese Ehre vor aller Welt feierlich zurück. Das ist ein großer, rührender Augenblick meines zur Rüste gehenden Lebens. Mein Herz ist voll Dank. Glück und Wohlfahrt unserer Stadt. Concordia domi, foris pax!

Bibliographischer Nachweis

Meine Zeit. Vortrag, gehalten in der Universität Chicago am 22. April 1950. Erste Buchausgabe: Frankfurt am Main, S. Fischer 1950. Aufgenommen in ›Reden und Aufsätze I‹ (= Stockholmer Gesamtausgabe der Werke von Thomas Mann), Frankfurt am Main, S. Fischer 1965.

Lübeck als geistige Lebensform. Rede, gehalten zur 700-Jahr-Feier der Freien und Hansestadt im Stadttheater zu Lübeck am 5. Juni 1926. Erste Buchausgabe: Lübeck, Otto Quitzow 1926. Aufgenommen in ›Die Forderung des Tages. Reden und Aufsätze aus den Jahren 1925–1929‹ (= Gesammelte Werke [in Einzelausgaben]), Berlin, S. Fischer 1930, und in ›Altes und Neues. Kleine Prosa aus fünf Jahrzehnten‹ (= Stockholmer Gesamtausgabe der Werke von Thomas Mann), Frankfurt am Main, S. Fischer 1953.

[On Myself.] Vortrag in zwei Teilen, gehalten in Prof. Hans Jaegers Seminar über ›Deutsche Literatur des neunzehnten und zwanzigsten Jahrhunderts‹ in der Princeton University am 2. und 3. Mai 1940. (Der erste Teil ist im Manuskript betitelt ›Von Kinderspielen bis zum Tod in Venedig‹, der zweite Teil, ohne Titel, bildet die Fortsetzung bis zum Jahr 1940.) Erstmals in ›Blätter der Thomas Mann Gesellschaft‹, Zürich, Nr. 6, 1966.

[Selbstbiographie.] Erstmals in ›Geistiges und künstlerisches München in Selbstbiographien‹, hrsg. von W. Zils-München, München, Max Kellerer 1913.

[Lebenslauf 1930.] Erstmals in ›Les Prix Nobel en 1929‹, Stockholm, Imprimerie Royale, Norstedt och Söner 1930. Aufgenommen in ›Reden und Aufsätze I‹ (= Stockholmer Gesamtausgabe der Werke von Thomas Mann), Frankfurt am Main, S. Fischer 1965.

Lebensabriß. Erstmals in ›Die Neue Rundschau‹, Berlin, Jg. 41, H. 6, Juni 1930. Erste Buchausgabe in englischer Übersetzung unter dem Titel ›A Sketch of my Life‹, Paris, Harrison 1930. Der deutsche Text wurde aufgenommen in ›Reden und Aufsätze I‹ (= Stockholmer Gesamtausgabe der Werke von Thomas Mann), Frankfurt am Main, S. Fischer 1965.

[Lebenslauf 1936.] Geschrieben für amerikanische Leser. Erste Buchveröffentlichung in englischer Übersetzung in ›Portraits and Self-Portraits‹, ed. by George Schreiber, Boston, Houghton Mifflin 1936. Manuskript des deutschen Textes im Thomas-Mann-Archiv der Eidgenössischen Technischen Hochschule, Zürich. Aufgenommen in ›Reden und Aufsätze I‹ (= Stockholmer Gesamtausgabe der Werke von Thomas Mann), Frankfurt am Main, S. Fischer 1965.

[Das Bild der Mutter.] Antwort auf eine Rundfrage. Erstmals in ›Illustrierte Leipziger Zeitung‹, 11. 12. 1930. Aufgenommen in ›Reden und Aufsätze I‹ (= Stockholmer Gesamtausgabe der Werke von Thomas Mann), Frankfurt am Main, S. Fischer 1965.

Süßer Schlaf. Erstmals in ›Neue Freie Presse‹, Wien, 30. 5. 1909. Erste Buchveröffentlichung in ›Rede und Antwort. Gesammelte Abhandlungen und kleine Aufsätze‹ (= Gesammelte Werke [in Einzelausgaben]), Berlin, S. Fischer 1922. Aufgenommen in ›Altes und Neues. Kleine Prosa aus fünf Jahrzehnten‹ (= Stockholmer Gesamtausgabe der Werke von Thomas Mann), Frankfurt am Main, S. Fischer 1953.

Kinderspiele. Erstmals (in vom Herausgeber veränderter Form) in ›Das Spielzeug im Leben des Kindes‹, hrsg. von Paul Hildebrandt, Berlin, G. Söhlke 1904. Ursprüngliche Fassung aufgenommen in ›Rede und Antwort. Gesammelte Abhandlungen und kleine Aufsätze‹ (= Gesammelte Werke [in Einzelausgaben]), Berlin, S. Fischer 1922, und in ›Altes und Neues. Kleine Prosa aus fünf Jahrzehnten‹ (= Stockholmer Gesamtausgabe der Werke von Thomas Mann), Frankfurt am Main, S. Fischer 1953.

›Im Spiegel‹. Erstmals in ›Literarisches Echo‹, Berlin, Jg. 10, H. 6, 15. 12. 1907. Erste Buchveröffentlichung in ›Deutsche Dichterhandschriften‹, Band I, hrsg. von Hanns Martin Elster, Dresden, Lehmannsche Verlagsbuchhandlung 1920. Aufgenommen in ›Rede und Antwort. Gesammelte Abhandlungen und kleine Aufsätze‹ (= Gesammelte Werke [in Einzelausgaben]), Berlin, S. Fischer 1922, und in ›Altes und Neues. Kleine Prosa aus fünf Jahrzehnten‹ (= Stockholmer Gesamtausgabe der Werke von Thomas Mann), Frankfurt am Main, S. Fischer 1953.

[›Welches war das Lieblingsbuch Ihrer Knabenjahre?‹] Erstmals in ›Die Literarische Welt‹, Berlin, Jg. 5, Nr. 26, 28. 6. 1929.

[›*Was war uns die Schule?*‹*]* Antwort auf eine Rundfrage. Erstmals in ›Schule und Elternhaus‹, Berlin, Jg. 7, H. 1, Januar 1930.

Erinnerungen an das Stadt-Theater. Erstmals in ›Jahrbuch des Lübekker Stadttheaters 1930/31‹, hrsg. von Fred J. Domes, Lübeck 1930. Aufgenommen in ›Reden und Aufsätze I‹ (= Stockholmer Gesamtausgabe der Werke von Thomas Mann), Frankfurt am Main, S. Fischer 1965.

Erinnerungen an das Residenztheater. Erstmals in ›Zweihundert Jahre Residenztheater in Wort und Bild. Festschrift zur Eröffnung am 28. Januar 1951‹, hrsg. von Alois Johannes Lippl, München 1951. Erste Buchveröffentlichung in ›Altes und Neues. Kleine Prosa aus fünf Jahrzehnten‹ (= Stockholmer Gesamtausgabe der Werke von Thomas Mann), Frankfurt am Main, S. Fischer 1953.

[Katia Mann zum siebzigsten Geburtstag.] Rede, gehalten am Abend des 24. Juli 1953 bei einem Festessen der Zürcher Freunde. Erstmals in ›Nachlese. Prosa 1951–1955‹ (= Stockholmer Gesamtausgabe der Werke von Thomas Mann), Berlin und Frankfurt am Main, S. Fischer 1956.

Little Grandma. Erstmals in englischer Übersetzung in ›The Nassau Literary Magazine‹, Princeton, New Jersey, vol. 101, nr. 1, September 1942. Manuskript des deutschen Textes im Thomas-Mann-Archiv der Eidgenössischen Technischen Hochschule, Zürich. Aufgenommen in ›Reden und Aufsätze I‹ (= Stockholmer Gesamtausgabe der Werke von Thomas Mann), Frankfurt am Main, S. Fischer 1965.

Der Doktor Lessing. Erstmals in ›Literarisches Echo‹, Berlin, Jg. 12, H. 11, 1910. Aufgenommen in ›Reden und Aufsätze II‹ (= Stockholmer Gesamtausgabe der Werke von Thomas Mann), Frankfurt am Main, S. Fischer 1965.

[Eine Liebhaberaufführung im Hause Mann.] Eingetragen von Thomas Mann in das ›Mimik-Buch‹, die Vereinschronik des ›Laienbundes deutscher Mimiker‹ unter dem Datum: 15. Januar 1919. Erstmals in Klaus Mann, ›Kind dieser Zeit‹, Berlin, Transmare-Verlag 1932. Aufgenommen in ›Reden und Aufsätze I‹ (= Stockholmer Gesamtausgabe der Werke von Thomas Mann), Frankfurt am Main, S. Fischer 1965.

[Drei Berichte über okkultistische Sitzungen.] Erstmals in Albert Freiherr von Schrenck-Notzing, ›Experimente der Fernbewegung‹,

Stuttgart/Berlin/Leipzig, Union Deutsche Verlagsgesellschaft 1924.

Okkulte Erlebnisse. Erstmals in ›Die Neue Rundschau‹, Berlin, Jg. 35, H. 3, März 1924. Erste Buchausgabe: Berlin, Alf Häger 1924. Aufgenommen in ›Bemühungen. Neue Folge der Gesammelten Abhandlungen und kleinen Aufsätze‹ (= Gesammelte Werke [in Einzelausgaben]), Berlin, S. Fischer 1925, und in ›Altes und Neues. Kleine Prosa aus fünf Jahrzehnten‹ (= Stockholmer Gesamtausgabe der Werke von Thomas Mann), Frankfurt am Main, S. Fischer 1953.

Musik in München. Erstmals in ›Der Tag‹, Berlin, 20. und 21. 1. 1917. Aufgenommen in ›Reden und Aufsätze I‹ (= Stockholmer Gesamtausgabe der Werke von Thomas Mann), Frankfurt am Main, S. Fischer 1965. Drei weitere Würdigungen des Dirigenten Bruno Walter im Band ›Rede und Antwort‹, 1984, der ›Frankfurter Ausgabe‹ der Gesammelten Werke in Einzelbänden.

Pariser Rechenschaft. Erste Buchausgabe: Berlin, S. Fischer 1926. Aufgenommen in ›Reden und Aufsätze I‹ (= Stockholmer Gesamtausgabe der Werke von Thomas Mann), Frankfurt am Main, S. Fischer 1965.

[An die Redaktion der ›Münchner Neuesten Nachrichten‹.] Datiert: München, 12. April 1926. Erstmals in ›Münchner Neueste Nachrichten‹, 14. April 1926. Aufgenommen in ›Reden und Aufsätze II‹ (= Stockholmer Gesamtausgabe der Werke von Thomas Mann), Frankfurt am Main, S. Fischer 1965.

Pariser Eindrücke 1950. Datiert: Pacific Palisades, California, 21. 11. 1950. Erstmals in ›Littérature Allemande‹, Almanach der Librairie Flinker, Paris 1951. Aufgenommen in ›Reden und Aufsätze I‹ (= Stockholmer Gesamtausgabe der Werke von Thomas Mann), Frankfurt am Main, S. Fischer 1965.

Tischrede bei der Feier des fünfzigsten Geburtstags. Gehalten im Alten Rathaussaal zu München. Erstmals unter dem Titel ›Rede zum 50. Geburtstag‹ in ›Almanach 1926‹, Berlin, S. Fischer 1925. Aufgenommen in ›Die Forderung des Tages. Reden und Aufsätze aus den Jahren 1925–1929‹ (Gesammelte Werke [in Einzelausgaben]), Berlin, S. Fischer 1930, und in ›Altes und Neues. Kleine Prosa aus fünf Jahrzehnten‹ (= Stockholmer Gesamtausgabe der Werke von Thomas Mann), Frankfurt am Main, S. Fischer 1953.

Erinnerungen aus der deutschen Inflation. Geschrieben im August 1942. Das Manuskript befindet sich in Privatbesitz.

[›Bürgerlichkeit‹.] Aus der Rede der Nobelpreis-Feier des Rotary-Clubs, München. Erstmals in ›Jugend‹, München, Jg. 34, H. 1, 1930. Aufgenommen in ›Reden und Aufsätze I‹ (= Stockholmer Gesamtausgabe der Werke von Thomas Mann), Frankfurt am Main, S. Fischer 1965.

[Fragment über das Religiöse.] Erstmals in ›Dichterglaube. Stimmen religiösen Erlebens‹, hrsg. von Harald Braun, Berlin-Steglitz, Eckart Verlag 1931. Aufgenommen in ›Reden und Aufsätze I‹ (= Stockholmer Gesamtausgabe der Werke von Thomas Mann), Frankfurt am Main, S. Fischer 1965.

[Der französische Einfluß.] Antwort auf eine von Otto Julius Bierbaum veranstaltete Rundfrage. Erstmals in ›Die Zeit‹, Wien, Bd. 38, Nr. 485, 16. 1. 1904. Aufgenommen in ›Reden und Aufsätze II‹ (= Stockholmer Gesamtausgabe der Werke von Thomas Mann), Frankfurt am Main, S. Fischer 1965.

Mitteilung an die Literarhistorische Gesellschaft in Bonn. Datiert: Seeshaupt am Starnberger See, Juli 1906. Erstmals als Beitrag zu dem Sonderheft ›Ziele und Wege deutscher Dichtung nach Äußerungen ihrer Schöpfer‹ der ›Mitteilungen der Literarhistorischen Gesellschaft Bonn‹, Jg. 2, H. 7, 1907. Erste Buchveröffentlichung in ›Rede und Antwort. Gesammelte Abhandlungen und kleine Aufsätze‹ (= Gesammelte Werke [in Einzelausgaben]), Berlin, S. Fischer 1922. Aufgenommen in ›Reden und Aufsätze II‹ (= Stockholmer Gesamtausgabe der Werke von Thomas Mann), Frankfurt am Main, S. Fischer 1965.

Mein Sommerhaus. Vortrag, gehalten bei der Zusammenkunft des Rotary-Clubs, München, am 1. Dezember 1931. Erstmals in der ›Beilage zum Wochenbericht IV/22 des Rotary-Clubs, München‹, Dezember 1931.

Meine Goethereise. Vortrag, gehalten bei der Zusammenkunft des Rotary-Clubs, München, am 5. April 1932. Erstmals in der ›Beilage zum Wochenbericht IV/40 (169) des Rotary-Clubs, München‹, April 1932.

Unterwegs. Erstmals in ›Vossische Zeitung‹, Berlin, 12. 4. 1925. Erste Buchveröffentlichung in ›Bemühungen. Neue Folge der Gesammelten Abhandlungen und kleinen Aufsätze‹ (Gesammelte Werke [in Einzelausgaben]), Berlin, S. Fischer 1925. Aufgenommen in ›Reden und Aufsätze I‹ (= Stockholmer Gesamtausgabe der Werke von Thomas Mann), Frankfurt am Main, S. Fischer 1965.

[Rede in Stockholm zur Verleihung des Nobel-Preises.] Gesprochen bei dem Bankett am 10. Dezember 1929 im Festsaal des Grand-Hotels. Erstmals in ›Berliner Tageblatt‹, 15. 12. 1929. Erste Buchveröffentlichung in ›Les Prix Nobel en 1929‹, Stockholm, Imprimerie Royale, Norstedt och Söner 1930. Aufgenommen in ›Reden und Aufsätze I‹ (= Stockholmer Gesamtausgabe der Werke von Thomas Mann), Frankfurt am Main, S. Fischer 1965.

Gruß an die Schweiz. Ansprache im Schweizer Rundfunk, gehalten am 22. Oktober 1934. Erstmals in ›Schweizer Spiegel‹, Zürich, H. 3, Dezember 1934.

Brief über die Schweiz. Antwort auf eine Rundfrage. Erstmals unter dem Titel ›Die Schweiz im Spiegel‹ in ›Wissen und Leben‹, Zürich, Jg. 17, H. 2, Oktober 1923. Erste Buchveröffentlichung in ›Bemühungen. Neue Folge der Gesammelten Abhandlungen und kleinen Aufsätze‹ (= Gesammelte Werke [in Einzelausgaben]), Berlin, S. Fischer 1925.

[Danksagung bei der Feier des sechzigsten Geburtstags.] Gesprochen am 26. Mai 1935 im Corso-Theater, Zürich, anläßlich der vom Lesezirkel Hottingen veranstalteten Feier. Erstmals unter dem Titel ›Des Dichters Dank‹ in ›Neue Zürcher Zeitung‹, 2. 6. 1935. Aufgenommen in ›Reden und Aufsätze I‹ (= Stockholmer Gesamtausgabe der Werke von Thomas Mann), Frankfurt am Main, S. Fischer 1965.

Zur Gründung einer Dokumentensammlung in Yale University. Ansprache, gehalten am 25. Februar 1938. Erstmals unter dem Titel ›Rede bei der Eröffnung der Thomas Mann Library an der Yale University‹ in ›Mass und Wert‹, Zürich, Jg. 2, H. 2, November/Dezember 1938. Erste Buchveröffentlichung in gekürzter Form in ›Altes und Neues. Kleine Prosa aus fünf Jahrzehnten‹ (= Stockholmer Gesamtausgabe der Werke von Thomas Mann), Frankfurt am Main, S. Fischer 1953.

Ansprache im Goethejahr 1949. Gehalten bei der Goethefeier in der Paulskirche zu Frankfurt am Main am 25. Juli 1949 und im Nationaltheater zu Weimar am 1. August 1949. Erstmals gleichzeitig in ›Neue Zeitung‹, München, ›Frankfurter Neue Presse‹, ›Frankfurter Rundschau‹, 26. 7. 1949. Erste Buchausgabe: Frankfurt am Main, Suhrkamp vorm. S. Fischer 1949. Aufgenommen unter dem Titel ›Frankfurter Ansprache im Goethejahr‹ in ›Altes und Neues. Kleine Prosa aus fünf Jahrzehnten‹ (= Stockholmer Gesamtausgabe der Werke von Thomas Mann), Frankfurt am Main, S. Fischer 1953.

Reisebericht. Erstmals in englischer Übersetzung unter dem Titel ›Germany Today‹ in ›New York Times Magazine‹, 25. 9. 1949. Der deutsche Text erstmals in ›Neue Schweizer Rundschau‹, Zürich, N. F., Jg. 17, H. 4, Dezember 1949. Aufgenommen in ›Reden und Aufsätze I‹ (= Stockholmer Gesamtausgabe der Werke von Thomas Mann), Frankfurt am Main, S. Fischer 1965.

[Wiedersehen mit der Schweiz.] Erklärung bei Thomas Manns erstem Europa-Besuch nach dem Kriege über den Schweizerischen Rundfunk am 19. Juni 1947. Das Manuskript dieser Erklärung ist nicht erhalten. Der Text wurde von Ernst Loewy von der Tonaufnahme transkribiert. Kopien der Aufnahme befinden sich im Deutschen Rundfunkarchiv, Frankfurt am Main, sowie im Thomas-Mann-Archiv der Eidgenössischen Technischen Hochschule, Zürich.

[Rückkehr.] Vermutlich Antworten auf Fragen eines Interviews, Frühjahr 1954. Erstmals in ›Nachlese. Prosa 1951 bis 1955‹ (= Stockholmer Gesamtausgabe der Werke von Thomas Mann), Frankfurt am Main, S. Fischer 1956.

[Geist und Geld.] Antwort auf die Rundfrage: ›Selbstbekenntnisse deutscher Künstler und Forscher zur Entstehungsgeschichte der großen Leistung‹. Erstmals in ›Vossische Zeitung‹, Berlin, 27. 3. 1921. Aufgenommen in ›Reden und Aufsätze II‹ (= Stockholmer Gesamtausgabe der Werke von Thomas Mann), Frankfurt am Main, S. Fischer 1965.

Meine Arbeitsweise. Antwort auf eine Rundfrage. Erstmals in ›Uhu‹, Berlin, H. 5, 1925. Aufgenommen in ›Reden und Aufsätze II‹ (= Stockholmer Gesamtausgabe der Werke von Thomas Mann), Frankfurt am Main, S. Fischer 1965.

Über den Alkohol. Antwort auf eine Rundfrage. Erstmals unter dem Titel ›Dichterische Arbeit und Alkohol‹ in ›Literarisches Echo‹, Berlin, Jg. 9, H. 2, 1906. Erste Buchveröffentlichung in ›Rede und Antwort. Gesammelte Abhandlungen und kleine Aufsätze‹ (= Gesammelte Werke [in Einzelausgaben]), Berlin, S. Fischer 1922. Aufgenommen in ›Reden und Aufsätze II‹ (= Stockholmer Gesamtausgabe der Werke von Thomas Mann), Frankfurt am Main, S. Fischer 1965.

Mein Verhältnis zur Psychoanalyse. Erstmals in ›Almanach für das Jahr 1926‹, Wien, Internationaler Psychoanalytischer Verlag 1925. Aufgenommen in ›Reden und Aufsätze II‹ (= Stockholmer Gesamtausgabe der Werke von Thomas Mann), Frankfurt am Main, S. Fischer 1965.

[›Braucht man zum Dichten Schlaf und Zigaretten?‹] Antwort auf eine Rundfrage. Erstmals in ›Berliner Tageblatt‹, 28. 8. 1927. Aufgenommen in ›Reden und Aufsätze II‹ (= Stockholmer Gesamtausgabe der Werke von Thomas Mann), Frankfurt am Main, S. Fischer 1965.

[Zur Physiologie des dichterischen Schaffens.] Antwort auf die Rundfrage: ›Vom ersten Eindruck bis zum fertigen Werk‹. Erstmals in ›Die Literarische Welt‹, Berlin, Jg. 4, Nr. 40, 1928. Aufgenommen in ›Reden und Aufsätze II‹ (= Stockholmer Gesamtausgabe der Werke von Thomas Mann), Frankfurt am Main, S. Fischer 1965.

Vorwort zu einem Gedächtnisbuch für Klaus Mann. Datiert: Pacific Palisades, California, 28. März 1950. Erstmals unter dem Titel ›Mein Sohn Klaus‹ in ›Die Welt‹, Hamburg, 20. 5. 1950. Erste Buchveröffentlichung in ›Klaus Mann zum Gedächtnis‹, Amsterdam, Querido Verlag 1950. Aufgenommen in ›Altes und Neues. Kleine Prosa aus fünf Jahrzehnten‹ (= Stockholmer Gesamtausgabe der Werke von Thomas Mann), Frankfurt am Main, S. Fischer 1953.

[Lob der Dankbarkeit.] Rede, gehalten in englischer Sprache anläßlich der Verleihung der Ehrendoktorwürde der Princeton University am 18. Mai 1939. Der deutsche Text erstmals in Herbert Lehnert, ›Thomas Mann in Princeton‹ in ›The Germanic Review‹, New York, vol. 39, nr. 1, January 1964.

Lob der Vergänglichkeit. Geschrieben für eine Rundfunksendung in der Reihe ›This I Believe‹ des Columbia Broadcasting System. Erstmals in ›Eckart‹, Berlin, Jg. 21, Juli bis September 1952; dann als ›Ein Weihnachts- und Neujahrsgruß für unsere Freunde 1952/

1953‹, Frankfurt am Main, S. Fischer 1952. Aufgenommen in ›Altes und Neues. Kleine Prosa aus fünf Jahrzehnten‹ (= Stockholmer Gesamtausgabe der Werke von Thomas Mann), Frankfurt am Main, S. Fischer 1953.

[Ansprache in Lübeck.] Gehalten am 20. Mai 1955 im Rathaus zu Lübeck anläßlich der Verleihung der Ehrenbürgerschaft. Erstmals gleichzeitig in ›Lübecker Nachrichten‹ und (unter dem Titel ›Glück und Wohlfahrt unserer Stadt‹) in ›Lübecker Freie Presse‹, 21. 5. 1955. Erste Buchveröffentlichung in ›Nachlese. Prosa 1951–1955‹ (= Stockholmer Gesamtausgabe der Werke von Thomas Mann), Frankfurt am Main, S. Fischer 1956.

Inhalt